정교하게 조율된 우주

IVP(InterVarsity Press)는
캠퍼스와 세상 속의 하나님 나라 운동을 지향하는
IVF(InterVarsity Christian Fellowship)의 출판부로
생각하는 그리스도인을 위한 문서 운동을 실천합니다.

Originally published by Westminster John Knox Press
as *A Fine-Tuned Universe: The Quest for God in Science and Theology*
by Alister E. McGrath.

ⓒ 2009 by Alister E. McGrath

Translated and printed by permission of Westminster John Knox Press,
100 Witherspoon Street, Louisville, KY 40202-1396, USA.

Korean Edition ⓒ 2014 by Korea InterVarsity Press
156-10 Donggyo-ro, Mapo-gu, Seoul 04031, Republic of Korea.

정교하게 조율된 우주

A Fine-Tuned Universe
과학과 신학의 하나님 탐구

―――

2009년 기포드 강연

―――

알리스터 맥그래스
박규태 옮김

존 맥쿼리와 토머스 포사이드 토렌스를 추모하며

차례

들어가는 글　9

1장 사물을 이해하고 싶어 하는 갈망　23

1부 삼위일체 자연신학

2장 현대 자연신학이 봉착한 신뢰의 위기　41
3장 자연신학의 비전을 새롭게 하다　61
4장 새로 거듭난 자연신학을 향한 도전들　89
5장 자연신학과 실재 설명　121
6장 삼위일체 자연신학의 역동성　143
7장 놀라운 사실들
　　사실에 반(反)하는 것들과 자연신학　189
8장 히포의 아우구스티누스의 창조 견해
　　신학적 렌즈　213

II부 정교한 조율: 관찰과 해석

9장 태초에 우주 상수 245
10장 이 뼈들이 살겠느냐? 생명의 기원 277
11장 생명의 모체 흥미로운 물의 화학 311
12장 화학 촉매들과 진화를 제약하는 것들 333
13장 복잡성의 기원 진화의 메커니즘 353
14장 진화의 결과 진화의 방향성 383
15장 창발적 창조와 자연신학 421

결론 449

참고문헌 461
이 책에 나오는 주요 인물 537
찾아보기 553

옮긴이의 일러두기

1. 저자가 제시한 성경 본문이 개역개정판(4판)과 큰 차이가 없으면 개역개정판 본문을 그대로 옮겼습니다.
2. 책 뒷부분에 이 책이 인용하는 주요 인물들을 한데 모아 간략히 소개했습니다.

들어가는 글

이 책에서는 예로부터 '자연신학'으로 알려진, 자연과학과 기독교 신학의 하나님 탐구에 대해 논의할 것이다. 인류는 역사 기록을 시작한 이래 줄곧 이 주제에 관심을 가졌다. 그런데 근래 들어 수년 사이 신학자와 철학자는 물론 특히 자연과학자들이 이 주제에 새로운 지적 에너지를 불어넣기 시작했다.[1] 자연신학은 20세기에 오랜 시간을 지적 정체에 빠져 쇠퇴일로를 걸었는데, 특히 개신교 내부에서 그랬다.[2] 사람들은 자연신학을, 비평이 치열하지 않던 시기의 신

---

1. John Polkinghorne, "Where is Natural Theology Today?" *Science and Christian Belief* 18(2006), pp. 169-179. 이런 발전을 촉진시킨 두 기념비적 저작이 John Barrow and Frank J. Tipler, *The Anthropic Cosmological Principle*(Oxford: Oxford University Press, 1986), Simon Conway Morris, *Life's Solution: Inevitable Humans in a Lonely Universe*(Cambridge: Cambridge University Press, 2003)다.
2. 상세한 분석을 제시한 Christoph Kock, *Natürliche Theologie: Ein evangelischer Streitbegriff* (Neukirchen-Vluyn: Neukirchener Verlag, 2001)를 보라. 철학에 더 가까운 시각에서 쓴 글을 보려면, Bernd Irnen, "Abschied von der 'natürliche Theologie'? Eine sprachphilosophische Standortbestimmung," *Theologie und Philosophie* 78(2003), pp. 545-557을 보라.

학과 무엇이든 쉽게 믿던 시기의 과학이 낳은 유물쯤으로 여기며 따분하고 케케묵은 것으로 생각했다. 과학적 설명의 영향력은 끊임없이 진보한 반면, 공적 마당에서 기독교 신학의 지위는 그만큼 퇴보했다. 이는 한때 지적 부력을 제공해 주던 조수(潮水)가 서서히 빠져 나가면서 자연신학은 모래톱에 주저앉아 오도 가도 못하는 배의 신세가 된 것처럼 보였다는 말이다.[3]

그러나 이제는 모든 표지가 자연신학이 퇴조기에서 벗어났음을 알려 준다. 우주의 정교한 조율과 같은 근본 문제들을 다룰 때, 과학은 "과학 너머에 있으면서 과학의 능력으로 대답할 수 없는 질문들을 포기할" 수 있지만, 자연신학은 그런 근본 문제들에 대해 더 깊은 이해를 제공할 수 있다는 견해에 점점 더 많은 이들이 공감하고 있다.[4] 자연신학이 한번 더 과학 세계와 종교 세계 사이를 개념적으로 이어 주는 가교 역할을 할 수 있을까? 혹은 신학과 문학과 예술이 함께 만나는 장소 역할을 한 번 더 할 수 있을까?

오랜 전통을 가진 기독교 신학의 성찰에 든든히 뿌리를 내리고 있으면서 일반적인 자연계 이해에도 잘 들어맞는 자연신학을 정립하려는 꿈을 회복할 필요가 있다. 나는 자연과학에 대한 신학의 개

---

3. 근래 과학을 내세워 '자연신학'을 비판한 책들 가운데 매우 유명한 책 중 하나가 Richard Dawkins, *The Blind Watchmaker: Why the Evidence of Evolution Reveals a Universe without Design* (New York: W. W. Norton, 1986)이다. 이 책은 윌리엄 페일리(William Paley)가 하나님을 '시계공'으로 묘사한 유명한 비유를 비판한다. 이를 논평한 글을 보려면, Alister E. McGrath, *Dawkin's God: Genes, Memes and the Meaning of Life*(Oxford: Blackwell Publishing, 2004), pp. 49-81을 보라.
4. John Polkinghorne, *Science and Creation: The Search for Understanding*(London: SPCK, 1988), p. 23.

입을 가능하게 하는 엄밀한 방법론을 구축하려고 시도하면서, 자연계를 다루는 수단으로서 자연신학이 가지는 중요성을 깨달았다. 그래서 나는 「과학적 신학」(Scientific Theology, 2001-2003)에서 자연신학이 신학으로서 어떻게 정당성과 유용성을 가지는지 재확인하고, 이것을 견고한 신학 기초 위에 세울 수 있는 방도가 무엇인지 설명했다.[5] 이 책은 기독교 신학과 자연과학의 작업 가설과 방법이 어떻게 상호작용하며 서로 상대방을 조명해 줄 수 있는가라는 중요한 문제에 초점을 맞추었지만, 논의 과정에서 자연신학 작업이 기독교 신학과 자연과학이 만나는 특별히 중요한 접촉면임이 부각되었다. 이는 자연신학의 초점과 범위와 한계를 더 상세히 연구할 필요가 있음을 분명하게 일러 주었다.

2008년에 뉴캐슬 대학교의 리델기념강연(Riddell Memorial Lectures) 연사로 초청받은 일은 내가 이런 접근법을 더 엄밀하게 발전시키는 계기가 되었다. 「공개된 비밀: 자연신학의 새로운 비전」(The Open Secret: A New Vision for Natural Theology, 2008)에서는 근래 들어 무시되고 구식으로 치부된 예전의 접근법들을 되찾아 재구성해 더 든든한 지적 기초 위에 세움으로써, 자연신학에 대한 독특한 기독교식 접근법으로 개발하고자 했다. 이 책의 근본 명제는 이것이다. 자연이 초월자(the transcendent)를 드러내려면, 자연은 분명 어떤 독특한 방법—자연 자체가 필수적으로 요구하는 방식은 아닐지라도—을 통

---

5. 특히 Alister E. McGrath, *A Scientific Theology*, vol. 1, *Nature*(London: Continuum, 2001), pp. 241-305을 보라. 나는 이 책에서 다룬 주제들 가운데 일부를 Alister E. McGrath, *The Order of Things: Explorations in Scientific Theology*(Oxford: Blackwell, 2006)에서 더 깊이 다루었다.

해 '보이거나' '읽혀져야' 한다. 기독교 신학은 자연을 보는 하나의 도식(*schema*) 혹은 해석 틀을 제공하며, 이를 통해 볼 때 자연과 초월의 연결이 가능해지며 정당하게 여겨질 수 있다. 여기서 나는 자연신학을 기독교 신앙의 풍성한 삼위일체 존재론이 권위를 부여하고 자원을 제공하는 지적 활동으로 이해했다. 따라서 자연신학은 분별하는 작업이요, 어떤 방법을 통해 자연을 보는 작업이며, 특수하고도 구체적인 안경들을 통해 자연을 들여다보는 작업이다.[6] 자연신학 작업은 초월자에게 다가간다는 관념을 이해하려는 인간의 끊임없는 관심과 깊이 공명한다.[7]

나는 「공개된 비밀」을 탐구서(본래 의미의 *essai*: 프랑스어 '*essai*'는 "무언가를 시도하고 평가해 보며 탐구해 쓴 글"이라는 뜻이다—역주)로, 또 본래 기독교 신학의 정당한 일부분이자 더 폭넓은 문화 토론에 기여해야 할 자연신학을 새롭게 하고 그 유효성을 재확인하는 기조를 놓는 시도로 인식하고 썼다. 자연신학 분야는 교의학 차원에서 조직신학 영역에 다시 배치해 새롭게 하고 그 방향을 재정립할 필요가 있다. 뿐만 아니라 그 관념도 단지 세계를 이성적으로 이해한다는 좁은 의미를 넘어 전통적인 진·선·미의 탐구까지로 확장할 필요가 있다. 나는 그 필요성이 절박하다는 확신을 품고 「공개된 비밀」을 썼다. 「공개된 비밀」은 상당히 광대한 영역을 아우르는 책이지만, 거기에서 제안하는 방법은 더 치밀하게 조정하고 심도 있게 적용할 필요가 있다.

---

6. Alister E. McGrath, *The Open Secret: A New Vision for Natural Theology* (Oxford: Blackwell, 2008), pp. 1-20.
7. *Ibid.*, pp. 23-79.

무엇보다 그 방법을 자연계를 관찰한 결과에서 끌어낸 구체적 사례 연구에 적용하는 일이 필요하다.

애버딘 대학교가 주관하는 2009년 기포드 강연 요청을 받고 나는 기뻤다. 자연신학에 대한 접근법을 확장하는 기회를 제공해 주었기 때문이다. 애덤 기포드(Adam Gifford, 1820-1887: 스코틀랜드 출신의 법률가—역주)는 이 강연을 "자연신학 연구를 진작하고, 발전시키고, 가르치고, 확산시키는 데" 기여해야 하는 것으로 규정했다.[8] 기포드 경과 나는 자연신학에 열정을 가졌다는 공통점이 있지만, 그것을 정의하는 데에서는 상당한 차이를 보인다. 나는 기포드 강연 덕분에 「공개된 비밀」에서 그려 보인 접근법을 확장하고 발전시킬 수 있었다. 특히 이 접근법을 적용하는 과정에서 이론과 관찰이 '경험상 일치'하는 정도를 살펴봄으로써 그 접근법을 확장하고 발전시킬 수 있었다. 나는 몇년 동안 자연과학의 인간중심(anthropic) 현상들에 관한 토론에 참여했다. 그 과정에서 이런 현상들이 새로 거듭난 자연신학의 과업 및 목표와 어떻게 관련될 수 있을지 고찰해 보는 것이 아주 적절하다고 생각했다. 분명 정교하게 조율된 것으로 보이는 우주가 자연신학에 시사하는 것은 무엇일까?

근대 과학 입장에서는 이런 질문이 상당히 새롭다. 17세기 이후 많은 사람들은 생명을 낳는 우주가 등장하는데 어떤 특별한 초기 조건들이 필요하지 않다고 가정해 왔다.[9] 그러나 지난 수십 년 사이

---

8. 이 강연의 역사를 알아 보려면, Larry Witham, *The Measure of God: Our Century-Long Struggle to Reconcile Science and Religion*(San Francisco: HarperSanFrancisco, 2005)을 보라.

이런 가정이 옳지 않다는 것이 분명해졌다. 무거운 원자들과 행성들, 그리고 결국에는 복잡한 생명체가 발생하려면 우주가 초기조건들을 갖춰야 한다. 그런데 우주가 그런 조건을 갖추었다는 것이 우연도 보통 우연이 아님을 점점 더 확실히 깨닫게 되었다. 생명을 낳는 우주의 특성은 자연의 근본을 이루는 힘과 상수(常數)들이 지닌 값에 아주 민감하다. 이론물리학자 리 스몰린(Lee Smolin)은 이러한 중요성을 별의 생성과 관련지어 다음과 같이 지적한다.[10]

별이 존재하는 것은 자연 속의 서로 다른 힘들 사이에 몇 가지 정밀한 균형이 존재하기 때문이다. 이 정밀한 균형이 존재하려면 이런 힘들이 얼마만큼 강하게 작용할지 제어하는 변수들이 정교하게 조율되어야 한다. 많은 경우, 다이얼이 한 방향 혹은 다른 방향으로 조금만 돌아가도 별이 없는 세상이 나타나고 우리 우주보다 훨씬 못한 구조가 이루어진다.

생명을 낳는 우주는 사람들이 생각했던 것보다 훨씬 더 많은 제약을 받는다. 때문에 많은 사람들이 우주가 생명이 존재할 수 있게 "정교하게 조율되었다"고 말하게 되었다. 물론 이것은 정확하지 않은 은유다. 우주가 '정교하게 조율되었다'는 말은 수량화와는 어울리지 않기 때문이다.[11] 이 말은 정확한 수학 추론을 수식으로 표현

---

9. Ernan McMullin, "Indifference Principle and Anthropic Principle in Cosmology," *Studies in the History and Philosophy of Science* 24(1993), pp. 359-389.
10. Lee Smolin, *The Life of the Cosmos* (New York: Oxford University Press, 1997), p. 37.
11. Neil A. Manson, *God and Design: The Teleological Argument and Modern Science* (London: Routledge, 2003), pp. 8-11.

하는 것보다는 어떤 직관적인 조절 행위를 나타내는 것처럼 보인다. 더욱이 '정교하게 조율되었다'는 말은 양면성을 가진 말로서 **풍부함**과 **연약함**을 모두 지니고 있다. 우주론이라는 맥락에서는 풍부함의 의미가 더 부각되는데 '정교하게 조율된' 시스템들이 단단하면서도 풍성한 결과들을 낳기 때문이다. 연약함은 생물학이 다루는 상황들 속에서 드러난다. 생물학적 시스템들은 현재 환경에 꼭 맞게 적응해 있기 때문에, 이 환경에 중대한 변화가 일어나면 이 변화를 감당하지 못하는 취약성을 보인다. 우리는 이 책에서 첫 번째 의미로서의 '정교한 조율'에 주로 초점을 맞출 것이다. 그런데 '정교한 조율'이라는 것이 과연 무엇을 **의미할까**?

브랜든 카터(Brandon Carter)가 1974년에 소개한 '인간중심 원리'(anthropic principle)라는 말은 우주의 흥미로운 특성을 이야기하는 방법으로 널리 사용되었다.[12] 우주는 흥미롭게도 생명체에게 친근한 것처럼 보인다. 우주는 자신의 수수께끼 같은 속성들을 관찰하고 그 의미를 곱씹어 볼 인류(anthrōpos)의 출현을 촉진했을까?[13] 어떤 이들은 '인간중심'(anthropic)이라는 단어가 특별히 도움이 되지 않는다는 것과 몇 가지 다른 이유를 내세워 이 단어에 이의를 제기했다. 그러

---

12. Brandon Carter, "Large Number Coincidences and the Anthropic Principle," in *Confrontation of Cosmological Theories with Observational Data*, ed. M. S. Longair (Boston: D. Reidel, 1974), pp. 291-298. 이런 취지의 주장이 근대 우주론보다 먼저 등장했다는, 흥미로우면서도 조금은 문제가 있는 주장을 살펴보려면 Milan Cirkovic, "Ancient Origins of a Modern Anthropic Cosmological Argument," *Astronomical and Astrophysical Transactions* 22(2003), pp. 879-886을 보라.
13. 카터 자신은 '인간중심' 현상들이 존재하는 데 관찰자가 중요하다고 강조했다. Brandon Carter, "The Anthropic Principle and Its Implications for Biological Evolution," *Philosophical Transactions of the Royal Society* A 310(1983), pp. 347-363을 보라.

나 이 말은 해당 분야에서 입지를 굳혀 이제는 대신할 다른 용어를 찾기가 어렵다.[14] 어쩌면 '인간중심 원리'라는 말은 그 문제(곧 우주에 '정교한 조율'이 존재하는가? 있다면 그것은 무엇을 의미할까?—역주)의 해답에 다가가는 것이라기보다 그 문제를 천명하고 그 문제가 자리한 맥락을 밝힌 것(contextualization)이라고 보는 편이 더 나을지 모른다.[15] 어쨌든 사람들은 우주 안에 '정교한 조율'이 존재한다는 관찰 결과에 설명—상당한 신학적 의미를 가질 수 있는—이 필요하다는 데 널리 동의한다.[16]

이 책의 목적은 이런 논의를 진전시키되 자연과학과 지적 소통을 나누는 데 적합한 자연신학을 발전시키는 것과, 인간중심 현상들의 더 넓은 의미에 대한 과학적·철학적·신학적 토론에 기여하는 것이다. 나는 '정교한 조율'이 하나님에 대한 기독교적 믿음을 증명하는 증거라고 수상하지 않는다. 그러나 그리스도인들이 생각하는

---

14. 다른 분야들에서는 '인간중심'(anthropic)이라는 말을 자연에서 인간이 행하는 작용이나 활동을 가리키는 말로 사용한다. 예를 들어 '인간의 생태계 교란'을 이야기할 때 이 말을 쓴다. 우주가 분명 생명체에 친화성을 보인다는 점을 나타내는 대체 수단으로 '생명 중심' (혹은 생명을 중심으로 한, biocentric)이라는 말을 제안한 이도 있었는데, 이는 하버드 대학의 화학자 로렌스 헨더슨(Lawrence J. Henderson, 1878-1942)이 그의 글에서 쓴 용어를 따른 것이다. 예를 들어, 마이클 덴튼(Michael Denton)은 '생명을 중심으로 한 우주 설계 속 사례들' (biocentric adaptations in the design of the cosmos)을 이야기한다. Michael Denton, *Nature's Destiny: How the Laws of Biology Reveal Purpose in the Universe*(New York: Free Press, 1998), p. 14을 보라. 폴 데이비스(Paul Davies)는 'biophilic'이라는 단어를 선호한다. Paul Davies, "Universe Galore: Where Will It All End?" in *Universe or Multiverse?* ed. Bernard Carr(Cambridge: Cambridge University Press, 2007), pp. 487-505을 보라.
15. Ernan McMullin, "Fine-Tuning the Universe?" in *Science, Technology, and Religious Ideas*, ed., Mark H. Shale and George W. Shields(Lanham, MD: University Press of America, 1994), pp. 97-125.
16. Robin Collins, "A Scientific Argument for the Existence of God: The Fine-Tuning Design Argument," in *Reason for the Hope Within*, ed. Michael J. Murray(Grand Rapids: Eerdmans, 1999), pp. 47-75.

하나님의 모습, 곧 **다른 근거들을 토대로 참이라 믿는** 하나님의 모습과 조화를 이룬다고 주장한다. 여러 가지 중요한 점에서 상당한 수준의 지적 공명을 제공하기 때문이다.[17] 정교한 조율은 아무것도 '증명하지' 않는다. 그러나 심오한 시사점을 제공한다. C. S. 루이스(C. S. Lewis)의 빛나는 표현처럼, 그것은 "우주의 의미를 해명해 줄 실마리"일 수도 있지 않을까?

여기서 아주 중요한 점은 자연계에는 우리에게 이상해 보이는 것들이 많다는 것이다. 자연계가 분명 정교하게 조율된 것으로 보이는 것도 그 예다. 미국 철학자 찰스 퍼스(Charles Peirce, 1839-1914)는 그가 '놀라운 사실들'(surprising facts)이라고 부른 것이 바로 인간의 생각을 발전시킨 아주 중요한 자극제가 되었다고 주장했다. 그러나 어쩌면 퍼스는 어떤 사실들이 놀라운 이유가 오직 어떤 한 방향에서만 보기 때문이라는 것을 간파하지 못했는지도 모른다. 우리는 모두 유산으로 물려받거나 우리가 획득한 가설들, 그리고 우리가 관찰하는 것들을 이해할 수 있게 도와줄 마음 지도(mental map)를 가지고 자연을 관찰한 결과에 다가간다.[18] 이 책의 중심 논지는 간단하다. 사람들이 관찰할 수 있는 어떤 사실들은 정말 '놀랍다.' 그러나 우리는 이런 사실들이 놀랍지 **않아** 보이고 심지어 충분히 예상

---

17. 존 폴킹혼(John Polkinghorne)의 글이 이 테마를 다룬 내용을 비판적으로 평가한 글을 보려면, Bernd Irlenborn, "Konsonanz von Theologie und Naturwissenschaft? Fundamentaltheologische Bemerkungen zum interdisziplinären Ansatz von John Polkinghorne," *Trierer theologische Zeitung* 113(2004), pp. 98-117을 보라.
18. 자연신학이 그려 보인 이런 마음 지도 내지 마음 도식(圖式)의 중요성을 살펴보려면, McGrath, *Open Secret*, pp. 80-110, 특히 pp. 86-92를 보라.

할 수 있는 것으로 보일 수도 있는 관점을 얼마든 상상할 수 있다. 현실 세계를 바라보는 그리스도인의 시각은 그 나름대로 명확한 증거에 바탕을 둔 근거와 고유한 합리성을 갖고 있다. 이 시각은 우리에게 자연계를 볼 수 있는 관점과, 다른 사람들은 수수께끼나 이상한 것으로 여길 수 있는 어떤 것—가령 정교한 조율 같은 것—들을 그리스도인이 제시하는 더 큰 그림과 일치하는 것으로 볼 수 있게 해주는 관점을 제공한다.

이 책의 목표는 자연 속에 존재하는 정교한 조율에 대한 논의와 분석을 확대하고, 이 논의와 분석을 설명해 줄 수 있는 유익한 신학적 틀을 제공하는 것이다. 과학계 내부에서는 이런 현상들을 둘러싼 흥미롭고 생산적인 토론이 점점 더 늘어가는데, 여기에서 대체로 신학을 소외시키는 경향이 있었다. 그것은 이런 논의와 신학이 무관하다는 인식 때문이 아니라, 많은 전문 신학자들이 이런 논의를 특별히 중요하거나 풍성한 열매를 낳을 수 있는 것으로 여기지 않는 것 같다는 조금은 더 황당한 판단 때문이었다. 바로 이런 토론에 신학의 엄밀함과 열정을 도입하는 것이 내 소망이다.[19]

외관상 정교한 조율이 명백해 보이는 사례들을 놓고 이야기할 때, 그런 사례가 있다고 인정하는 차원에서 한 걸음 더 나아가 더 많은 것을 이야기해야 한다. 이 책은 삼위일체 자연신학이 제공하는 틀의 맥락 속에서 현상들을 밝혀내고 설명하고자 추구하는, 옹호할 수 있고 원칙에 맞는 자연신학 접근법을 제시한다. 기독교 전

---

19. 물론 중요한 예외들이 있다. 가령 Keith Ward, *Religion and Creation*(Oxford: Oxford University Press, 1996), pp. 297-300을 보라.

통의 근본 테마들이 그 틀을 짜주고 이 테마들에서 정보를 얻은 자연신학—곧 **삼위일체** 자연신학—은 기독교 신앙, 예술과 문학, 그리고 무엇보다 자연과학을 하나로 모아주는 수렴 지점 역할을 함으로써, 이들이 대화하고 서로 융합하고 상호 풍성하게 해줄 중요한 가능성을 열어 줄 수 있다. 삼위일체에 입각한 자연신학 접근법을 따르면, 기독교 신앙은 광대하게 펼쳐진 현실 세계를 독특한 지적 빛으로 밝혀 줌으로써, 인류를 자기 내면으로만 파고드는 자아도취(introspective self-preoccupation)에서 구해 내고 자연계 연구에 깨우침과 영감을 불어넣어 줄 수 있다. 이런 자연신학 접근법은 지적 회피나 왜곡이나 잘못된 설명을 범하지 않고도 복잡다단한 자연계 스펙트럼과 완전하게 대면할 수 있다.

이처럼 이 책에서는 주로 정교한 조율이나 인간중심 현상에 대한 관찰의 의미를 어떤 일관된 실재에 대한 진술 안에서 고찰함으로써 삼위일체 자연신학이 지닌 지적 장점들을 확증하고 탐구하려 한다. 이 책은 한편으로는 이 시대의 자연과학과 기독교 신학이 나누는 대화에 기여하고, 다른 한편으로는 기독교 학계가 자연신학의 신학적 정당성과 의미를 놓고 오랫동안 벌여 온 논쟁에 기여할 것이다. 아울러 이 책은 우리 세대가 신앙 전통에 합치하면서도 과학적 일관성을 가지는 창조 이야기를 회복할 수 있는 가능성을 열어 준다.[20] 나는 스티븐 제이 굴드(Stephen Jay Gould)가 좋은 의도로 말했지만 결국 잘못된 관념임이 드러난 과학과 종교의 '겹치지 않는 교도권'

---

20. Karl Giberson, "The Anthropic Principle: A Postmodern Creation Myth?" *Journal of Interdisciplinary Studies* 9(1997), pp. 63-90에서 강조하는 점이다.

(non-overlapping magisteria: 과학과 종교는 각자 별개 영역으로서 서로 상대방에게 어떤 가르침이나 깨우침도 제공해 주지 않는다는 주장—역주)에 동조하지 않는다는 것을 명백히 드러냈다. 오히려 나는 서로 고유한 지적 탐구 영역을 대변함에도 불구하고 자연과학과 기독교 신학이 서로 다루는 주제와 사용하는 방법을 상대방에게 침투시킴으로써 서로를 더욱 풍성하게 할 가능성을 제공한다고 생각한다.

나는 먼저 삼위일체 자연신학이 풍성하고 힘이 있는 설명을 제공한다고 주장하고, 그에 이어 분명 설명이 필요한 자연계의 몇 가지 측면—즉 정교한 조율을 보여 주는 자연 내부의 증거—을 살펴보려고 한다. 나는 이 책의 상당 부분을 정교한 조율이라는 개념을 과학적으로 분석하는 데 할애했다. 그 이유는 '정교한 조율'이라는 개념이 분명 자연신학과 연관이 있기 때문이고, 기포드가 정한 규정에 따라 내가 자연신학을 "엄밀한 의미의 자연과학, 과학일 수 있는 모든 학문 중에서도 가장 위대한 과학으로" 다루어야 했기 때문이다.[21] 인간중심 현상을 다룬 많은 저작들이 우주론에서 말하는 상수들이 생명체 출현에서 가지는 중요성에 초점을 맞추었다. 이 책의 이 항목은 이런 분석을 상당히 확장해 인간중심 현상들을 화학과 생화학과 진화생물학 영역에서 어떻게 식별해 낼 수 있는지 보여 준다. 이런 현상들의 존재를 실재를 바라보는 기독교의 시각, 특히

---

21. 윌리엄 제임스(William James)가 쓴 고전 *The Varieties of Religious Experience*(1902)은 그가 1901년에 에든버러 대학교에서 한 기포드 강연에 바탕을 둔 것으로 이런 취지의 용어들을 반영한다. Hendrika Vande Kemp, "The Gifford Lectures on Natural Theology: Historical Background to James's '*Varieties*,'" *Streams of William James* 4(2002), pp. 2-8을 보라.

그 시각이 만들어 내고 지탱해 주는 여러 형태의 자연신학에 근거해 설명할 수 있다는 것이 나의 주장이다.

내가 이 책을 쓰는 데 도움을 준 여러 사람들에게 감사한다. 또 2009년 기포드 강연 연사로 나를 기꺼이 초청해 준 애버딘 대학교에 감사한다. 이 책은 그 강연 내용을 확장한 것이다. 또 특별히 애버딘에서 시간을 보내는 내내 훌륭하게 일정을 편성해 주고 환대를 베푼 트레버 새먼 교수, 로버트 프로스트 교수, 던컨 헤들 박사와 사라 베리에게 감사하고 싶다. 옥스퍼드 대학교 해리스 맨체스터 칼리지는 이 책이 다루는 기본 테마들을 연구할 수 있도록 탁월한 학문 공동체를 제공해 주었다. 존 템플턴 재단은 이 책을 저술하는 프로젝트를 수행하는 데 필요한 재정을 지원해 주었다. 이 재정 지원이 없었다면 이 책을 쓸 수 없었을 것이다. 아울러 나는 동료 학자들에게 상당한 도움을 받았는데, 특히 데니스 알렉산더, 존 배로, 사이먼 콘웨이 모리스, 로드니 홀더, 아드 루이스, R. J. P. 윌리엄스, 그리고 윌슨 푼이 베푼 도움에 사의를 표시하고 싶다. 또 유익한 대화를 나눈 저스틴 배러트, 존 헤들리 브루크, 버나드 카, 조애너 콜리커트, 폴 데이비스, 피터 해리슨, 리처드 스윈번, 그리고 키스 워드에게 감사한다. 이 책에서 제시한 해석이나 사실에 어떤 오류가 있다면 그것은 모두 내 책임이다.

나는 이 책을 20세기 스코틀랜드가 낳은 가장 위대한 신학자 존 맥쿼리(John Macquarrie, 1919-2007)와 토머스 포사이드 토렌스(Thomas Forsyth Torrance, 1913-2007)를 추모하며 그들에게 헌정한다. 이 두 사람은 각기 우리의 자연신학 이해에 중대한 기여를 했을 뿐 아니라,

신학이라는 순례 여정을 걸어가는 내게 친밀한 도움과 격려를 베풀어 주었다. 두 사람이 많이 그립다.

알리스터 맥그래스
2008년 옥스퍼드에서.

들어가는 글

1장

사물을 이해하고 싶어 하는 갈망

우리가 자연을 이해하고자 갈망하는 것은 당연하다. 윌리엄 제임스(William James)는 '종교가 말하는 신앙'이란 본디 "자연계의 수수께끼들을 발견할 수 있고 설명할 수 있는 모종의 질서가 존재한다고 믿는 것"[1]이라고 했다. 사람들은 사물을 열렬히 이해하고 싶어 한다. 사람들은 자연이라는 풍성한 옷감 위에 새겨진 모양들을 식별해 그것을 둘러싸고 일어나는 일들을 설명하고, 자신들의 삶이 가지는 의미를 성찰하고 싶어 한다.[2] 이는 마치 우리 지식의 안테나들을 우

---

1. William James, *The Will to Believe*(New York: Dover Publications, 1956), p. 51.
2. 이것이 자연신학의 근본을 이룬다. 이는 피터 디어도 언급한다. Peter R. Dear, *The Intelligibility of Nature: How Science Makes Sense of the World*(Chicago: University of Chicago Press, 2006), p. 173. "자연철학임을 증명해 주는 인증마크는 그 철학이 이해가능성에 강조점을 둔다는 것이다. 자연철학은 자연현상을 가져다가 그 현상을 논리에 맞게 결합하고 옳아 보이는 가설들에 의존하는 방법을 통해 설명함으로써 그 현상의 의미를 밝히려고 노력한다." 다양한 분야를 넘나들며 특히 인간학의 시각에서 탁월한 분석을 제시한 글을 보려면, Mary E. Clark, *In Search of Human Nature*(London: Routledge, 2002), pp. 160-191을 보라. 아울러 Eric Klinger, "The Search for Meaning in Evolutionary Perspective and Its Clinical

리를 둘러싼 목적과 의미를 해명해 줄, 세계의 구조 속에 숨어 있는 실마리들을 밝혀내려고 조정하는 것과 마찬가지다.[3] 마이클 폴라니(Michael Polanyi)가 말하듯, "우리가 가진 실마리들은 감춰진 실재가 있음을 느끼게 하며, 이런 느낌은 우리를 인도해 발견을 추구하게 한다."[4] 때문에 사람들이 자기 주위에서 관찰한 것들을 깊이 생각하고, 경험의 표면 아래에 더 심오한 수준의 의미가 있을 수 있다고 느끼는 것은 놀라운 일이 아니다.

의미를 찾는 일 자체는, 문화들과 그 문화 속 개인들이 삶의 의미가 무엇인가를 놓고 사뭇 다른 설명들을 내놓음에도 불구하고 역사와 문화의 경계를 초월해 존재한다.[5] 가령 로이 바우마이스터(Roy Baumeister)는 사람들을 광범위하게 인터뷰한 뒤 이를 토대로 네 가지 기본 욕구—목적, 효과, 가치, 자존감—가 인간의 의미 탐구 밑

Implications," in *The Human Quest for Meaning: A Handbook of Psychological Research and Clinical Applications*, ed. P. T. P. Wong and P. S. Fry(Mahwah, NJ: Erlbaum, 1998), pp. 27-50에는 특히 유익한 논의가 있다. 아울러 조각 사건들에서 의미를 만들어 내는 인간 인식의 '인과철선'과 관련된 강조점들을 보려면, Scott Atran and Ara Norenzayan, "Religion's Evolutionary Landscape: Counterintuition, Commitment, Compassion, Communion," *Behavioral and Brain Sciences* 27(2004), pp. 713-770을 보라.

3. Adriaan T. Peperzak, *The Quest for Meaning: Friends of Wisdom Plato to Levinas*(New York: Fordham University Press, 2003), pp. 1-6. 사람이 뭔가를 인식할 때 주목하는 대상이 편향성을 보인다는 것을 살펴보려면, Michael I. Posner and Steven E. Petersen, "The Attentional System of the Human Brain," *Annual Review of Neuroscience* 13(1990), pp. 25-42을 보라.
4. Michael Polanyi, *The Tacit Dimension*(Garden City, NY: Doubleday, 1967), p. 24. 폴라니가 특히 이것과 '종교적 발견'(religious discovery)이라는 개념을 어떻게 연계하는지 주목하라.
5. Tiziano Terzani, *A Fortune-Teller Told Me*(London: HarperCollins, 1997)가 제시하는 풍부한 아시아권 자료를 보라. '무'(nothingness)라는 테마는 서양 사람들보다 아시아 사람들이 제시하는 의미 설명에서 더 두드러지게 나타난다. Victor Florian and Lonnie R. Snowden, "Fear of Personal Death and Positive Life Regard: A Study of Different Ethnic and Religious-Affiliated American College Students," *Journal of Cross-Cultural Psychology* 20(1989), pp. 64-79.

바닥에 자리해 있는 것으로 보이며, 이 욕구들은 "사물과 사건과 관계들 사이의 관계들에 관한 공유된 정신적 표현"이라는 의견을 제시한다.[6]

그러면 왜 이런 의미 탐구가 그토록 중요한가? 슈테판 슐츠하르트(Stefan Schulz-Hardt)와 디터 프라이(Dieter Frey)는 이런 의미 탐구가 보편성을 띠는 이유를 파헤쳐 보면 크게 세 가지를 찾아낼 수 있다고 주장한다.[7] 첫째, 의미 탐구는 실존에 안정성을 부여해 사람들이 삶 속에서 자신이 서 있는 위치를 바로 알게 해준다. 둘째, 의미 탐구는 무의미가 가하는 명백한 위협에 부딪칠 때 이를 방어할 메커니즘을 제공한다. 무의미는 사람들을 집어삼켜 그들이 삶의 난관을 극복할 수 없게 만들 수 있다. 삶이 무의미하다는 생각은 낙심이나 자살 기도, 알코올 중독이나 탐닉 같은 비참하고 나쁜 결과들로 이어질 수 있다. 셋째, 의미 탐구는 객관적 실재에 대한 주관적 반응으로 이해할 수 있다. 각 사람은 이런 반응을 통해 그들의 내면세계를 재조정해 더 심오한 사물의 질서, 곧 이런 사물들과 별개로 존재한다고 믿는 질서에 맞추려고 시도한다. 따라서 이런 주관적 의미 탐구는 그런 의미가 객관적으로 존재하며, 그것을 탐구하려는 의지와 능력을 가진 사람들은 그것을 발견할 수 있다는 확신에 근거를 둔다.[8]

---

6. Roy F. Baumeister, *Meaning of Life*(New York: Guilford Press, 1991), p. 15.
7. Stefan Schulz-Hardt and Dieter Frey, "Das Sinnprinzip: Ein Standbein des Homo Psychologicus," in *Bericht über den 40. Kongress der Deutschen Gesellschaft für Psychologie in München 1996; Schwerpunktthema: Wissen und Handeln*, ed. H. Mandl (Göttingen: Hogrefe Verlag, 1997), pp. 870-876.
8. 이것이 고대 근동 지혜 문학의 중심 주제다. 이 주제는 잠언과 욥기 같은 성경 속 책들에서도 자주 울려 퍼진다. Katharine J. Dell, *The Book of Proverbs in Social and Theological Context*

역사는 이런 의미 탐구가 인간의 정체성에 중요하다는 사실을 우리로 하여금 더욱 절실하게 알게 해준다. 인류의 먼 조상들은 별의 운행을 알면 대양(大洋)을 항해할 수 있고 나일 강의 범람을 예측할 수 있다는 것을 깨닫고 별을 연구했다. 그러나 인간이 밤하늘에 보인 관심은 단순히 실용성 차원을 훨씬 뛰어넘는 것이었다. 많은 사람들은 질문했다. 어둠이 벨벳처럼 뒤덮은 하늘 속에서 빛이 고요히 새어 나오는 이 조그만 구멍들이 삶의 기원과 목표에 대해 더 심오한 무언가를 밝혀 줄 수 있지 않을까? 그 조그만 구멍들이 사람으로 하여금 그에 맞추어 살도록 하는 더 심오한 도덕 질서와 지적 질서를 증언해 줄 수 있지 않을까? 자연에는 그 의미를 알려 줄 실마리들이 문장(紋章)처럼 그려져 있지 않을까? 또 사람의 정신도 그런 실마리들을 찾아내고 그것이 가지는 의미를 파악할 수 있도록 만들어지지 않았을까?

이것이 문명이 동틀 때부터 오늘날에 이르기까지 세대를 불문하고 인류의 상상을 사로잡아 온 생각이다. 진정한 지혜란 실재의 표면 아래 자리한 더 심오한 구조를 분별하는 것이었다. 고대 근동의 지혜 문학이 남긴 가장 빼어난 작품들 가운데 하나인 욥기는 지혜를 가리켜 감춰진 것, 땅속 깊은 곳에서 찾아내야 하는 것이라고 하면서 지혜가 가지는 참된 의미는 수박겉핥기 식으로 대충 훑어봐서는 발견할 수 없다고 한다.[9] 기호학의 등장은 우리로 하여금 자연적

(Cambridge: Cambridge University Press, 2006), pp. 125-154.
9. Paul S. Fiddes, "'Where Shall Wisdom Be Found?' Job 28 as a Riddle for Ancient and Modern Readers," in *After the Exile: Essays in Honor of Rex Mason*, ed. John Barton and David Reimer, 171-190(Macon, GA: Mercer University Press, 1996). 이 지혜 문학 작

대상과 실체를 그 자체 너머에 있는 것을 가리키며 표현하고 전달하는 기호로 보게 해주었다. 사물들이 가지는 참 의미를 발견하려면 무언가를 읽는 습관과 응시하는 방법들을 개발할 필요가 있다. 그런 습관과 방법이 자연을 곱씹으며 관찰하는 사람으로 하여금 다른 사람들은 우연한 일이나 사고로 여길 곳에서 의미를 찾아낼 수 있게 한다. 이를 폴라니가 쓴 이미지를 활용해 달리 표현하면, 어떤 사람은 소음밖에 듣지 못하는 곳에서 다른 사람은 음악을 듣는다고 말할 수 있다.[10]

폴라니의 이미지는 의미를 찾아내는 인간의 능력이 중요함을 강조하는 선명한 이미지다. 의미의 판단은 적어도 어느 정도는 직관을 함유한다. "우연한 집합들과 구별되는 의미 있는 집합들을 찾아내는 우리의 능력은 궁극적으로 개인의 판단하는 힘에 달렸다. 외적인 논증은 판단에 보탬이 될 수는 있지만 그것을 좌지우지할 수는 없다. 우리가 내리는 최종 결정은 늘 암묵적인 것으로 남아 있다."[11] 사람의 정신은 그 정신이 자연 속에 존재하는 중요하고 의미를 지닌 모양들로 여기는 것을 가려내고 이해할 수 있다. 이와 마찬가지로 탐정 소설의 변함없는 인기는 실마리와 수수께끼와 미스터리를 이해하고

품이 가지는 의미를 다룬 고전적 연구를 읽어 보려면, H. H. Rowley, "The Book of Job and Its Meaning," *Bulletin of the John Rylands Library* 41(1958), pp. 162-207을 보라. 욥이 지혜를 탐구하는 것을 신학 차원에서 성찰한 글을 보려면, David Ford, *Christian Wisdom: Desiring God and Learning in Love*(Cambridge: Cambridge University Press, 2007), pp. 90-119을 보라.

10. Michael Polanyi, "Science and Reality," *British Journal for the Philosophy of Science* 18(1967), pp. 177-196, 특히 190-191.
11. *Ibid.*, p. 191.

싶어 하는 인간의 욕구, 그리고 이것들을 풀어내는 데서 유래하는 만족감을 증언한다.[12] C. S. 루이스는 이를 언급하며 '옳음과 그름'이 "우주의 의미를 풀어내는 실마리들"이라고 주장했다.[13]

여기에는 셰익스피어가 쓴 「뜻대로 하세요」(*As You Like It*)와 분명하게 평행을 이루는 지점이 있다. 「뜻대로 하세요」를 보면 선한 시니어 공(Duke Senior)이 아르덴 숲으로 쫓겨난다. 시니어 공은 거기서 로빈 후드처럼 자연을 벗 삼아 자기를 따르는 신실한 추종자들과 더불어 살아간다. 거기서 그는 자신이 쫓겨난 썩어빠진 궁궐보다 오히려 자연에서 더 많은 것을 배울 수 있을지도 모른다고 생각한다.[14]

> 또 이 우리의 삶은, 바글거리는 사람들에게서 벗어나,
> 숲에서 말을 발견하고, 흐르는 시냇물에서 책을 발견하며,
> 돌 들에서 설교를 발견하니, 만사가 좋기만 하구나.

여기에서는 자연을 표현하고 말할 수 있는 능력을 가진 존재로 이해한다. 그렇다면 자연은 어떻게 그가 전하려는 의미를 드러낼 수 있을까? 자연이 전하려는 의미를 풀 수 있는 실마리들이 자연을 이루

---

12. 찰스 퍼스가 1909년에 발표한 논문 "추측"(Guessing)에서 전개한 귀추법에 따른 사고 형태들과 범죄 소설 사이의 연관성을 탁월하게 설명한 글을 보려면, Thomas A. Seboek and Jean Umiker-Seboek, "'You Know My Method': A Juxtaposition of Charles S Peirce and Sherlock Holmes," in *The Sign of Three: Dupin, Holmes, Peirce*, ed. Umberto Eco and Thomas A. Seboek(Bloomington: Indiana University Press, 1983), pp. 11-54를 보라.
13. 이것이 루이스가 쓴 작품 「순전한 기독교」, 이종태·장결철 역(홍성사, 2008) 1부의 제목이다. 이 부분은 도덕에 근거한 논증을 다시 풀어 이야기하는 형태를 띤다. C. S. Lewis, *Mere Christianity*(New York: HarperCollins, 2001), pp. 3-33.
14. William Shakespeare, *As You Like It*, act 2, scene 1, 15-17행.

는 조직 속에 박혀 있을까? 그러나 이런 질문들은 다른 말로 바꿔야 할지도 모른다. 요컨대 자연은 아무것도 드러내지 않는다. 자연은 '말하지' 않는다. 말을 할 줄 모르기 때문이다. 의미를 구축하는 것은 인간 정신이 행하는 창조 활동이다. 인간 정신이 관찰한 것을 그 정신이 성찰하는 일이 의미 구축이기 때문이다. 자연은 "변론할 혀도, 감정을 느낄 마음도 갖고 있지 않다." 자연이 하는 역할은 한정되었다. 자연은 "그저 존재할 뿐"이기 때문이다.[15] 그럴지라도 자연은 표지와 상징을 통해 그가 말하려는 의미를 지혜 있는 사람들에게 "드러내고"['instressed': 본디 'instress'라는 말은 제라드 맨리 홉킨스(Gerard Manley Hopkins)가 개개 사물이 가진 독특한 의미나 개성을 힘써 파악함을 뜻하는 말로 만들어 쓴 시어(詩語)-역주] 있을지도 모른다. 그러나 그 의미를 알아차리는 것은 관찰자가 해야 할 일이다. 관찰자는 그가 관찰한 것이 지닌 의미를 이해하기 위해 어떤 도식이나 마음 지도를 구축해야 한다.

이런 생각은 17세기 과학 혁명에 아주 중대한 기여를 한 사람들 가운데 하나인 아이작 뉴턴(Isaac Newton, 1642-1727)이 남긴 의미심장한 말 속에도 들었다. 뉴턴은 과학과 수학 분야에서 여러 돌파구를 마련했으며(가령 행성의 운동 법칙들을 발견하고, 미적분 계산법과 광학 이론을 발전시켰다), 덕분에 그는 자연을 하나의 메커니즘으로 바라보는 새로운 이해의 최전선에 서게 되었다. 뉴턴은 자연에서 볼 수 있는 것들이 자연 속 더 깊은 곳에 숨어 있는 것들을 알려 주는 표지라고 보

---

15. Gerard Manley Hopkins, "Ribblesdale"(1883), 3-4행. 이를 평한 글을 보려면, Alister E. McGrath, *The Open Secret: A New Vision for Natural Theology*(Oxford: Blackwell, 2008), pp. 133-139을 보라.

앉으며, 우리 눈으로 볼 수 있는 것들이 자연 속 더 깊은 곳에 숨어 있는 것들을 귀띔해 준다고 보았다. 그는 삶을 마칠 즈음 이런 글을 썼다.[16]

내 생각에 나는 그저 바닷가에서 놀다가 가끔씩 보통 것보다 더 보드라운 조약돌을 발견하거나 더 예쁜 조개를 발견하면 즐거워하는 소년에 불과했고, 진리라는 거대한 바다는 온통 미답(未踏)인 채 내 앞에 펼쳐져 있었습니다.

텍스트와 심상이 친숙하다고 그것이 표현하는 근본 개념을 보지 못하고 지나쳐서는 안 된다. 과학 작업은 종종 경험할 수 있는 현상, 겉으로 나타난 현상에 초점을 맞추다가 더 깊은 곳에 자리한 구조와 세계의 의미를 지나쳐 버린다. 우리는 저 건너편에 고요한 심연이 있는 것도 모른 채 혹은 그런 심연이 있다는 것을 알더라도 용감하게 뛰어들어 보려는 마음은 접어 두고 바닷가에서 노닥거린다. 조약돌과 조개는 아주 작은 이미지들이요, 문지방에 서 있음을 아는 지식 정도에 불과하다. 우리 눈으로 볼 수 있는 것은 사람을 애태우며 여전히 발견되지 않은 채 남아 있는 더 거대한 실재가 있음을 알려 주는 표지다.[17]

---

16. David Brewster, *Life of Sir Isaac Newton*, rev. W. T. Lynn, new ed.(London: Tegg, 1875), p. 303.
17. 아퀴나스가 다룬 이 주제를 탁월하게 논한 글을 읽어 보려면, Lawrence Feingold, *The Natural Desire to See God according to St. Thomas and His Interpreters*(Rome: Apollinare Studi, 2001)를 보라.

이것은 자연신학의 오랜 관심사였다. 여기서 자연신학은 우리가 경험하는 일상 세계와 초월의 영역—기독교 신앙 같은 경우는 "우리 주 예수 그리스도의 아버지 하나님"(벧전 1:3)과 함께 있는 영역—이 서로 연결되어 있다는 전제를 가지고, 기독교 신앙과 인류 문화가 서로 대화를 나눌 수 있는 공통 지반을 발견하려는 시도로 해석하는 것이 가장 적절하다. 자연신학은 "지식과 믿음을 한데 엮어 짠 것"을 대표한다. 21세기에는 생각의 두 습관 축인 지식과 믿음을 종종 서로 대립하는 것으로 보곤 하지만, 사실 이 둘은 아직도 창조적 수렴(convergence)을 이룰 가능성이 있다.[18] 사람들이 자연과학과 기독교 신학 사이의 대화에 점점 더 많은 관심을 기울인다는 것은, 자연신학이 실재를 풍성하게 상상해 볼 수 있도록 자극하고 그렇게 상상할 만한 자원을 제공할 수 있는 개념적인 만남의 공간임을 분명하게 일러 준다. 그러나 자연신학은 그동안 희한하게도 이런 논의들에서 소외당했고, 그 잠재력 역시 실망스럽게도 여전히 미개발 상태로 남았다.

왜 이런 일이 벌어졌을까? 이렇게 자연신학이 소외당한 데는 분명 몇 가지 요인이 있지만, 가장 큰 요인은 자연신학이 과거가 남긴 유물이요 폐물로서 그 과거가 지닌 양면성 때문에 손상을 입었고, 현재 이 자연신학에 덧붙여진 이미지들로 인해 오염되어 버렸다는 것이다. 나는 지난 10년 동안 신학자, 철학자, 자연과학자 들과 사사

---

18. 이에 공감하면서도 폭넓은 지식을 제공하는 설명을 보려면, Fernando Vidal and Bernard Kleeberg, "Knowledge, Belief, and the Impulse to Natural Theology," *Science in Context* 20(2007), pp. 381-400을 보라.

로이 대화를 나누며 어떤 식으로든 자연신학의 실상을 대변했다. 그들은 대체로 자연신학을 해변에 밀려왔다 바닷물이 빠지면서 오도 가도 못해 결국 죽음을 맞아, 철학과 과학이라는 태양이 내뿜는 열기 아래 처참하게 썩어 가는 고래와 같다고 봤다.

심각한 문제다. 과거에는 자연신학이 개념적으로 투과성 있는 경계를 가진 영역을 마련하였고, 그 영역에서 기독교 신학과 예술과 문학, 그리고 특히 자연과학이 서로 대화하고 서로를 풍부하게 하는 일이 일어났다. 빅토리아 시대는 여러 가지 흠도 있었지만, 찰스 킹슬리(Charles Kingsley), 존 러스킨(John Ruskin), 제라드 맨리 홉킨스가 쓴 작품들이 보여 주듯, 탁월한 창조성을 발휘한 자연신학의 논의들을 생산하였다.[19] 그러나 이제 이런 대화는 거의 없다. 부분적인 이유는 신학이 '자연적'인 것이라는 개념(the concept of the 'natural')과 신시하게 접촉하지 않기 때문이다.[20] 자연과 접촉하는 것이 신학을 메마르게 한다는 믿음이 지식을 상당히 풍요롭게 해줄 잠재력을 가로막았다. 결국 칼 바르트(Karl Barth)가 유감스럽게도 자연과학과 의미 있는 소통을 하지 못한 것도[21] 그가 자연신학을 확실히 좋지 않

---

19. Hilary Fraser, *Beauty and Belief: Aesthetics and Religion in Victorian Literature* (Cambridge: Cambridge University Press, 1986)가 제시하는 유익한 분석을 보라.
20. John Macquarrie, "The Idea of a Theology of Nature," *Union Seminary Quarterly Review* 30(1975), pp. 69-75에서 강조하는 점들에 주목하라. 맥쿼리가 계속 발전시켜 간 '새로운 스타일'의 자연신학을 탁월하게 설명한 글을 보려면, Georgina Morley, *John Macquarrie's Natural Theology: The Grace of Being*(Aldershot: Ashgate, 2003), 특히 pp. 97-120을 보라. 나는 맥쿼리의 접근법의 몇 가지 측면에는 지지를 유보하지만, 이런 자연신학이 "어떤 것을 **증명하지 않고 다만 우리가 어떤 것을 보게 해줄 뿐**"이라는 그의 주장에는 온전히 동의한다.
21. Harold P. Nebelsick, "Karl Barth's Understanding of Science," in *Theology beyond Christendom: Essays on the Centenary of the Birth of Karl Barth*, ed. John Thompson (Allison Park, PA: Pickwick Publications, 1986), pp. 165-214.

게 인식한 것과 분명 연관이 있다.

그러나 자연신학이라는 개념 자체는 믿음과 가설로 이루어진 어떤 고정체(固定體)를 가리킨다기보다 어떤 방법을 가리킨다. 기독교 전통 안에는 유일하면서도 연속성을 지닌 자연신학 내러티브, 다시 말해 한 접근법만을 옳다고 규정하고 다른 접근법들은 정통이 아니거나 변두리에 있는 것으로 규정하는 자연신학 내러티브는 존재하지 않는다. 기독교 신학과 자연계가 서로 접촉하는 양식은 그 시대의 지적·문화적 환경을 통해 만들어지기 때문에, 그 한계가 불분명하고 다양하게 변화한다. 4세기에 알렉산드리아에서 발전한 자연신학 양식이 19세기 잉글랜드에서 대세를 이룬 자연신학 양식과 확연히 다른 것도 그 때문이다. 이런 자연신학 양식들은 '지역 신학'(local theologies: 특정 지역의 상황과 현실을 반영한 신학—역주)[22]으로서 그 신학이 가진 역사와 특수성을 반영하고 '자연'이라는 개념과 관련해 아주 독특한 이해를 담고 있는 경우가 종종 있다.[23]

지난 50년 사이에 '자연'(nature)과 '자연적인 것'(the natural)이 계몽주의자들이 전제하듯 객관적이고 자율적인 실체라기보다는, 유연한 관념이요 여러 가지 해석을 허용하는 관념이며, 따라서 권력과 기득권과 이데올로기와 사회적 압력에 종속될 수 있다는 쪽으로 공감대가 형성되었다.[24] 사람들이 '자연'을 어떻게 이해하고 정의해 왔

---

22. Robert J. Schreiter, *Constructing Local Theologies*(Maryknoll, NY: Orbis, 1985)를 보라.
23. 이런 핵심 개념 형성에서 문화의 맥락이 가지는 중요성을 살펴보려면, Ulf Hannerz, *Cultural Complexity: Studies in the Social Organization of Meaning*(New York: Columbia University Press, 1992), pp. 3-4, 15을 보라.
24. Alister E. McGrath, *A Scientific Theology*, vol. 1, *Nature*(London: Continuum, 2001), pp. 81-133에서 제시하는 상세한 분석을 보라.

는지 그 역사를 조사해 보면 놀라울 정도로 광범위한 의견들이 나타나는데 이 견해들은 대부분 경험을 통해 확증할 수 있는 차원을 넘어선 것들이다. 이런 점을 언급하는 것은 어떤 형태의 상대주의로 물러나거나 사물에 대한 순수한 사회 구성주의적 설명을 제시하려는 것은 아니다. 비판적 실재론자들은 이 사실을 쉽게 받아들이는데, 그것은 '자연'이 논쟁이 가능한 개념으로 이해되고 있다는 불가피한 사실을 직면하려는 것이다. 이런 관점은 비판적 실재론의 전망과 잘 조화된다.

'자연'이란 인간 관찰자가 어떤 식으로 자연계와 경험적 세계를 바라보고, 해석하고, 그 안에서 살아갈지에 관해 선택한 방식들을 가리킨다. 관찰의 과정은 '이론이 개입하며'(N. R. Hanson) 실재를 바라보는 기존 도식들 내지 '마음 지도들'이 관여한다. 자연의 개념들은 다양하다. 자연에 대한 생각이 본질상 순응성이 있고 확정돼 있지 않아서 사람의 마음이 행하는 개념 조작에 매우 민감하기 때문이다. 이 점을 인식하는 것이 '자연신학'을 새롭게 하는 데 아주 중요하며, 비판적 실재론자의 시각에서 '자연신학'을 새롭게 하려 할 경우 특히 더 그렇다. 계몽주의 시대에 대세를 이루었던 견해와 반대로, '자연'이라는 단어는 해석을 요구하는 어떤 객관적 실체가 아니다. 자연은 이미 해석된 실체이며 새롭게 '보여짐'으로써 **재해석**이 되어야 하는 실체다.

결국 '자연'이라는 관념 자체는 사회가 구성해 낸 관념이다.[25] 문

---

25. 이를 가장 훌륭하게 분석한 것이 Klaus Eder, *Die Vergesellschaftung der Natur: Studien zur sozialen Evolution der praktischen Vernunft*(Frankfurt am Main: Suhrkamp, 1988)

화적 차원에서 구성한 이런 모든 개념 및 세계와 마찬가지로 '자연' 역시 "늘 변하는 건축물로서 세대가 변함에 따라 끊임없이 힘써 건설하고 허물었다가 다시 세우고 다시 디자인해야 하는 것"이다.[26] 자연에 대한 인간의 이해는 수시로 확연히 이랬다저랬다 변하는 정의(곧 '자연'이란 무엇인가를 규정하는 정의-역주)에 복종해 왔으며,[27] 이는 자연신학이라는 관련 개념에도 중요한 결과들을 초래했다. 따라서 자연신학에 관한 이해도 상황에 따라 다른 모습으로 구체화된다. 이 때문에 그런 이해들 가운데 하나를 마치 **어디에나 있는 것, 언제나 있는 것, 모든 사람이 믿는 것**(quod ubique, quod semper, quod ab omnibus creditum est)으로 간주하여 한 역사적 공동체로부터 다른 공동체로 간단히 옮겨 심을 수는 없는 일이다.

최근 자연신학을 둘러싼 논의는 이 자연신학이라는 말이 의미상 확고불변하고 인식론상 독자성을 지닌 신학 양식을 정의해 준다는 가정 아래 이루어졌다. 자연과 나누는 사귐을 통해 하나님의 존재와 하나님의 본질 같은 것을 추론해 내는 것이 바로 자연신학의

다. 이 테마를 더 알기 쉽게 다룬 책으로서 영어로 쓴 것을 보려면, William Cronon, *Uncommon Ground: Toward Reinventing Nature*(New York: W. W. Norton, 1995)를 보라. 에더는 자연계를 지배하는 내러티브들을 정의할 때 권력 집단들이 가지는 중요성을 강조하는데, 이는 더 근래 쓴 연구서에서 특히 뚜렷하게 나타난다. Klaus Eder, "The Rise of Counter-Cultural Movements against Modernity: Nature as a New Field of Class Struggle," *Theory, Culture and Society* 7(1990), pp. 21-47.

26. David Morgan, *Visual Piety: A History and Theory of Popular Religious Images* (Berkeley: University of California Press, 1998), p. 9.
27. 예리한 연구서인 Thomas Sören Hoffmann, *Philosophische Physiologie: Eine Systematik des Begriffs der Natur im Spiegel der Geschichte der Philosophie*(Stuttgart: Frommann Holzboog, 2003)를 보라. 이렇게 시간이 흐름에 따라 변하는 '자연' 개념 이해가 가지는 신학적 함의들을 상세히 분석한 글을 보려면, McGrath, *A Scientific Theology*, vol. 1, Nature, pp. 81-133을 보라.

본질이라고도 한다.[28] 많은 사람들이 이런 생각에 동의하겠지만, 이 판단은 자연신학의 핵심 정체성과 관련해 '본질주의자'(essentialist)의 생각을 대변하는 것이기에 반대할 수밖에 없다. 본질주의자들은 자연신학의 구체적 형성 과정에서 지적 맥락이 영향을 끼친다는 점을 제대로 고려하지 않는다. 더욱이 이런 판단은 한 구체적인 자연신학 접근법이 역사 속에서 일시적으로 우위를 차지한 것을 지적 안정성 및 일관성과 동일시해야 한다고 가정한다.

여기가 지적 탐구 영역 중 가장 흥미롭고 생산적인 분야들 가운데 하나로서 급속하게 떠오르는 과학과 종교의 소통과 중대한 평행을 이루는 곳이다. 그러나 과학과 종교의 관계 혹은 상호작용을 이야기한다는 것은 이 둘 사이에 서로 의견을 같이 하는 어떤 영역이 있음을 전제로 한다. 어떤 사람들은 이런 영역을 과학과 종교라는 분야의 본질이 규정해 준다고 본다. 그러나 다른 이들은 이런 영역이 역사상 어떤 시대나 학파가 '과학'과 '종교'라는 범주를 어떻게 이해하느냐에 따라 결정된다고 말했다.[29] '과학'과 '종교'는 모두 사회 안에서 형성되는 관념으로 문화와 학문에서 힘을 쥔 그룹의 지배적인 가설들을 반영한다. 역사가가 볼 때, 과학과 종교가 제시한 일련의 주요 내러티브들이 '본질주의자'가 시간과 무관한 것으로 내세운 몇몇 테제들을 지지해 주긴 했지만, 그래도 과학은 물론 종교

---

28. 가령 우주론 차원의 논증을 탁월하게 설명해 놓은 William Lane Craig, *The Cosmological Argument from Plato to Leibniz*(London: Macmillan, 1980)를 보라.
29. John Hedley Brooke, *Science and Religion: Some Historical Perspectives*(Cambridge: Cambridge University Press, 1991), pp. 52-81; James R. Moore, "Speaking of Science and Religion-Then and Now," *History of Science* 30(1992), pp. 311-323.

도 시간과 무관한 어떤 '본질'로 환원할 수 있는 것이 아니다.[30] 또 '과학'과 '종교'라는 범주가 그들의 역사적 위치에 의해 빚어지기 때문에, '과학과 종교의 관계'라는 파생 범주는 역사적 맥락에 의해 훨씬 더 큰 영향을 받는다.

그렇다면 자연신학 유형 중 어떤 것이 과학과 종교의 관계를 둘러싼 근래의 논의를 지배해 왔는가? 우리는 다음 장에서 20세기에 주도권을 쥐었던 한 자연신학 접근법의 발전 양상과 특징을 묘사하고, 그 대안이 될 비전을 제안할 것이다. 그 비전은 한편으로는 근래 자연과학이 이룬 여러 발전이 설명을 덧붙여 제기한 도전들에 더 적절히 대응하는 것이요, 또 다른 한편으로는 기독교 신앙이 제시하는 독특한 테마들에도 더 잘 부응하는 것이다.

---

30. 이 점을 가장 훌륭하게 분석한 것이 풍성한 논거를 수록한 연구서인 John Brooke and Geoffrey Cantor, *Reconstructing Nature: The Engagement of Science and Religion* (New York: Oxford University Press, 2000)이며, 특히 pp. 43-72쪽의 논의가 그렇다.

I부
삼위일체 자연신학

A Trinitarian Natural Theology

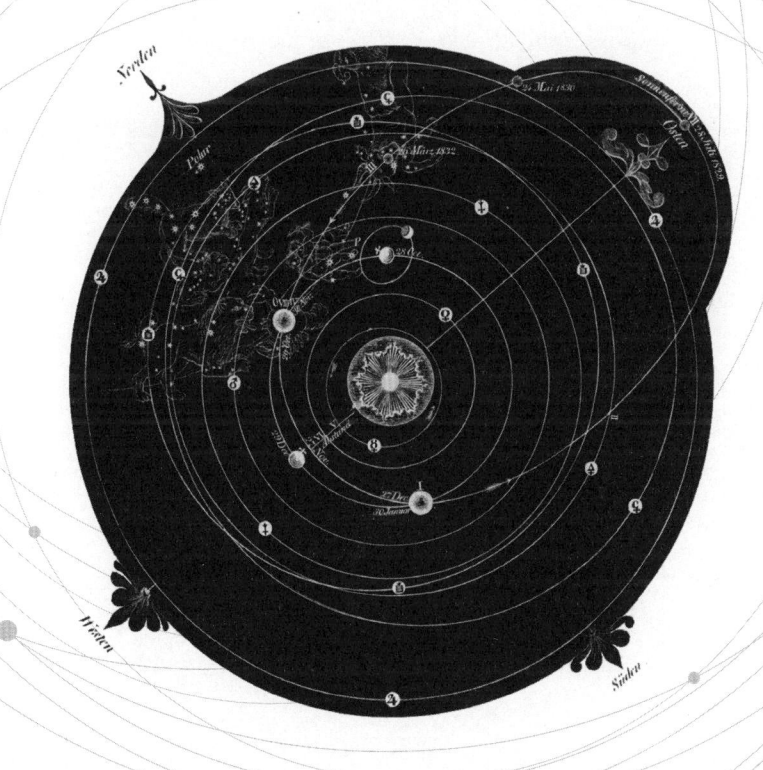

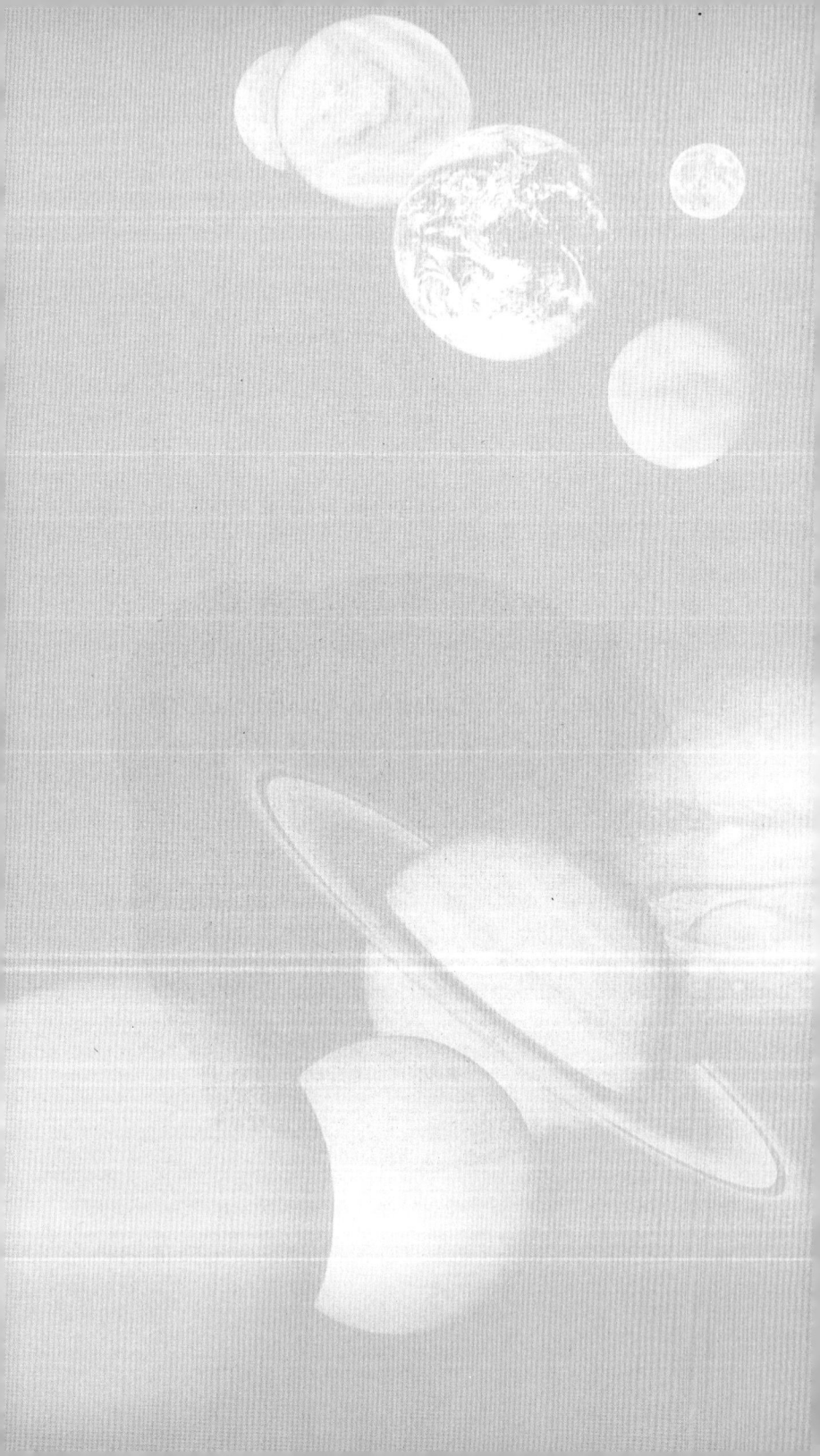

2장

현대 자연신학이 봉착한 신뢰의 위기

우주 만물이 초월적인 어떤 존재를 알려 주거나 적어도 암시해 줄 수 있다는 생각은 오랜 역사를 지닌 것으로 특별히 종교에만 국한된 생각은 아니다. 기독교와 유대교는 이 생각을 널리 받아들였으나(그러나 비판 없이 받아들인 것은 아니었다), 같은 시대 이슬람교는 특별히 이 생각이 하나님(곧 알라, 이슬람교에서 말하는 '알라' 역시 영어로 번역하면 'the God'다—역주)을 아는 지식을 알려 주는 쿠란(Qur'an)의 유일무이한 권위를 명백하게 침해한다는 이유로 거북하고 기존 질서에 위협이 되는 것으로 생각했다.

이런 접근은 신약성경 안에서도 발견할 수 있는데, 가장 유명한 것이 바울이 한 '아레오바고 연설'(행 17:22-31을 보라—역주)이며,[1] 초기 기독교 교부들의 사상 속에서도 정교하게 발전되었다.[2] 중요한 것은

---

1. 이 테마를 다룬 고전적 연구서가 Bertil Gärtner, *The Areopagus Speech and Natural Revelation* (Uppsala: Gleerup/Almqvist & Wiksells, 1955)이다.

기독교 신학이 초월자와 관련을 지으며 자연을 '볼' 수 있게 해주는 해석 체계를 제시해 준다는 점이다. 결국 자연신학이 하는 일은 가려서 밝혀내는 일, 자연을 어떤 특별한 시각으로 살펴보는 일, 자연을 어떤 특수한 안경을 통해 들여다보는 일, 자연이 지닌 모호한 문제들을 한편으로는 자연에 근거하면서도 다른 한편으로는 자연을 초월해 있는 어떤 해석 체계를 통해 해결하는 일이다.[3] 자연은 스스로 초월자를 드러내 알려 주는 능력을 갖고 있지 않다. 그러나 기독교 신앙이 제시하는 자연을 인식하는 방법에서는 자연을 초월자를 알려 주는 권위 있는 표지로 여긴다. 자연 영역 안에서는 자연을 해석하는 이런 도식이 주어지지 않지만, 일단 그런 도식이 발견되면 그것은 일관되게 자연과 일치한다는 사실이 드러난다.[4]

그러나 '이성의 시대'가 열리면서 자연신학이 어떤 종교 신념이나 전제들에 의존하지 않고도 하나님이 존재하심을 증명해 보일 수 있는 능력을 가졌다고 강조하는 한 무리의 자연신학 접근법이 등장했다. 물론 '이성의 시대'가 이런 자연신학 접근법들을 등장하게 한 원인이 되었다는 주장에는 논란의 여지가 있다. 어쨌든 이런 발전

---

2. 특히 Jaroslav Pelikan, *Christianity and Classical Culture: The Metamorphosis of Natural Theology in the Christian Encounter with Hellenism*(New Haven, CT: Yale University Press, 1993)을 보라.
3. 히포의 아우구스티누스가 이 주제들을 다룬 것을 논한 내용을 보려면, Roland J. Teske, "Augustine of Hippo on Seeing with the Eye of the Mind," in *Ambiguity in Western Thought*, ed. Craig J. N. de Paulo, Patrick Messina, and Marc Stier(New York: Peter Lang, 2005), pp. 72-87, 221-226을 보라.
4. 여기서 강조하는 점은 토마스 아퀴나스가 믿음 및 이성과 관련해 강조한 것—믿음은 이성과 대립하지 않고 오히려 이성을 초월한다—과 비슷하다. Robert Spaemann, "Rationality and Faith in God," *Communio* 32(2005), pp. 618-636을 보라.

은 계몽주의가 어떤 것의 도움도 받지 않는 인간 이성의 자율성과 주권을 강조한 것이 반영된 것이다. 가령 미국의 저술가 코튼 매더(Cotton Mather)가 1715년에 그의 작품 「기독교 철학자」(*The Christian Philosopher*)에서 사용한 예처럼, 당대 사람들은 자연신학을 "우주 안에 있는 목적과 설계라는 증거를 통해 하나님의 존재와 속성을 증명하려고 시도하는 신학"[5]이라고 해석했다.

'자연신학'이라는 말은 과학과 종교의 관계를 대하는 일련의 태도들을 가리키는데, 역사 속에 존재했던 여러 자연신학 형태 중 어느 하나를 우선시해 그것이 자연신학의 '본질'을 결정한다고 선언하는 것은 받아들일 수 없다. 계몽주의 시대에는 특별한 한 자연신학 형태(또는 한 무리의 자연신학)—즉 자연신학은 자연계를 파고들어 이를 통해 하나님이 존재하심을 이성이 납득할 수 있게 설명해 준다는 생각—가 득세했으며, 이 자연신학 형태가 분명 오늘날까지 계속해서 영향을 미치고 있다. 칼 바르트의 저 유명한 자연신학 비판은 사실 자연신학 전반이 행하는 일보다는 한 특별한 자연신학 접근법을 대상으로 한 것이다. 흥미로운 것은 바르트의 자연신학 비판과 그가 거부한 자연신학 형태들이 모두 모더니즘의 부산물이라는 것이다.[6] 그러나 자연신학의 역할 자체를 역사라는 조건에 따라 결정되는 자연신학의 여러 표현 양식 중 어느 하나를 기준으로 삼아 판단할 수

---

5. Cotton Mather, *The Christian Philosopher*, ed. Winton U. Solberg(Urbana: University of Illinois Press, 1994), xliii.
6. Colin Grant, "Why Should Theology Be Unnatural?" *Modern Theology* 23(2007), pp. 91-106. 바르트와 계몽주의의 관계가 지닌 본질상 문제점을 살펴보려면, Alister E. McGrath, "Karl Barth als Aufklärer? Der Zusammenhang seiner Lehre vom Werke Christi mit der Erwählungslehre," *Kerygma und Dogma* 81(1984), pp. 383-394을 보라.

는 없는 일이다. 자연신학의 각 표현 양식은 그 양식이 존재하는 독특한 환경에 맞춰 조율된 것이다. 그리고 그 역사 환경에 맞는 자연신학 양식을 만들어 낸 가장 중요한 정황들 가운데 하나가 우리가 여전히 '계몽주의'라고 부르는 복잡한 운동이었다.

계몽주의의 핵심에는 공적(公的)이고 불변하며 신뢰할 수 있는 지식의 기초를 찾는 탐구가 자리해 있었다. 근래 학자들은 계몽주의에 대한 몇몇 설명이 취약하다는 사실에 주목했다. 이런 설명은 계몽주의의 기원과 주장이 복잡하다는 것을 고려하지 않는다. 계몽주의를 옹호하는 이들은 물론 비판하는 이들도 이 운동을 본질상 동질성을 띤 운동으로 제시하면서, 이런 지적·역사적 단순화가 그들이 각기 내세우는 주장들에 도움이 된다고 믿어 버리는 경향이 있었다.[7] 우리는 '계몽주의 프로젝트'(the Enlightenment project)라는 말을 많은 책에서 만나지만, 실제로 그것은 일련의 프로젝트들을 일컫는 것이다.[8] 물론 공통된 관심사와 접근법들이 있었지만, 그래도 학자들 사이에서는 계몽주의 시대에 나타난 생각들을 "독자성을 지닌 별개의 객체들"로 다룰 수 없고 "사회에 깊이 박혀 있는 것들"로 여겨야 한다는 인식이 점점 더 늘었다.[9] 계몽주의가 다양성을 가졌고,

---

7. 특히 John Gray, *Enlightenment's Wake: Politics and Culture at the Close of the Modern Age*(London: Routledge, 1997)가 "계몽주의 프로젝트가 남긴 폐허들"을 분석한 것을 보라. 비판을 보려면, James Schmidt, "Civility, Enlightenment, and Society: Conceptual Confusions and Kantian Remedies," *American Political Science Review* 92(1998), pp. 419-427을 보라.
8. Bernard Yack, *The Fetishism of Modernities: Epochal Self-Consciousness in Contemporary Social and Political Thought*(Notre Dame, IN: University of Notre Dame Press, 1997), 특히 pp. 112-119.

계몽주의 시대를 선도했던 몇몇 사상이 역사적 상황에 자리해 있다는 특성을 가졌다고 인정하는 것이 계몽주의를 비판하는 것은 아니다. 오히려 그렇게 인정할 경우 우리가 계몽주의의 주 관심사들 가운데 적어도 몇 가지가 처했던 맥락을 이해하고 계몽주의 운동이 역사 속에서 등장한 사실을 이해하는 데 도움을 주기 때문이다. 이렇게 객관적 실재를 추구한 것은 18세기 초 유럽의 문화 상황을 반영한 것이었다. 객관적 실재를 추구하게 만든 주요 동기 중 하나는 종교와 지배적 문화 규범들이 확고하고 보편적인 지식의 기초를 제공해 줄 수 없으리라는 비관론이 늘었기 때문이다. 종교적 믿음이 지식의 기초이자 윤리적 결론(당위)이 될 수 없다는 의심이 늘어 가자, 많은 사람들이 순수한 인간 이성, 다시 말해 케케묵은 전통들이나 방자한 편견 혹은 문화적·역사적 위치가 지닌 약점들에 오염되지 않은 인간 이성에 호소해 진리를 확립하려 하였다.[10] 사람들은 이성이 인간의 모든 경계를 초월해 인간이 지닌 유효한 믿음과 가치를 지탱하는 유일하고 확고한 기초를 제공해 준다고 주장했다.

지적 환경이 이렇다 보니 교회가 하나님의 존재를 전통이나 성경에 호소해 공공연히 변증하는 것은 문제만 더 키울 뿐이었다. 성경 비평의 등장은 성경 본문을 신뢰하는 마음을 갉아먹었고, 점점

---

9. Dorinda Outram, *The Enlightenment*(Cambridge: Cambridge University Press, 1995), p. 12.
10. Mark O. Webb, "Natural Theology and the Concept of Perfection in Descartes, Spinoza and Leibniz," *Religious Studies* 25(1989), pp. 459-475; Frederick C. Beiser, *The Sovereignty of Reason: The Defense of Rationality in the Early English Enlightenment* (Princeton, NJ: Princeton University Press, 1996).

더 큰 영향력을 갖게 된 '교리 비판'은 전통적인 교리 해석들에 이의를 제기했으며, 합리주의의 발흥은 하나님의 계시에 의문을 제기하게 만들었다. 한편으로는 순전히 이성에 근거해 기독교 신앙을 변증할 논리들을 고안해 내려는 변증 전략도 있었지만, 다른 한편으로는 자연 자체에 호소하려는 변증 전략도 있었다. 이런 발전 양상은 주로 17세기 말 영국에서 일어났으며, 이후 프랑스와 독일에도 영향을 끼쳤다.[11]

영국 기독교가 17세기 말과 18세기에 자연신학에 관심을 갖게 된 주된 동기는 변증과 관련된 관심사들이 적지 않은 부분을 차지했다.[12] 교회 자체는 계시를 거부하지 않았다. 그러나 교회는 더 이상 복음이라는 관념을 받아들이려 하지 않는 문화를 상대로 복음을 상세히 설명할 필요가 있음을 깨달았다. 교회는 성경을 근거 삼아 영국이 학문 사상과 대화를 나누는 일이 점점 더 어려워진다는 사실을 깨닫고, 그 대안으로서 교회가 펼치는 변증 담화의 바탕이 되면서도 영국의 학문 사상과 공유할 수 있는 바탕을 찾았다. 그리고 그 바탕을 자연이라는 영역에서 발견했다.[13] 이렇게 자연신학은 적잖이 중요한 변증 도구로 급속히 자리매김하게 되었다.

---

11. 사람들은 영국의 이신론(理神論)이 계몽주의 종교 사상의 촉매제로서 가지는 역사상 중요성을 널리 인정한다. 영국의 계몽주의가 끼친 더 광범위한 영향을 살펴보려면, Gertrude Himmelfarb, *The Roads to Modernity: The British, French, and American Enlightenments* (New York: Knopf, 2005)를 보라.
12. Alister E. McGrath, "Towards the Restatement and Renewal of a Natural Theology: A Dialogue with the Classic English Tradition," in *The Order of Things: Explorations in Scientific Theology* (Oxford: Blackwell Publishing, 2006), pp. 63-96.
13. 이렇게 자연에 호소할 경우에 따르는 위험들을 살펴보려면, Peter A. Byrne, *Natural Religion and the Nature of Religion: The Legacy of Deism* (London: Routledge, 1989)을 보라.

18세기 초가 되자 영국의 종교 문화에서는 '자연신학'이라는 개념이 다른 어떤 종교 신념이나 전제에 의존하지 않고도 하나님이 존재하심을 실증할 수 있는 방법으로 견고하게 자리를 잡았다.[14] 이는 '자연신학'이라는 개념이 영국의 종교 상황에 맞게 적응했음을, 그 중에서도 주로 계몽주의 강령에 부응해 적응했음을 보여 주는 것이었다. 계몽주의 강령은 제법 근래까지도 서양 신학에 끊임없이 영향을 끼쳤다. 때문에 사람들은 이렇게 특정한 상황에 바탕을 둔 '자연신학' 이해를 일반적인 것이라고 추정하게 되었다. 사실 그런 이해는 단지 한 가능성에 불과하다. 그것은 주로 모더니스트들이 내세운 가설들이 만들어 낸 것으로서 이제는 거기에 의문을 표시하는 이들이 점점 늘어나고 있다. 이 이해는 얼마든지 뜯어고칠 수 있다. 모더니스트들이 그려 보인 자연신학의 모습을 포스트모던 문화 속에서도 옹호해야 할 절박한 이유가 없다.

계몽주의가 표방한 사상들, 곧 계몽주의가 이성의 능력과 판단의 객관성을 긍정하고 강조한 것, 그리고 계시라는 개념의 일관성과 성경이 소위 이성을 초월해 존재한다는 진리를 드러낼 수 있다는 점을 부정하고 비판한 것 등이 이 시대 서양 신학을 깊이 형성해 왔다는 것은 의심의 여지가 없다.[15] 근대주의자라는 모체로부터 생

---

14. 그 배경을 살펴보려면, John Gascoigne, "From Bentley to the Victorians: The Rise and Fall of British Newtonian Natural Theology," *Science in Context* 2(1988), pp. 219-256 을 보라.
15. '계몽주의'라는 말은 상당히 주의해서 사용할 필요가 있다. 근래 학자들은 서양 사상 속에서 전개된 이 엄청난 운동을 한 핵심 사상과 가치를 공통으로 신봉하면서도 다른 점들에서는 다양한 면모를 보인 '한 무리의 계몽사상들'로 인식하는 것이 더 낫다고 보기 때문이다. 가령 James Schmidt, *What Is Enlightenment? Eighteenth-Century Answers and Twentieth-*

겨난 이 특별한 자연신학 이해는 큰 영향력을 발휘했다. 그 결과 많은 그리스도인들이 자연을 관찰한 결과에서 직접 하나님의 존재를 증명하는 논증 작업이 자연신학이라고 저절로 그리고 당연하게 생각하게 되었다. 그러나 이것은 많은 자연신학 접근법 중 하나일 뿐이며, 이 접근법 역시 역사적으로 제약된, 근대 서양 문화의 지식 환경과 문화 환경에 대한 한 가지 반응으로 보는 것이 가장 적절하다. 이렇게 시대를 풍미했던 유력한 문화 가설들이 역사 속에서 물러감에 따라, 더 오래된 접근법들을 회복하거나 이제는 많은 이들이 문제를 느끼는 계몽주의 가설들이라는 모체에 매이지 않은 새로운 자연신학 접근법을 만들어 내야 할 필요가 분명해졌다.

자연신학은 위기에 빠졌다. 모두가 동의하지는 않지만 그렇게 보는 것이 서양 신학의 많은 흐름 속에서, 그 중에서도 특히 개신교 내부에서 다수를 차지하는 견해 같다.[16] 그러므로 전통적으로 이해해 온 자연신학이 근래 들어 왜 이런 난관에 부딪쳤는지 몇 가지 이유를 살펴보는 것이 유익하겠다. 나는 이 이유들이 여기서 다룰 이슈들을 모두 집어삼킬 만큼 중요하다고 주장하고 싶지는 않다. 그러나 일부 신학 집단이 지적 빈곤에 빠지고 자연신학을 신학에서 소외시키게 된 데는 크게 세 가지 요인이 있다고 생각한다.

Century Questions(Berkeley: University of California Press, 1996)를 보라.
16. 이런 상황을 평가한 견해들을 대변하면서 자연신학의 변화를 지지하는 흥미로운 제안들을 내놓은 글을 보려면, Christoph Kock, *Natürliche Theologie: Ein evangelischer Streitbegriff* (Neukirchen-Vluyn: Neukirchener Verlag, 2001); Richard Swinburne, "Natural Theology, Its 'Dwindling Probabilities' and 'Lack of Rapport,'" *Faith and Philosophy* 21(2004), pp. 533-546을 보라.

첫째, 이미 위의 분석에서 시사했지만, 예로부터 '자연신학'으로 알려져 온 것이 내세운 과제는 계몽주의의 과제에서 큰 영향을 받았다. 그러나 문화와 지식 면에서 대세를 이루던 계몽주의가 물러가면서 이제 이런 접근법은 이러지도 저러지도 못하는 처지가 되고 말았다. 이 접근법은 합리주의자들이 내건 복잡한 가설들에 깊이 뿌리박고 있는데, 이 가설들이 설득력을 잃으면서 이 접근법 역시 신뢰성을 잃어버렸다. 물론 포스트모더니즘은 정확한 정의를 거부한다. 그러나 포스트모더니즘이 근대성이 표방하는 몇몇 근본 신념, 그 중에서도 특히 근대성의 핵심 신념인 합리성이라는 단일 메타내러티브를 거부하거나 때로는 철저히 뒤집어엎는 것이라고 충분히 말할 수 있다.

포스트모더니즘의 등장이 새로운 부류의 자연신학을 등장시킨 것은 아니다. 그러나 포스트모더니즘의 등장은 모더니스트의 세계관과 결합한 것으로 보이는 신학들을 의심하고 불신하는 풍토를 만들었다.[17] 이런 접근법들은 합리주의 물결이 썰물처럼 물러가면서 해변에 좌초해 오도 가도 못하는 신세가 되었고, 그것을 회복하려는 열정도 시들어 버렸다. 사람들은 모더니즘의 자연신학 접근법들이야말로 자연신학 작업의 결정판이라는 가설을 널리 주장했지만, 이

---

17. 나는 이런 판단이 계몽주의의 공과(功過)와 관련해 어떤 특정 견해에 의존한 것이 아님을 강조해 둘 수밖에 없다. 여기서 강조해 둘 점은 계몽주의 사상이 이제는 한 세기 전과 같은 비중을 갖고 있지 않다는 것이다. 근래 계몽주의의 유산을 혹독하게 비판한 작품들 가운데 한 예를 보려면, James Q. Wilson, *The Moral Sense*(New York: Free Press, 1995), pp. 244-245을 보라. 관심사 전반을 요약해 놓은 유익한 책을 보려면, Outram, *The Enlightenment*를 보라.

런 가설로 인해 일부 사람들은 결국 자연신학 자체가 이제는 빈사 상태에 있다는 불행한(그리고 분명 부정확한) 결론을 내리게 되었다. 물론 모더니즘을 비판하기 위해 반드시 포스트모더니즘에 찬동해야 하는 것은 아니다. 그러나 어떤 자연신학 접근법들이 가진 지적·문화적 계통을 인식하면, 왜 그런 자연신학 접근법들이 포스트모더니즘의 맥락에서 많은 문제가 있는 것으로 드러났는지 그 이유를 어느 정도 이해하게 된다.

이런 자연신학 접근법이 신뢰를 잃어가는 것은, 계몽주의 사상가들이 보편성을 지닌 필연이라고 여겼던 것들이 사실은 특정 지역에 국한된 우연한 것으로서 소위 인간의 합리성이라는 보편적 주형(鑄型)뿐 아니라 사회적·역사적 요인들도 함께 작용한 결과라는 인식이 증가한 것과도 관련이 있다. 이성과 도덕에 대한 합리주의의 접근법을 가장 강력하게 논박한 것 중 하나는 역사를 관찰한 결과를 그 근거로 삼는다. 역사를 관찰해 보니 소위 보편성을 지녔다는 방법이라도 그 방법을 실행하는 사람들이 역사와 문화 속에 자리한 위치에 따라 완전히 상이한 지적·도덕적 결과들을 만들어 내는 것으로 보였던 것이다. 알래스데어 매킨타이어(Alasdair MacIntyre)가 지적하듯, "계몽주의의 유산은, 계몽주의 자신이 이룰 수 없는 이상임을 증명해 보인, 합리적 정당화(rational justification)라는 이상을 제공한 것이었다."[18] 매킨타이어는 보편적 합리성이라는 개념은 실제로 존재하고 실현 가능한 것이라기보다는 하나의 열망이라고 주장한다. 그는

---

18. Alsadair MacIntyre, *Whose Justice? Which Rationality?* (Notre Dame, IN: University of Notre Dame Press, 1988), p. 6.

합리적인 것들과 그것을 전달해 주는 전통을 분리할 수 없다고 역설한다. 합리적인 것들은 보편성을 지녔다고 자부할 수도 있다. 하지만 역사는 합리적이라고 하는 것들이 사실은 특정한 전통들에 국한된 특수한 것임을 폭로한다.[19] 마찬가지로 계몽주의 사상가들이 펼쳐 보인 자연신학들도 그 기원이나 적용 면에서 특정 지역에 한정된 것이다. 따라서 계몽주의 사상가들이 펼쳐 보인 자연신학들이 어느 시대에나 통용되는 결정적 의미를 가졌다고 주장할 수 없다. 다른 자연신학도 가능하고 필요하다.

예를 들어 20세기의 노우드 핸슨(Norwood Hanson) 같은 과학철학자들은 자연 관찰에 대한 계몽주의 시대의 대다수 접근법들이 과연 유효한지 의문을 제기했다.[20] 핸슨은 관찰을 "이론이 개입하는 일"이라고 본다. 즉 사람은 이론상 선입견을 갖고 세계를 관찰하며, 이런 선입견들이 세계를 중립적이고 객관적으로 본다고 말하는 관찰자가 실제로 보는 것을 형성한다는 것이 핸슨의 시각이다.[21] 이제는 계몽주의 시대에 대세를 이루었던 인간의 인지 및 인식 과정에 관한 이해들이 시대에 뒤떨어지고 부적절한 이해에 근거한 것들이라고 보는 것이 통설이다. 이 때문에 그런 스타일들의 자연신학이 지속 가능한지에 대한 의심이 더욱 커지게 되었다.

두 번째 주 관심사는 이런 유형의 자연신학이 하나님을 믿는 믿

---

19. *Ibid.*, p. 334.
20. N. R. Hanson, *Patterns of Discovery: An Inquiry into the Conceptual Foundations of Science*(Cambridge: Cambridge University Press, 1961)를 보라.
21. 탁월한 논의를 보려면, Matthias Adam, *Theoriebeladenheit und Objektivität: Zur Rolle von Beobachtungen in den Naturwissenschafte*(Frankfurt am Main: Ontos Verlag, 2002), 특히 pp. 51-97을 보라.

음을 지지해 줄 신뢰할 만한 기초들을 제공하는 데 실패했다는 인식이다. 근래 들어와 이런 유형의 자연신학은 자신이 천명한 목표들을 이루는 데 실패했음을 점점 더 분명하게 드러냈으며, 과학적 설명이 이룬 여러 진전들도 그런 유형의 자연신학이 실패했음을 보여 주는 일부 요인이 되었다. 사람들은 18세기 영국에서 자연신학—여기에서는 특히 자연신학을 하나님을 믿는 믿음을 밑받침해 줄 신뢰할 만한 근거를 제공하려는 시도로 이해한다—을 추구하는 열정이 절정에 이르렀다는 데 널리 동의한다. 일반적으로 1692년부터 1732년에 걸쳐 이루어진 보일 강연(Boyle lectures)을 근대 초기에 기독교의 '정당성'(reasonableness)을 공중 앞에서 설명해 보인 가장 중요한 사례로 여긴다. 그 시대에는 합리주의를 강조하고 교회의 권위에 의문을 제기하는 풍토가 점점 더 커졌는데, 보일 강연도 이런 특징을 보여 주었다. 윌리엄 페일리(William Paley)가 쓴 「자연신학」(Natural Theology, 1802)은 영국 자연신학에 새로운 지적 에너지를 불어넣어 주었으며, 자연계를 통해 하나님이 존재하심을 변증하는 가장 영향력 있는 책으로 급속히 자리 잡았다.[22] 페일리는 하나님이 자연을 설계하고 구성하셨다는 표지들을 자연이 명백하게 보여 주며, 하나님을 우주론적 시계공(cosmological watchmaker)으로 볼 수 있다고 생각했다.

---

22. 가령 Aileen Fyfe, "The Reception of William Paley's Natural Theology in the University of Cambridge," *British Journal for the History of Science* 30(1997), pp. 321-335을 보라. 브리지워터 논문집(The Bridgewater Treatises)도 자연신학이 다루는 테마들을 변증 도구로서 대중들 사이에 퍼뜨리는데 중요한 역할을 했다. John M. Robson, "The Fiat and the Finger of God: The Bridgewater Treatises," in *Victorian Faith in Crisis: Essays on Continuity and Change in Nineteenth-Century Religious Belief*, ed. Richard J. Helmstadter and Bernard Lightman(London: Macmillan, 1990), pp. 71-125을 보라.

그러나 1860년경에 이르러 영국의 자연신학은 비참한 쇠락에 빠진 것처럼 보였는데, 크게 두 가지 이유 때문이었다. 첫째, 영국의 자연신학 접근법은 기독교 신앙이 말하는 삼위일체 하나님이 아니라 결국 이단이 말하는 하나님 개념으로 인도하는 것처럼 보였다.[23] 불행히도 페일리의 '시계공'은 아주 쉽게 우주라는 형이상학적 구성물 개념으로 바뀌어 버렸고, 그 바람에 그 접근법은 전통적인 신학적 깊이를 잃었다. 이런 자연신학 접근법은 하나님의 본질에 관한 전통의 정통적 이해를 심각하게 왜곡했으며, 특히 하나님이 이 세상에 지속적으로 개입하신다는 중요한 이슈—곧 하나님의 섭리라는 개념—를 심각하게 왜곡했다. 자연신학은 기계적 세계관 및 심히 축소된 하나님 개념, 다시 말해 예로부터 내려온 '섭리'의 전통적 의미가 전부는 아니어도 대부분 사라져 버린 하나님 개념과 결합하게 되었다.

자연신학과 연계해 하나님을 옹호하던 지적 논증은 시간이 가면서 점점 더 취약해지고 보잘것없는 것이 되어 버렸는데, 어쩌면 이것이 더 중대한 문제일 수 있었다.[24] 페일리의 자연신학은 그 신빙성의 근거를 주로 하나님의 특별한 창조 행위가 자연계를 현재 형태로 고정해 놓았다는 점에서 찾았다. 다윈주의의 발흥은 바로 이 특별한 지점에서 페일리의 접근법이 지닌 신빙성을 파괴해 버렸다.[25] 이는

---

23. 이 문제는 더 이른 단계 때 등장했다. 탁월한 논문집인 John Hedley Brooke and Ian Maclean, eds., *Heterodoxy in Early Modern Science and Religion*(Oxford: Oxford University Press, 2005)을 보라.

24. John Hedley Brooke, "Science and the Fortunes of Natural Theology: Some Historical Perspectives," *Zygon* 24(1989), pp. 3-22.

25. 다윈주의 입장에서 페일리의 접근법을 비판한 고전적 비판서가 Richard Dawkins, *The Blind Watchmaker: Why the Evidence of Evolution Reveals a Universe without Design*(New

결국 이런 형태의 자연신학을 위기에 빠뜨렸고, 이 자연신학은 완전한 회복을 이루지 못했다. 다윈주의의 발흥을 자연신학의 지적 운명을 쇠락에 빠뜨린 유일한 원인으로는 볼 수 없지만, 자연신학 작업의 생존 가능성과 관련해 점점 더 많은 의심과 의문을 불러일으킨 중대한 원인이었다고는 할 수 있다. 칼 바르트는 교리들을 근거로 자연신학에 대한 심각한 우려를 표명하기 시작했다. 그의 비판은 점점 커가던 자연신학을 향한 불신과 궤를 같이 하는 것이었으며, 이런 불신을 부채질한 것은 과학이 이룬 진보들, 특히 다윈주의의 발흥이었다.

그러나 페일리의 접근법이 도저히 회복 불가능한 것은 아니다. 찰스 다윈(Charles Darwin)의 「종의 기원」이 출간된 뒤, 일부 유신론 변증가들은 페일리가 제시한 주장들을 진화 과정이 보여 주는 명백한 합리성에 비추어 재정립할 수 있을 것이라고 했다. 이는 옳은 말이었다.[26] 그러나 이렇게 자연신학 개념을 새롭게 정립하고 펼쳐 보일 수 있는 가능성들이 있음에도, 거기에 필요한 노력은 과다한 반면 따라올 보상은 상당히 빈약하리라고 느끼는 이들이 많다. 많은

York: W. W. Norton, 1986)이다.
26. 가령 James R. Moore, *The Post-Darwinian Controversies: A Study of the Protestant Struggle to Come to Terms with Darwin in Great Britain and America, 1870-1900* (Cambridge: Cambridge University Press, 1979); Frederick Gregory, "The Impact of Darwinian Evolution on Protestant Theology in the Nineteenth Century," in *God and Nature: Historical Essays on the Encounter between Christianity and Natural Science*, ed. D. C. Lindberg and R. L. Numbers(Berkeley: University of California Press, 1986), pp. 369-390; David N. LIvingstone, *Darwin's Forgotten Defenders: The Encounter between Evangelical Theology and Evolutionary Thought*(Grand Rapids: Eerdmans, 1987)를 보라.

사람들이 페일리의 접근법을 "지독히 그리고 대단히 잘못"되었다고 통렬히 비판하며 배척하는 리처드 도킨스(Richard Dawkins)의 태도가 여전히 수긍할 수 있고 설득력이 있다고 본다.[27] 이제는 자연이 종교적으로 양면성을 띠고 있어서,[28] 자연신학으로 인도하기도 하지만 동시에 자연 무신학(無神學, natural *a*theology)으로도 인도한다고 주장하는 이들이 많다.[29] 도킨스와 데닛(Daniel Dennett) 같은 저술가들은 일부 사람들이 "20세기의 브리지워터 논문집"(the Bridgewater Treatises of the twentieth century)이라고 부르는 것을 만들어 자연무신론(또는 자연무신학)을 변호했다.[30] 이전에는 과학으로 세계를 설명한 것을 기독교 시각을 옹호하는 데 사용했는데, 20세기 후반에는 종교적 믿음에 맞서는 무기로 사용하는 흐름이 점점 더 커졌다.[31]

물론 다른 접근법들도 가능하다. 리처드 스윈번(Richard Swinburne)은 페일리의 주장이 그리는 기본 궤적을 공간상 질서를 강조하는 '공존의 규칙성'(regularities of copresence)에서 시간상 질서를 강조하는 '연속(순서)의 규칙성'(regularities of succession)으로 옮겨 가야 한다

---

27. Dawkins, *op. cit.*, p. 5.
28. John Hick, *An Interpretation of Religion: Human Responses to the Transcendent* (London: Macmillan, 1989), p. 73. 자연은 "현재 우리 인간의 관점에서 보면 종교적 시각에서 생각해 볼 수도 있고 자연주의 시각에서 생각해 볼 수도 있다."
29. Abigail Lustig, "Natural Atheology," in *Darwinian Heresies*, ed. Abigail Lustig, Robert J. Richards, and Michael Ruse(Cambridge: Cambridge University Press, 2004), pp. 69-83을 보라. '자연 무신학'이라는 말은 앨빈 플랜팅가가 만들어 낸 말로 보인다. Alvin Plantinga, *God and Other Minds: A Study of the Rational Justification of Belief in God*, Cornell Paperbacks(Ithaca, NY: Cornell University Press, 1990), pp. 115-185을 보라.
30. John C. Greene, *Science, Ideology, and World View: Essays in the History of Evolutionary Ideas*(Berkeley: University of California Press, 1981), p. 162.
31. Thomas Dixon, "Scientific Atheism as a Faith Tradition," *Studies in History and Philosophy of Science C* 33(2002), pp. 337-359.

고 설득력 있게 주장했다. 스윈번은 일단 이렇게 옮겨 가는 일이 이루어지면 페일리의 주장을 다윈이 그릇된 전제임을 밝혀 낸 전제들에 의존하지 않는 형태로 재구성해 낼 수 있다고 주장했다. 스윈번의 접근법에서 핵심은 자연의 질서성(orderliness of nature)이며, 이런 질서성은 결국 자연과학이 제시하는 기본적 수학 법칙들로 나타난다.[32] 스윈번은 귀납적이고 개연성에 근거한 접근법을 제시하는데, 이 접근법은 유신론이 자연 속에 존재하는 그런 규칙성을 다른 견해들보다 더 탁월하게 설명해 주는지 결정하도록 한다.

이것은 우리를 이 자연신학 개념이 당면한 세 번째 문제로 인도한다. 탁월한 개신교 신학자 칼 바르트(1886-1968)가 신학적 관점에서 제시한 자연신학 비판이 남긴 유산이 바로 그 문제다. 바르트가 자연신학을 공식적으로 비판하기 시작한 것은 1930년대이며, 엄밀히 말해 그이 로마서 주석이나 그 이전의 저작들에서는 자연신학 비판을 강령의 일부로 표명하지 않았다.[33] 나중에 그가 자연신학에 가한 논박도 애초에는 '종교'라는 개념을 상대로 한 것이었다. 바르트는 그가 쓴 로마서 주석 2판(1922)에서 '종교'를 인간이 하나님에 맞서 세운 구조물로 간주하며 비판한다. 나중에는 자연신학을 상대로 바로 이 비판을 제기하지만, 1922년에는 자연신학을 이런 비판의 분명한 표적으로 삼지 않았다.[34] 우리는 또 바르트가 1927년에

---

32. Richard Swinburn, *The Existence of God*, 2nd ed.(Oxford: Clarendon Press, 2004), pp. 167-172.
33. Attila Szekeres, "Karl Barth und die natürliche Theologie," *Evangelische Theologie* 24 (1966), pp. 229-242에서도 지적했다.
34. Karl Barth, *Der Römerbrief*, 2nd ed.(Munich: Kaiser Verlag, 1922), pp. 213-255.

"슐라이어마허가 신학을 인간학으로 바꿔 놓은 것"을 표적 삼아 비판한 것을 발견한다.[35] 그러나 이때도 바르트의 신학 프로그램은 여전히 자연신학을 적으로 여기지 않았다. 칼 바르트가 자연신학과 벌인 전투는 내용상 19세기의 신학과 벌인 싸움으로 보는 것이 맞을 수 있다. 그러나 그가 벌인 이 싸움은 1929-1930년 무렵까지만 해도 구체적인 개념으로 정의되지 않았다.

바르트가 초기에 전개한 변증 신학 역시 자연신학에 대한 도전을 내포하고 있었다고 강조하는 것은 온전히 옳은 말이다.[36] 그러나 바르트는 「교회교의학」(Church Dogmatics) II/1 §26에 이르러 비로소 자연신학을 폭넓고 체계 있게 비판했다. 여기서 바르트는 '자연신학'(natürliche Theologie)을 "자연에서 나와 인간에게 이른" 신학으로 정의하면서, 이 신학을 인간이 하나님 앞에서 행하는 "자기 보존이자 자기 긍정"이라고 표현한다. 이제는 자연신학을 자기를 정당화하려는 인간 욕구의 표현으로 해석하게 되었고, 이는 계시에 근거한 참 신학과 인간학에 근거한 인간의 자기 정당화 시도를 구분하는 이분법을 강요했다.[37]

이처럼 바르트가 자연신학에 보인 적대감은 이 자연신학이 하나님의 자기 계시의 필요성과 유일성을 근간부터 침해한다는 근본 신

---

35. Karl Barth, *Die christliche Theologie im Entwurf*(Munich: Kaiser Verlag, 1927), pp. 82-87.
36. 여기서 Christoph Gestrich, *Neuzeitliches Denken und die Spaltung der dialektischen Theologie: Zur Frage der natürlichen Theologie*(Tübingen: Mohr, 1977)을 보라.
37. Karl Barth, "Schicksal und Idee in Theologie," in *Theologische Frage und Antworten* (Zürich: Evangelischer Verlag, 1957), pp. 54-92, 특히 pp. 85-87을 보라.

념에 바탕을 두고 있다. 만일 하나님을 아는 지식을 그리스도 안에서 이루어진 하나님의 자기 계시와 상관없이 별도로 얻을 수 있다면, 인간이 하나님을 알 곳과 시간과 방법을 좌지우지하는 결과가 벌어질 것이다.[38] 바르트는 자연신학이 계시와 상관없이 인간 자신을 이해하려는 인간의 시도를 대변하는 것이요, 계시의 필요성과 결과를 받아들이지 않고 진지하게 거부하는 역할을 한다고 본다. 바르트의 중요 관심사 중 하나는 인간의 자율성이라는 신화를 폭로하고, 그 신화가 신학과 윤리에 남긴 결과들을 밝혀내는 것이다.[39] 바르트는 자신을 긍정하고 사물을 좌지우지하고 싶어 하는 인간의 욕구가 신학이 저지르는 오류의 근본 원인들 가운데 하나이며, 이 오류가 결국 신학의 바벨탑—이것은 순전히 인간이 하나님께 맞서 세운 구조물이다—을 쌓는 결과로 이어진다고 본다.

그러나 바르트의 비판은 실상 아주 특수한 자연신학 이해, 곧 자연신학을 하나님의 존재를 증명하려는 시도로 인식하거나 인간이 선택한 조건들 아래 하나님을 아는 지식에 다가가려는 시도로 인식하는 입장을 겨냥한 것이다. 이런 이해는 단지 자연신학에 다가가는 한 접근법에 불과하며, 이 경우에는 계몽주의의 근간을 이룬 가정과 강령이 만들어 낸 자연신학 접근법일 뿐이다. 그러나 이와 다른 접근법들도 있다. 가령 이 책이 채택하고 장려하는 접근법, 곧 기

---

38. 이 점을 널리 살펴보려면, Regin Prenter, "Das Problem der natürlichen Theologie bei Karl Barth," *Theologische Literaturzeitung* 77(1952), pp. 607-611을 보라.
39. 바르트의 저작에서 나타나는 자율성이라는 테마가 이 점과 가지는 관련성을 알아 보려면, John Macken, *The Autonomy Theme in the Church Dogmatics of Karl Barth and His Critics* (Cambridge: Cambridge University Press, 1990), 특히 pp. 69-80을 보라.

독교의 계시가 요구하고 장려하는 자연을 대하는 태도가 바로 그 예다. 만일 자연신학 자체를 계시신학(revealed theology)에 종속된 한 측면으로 보면서 자연과 관련된 전제들이나 자연을 보고 얻은 통찰이 아니라 계시신학이 자연신학에 정당성을 부여한다고 본다면 어떤 일이 벌어질까? 만일 자연신학이 그 권위를 인정받는 이유가 자연신학 자체가 본디 가진 구조 때문도 아니고 인간의 자기 정당화라는 자율적 행동 때문도 아니라 하나님의 계시 자체 때문이라면 무슨 일이 벌어질까? 특히 토머스 토렌스(1913-2007)의 저작들에서 발견할 수 있는 이런 접근법을 따르면, **계시신학**(*theologia revelata*)은 **자연신학**(*theologia naturalis*)에 정당성을 부여하는 동시에 범위를 정해 준다.[40] 이런 사상의 흐름은 자연신학 개념을 재정립할 수 있는 가능성을 제시함과 동시에 자연신학의 근거와 그 범위를 이해하는 데 중요한 시사점들을 제시한다.

따라서 자연신학은 기독교 전통의 근간을 이루는 믿음에 근거해 자연을 다루고 해석하는 작업으로 이해하는 것이 가장 좋다.[41] 그것이 바로 기독교 신앙이 자연을 보는 방법으로서 허용하고 적절히 여기는 방법이다. 그러므로 자연신학은 본디 삼위일체적인 작업이요 성육신적인(incarnational) 작업이다. 기독교 신학은 자연계를 관

---

40. 토렌스는 자연신학에 관한 바르트의 우려를 평가하면서 이런 논지를 펼쳐 보인다. Thomas F. Torrance, "The Problem of Natural Theology in the Thought of Karl Barth," *Religious Studies* 6(1970), pp. 121-135을 보라. 토렌스 자신의 자연신학 접근법을 평가한 글을 보려면, Alister E. McGrath, *Thomas F. Torrance: An Intellectual Biography*(Edinburgh: T & T Clark, 1999), pp. 175-194을 보라.
41. 이 점을 세세히 변호하고 설명한 글을 보려면, Alister E. McGrath, *The Open Secret: A New Vision for Natural Theology*(Oxford: Blackwell, 2008), pp. 115-216을 보라.

찰하고 해석하는 과정에 대해 이론이 개입된 방법론적 요소를 제공한다. 따라서 하나님의 존재를 '증명하는' 자연신학을 놓고 의미 있는 이야기를 하는 것은 불가능할지라도, 이론과 관찰 결과 사이의 '공명'(共鳴)을 놓고 이야기하는 것은 매우 적절하다. 이론과 관찰 결과가 공명할 때, 기독교 신앙의 근본 주제들이 우리가 보는 것들을 가장 잘 설명해 준다는 것이 확인된다.[42]

그러나 이것은 우리가 주장하는 논지를 앞지르는 것이다. 우리는 우선 자연신학이 기독교 전통에 근거하고 거기에서 그 정당성을 찾아야 한다는 전제 아래, 자연신학을 새롭게 하고 방향을 다시 설정하려는 시도에서 생겨나는 몇 가지 문제들을 살펴봐야 한다.

---

42. 이것이 존 폴킹혼의 저작들이 다루는 한 가지 큰 주제다. 폴킹혼은 이론과 관찰 결과의 '조화'(consonance)를 이야기하지만, 나는 '공명'(resonance)이라는 말을 더 선호한다. 가령 John C. Polkinghorne, "Physics and Metaphysics in a Trinitarian Perspective," *Theology and Science* 1(2003), pp. 33-49을 보라. 폴킹혼의 접근법을 곱씹어 본 글을 보려면, Bernd Irlenborn, "Konsonanz von Theologie und Naturwissenschaft? Fundamentaltheologische Bemerkungen zum interdisplinären Ansatz von John Polkinghorne," *Trierer theologische Zeitung* 113(2004), pp. 98-117; Johann Maria Stenke, *John Polkinghorne Konzonanz von Naturwissenschaft und Theologie*(Göttingen: Vandenhoeck & Ruprecht, 2006)를 보라.

3장
자연신학의 비전을 새롭게 하다

"내가 해가 떴다고 믿는 것은 해가 뜨는 것을 보았기 때문이 아니라 뜬 해 덕분에 다른 모든 것을 보기 때문이다. 내가 기독교를 믿는 것도 그와 같다."¹ C. S. 루이스가 한 이 말은 기독교 신앙이 지닌 한 쌍의 지적 미덕을 언급한다. 기독교 신앙 자체가 기독교 신앙을 설명해 준다는 확신이 그 한 측면이고, 기독교 신앙이 다른 모든 것을 설명해 준다는 확신이 또 한 측면이다. 루이스는 기독교 신앙이 지적 태양과 같으며, 이 지적 태양이 우리 관념 속에 있는 자연계의 풍요로운 장관(壯觀)을 밝게 비추고 보여 줌으로써, 관찰자가 인간의 실존과 사상이라는 태피스트리의 복잡한 무늬들을 제대로 이해하고 인식할 수 있게 해준다고 보았다. 보는 기술을 계발하는 것이 세계의 의미를 여는 열쇠다.²

---

1. C. S. Lewis, "Is Theology Poetry?" in *C. S. Lewis: Essay Collection*(London: Collins, 2000), pp. 1-21, 특히 p. 21.

루이스의 논점은 내가 다룰 주제와 깊은 관련이 있다. 기독교 신학의 특징은 그 신학 체계 내부의 고상함(intrasystemic elegance)과 그 체계 외부에서 볼 수 있는 풍부한 생산력(extrasystemic fecundity)이다. 이를 더 명쾌하게 표현하면, 기독교의 실재관(實在觀, vision of reality)은 우리가 관찰하고 경험하는 것들을 이해하도록 만드는 탁월한 능력을 지닐 뿐 아니라 그에 상응하는 내적 통일성과 일관성을 갖고 있다.³ 기독교 신학은 자연과학, 예술, 도덕, 그리고 다른 종교 전통들과 '들어맞을'(fit in) —나는 여기서 루이스가 구사하는 독특한 말을 사용한다— 수 있다. 자연신학을 제대로 이해하고 규정하면, 자연신학은 예술과 과학이 만나는 지점으로서 지적 소통을 만들어 내고 대화의 가능성을 탐구할 수 있는 풍성하고 생산력 있는 도가니를 우리의 생각 속에 제공한다.

이런 폭넓은 실재관이 기독교 자연신학의 밑바탕에 자리해 있다. 우리는 '자연신학'이라는 관념이 유동적이며 정확한 정의(定義)를 거부한다는 사실을 증명해 왔음을 바로 기억해야 한다. 자연신학 개념이 그런 특성을 지닌 데는 그것이 구체적인 일련의 특수한

---

2. 이 점을 상세히 다룬 글을 보려면, James Elkins, *How to Use Your Eyes*(London: Routledge, 2000), vii-ix을 보라. 이것의 중요성은 나보다 앞서 기포드 강연에서 탁월한 강연을 들려 준 스티븐 패티슨(Stephen Pattison)도 언급했다. 그는 2007년에 이런 내용을 강연했다. Stephen Pattison, *Seeing Things: Deepening Relations with Visual Artefacts*(London: SCM Press, 2007).
3. 내적 통일성을 가졌으면서도 외적 근거에 바탕을 둔 학문 분야로서 기독교 신학을 상세히 분석한 글을 보려면, Alister E. McGrath, *A Scientific Theology*, vol. 2, Reality(London: Continuum, 2002), pp. 3-54을 보라. 찰스 고어(Charles Gore)도 1904년에 한 설교 "영원한 신앙고백"(The Permanent Creed)에서 비슷한 점을 강조했다. 그는 이 설교에서 기독교 신앙고백이 다루는 테마들이 "녹아 없어질 수 없는 통일감"을 가졌다고 말했다. Charles Gore, *The Permanent Creed and the Christian Idea of Sin*(London: John Murray, 1905).

과제들(agendas)에 대응해 구성되었던 것도 한 이유다. 기독교 신학은 자연이 하나님을 나타낼 수 있게 해주는 어떤 특수한 방식으로 자연을 '살펴볼' 수 있는 해석 틀을 제공한다. 따라서 자연신학이 하는 일은 가려내고 밝혀내는 일, 어떤 방식으로 자연을 살펴보는 일, 특별하고 특수한 이론적 안경 세트를 통해 자연을 살펴보는 일이다.[4] 따라서 바뇨레지오의 보나벤투라(Bonaventura of Bagnoregio, 1221-1274)가 주장했듯, 자연이 지닌 많은 특징들은 이 자연을 창조하신 하나님의 "그림자요 메아리며 하나님을 보여 주는 그림"으로 볼 수 있다. 그런 그림자와 메아리와 그림이 "우리 앞에 있기에 우리가 하나님을 알 수 있다."[5] 이처럼 기독교 신앙은 우리에게 자연을 들여다볼 인식 기반을 제공하는데, 이 인식 기반은 먼저 자연을 다루는 작업에 지적 정당성을 부여할 뿐 아니라 자연을 살펴보고 이해할 수 있게 해주는 렌즈를 제공한다.

서양 철학과 신학은 1750년경부터 '자연신학'이라는 말을 어떤 특별한 초자연적 계시나 초자연적 계시라고 여겨지는 것에 의지하지 않고도 인간 이성에 근거해 하나님에 대해 알 수 있거나 이성에 맞게 믿을 수 있는 것을 가리키는 말로 폭넓게 사용해 왔다.[6] 이 말

---

4. 이런 자연신학 접근법을 상세히 설명하고 이 접근법과 다른 접근법들을 평가한 글을 보려면, Alister E. McGrath, *The Open Secret: A New Vision for Natural Theology*(Oxford: Blackwell, 2008), pp. 115-216을 보라.
5. Bonaventura, *Itinerarium mentis in Deum*, 2. 더 자세한 것은 Clarence J. Glacken, *Traces on the Rhodian Shore: Nature and Culture in Western Thought from Ancient Times to the End of the Eighteenth Century*(Berkeley: University of California Press, 1973), pp. 238-239를 보라.
6. 계몽주의가 주창한 합리주의가 자연신학에서 이런 관념이 등장하도록 자극하는 데 중요한 역할을 했음을 고찰한 글을 보려면, 특히 Michael Heyd, "Un rôle nouveau pour la

은 주로 유럽 대륙의 신학자들이 유신론을 변증하며 인간 이성에 호소하는 것을 가리킬 때 사용했던 말로 보인다. 반면 영국의 많은 저술가들은 이 말을 자연계를 접촉하는 작업을 가리키는 말로 이해했다. 존 레이(John Ray, 1627-1705)와 윌리엄 더럼(William Derham, 1657-1735) 같은 저술가들은 자연계에 질서가 존재하고 자연계가 설계되었다는 것이 명백해 보인다는 이유를 들어 하나님을 믿는 믿음을 폭넓고 정밀하게 변호했다.[7] 또 하나님의 섭리에 따라 자연에 질서를 부여하고, 이후 우주가 법칙에 따라 움직이는 것을 하나님이 감독하고, 하나님의 뜻이 지닌 힘을 보여 주는 증거로서 중요성을 가진다고 강조했다. 북미에서는 코튼 매더(1663-1728)가 비슷한 사상 흐름을 추구했는데,[8] 이는 비록 논란이 있긴 하지만 통합적 자연 변증학을 담은 윌리엄 페일리의 걸작을 예고하는 것이었다. 랄프 왈도 에머슨(Ralph Waldo Emerson)이 쓴 『자연』(Nature, 1834)은 작품이 끼친 영향 면에서는 페일리가 쓴 『자연신학』(1802)에 비길 만한 것이었으나, 자연신학

---

science: Jean Alphonse Turrettini et les débuts de la théologie naturelle à Genève," *Revue de théologie et philosophie* 112(1982), pp. 25-42; Martin Klauber, "Jean-Alphonse Turrettini(1671-1737) on Natural Theology: The Triumph of Reason over Revelation at the Academy of Geneva," *Scottish Journal of Theology* 47(1994), pp. 301-325을 보라.

7. Neil C. Gillespie, "Natural History, Natural Theology, and Social Order: John Ray and the 'Newtonian Ideology,'" *Journal of the History of Biology* 20(1987), pp. 1-49; Lisa M. Zeitz, "Natural Theology, Rhetoric, and Revolution: John Ray's Wisdom of God, 1691-1704," *Eighteenth Century Life* 18(1994), pp. 120-133; Scott Mandelbrote, "The Uses of Natural Theology in Seventeenth-Century England," *Science in Context* 20(2007), pp. 451-480을 보라.

8. 많은 사람들이 매더가 쓴 『그리스도인 철학자』(*Christian Philosopher*, 1721년)를 미국인이 펼쳐 보인 가장 훌륭한 자연철학 작품 가운데 하나로 여긴다. Winton U. Solberg, "Science and Religion in Early America: Cotton Mather's 'Christians Philosopher,'" *Church History* 56(1987), pp. 73-92를 보라.

과 교회의 신앙고백이 연관이 없다고 표명했다는 점에서 페일리의 작품과 직접 비교할 만한 점은 갖고 있지 않았다.[9]

이런 자연신학 접근법은 **자연신학**(theologia naturalis)을 본질상 철학적 신학으로 해석했던 대륙의 옛 접근법들에서 뚜렷이 벗어났음을 보여 주는 표지였다.[10] 레이가 1690년에 언급했듯, 프랜시스 베이컨(Francis Bacon)이 경험적 방법의 중요성을 강조한 덕분에 같은 세대의 자연신학자들은 자연계에 사상의 닻을 견고히 내릴 수 있었다.[11] 로버트 보일(Robert Boyle)이 화학 분야에서 남긴 업적과 레이가 생물학 분야에서 남긴 업적은 새로운 스타일의 자연신학이 등장하는데 상당한 기여를 했으며, 이성에 따른 진리보다 경험 세계에 호소했다는 점에서 이전과 구별되는 모습을 보였다.[12] 페일리는 그의 「자연

---

9. David Robinson, "Emerson's Natural Theology and the Paris Naturalists: Toward a Theory of Animated Nature," *Journal of the History of Ideas* 41(1980), pp. 69-88; 「자연」, 서동석 역(은행나무, 2014)
10. John E. Murdoch, "The Analytic Character of Late Medieval Learning: Natural Philosophy without Nature," in *Approaches to Nature in the Middle Ages*, ed. Lawrence D. Roberts(Birmingham, NY: Center for Medieval and Early Renaissance Studies, 1982), pp. 171-213에 실린 연구를 보라.
11. 이 영역에서 베이컨이 끼친 기여를 설명한 글을 보려면, Stephen Gaukroger, *Francis Bacon and the Transformation of Early-Modern Philosophy*(Cambridge: Cambridge University Press, 2001), pp. 68-100, 132-160을 보라.
12. 이 시기에 등장한 '자연철학' 개념을 가장 잘 살펴볼 수 있는 것은 J. F. W. Herschel, *Preliminary Discourse on the Study of Natural Philosophy*(London: Longman, Rees, Orme, Brown & Green, 1830) 같은 책들이다. 보일의 사상을 살펴보려면, Marie Boas Hall, *Robert Boyle on Natural Philosophy: An Essay with Selections from His Writings*(Bloomington: Indiana University Press, 1965)에 모아 놓은 자료를 보라. 이 중요한 개념이 독립된 분야로서 등장한 일을 살펴보려면, L. W. B. Brockliss, "Aristotle, Descartes and the New Science: Natural Philosophy at the University of Paris, 1600-1740," *Annals of Science* 38(1981), pp. 33-69; Heikki Mikkeli, "The Foundation of an Autonomous Natural Philosophy: Zabarella on the Classification of Arts and Sciences," in *Method and Order in Renaissance Philosophy of Nature: The Aristotle Commentary Tradition*,

신학」에서 이런 자연신학 접근법의 전범이라 할 만한 것을 천명했는데, 이는 학계는 물론 대중들 사이에서도 이런 특수한 형태의 자연신학이 규범이라는 인상을 만들어 냈다.

그러나 '자연신학'이라는 개념은 유동성을 가지며, 자연신학의 역사를 봐도 이 개념을 다양한 의미로 이해해 왔다는 것을 인식하는 것이 매우 중요하다.[13] 고전 시대(그리스 로마 시대를 말한다—역주)에 합리적 스타일의 자연신학이 등장했다. 이런 자연신학이 스토아주의를 만들어 냈다는 주장도 종종 있으나 사실 스토아주의의 기원은 플라톤과 아리스토텔레스 안에서 발견할 수 있다.[14] 이는 이후에 **삼부신학**(三部神學, theologia tripartita)이라는 고전적 관념으로 발전했는데, 신학을 '신화신학'(theologia fabulosa), '시민신학'(theologia civilis), '자연신학'(theologia naturalis)의 세 영역으로 나누었다.[15] 이 접근법은 마르쿠스 테렌티우스 바로(Marcus Terentius Varro, BC 116-27)가 쓴 작품들

---

ed. Daniel A. Di Liscia, Eckhard Kessler, and Charlotte Methuen(Aldershot: Ashgate, 1997), pp. 211-228을 보라.

13. 교부 시대에 이 말이 가졌던 다양한 의미를 살펴보려면, Jaroslav Pelikan, *Christianity and Classical Culture: The Metamorphosis of Natural Theology in the Christian Encounter with Hellenism*(New Haven, CT: Yale University Press, 1993)을 보라.

14. Günter Pasorek, "Eine historische Notiz zur Scheidung von 'theologia civilis' und 'naturalis,'" in *Symmicta philologica Salisburgensia: Georgio Pfligersdorffer sexagenario oblata*, ed. Joachim Dalfen, Karl Forstner, Maximilian Fussl, and Wolfgang Speyer (Rome: Edizioni dell'Ateneo, 1980), pp. 87-103.

15. tripartita 대신 'tripertita'를 쓰기도 한다. Hans-Josef Klauck, "Nature, Art, and Thought: Dio Chrysostom and the *Theologia Tripertita*," *Journal of Religion* 87(2007), pp. 333-354의 분석을 보라. 그 전에 나온 연구를 보려면, Godo Lieberg, "Die 'theologia tripartita' in Forschung und Bezeugung," in *Aufstieg und Niedergang der römischen Welt*, vol. 14, ed. H. Temporini and W. Haase(New York: de Gruyter, 1973), pp. 63-115; idem, "Die theologia tripartita als Formprinzip antiken Denkens," *Rheinisches Museum für Philologie* 125(1982), pp. 25-53도 보라.

에서도 발견되며,[16] 히포의 아우구스티누스가 자신의 자연신학 관념을 전개할 때 선택한 방식에도 상당한 영향을 끼쳤다.[17] 자신의 재산을 기부해 이런 강연이 있게 한 훌륭한 기포드 경도 분명 자연신학을 이렇게 이해했을 것이다.

사람들이 전통적으로 해석해 온 것처럼, 이렇게 신학을 세 영역으로 나누는 것은 시인과 정치인과 철학자의 종교 접근법이라고 할 수 있다. 시인의 접근법은 **신화신학**과 관련이 있는데, 이 신학은 독특하게도 **신화**(*mythos*)를 통해 자신을 표현한다. 이런 신화는 헤시오도스와 호메로스가 쓴 작품에서 볼 수 있듯이 여러 신들을 이야기한 이교(異敎) 내러티브들로서, 종종 사람들 입방아에 오르내리기도 한다. 호메로스는 신들을 죽지 않는(불멸인) 인간들로 표현한다. 이 신들은 사람들과 똑같은 감정과 악행과 권력 싸움을 보여 주고 이런 것들에 몰두한다. 슬픈 일이지만 여기서 불멸성은 도덕 자질의 무한한 확장을 가리키는 게 아니라 단지 실존의 무한한 확장을 가리킬 뿐이다.[18] 사람들은 이 신들의 행동이 좋은 연극 거리가 된다고 생각했고, 그래서 종종 극(드라마)이라는 맥락 속에서 공연하기

---

16. Yves Lehmann, *Varron théologien et philosophe romain*(Brussels: Latomus, 1997), pp. 193-225을 보라. 이런 사상이 베르길리우스에게 끼친 영향을 살펴보려면, Michael von Albrecht and Gareth L. Schmeling, *A History of Roman Literature: From Livius Andronicus to Boethius with Special Regard to Its Influence on World Literature*, 2 vols.(New York: E. J. Brill, 1996), 1:85-87을 보라.
17. 이는 Albrecht Dihle, "Die Theologia tripertita bei Augustin," in *Geschichte-Tradition-Reflexion: Festschrift für Martin Hengel zum 70. Geburtstag*, ed. Hubert Cancik, 2 vols.(Tübingen: Mohr Siebeck, 1996), 2:183-202에서도 지적했다.
18. Jenny Strauss Clay, *The Politics of Olympus: Form and Meaning in the Major Homeric Hymns*(Princeton, NJ: Princeton University Press, 1989).

도 했다. 그러나 이 신들이 사회적 역할의 본보기로서 가지는 유용성은 엄격히 제한되어 있다고 보는 이들이 늘었다. 마르쿠스 바로가 글을 쓸 무렵에는 신화를 도덕이나 지식과 관련 있다고 보기보다는 주로 연극과 관련이 있다고 보았다.

신학의 두 번째 유형은 우리가 이제는 '시민 종교'(civil religion, 이 말은 프랑스의 계몽 사상가 장 자크 루소가 그의 책 「사회계약론」에서 처음 사용했다-역주)라고 부를 수 있는 것—곧 시민들이 따르는 유행(의식), 종교제도, 간판이 되는 인물들, 종교 의식들(제의들)로서 사회를 단단히 결속해 주는 것—과 관련이 있다.[19] **시민신학**은 '공인된 정당행위'(official orthopraxy)라고 생각할 수 있는데, 이는 시민 사회의 통일성과 정체성을 유지하는데 필수불가결하다고 여겨졌던 한 사회의 관습 규범들을 정의했다.[20] 바로 이런 이유 때문에 초기 그리스도인들은 로마제국의 제사 의식에 참여하는 것을 거부함으로써 로마제국의 정체성에 심각한 위협을 가하는 이들로 여겨졌다.[21] 그들은 제국 사회의 사회 통합을 위협하는 이들이었다.

그러나 여기서 우리가 관심을 갖는 것은 세 번째 범주인 **자연**

---

19. 그것이 그리스 도시국가의 진화에서 가지는 중요성을 살펴보려면, François de Polignac, *Cults, Territory, and the Origins of the Greek City-State*(Chicago: University of Chicago Press, 1995)를 보라.
20. 이 유익한 표현을 살펴보려면, Charles King, "The Organization of Roman Religious Beliefs," *Classical Antiquity* 22(2003), pp. 275-312를 보라.
21. William R. Schoedel, "Christian 'Atheism' and the Peace of the Roman Empire," *Church History* 42(1973), pp. 309-319. 그 배경을 살펴보려면, S. R. F. Price, *Rituals and Power: The Roman Imperial Cult in Asia Minor*(Cambridge: Cambridge University Press, 1984); Steven J. Friesen, *Twice Neokoros: Ephesus, Asia, and the Cult of the Flavian Imperial Family*(Leiden: Brill, 1993)를 보라.

신학이다. 자연신학은 물리학과 형이상학을 함께 나타낸다. 자연신학은 자연을 철학적 관점에서 탐구하고, 천체의 규칙적 운동과 자연에 존재하는 여러 힘들을 깊이 관찰함으로써 하나님의 존재하심과 그 하나님의 특성 중 적어도 몇 가지를 추론해 낸다.[22] 따라서 이 고전적인 '자연신학' 설명은 하나님에 관한 담론으로서, 인식론이나 도덕에 비춰볼 때 의심스러운 개념인 '신화'에 호소하지 않고 이성을 토대로 자연계를 접촉한 결과에 근거한 것으로 이해할 수 있다. 자연에 호소한 덕분에 인간이 발명해 낸 것들을 대변하기보다 실제 사물들이 존재하는 방식과 조화를 이루는 혹은 그 방식에 상응하는 개념들을 서로 구분할 수 있었다.[23] 이것의 중요성은 소피스트인 안티폰(Antiphon, 기원전 5세기 말에 아테네에서 활동했던 소피스트-역주)도 분명하게 이야기했다. 그는 '자연'과 '법칙' 사이에는 근본적인 차이가 있다고 주장했다. 전자는 객관적이고, 안정성이 있으며, 변하지 않는다. 반면 후자는 기껏해야 인간이 임의로 구성해 낸 것이거나 인간에게 봉사하는 관습들이다.[24] 따라서 자연 연구는 객관적인 판단 근거를 제공하며, 이런 근거는 법을 만드는 자들의 기득권에 맞선다.

---

22. 프루사의 디오(Dio of Prusa)가 쓴 책들에 나타난 이런 개념을 살펴보려면, Klauck, "Nature, Art, and Thought," pp. 342-345을 보라.
23. 이에는 퓌시스(*physis*)와 테크네(*technē*)의 구별도 들었다. 전자는 '자연적' 존재 영역을, 후자는 '인위적' 존재 영역을 표현한다. 아리스토텔레스가 이런 구별을 행한 것을 살펴보려면, Fred D. Miller, *Nature, Justice and Rights in Aristotle's Politics*(Oxford: Clarendon Press, 1995); Helen S. Lang, *The Order of Nature in Aristotle's Physics: Place and the Elements*(Cambridge: Cambridge University Press, 1998)를 보라.
24. Gerard Naddaf, *The Greek Concept of Nature*(Albany: State University of New York Press, 2005), pp. 11-35. 이 책에는 소피스트인 안티폰이 람누스의 안티폰(BC 480-411)과 동일인인가를 둘러싼 논쟁이 들었다.

히포의 아우구스티누스는 고대의 광범위한 신학 접근법들을 기독교 안에서 융합하는데, 다시 말해 이 접근법들을 결합해 기독교가 말하는 계시에 근거한 일관된 사회관(社會觀)을 만들어 내는 데 큰 역할을 했다. 아우구스티누스는 기독교 신학이 이스라엘과 나사렛 예수 내러티브에 바탕을 두며, 이 내러티브들이 **신화**의 문학 스타일과 닮았지만 역사에 근거한 것이고 신학적으로도 중요한 의미를 가진다고 보았다. 기독교 신학은 고전기 시민 종교의 선구자들이 저질렀던 실수와 도덕적 잘못을 피해 시민 종교가 들어설 기초를 제공함으로써[25] 사회 통합이라는 비전을 제시할 수 있었다. 아우구스티누스는 자연신학이 더 광범위한 시민 문화와 대화할 수 있는 가능성뿐 아니라, 계시에 의지하지 않고도 신앙의 지적 타당성을 다시금 긍정할 수 있는 방법을 제공한다고 보았다.

사람들은 계몽주의 시대에 서유럽에서 나타난 **자연신학** 유형들이 본질상 고전기의 이런 자연신학 이해와 연속성을 가진다고 생각했다. 그런 인식을 담은 작품으로서 처음 등장한 중요 사례가 카탈루냐(오늘날 바르셀로나를 포함하는 에스파냐 북동부 지방—역주)의 신학자 세본데의 레이먼드(Raymond of Sebonde, 1436년에 숨졌다)가 쓴 것이다. 그가 쓴 「자연신학, 곧 피조물을 다룬 책」[*Theologia naturalis seu liber creaturarum*, 본래 책 이름은 '자연 또는 피조물을 다룬 책'(*Liber naturae sive creaturarum*)이다. 레이먼드가 카탈루냐어의 영향을 받아 라틴어로 쓴 책이며, 몽테

---

25. Dihle, "Die Theologia tripertita bei Augustin"; Ernest L. Fortin, *Classical Christianity and the Political Order: Reflections on the Theologico-Politico Problem*(Lanham, MD: Rowman & Littlefield, 1996), pp. 85-106을 보라.

뉴가 불어로 번역했다—역주)은 그가 숨진 해에 완성되었다.[26] 물론 아우구스티누스가 취한 접근법들과 근대에 나타난 접근법들 사이에는 몇 가지 중대한 차이점이 있다. 그 차이점 가운데 가장 중요한 것은 아마도 계몽주의는 '이성'을 "모든 실재를 정신 구조에 복종시킬 수 있는" 인간의 능력으로 해석하려는 경향을 보였으나 고전기 철학은 대체로 이성을 "질서를 부여하는 원리로서 실재 안에 내재하는 것"으로 여겼다는 것을 들 수 있을 것 같다.[27] 그러나 둘 사이에는 분명 연속성이 있다. 두 경우 모두 자연이 신에 대한 어떤 관념을 드러낸다는 것을 확증하기 위해 자연계를 합리적으로 접촉하는 것을 자연신학이라고 일컫기 때문이다. 따라서 고전 시대에서 계몽주의 시대에 이르기까지 나타났던 광범위한 자연신학을 가리킬 때는 '고전 자연신학'이라는 문구를 사용하는 것이 적절하다. 이 자연신학들은 인간의 자연계 고찰에 바탕을 둔 신학을 주장하면서 종교 사상의 은밀한 영향을 전제하지도 않고 인정하지도 않는다.[28]

이런 개념은 16세기 이후 특히 개신교 집단 내부에서 더 발전해 갔다. 장 칼뱅은 **하나님을 아는 이중 지식**(*duplex cognitio Domini*)을

---

26. Peter Harrison, "'The Book of Nature' and Early Modern Science," in *The Book of Nature in Early Modern and Modern History*, ed. Klaas van Berkel and Arjo Vanderjagt (Leuven: Peeters, 2006), pp. 1-26, 특히 p. 8.
27. Louis K. Dupré, *The Enlightenment and the Intellectual Foundations of Modern Culture*(New Haven, CT: Yale University Press, 2004), pp. 12-17.
28. 가령 제임스 바가 내린 정의를 보라. "전통 대대로 '자연신학'은 보통 이와 같은 것을 뜻했다. 뭇 남녀는 '날 때부터,' 다시 말해 단지 인간이라는 이유만으로 어느 정도 하나님을 알고 하나님을 인식하거나, 적어도 그런 인식을 할 수 있는 능력을 가진다. 또 이런 지식 내지 인식은 예수 그리스도와 교회와 성경이 하나님에 대해 알려 준 특별 계시가 있기 전에 이미 존재한다." James Barr, *Biblical Faith and Natural Theology*(Oxford: Clarendon Press, 1993), p. 1을 보라.

이야기했는데, 그는 '창조주 하나님을 아는 지식'과 '구속주 하나님을 아는 지식'을 구분해야 한다고 주장했다.[29] 칼뱅은 하나님이 주신 계시와 별개로 인간이 한편으로는 그 경험과 이치를 고찰함으로써, 다른 한편으로는 외부 세계의 구조를 고찰함으로써 하나님에 대한 일반 지식을 얻을 수 있다고 보았다.[30] 이런 신학 틀을 전제할 경우, '자연신학'이라는 말은 칼뱅의 **창조주 하나님을 아는** 지식의 두 원천을 가리키는 말로 사용될 수밖에 없다.

근래 '자연신학'을 다시 정의한 것 가운데 가장 중요한 정의는 계몽주의의 과제와 관심사에 대응해 나온 것이다.[31] 자연신학을 하나님의 계시에 의존하지 않고 그분의 존재하심을 실증하고 그분의 성품을 밝혀내려는 시도로 바꿔 놓은 것은 계몽주의의 두 가지 중심 테마—기독교 신학이 전통 대대로 사용한 자료들(특히 성경)의 신빙성을 합리성이라는 잣대로 비평하는 흐름이 커진 것, 기독교가 믿는 것들이 정당한가를 합리성이라는 잣대로 판단하는 기준을 받아들이는 흐름이 커진 것—를 반영한 것이었다. 이런 압력들 때문에 '자연신학'은 독립된 신학 형태, 특히 기독교 전통과 단절된 신학 형태가 되어 버렸다. 칼 바르트의 '자연신학' 비판은 사실 **이런 특수한**

---

29. 이 개념에 관한 고전적 분석은 Edward A. Dowey, *The Knowledge of God in Calvin's Theology*(New York: Columbia University Press, 1952)를 보라. 그 후대의 발전을 살펴보려면, Richard A. Muller, "'Duplex cognitio Dei' in the Theology of Early Reformed Orthodoxy," *Sixteenth Century Journal* 10(1979), pp. 51-61을 보라.
30. Michael Czapkay Sudduth, "The Prospects for 'Mediate' Natural Theology in John Calvin," *Religious Studies* 31(1996), pp. 53-68.
31. 이 아주 중요한 발전의 원인과 결과를 분석한 글을 보려면, McGrath, *The Open Secret*, pp. 140-170을 보라.

자연신학 형태를 비판한 것이다.[32]

이런 자연신학 접근법은 분명 역사적 조건의 제약을 받는 가운데 계몽주의가 내건 특별한 지적 강령에 대한 반응으로서 나온 것이다. 서양에서 계몽주의가 주도권을 잃으면서 삼위일체 하나님관(觀)에 견고히 터 잡은 자연신학을 재발견할 길이 활짝 열렸다. 이런 자연신학은 사물을 단순히 이해하는 데 그치지 않고 그 경계를 넘어 자연계와 풍성하고 충실한 사귐을 가질 수 있는 길을 제공한다. 기독교 전통은 자연을 보고 이해하며 인식하게 해줄 풍부한 개념 자원(a rich conceptual resource)을 제공함과 동시에 우리를 둘러싼 세계에 큰 주의를 기울이는 것이 마땅하다고 인정하고 그렇게 하는 것이 정당하다고 알려 주는 지적 틀을 제공한다.

나는 「공개된 비밀」(2008)에서 새로운 자연신학의 비전을 어느 정도 상세하게 제시했다. 이 새로운 접근법이 지닌 가장 중요한 신학적 요소들은 다음과 같다.

1. 자연의 개념을 확정되지 않은 것으로 인식한다.[33] 자연은 해석되는 실체이며, 자율성을 갖지 않는다. 이런 자연 개념은 자연을 특별히 기독교의 시각으로 '볼' 길을 열어 놓는다. 이는 자

---

32. Alister E. McGrath, *A Scientific Theology*, vol. 1, *Nature*(London: Continuum, 2001), pp. 241-286의 논의를 보라. 이전에 나온 두 연구도 참조해야 한다. Regin Prenter, "Das Problem der natürlichen Theologie bei Karl Barth," *Theologische Literaturzeitung* 77(1952), pp. 607-611; Thomas F. Torrance, "The Problem of Natural Theology in the Thought of Karl Barth," *Religious Studies* 6(1970), pp. 121-135.
33. McGrath, *The Open Secret*, pp. 7-10, 147-156.

연이 객관적 실체로서 보편적 판단의 근거로 행위할 수 있다고 본 계몽주의의 생각을 거부하는 것이다.[34] 자연은 자신의 해석을 우리에게 강요하는 것이 아니라, 오히려 우리에게 자연을 보는 방법을 자유롭게 선택하게 하며 우리 스스로 자연계를 살펴볼 수 있는 가장 좋은 방법을 찾게 한다.

2. 이 새 접근법에서는 자연신학을 특별히 기독교의 시각에서 자연을 '보는' 행위로 이해한다.[35] 이는 곧 사람들이 상상하는 하나님의 존재하심과 그분의 속성을 자연계에 호소해 실증하려는 모든 시도가 자연신학이라고 보는 계몽주의식 자연신학을 거부하는 것이다.[36] 대신 이 새 접근법은 자연을 하나님과 자연과 인간 매개자라는 독특한 관념을 지닌 기독교 전통의 시각에서 바라본다.

3. 이 새 접근법은 특히 자연신학의 인식 측면을 강조한다. 분명 자연신학은 우리의 자연 경험을 이해하는 것과 관련이 있기 때문이다. 그러나 이것은 자연을 관찰한 결과에서 하나님이 존재하심을 추론해 내려는 시도로 이해할 게 아니라, 기독교

---

34. 근세 초기의 이런 생각을 살펴보려면, Brian W. Ogilvie, "Natural History, Ethics, and Physico-Theology," in *Historia: Empiricism and Erudition in Early Modern Europe*, ed. Gianna Pomata and Nancy G. Siraisi(Cambridge, MA: MIT Press, 2005), pp. 75-103을 보라. 18세기에 이런 생각이 어떻게 전개되었는지 살펴보려면, 특히 Wolfgang Philipp, "Physicotheology in the Age of Enlightenment: Appearance and History," *Studies on Voltaire and the Eighteenth Century* 57(1967), pp. 1233-1267; Udo Krolzik, "Das physikotheologische Naturverständnis und sein Einfluss auf das naturwissenschftliche Denken im 18. Jahrhundert," *Medizinhistorisches Journal* 15(1980), pp. 90-102을 보라.
35. McGrath, *The Open Secret*, pp. 1-7, 12-14, 171-216.
36. *Ibid.*, pp. 141-147, 165-170.

신앙이 우리가 관찰하는 것들을 설명해 줄 수 있음을 보여 주는 것으로 이해해야 한다. 자연신학은 기독교 신앙이 제공하는 지적 틀과 관찰 결과가 일치함을 강조한다. 자연신학은 자연에 호소해 기독교 신앙의 어떤 핵심 요소를 증명하려고 하지 않는다.[37]

4. 자연신학은 자연을 '보는' 것과 관련된다. 때문에 인간의 인식이 어떻게 이루어지는가라는 경험적 문제가 상당히 큰 신학적 중요성을 가진다는 것을 알 수 있다. 따라서 자연신학은 인간의 인식에 관해 더 나은 심리학을 가지도록 요구한다. 특히 인간의 인식이 세계를 깊이 생각하는 것, 세계를 상대로 애정이 담긴 반응을 보이는 것, 그리고 세계와 능동적 상호작용을 펼치는 것과 관련되어 있음을 깨닫도록 촉구한다.[38] 거듭 말하지만 이는 자연을 인식하는 과정이 어떻게 이루어지는가를 부적절하고 그릇되게 이해했던 계몽주의에서 벗어날 것을 요구하는 것이다.[39]

5. 인간의 인식 과정이 세계를 깊이 생각하는 것, 세계를 상대로 애정이 담긴 반응을 보이는 것, 그리고 세계와 능동적 상호작용을 펼치는 것과 관련되어 있음을 깨닫게 되면, 순수하게 인식 측면만 강조하는 자연신학 접근법을 거부하게 된다. 계몽주의는 자연신학을 본질상 이해하는 활동으로 여겼다. 나는

---

37. *Ibid.*, pp. 15-18, 232-260.
38. *Ibid.*, pp. 80-110.
39. *Ibid.*, pp. 156-158.

인식을 이처럼 부적절하게 설명하는 대신 진·선·미라는 '플라톤의 세 가지 덕'이 자연신학에 도움이 되고 깨우침을 주는 틀을 제공한다고 주장한다.[40] 이는 인간이 자연을 깊이 생각하고 연구하는 행위의 합리적·심미적·도덕적 차원을 설명해 준다.

6. 따라서 자연신학은 기독 교회와 자연과학과 법과 예술과 문학을 포함한 세속 문화 사이의 중요한 접점을 대변한다고 할 수 있다. 자연신학은 변증에서, 그 중에서도 특히 인간이 자연의 미와 '초월자'라는 관념에 기울이는 관심으로부터 "우리 주 예수 그리스도의 아버지이신 하나님"으로 항해해 갈 수 있는 수로(水路)를 제공해 주는 일에서 중요한 역할을 할 수 있다.[41]

이 점과 관련해 일부 독자들은 반대를 표명했는데, 그것이 전혀 얼토당토않지만은 않다. 그들이 지적하는 것은 사람들이 보통 자연신학을 "어떤 종교적 믿음도 없고, 그런 믿음을 전제하지도 않는 상태에서 시작해 종교가 믿는 것들을 밑받침하는 근거들을 제시하는 일"[42]이라고 이해한다는 것이다. 그렇다면 앞에서 요약한 접근법을 어떻게 자연신학으로 간주할 수 있을까? 나는 내 대답의 윤곽이 이미

---

40. 일반 원리를 살펴보려면, *ibid.*, pp. 221-231을 보라. 진(眞)과 자연신학을 더 상세히 논한 글을 보려면 pp. 232-260을, 미(美)를 살펴보려면 pp. 261-290을, 선(善)을 살펴보려면 pp. 291-312을 보라.
41. *Ibid.*, pp. 23-40, 255-260, 282-290.
42. William P. Alston, *Perceiving God: The Epistemology of Religious Experience*(Iyhaca, NY: Cornell University Press, 1991), p. 289.

말한 내용에서 분명하게 드러났다고 생각한다. 사실 1750년경부터 자연신학을 이렇게 이해해 왔다는 것은 인정하지만 오늘날에도 자연신학을 이렇게 이해해야 한다는 주장에는 반대한다. 계몽주의가 영향을 미칠 때는 자연신학을 계몽주의가 권위 있고 신뢰할 수 있다고 생각한 판단 기준들—이성과 자연질서—에 근거해 하나님이 존재하심을 변호하는 것으로 해석하는 것이 통설이었다.[43] 그러나 자연신학 역사 속에서 일어난 이런 역사의 에피소드를 규범이나 확정된 것으로 여길 수는 없다.

기포드 경이 요구한 것은 "가장 넓은 의미의 자연신학 연구—다시 말해 하나님을 아는 지식—를 장려하고 확산시켜야 한다"는 것이다. 따라서 나는 새로 거듭난 기독교 자연신학이 어떻게 해서 세계를 설명할 수 있는 능력을 가지는지, 동시에 이 신학이 어떻게 해서 하나님이 존재하신다는 지적 주장에 힘을 실어 주고 '자연을 보는' 방법을 우리에게 제공해, 다른 방법으로는 불가능했을 방법들을 통해 자연의 진가를 인식하고 존중할 수 있게 해주는지 실증하고 탐구해야 한다.

자연을 보는 것(seeing nature). 우리는 이 또렷한 문구를 잠시 붙잡고 생각해 봐야 한다. 자연신학의 본질은 우리로 하여금 사물들을 실제 있는 그대로 **보게** 해준다는 것이다. 영국의 위대한 예술 비평가 존 러스킨(1819-1900)은 그의 책 「근대 화가들」(*Modern Painters*) 3권

---

43. Alister E. McGrath, "Towards the Restatement and Renewal of a Natural Theology: A Dialogue with the Classic English Tradition," in *The Order of Things: Explorations in Scientific Theology*(Oxford: Blackwell Publishing, 2006), pp. 63-96.

(1856)에서 "인간이 이 세상에서 행하는 가장 위대한 일은 무언가를 보는 것이요, 그가 보는 것을 있는 그대로 말하는 것이다.…분명하게 보는 것이 시요, 예언이요, 종교이다. 그 하나에 모든 것이 들었다"[44]라고 선언했다. 여기서 러스킨은 그의 시대 많은 신학자들이 못 보고 지나친 것, 곧 그리스도인의 정신은 자연에서 받은 인상을 수동적으로 받아들이지 않고 능동적으로 해석한다는 것을 지적했다. 관찰 과정에는 그것이 과학적이든 종교적이든 우리가 관찰한 것을 우리가 믿는 것과 결합하려고 하면서, 필요한 경우에는 양자가 서로 들어맞게 조정하려고 노력하는 것이 포함된다.

더욱이 우리는 자연을 하나의 통일체로 본다. 18세기 자연신학에서 상당히 유감스러운 측면 가운데 하나는 자연 안에서 설명이 필요한 빈틈을 찾아내려고 애쓰면서, 이런 빈틈을 하나님의 현존이나 하나님의 활동을 특별히 혹은 명백하게 보여 주는 증거로 내세워 그 빈틈을 메우려고 시도했다는 점이다. 과학이 현재 설명할 수 없는 것 혹은 더 정확히 말해 과학이 원리상 설명할 수 없는 것이라고 주장할 수 있는 것은 무엇이든 모두 하나님이 하시는 '특별한' 일로 간주되었다. 그러나 내가 기독교 전통 안에서 나온 자연신학 접근법이라고 믿는 것은 자연을 한 통일체로 보면서 설명이 필요한 '큰 그림'을 찾는 것과 관련되어 있다. 우리는 사물을 잘 설명할 수 있는 우리의 능력을 어떻게 이해해야 하는가? 추론이 불가한 '수학의 유효성'(unreasonable effectiveness of mathematics)[45]에 비춰 볼 때, 인

---

44. John Ruskin, *Works*, ed. E. T. Cook and A. Wedderburn, 39 vols.(London: Allen, 1903-1912), 5:333.

간의 정신은 정확히 우주의 윤곽에 맞도록 창조된 것일까? 진정한 기독교 자연신학은 과학적 세계관 안에서 당장 설명이 필요한 틈들을 찾는 데 결코 관심을 기울이지 않는다. 진정한 기독교 자연신학은 자연을 보는 대안을 제시한다. 때로는 이런 대안이 과장된 과학적 방법에 이의를 제기할 수도 있지만,[46] 과학적 방법 자체만은 과학의 진리든 종교의 진리든 인간의 진리 탐구를 구성하는 한 부분으로 인정해 기꺼이 받아들인다. 기독교 자연신학은 다른 자료가 자연에 대해 알려 주는 설명과 자신의 설명이 크게 일치하는 것을 발견하고자 기대하고, 실제로 그런 일치를 발견한다. 그러나 동시에 그 나름의 특별한 방식—즉 하나님이 지으신 것—으로 자연을 묘사하고 서술할 권리가 자신에게 있음을 역설한다.

그러나 경구 같은 러스킨의 말은 자연신학이 단순히 의미를 이해하는 작업에서 훨씬 더 나아가야 한다는 사실을 알려 준다. 앞서 말했듯이, 빅토리아 시대를 지배한 자연신학 개념은 윌리엄 페일리(1745-1805)에게서 나왔다. 그가 쓴 「자연신학」(1802)은 자연을 관찰한 결과에 근거해 하나님이 존재하신다는 주장을 내놓았다. 페일리에게는 하나님이 자연계의 수수께끼들에 대한 합리적 해답이었다. 그분은 인체의 눈처럼 복잡한 신비들을 사색하는 이들에게 지적으로 만족스러운 답을 제공하는 분이었다. 일부 사람들은 그의

---

45. Eugene Wigner, "The Unreasonable Effectiveness of Mathematics," *Communications on Pure and Applied Mathematics* 13(1960), pp. 1-14.
46. 나는 여기서 리처드 도킨스와 에드워드 윌슨 같은 저술가들의 글에서 볼 수 있는 상당히 미숙한 '과학만능주의'를 염두에 두었다. Frederick A. Olafson, *Naturalism and the Human Condition: Against Scientism*(London: Routledge, 2001); Mikael Stenmark, *Scientism: Science, Ethics and Religion*(Aldershot: Ashgate, 2001)에서 제시한 분석을 보라.

접근법을 상찬했다.[47] 그러나 다른 이들은 페일리의 접근법이 기독교 신앙의 근본 테마들을 위태롭게 하고 뒤집어 버리며 파괴한다고 보았다. 오래전에 찰스 다윈(1809-1882)은 「종의 기원」에서 생물학 세계가 설계된 것처럼 보이는 모습을 다르게 설명했고,[48] 신학적 근거들을 내세워 하나님을 거룩한 시계공으로 본 페일리의 기계적 하나님관을 멀리했다.

가장 기본적인 관심사 가운데 하나는 페일리의 핵심 주장이 지적 측면에서 완전무결한가다. 자연에 존재하는 '설계'를 관찰했다고 말할 수 있는 사람이 있을까? 사람은 자연을 **관찰하긴** 하지만 자연에 존재하는 설계는 **추론해 낼** 뿐이다. 설계는 경험으로 확인할 수 있는 자료가 아니며, 우리가 관찰한 것을 해석한 결과를 반영한 것일 뿐이다. 이것을 가장 설득력 있게 강조하고 알기 쉽게 제시한 사람은 아마도 존 헨리 뉴먼(John Henry Newman)이 아닐까 싶다. 그는 이렇게 말했다. "나는 설계를 보기 때문에 하나님을 믿는 것이 아니라, 하나님을 믿기 때문에 설계를 믿는다."[49] 뉴먼은 설계라는 개념

---

47. 몇 가지 반응 사례들을 살펴보려면, Aileen Fyfe, "The Reception of William Paley's Natural Theology in the University of Cambridge," *British Journal for the History of Science* 30 (1997), pp. 321-335을 보라. 여기서 윌리엄 휴얼(William Whewell)의 접근법이 고려해 볼 만한 가치가 있다. Richard R. Yeo, "William Whewell, Natural Theology and the Philosophy of Science in Mid-Nineteenth Century Britain," *Annals of Science* 36(1979), pp. 493-516.
48. 이 시대 진화생물학의 관점에서 페일리를 가장 잘 비판한 글을 보려면, Richard Dawkins, *The Blind Watchmaker: Why the Evidence of Evolution Reveals a Universe without Design*(New York: W. W. Norton, 1986)을 보라.
49. John Henry Newman, William Robert Brownlow에게 보낸 편지, 1870년 4월 13일; in Charles Stephen Dessain et al., eds., *The Letters and Diaries of John Henry Newman*, 31 vols.(Oxford: Clarendon Press 1963-2006), 25:97. 이것 및 이것과 관련된 점들을 꼼꼼히 분석한 글을 보려면, Noel Keith Roberts, "Newman on the Argument from Design,"

이 자연 영역 속에 '주어진' 것이 아니라 실재를 바라보는 기독교의 시각으로 자연을 관찰하고 해석함으로써 얻어진다는 것을 올바로 간파했다.[50]

다른 사람들은 페일리의 기계적 자연관과 그 자연관에서 이끌어낸 하나님의 이미지가 혼란스러울 정도로 부적절하다고 보았다. 생전에 가장 인기 있는 과학 저술가였던 휴 밀러(Hugh Miller, 1802-1856)는 페일리의 주장에 미학적 결점이 있다는 것을 발견했다.[51] 기계는 추할 수 있다. 혹자는 머릿속으로 위대한 기계의 우아함을 떠올리며 그 우아함을 찬미할 수도 있지만, 기계의 원리들은 무시무시한 비율과 소름 끼치는 겉모습을 가진 피조물로 표현될 수도 있다. 페일리가 생각하는 하나님 개념은 아름다움이 결핍돼 있었다.

뉴먼은 이런 비판에서 훨씬 더 나아가 페일리의 접근법이 드러내는 빈곤한 상상력에 근본적인 우려를 표명한다. 뉴먼은 합리주의만을 지나치게 부각시킨 이런 자연신학 개념에는 인간과 자연의 만남이 낳은 결과를 십자 퍼즐을 푸는 것과 비슷한 관점에서 생각할 위험성이 분명 존재한다고 보았다. 하나님을 세계를 만든 장인(匠人) 신(神)으로 묘사한 페일리의 하나님 이미지는 하나님을 이 세계 수

New Blackfriars 88(2007), pp. 56-66을 보라.
50. 아울러 볼프하르트 판넨베르크가 하나님이 곧 창조주시라는 교리가 어떻게 해서 "하나의 통일체인 세계를 궁극적으로 설명해 줄 수 있는지" 설명해 놓은 말에도 주목하라. Wolfhart Pannenberg, *Systematic Theology*, 3 vols.(Grand Rapids: Eerdmans, 1991-1998), 1:71을 보라.
51. 여기서 John Hedley Brooke, "Like Minds: The God of Hugh Miller," in *Hugh Miller and the Controversies of Victorian Science*, ed. Michael Shortland(Oxford: Clarendon Press, 1996), pp. 171-186을 보라.

준으로 떨어뜨렸다. 초월이나 신비, 영광이라는 감각은 어디에 있을까?[52] 페일리의 접근법은 인간 이성에 호소한 것일 수도 있다. 그렇다면 인간의 상상은 어찌 되는가? 뉴먼은 자연과의 가장 강력한 접촉은 이성의 차원이 아니라 상상의 차원에서 일어난다고 보았다. "마음은 보통 직접 받은 인상들을 통해, 사실과 사건들에 관한 증언을 통해, 묘사를 통해, 이성이 아니라 상상을 거쳐 도달한다."[53]

러스킨은 '보는 것'(seeing)이 가지는 문화적·영적 중요성을 강조했는데, 이런 강조는 자연을 합리적으로 분석하는 차원을 넘어 본디 자연이 가진 아름다움과 선함을 인식하는 데까지 나아갔다.[54] 자연신학은 계몽주의가 실재의 본질과 관련해 제시한 빈약하고 불충분한 설명들을 토대로 자연에 대한 '진리'를 성찰하는 일에만 그 자신을 묶어둘 수 없다. 자연신학은 인간이 자연과 나누는 상호작용 전체를 아우르는 데까지, 다시 말해 자연계를 깊이 생각하고(혹은 '알고'), 자연계를 상대로 애정이 담긴 반응을 보이며, 자연계와 능동적인 상호작용을 나누는 데까지 나아가야 한다. 진·선·미라는 전통적인 '플라톤의 세 가지 덕'은 바로 이런 종류의 접촉을 원활하게 해주는 탁월한 틀이다.

이 책에서 자연신학은 기독교 전통의 관점에서 자연을 바라보는

---

52. John Henry Newman, *The Idea of a University*(London: Longman, Green & Co., 1907), pp. 450-451, 특히 p. 454.
53. John Henry Newman, *An Essay in Aid of a Grammar of Assent*, 2nd ed.(London: Burns & Oates, 1870), pp. 89-90.
54. Robert Hewison, *John Ruskin: The Argument of the Eye*(Princeton, NJ: Princeton University Press, 1976), pp. 54-64.

작업을 뜻한다. 우리는 기독교 전통 안에서 살아간다. 이는 지성의 제자도를 낳으며, 이 제자도는 기독교 신앙을 더 높고 더 깊이 이해하게 해 결국 우리가 자연계를 보고 자연계를 상대로 행하는 태도에 여러 가지 변화를 일으킨다. 우리가 강조했듯 "관점이 없으면 보이는 것은" 아무것도 없다. 자연을 관찰하려는 모든 시도는 어떤 확정된 사회적 위치에서, 곧 우리가 보는 것과 우리가 중요하게 여기는 것을 형성해 주는 위치에서 이루어진다. 그러나 이 '봄'(viewing)이 자연을 한 번 흘낏 보고 마는 형태를 취하지는 않는다. 도리어 이 '봄'은 자연 전체와 계속 나누는 상호작용 과정으로서 시간이 흐름에 따라 결국 우리 생각을 바꿔 놓는 과정으로 이해해야 한다.

그렇다면 신앙과, 자연 접촉의 행위 사이에서 지속적으로 일어나는 상호작용의 과정을 어떻게 이해할 수 있을까? 여기서 유익하게 유비해 볼 수 있는 것이 과학적 방법론의 한 측면이다. 많은 신학적 성찰이 이 측면을 간과해 왔다. 그것은 무언가를 반복접근(iteration)하는 과정의 중요성이다. 이 과정은 처음에 경험적 세계에 개입함으로써 얻은 결과를 다음 단계에서 새로운 차원의 관찰과 해석의 출발점으로 사용하는 것이다. 자연과 접촉하는 이러한 방법은 내가 1975-1978년까지 옥스퍼드 대학교 생화학부에서 연구를 위해 사용하던 방법인데 당시에 나는 이 방법을 신학에도 적용할 수 있을 것이라는 생각을 처음으로 가지게 되었다.[55]

---

55. 내 견해를 밝힌 글로 애초에는 출간하지 않았던 1996년 8월의 '토의 자료'를 보라. 여기서 나는 이 접근법과 조직신학의 연관성에 대해 내가 생각한 것을 제시했다. Alister E. McGrath, "A Working Paper: Iterative Procedures and Closure in Systematic Theology," in *The Order of Things*, pp. 194-203.

반복접근 방법의 본질적 특징은 접촉의 과정 자체를 통해 얻어 낸 통찰들에 비추어 우리의 보는 방식과 이해하는 방식을 계속 조금씩 고쳐 나간다는 점이다. 우리는 먼저 무언가를 어떤 방식으로 바라본다. 그러나 탐구 과정에서 우리는 살펴보는 대상을 다른 방식으로 보게 만드는 것들을 발견한다. 문제가 된 '사물'은 변함없이 그대로 있다. 하지만 그 사물에 대한 우리의 인식은 중대한 변화를 겪는다. 확장된 관찰 과정 내부에서 새로운 차원의 인식과 해석이 등장한다. 신학적 관찰에서 보는 방식을 재조정하는 것은 자연신학 작업에서 필수불가결한 요소다. 우리는 처음에 자연을 이런 방식으로 본다. 그러다가 결국에는 다른 방식으로 보게 된다.

우리는 존재론이 인식론보다 우선한다는 것을 다시 한 번 강조할 수밖에 없다. 어떤 사물이 진정한 정체가 감춰지는 방식으로 '보일' 수 있기 때문이다. 친숙한 예를 하나 들어 보겠다. 처음에 우리는 나사렛 예수를 종교 교사로 '볼' 수도 있다. 그러다가 얼마간의 성찰을 한 뒤에는 그를 성육신하신 하나님으로 '본다.' 그분은 **언제나 변함없이** 성육신하신 하나님이지만, 애초에 사람들은 그를 성육신하신 하나님으로 **인식하지** 않았다. 예수가 사람들의 죄가 사함받았다고 선언하신 사건(막 2:1-12)도 처음에는 하나님을 모독한 사례로 보였을지 모른다. 만일 예수를 순수하게 인간으로 이해하면, 예수는 오직 하나님만이 하실 수 있는 일을 한 사람으로 보인다. 이런 틀에 따른 시각에서 보면, 이런 행위는 분명 유대교의 맥락 속에서는 하나님 모독이다. 그러나 부활 이후의 관점에서 보면, 거꾸로 이런 행동을 부활이 그리스도인 공동체에 강력히 심어 준 틀, 곧 나사렛 예수는 이런 식으로 행동할 권세를 지닌 분이었다는 틀에 정당성을 부여해 주는 것으로 볼 수 있다.[56] 이처럼 동일한 행동을 완전히 상이한 두 시각에서 해석할 수 있으며, 우리의 이해 수준이 높아지고 사실이 더 많이 밝혀지면 한 시각이 다른 시각에게 길을 내주고 물러나는 일이 벌어진다. 이렇게 새로운 인식을 갖게 되었다고 해도 나사렛 예수의 정체성에는 변화가 없다. 도리어 그런 새로운 인식은 우리가 나사렛 예수를 바라보는 틀 내지 지적 체계에 생긴 변화를 반영한다.

마찬가지로 자연신학의 경우에도 자연 자체는 바뀌지 않는다. 우리가 자연을 이해하는 방식이 바뀔 뿐이다. 우리는 자연을 새로운 시각으로 보고, 새로운 마음의 지도를 가지고 탐구한다. 여기서 우리는 신학을 반복접근에 근거한 역동적 탐구 과정으로 인식한다. 어떤 반복접근의 결과는 다시 다음에 이어지는 반복접근의 전제로 투입된다. 이처럼 각각의 반복접근 뒤에 얻은 신학적 통찰은 다시 다음 반복접근 속에 투입되어 계속해서 더 차원 높은 이해를 만들어 낸다. 잠시 뒤 균형 상태가 이루어지고 마침내 신학적 성찰은 끝을 맺는다. 이런 과정은 나선형 계단을 올라가는 것에 비유할 수 있다. 이 과정에서는 각 성찰 사이클이 끝날 때마다 신학의 목표를 더욱더 정밀하게 '볼' 수 있게 된다.[57]

---

56. 가령 Wolfhart Pannenberg, *Jesus, God and Man* (London: SCM Press, 1968), pp. 66-73을 보라.
57. Ray L. Hart, *Unfinished Man and the Imagination: Toward an Ontology and a Rhetoric of Revelation* (New York: Herder & Herder, 1968), pp. 60-68에서 이런 심상(心象)을 전개한다.

이 접근법을 따를 때, 우리는 **먼저** 자연신학을 말 그대로 창조주 하나님을 드러내 주는(계시해 주는) 것으로 봄으로써 **시작할** 수도 있다. 우리가 기독교 계시에 비추어 이 접근법을 철저히 따르기 시작하면, 우리는 이런 잠정적 판단이 결국 계속 유지될 수 없는 것이기에 다시금 고치고 개념을 다시 정립하는 작업이 필요하다는 것을 깨닫는다. 따라서 고전적 자연신학 모델은 다름 아니라 뭔가를 깨닫는(발견하는, heuristic) 출발점이며, 이 출발점은 반복접근 과정이 진행됨에 따라 발전하고 바뀌어 간다. 우리는 막연히 초월자가 있으리라는 느낌에서 시작할 수도 있다. 이것은 모호하고 인격체를 느끼지 못하는 인식이지만, 그래도 우리를 더 커다란 무언가로 인도하는 입구일 수 있다.[58] 우리가 그 입구의 문지방을 통과하면, 세계를 새롭게 보게 해주는 방법을 만난다. 이 방법은 우리가 처음에 가졌던 느낌 혹은 감정을 새로운 방식으로 해석하게 해준다. 그러다 결국 우리는 하나님을 삼위일체로 인식하는 시각으로 끝을 맺는다. 어떤 의미에서 보면 하나님이 삼위일체라는 인식은 우리가 처음 가진 인식에는 포함되지 않았지만 또 다른 의미에서 보면 우리가 애초 가진 인식에 포함되어 있다. 하나님은 **언제나 변함없이** 삼위일체이지만 처음에는 삼위일체로 **인식되지** 않는다.

이 접근법은 계몽주의와 결합된 접근법들, 그리고 조금 다른 접근법으로서 카파도키아 교부들과 결합된 접근법들을 포함해 많은 자연신학 형태들이 기본적으로 갖고 있는 변증이라는 차원을 보존

---

58. 자연신학에서 초월자 관념이 가지는 중요성을 살펴보려면, McGrath, *Open Secret*, pp. 23-79을 보라.

하고 있다.[59] 이 접근법은 자연을 초월자로 인도해 주는 이정표로 보게 해주지만, 이런 식으로 알게 된 내용이 이 하나님을 샅샅이 밝혀 주거나 정의해 주거나 그 특징을 규정해 주지는 않는다. 따라서 자연계에서 밝혀 낼 수 있는 것들이 삼위일체 하나님의 초월성과 영광과 각 위격 사이의 관계를 손상하는 일은 없다. 여기서 위험한 것은 자연 속에서 혹은 자연을 통해 알게 된 어떤 하나님 개념을 "공통된 것들을 모아 놓은 따분한 목록"(the dull catalogue of common things, 키츠)쯤으로 축소시키는 것이다.

결국 이것이 자연신학을 넓게 인식하는 것이고, 자연 속에서 관찰되는 인간중심 현상들을 성찰하는 작업에 내가 활용하는 자연신학 개념이다. 나는 자연계를 분명하게 관찰하고 해석함으로써 기독교 신앙의 어떤 측면을 '증명'할 수 있다고 주장하고 싶지 않다. 오히려 그런 관찰이 기독교가 제시하는 이론과 경험을 통한 관찰 결과 사이에 근본적 일치 혹은 조화가 존재한다는 인식을 불러일으킨다고 주장하겠다. 페일리는 물론 그와 같은 시대 사람들이 그들의 주장을 하나님의 존재하심을 증명하는 '증거들'로 여긴 것은 분명 사실이다. 그러나 어쩌면 그런 주장들은 거꾸로 하나님을 믿는 믿음

---

59. Jaroslav Pelikan, *Christianity and Classical Culture: The Metamorphosis of Natural Theology in the Christian Encounter with Hellenism*(New Haven, CT: Yale University Press, 1993)이 나지안조스의 그레고리우스, 가이사랴의 바실레우스, 닛사의 그레고리우스의 경우에 자연신학이 행한 변증 역할을 파헤친 중요한 분석을 보라. 여기서 펠리칸은 고전적 자연신학 개념과 이 카파도키아 저술가들이 주장한 교의신학의 상호작용을 탐구하면서 [리바니우스(Libanius) 같은] 이교도들과 [유노미우스(Eunomius) 같은] 이단들의 견해를 논박하는 데 사용하는 **변증학으로서의**(*as apologetics*) 자연신학과 기독교 진리를 체계 있게 제시해 주는 **교의학으로서의**(*as dogmatics*) 자연신학 사이에 미묘한 상호작용이 펼쳐진다고 말한다.

이 정당하다는 것을 증명한 것들로 보는 것이 더 나을지도 모른다.

따라서 우리가 채택할 접근법은 자연계 현상들을 기독교 전통의 관점에서 관찰한 다음, 이론과 경험 사이에 중대한 '경험적 적합성'이 존재하는지 묻는 것이 될 것이다. 우리는 자연이 하나님의 존재하심을 증명하는 '증거'를 제공해 주리라는 기대를 갖고 자연을 연구하지 않는다. 오히려 우리는 세계 안에서 관찰한 것들을 설명해 주는 통찰 넘치는 도구로서 기독교 신학을 제시한다. 이는 기독교와 자연과학의 소통과 관련해 상당한 중요성을 가진다. 이런 접근법이야말로 자연신학이 신학과 과학 사이에서 의미 있고 아주 큰 생산성을 발휘할 수 있는 접촉점으로 존재할 수 있는 가능성을 열어주기 때문이다. 이런 자연신학 접근법은 기독교 신학이 과학적 이해를 반대한다는 생각을 일체 거부한다. 도리어 나는 이 접근법의 목표를 이렇게 주장한다. 신학과 과학이 서로 이해하고, 상호대화를 촉진하며, 자신이 상대방을 더욱 풍성하게 해줄 것이라는 소망을 제공하는 더 넓은 틀 속에 자연과학이 행하는 프로젝트를 놓아둠으로써 우리의 세계 이해를 완전하게 해주는 것이라고.

새로 거듭난 자연신학이 가진 이런 비전은 그 본질 및 목표들과 관련해 몇 가지 중요한 문제를 일으킨다. 이 때문에 우리는 계속해서 그 관심사 중 몇 가지를 살펴보고, 그것을 어떻게 다룰지 심사숙고할 것이다.

4장

새로 거듭난 자연신학을 향한 도전들

자연신학을 옹호하기 어려운 말로 정의하려는 사람들은 자연신학을 옹호할 수 없는 것으로 여긴다. 앞 장에서 살펴보았듯 그것이 20세기 내내 이어진 자연신학의 슬픈 이야기였다.[1] 그러나 이런 어려움을 일으킨 자연신학 개념들을 딱히 옹호할 이유도 없고, 이런 주제를 다룬 다른 이들의 비판을 옹호할 이유도 별로 없다. 오직 자연신학이 거듭날 수 있는 길은 더 오래된 접근법들을 회복하거나 새로운 접근법들을 발전시킴으로써 자연신학의 비전과 목표들을 재인식하고 재정립하는 데 달렸다.

자연과, 그 중에서도 특히 우리가 이 책에서 제시한 '정교한 조율' 현상에 다가가는 접근법은 '삼위일체 자연신학'과 '고전적 자연신학'의 예리한 구분에 근거한 것이다. 내가 말하는 '고전적 자연신학'

---

1. 특히 Christoph Kock, *Natürliche Theologie: Ein evangelischer Streitbegriff* (Neukirchen-Vluyn: Neukirchener Verlag, 2001)에 수록된 좀 우울한 내러티브를 보라.

은 종교와 상관이 없거나 혹은 중립인 입장을 토대로 자연계를 이해하는 방법이다. 이런 방법은 결국 어떤 초월적 실재가 존재한다는 결론으로 이어진다. 이 접근법은 다양한 스타일의 고전적 자연신학 사이에 분명히 존재하는 차이점들을 억누르지도 부인하지도 않는다. 이 접근법은 다만 그런 다양한 자연신학 접근법들이 공통으로 지닌 특징을 강조할 뿐이며, 이 특징은 고전적 자연신학과 삼위일체 자연신학을 예리하게 구분하는 데 도움을 준다.

내가 말하는 '삼위일체 자연신학'은 자연계와 이 세계에 대한 인간의 이해하는 방법을 뜻하는데, 이 방법은 기독교 정통이 기술하는, 실체에 대한 삼위일체적 비전으로부터 나온다. 이렇게 사물들을 바라보는 방법은 기독교적 계시가 낳은 결과이며, 자연 그 자체로부터 나온 결과가 아니다. 나는 이런 삼위일체적 자연신학 접근법의 기본 골격을 2008년에 제시했으며,[2] 이 책에서 그것을 더 발전시키려고 한다.

어떤 사람들은 여기서 '삼위일체 자연신학'(Trinitarian natural theology)이라고 이름붙인 것이 사실은 '자연을 다룬 삼위일체 신학'(Trinitarian theology of nature)이라고 주장하는데, 그른 말이 아닐지도 모른다. 하지만 삼위일체 자연신학은 단순히 자연을 다룬 신학을 조목조목 진술하는 차원을 넘어선다. 삼위일체 자연신학은 자연을 관찰하는 인간이 행하는 능동적이고 건설적인 역할도 함께 설명하기 때문이다. 삼위일체 신학은 비단 자연뿐 아니라 **인간이 자연과 접촉하는 일**

---

2. Alister E. *The Open Secret: A New Vision for Natural Theology*(Oxford: Blackwell, 2008).

(the human engagement with nature)에 관한 이해도 만들어 내고 유지 시키는 풍부한 존재론도 제공한다. 따라서 '자연신학'이라는 것은 인간과 자연의 접촉의 과정은 물론 그 접촉의 결과도 해명하고 형성한다. 자연을 '보는 것'(seeing)이 자연신학의 맥락 안에서 차지하는 절대적 중요성을 고려할 때, 삼위일체적 관점에서는 인간이 자연을 관찰하고 해석하는 과정이 마땅히 중요한 일이다. '자연을 다룬 신학'은 인간이 자연을 해석하는 방법을 가리킨다. 반면 '자연신학'은 해석 과정과 그 결과를 가리킨다. '자연신학'이라는 말과 '자연을 다룬 신학'이라는 말은 분명 서로 연관이 있으면서도 구별되는 개념이다.

이 책에서 채택한 접근법은 원리와 전략 면에서 페일리식 자연신학 서술과 거리가 먼 움직임을 대변한다. 이 때문에 어쩌면 자연신학을 통째로 포기하는 것이 아니냐고 말하는 이들이 있을지도 모르겠다. 나는 그런 판단에 동의하지 않는다. 자연신학의 틀 혹은 자연신학을 지배하는 내러티브는 단 하나만 있는 게 아니기 때문이다. 자연신학은, 지배적인 과학적 세계 이해, 기독교 신학을 지배하는 흐름들, 그리고 자연을 대하는 문화의 태도에 의해 부분적인 제약을 받는 반응들로 이해하는 것이 가장 좋다. 확실히 윌리엄 페일리의 특별한 자연신학 접근법은 서로 그물처럼 얽혀 그 시대를 지배하던 과학적·문화적·미학적·신학적 판단들에 근거한다. 그런 특별한 역사적·사회적 상황이 지나간 이상, 이제 새로운 자연신학 접근법들이 나타나는 것이 타당하다.

페일리의 「자연신학」(1802)이 대중 사이에서 거둔 성공은 이 작품이 그것을 둘러싼 특별한 문화 정황에 얼마나 깊이 뿌리를 내리고 있었는지 알려 주는 중요한 지표다. 페일리는 그가 의도한 청중들과 많은 전제를 공유했는데, 덕분에 그는 독자들과 큰 지적 공감대를 만들어 낼 수 있었다.[3] 그러나 이후 이렇게 그물처럼 얽힌 주요한 과학적·문화적·미학적·신학적 판단들에 일어난 변화들은 어쩔 수 없이 다른 스타일의 자연신학이 필요하다는 사실을 일깨운다. 페일리는 기독교 자연신학의 본질을 정의하지 않는다. 그는 단지 문화사에서 한때는 중요했지만 이제는 지나가 버린 전환기에 자연신학이 취했던 한 형태를 묘사할 뿐이다.

그럼에도 내 자연신학 접근법은 적어도 일부 독자들에게는 사소하지 않은 우려를 불러일으킬 것이다. 내가 자연신학을 이런 시각에서 제시하면, 나를 비판하는 사람들은 모두 타당한 이유가 있는 다음 세 가지 우려 가운데 일부 혹은 전부를 표명할지 모른다.

1. 전통적 형태의 자연신학이든 혹은 위에서 제시한 새로운 형태의 자연신학이든, 사람들은 자연신학을 실재를 설명해 주는 것으로 이해해 왔다. 그러나 기독교 신앙은 만물의 변화를 이야기한다. 기독교 신앙은 '설명'이라는 말보다 '구원'이라는 말

---

[3] 페일리가 자신이 미리 상정한 청중들에게 공명을 이끌어낼 때 보여 준 천재성은 그의 책 『자연신학』(1802)에만 국한되지 않는다. 그가 이보다 앞서 쓴 『도덕철학과 정치철학의 원리들』(1785)은 비록 지적 독창성은 찾아보기 힘들지만 그래도 널리 읽힌 책으로서 페일리가 살아 있는 동안에만 15쇄를 찍었다. 페일리가 말하는 '자연신학'과 '공리주의'는 19세기 초에 문화적 공감을 얻으면서 대세가 되었다. 하지만 이보다 더 엄격한 대안들도 있었다. 페일리가 말하는 공리주의를 살펴보려면, Frederick Rosen, *Classical Utilitarianism from Hume to Mill* (London: Routledge, 2003), pp. 131-142을 보라.

로 더 잘 설명할 수 있는 개념이다. 이렇게 설명을 강조한 것은 분명 기독교의 근본 테마들과 강조점들을 어느 정도 왜곡한 것이다. 안 그런가?

2. 위에서 제시한 접근법은 종교철학이 예로부터 따른 연역적 논증들과 다르다. 이런 논증들에는 보통 강력한 선험적 인과원리에 호소하는 논증이 적어도 하나는 담겼다. 예를 들어 리처드 스윈번은 종종 설명을 인과관계라는 말로 정의한다.[4] 이와 달리, 여기서 제시하는 설명은 "사물에 본디 내재된 합리성을 이해할 수 있게 해주는 것" 혹은 "그런 합리성을 드러내 주는 것"으로 이해한다. 이는 기독교가 다른 어떤 대안이나 경쟁자들보다 경험을 통해 확인된 증거를 더 잘 설명해 준다는 주장이다. 이것은 예로부터 하나님이 존재하심을 주장한 전통적 논증들과 결합해 온 것보다 '설명'을 훨씬 더 약하게 이해하는 입장인 것 같다.

3. 아울러 이 접근법은 자연신학의 중요한 동맹자 혹은 대화 상대가 될 수 있는 자연과학의 난제들과 맞닥뜨리는 접근법으로 보인다. 폴 오펜하임(Paul Oppenheim)과 칼 헴펠(Carl Hempel) 같은 저술가들은 과학적 설명이 논리적-연역적 본질을 갖고 있

---

4. Richard Swinburne, *The Existence of God*, 2nd ed.(Oxford: Clarendon Press, 2004), p. 23. "E라는 현상의 등장을 진실대로 설명해 주는 것은 무엇인가? 그것은 무엇이(사물 혹은 사건이) E를 일으켰는지(혹은 E를 일으킨 원인인지), 그리고 왜 그것이 유효한지 진실대로 말해 주는 것이다." 그가 설명에 다가가는 방법은 완전히 타당한 접근법으로서, 자연과학 안에서도 많은 지지를 발견할 것이다. Paul Humphreys, *The Chances of Explanation: Causal Explanation in the Social, Medical, and Physical Sciences*(Princeton, NJ: Princeton University Press, 1989).

다고 주장했다. 헴펠은 연역적이며 법칙에 부합하는 추론이 자연과학의 기본 패러다임을 이룬다고 주장했다.[5] 여기서 그가 제시하는 것은 아주 다른 형태의 추론으로서, '귀추법'(歸推法, 또는 '개연성이 높은 삼단논법,' abduction), '가장 훌륭한 설명을 이끌어내는 추론,' 혹은 어쩌면 '가장 훌륭한 이론에 이르는 추론'이라는 말로 표현할 수 있다.[6] 그렇다면 이런 명백한 긴장을 어떻게 해결할 수 있을까?

이런 우려들 가운데 일부는 뒤에 가서 다시 더 상세하게 다루며 이야기할 것이다. 그러나 그 중요성을 고려해 지금 하나씩 짚어 보고 넘어가는 것이 적절하겠다.

기독교, 구원, 그리고 설명

기독교는 실제로 어떤 것을 설명하는가?[7] 신약성경이 강조하는 것은 세계를 설명하는 것이 아니라 나사렛 예수의 삶과 죽음과 부활을 통한 인간 실존의 변화라고 지적하는 사람들이 많다. 따라서

---

5. Carl Hempel, *Philosophy of Natural Science* (Englewood Cliffs, NJ: Prentice-Hall, 1966), pp. 47-69.
6. Theo A. F. Kuipers, *From Instrumentalism to Constructive Realism: On Some Relations between Confirmation, Empirical Progress, and Truth Approximation* (Dordrecht: Kluwer Academic Publishers, 2000).
7. '설명'(explanation)이라는 말에는 여러 관련 개념이 많이 들었다. 이를 논평한 글을 보려면, Robert W. Batterman, *The Devil in the Details: Asymptotic Reasoning in Explanation, Reduction, and Emergence* (Oxford: Oxford University Press, 2002), pp. 23-37을 보라. 이 물음은 5장에서 더 자세히 살펴보겠다.

복음은 구원을 이야기하고 인간 상황의 변화를 이야기하는 것이지 설명을 제시하는 것이 아니다. 그런가 하면 루트비히 비트겐슈타인(Ludwig Wittgenstein)을 원용해 종교의 언어는 기껏해야 그 종교의 독특한 **삶의 양식**(*Lebensform*)일 뿐이므로 무언가를 설명해 주는 것으로 해석해서는 안 된다는 생각을 변호하는 이들이 있다.[8] 앨빈 플랜팅가(Alvin Plantinga)는 믿음이 거의 아무것도 혹은 아무것도 설명해 주지 않는다 할지라도, 그것이 정당하다고 믿는다면 우리는 변함없이 하나님을 믿을 것이라고 지적한다.[9] '지식에 관심없는' 하나님이 존재하는 것이 완벽히 가능하며 필요없는 설명을 덧붙인다고 해서 사람들을 구원할 수 없는 분이 되지는 않는다고 생각할 수도 있다.

그 논점은 분명 중요하다. 그러나 기독교 복음 선포의 강조점이 설명에 있지 않더라도, 그 선포의 독특한 지적 기반은 우리가 관찰하는 것들을 설명해 줄 능력을 가졌다고 지적하는 것이 옳다. 기독교의 하나님관은 지식과 관련하여 현저히 높은 가치를 지녔다는 것이 드러난다. 설명 능력을 기독교 신앙의 진실성이나 합리성을 요구하기 위한 선결 조건으로 여기지 않는다면, 기독교 신앙이 지닌 설명의 깊이를 인정하는 데 처음부터 반대할 수는 없다.[10] 기독교 신앙

---

8. Wilko van Holten, "Does Religion Explain Anything? D. Z. Phillips and the 'Wittgensteinian Objection' to Religious Explanation," *Neue Zeitschrift für Systematische Theologie und Religionsphilosophie* 44(2002), pp. 199-217.
9. Alvin Plantinga, "The Problematic Argument from Evil," *Philosophical Studies* 35(1979), pp. 1-53, 특히 pp. 51-53.
10. Alister E. McGrath, *A Scientific Theology*, vol. 3, *Theory*(London: Continuum, 2003), pp. 133-236의 상세한 분석을 보라.

이 가진 그런 설명의 깊이는 실재를 바라보는 풍성한 시각에서 나오는 것으로 생각할 수 있는데, 이런 시각은 복음에서 유래한다. 신약성경 자체는 그런 문제들을 분명하게 전개하기보다 암시하는 경향이 있다. 그럼에도 신약성경에는 구속(救贖)이라는 차원뿐 아니라 설명이라는 차원에서도 자연에 다가갈 수 있는 씨앗들이 들었다.

신약성경은 나사렛 예수를 믿음을 통해 인간을 변화시킬 수 있는 분이라고 말한다. 신약성경은 이런 변화를 대부분 구원론에서 쓰는 말—구원이나 구속이나 화해 같은 말들이 그 예다—로 많이 묘사하지만, 그래도 이미 이런 변화를 인간의 지성까지 확장해 이해한다. 분명한 예를 하나 들어 보자. 바울은 자기 독자들에게 "이 세상을 본받지" 말고 "(그들의) 마음(지성)을 새롭게 함으로 변화를 받으라"고 외쳐 댄다(롬 12:2). 이를 통해 기독교 신앙이 우리가 세계를 이해하고 이 세계 안에서 살아가는 방식을 철저히 바꿔 놓을 수 있는 능력을 가졌음을 강조한다.[11] 인간의 지성은 대체되거나 제거되지 않는다. 오히려 신앙을 통해 깨우침을 얻고 힘을 얻는다. 바울은 지식을 갖게 된 자의 바뀐 성향을 놓고 이야기한다. 이 성향은 결국 새로운 사고방식을 갖게 하여 아무런 도움도 얻지 못한 인간 이성이나 인간의 눈이 알아차릴 수 있는 것보다 더 깊은 차원의 실재를 알아차릴 수 있게 해준다.[12] 신앙은 사물들을 어떤 식으로 바라보는 인

---

11. 요하네스 크리소스토무스(John Chrysostom)는 신자들이 은혜로 말미암아 그 사람됨이 변하면 세계를 이렇게 새로운 방식으로 바라보게 된다고 주장한다. Demetrios Trakatellis, "Being Transformed: Chrysostom's Exegesis of the Epistle to the Romans," *Greek Orthodox Theological Review* 36(1991), pp. 211-229을 보라.
12. Mark McIntosh, "Faith, Reason, and the Mind of Christ," in *Reason and the Reasons of*

간의 마음에 일어난 변화에 관한 것이요, 생각하고 인식하는 습관들을 획득하는 것과 관련 있다.

여기서 다루는 문제는 구원을 이미 시작되었으나 아직 완성은 이루어지지 않은 변화 과정으로 보는 기독교의 이해와 관련이 있다. 신약성경은 이 거듭나는 과정을 구원론과 관련된 은유들을 폭넓게 사용해 묘사하는데,[13] 분명 이 거듭나는 과정에서는 서로 연결된 사고 패턴과 행위 패턴의 변화가 함께 일어난다. 우리는 세계를 새로운 방식으로 **보며**, 그 결과 새로운 방식으로 **행동한다**. '하나님 나라에 대한 비유들'을 올바로 해석하는지 여부는 그 비유들을 올바로 보는가에 달렸으며, 우리가 무엇을 보느냐에 따라 우리의 견해와 행동도 달라진다.[14] "네 마음을 다하고, 네 목숨을 다하고, 네 뜻을 다하여" 하나님을 사랑하라는 요구(마 22:34-37)는 분명 지성의 제자도를 묘사한다. 인간 실존의 모든 측면이 복음의 영향을 받기 때문이다.

히포의 아우구스티누스는 사물들을 '보는' 이런 새로운 방식을 하나님의 은혜로 "마음의 눈이 고침을 받는 것"으로 묘사한다. "우리가 이생에서 할 일은 오로지 하나님을 볼 수 있게 마음의 눈을 고치는 것(*sanare oculum cordis*)이다."[15] 교회가 행하는 말씀 봉사와 성례도 이런 일을 알려 주고 북돋아 줄 수 있다. 하지만 아우구스티누스는 이

Faith, ed. Paul J. Griffiths and Reinhart Hütter(New York: T & T Clark, 2005), pp. 119-142.
13. 인상적인 연구 내용들을 모아 놓은 J. G. van der Watt, ed., *Salvation in the New Testament: Perspectives on Soteriology*(Leiden: Brill, 2005)를 보라.
14. 완전한 논의를 보려면, McGrath, *The Open Secret*, pp. 115-126을 보라.
15. Augustine of Hippo, *Sermones* 88.5.

런 일을 그 근본 성격상 하나님이 은혜로 행하시는 행위로서, 외부에서 아무 도움도 받지 않은 인간 본성의 능력으로는 도무지 이룰 수 없는 일을 이뤄 주시는 것으로 이해해야 한다고 역설한다. 마찬가지로 한스 우르스 폰 발타살(Hans Urs von Balthasar)도 '은혜의 빛'을 이야기한다. 이 빛은 우리에게 와서 "무언가를 볼 수 있는 시각을 주심으로" 인간의 무능함을 도와주시고 이를 통해 우리가 자연 영역 안에서 하나님의 존재와 행위를 알아낼 수 있게 해준다.[16]

따라서 기독교 신앙의 **주된** 초점이 설명인가라는 물음에는 아직 확실하게 답하기 어렵지만, 그래도 실재를 바라보는 기독교의 시각(기독교의 실재관)에는 설명이라는 요소가 본질 중 한 부분을 이루는 것이 확실하다고 결론 내릴 수 있다.[17] 자연신학을 실재를 바라보는 기독교의 시각에서 유래한 것으로서 자연과 상호작용하는 방식으로 이해한다면, 자연신학은 그리스도인들에게 온전히 적합하게 여겨질 수 있다. 기독교의 실재관은 스스로 진리를 말하며 설명할 수 있는 능력을 가졌다고 주장한다. 기독교의 실재관이야말로 사물의 진짜 모습과 일치하기 때문이다.

---

16. Hans Urs von Balthasar, *The Glory of the Lord: A Theological Aesthetics*, 7 vols. (Edinburgh: T & T Clark, 1982-1989), 1:175-176.
17. 종교적 믿음이 가진 설명의 차원을 변호하는 두 연구서를 보려면, Philip Clayton, *Explanation from Physics to Theology: An Essay in Rationality and Religion*(New Haven, CT: Yale University Press, 1989), pp. 113-145; Michael C. Banner, *The Justification of Science and the Rationality of Religion Belief*(Oxford and New York: Oxford University Press, 1990), pp. 67-118을 보라.

자연에서 하나님을 연역함

전통적으로 사람들은 자연신학을 자연에서 관찰한 인과관계 패턴들을 분석해 하나님이 계실 수밖에 없음을 합리적으로 제시한 설명으로 해석했다. 과거에는 사람들이 어떤 현상들의 발생을 관찰한 후 어떤 의도를 갖고 그것을 일으키는 행위자(agent)로서 하나님을 다루면서 하나님의 존재를 주장하는 논증을 전개했다. 예를 들어 윌리엄 레인 크레이그(William Lane Craig)는 하나님이 존재하심을 다음과 같은 논리를 따라 연역한다.

1. 우리는 철학적으로 과학적으로 우주가 과거에는 영원하지 않고 어떤 절대 시작점을 가졌었다고 믿는 것이 타당한 이유들을 갖고 있다.
2. 그러나 어떤 것은 무(無)에서 생겨날 수가 없다.
3. 따라서 우주의 기원인 초월적 원인이 존재할 수밖에 없다. 그 원인이 하나님이다.[18]

이런 접근법이 설득력 있는 권위를 가질 수도 있다. 가령 라이프니츠가 말한 '충분한 이유 원리'(principle of sufficient reason, 우연처럼 보

---

[18] 가령 William Lane Craig, "The Existence of God and the Beginning of the Universe," *Truth: A Journal of Modern Thought* 3(1991), pp. 85-96; idem, "Timelessness and Creation," *Australasian Journal of Philosophy* 74(1996), pp. 646-656을 보라. 크레이그는 퀜틴 스미스(Quentin Smith)와 나눈 대화에서 그의 입장을 감탄할 정도로 분명하게 제시한다. Willaim Lane Craig and Quentin Smith, *Theism, Atheism, and Big Bang Cosmology*(Oxford: Clarendon Press, 1993).

이는 것이라도 존재하는 것은 모두 그것이 존재해야 하는 충분한 이유가 있어야 존재하며, 그 이유가 바로 신이라고 주장하는 원리―역주)가 타당하다면,[19] 이 원리는 하나님이 존재하심을 논리상 확실하게 추론해 낸다. 이 접근법에 따르면 결국 하나님은 우리가 세계 안에서 관찰하는 것들을 **유일하게 모두** 설명해 준다. 이 때문에 존 맥키(J. L. Mackie)는 라이프니츠의 접근법에는 우주에 관한 포괄적 설명이 필요하다고 주장한다. 다시 말해 라이프니츠의 접근법은 "사물들은 철두철미하게 이해할 수 있어야" 하며, 결국은 오직 하나님만이 이 이해할 수 있는 실재를 설명해 준다는 가정에 근거하고 있다는 말이다.[20] 이 접근법에는 분명 난점들이 있는데, 특히 적어도 한 가지 강력한 선험적 인과원리를 전제로서 요구할 수밖에 없다(가령 '충분한 이유 원리' 자체도 그런 선험적 인과원리에 속한다)는 것이 난점이다. 많은 사람들이 이런 이유와 다른 이유들을 들어 일반 원리들에서 하나님이 존재하심을 연역해 내기는 불가능하다는 결론을 내렸다.[21]

그러나 그 하나님이 존재하신다는 추론을 필연이라고 설명함으로써 동의를 강제할 수는 없다는 것을 증명하는 논증이 여전히 우리가 관찰하는 것들을 가장 잘 설명해 주는 논증일 수 있다. 이런 논증이 사람들 사이에서 설득력을 갖는 이유는 심오한 논리 구조

---

19. 그러나 스윈번의 우려도 유념해야 한다. Swinburne, *Existence of God*, pp. 147-149.
20. J. L. MacKie, *The Miracle of Theism: Arguments For and Against the Existence of God*(Oxford: Clarendon Press, 1982), pp. 85-87.
21. Philip Clayton, *Das Gottesproblem: Gott und Unendlichkeit in der neuzeitlichen Philosophie*(Paderborn: Schöningh Verlag, 1996)의 상세한 분석과 이 이슈를 더 간결하게 다룬 글인 Philip Clayton, "Inference to the Best Explanation," *Zygon* 32(1997), pp. 377-391을 보라.

때문이 아니라 인간의 실재 경험 속에서 종종 충돌을 일으키는 요소들을 조화시켜 주는 능력을 가졌기 때문이다. 자연과학과 기독교 신학이 설명할 수 있는 힘을 가진 것은, 인식론 쪽에서 보면 혼란으로 보이고 현상학 쪽에서 보면 혼돈으로 보일 수 있는 것들 속에서 일관성 혹은 통일성을 찾아낼 수 있는 능력을 가진 덕분이기도 하다. 사실은 여기서 더 나아가 분명 복잡해 보이고 혼돈처럼 보이는 것이 있을 때, 이를 완전히 해결할 수 없으리라는 것을 알면서도 인간은 이를 해결하려고 노력한다는 점을 강조할 수도 있다. 해결 메커니즘의 중요성을 인정한다고 해서 그것이 곧 최종 해결이 가능하다는 말은 아니다.

이 시대에 유신론의 합리성을 가장 유능하게 변호하는 사람들 가운데 하나로 널리 인정받는 리처드 스윈번은 이 접근법이 힘을 가질 수 있는 이유는 이 접근법을 구성하는 요소들 사이에 존재하는 논리적 연관성이 힘이 있기 때문이라고 지적한다. 우리가 모두 관찰할 수 있는 E 현상을 생각해 보자. E 현상은 당혹스럽고 이상해서 보통 사물들이 움직이는 경로에 비춰 봤을 때 예상할 수 없는 현상이지만, 하나님이 계신다면 이 E 현상도 예상할 수 있다는 주장이 있다. 하나님은 E 현상을 일으킬 수 있는 힘을 갖고 있으며 그렇게 행하는 쪽을 택할 수도 있기 때문이다. 따라서 E 현상의 등장은 하나님이 계시다고 추정할 수 있는 이유다.[22]

---

22. Swinburne, *Existence of God*, p. 51. 그가 유신론이 가진 설명 능력을 논한 글을 보려면, pp. 110-132을 보라.

유신론자는 하나님이 존재하신다는 논증들에서 세계의 존재와 질서, 그리고 이 세계가 가진 다양한 특징들을 근거로 삼아 이런 것들을 있게 하고, 이런 일들을 행하려고 생각한 하나님이라는 인격체를 논증한다.

이런 접근법들은 하나님을 우주가 존재하고 이런 특징들을 갖게 된 유일하고 충분한 이유로 주장할 수 있다고 역설한다. 하나님의 존재하심이 세계를 관찰한 결과에 근거를 두고 있으며, 개연성이 큰 접근법들을 사용할 때 우리가 관찰하는 것들을 가장 그럴듯하게 설명해 주는 것이라고 추론할 수 있다.[23]

따라서 자연신학이 다르게 설명하는 접근법들을 취할 수 있음을 인식하는 것이 중요하다. 이런 다른 접근법들은 연역적 접근법들의 필연적 추론이 가지는 논리적 확실성은 갖지 못할 수 있지만, 연역적 접근법들이 가지는 몇 가지 난점은 피할 수 있다. 이런 난점들 가운데 으뜸가는 것이 바로 낮은 차원의 데이터를 사용해 고차원의 이론들을 확실하게 변호하려는 모든 시도들이 부딪치는 문제들이다. 예로부터 사람들은 이 문제를, 증거로도 이론을 "확실하게 결정할 수 없다"('underdetermination' of theory by evidence, 과학철학에서는 'underdetermination'을 불완전한 결정, 미결정 등으로 번역하나 여기에서는 그 의미를 알기 쉽게 풀어 번역했다―역주)라는 말로 표현했다.[24] 이것으로 보아 우

---

23. 스윈번은 이런 맥락에서 베이즈의 정리(Bayes's theorem)를 사용하는데, 여기서 스윈번이 하나님이 존재하심을 주장하기 위해 개연성이 큰 논증들을 사용하는 것을 볼 수 있다. 이를 살펴보려면, Robert Prevost, "Swinburne, Mackie, and Bayes' Theorem," *International Journal for the Philosophy of Religion* 17(1985), pp. 175-184을 보라.

24. Laurie Calhoun, "The Underdetermination of Theory by Data, 'Inference to the Best Explanation,' and the Impotence of Argumentation," *Philosophical Forum* 27(1996),

리가 인간중심 현상들을 고찰하든 아니면 윤리의 기원을 다룬 이론들을 고찰하든, 우리가 관찰한 것에서 자연주의나 유신론을 이끌어내는 연역 논증은 그것이 어떤 형태이든 불가능하다는 것이 증명된다. 그러나 이런 문제들을 **가장 잘** 설명해 주는 것이 무엇인지 묻는 것은 지금도 더할 나위 없이 타당하다. 따라서 스윈번이 한편으로는 첫째 원인으로 하나님의 존재를 내세우는 연역적 논증들이 중요할 수 있음을 올바로 강조하면서도, 다른 한편으로는 이에 더해 본질상 귀납적인 논증을, 다시 말해 우리가 이 세계에서 관찰한 것들을 가장 훌륭하면서도 간명하게 설명해 주는 존재로 하나님을 볼 수 있다고 주장하는 논증을 함께 제시한다는 것을 유념할 필요가 있다.[25]

아울러 우리는 필립스(D. Z. Phillips)와 다른 비트겐슈타인 추종자들이 표명한 관심사들에도 주목해야 한다. 이들은 그런 접근법들이 하나님을 특히 기도와 예배 같은 신앙 행위와 아무 연관이 없고 그저 사색에서 우러나왔을 뿐인 형이상학적 가설로 다룬다고 불평한다. 실제로 맥키 자신도 스윈번과 다른 이들이 전개한 접근법들을 검토한 뒤 자연신학에서 가장 흥미롭고 전도유망한 논증들은 연역법 형태를 띠기보다는 가장 훌륭한 설명을 이끌어내는 추론 형태를 띠고 있다고 주장한다.[26]

---

pp. 146-160.
25. 스윈번의 접근법, 특히 그가 자연과학이 지닌 인식론적 미덕으로 '단순성'을 드는 것을 논평한 글들을 읽어 보려면, Robert M. Burns, "Richard Swinburne on Simplicity in Natural Science," *Heythrop Journal* 40(1999), pp. 184-206을 보라.
26. Mackie, *Miracle of Theism*, p. 4.

(이런) 논증들은 한 가지 일반 원리에 의지하거나 혹은 한 가지 기본 형태와 목적을 공유하는 것으로 볼 수 있다. 이런 논증들은 가장 훌륭한 설명을 지향한다. 증거가 이 결론을 지지한다는 주장이 있는데, 그런 주장이 나오는 이유는 만일 우리가 그 결론이 참이라고 가정한다면 —아니 더 나아가 어쩌면 그 결론이 적어도 진리에 가까울지도 모른다고 가정한다면— 우리가 인용한 고찰 방법이 무엇이든 그 고찰 방법에 비추어 다른 어떤 유용한 가설이 제공하는 설명보다 더 적절하게 우리가 가진 증거 전체를 모두 설명해 주는 말을 얻기 때문이다.

우리가 여기서 이 점을 더 자세히 살펴볼 때 찰스 퍼스에게서 도움이 되는 실마리를 얻을 수 있을지도 모르겠다. 그는 논증(論證, argument, 퍼스는 논증을 "명확한 믿음을 만들어 내는 경향이 있는 합리적 사유 과정"이라고 정의한다)과 논법(論法, argumentation, 이것은 일정한 구조를 따라 행하는 사유 형태로서 "분명하게 정립된 전제들을 바탕으로 삼아 진행해 가는 것"으로 이해해야 한다)을 구분한다.[27]

마땅히 우리는 높고 낮음을 불문하고 이 문제(하나님이 실제로 계시는가라는 문제—역주)의 진실을 밝혀내고자 진지하게 노력하는 모든 이들의 마음에 분명히 알려진, (하나님이) 실재하심을 보여 주는 어떤 논증이 있으리라고, 그리고 더 나아가 이 논증이 형이상학적 신학의 명제 형태가 아니

---

27. Charles Sanders Peirce, *Collected Papers*, ed. Charles Hartshorne and Paul Weiss, 8 vols,(Cambridge, MA: Harvard University Press, 1960), 6:495-497. 퍼스의 접근법을 신중하게 적용한 경우를 보려면, John Haldane, "Philosophy, the Restless Heart, and the Meaning of Theism," *Ratio* 19(2006), pp. 421-440을 보라.

라 삶의 행위에 직접 적용할 수 있는 형태로 그 결론을 제시해 주리라고 예상해야 한다.

퍼스에 따르면, 하나님을(즉 하나님이 실재하심을-역주) 천명하는 탁월한 논증들이 있다(여기에는 "타인에게 무시당한" 퍼스 자신의 '논증'도 들었다). 그러나 이런 논증들은 "명확한 믿음을 만들어 내는 경향이 있는 합리적 사유 과정"을 포함하는 것으로 이해해야 하며, 연역적 형태의 논법으로 제한하지 말아야 한다. 퍼스는 생각(개념)과 현실과 표지(징표)들의 세상에서 관찰할 수 있는 '연관의 동질성'(homogeneities of connectedness)을 '묵상'—형이상학자에서 촌부에 이르기까지 모든 사람들이 할 수 있는 성찰 형태[28]—해 보라고 권면했다.[29] 퍼스는 인간 본성이 이렇기 때문에 "영혼의 근본 구성 요소(로서) 하나님을 믿는 믿음을 가지려는 잠재 성향"이 존재한다고 보았으며,[30] 이런 성향이 이런 '묵상' 과정을 시작하게 하는 계기가 되고 그 과정을 인

---

28. Peirce, *Collected Papers*, 6:483.
29. "묵상이라는 순수 연극에서는 조만간 하나님의 실재라는 개념이 매력 있는 환상임이 드러날 것이요, 묵상자는 이 개념을 다양한 방식으로 전개할 것이다. 그가 이 개념을 생각하면 할수록, 이것은 그의 마음의 모든 부분에서 더 많은 답을 찾아낼 것이다. 이는 그 개념이 아름답기 때문이요, 삶의 이상을 제공해 주기 때문이며, 그 묵상자를 삼중으로 에워싼 환경을 완벽하고 만족스럽게 설명해 주기 때문이다." *Ibid.*, 6:465. 이 점을 살펴보려면, Vincent G. Potter, *Peirce's Philosophical Perspectives* (New York: Fordham University Press, 1996), pp. 169-212, 특히 pp. 178-180을 보라.
30. Peirce, *Collected Papers*, 6:487. 퍼스는 인간의 마음이 이렇게 거대하고 종종 불분명한 물체를 이해할 수 있는 능력을 가졌다는 것이야말로 인간의 마음이 이 실재를 향해 '조정' 혹은 '조율'되어 있음을 알려 준다고 주장한다. "과학 진보의 과정에는 이성과 해석과 논리가 있다. 이는 합리적 관계 내지 의미심장한 관계들을 인식한 사람에게 인간의 마음이 틀림없이 사물의 진리를 향해 조율되어 있어서 그가 발견할 것들이 무엇인지 발견하게 해준다는 것을 확실하게 증명한다." *Ibid.*, 6:325.

도한다고 보았다. 따라서 체험을 통해 우주의 질서와 인간이 피조물이라는 사실을 인식했으면, 하나님을 믿는 믿음은 이런 것을 인정하고 이에 응답해야 할 보편적 필요가 있음을 표현한다.

퍼스의 접근법에 근거할 때, 인간은 날 때부터 다음과 같은 세 가지 결론을 이끌어내려는 성향 혹은 본능이 있다는 주장이 가능하다.[31]

1. 우주 혹은 다양한 우주들 안에는 결국 인간이 책임지지 못하는 질서가 존재한다.
2. 이런 관찰 결과를 가장 잘 설명해 주는 것은 어떤 초월적 원인이나 질서가 존재한다는 설명이다.
3. 이 원인은 우리에게 그것을 알려 주는 증거들을 관찰하고 그 증거들로부터 이 원인이 계속해서 효력을 가진다는 결론을 이끌어내는 데 필요한 인식 능력을 제공한다.

이처럼 하나님이 존재하신다는 퍼스의 '무시당한 논증'은 하나님을 믿으려는 인간의 자연 성향(태어날 때부터 가진 성향)에 호소한다. 그는 이런 성향 자체가 하나님이 존재하심을 증명하는 증거라고 주장하면서, 그 근거로 이런 성향의 인식론적 근거들과 존재 자체를 든다.

여기서 유념해야 할 것은 퍼스가 세계에 관한 합리적 성찰이 그

---

31. 이 논증을 현실 정황 속에 적용해 요약한 글을 읽어 보려면, Haldane, "Philosophy, the Restless Heart, and the Meaning of Theism," 특히 pp. 426-429을 보라.

가 '논법'이라 부르는 것에 국한되지 않는다는 것을 강조한다는 점이다. 합리적 성찰은 세계를 두고 '묵상'하면서 우리가 관찰한 것들을 가장 설명해 주는 것이 무엇인지 생각해 보는 형태를 띨 수도 있다. 그러나 설명을 추론해 내는 과정은 여러 뉘앙스를 띠고 복잡하며, 여러 수준에서 일어난다. 퍼스 자신은 우주를 셋으로 구분했다. 첫째 우주는 감각의 또는 가공되지 않은 경험의 우주다. 둘째 우주는 이렇게 감각을 통해 얻은 데이터에 대한 반응들로 이루어진 우주다. 셋째 우주는 첫째 우주와 둘째 우주를 이야기하는데 사용하는 표현이나 표지 들로 이루어진 우주다. 퍼스는 이런 우주들을 곱씹어 보는 합리적 성찰이 "비록 어두운 인식이긴 하지만 하나님을 직접 인식"(a direct, though darkling perception of God)하게 해준다고 주장한다.[32] 그리고 바로 이런 인식이 상당히 흐릿하기 때문에 인식한 것들에 대한 설명도 다양하게 나타날 수 있다.

퍼스의 방법에서는 '귀추법'(abduction)이라는 개념이 중요한 역할을 한다. 퍼스는 귀추법을 관찰 결과를 설명하는 방법으로서 "그 결과를 설명해 주는 어떤 가설을 잠정 채택하는 것"이라고 정의한다.[33]

---

32. Peirce, *Collected Papers*, 6:430. 여기서 'darkling'이라는 말은 '불분명한'이나 '흐릿한'이라는 뜻이다.
33. *Ibid*., 4:541 주1. 그가 말하는 '귀추법 논리'(logic of abduction)를 모두 살펴보려면, *ibid*., 5:180-212을 보라. 퍼스는 활동하는 동안 자신이 말한 이 '개연성이 높은 삼단논법'(abduction)이라는 개념을 계속 바꿔 갔으며, 가끔은 '역추론'(逆推論, retroduction)이라는 말을 즐겨 썼다. 완전한 설명을 보려면, Douglas R. Anderson, "The Evolution of Peirce's Concept of Abduction," *Transactions of the Charles S. Peirce Society* 22(1986), pp. 145-164; Lutz Danneberg, "Peirce Abduktionskonzeption als Entdeckungslogik: Eine philosophiehistorische und rezeptionskritische Untersuchung," *Archiv für Geschichte der Philosophie* 70(1988), pp. 305-326; Berit Brogaard, "Peirce on Abduction and Rational Control," *Transactions of the Charles S. Peirce Society* 35(1999), pp. 129-155을 보라.

그러면서 그는 경험 증거(경험을 통해 확인된 증거, empirical evidence)가 귀추법일 수 있는 것들을 많이 제안함으로써 우리가 선호하는 귀추법을 어떻게 알아낼 수 있는지 명확하게 알려 줄 수 있다고 이야기한다. 퍼스는 귀추법이 본디 혁신적이고 창조적이며, '놀라운 사실들'에 대응해 새로운 생각과 통찰 들을 만들어 낸다고 날카롭게 주장한다.[34] 귀추법은 가설을 써서 ―즉 저절로 이루어지는 설명을 활용해― 추론하는 것으로서, '놀라운 사실'과 '순수한 의심'과 '순수한 놀람'을 관찰한 결과가 그런 추론을 하게 만드는 동기가 된다. 이것은 단지 논리의 작용이라기보다 오히려 마음속에서 자연스럽게 이루어지는 활동으로 이해해야 한다. 이 활동은 낯선 것을 친숙하게 만들어 줌으로써 우리를 놀라게 한 것들을 이해하게 해 준다.

퍼스는 인간의 마음이 자연과 관계를 가질 수 있는 능력을 본능처럼 갖고 있다고 주장한다. 인간의 마음과 자연 사이에는 애초부터 조율이 존재한다. 인간의 마음이 "자연과 조화를 이루려는 자연적 성향을" 갖고 있기 때문이다.[35] 이런 경향은 천성(天性)의 결과이자 교육의 결과일 수 있어서, 태어날 때부터 가진 본능들과 더불어 교육이 심어 놓은 사고 패턴들을 보여 준다. 다른 사람들은 새로운 과학적 아이디어들의 등장이 본질상 아무 사전 계획 없이 이루어진

---

34. 퍼스가 주장하는 귀추 과정의 창조성은 과학의 발견을 이렇게 이해하는 시각과 사고가 다른 분야에서 발휘하는 창조성을 서로 비교해 몇 가지 의미 있는 비교 결과를 이끌어내게 해주었다. 가령 Paul C. L. Tang, "On the Similarities between Scientific Discovery and Musical Creativity: A Philosophical Analysis," *Leonardo* 17(1984), pp. 261-268을 보라.
35. Peirce, *Collected Papers*, 6:478.

일이요 우리가 밝혀낼 수 있는 어떤 논리가 지배하는 일이 아니라고 주장했지만,[36] 퍼스는 본디 인간에게는 태어날 때부터 올바른 귀추법에 이르는 길을 찾아내려는 경향이 있다고 주장한다.

근래 수년 사이에 통설은 퍼스가 말한 '귀추법'이라는 개념을 길버트 하먼(Gilbert Harman)이 '가장 훌륭한 설명에 이르는 추론'(inference to the best explanation)이라고 이름 붙인 것으로 바꿔 버렸다.[37] 사람들이 널리 받아들인 이 접근법은 자연과 접촉하다 보면 그 결과 여러 가지 설명들이 나타날 수 있다는 것을 인정하면서도, 이 설명들 가운데 '가장 훌륭하다'고 여길 수 있는 설명을 찾으려는 것이 누가 봐도 타당하다고 역설한다.[38] 그러나 퍼스가 말한 귀추법이라는 개념은 조금 다른 두 방향, 곧 로렌조 마냐니(Lorenzo Magnani)가 **선택적 삼단논법**(*selective* abduction)과 **창조적 삼단논법**(creative abduction)으로 정의한 두 방향으로 발전시킬 수 있다.[39] 선택적 삼단논법은 이미 주어진 가능한 설명들에서 타당한 설명을 제시하는 가설을 찾아가는 과정이다. 반면 창조적 삼단논법은 타당한 설명을 제시하는 가설을

---

36. 가령 Karl R. Popper, *The Logic of Scientific Discovery*(New York: Basic Books, 1959), pp. 20-21을 보라.
37. 이에 관한 것을 알아 보려면, Gilbert Harman, "The Inference to the Best Explanation," *Philosophical Review* 74(1965), pp. 88-95; Peter Lipton, *Inference to the Best Explanation*, 2nd ed.(London: Routledge, 2004)을 보라. 여기에서는 하먼의 접근법과 핸슨의 접근법을 대조해 보는 것이 도움이 된다. Sami Paavola, "Hansonian and Harmanian Abduction as Models of Discovery," *International Studies in the Philosophy of Science* 20(2006), pp. 93-108을 보라.
38. Robert Prevost, *Probability and Theistic Explanation*(Oxford: Clarendon Press, 1990), pp. 1-11.
39. Lorenzo Magnani, *Abduction, Reason, and Science: Processes of Discovery and Explanation*(New York: Plenum Publishers, 2001), pp. 15-29.

창조적이고 혁신적인 방법으로 **만들어 낸다**. 우리는 뒤에 가서 퍼스의 접근법을 더 상세히 살펴보면서, 이 접근법이 시사하는 뉘앙스를 말해 보겠다. 그러나 이 단계에서 우리는 나중에 퍼스를 해석한 사람들 가운데 한 사람의 말을 원용해, 귀추법을 "수수께끼 같은 어떤 현상을 해명해 줄 수 있는 설명을 제공하는 어떤 가설에 이르는 추론"으로 보는 것이 그의 견해임을 언급해 둔다.[40]

그렇다면 자연신학은 자신이 자연적 추론을 통해 하나님의 존재 혹은 본질을 증명해야 할 의무를 지고 있다고 하는 어떤 주장도 멀리할 수 있는 것으로 보인다. 오히려 자연신학은 인간의 이성과 세계 성찰의 결과들을 포함하면서도 이것들을 초월하는 증거에 근거한 기독교 전통 자체에서 그 실마리를 얻는다. 기독교 신학은 그 자신을 우리가 관찰할 수 있는 것들을 가장 훌륭하게 설명해 주는 것으로 제시하지만, 결국에는 적어도 그 기본 시상 가운데 일부는 자연을 통해 전달되지만 궁극에는 순수하게 '자연적'이라는 개념 범주에 집어넣을 수 없는 자료들—무엇보다 계시를 통해—로부터 끄집어내는 것으로 제시한다. 자연신학은 자연에 대한 합리적이고 애정이 담긴 접촉 과정의 결과이며, 이런 접촉에 동기를 부여하고 이 접촉을 제어하는 것이 기독교 전통이다.

---

40. Paul Thagard, *Computational Philosophy of Science* (Cambridge, MA: MIT Press, 1988), pp. 51-52. 아울러 Atocha Aliseda, *Abductive Reasoning: Logical Investigations into Discovery and Explanation* (Dordrecht: Springer-Verlag, 2006), p. 26에서 논평한 내용을 보라.

자연과학에서 볼 수 있는 귀추법

자연과학이 실재를 설명해 준다는 것에는 사람들이 널리 동의한다. 예를 들어 아인슈타인(Albert Einstein)의 일반 상대성 이론은 수성이라는 행성의 근일점(近日點, perihelion) 이동을 설명해 주고(수성의 근일점, 즉 수성이 태양에 가장 가까워지는 점은 각도 기준으로 100년에 43초만큼 이동하는데, 이전에 나온 뉴턴의 만유인력 법칙에서는 이런 현상이 일어나는 원인을 설명하지 못했다. 그러나 아인슈타인의 일반 상대성 이론이 등장하며 그 원인을 설명할 수 있게 되었다—역주), 공룡의 멸종은 보통 백악기 말인 6500만 년 전에 소행성이 지구에 충돌해서 지구를 둘러싸는 먼지층을 갑자기 만들어 낸 현상으로 해석하는 'K-T 사건'(K는 백악기를 뜻하는 독일어 'Kreidezeit'의 머리글자를 딴 것이고 T는 'tertiary'의 머리글자를 딴 것이다—역주) 때문에 일어난 일로 설명한다.[41] 여기서 근본적으로 문제가 되는 것은 자연과학이 다른 학문 분야의 설명과는 구별되는 유형의 설명을 제공하는가다. '과학의 설명'은 독특한 분야로서 자신만의 독특한 특징들을 갖고 있는가? 아니면 과학이 제시하는 설명도 다른 분야의 설명 형태들과 연속성을 갖는가?

퍼스는 과학적 사고의 특징은 특수한 형태의 '귀추 추론'(abductive inference)이며 다음과 같이 제시할 수 있다고 말한다.[42]

---

41. S. I. Morehouse and R. S. Tung, "Statistical Evidence for Early Extinction of Reptiles Due to the K/T Event," *Journal of Paleontology* 17(1993), pp. 198-209.
42. Peirce, *Collected Papers*, 5:189. 아울러 N. R. Hanson, *Patterns of Discovery: An Inquiry into the Conceptual Foundations of Science*(Cambridge: Cambridge University Press, 1961), p. 86을 더 읽어 보라.

놀라운 사실인 C를 관찰했다.

그러나 A가 참이라면, C도 당연할 것이다.

그렇다면 A가 참인지 의심할 이유가 있다.

'놀라운 사실'(surprising fact)이라는 개념은 퍼스가 여기서 제시한 생각에서 분명 중요한 역할을 한다. 여기에서는 귀추법을 잠정적 설명을 제시하는 귀납법 유형으로 제시한다. '놀라운 사실'은 이미 확립된 믿음들에서 유래하거나 그런 믿음들이 만들어 내는 예측들에 포함되지 않은(즉 이미 확립된 믿음들이 미처 예측하지 못한—역주) 관찰 결과를 가리킨다. 이런 추론 스타일은 삼단논법을 통해 명제를 세워 가는 것과 비슷하지만, 몇 가지 덧붙인 것이 있다. 우선 '놀라운 사실'이 출발점이며, 두 번째 전제에는 '당연한 일'(as a matter of course)이, 그리고 결론에는 '의심할 이유'(reason to suspect)가 들었다.

이와 비슷한 접근법은 과학 지식의 진보를 곱씹어 본 노우드 핸슨(Norwood Hanson)의 성찰에서 발견할 수 있다. 핸슨은 발견들을 실행할 목적으로 공식을 정립하거나 알고리듬에서 사용하는 도구로 귀추 추론을 이해하기보다 이 발견들에서 문제가 되는 것들을 분석하는 방법으로 이해해야 한다고 주장했다. 그러면서 '과학적 발견의 논리'에서 공통으로 볼 수 있는 세 가지 특징을 다음과 같이 주장했다.[43]

---

43. N. R. Hanson, "Is There a Logic of Scientific Discovery?" *Australasian Journal of Philosophy* 38(1961), pp. 91-106, 특히 p. 104. 논평을 보려면, Kenneth F. Schaffner, *Discovery and Explanation in Biology and Medicine*(Chicago: University of Chicago Press, 1993), pp. 11-13을 보라.

1. 어떤 '놀라운' 혹은 '크게 놀랄 현상들'로서 기존 사고방식에 비춰 보면 변칙(이상한 일)에 해당하는 것들을 관찰함. 이런 '놀람'은 관찰 결과가 기존 이론이 제시하는 설명들과 충돌하기 때문에 생겨날 수 있다.
2. 만일 H라는 어떤 가설(혹은 가설 모음들)이 적합하다면 이런 현상들이 놀라워 보이지 않았으리라는 깨달음. 이 관찰 결과들은 그것을 설명하는 역할을 할 H에 비춰 보면, 예측했을 결과들일 것이다.
3. 따라서 H가 옳다고 주장해도 타당하다.

이처럼 핸슨도 퍼스처럼 깜짝 놀랄 혹은 놀라운 관찰 결과들을 과학적 발견 작업을 행하게 하는 근본 동기로 본다. 이런 관찰 결과들이 놀랍지 않거나 혹은 그저 변칙 정도로도 보이지 않고, 도리어 **예측했던** 일로 보이게 하는 이론적 관점이 존재하는가?

따라서 귀추법은 논리적 추론과 구별되는 형태로 여길 수 있으며, "새로운 아이디어를 시작하는 유일한 종류의 논증"[44]이나 "설명을 제공하는 가설들을 형성하는 과정"[45]으로 생각할 수 있다. 귀추법은 "섬광처럼 우리에게 다가오는' '통찰' 행위'로 이루어진다.[46] 여기서 퍼스가 구사하는 언어는 설명을 제시하는 가설이 합리적 분석과 창조적 상상이 담긴 행위를 통해 **새롭게**(*ex novo*) 만들어져야

---

44. Peirce, *Collected Papers*, 2:96.
45. *Ibid.*, 5:171.
46. *Ibid.*, 5:181.

한다"고 생각하는 인간의 성찰에 담긴 창조적·심미적 차원들과 대비해 귀추법을 살펴볼 수 있다는 것을 일러준다.[47] 실제로 퍼스 자신은 가끔씩 "귀추 추론(abductive inference)이 인식 판단(perceptual judgment)으로 서서히 변해 가면서 양자 사이에 명확한 경계선이 없어지기도 한다"고 말한다.[48] 이런 이유로 우리는 퍼스가 다양한 이미지와 개념을 사용해 그가 귀추법이라 말하는 것을 조목조목 설명하는 모습을 발견한다. 가령 그는 어지럽게 얽힌 사물들을 가려내 알아낼 수 있다는 뜻으로 **패턴 인식**(*pattern recognition*)이라는 말을 쓴다. 또 어떤 시스템의 구조를 드러낼 목적으로 그 시스템에 대해 **질문**(*interrogation*)한다는 말도 쓴다. 그리고 현상들을 가장 훌륭하게 설명하고자 **직관**(*instinct*)을 계발한다는 말도 쓴다.[49]

이것은 단지 어떤 특별한 귀추 추론이 과학의 데이터를 가장 잘 설명해 주는가라는 문제, 그리고 이렇게 서로 경쟁하는 귀추 추론들 가운데 어느 것이 정말 '가장 훌륭한지' 결정하는 데 적합할 수 있는 판단 기준들은 무엇인가라는 문제를 해결해 주기보다 그 해결을

---

47. Umberto Eco, *Semiotics and the Philosophy of Language* (London: Macmillan, 1984), pp. 42-43.
48. *Ibid.*, 5:181.
49. Christopher Hookway, "Interrogatives and Uncontrollable Abductions," *Semiotica* 153(2005), pp. 101-115; Sami Paavola, "Abduction as a Logic of Discovery: The Importance of Strategies," *Foundations of Science* 9(2005), pp. 267-283; Sami Paavola, "Peircean Abduction: Instinct or Inference?" *Semiotica* 153(2005), pp. 131-154의 분석을 보라. 아울러 더 오랜 연구서인 Thomas A. Sebeok and Jean Umiker-Sebeok, "'You Know My Method': A Juxtaposition of Charles S. Peirce and Sherlock Holmes," in *The Sign of Three: Dupin, Holmes, Peirce*, ed. Umberto Eco and Thomas A. Sebeok(Bloomington: Indiana University Press, 1983), pp. 11-54에서 강조하는 중요한 점들이 있다.

뒤로 미룬 것에 불과하다. 예를 들어 가장 훌륭한 설명은 **가장 그럴 듯한**(즉 과학의 데이터가 가장 많이 지지하는) 설명인가 아니면 **가장 사랑스러운**(즉 과학의 데이터를 가장 많이 이해시켜 주는) 설명인가?[50] 이런 질문들은 더 관심을 기울여 살펴볼 필요가 있다. 하지만 분명 이 질문들은 옛 실증주의자들이 가졌고 여전히 가끔씩 과학과 종교의 관계를 다룬 대중 서적들에서 만나는 과학적 방법 이해, 곧 과학은 증거와 추론을 통해 과학 이론들을 증명해 줄 아무 오류가 없는 증거를 제공할 수 있다고 주장하는 ―따라서 과학은 그런 증거를 제공해야 한다고 주장하는― 이해로부터 우리를 떨어뜨려 놓는다.[51] 과학 데이터가 옛 실증주의자들이 좋아하던 유일하고 확실한 해석이 아니라 여러 가지 해석이 가능한 여지를 갖고 있음을 인식한다면,[52] 이런

---

50. Eric Barnes, "Inference to the Loveliest Explanation," *Synthese* 103(1995), pp. 251–277. 비판을 보려면, Alexander Bird, "Inference to the Only Explanation," *Philosophy and Phenomenological Research* 74(2007), pp. 424–432을 보라. Lipton, *Inference to the Best Explanation*은 가장 사랑스러운 설명에 이르는 추론을 지지하는 주장을 한다(59). 이것이 옳다면, 이는 가장 많은 이해를 제공한다. 하지만 그는 추론 과정이 정당하면 '사랑스러움'과 '그럴듯함'이 같은 시공간 안에 존재하려는 경향을 띤다는 것을 인정한다(61).
51. 이런 생각은 보통 영국의 무신론 변증가인 리처드 도킨스의 글에서 만날 수 있다. 그는 과학은 증거에 근거하지만 종교는 증거로부터 후퇴한 입장을 대변한다고 주장한다. 이를 둘러싼 논의를 살펴보려면, Alister E. McGrath, *Dawkin's God: Genes, Memes and the Meaning of Life*(Oxford: Blackwell Publishing, 2004)를 보라. 도킨스의 저작이 가진 특징은 사실상 과학철학과 소통이 없다는 것인데, 이는 상당히 유감스럽다.
52. 주어진 관찰 결과들을 설명할 수 있는 길은 여러 가지가 있다는 인식이 "증거가 이론을 완전히 확정해 주지는 않는다"(underdetermination of theory by evidence)는 개념의 밑바탕을 이룬다. W. H. Newton-Smith and Steven Lukes, "The Underdetermination of theory by Data," *Proceedings of the Aristotelian Society* 52(1978), pp. 71–91; Larry Laudan and Jarrett Leplin, "Empirical Equivalence and Underdetermination," *Journal of Philosophy* 88(1991), pp. 449–472을 보라. '확실히 결정이 안 됨'(underdetermination)이라는 관찰 결과는 과학 쪽에서는 특별히 문제가 되지 않지만, 과학 이론을 정립할 때 사회 구조가 행하는 역할을 강조하는 데 관심을 가진 사회과학자들은 가끔씩 그런 관찰 결과를 상대주의자의 시각을 강하게 드러내는 쪽으로 해석한다. 가령 Mary Hesse, "What Is the Best Way to

설명들 가운데 어떤 설명이 가장 훌륭한 것인지 밝혀내는 것은 매우 중요한 문제가 된다.

따라서 과거 과학의 진보 속에 존재했던 에피소드들을 분석하고 현재 과학적 방법을 적용하는 일에 비춰 봐도 '가장 훌륭한 설명에 이르는 추론'이라는 문제가 근래 과학철학 논의에서 전면에 떠오른 것은 결코 놀랄 일이 아니다. 칼 헴펠이 주장한 연역적 법칙적 설명(deductive-nomological explanation) 같은 오래된 과학적 방법 모델들은 점점 더 버림을 받거나, 아니면 통설이 된 '가장 훌륭한 설명에 이르는 추론'이라는 보호막 아래 들어가게 되었다.[53] 이것이 자연신학에서 대단히 중요하다는 것을 이 책 전체를 읽으며 분명하게 알게 될 것이다.

이 접근법이 자연과학에 중요하다는 것은 역사 속 유명한 사례를 통해 설명할 수 있다. 찰스 다윈이 자연사(自然史)에 관한 축적된 관찰 결과들을 "가장 훌륭하게 설명해 주는 것"으로서 자연선택이라는 신개념에 호소한 것이 바로 그 예다.[54] 다윈은 기존 설명들, 그

Assess Evidential Support for Scientific Theories?" in *Applications of Inductive Logic*, ed. L. Jonathan Cohen and Mary Hesse(Oxford: Clarendon Press, 1980), pp. 202-217을 보라.
53. '가장 훌륭한 설명에 이르는 추론'을 과학적 방법의 핵심 요소로서 탁월하게 설명한 글들을 보려면, Ernan McMullin, *The Inference That Makes Science*(Milwaukee: Marquette University Press, 1992); Stathis Psillos, "Simply the Best: A Case for Abduction," in *Computational Logic: From Logic Programming into the Future*, ed. Fariba Sadri and Anthony Kakas(Berlin: Springer-Verlag, 2002), pp. 605-625; Lipton, *Inference to the Best Explanation*을 보라.
54. 이하 내용을 더 자세히 살펴보려면, Dov Ospovat, *The Development of Darwin's Theory: Natural History, Natural Theology, and Natural Selection, 1838-1859*(Cambridge: Cambridge University Press, 1995)를 보라.

중에서도 특히 윌리엄 페일리 같은 종교 변증론자들이 제시한 '특별한 창조'(special creation) 개념이 지닌 문제점과 단점들을 고려할 때, 특히 자연계의 네 가지 특징에 특별히 더 세심한 관심을 기울여야 할 필요가 있다고 보았다.[55] 페일리 같은 사람들이 제시한 이론은 자연사에 관한 축적된 관찰 결과들을 설명해 주었지만, 이런 설명들은 점점 더 귀찮고 억지스럽게 보였다. 다윈은 틀림없이 더 나은 설명이 가까이 있다고 믿었다. 이 네 가지 가운데 어느 것도 자연선택을 증명하는 '증거들'이 아니었다. 그러나 이 네 가지 특징들이 차례로 쌓이면 관찰 결과를 가장 훌륭하게 설명해 주는 위력을 가졌다.

1. 많은 생물들은 분명한 기능을 갖고 있지 않거나 어떤 기능을 한다고 예상할 수 없는 '퇴화 기관들'을 갖고 있다. 포유류 수컷의 유두, 뱀의 골반과 뒷다리 흔적들, 그리고 날지 못하는 많은 조류들에게 달린 날개가 그 예다. 페일리의 이론은 각 종들이 하나씩 설계되었다는 점이 중요하다고 강조하는데, 이 이론에 따르면 앞의 퇴화 기관들을 어떻게 설명할 수 있을까? 하나님은 왜 불필요한 군더더기들을 설계했을까? 다윈의 이론은 이런 퇴화 기관들을 쉽고 훌륭하게 설명했다.
2. 어떤 종들은 한꺼번에 사멸했다고 알려졌다. 다윈 이전에도 멸

---

55. Scott A. Kleiner, "Problem Solving and Discovery in the Growth of Darwin's Theories of Evolution," *Synthese* 62(1981), pp. 119-162, 특히 pp. 127-129. 요한 케플러가 태양계를 설명한 내용에서도 그 실질 내용이 동일한 문제들을 찾아낼 수 있음을 유념하라. Scott A. Kleiner, "A New Look at Kepler and Abductive Argument," *Studies in History and Philosophy of Science* 14(1983), pp. 279-313.

종 현상은 알려져 있었지만, 성경에 나오는 노아의 홍수 기사가 말하는 것처럼 "지구 전체에 걸쳐 일어난 홍수"와 같은 '재앙' 이론들에 근거해 설명할 때가 잦았다. 다윈의 이론은 이런 현상을 더 깔끔하게 설명했다.

3. 다윈은 **비글호**(Beagle)를 타고 연구 여행을 했는데(다윈은 박물학자 자격으로 영국 해군 측량선인 비글호를 타고 1831년부터 1836년까지 5년 동안 탐사 여행을 했다—역주), 이 여행을 하면서 전 세계를 기준으로 생명체의 지역별 분포가 고르지 않다는 확신을 갖게 되었다. 특히 다윈은 갈라파고스(Galápagos) 군도에 사는 피리새들(finches)처럼 섬에 사는 생물 개체들의 특이점에 깊은 인상을 받았다. 한 번 더 말하지만, 특별한 창조 이론도 이런 현상을 설명할 수 있다. 하지만 그 설명은 억지 같고 설득력이 없어 보인다. 다윈은 이렇게 특이한 개체들이 등장하게 된 연유를 훨씬 더 설득력 있게 설명했다.

4. 어떤 생물들이 다양한 형태를 가진 것은 그들의 특수한 필요에 적응한 결과인 것으로 보였다. 다윈은 그런 생물들이 진화의 압력에 순응해 등장하고 선택한 것으로 보면 이런 현상들을 가장 잘 설명할 수 있다고 주장했다. 페일리의 특별한 창조 이론은 이 생물들에게 특별히 필요한 것들을 염두에 두신 하나님이 이 생물들을 하나씩 설계했다고 주장했다.

한 번 더 말하지만, 페일리의 이론도 자연계의 이런 측면들을 모두 설명할 수 있다는 것을 강조하지 않을 수 없다.[56] 그러나 페일리의 이론이 제시하는 설명은 상당히 성가시고 억지스럽다. 애초에는 꽤 깔끔하고 훌륭했던 이론이 난점과 갈등 들이 쌓이면서 그 무게에 눌려 무너지기 시작했다. 이런 관찰 결과들을 다른 설명들보다 더 만족스럽게 설명해 줄 더 훌륭한 설명이 나와야 했다.

다윈은 자신의 자연선택설이 생물학 데이터를 설명하는 유일한 이론으로 제시할 수 있는 것이 아님을 아주 분명하게 알았다. 그러나 그는 자기 이론이 하나님의 특별 창조가 독립적인 행위들로 이루어진다는 이론 같은 경쟁 이론들보다는 더 훌륭한 설명 능력을 가졌다고 믿었다. "독립적 창조 행위 이론으로써는 전혀 규명되지 않던 몇몇 사실들에 빛이 비쳤다."[57]

다윈의 이론에도 많은 약점과 해결되지 않은 문제들이 있었다. 그래도 그는 자신의 접근법이 명백히 우월한 설명 능력을 가졌다는 것을 고려하면 어느 정도의 난점들은 용인할 수 있다고 확신했다. 다윈은 해결이 필요한 모든 문제들을 자신이 적절히 다루었다고 믿지는 않았다. 그럼에도 그는 자기의 설명이 가장 훌륭하다고 확신했다.[58]

거짓 이론이 위에서 몇몇 큰 묶음으로 묶어 제시한 사실들을 자연선택설

---

56. 사실 다윈의 『종의 기원』(1859)이 출간되면서 페일리의 이론에 더 큰 변화가 있어야 한다는 제안이 있었고, 그 변화 범위는 자연선택이라는 새로운 개념을 극복하는 것까지 이를 정도였다. 찰스 킹슬리가 페일리의 이론을 뜯어고친 것은 특히 흥미롭다. Charles Kingsley, "The Natural Theology of the Future," in *Westminster Sermons*(London: Macmillan, 1874), v-xxxiii을 보라.
57. Charles Darwin, *On the Origin of the Species by Means of Natural Selection*, 6th ed. (London: John Murray, 1872), p. 164.
58. *Ibid.*, p. 444. 『종의 기원』 이전 판(版)들에는 이 말이 없다.

이 설명하는 것만큼 만족스럽게 설명해 주리라고 생각하는 것은 있을 수 없는 일이다. 이 자연선택설이 불안전한 논증 방법이라는 주장은 근래 거부당했다. 오히려 이 자연선택설은 생명체에 공통된 현상들을 판단할 때 사용되는 방법이며, 지극히 위대한 자연철학자들도 종종 이 방법을 사용했다.

다윈은 자연선택설을 뒷받침할 엄격한 증거가 없다는 사실을 깨달았다. 그러면서도 그는 분명 자신의 이론이 자연과학에서 이미 널리 사용하는 수용 기준과 정당성 부여 기준에 비추어 변호할 수 있는 이론이라고, 그리고 그 이론이 지닌 설명 능력 자체가 그 이론이 진리임을 일러 주는 신뢰할 만한 표지라고 믿었다.

이번 장에서 다룬 주제들 가운데 하나는 과학철학 안에서 '가장 훌륭한 설명에 이르는 추론'이 점점 더 중요한 의미를 갖게 되었다는 것이다. 이 때문에 우리는 자연히 자연신학이 우리가 관찰한 것들을 설명하는 것과 관련해 할 수 있는 역할이 무엇인지 묻게 된다. 자연신학이 **어떤 것**을 '설명해 준다'고 말하는 것이 정당할까?

5장

자연신학과 실재 설명

자연과 역사 속에서 관찰하는 것들을 설명하고 싶어 하는 인간의 갈망은 과학과 종교의 근간을 이룬다.[1] 그렇다면 우리는 어떤 종류의 설명들을 제시할 수 있는가? 특히 자연신학이 어떤 것을 설명한다는 것은 무슨 의미인가? 이 질문에 답하기 위해 우리는 '설명하다'라는 말이 무슨 뜻이며, 소위 사물에 대한 '설명들'에서 생겨나는

---

1. 실재에 관한 설명인 종교적 믿음이 인식의 '자연성'(cognitive 'naturalness')을 지닌다는 주장(즉 종교적 믿음은 인간이 태어날 때부터 자연스럽게 인식할 수 있는 것이라는 주장—역주)을 살펴보려면, Justin L. Barrett, *Why Would Anyone Believe in God?*(Lanham, MD: AltaMira Press, 2004), pp. 21-30을 보라. 이보다 앞서 이와 관련된 주장을 내놓은 책이 Pascal Boyer, *The Naturalness of Religious Ideas: A Cognitive Theory of Religion*(Berkeley: University of California Press, 1994)이다. 자연을 깊이 생각하는 것은 자연스러운 일이지만, 사실 과학이 사용하는 방법들은 상당히 **부자연스럽다**(unnatural). Lewis Wolpert, *The Unnatural Nature of Science*(Cambridge, MA: Harvard University Press, 1993)를 보라. 아울러 Robert N. McCauley, "The Naturalness of Religion and the Unnaturalness of Science," in *Explanation and Cognition*, ed. F. Keil and R. Wilson(Cambridge, MA: MIT Press, 2000), pp. 61-85을 보라. 맥콜리는 종교적 믿음은 '자연스러운' 반면 자연과학은 '부자연스럽다'고 할 정도로 직관에 반(反)한다고 주장한다.

것이 무엇인지 깊이 생각해야 한다.[2] 대체로 세 가지를 강조할 필요가 있다.

1. 설명은 '지식'과 '이해'라는 개념이 같지 않다고 전제한다. 무언가가 존재한다 혹은 무언가가 일어났다는 것을 아는 것은 왜 그런 일이 일어났는지 이해하는 것과 같지 않다. 'A가 존재함을 아는 것'과 'A가 존재하는 이유를 이해하는 것'을 구분하지 못하는 설명은 그 어떤 것이라도 적절치 않은 설명으로 비판을 받는다. 그런 설명은 종종 'A가 일어난 것은 B 때문'이라는 식으로 인과관계를 담은 설명을 제시한다. 그러나 우리가 뒤에 가서 보겠지만, 원인에 호소하는 설명 유형은 오직 한 가지뿐임을 강조해 둘 필요가 있다. 요컨대 어떤 현상이 일어나는 것을 아는 것과 그 현상이 왜 일어나는지 이해하는 것은 구분해야 한다.
2. 그러나 제시한 설명들 자체에 설명이 필요할 수 있다. 설명 과정은 종종 거꾸로 거슬러 올라가서, 결국 모든 것을 설명해 주는 궁극의 설명이 있는가라는 질문이나 끝없는 사슬처럼 이

---

[2] 근래 이 문제들을 다룬 논의들, 특히 자연과학이 논한 내용을 살펴보려면, Wesley C. Salmon, "Scientific Explanation: Three Basic Conceptions," *Philosophy of Science Association* 2(1984), pp. 293-305; Philip Calyton, *Explanation from Physics to Theology: An Essay in Rationality and Religion*(New Haven, CT: Yale University Press, 1989); David-Hillel Ruben, *Explaining Explanation*(London: Routledge, 1990); Gerhard Schurz, "Scientific Explanation: A Critical Survey," *Foundations of Science* 1(1995), pp. 429-465; Lorenzo Magnani, *Abduction, Reason, and Science: Processes of Discovery and Explanation*(New York: Plenum Publishers, 2001); Peter Lipton, *Inference to the Best Explanation*, 2nd ed.(London: Routledge, 2004)을 보라.

어지는 설명이 있는가라는 질문에 이른다. '만물을 설명하는 이론'이나 '대통합 이론'을 찾으려 하는 것은 설명들을 포괄해 설명해 보려는 시도로 볼 수 있다.[3] 그러나 설명 자체가 설명될 수 있어야만 비로소 그 설명이 설명 능력을 가지는 것은 아니다. 아이작 뉴턴은 지구 위 물체들의 운동—나무에서 떨어지는 유명한 사과와 같은—과 태양계에 존재하는 행성들의 궤도를 통틀어 설명해 주는 것으로 중력을 제시했다. 중력은 이런 관찰 결과들을 확실히 설명해 주었다. 그러나 뉴턴도 중력 자체는 설명하지 못했다. 사실 뉴턴은 '멀리 미치는 작용'(action at a distance)이라는 개념 때문에 심히 곤란을 겪었는데, 그는 본래 이 개념이 말이 안 된다고 생각했다.[4] 어떤 관찰 결과를 유효하게 설명해 주는 것이라도 그 설명 자체가 설명되어야만 비로소 설명의 기능을 지속할 수 있다는 법은 없다.

3. 어떤 설명들은 순환처럼 보인다. 어떤 이가 무언가를 설명했는데, 그 설명 자체가 우리가 그 설명이 옳은지 의심하는 이유의 본질 부분일 때가 그런 경우다. 칼 헴펠은 사람들이 이런

---

3. John D. Barrow, *Theories of Everything: The Quest for Ultimate Explanation*(London: Vintage, 2004)이 이를 탁월하게 소개했다.
4. 뉴턴은 자신의 만유인력 개념에 대한 라이프니츠의 비판에 답하면서 『자연철학의 수학적 원리』(*Philosophiae Naturalis Principia Mathemadca*), 조경철 역(서해문집, 1999)에 붙인 '일반 주석'(General Scholium)에서 그가 그 개념을 설명할 수 없었음을 인정하고, 신학적 설명을 지지하는 태도를 보였다. 이를 더 자세히 알아 보려면, John Henry, "'Pray Do Not Ascribe That Notion to Me': God and Newton's Gravity," in *The Books of Nature and Scripture: Recent Essays on Natural Philosophy, Theology and Biblical Criticism in the Netherlands of Spinoza's Time and the British Isles of Newton's Time*, ed. James E. Force and Richard H. Popkin(Dordrecht: Kluwer Academic Publishers, 1994), pp. 123-147을 보라.

설명을 보통 '자증하는 설명들'(self-evidencing explanations)이라고 부른다고 했다.[5] 피터 립턴(Peter Lipton)은 이런 순환에 해당하는 사례를 현대 우주론에서 제시하면서, 한 은하의 독특한 스펙트럼의 적색이동(한 천체가 본디 가진 스펙트럼이 그보다 파장이 긴 적색으로 옮겨 가는 현상을 말한다. 미국의 천문학자 허블은 먼 은하들이 지구가 속한 우리 은하에서 멀어지고 있으며 이들의 적색이동은 이들까지의 거리에 비례해 증가한다는 현상을 보고했다. 학자들은 이를 우주가 팽창하고 있다는 주장을 뒷받침하는 증거로 본다—역주)이라는 관찰 결과 자체가 실제로 그 은하가 일정 속도로 멀어지고 있음을 증명하는 과학적 증거의 본질 부분인데도 도리어 그 은하의 후퇴 속도를 그 은하의 독특한 스펙트럼 적색이동으로 설명하려는 주장이 있다고 언급한다.[6] 따라서 자증하는 설명은 일종의 순환론을 제시하며, 이는 곧 "A는 B를 설명하고, B는 A에 정당성을 부여한다"는 말로 제시할 수 있다. 과학 쪽 설명에서 널리 만날 수 있는 이런 형태의 설명 논증에 타당하지 않거나 적절치 않은 점은 전혀 없다. 설령 이런 논증이 자기 자신을 지시하는 순환론을 최소한 어느 정도 함유한 것으로 보일지라도, 좋은 논증은 자증(自證, 곧 자기가 자신이 옳음을 증명하는 것—역주)일지도 모른다. '가장 훌륭한 설명에 이르는 추론'은 '자증하는 설명들'이라는 개념을 확장한 것으로 볼 수 있다. 이런 '자증하

---

5. Carl G. Hempel, *Aspects of Scientific Explanation*(New York: Free Press, 1965), pp. 370-374. 헴펠은 이 경우에 **누군가가 제시한 설명(설명된 것**, *explicandum*) 자체가 그 **설명(설명한 것**, *explicans*)이 옳다고 믿는 근본 이유를 제공하는 데 기여한다고 주장한다.
6. Lipton, *Inference to the Best Explanation*, 24.

는 설명들'에서는 어떤 설명이 무언가를 설명하는 능력을 가졌다는 것이 바로 그 설명이 옳음을 증명하는 증거라고 볼 수 있다.

설명 모델

근래 수년 사이에 설명과 관련해 특별히 중요한 세 가지 논의가 등장했다. 첫째는 폴 험프리스(Paul Humphreys)가 제시한 인과관계 중심 설명 모델(model of causal explanation)이다.[7] 둘째는 피터 립턴이 사랑스러운 설명의 본질(nature of explanatory loveliness)을 설명한 것으로서, 이 설명은 원인을 중심으로 설명하는 접근법을 '가장 훌륭한 설명에 이르는 추론'의 틀 안에서 제시한다.[8] 그리고 셋째는 마이클 프리드먼(Michael Friedman)과 폴 키처(Paul Kitcher)가 제시한 설명의 통합에 관한 설명(account of explanatory unification)이다.[9] 이 논의들은 모두 우리가 세계에서 관찰하는 것들을 설명해 줄 수 있는 자연신학의 능력을 해명할 잠재력을 가졌다. 따라서 아래에서는 이들이 가진 장점들을 살펴보겠다.

---

7. Paul Humphreys, *The Chances of Explanation: Causal Explanation in the Social, Medical, and Physical Sciences*(Princeton, NJ: Princeton University Press, 1989). 아울러 James Woodward, *Making Things Happen: A Theory of Causal Explanation*(Oxford: Oxford University Press, 2003)을 보라.
8. Lipton, *Inference to the Best Explanation*, pp. 59-61.
9. Michael Friedman, "Explanation and Scientific Understanding," *Journal of Philosophy* 71(1974), pp. 5-19; Paul Kitcher, "Explanatory Unification and the Causal Structure of the World," in *Scientific Explanation*, ed. P. Kitcher and W. Salmon(Minneapolis: University of Minnesota Press, 1989), pp. 410-505을 보라.

과거 대다수의 자연신학 접근법들은 원인을 설명하는 데 치중했다. 무언가를 설명한다는 것은 그 무언가가 생겨난 원인들에 관한 정보를 제공한다는 말이었다.[10] 인과관계를 다룬 형이상학은 여전히 논쟁중이다. 데이비드 흄이 제기한 문제들에 대한 일반적인 해답이 대체로 지지를 얻지 못했기 때문이다. 그렇다 해도 사람들은 이것을 이 접근법의 성공을 가로막는 근본 장애물로 여기지는 않는다. 더욱이 분명 원인 중심 설명이 아닌 설명들이 일부 있으며, 모든 원인들이 설명을 제시해 주는 원인도 아니다.[11] 우리는 인과관계의 본질에 관한 적절한 설명을 갖고 있지 않다. 하지만 대다수 철학자들은 이런 도전을 기꺼이 감내하며 살아가면서 그 제약 안에서 작업을 하려는 것 같다.[12] 립턴의 저작이 잘 보여 주듯, 원인 중심 설명은 '가장 훌륭한 설명에 이르는 추론'이라는 일반적 접근법 속에 쉽게 융합될 수 있다.

전통적 자연신학 형태들은 하나님의 존재가 자연계에서 관찰할 수 있는 것들의 원인을 설명해 준다고 주장했다. 내가 이 책에서 전개하는 자연신학 접근법은 직접이든 간접이든 하나님이 원인 제공자이심을 부인하지 않는다. 삼위일체 자연신학의 맥락 속에서는 하나님이 원인 제공자이심을 완벽하게 긍정할 수 있다. 나는 이런 자연신학이 통합론자들의 접근법이 제시하는 설명의 장점들에 주목

---

10. 이 접근법에 관한 고전적 설명을 보려면, David Lewis, "Causal Explanation," in *Philosophical Papers*, vol. 2(Oxford: Oxford University Press, 1987), pp. 214-240을 보라.
11. 따라서 이렇게 원인 중심으로 설명하지 않는 설명들까지 아우르는 더 넓은 개념인 '결정'(determination)이라는 개념을 전개할 필요가 있을지도 모른다. Ruben, *Explaining Explanation*, pp. 230-233.
12. Lipton, *Inference to the Best Explanation*, pp. 31-33.

하는 것이 더 적절하다고 이해했다. 이렇게 이해한 이유 중에는 삼위일체론이 창조 교리를 바탕으로 자연계에 대해 단일 존재론을 제시하는 것도 포함된다.

이신론(理神論)이 삼위일체론이 제시하는 존재론보다 더 적당해서 더 합리적인 변호가 가능한 존재론을 제시한다는 반대 의견을 내놓는 이들이 있을지도 모르겠다. 여기서 우리는 고전적인 난점을 본다. 크리스 소여(Chris Swoyer)는 이런 난점을 한쪽에 있는 "위대한 설명 능력을 가진 부유하고 풍성한 존재론"과 다른 한쪽에 있는 "인식론 면에서 더 큰 안전성을 가진 더 적당한 존재론"이 이룬 '위대한 존재론 거래'(the great ontological trade-off)라고 불렀다.[13] 그러나 삼위일체론에 입각한 존재론은 실재를 바라보는 기독교의 시각에서 본질을 이루는 부분이다. 이 때문에 신학자들은 이 존재론을 이 존재론의 철학적 토대를 내세워 변호하려 하지 않고, 도리어 이 존재론의 완전무결함과 진정성을 내세워 변호하려 한다. 삼위일체론이 제시하는 "부유하고 풍성한 존재론"은 선물이며, 삼위일체 자연신학은 그 존재론을 자연스럽게 표현한 것이다.

그러나 삼위일체 신앙이 천명하는 존재론적 실재관(vision of reality)은 보통 사람들이 '통합'(unification)이라 부르는 또 다른 설명 방법과 개념상 들어맞는다. 이것은 이론의 진보가 겉보기에는 서로 공통점이 없고 관련이 없는 한 무리의 이론들을 통합함으로써 이루어진다는 것을 알려 준다. 이때 우리는 하나로 통합되는 각 이론을 더 진

---

13. Chris Swoyer, "How Ontology Might Be Possible: Explanation and Inference in Metaphysics," *Midwest Studies in Philosophy* 23(1999), pp. 100-131, 특히 pp. 103-105.

보된 이론에 비추어 보거나 이제까지 알려지지 않았던 기존 이론들 사이의 관계를 내세워 조정하거나 설명할 수 있다. 이 접근법에서는 우리가 어떤 현상이 다른 현상들과 결합해 한 통일체를 이루는 것을 볼 때 그 어떤 현상을 이해했다고 말할 수 있다. 이것은 전통적 기독교 사상과 강한 조화를 이룬다. 전통적 기독교 사상에서는 세계를 이해하는 것을 복잡다단하고 때로는 외관상 서로 무관하게 보이는 이 세계의 현상들 밑바닥에 자리한 근본 실재를 아는 것으로 보기 때문이다.

이런 설명 개념은 우리가 이번 장 앞부분에서 언급한 설명의 세 가지 기본 요소와 잘 부합한다. 이 개념은 분명 '지식'과 '이해'를 구분해야 한다고 분명하게 천명하면서, 실재를 바라보는 시각의 맥락 속에 관찰 결과를 더 넓게 집어넣을 때 혹은 그 시각이라는 둥지 속에 집어넣을 때 나타나는 차이점을 간파한다. 이 설명 개념은 어떤 것을 알 수 있으려면 우선 그것을 이해해야 한다고 강조한다. 아울러 이 설명 개념은 역행설명(逆行說明, explanatory regresses)의 중요성도 인정한다. 예를 들어 어떤 사람이 특정한 관찰 결과가 더 넓은 패턴에 부합한다는 것을 보여 줄 때, 그는 그 더 넓은 패턴이 먼저 존재하는 이유를 설명하지 않았다. 이런 접근법에는 역행설명이 존재할 여지가 충분히 있다. 어쩌면 가장 중요한 것은 이 접근법이 '자증하는 설명들'이라는 현상들을 포용할 수 있다는 것일지도 모르겠다. 어떤 패턴을 구성하는 하나하나의 조각은 그 패턴 전체를 증명하는 증거를 제공함과 동시에 그 패턴이 모든 것을 통합하는 더 넓은 틀에 속했음을 보여 줄 패턴을 드러낼 수도 있다.

과학 이론의 통합은 큰 흥미를 불러일으키는 화제이며, 근래 문헌들은 이를 격렬한 논쟁 주제로 삼았다. 성공한 통합은 이전에는 아무 관련이 없다고 생각했던 현상들 사이의 연관성이나 관계를 드러내 보여 줌으로써 과학 이해에 중대한 진보를 가져올 가능성을 제공할 수도 있다. 설명 통합을 이룬 훌륭한 사례는 데카르트가 대수와 기하를 통합한 사례,[14] 아이작 뉴턴이 지구의 운동을 다룬 이론과 천체의 운동을 다룬 이론을 통합한 사례,[15] 제임스 맥스웰(James Clerk Maxwell)이 전기와 자기를 통합한 사례,[16] 신다윈주의가 다윈의 통찰과 멘델의 통찰을 통합한 사례,[17] 아인슈타인이 물리학 분야에서 이룬 통합 사례[18] 등에서 찾아볼 수 있다. 그러나 통합을 이루려는 모든 시도가 성공한 것은 아니다. 가령 지금도 양자 이론과 상대성 이론의 통합은 여전히 멀고 먼 목표로 남았다.[19]

자연과학 분야들이 서로 다르다 보니 이들이 만들어 내는 통합

---

14. Emily R. Grosholz, "Descartes' Unification of Algebra and Geometry," in *Descartes: Philosophy, Mathematics and Physics*, ed. Stephen Gaukroger(Totowa, NJ: Barnes & Noble, 1980), pp. 156-168. 아울러 그로스홀츠가 논리학과 위상수학의 통합에 대해 논평한 글을 보려면, Emily R. Grosholz, "Two Episodes in the Unification of Logic and Topology," *British Journal for the Philosophy of Science* 36(1985), pp. 147-157을 보라.
15. Malcolm R. Forster, "Unification, Explanation, and the Composition of Causes in Newtonian Mechanics," *Studies in History and Philosophy of Science* 19(1988), pp. 55-101.
16. Margaret Morrison, "A Study in Theory Unification: The Case of Maxwell's Electromagnetic Theory," *Studies in History and Philosophy of Science* 19(1992), pp. 103-145.
17. Margaret Morrison, *Unifying Scientific Theories: Physical Concepts and Mathematical Structures*(Cambridge: Cambridge University Press, 2000), pp. 192-206.
18. *Ibid.*, pp. 147-183.
19. Giovanni Battimelli, "Dreams of a Final Theory: The Failed Electromagnetic Unification and the Origins of Relativity," *European Journal of Physics* 26(2005), S111-S116.

의 종류도 다양하다. 예를 들어 이전에는 전혀 만족스러운 틀이 존재하지 않았던 곳에서 공통된 분류 체계나 서술 언어를 만들어 내는 것—가령 모든 식물을 망라해 일정한 원리에 따라 분류한 린네의 식물 분류 시스템—은 분명 통합에 해당하는 사례다. 뉴턴이 행성들의 궤도와 지구상의 물체가 지표면에 자유 낙하하는 운동이 똑같이 중력의 힘 때문에 일어난 일이요, 결국 동일한 운동법칙에 따른 것임을 설명해 보인 것은 또 다른 형태의 통합을 보여 준다. 이 경우 이전에는 서로 관련이 없다고 보았던 현상들이 어떤 공통된 메커니즘과 인과관계 들이 만들어 낸 결과임이 드러난다. 셋째 유형의 통합은, 라그랑주해밀턴 이론(Lagrange-Hamilton formalism, 프랑스의 물리학자 라그랑주와 아일랜드의 물리학자 해밀턴이 각각 뉴턴의 역학 체계를 해석해 일정한 공식으로 정리한 것을 말한다—역주)처럼 동일한 수학 틀이나 공식을 한 무리의 현상들에 적용할 수 있음을 보여 줌으로써 이 현상들이 공통된 특징을 갖고 있음을 제시할 수 있을 때 일어난다.

아울러 이렇게 성공을 거둔 통합들이 실제로 자연의 존재론적 통일성이나 환원적 설명의 형이상학(metaphysics of reductive explanation)과 같이 철학이나 신학이 중요시하는 테마들이 가지는 근본적 중요성을 어느 정도 설명해 주는가라는 문제를 놓고 심각한 철학 논쟁이 벌어지고 있다.[20] 통합 이론이 있다는 것은 자연에 어떤 존재론적 통일성이 있음을 암시한다고 분명하게 추론하면서도, "현상학

---

20. Ilpo Halonen and Jaakko Hintikka, "Unification-It's Magnificent But Is It Explanation?" *Synthese* 120(1999), pp. 27-47; Rebecca Schweder, "A Defense of a Unificationist Theory of Explanation," *Foundations of Science* 10(2005), pp. 421-435.

적으로 성공을 거둔 이론이 있다고 해서 이 이론을 여러 이론적 변수들을 존재론적으로 해석해야 할 증거로" 보는 것은 피하려는 사람이 있을 수 있다.[21] 그러나 통합이 가진 궁극적 의미를 둘러싼 이런 논쟁에도 불구하고, 과학의 역사가 줄기차게 똑같은 패턴—즉 처음에는 아무 근본적 연관성이 없다고 생각했던 이론들 사이에 여러 연관성을 만들어 내는 패턴—을 보여 주었음은 의심할 여지가 거의 없다. 여기서 중요한 점은 이런 연관성들을 어떤 큰 그림의 일부로 인식할 수 있다는 것이다. 이 큰 그림은 이 연관성들을 설명해 주며, 거꾸로 이 연관성들은 그 큰 그림이 타당하다는 데 힘을 실어 준다. 다시 말해 A는 B를 설명하고, B는 A에 정당성을 부여한다.

이것은 사물이 존재하는 방식에 관한 이해 혹은 만물의 근본 질서에 관한 이해인 **존재론**이 지닌 설명 능력이 어떤 근원에서 유래한 것인지 알려 준다. 이런 큰 그림을 발견할 때 비로소 큰 그림을 이루는 하나하나의 요소들을 알 수 있고 이해할 수 있다. 피에르 뒤엥(Pierre Duhem, 1861-1916)은 무언가를 설명한다는 것은 "실체를 베일처럼 싼 겉껍질들을 벗겨 내어 그 속의 실체를 있는 그대로 드러내 보이는 것"이라고 주장했다.[22] 메리 헤세(Mary Hesse)는 이런 식으로 존재론을 탐구하는 접근법이, 과학적 사고를 실재를 묘사하는 일련의 은유들로 이루어진 구조물이라고 생각하는 것이 가장 좋음을 알려 줄 수 있으리라고 본다.[23] 따라서 과학적 설명은 **설명된 것**

---

21. Morrison, *Unifying Scientific Theories*, p. 108.
22. Pierre Duhem, *The Aim and Structure of Physical Theory* (Princeton, NJ: Princeton University Press, 1954), p. 7.

들을 은유를 사용해 다시 묘사함으로써 설명된 것이 가지는 특성과 움직임 들을 서로 연결해 주는 것이라고 생각할 수 있다. 하지만 과학적 설명은 삼위일체 관점에서 창조와 타락과 구속과 마지막 완성을 이야기하는 기독교 내러티브 같은 메타내러티브를 사용해 추구할 수도 있다.

이런 자연신학 접근법은 자연을 관찰한 결과가 필연적 추론을 통해 하나님이 존재하심을 **증명할** 수 있다는 생각을 하지 않는다. 오히려 실재를 바라보는 기독교의 시각이 허용하고 긍정하는 자연관은 우리가 실제로 관찰한 것들과 지극히 만족스러운 조화를 제공해 준다는 것을 주장하고 발견할 수 있다. 기독교 신학은 자신만의 독특한 관점에 비추어 실재를 그려 보인 지도를 제공한다. 이 지도는 모든 것을 망라하지는 않아도 자연에서 관찰되는 특징들과 일치한다는 것을 발견할 수 있다. 기독교 신학은 사물을 보는 방법을, 다시 말해 인간의 모든 경험을 담아 낼 수 있고 그 신학의 개념 체계를 통해 인간의 모든 경험을 이해할 수 있게 해주는 길을 열 수 있다. 기독교 자연신학은 우리가 자연에서 관찰한 것들 가운데 많은 것을 설명해 줄 수 있다. 이런 설명 능력은 다시 거꾸로 기독교 전통, 곧 그 근본 사상이 무엇보다 이런 형태의 자연신학을 만들어 냈던 전통이 믿는 것들이 정당하다고 강조할 수 있는 또 한 가지 이유가 된다.

---

23. Mary B. Hesse, *Models and Analogies in Science*(Notre Dame, IN: University of Notre Dame Press, 1966); idem, *Revolutions and Reconstructions in the Philosophy of Science*(Bloomington: Indiana University Press, 1980). 아울러 Michael A. Arbib and Mary B. Hesse, *The Construction of Reality*(Cambridge: Cambridge University Press, 1986)를 보라.

우리가 지금까지 줄곧 강조해 왔듯이, 자연신학을 인간 이성을 포함한 자연계로부터 하나님이 존재하심을 연역해 내는 증거들을 펼쳐 보인 것으로 생각하는 것은 적절치 않아 보인다. 그럼 자연신학이 하나님의 존재를 '증명하는 것'과 무관하다면, 자연신학은 어떤 지적 목적이 있는가? 자연신학이 가진 지적 미덕은 무엇인가? 이 물음에 대한 답은 '가장 훌륭한 설명에 이르는 추론'이라는 말로 그 틀을 짜 보는 것이 제일 좋다. '가장 훌륭한 설명에 이르는 추론'은 독특한 종류의 귀납적 추론으로서 점점 더 많은 지지를 얻고 있는데, 그것은 이 추론이 한편으로는 과학이 실제로 하는 일들을 정당하게 평가하면서 다른 한편으로는 과학에 합리적 정당성을 부여해 달라는 요구들을 공정하게 다룰 수 있는 능력을 가졌기 때문이다. 이 접근법(곧 '가장 훌륭한 설명에 이르는 추론' —역주)을 존중하는 이가 점점 더 늘어 간다는 것은 이 접근법이 실제 과학이 행하는 추론 과정을 정당하게 서술할 뿐 아니라 이 접근법을 사용해 도달한 결론들에 인식론적 정당성을 제공하는 특성을 가졌다는 것을 설득력 있게 주장할 수 있다는 믿음을 반영한다.[24] 예를 들어 '가장 훌륭한 설명에 이르는 추론'은 과학적 발견의 맥락을 조명해 줄 수 있다는 점에서 베이즈식 접근법들보다 중대한 이점을 가진 것으로 보인다.[25]

---

24. 이 접근법이 정의하는 말들을 살펴보려면, Ernan McMullin, *The Inference That Makes Science*(Milwaukee: Marquette University Press, 1992); Lipton, *Inference to the Best Explanation*을 보라.
25. Samir Okasha, "Van Fraasen's Critique of Inference to the Best Explanation," *Studies in History and Philosophy of Science* 31(2000), pp. 691-710. '발견의 맥락'이 가지는 중요성, 그리고 이 맥락과 '정당성을 부여해 주는 맥락'(context of justification)의 관계를 몇 가지 탁월한 사례 연구를 통해 밝혀 설명해 준 글을 보려면, Jutta Schickore and Friedrich

설명과 경험적 적합성

전통적인 다양한 자연신학 형태들은 자연에서 관찰한 특징들에서 하나님을 연역해 내는 것이 그들의 과업이라고 생각했다. 그러나 내가 택한 접근법은 삼위일체 세계관이 자연계, 인간의 이성과 경험, 그리고 문화 전반에서 관찰할 수 있는 것들과 경험상 더 잘 조화를 이루는 특성, 곧 더 큰 '경험적 적합성'(empirical fit)을 가진다고 주장한다. '경험적 적합성'이라는 개념을 신학 담론에 도입한 이는 옥스퍼드의 수학자요 종교 철학자인 이언 램지(Ian T. Ramsey, 1915-1972)다.[26] 램지가 이 접근법을 공식처럼 정립해 천명한 내용을 살펴볼 필요가 있다.[27]

신학 모델은 출석 체크 때의 '예'나 '아니오' 같은 기능을 한다기보다 오히려 장화나 단화에 발을 맞추는 기능을 한다. 다시 말해 우리는 우리가 좋아서 고른 신발처럼, 우리의 경험상 필요들을 만족시켜 주는 것으로 보이는 것에서 시작하는 특별한 교리를 갖고 있다. 그러나 신발을 현상들에 더 빈틈이 없이 맞추려다 보면, 자칫 그 신발이 꽉 낄 수도 있다. 장차

Steinle, eds., *Revisiting Discovery and Justification: Historical and Philosophical Perspectives on the Context Distinction*(Dordrecht: Springer-Verlag, 2006)을 보라.
26. 논평을 보려면, James W. McClendon Jr. and James M. Smith, "Ian Ramsey's Model of Religious Language: A Qualified Appreciation," *Journal of the American Academy of Religion* 41(1973), pp. 413-424; Terrence W. Tilley, "Ian Ramsey and Empirical Fit," *Journal of the American Academy of Religion* 45(1977), p. 357(Abstract), G: 963-988 (in September Supplement)을 보라.
27. Ian T. Ramsey, *Models and Mystery*(London: Oxford University Press, 1964), p. 17.

진창을 걸어 다니거나 비가 오더라도 문제가 없을지 시험해 보면, 전혀 방수가 안 되는 신발임이 드러날 수도 있고 편안한 신발임이 드러날 수도 있다. 하지만 그 신발이 너무 편안해서는 안 된다. 이처럼 신발은 그 신발이 광범위한 현상들을 감당할 능력을 가졌느냐, 다양한 요구들을 모두 충족할 수 있느냐를 기준으로 평가할 수 있다. 여기서 내가 경험적 적합성을 가진 방법이라고 부를 수 있는 것이 신학 이론 정립 작업을 통해 펼쳐진다.

램지가 표현한 이미지를 곧이곧대로 받아들이면, 램지의 접근법에는 분명 주관주의의 위험이 존재한다. 가령 '경험적 적합성'의 정도를 결정하는 적합한 기준으로서 우리가 편안한지 편안하지 않은지 인식할 수 있는 기준이란 것이 있을까? 그러나 램지는 그가 쓴 '경험적 적합성'이라는 개념이 이론 차원에서 자연에 다가가는 접근법을 평가할 경우에는 중요한 가치를 가진다고 분명히 밝혔다. 그런 접근법에서는 확실한 증명이 불가능하기 때문이다. '경험적 적합성'이라는 개념은 본디 경험 관념(empirical notion, 즉 경험을 통해 확증할 수 있는 관념-역주)으로서 자연과학 내부에서 생겨난 것이다. 램지는 자연과학이 상당한 이론적 잠재력을 가졌다고 믿었다. 나도 그가 옳다고 본다.

램지의 접근법이 가질 수 있는 주관주의라는 위험을 제외하더라도, '경험적 적합성'이라는 관념에는 당연히 몇 가지 난점이 있다. 자연철학을 엉성하게 다루는 것이 그 한 예다. 가령 일련의 관찰 결과들을 설명하는 이론으로서 "경험상 동등한 가치가 있는" 몇몇 이론들을 제시한 뒤 다른 근거들을 토대로 그중 어느 이론을 선택하라고 강요할 수 있다면, 그것은 '경험적 적합성'이라는 개념의 난점으로 지적할 수 있다[처음부터 의미 있는 판단이 가능한데도(즉 '경험적 적합성'이라는 개념만으로도 일련의 관찰 결과들을 설명해 줄 이론을 선택할 수 있는데도 —역주) 굳이 '경험적 적합성' 이외의 다른 근거들을 선택 기준으로 강요한다면, 이는 당연히 문제가 된다].[28] 비록 램지가 종교적 믿음들이 정당하다는 것을 논증하는 생명력 있는 일반 이론을 만들어 내는 데는 실패했지만,[29] 그래도 그가 느슨하게나마 '경험적 적합성'이라는 개념에 호소한 것은 자연신학이 우리가 실제로 관찰한 것들과 개념상 균형을 이루어야 할 필요가 있음을 일깨워 준다.

그러나 이런 접근법은 비판자에게서 다음과 같은 성난 반응을 불러올 수 있다. 당신이 주장하는 것은 단지 경험과 충분히 조화를 이루는 신학을 얻을 때까지 임시로 조절해 맞춰 놓은 신학일 뿐입니다. 당신의 신학은 단지 관찰한 것들만 염두에 두고 발명한 것입니다. 당신의 신학은 귀에 걸면 귀고리 코에 걸면 코걸이라서, 개념의 엄격함이라는 특징보다 지적 탄력성과 변증 편의주의라는 특징

---

28. 이 개념과 얽힌 문제들을 더 상세히 설명한 글을 보려면, Bas van Fraassen, *The Scientific Image*(Oxford: Oxford University Press, 1980); idem, *Laws and Symmetry*(Oxford: Clarendon Press, 1989)를 보라. 존 이어먼(John Earman)은 경험상 동등한 가치를 가진 세 유형을 서로 구분하면서, 경험상 서로 구분할 수 없다는 것은 과학적 반실재론(反實在論, scientific antirealism)을 암시한다고 주장한다. 가령 John Earman, "Underdetermination, Realism, and Reason," *Midwest Studies in Philosophy* 18(1994), pp. 19-38을 보라. Igor Deuven and Leon Horsten, "Earman on Underdetermination and Empirical Indistinguishability," *Erkenntnis* 49(1998), pp. 303-320이 지적했듯, 이런 주장은 옳지 않다.
29. McClendon and Smith, "Ian Ramsey's Model of Religious Language," pp. 421-423.

이 더 돋보입니다.

자연신학의 몇몇 형태들을 고려할 때 여기서 강조한 점들은 타당하고 확실히 중요한 의미를 가진다. 그러나 이 책이 채택한 접근법은 순수하게 자연계와 소통하는 것을 자연신학의 바탕으로 삼지 않고, 도리어 기독교 전통의 관점으로 자연에서 바라본 결과를 자연신학이라고 여긴다. 삼위일체 시각에서 사물을 읽어 내는 것은 자연을 읽어 낸 결과에 의존하기보다 주로 하나님의 계시를 성찰한 결과에 의존하는 것이 사실이다. 그럼에도 나는 삼위일체 시각에서 자연을 읽어 내는 것이 우리가 관찰할 수 있는 것들과 경험상 상당히 부합하는 적합성을 제공한다고 본다.[30] N이 이 책이 제시하고 변호하는 자연신학 유형을 가리키고, O가 세계를 관찰한 결과, 그리고 T가 삼위일체론을 가리킨다면, 우리는 이들 사이에 다음과 같은 관계를 제시할 수 있다. 이 관계는 자연신학의 독특한 역할을 강조한다.

T는 N을 설명한다, N은 O를 설명한다,
O는 N에 정당성을 부여한다, N은 T에 정당성을 부여한다.

그러나 이것은 다음과 같이 단순하게 표현할 수 있다.

T는 O를 설명한다,
O는 T에 정당성을 부여한다.

---

30. 계시가 어떻게 자연에 깊이 뿌리를 내렸는지 상세히 설명한 글을 보려면, Alister E. McGrath, *A Scientific Theology*, vol. 3, *Theory*(London: Continuum, 2003), pp. 138-193을 보라.

여기에서는 어떤 설명이 설명 능력을 가졌다는 점 자체가 그 설명이 옳다는 것을 보여 주는 증거라고 보는 생각, 곧 '가장 훌륭한 설명에 이르는 추론'의 대다수 형태들에서 볼 수 있는 가설에 호소하고 있다.

설명, 예측과 수용

이번 장에서 나는 여기서 제시한 자연신학이 상당한 설명 능력을 가졌다고 주장했다. 그러나 일부 사람들은 반대 의견을 제시하고 싶어 할지도 모르겠는데, 그것이 이치에 어긋나는 일은 아니다. 예측 능력이 없어 보이는 자연신학을 두고 그 자연신학이 어떻게 '설명을 해준다'고 말할 수 있을까? 결국 과학 이론의 타당성을 평가할 수 있는 척도 중 하나는 그 이론이 새로운 현상들을 예견할 수 있느냐 여부다. 이 점에서는 자연신학이 다소 한정된 잠재력을 가진 것으로 보인다. 이것은 곧 자연신학이 결함이 있고 수준이 낮은 '설명' 형태를 대변하면서도 정작 자신이 '설명'이라는 개념으로 생각될 수 있는 권리를 가졌다고 지레 짐작한다는 것을 암시하는 게 아닐까?

이 문제는 과학 방법으로서 귀납법의 역할을 둘러싸고 윌리엄 휴얼(William Whewell)과 존 스튜어트 밀(John Stuart Mill) 사이에 벌어진 논쟁에서 중요한 이슈로 등장했다.[31] 휴얼은 과학 방법에서는 새것을 예측하는 것이 중요하다고 강조했다. 반면 밀은 단지 새로운 관찰

---

31. Laura J. Snyder, "The Mill-Whewell Debate: Much Ado about Induction," *Perspectives on Science* 5(1997), pp. 159-198. 스나이더는 다른 곳에서 귀납법에 관한 휴얼의 견해가 오

결과들을 예측하는 것과 기존 관찰 결과들을 이론에 수용하는 것(theoretical accommodation)을 심리적으로 구분하는 것만이 있을 뿐이라고 주장했다. 하지만 이 문제들은 아직 해결되지 않았기 때문에 여전히 중요하다. 히치콕(Christopher Hitchcock)과 소버(Elliott Sober)는 근래 이 문제를 논하면서,[32] 때로는 예측이 수용보다 우월할 수 있지만 늘 그렇지는 않다고 주장한다. 수용이 예측보다 우월한 상황들을 쉽게 상상해 볼 수 있다. 사람들이 처음부터 늘 변함없이 수용보다 예측을 선호하는 것은 아니다. 삼위일체 자연신학이란 것이 이미 알려진 관찰 결과들을 든든히 수용할 수 있다면, 이 자연신학이 새로운 관찰 결과들을 반드시 예측해 주지 않더라도 이 자연신학 자체가 이 신학이 내세우는 개념들에 충분히 정당성을 부여해 준다고 볼 수 있다.

수용이 과학 이론의 발전에서 매우 중요한 역할을 한 상황들을 역사 속에서 쉽게 사례를 찾아 제시할 수 있다. 다윈의 자연선택설이 아마도 가장 쉽게 살펴볼 수 있는 사례가 아닌가 싶다. 다윈의 자연선택설은 주로 광범위한 관찰 데이터를 새롭게 설명해 주었는

해를 받고 있기 때문에 이 견해를 독특한 접근법으로서 더 면밀히 살펴볼 필요가 있다고 주장한다. Laura J. Snyder, "Discoverers' Induction," *Philosophy of Science* 64(1997), pp. 580-604.

32. Christopher Hitchcock and Elliott Sober, "Prediction versus Accommodation and the Risk of Overfitting," *British Journal for Philosophy of Science* 55(2004), pp. 1-34. 히치콕과 소버가 변호하는 '약한 예측주의'(weak predictivism)는 다른 곳에 유사한 사례들이 있다. 가령 접근법들을 조심스럽게 평가한 내용이 있는 Marc Lange, "The Apparent Superiority of Prediction to Accommodation as a Side Effect," *British Journal for Philosophy of Science* 52(2001), pp. 575-588; David Harker, "Accommodation and Prediction: The Case of the Persistent Head," *British Journal for Philosophy of Science* 57(2006), pp. 309-321을 보라.

데, 이 데이터 중 일부는 다윈 자신이 결합한 것이었고, 다른 일부는 그보다 앞선 시대 사람들과 같은 시대 사람들이 한 일들에서 가져온 것이었다. 다윈이 가장 중요하게 생각한 문제는 이런 관찰 결과들을 어떻게 커다란 발전 이론 안에 담아낼 수 있을까라는 문제였다. 자연선택설은 생물학 세계를 이전보다 더 심오하게 이해할 수 있는 유리한 지적 관찰 지점을 제공함으로써 놀랍거나 수수께끼 같은 현상들—가령 흔적 기관들이 계속해 존재하는 현상 같은 것—을 상당히 쉽게 이론으로 담아낼 수 있게 해주는 것처럼 보였다.[33] 예측은 이론을 선택할 때 어떤 역할을 하지만, 어떤 이론들은 예측이 부적절하거나 말 그대로 불가능한 실재나 상황 들과 관련되어 있다. 자연신학이 주로 수용에 의존한다면, 그 자연신학은 과학의 좋은 벗이다.

    자연신학이 사물을 어떻게 설명하는지 곱씹어 본 이런 성찰들은 세 가지 문제, 곧 이어질 장들에서 다룰 주제들을 더 상세히 다룰 필요가 있음을 일깨운다.

    첫째, 실재를 바라보는 기독교의 시각이 우리가 관찰한 것들을 통합해 준다는 말은 무슨 의미인가? 내 자연신학 접근법의 밑바닥에는 기독교가 그 자체를 설명하고 아울러 사물들을 설명할 능력을 가졌다는 확신이 깔렸다. 그렇다면 삼위일체 관점에서 실재를 바라보는 시각은 우리가 실제로 자연계에서 관찰하는 것과 어떤 점들이

---

33. '가장 훌륭한 설명에 이르는 추론'을 다루는 많은 문헌들이 다윈의 방법론을 줄기차게 인용하는 것은 놀라운 일이 아니다. 예전 사례를 하나 살펴보려면, Paul Thagard, "The Best Explanation: Criteria for Theory Choice," *Journal of Philosophy* 75(1978), pp. 76-92을 보라.

일치할까? 삼위일체 관점에서 자연을 바라보는 시각이 성공한 경우와 실패한 경우를 수량으로 표시하려는 시도는 모두 도전에 직면할 것이다. 그러나 이런 측정 과정이 비록 잠정적이라 하더라도, 최소한 이런 탐구 과정을 시작한다는 것이 중요하다. 이 문제는 6장에서 다룰 것이다.

둘째, 보통 '인간중심'(anthropic, 우주와 자연이 인간이라는 생명체가 존재할 수 있게 하는 데 중점을 두고 만들어졌다고 보는 시각—역주)이라는 말로 묘사하는 자연 현상들, 혹은 정교한 조율을 증명해 보이는 증거라고 주장하는 자연 현상들의 의미를 해석하려는 시도에는 언제나 이런 현상들이 지닌 의미를 평가할 수 있는 틀이 필요하다. 7장에서는 이런 현상들의 중요성을 설명하는 방법으로서 '놀라운 사실들'(surprising facts)이라는 찰스 퍼스의 관념을 활용해 보겠다. 이런 현상들의 중요성을 설명할 때는 자연신학에서 이런 현상들이 가지는 모든 중요성을 분명하게 밝히고자 사실에 반하는 추론(counterfactual reasoning)을 사용해 설명을 보완한다.

셋째, 요즘 등장하는 세계에 관한 과학적 이해, 특히 인간중심 현상들에 관한 이해를 설명하려는 통합론자(unificationist)의 시도를 뒷받침할 신학 틀로서 제안할 수 있는 것은 무엇일까? 6장을 마칠 때면 우리는 이미 삼위일체 관점에 따른 접근법에서 유래한 해석의 몇 가지 일반 원리들을 모두 다루었을 것이다. 그 다음에는 자연을 들여다보게 해주는 '렌즈'와 같은 어떤 시스템을 아주 자세하게 정립해 하나의 공식으로 제시하는 것이 필요하다. 우리는 8장에서 히포의 아우구스티누스가 401년부터 415년에 이르는 기간에 전개했던 고전적 창조신학이 이런 현상들을 해석할 방법을 제시함으로써 더 진전된 모델들을 발전시켜 갈 길을 열어 준 내력을 제시할 것이다.

우리는 먼저 기독교 관점에서 실재를 바라보는 시각과 자연신학의 연관성을 살펴볼 것이다. 삼위일체 신학은 우리가 자연을 '보는' 방식에 어떤 영향을 미치는가? 이것은 중요한 문제이기 때문에 상세히 살펴봐야 한다. 다음 장에서 우리는 자연과 소통할 수 있는 여러 가능성 중 독특하게 사물들을 바라보는 기독교의 시각에서 유래한 몇 가지 가능성을 탐구해 보겠다.

6장
삼위일체 자연신학의 역동성

기독교는 삼위일체 신앙이다. 이는 이 신앙을 분명하게 강조하든 은 연중에 가정하든 변함이 없는 사실이다. 20세기에 개신교와 가톨릭 과 정교회는 신학적 논의를 통해 삼위일체 교리를 열렬히 재전유(再專有, reappropriation)하는 것처럼 보였다.[1] 18세기와 19세기에는 이 교리를 그다지 중요하지 않게 여겼던 것으로 보인다. 그러나 20세기에는 지나간 세대들이 무시했다는 것을 상상하기 힘들 정도로 삼위일체 교리가 아주 강렬하고 광범위하게 거듭났다.[2] 그렇다면 이런

---

1. 우리가 자연계를 이해하는 방법을 삼위일체 교리가 어떻게 형성해 주는지 탁월하게 설명한 글을 보려면, Samuel M. Powell, *Participating in God: Creation and Trinity*(Minneapolis: Fortress, 2003), pp. 61-160을 보라.
2. David S. Cunningham, "Trinitarian Theology since 1990," *Reviews in Religion and Theology* 4(1995), pp. 8-16; Gerald O'Collins, *The Tripersonal God: Understanding and Interpreting the Trinity*(London: Continuum, 2004); Veli-Matti Kärkkäinen, *Trinity and Religious Pluralism: The Doctrine of the Trinity in Christian Theology of Religions*(Aldershot: Ashgate, 2004).

삼위일체론이 명시적이든 묵시적이든 자연신학에 암시하는 것은 무엇일까?

계몽주의가 표방한 강령들에 부응한 자연신학 형태들을 포함해 전통적 스타일의 몇몇 자연신학이 부딪친 가장 어려운 문제 가운데 하나는 그 존재를 자연에서 추론해 낼 수도 있는 하나님, 그리고 좀 더 특정해 말하자면 기독교 신앙이 말하는 하나님과 자연신학의 관계와 관련이 있다. 이것은 중요한 문제다. 17세기와 18세기에 등장한 자연신학 형태들은 아주 큰 영향력을 발휘했기 때문에 우리가 그것을 '고전적 자연신학'이라고 규정해도 그른 말이 아니다. 그러나 이 책 앞 장에서 강조했듯, 이 '고전적' 접근법들은 기독교 전통과 간접적 연관이 있다고 묘사할 수밖에 없는 요소가 있다. 스탠리 하우어워스(Stanley Hauerwas)는 이 점을 2001년의 기포드 강연에서 상당히 힘주어 강조했다(미국인으로서 처음으로 한 기포드 강연이었다—역주). "하나님을 다룬 완전한 교리(곧 기독교 교리)와 단절된 자연신학이 할 수 있는 일은 오직 하나님의 성품을 왜곡하는 것뿐이요, 그에 따라 우리가 속한 세계의 성격도 왜곡하는 것뿐이다."[3] 그렇다면 어느 정도 공통점을 지닌 고전적 자연신학의 신은 이스라엘 역사 속에서 계시된 하나님, 예수 그리스도의 삶과 죽음과 부활 속에서 계시된 하나님과 동일한가? 만일 동일하지 않다면, 이 신 개념들 사이에는 정확히 무슨 관계가 존재하는가?

---

3. Stanley Hauerwas, *With the Grain of the Universe: The Church's Witness and Natural Theology*(Grand Rapids: Brazos Press, 2002), pp. 15-16을 보라. "태양과 별들을 움직이시는 하나님이 나사렛 예수로 성육신하신 바로 그 하나님이시다."

이것은 쓸데없는 질문으로 치부하며 쉽게 내칠 수 있는 문제가 아니다. 가령 다신 세계관 혹은 단일신 세계관의 맥락 속에서는[4] '참된 하나님'이 데미우르게(demiurge) 같은 하위신(下位神)이 한 일이라 믿어 온 창조 작업과 아무 관련이 없다고 주장하는 것도 얼마든지 가능하다. 이런 맥락이라면, 자연신학은 설령 무언가를 드러낸다 할지라도 '참된' 하나님이나 '궁극의' 하나님을 드러내기보다 애초부터 이 더 낮은 신을 드러내는 경향을 가진 셈이다. 모든 하나님 개념이 자연신학과 들어맞는 것은 아니다.[5]

자연신학과 계시신학의 관계를 이야기한 많은 전통적 설명들은 자연이 말하는 '한 하나님'(one God)과 계시가 말하는 '삼위일체 하나님'(triune God)을 구분한다.[6] 즉 일반 개념인 신 개념과 특히 기독교가 해석한 하나님을 구분한다. 중세에 나온 신학 저작들을 보면, 보통 "한 분이신 하나님에 관하여"(de deo uno)라는 부분이 "삼위 하나님에 관하여"(de deo trino)라는 제목을 붙인 부분보다 앞에 나오는데, 이는 후자가 전자를 부연하고 확대한 것임을 시사한다.[7] 이처럼

---

4. 이스라엘의 유일신 신앙과 관련된 문제들을 다룬 유익한 논의를 보려면, Mark S. Smith, *The Origins of Biblical Monotheism: Israel's Polytheistic Background and the Ugaritic Texts*(Oxford: Oxford University Press, 2001), pp. 10-14을 보라. '단일신론'(henotheism)이라는 말은 프리드리히 막스 뮐러(Friedrich Max Müller, 1823-1900)가 많은 신이 존재함을 인정하면서도 그 신들 가운데 오직 한 분만이 우리가 예배하고 섬겨야 하는 '참된 하나님'이심을 인정한 세계관을 가리킬 목적으로 도입한 것이다.
5. Robert Prevost, *Probability and Theistic Explanation*(Oxford: Clarendon Press, 1990), pp. 152-182에서 자연신학이 말하는 하나님 개념 및 악의 문제와 관련해 강조한 점들을 주목하라.
6. John P. Doyle, "*Ipsum Esse* as God-Surrogate: The Point of Convergence of Faith and Reason for St. Thomas Aquinas," *The Modern Schoolman* 50(1973), pp. 293-296의 논평을 보라.

계시의 은혜(즉 하나님이 은혜로 주신 계시—역주)는 우리가 자연을 통해 알 수 있는 것들을 발전시킨다. 하나님이 한 분이심은 자연신학이 말하는 진리다. 반면 삼위가 한 분으로 계시는 분이 하나님이시라는 것은 계시신학이 알려 주는 진리다.[8] 마찬가지로 근래에 빅뱅이나 인간중심 현상들이 하나님이 존재하심과 부합하는가라는 문제를 둘러싸고 벌어진 많은 철학 논쟁들은 본질상 이신론이 말하는 하나님 개념을 논쟁 대상이라고 주장해 왔다.[9]

이는 익숙한 접근법이며, 그 오랜 역사는 이 접근법에 영예를 더해 준다. 그러나 여러 난점이 있다. 특히 삼위일체 교리를 하나님에 관한 교리에 고정해 놓은 부착물 정도로 여기면서 실상 양자의 지적 통합을 전혀 시도한 적이 없다는 점도 그런 난점 중 하나다. 이 모델에 따르면, 자연은 하나님에 관한 정보를 어느 정도 계시해 주지

---

7. 토마스 아퀴나스의 하나님 교리는 진정한 삼위일체 교리라기보다 본질상 형이상학적 교리가 아닌가라는 문제에 초점을 맞춘 논의가 많았다. 그래서 볼프하르트 판넨베르크는 아퀴나스가 삼위일체 교리를 성경의 증언을 파고든 결과가 아니라 **실체**(*substantia*)라는 개념을 형이상학 차원에서 성찰한 결과에서 가져왔다고 주장한다. 아퀴나스를 이렇게 읽을 경우, 아퀴나스가 말하는 하나님 개념은 사실상 삼위일체 하나님이 아니다. 이 문제를 설명한 글을 보려면, Fergus Kerr, *After Aquinas: Versions of Thomism* (Oxford: Blackwell Publishing, 2002), pp. 181-185을 보라.
8. 이런 생각의 뿌리를 살펴보려면, Eric D. Perl, "St. Gregory Palamas and the Metaphysics of Creation," *Dionysius* 14(1990), pp. 105-130; Wayne J. Hankey, "Dionysian Hierarchy in Thomas Aquinas: Tradition and Transformation," in *Denys l'Aréopagite et sa postérité en Orient et en Occident: Actes du Colloque International Paris*, 21-24 septembre 1994, ed. Ysabel de Andia(Paris: Institut d'Études Augustiniennes, 1997), pp. 405-438을 보라.
9. 한 예가 두 저자가 서로 소통하며 주고받은 논문을 모아 놓은 흥미로운 논문집인 William Lane Craig and Quentin Smith, *Theism, Atheism, and Big Bang Cosmology* (Oxford: Clarendon Press, 1993)다. 이 논문집을 이와 상당히 다른 접근법을 발견할 수 있는 John C. Polkinghorne, "Physics and Metaphysics in a Trinitarian Perspective," *Theology and Science* 1(2003), pp. 33-49과 대비해 보면 유익할 수 있다.

만, 뒤이어 추가로 통찰을 제공하는 계시가 그 정보를 보완해 준다. 자연은 우리에게 한 하나님이 계신다고 말한다. 계시는 하나님이 삼위로 계신다는 것을 더 알려 줌으로써 자연이 일러 준 내용을 분명하게 밝히고 부연한다. 그러나 삼위일체 관점에서 하나님을 바라보는 시각이 우리가 자연을 아주 다른 시각으로 볼 수밖에 없도록 만들고, 그 시각이 실제로 자연신학이 진리라고 주장하는 것들을 뒤집어엎어 버린다면, 우리는 어찌해야 할까?[10]

이신론, 유신론, 그리고 삼위일체론

우리가 앞서 살펴본(5장을 보라) 자연신학의 고전적 형태들이 제시한 지적 궤적은 대체로 아래와 같이 표현할 수 있다.

    이신론 → 유신론 → 삼위일체론

자연을 성찰한 결과가 처음으로 드러낸 하나님 관념은 '이신론이 말하는 하나님'—가령 세계를 있게 하고 세계에 질서를 표현한 혹은 부여한 '최고 지성'(supreme intelligence)이라는 관념—으로 묘사할 수 있다. 기독교 시각에서 보면, 이것은 매우 옅어진 하나님 관념으로서 분명 확장이 필요하고 더 발전시켜 가야 할 관념이다. 하나님

---

10. Thomas F. Torrance, *The Christian Doctrine of God: One Being, Three Persons* (Edinburgh: T & T Clark, 1996), pp. 25-31. 토렌스는 유신론을 불충분한 삼위일체론 형태 혹은 삼위일체론에서 등장한 형태로 인식하기보다 삼위일체론과 다른 견해로 인식해야 할지도 모른다고 주장한다.

이 지금도 여전히 피조 세계에 개입하신다는 깨달음은 이신론에서 유신론으로 이끈다. 그리고 이 하나님이 스스로 육신을 취해 나사렛 예수로 나타나셨다는 깨달음은 우리를 유신론에서 삼위일체론으로 이끌어준다.

이 접근법의 변형 가운데 하나를 장 칼뱅이 즐겨 쓴 '**하나님을 아는 이중 지식**'(duplex cognitio Dei) 관념에서 발견할 수 있다. 이는 하나님을 한편으로는 창조주 하나님으로, 다른 한편으로는 구속주 하나님으로 아는 지식을 말한다. 칼뱅이 제시하듯, 이 논증은 다음과 같은 형태를 띤다.[11] 인간은 기독교가 말하는 계시라는 특수한 틀 밖에서도 창조주 하나님을 아는 지식에 도달할 수 있다. 이 지식은 구원을 가져다주는 지식이 아니며, 성경이 확증하고 견고하게 하며 확장시켜 주는 지식이다. 구속주 하나님을 아는 지식은 오직 계시를 통해 가질 수 있으며, 이 지식만이 구원을 가져다준다. 따라서 하나님은 오직 예수 그리스도만이 완전하게 알려 주실 수 있고, 예수 그리스도는 다시 오직 성경만이 알려 줄 수 있다. 그런데 피조 세계는 이런 계시와 만나며 이 계시와 조화를 이루는 중요한 접촉점을 일부 제공한다.

이것은 깔끔한 체계로서 훌륭한 신학적 통찰을 제시해 기독교 변증에 유용한 출발점이 된다.[12] 그러나 이 체계는 구속주 하나님을

---

11. 가령 Edward A. Dowey, *The Knowledge of God in Calvin's Theology*(New York: Columbia University Press, 1952), pp. 50-220을 보라.
12. 비판적 시각으로 곱씹어 본 내용을 읽어 보려면, Richard A. Muller, "'Duplex cognitio Dei' in the Theology of Early Reformed Orthodoxy," *Sixteenth Century Journal* 10(1979), pp. 51-61을 보라.

몰라도 창조주 하나님을 알 수 있다고 암시함으로써, 구원 경륜 안에 어떤 이중성이 존재함을 은연중에 암시하는 위험성을 내포한다. 이런 난점을 최소로 줄일 수 있는 방법은 하나님을 아는 그런 자연적 지식(성경이라는 특별한 계시가 아니라 자연을 통해 하나님을 아는 것—역주)은 정확하지 않고 초점이 분명치 않다는 것, 그리고 그런 지식은 어떤 창조주가 존재하는 것 같긴 하지만 그 창조주에게 하나님이라는 이름을 붙이거나 그가 하나님임을 확인할 수는 없는 형태를 띤다고 주장하는 것이다. 바울도 아레오바고 설교에서 분명 이 변증 전략을 구사한 것으로 보인다. 바울은 이 설교에서 우선 창조주인 어떤 신을 막연히 대강 아는 지식을 전제한 뒤 이 지식을 자세히 다룬다. "그런즉 너희가 알지 못하고 위하는 그것을 내가 너희에게 알게 하리라"(행 17:23). 이 구절은 바울이 먼저 이 알지 못하는 신의 **이름을 일러 준** 뒤에 보름달처럼 완전한 기독교의 하나님관으로 나아간다는 것을 암시한다. 그가 자신의 서신들에서 제시한 것이 바로 그런 하나님관이었다. 결국 바울은 **암시된**(intimated) '알려지지 않은 하나님'에서 **드러난**(disclosed) "우리 주 예수 그리스도의 아버지" 하나님으로 옮겨 간다(롬 15:6).

칼뱅의 변증 전략이 그의 독자들을 이신론에서 유신론으로 인도했다고 이야기하는 것은 시대 순서상 맞지 않다(칼뱅은 16세기 사람인데 이신론은 17세기 전반에 등장했기 때문이다—역주). 실제로 우리는 자연적·직관적 하나님 인식에서 성경에 더 근거한 하나님 이해, 곧 우리가 자연을 통해 알 수 있는 것들을 성경을 토대로 확장하고 분명하게 밝혀 주는 이해로 옮겨 갔다고 이야기해야 할 것이다.[13] 칼뱅 이후 나온 개혁파의 신앙고백서들은 이런 주장을 상당히 분명하게 제시하면서, 칼뱅의 접근법이 암시한 내용을 재차 분명하게 천명했다. 예를 들어, 프랑스 신앙고백서(1559)는 하나님이 당신 자신을 사람에게 두 가지 방법으로 나타내셨다고 주장한다. 첫째는 피조 세계를 통해 나타내셨고, 둘째는 '더 분명하게' 성경 속에 나타내셨다.[14] 벨기에 신앙고백서(1561)는 이 간결한 선언을 확장해 하나님을 아는 지식이 두 가지 방법을 통해 생겨난다고 재차 강조한다.[15]

첫째, 우리 눈앞에 가장 아름다운 책처럼 자리한 우주, 그리고 그 안에 있는 크고 작은 모든 피조물들이 아주 많은 등장인물처럼 우리를 인도하여 눈에 보이지 않는 하나님의 일들을 깊이 생각하게 하는 우주를 지으시고 보존하시고 다스리심으로…. 둘째, 하나님은 당신의 거룩하고 신성한 말씀을 통해 당신 자신을 우리에게 더 분명하고도 완전하게 알려 주신다. 즉 우리가 이 삶에서 그분께 영광을 돌리고 구원을 얻으려면 알아야 할 만큼 알려 주신다.

칼뱅이 이 주제를 설명한 내용에서 만날 수 있는 것과 같은 근본 테마들이 여기에서도 거듭 나타난다. 첫째, 하나님을 아는 방법은

---

13. 이 점에서 칼뱅이 키케로가 쓴 「신들의 본질에 관하여」(*De natura deorum*)와 소통하며 이 책에서 영향을 받았다는 점이 특히 중요하다. 훌륭한 설명을 읽어 보려면, Emil Grislis, "Calvin's Use of Cicero in the Institutes I:1-5: A Case Study in Theological Method," *Archiv für Reformationsgeschichte* 62(1971), pp. 5-37을 보라.
14. *Confessio Gallicana*(1559), 2조.
15. *Confessio Belgica*(1561), 2조. 바르트가 이 두 본문을 혹독하게 비평한 글을 유념해서 봐야 한다. *Church Dogmatics* II/1:127.

두 가지가 있는데, 하나는 자연계를 통해 아는 것이요 다른 하나는 성경을 통해 아는 것이다. 둘째, 성경을 통해 아는 방법이 첫째 방법, 곧 자연계를 통해 하나님을 아는 방법보다 더 분명하고 더 완전해서 우리를 구원으로 인도한다. 그와 같은 시대를 살았던 많은 이들과 마찬가지로 칼뱅 역시 삼위일체 교리를 사색을 통한 논증에서 끄집어낸 관념으로 여기기보다 이런 하나님 이해를 성경의 증언에 근거해 확장한 것으로 여기는 경향이 있다. 예를 들어 칼뱅은 '하나님의 사랑'이라는 관념에 피조물이 아닌 대상이 필요하다는 주장을 어디에서도 하지 않는다. 이는 뒤집어 말하면 하나님(Godhead) 안에 복수의 인격체가 존재함을 가리킨다.[16]

그러나 20세기 말에 더 급진적이고 철저한 삼위일체 접근법들, 특히 십자가에서 하나님이 당하신 고난을 곱씹어 본 성찰이 만들어 낸 접근법들이 등장하면서, 우리가 아퀴나스와 칼뱅의 글에서 순서대로 발견하는 이신론→유신론→삼위일체론이라는 추이에도 의문이 제기되었다.[17] 예를 들어 에버하르트 윙엘(Eberhard Jüngel)은 '유신론'과 '삼위일체론'을 무시하는 입장을 계속해서 지나치다 싶을

---

16. Paul Helm, *John Calvin's Ideas*(Oxford: Oxford University Press, 2004), pp. 35-50의 분석을 보라.
17. 1510년대에 나온 루터의 「십자가 신학」(*theologia crucis*)에서도 이런 사고방식을 찾아낼 수 있지만, 이런 생각을 가장 강력하게 천명한 것은 몰트만이 쓴 「십자가에 달리신 하나님」(*Crucified God*, 독일어 원서 제목은 *Der gekreuzigte Gott*—역주)이다. 그리스도인의 경건은 늘 그리스도의 고난이 가지는 중요성을 인식했다는 점을 강조하지 않을 수 없다. 가령 Ellen M. Ross, *The Grief of God: Images of the Suffering Jesus in Late Medieval England*(New York: Oxford University Press, 1997), 특히 pp. 67-90을 보라. 20세기 후반에 이르러 이를 철저히 삼위일체 관점에서 해석하는 양상이 나타나지만, 여기에는 난점들이 없지 않다. 그 난점들 가운데 일부를 개관한 책이 Thomas G. Weinandy, *Does God Suffer?*(Notre Dame, IN: University of Notre Dame Press, 2000)다.

정도로 비판하며, '유신론 전통'이 형이상학상 왜곡된 하나님 개념을 전달해[18] 결국 무신론의 등장을 용이하게 해주었다고 주장한다(여기에서는 무신론을 이런 형이상학적 유신론과 대립하는 명제로 본다).[19]

유신론과 삼위일체론의 관계에 관한 윙엘의 견해는 보편적 동의를 얻지는 못했지만, 매우 적절한 몇 가지 질문을 제기한다. 자연신학이 추구하는 목적에 비춰 볼 때, 이 질문들 가운데 가장 중요한 것은 진정 삼위일체론을 단순히 유신론의 확장 정도로 해석할 수 있느냐다.[20] 삼위일체론은 실상 유신론의 변형이거나 심지어 유신론을 부인하는 견해일 수도 있지 않을까? 하나님의 형이상학적 본질은 실제로 하나님의 진정한 신성과 모순인가?[21] 이는 스탠리 하우

---

18. 윙엘의 데카르트 비판을 유익하게 요약해 놓은 글을 보려면, Paul J. DeHart, *Beyond the Necessary God: Trinitarian Faith and Philosophy in the Thought of Eberhard Jüngel* (Atlanta: Scholars Press, 1999), pp. 43-68을 보라.
19. 이를 알아 보려면, Eberhard Jüngel, *Gott als Geheimnis der Welt: Zur Begründung der Theologie des Gekreuzigten im Streit zwischen Theismus und Atheismus*, 4th ed. (Tübingen: J. C. B. Mohr, 1982)를 보라. 내가 윙엘의 형이상학 비판을 고찰한 내용을 보려면, Alister E. McGrath, *A Scientific Theology*, vol. 3, *Theory*(London: Continuum, 2003), pp. 284-294을 보라.
20. 윙엘 자신의 자연신학 고찰에는 그의 독특한 우려들이 반영되어 있다. 가령 형이상학으로 이해한 신 개념이 가진 위험들, 겉으로 드러나지 않은 인간론의 영향, 마땅히 진지한 태도로 받아들여야 하는 하나님의 계시를 그렇지 않은 태도로 받아들이는 자세, 자연에 관한 이런 설명들에 십자가가 빠진 점이 그런 우려들이다. 특히 그가 일찍이 발표한 두 논문을 보라. Eberhard Jüngel, "Gott-um seiner selbst willen interessant: Ein Plädoyer für eine natürlichere Theologie," in *Entsprechungen: Theologische Erörterungen II*(Munich: Kaiser Verlag, 1980), pp. 193-197; idem, "Das Dilemma der natürlichen Theologie und die Wahrheit ihres Problems: Überlegungen für ein Gespräch mit Wolfhart Pannenberg," in *Entsprechungen: Gott-Wahrheit-Mensch: Theologische Erörterungen*(Munich: Kaiser Verlag, 1980), pp. 158-177. 하나님이 육신을 입고 나타나신 것이 세상을 훨씬 더 세상답게, 자연을 훨씬 더 자연답게 만들어 준다는 윙엘의 통찰에는 자연신학이 분명 중시해야 할 것이 들어 있다.
21. 윙엘의 저작이 이 점을 이야기한 것을 논평한 글을 읽어 보려면, John B. Webster, *Eberhard Jüngel: An Introduction to His Theology*(Cambridge: Cambridge University Press,

어워스가 2001년 기포드 강연에서 제시했던 질문들과 아주 비슷한 질문들을 낳는다. 기독교가 알려 주는 완전한 하나님 이해가 없어도, 하나님의 성품과 우리가 존재하는 세계의 성격을 왜곡하지 않고도, 자연신학 작업이 가능할까?[22] 그리스도의 십자가에 천착하지 않고도 자연신학을 진지하게 펼쳐 갈 수 있을까?[23]

윙엘과 하우어워스는 모두 자연신학의 종착점이 그 출발점을 뒤집어엎지는 않았는지 확인해 보라고 다그친다. 고전적 자연신학 접근법들은 삼위일체 관점에서 하나님을 바라보는 시각이 자연을 통해 신을 찾는 작업(natural quest for the divine)의 정점이요 완성이라고 생각하는 경향이 있었다. 그러나 윙엘과 하우어워스는 (각각 조금 다른 이유로) 삼위일체 관점에서 하나님을 바라보는 시각이 우리에게 자연신학이 하는 모든 일을 다시 깊이 생각해 볼 것을 강제한다고 주장한다. 결국 삼위일체론은 고전적 자연신학과 모순된다. 이신론, 유신론, 그리고 삼위일체론은 자연을 서로 아주 다르게 '읽어 낸다.'

따라서 기독교가 말하는 하나님 교리를 어떤 '일반적'(generic) 신 관념(신을 통칭하는 관념–역주)과 동일시할 수는 없다.[24] 기독교가 말하

1991), pp. 80-82을 보라.
22. Hauerwas, *With the Grain of the Universe*, pp. 15-16.
23. *Ibid.*, p. 17. "하나님에 관한 주장들보다 앞서 자연신학을 전개하려는 시도나 먼저 자연신학을 전개하고 이를 근거로 삼아 뒤이어 하나님에 관한 주장을 펼치려는 시도는 오직 잘못만 범할 뿐이다. 그런 계획은 십자가를 짊어지는 이들이 우주의 티끌을 갖고 행한 작업보다 더 심오하게 실재의 의미를 밝혀 주는 주장은 있을 수 없다는 것을 우리가 알 수 있게 도와주지 못하기 때문이다."
24. 하나님을 이렇게 바라보는 접근법이 가진 몇 가지 특징과 암시하는 의미들을 살펴보려면, David T. Morgan, "Benjamin Franklin: Champion of Generic Religion," *Historian* 62(2000), pp. 723-729을 보라.

는 하나님 교리는 그 성격을 규정하는 독특한 특징들을 가졌기 때문이다. 이 특징들은 기독교의 하나님 관념을 그 경쟁 관념 및 대안 관념과 구별해 줄 뿐 아니라 자연신학을 대하는 기독교의 태도도 규정한다.[25] 예를 들어 유일신을 믿는 종교 체계에서는 하나님(신)이라는 개념을 생명력 있는 자연신학에 전혀 도움이 되지 않는 말로 천명할 수도 있다. 유일하신 참 하나님이 철저히 배타적인 방법으로 당신 자신을 나타내셨다면 ―가령 기독교처럼 신의 계시라는 교리를 강력히 주장하는 유일신 신앙 체계를 가진 이슬람교에서 말하는 것이 그렇다― 무슨 일이 벌어질까?[26] 그러나 이슬람교는 계시(나타내심)라는 것을 이해할 뿐 아니라, 이슬람교가 말하는 계시 방식이 기독교가 이야기하는 계시 방식과 매우 다르다는 것도 이해한다. 이슬람교는 대개 쿠란을 떠나 하나님(곧 '알라'를 말한다. 알라도 영어로 번역하면 'The God'다—역주)을 아는 참 지식을 얻을 길은 전혀 없다고 본다. 이 때문에 이슬람교는 어떤 자연신학 관념과 만나도 심각한 난점들을 야기한다. 1500년 무렵부터 대다수 이슬람 신학자들은 대체로 알가잘리(Al-Ghazali)가 취했던 접근법을 따랐다. 알가잘리는 자연철학과 신학을 이슬람 정통에 중대한 위협을 가하는 것으로 보았다.[27] 이 견해에 따르면, 자연은 하나님과 관련해 우리가 신뢰할

---

25. 상세한 분석을 보려면, Alister E. McGrath, *The Open Secret: A New Vision for Natural Theology*(Oxford: Blackwell, 2008), pp. 171-236을 보라.
26. William C. Chittick, *The Self-Disclosure of God: Principles of Ibn al-'Arabi's Cosmology* (Albany: State University of New York Press, 1998).
27. Richard M. Frank, *Al-Ghazālī and the Ashʿarite School*(Durham, NC: Duke University Press, 1994), pp. 16-17. 이슬람 세계는 9세기부터 15세기 사이에 자연신학과 철학이 다루는 문제들을 적극 궁구하는 '황금시대'를 구가했다. Edward Grant, *The Foundations of*

수 있는 것을 전혀 계시해 주지 못하며, 설령 무언가를 계시해 준다 해도 신자들을 미혹해 우상을 숭배하거나 신성을 모독하는 판단을 내리게 할 수도 있다.

우리는 분명 유일신을 믿는 틀 안에서 자연신학 작업을 한다면, 자연신학이 우리를 오직 "우리 주 예수 그리스도의 아버지 하나님"(벧전 1:3)께 인도해 줄 수 있을 뿐이라고 대답할 수 있다. 오직 한 하나님만이 계시고 자연이 이 한 하나님만을 가리킨다면, 자연 때문에 신의 정체가 옅어진다는 문제(자연이 명확하게 하나님이라는 존재를 알려 주는 게 아니라 오히려 신이 있는지, 있다면 어떤 신인지 명확하게 알려 주지 못함을 가리키는 말이다-역주)도 해결될 것으로 보인다. "태양과 다른 별들을 움직이는 사랑"은 나사렛 예수 안에서 육신을 입고 나타나신 하나님과 같은 분이다. 자연이 지시하거나 인도하거나 안내할 수 있는 하나님은 오직 그 하나님뿐이다.

그러나 이처럼 분명 그럴싸해 보이는 논증도 심각한 난제들을 만난다. 가장 심각한 난제는 하나님의 본질과 속성을 자연계에서 추론해 내는 과정에서 왜곡된 하나님 개념이 생겨난다는 것이다. 자연을 해석하는 인간이 취하는 가설 때문이거나 혹은 하나님의 성품을 추론해 내는 매개체에서 생겨나는 왜곡과 굴절 때문이다. 18세기 초의 유명한 '보일 강연'(Boyle Lectures)에서 이 문제가 등장했다. 자연을 합리적으로 분석한 결과에서 하나님의 성품을 확증하려는 시도가 많았지만, 이런 시도들은 결국 정통 신앙과 확실히 동떨어진

Modern Science in the Middle Ages: Their Religious, Institutional and Intellectual Contexts(Cambridge: Cambridge University Press, 1996), pp. 176-186을 보라.

눈으로 하나님을 바라보는 시각을 낳았을 뿐이다.[28] 근래 인지종교학(cognitive science of religion)이 행하는 작업은 이 점의 중요성을 더 부각시켰다. 인지종교학은 인간이 본질상 똑같은 방법을 통해 초자연적 작용을 행하는 존재들—그 존재가 유령이든, 도깨비든, 신이든 상관없다—을 믿게 된다고 주장한다.[29] 인지적 접근법은 미신과 종교를 구분할 수 없는 것으로 보인다. 저스틴 바렛(Justin Barrett)은 심지어 상당히 간소한 증거를 토대로 환경 속에서 작용을 찾아내는 '초능동(超能動) 작용 탐색 도구'(hyperactive agency detective device)를 제안했다.[30] 이 모델에 따르면, 신과 유령과 도깨비를 같은 범주 안에 둘 수밖에 없다는 것이 드러난다. 이는 자연에서 하나님이 존재하심을 추론해 내는 것이 아무 문제가 없다고 계속해 주장하는 이들에게 어려움을 안겨 준다.

역사는 정통이 의심하는 것—인간이 자연과 접촉힘으로써 하나님의 성품을 추론해 내려는 모든 시도는 결국 고작해야 이신론자가 하나님을 바라보는 시각에 이를 뿐이요, 이교도가 가진 시각에 이

---

28. 이 점을 널리 탐구한 글을 보려면, 중요한 연구집인 John Brooke and Ian McLean, eds., *Heterodoxy in Early Modern Science and Religion*(Oxford: Oxford University Press, 2006)을 보라. 모리스 와일스(Maurice Wiles)가 지적했듯이, 보일 강연 강연자 중 가장 큰 영향을 미친 사람 가운데 몇 사람은 아리우스파였다. Maurice Wiles, *Archetypal Heresy: Arianism through the Ages*(Oxford: Oxford University Press, 1996), pp. 62-134.
29. 예를 들어 Pascal Boyer and Charles Ramble, "Cognitive Templates for Religious Concepts: Cross-Cultural Evidence for Recall of Counter-Intuitive Representations," *Cognitive Science* 25(2001), pp. 535-564; Scott Atran and Ara Norenzayan, "Religion's Evolutionary Landscape: Counterintuition, Commitment, Compassion, Communion," *Behavioral and Brain Sciences* 27(2004), pp. 713-770; Justin L. Barrett, *Why Would Anyone Believe in God?*(Lanham, MD: AltaMira Press, 2004).
30. Barrett, *Why Would Anyone Believe in God?* pp. 31-33.

를 개연성이 더 높다는 것—을 확인해 준다. 이 점은 적잖이 중요하다. 상당히 부드러워지고 건전한 형태로 나타날 때가 잦긴 하지만, 그래도 서방 세계의 많은 부분에서 이교 사상이 되살아나고 있기 때문이다.[31] 다소 공통된 것들을 통칭하는 일반 관념으로서 18세기에 특히 중요한 의미를 갖게 된 개념인 '자연종교'(natural religion) 또는 '자연에서 나온 종교'(religion of religion)는 멀리 계시고 초연한 창조주 하나님 개념을 이야기한다.[32] 이렇게 하나님을 바라보는 시각은 종종 '신이라는 시계 제조자'(the divine watchmaker)라 불리며, 기독교가 말하는 구원 경륜을 싹둑 잘라내고 대개 과거에 이루어진 창조 행위만 이야기하는 구원 경륜을 제시한다. 하지만 정통 기독교는 리옹의 이레나이우스(Irenaeus of Lyons)가 내린 판단을 지지하면서,[33] 구원사는 창조로 시작해 창조로 끝나지 않고 창조와 타락과 구속과 완성이라는 더 복잡한 궤적을 따라간다고 강조한다. 구원사를 이렇게 바라보면서 그 구원사 뒤에 한 분 하나님이 행하신 행동들이 자리해 있다고 보는 이런 시각은 기독교만이 독특하고 순수하게 가진 실재 접근법으로서 '삼위일체론'이라 부르는 접근법의 본질을 이루는 부분이다.[34]

---

31. Prudence Jones, "The European Native Tradition," in *Nature Religion Today: Paganism in the Modern World*, ed. Joanne Pearson, Richard H. Roberts, and Geoffrey Samuel (Edinburgh: Edinburgh University Press, 1998), pp. 71-88.
32. Peter A. Byrne, *Natural Religion and the Nature of Religion: The Legacy of Deism* (London: Routledge, 1989); Richard Tuck, "The 'Christian Atheism' of Thomas Hobbes," in *Atheism from the Reformation in the Enlightenment*, ed. Michael Hunter and David Wootton(Oxford: Clarendon Press, 1992), pp. 102-120.
33. Eric F. Osborn, *Irenaeus of Lyons*(Cambridge: Cambridge University Press, 2001), pp. 51-141.

내가 「공개된 비밀」에서 설명하고 변호하는 자연신학 접근법은 자연을 소위 '중립적' 시각으로 읽어 내는, 곧 하나님의 계시와 상관없이 우리에게 알려질 수 있는 하나님이라는 분을 드러낸다고 주장하는 방법을 기초로 삼지 않는다. 나는 자연신학을 자연을 접촉하는 과정으로 해석하는 접근법을 설명하고 변호한다. 이 과정은 기독교 전통에 그 기원을 두고 있으며, 삼위일체 관점에서 하나님을 바라보는 시각이 이 과정을 인도하고 자양분을 공급한다. 내 접근법은 자연을 하나님이 지으신 것으로 '보게' 해주며, 이는 우리가 경험을 통해 확인할 수 있는 실재들을 관찰한 결과와 일치한다. 기독교 전통은 자연이 하나님의 계시 자체를 침해하거나 제거하지 않고도 하나님의 지혜를 어느 정도 계시해 줄 수 있는 파생 능력을 가졌다고 주장한다. 이는 첫째로 그렇게 자연과 접촉함에 정당성을 부여하고 그 접촉을 장려할 뿐 아니라, 둘째로 우리가 관찰한 것을 이해하고 인식할 수 있는 지적 틀을 제공한다.

더욱이 기독교의 하나님관이 이러하기 때문에 이런 하나님이 존재하실 수 있는 가능성을 순전히 사색에서 나온 가설 정도로 치부할 수가 없다. 오히려 그런 시각 때문에 자연신학이 등장할 뿐 아니라, 기독교 전통이 가진 사상과 관습이라는 모체에서 이 자연신학이 권위와 자원을 공급받는다. 따라서 토마스 아퀴나스를 제대로 알고 읽는 독자는 그가 자연신학을 놓고 천명한 말이 인간의 본성

---

34. 삼위일체 관점에서 창조 교리에 다가간 접근법을 탁월하게 설명한 글을 보려면, Colin E. Gunton, *The Triune Creator: A Historical and Systematic Study*(Edinburgh: Edinburgh University Press, 1998)를 보라.

안에는 하나님을 알고 싶어 하는 성향이 존재한다는 그의 믿음에서 나왔다는 것을 간파한다. 우리가 정녕 하나님이 지으신 존재로서, 우리의 참된 기원과 종점도 모른 채 창조되었지만 만물의 근원과 목표를 알고 그 앎에서 진보를 이루어 가고자 하는 욕구와 능력을 가졌다면, 하나님을 아는 지식을 가질 수 있으리라 기대할 것이기 때문이다.[35] 따라서 아퀴나스가 자연신학을 지지한 근본 이유는 그가 알고자 하는 인간의 욕구를 바라본 시각에서 나온 것이요, 그 시각에서 자양분을 공급받은 것이다. 알고 싶어 하는 인간의 욕구는 결국 인간이 처한 상황과 이 상황이 암시하는 의미를 성찰하게 한다.

삼위일체 시각에서 자연계와 접촉하는 것은 자연이 특정한 방식으로 특정한 범위에서 자연의 기원과 목표(시작과 끝)를 되울려줄 수 있으리라는 기대를 북돋아 준다. 삼위일체 시각에서 보면, 정교하게 조율된 것은 자연 그 자체만이 아니다. 자연을 보는 신자의 인식도 정교하게 조율되었을 수 있다. 기독교 전통은 자연에 특정한 방식으로 귀를 기울이게 하고, 자연이 들려 줄 계시를 크게 기대하게 하기 때문이다. 이런 귀 기울임과 기대가 자연에서 들려오는 소음을 화

---

35. Lawrence Feingold, *The Natural Desire to See God according to St. Thomas and His Interpreters*(Rome: Apollinare Studi, 2001)에서 제시한 분석을 보라. 이 분석은 앙리 드 뤼박(Henri de Lubac)의 저작들이 잘못 읽어 낸 몇몇 부분을 바로잡아 준 유익한 분석으로 봐야 한다. 특히 존 밀뱅크(John Milbank)가 아퀴나스를 읽어 낸 내용과 관련해 더 상세한 설명을 읽어 보려면, Reinhard Hütter, "*Desiderium naturale visionis Dei-Est autem duplex hominis beatitudo sive felicitas:* Some Observations about Lawrence Feingold's and John Milbank's Recent Interventions in the Debate over the Natural Desire to See God," *Nova et vetera* 5(2007), pp. 81-132을 보라.

음으로 듣게 해준다.[36]

기독교 신앙의 큰 테마들은 자연을 봄으로써 이 자연을 심오하고 의미심장하게 관찰하고 읽어 내는 해석 틀을 제공한다. 기독교 신학은 만병통치약(elixir)이요 철학자의 돌[37]로서, 세상에 있는 것을 하나님을 드러내는 것으로, 자연계를 하나님이 창조하신 영역으로 바꿔 준다. 기독교 교리는 마치 거대한 풍광에 예리하게 초점을 맞춰 주는 렌즈처럼, 혹은 우리가 우리 주위의 땅이 지닌 특징들을 간파하게 도와주는 지도처럼, 새로운 이해 방식과 사유 방식, 그리고 행동 방식을 제공한다. 기독교 교리는 우리에게 자연계와 그 안에 있는 우리 자신을 특별한 방식—자연계 자체가 암시해 줄 수는 있지만 확증해 주지는 못하는 방식—으로 보라고 권면한다. 우리는 자연을 하나님이 지으신 것으로 본다. 우리는 '자연이라는 책'을 하나님이 쓰신 이야기—그리고 우리 이야기—로 본다. 그것은 마치 베일이 걷혀 올라가는 것과 마찬가지요, 혹은 밝은 태양이 우리 마음에 펼쳐진 광경을 밝게 비춰 주는 것과 같다. 무엇보다 그렇게 자연을 보게 되면, 자연신학의 기초나 결과가 자주 범하는 치명적이고 근본적인 오류—즉 하나님의 계시를 본질상 피조 세계 안에 이미 존재하는 어떤 질서를 아는 최고 지식쯤으로 전락시키는 오류—를

---

36. 이 책 1장에서 사용한(1장 주 10을 보라) 소음이나 화음을 듣는다는 이미지는 마이클 폴라니가 사용한 것이다. 폴라니의 접근법을 사용한 J. J. Sparkes, "Pattern Recognition and Scientific Progress," *Mind* 81(1971), pp. 29-41을 보라.
37. 복음을 삶을 (마치 값싼 금속을 금으로 바꾸듯) 바꿔 놓는 '철학자의 돌'로 여기는 생각이 등장한 역사의 맥락을 살펴보려면, Stanton J. Linden, *Darke Hieroglipicks: Alchemy in English Literature from Chaucer to Restoration*(Lexington: University Press of Kentucky, 1996), pp. 154-192를 보라.

피할 수 있다.[38]

　이런 자연신학 접근법이 자연과 성경이라는 '두 책'의 뉘앙스를 제대로 간파한 이해를 보여 준다는 것이 앞으로 더욱 분명하게 밝혀질 것이다.[39] '두 책'이라는 이미지가 더 발전된 형태로 나타난 것은 근대 초기다. 사람들은 이 이미지가 자연과학의 등장을 촉진하는 데 중대한 역할을 했다고 생각한다.[40] 그 이유 중에는 이런 이미지가 지적 차원에서 자연과 접촉하는 일에 정당성을 부여했다는 점도 들었다. 과거에는 종종 이 자연과 성경이라는 두 책을 서로 별개인 실재로 다루면서, 각기 나름대로 독특한 궁구 방식과 해석 방식을 갖고 있다고 생각했다. 그러나 이 두 책이 서로 영향을 주고받는다는 것을 유념할 필요가 있다. 우리가 성경이라는 책을 읽는 방법이 우리가 자연을 '보는' 방법을 결정한다. 마찬가지로 우리가 자연이라는 책을 이해하는 방법은 우리가 성경이라는 책을 해석하는 방법에 영향을 미친다. 가령 19세기에 진화론이 등장한 사건은 사

---

38. 특별히 근래 자연신학을 다룬 유대교 쪽 저작들과 관련해 이런 위험성을 탁월하게 연구한 글을 보려면, David Novak, *Natural Law in Judaism*(Cambridge: Cambridge University Press, 1998), 특히 pp. 142-148을 보라.
39. 이 '두 책'이라는 이미지가 자연신학에서 차지하는 중요성을 살펴보려면, Alister E. McGrath, *A Scientific Theology*, vol. 1, *Nature*(London: Continuum, 2001), pp. 117-121을 보라.
40. Kenneth J. Howell, *God's Two Books: Copernican Cosmology and Biblical Interpretation in Early Modern Science*(Notre Dame, IN: University of Notre Dame Press, 2002); Peter Harrison, "'The Book of Nature' and Early Modern Science," in *The Book of Nature in Early Modern and Modern History*, ed. Klaas van Berkel and Arjo Vanderjagt(Leuven: Peeters, 2006), pp. 1-26을 보라. 이 이미지의 발전을 살펴보려면, William G. Madsen, *From Shadowy Types to Truth: Studies in Milton's Symbolism*(New Haven, CT: Yale University Press, 1968), pp. 124-144; Robert Markley, *Fallen Languages: Crises of Representation in Newtonian England, 1660-1740*(Ithaca, NY: Cornell University Press, 1993), pp. 39-45를 보라.

람들이 '자연이라는 책'을 이해하는 방법에 중대한 영향을 미쳤으며, 이는 다시 사람들이 '성경이라는 책'을 해석하는 방법을 바꿔 놓았다.[41] 윌리엄 페일리의 자연신학 접근법은 자연과 성경이라는 두 책에 관한 그의 특수한 해석, 그리고 이 두 책이 결합해 자연계를 신앙적 시각에서 해석하게 만드는 일관된 접근법을 만들어 내는 방식에 관한 그의 특수한 해석을 바탕으로 삼고 있다. 그러나 성경(특히 창세기의 첫 몇 장)과 자연(특히 우주 및 우리가 속한 생물계의 기원)을 어떻게 읽어 내야 하는가라는 문제와 관련된 해석들이 변하면서, 신앙적 관점에서 자연계에 다가가는 다른 일관된 접근법들이 등장하게 된다. 이 책에서 채택한 삼위일체론을 따른 접근법이 그 예다.

특히 삼위일체 관점에서 하나님을 바라보는 시각을 강조하는 것이 내 자연신학 접근법의 중심이다. 특별히 성육신과 삼위일체라는 근본 교리들로 표현하는 기독교의 하나님관은 하나님의 본질과 관련해 매우 정교한 이해를 천명한다. 이 이해는 이 세상에 있는 것들을 통해 특정한 범위에서 특정한 방식으로 하나님을 알 수 있음을 강조한다.[42] 콜린 건턴(Colin Gunton)이 주장했듯 삼위일체 시각에서

---

41. 창세기 서두의 장(章)들을 해석했던 방법이 이를 잘 보여 주는 사례다. Charles C. Gillispie, *Genesis and Geology: A Study in the Relations of Scientific Thought, Natural Theology and Social Opinion in Great Britain, 1790-1850*(Cambridge, MA: Harvard University Press, 1996)을 보라.
42. 17세기 잉글랜드에서 이루어진 합리주의자들의 삼위일체 교리 비판은 이신론이 말하는 하나님 개념을 등장하게 만든 한 요인이 되었으며, 이 이신론의 하나님 개념은 계몽주의의 자연신학 접근법이 등장하는데 중대한 영향을 미쳤다. 이런 발전 양상을 살펴보려면, William S. Babcock, "A Changing of the Christian God: The Doctrine of the Trinity in the Seventeenth Century," *Interpretation* 45(1991), pp. 133-146; Douglas Hedley, "Persons of Substance and the Cambridge Connection: Some Roots and Ramifications of

하나님을 이해하면, 우리는 —자연을 포함한— 만물을 달리 볼 수밖에 없다.[43]

하나님은 삼위일체시다. 때문에 우리는 그분의 존재가 지닌 풍성함에 상응하여 특별한 방식으로, 아니 특별한 방식들로 그분께 응답해야 한다.… 이는 다시 삼위일체의 생명 안에 있으면 만물이 달리 보인다—그리고 실제로 다르다—는 것을 뜻한다.

삼위일체 교리는 "인격들의 친밀한 사귐으로서 실재하시는 하나님이 인간의 생명이 그 형체를 가질 수 있는 합리적 우주의 기초다."[44] 위르겐 몰트만(Jürgen Moltmann)이 기포드 강연에서 지적했듯이, 우리는 "자연계가 삼위 하나님의 자취를 담고 있는 것"으로 생각하는 것을 배워야 한다.[45]

그렇다면 삼위일체론을 따른 자연신학 접근법의 독특한 특징은 무엇인가? 이어서 우리는 삼위일체 관점으로 실재를 바라보는 시각 속에서 등장한 자연신학의 특별한 형태가 지닌 윤곽을 그려 보면서, 특히 중요한 네 가지에 초점을 맞춰 보겠다.

---

the Trinitarian Controversy in Seventeenth-Century England," in *Socinianism and Arminianism: Antitrinitarians, Calvinists, and Cultural Exchange in Seventeenth-Century Europe*, ed. Martin Muslow and Jan Rohls(Leiden: Brill, 2005), pp. 225-240을 보라.

43. Colin E. Gunton, *The Promise of Trinitarian Theology*(Edinburgh: T & T Clark, 1991), p. 4.
44. *Ibid.*, p. 31.
45. Jürgen Moltmann, *God in Creation: An Ecological Doctrine of Creation*(London: SCM Press, 1985).

1. 삼위일체론과 당신 자신을 계시하시는 하나님

이것이 칼 바르트의 신학 시각이 보여 준 가장 근본적인 통찰 가운데 하나다.[46] 하나님의 자기 계시 행위와 하나님을 삼위일체로 보는 이해 사이에는 지극히 친밀한 관계가 있다.[47] 물론 우리는 여기서 바르트를 기독교 사상의 독특한 궤적을 대변하는 사람으로 봐야 한다. 바르트가 색다르게 보이는 이유는 대개 19세기 삼위일체 신학과 관련된 특수한 역사적 상황, 특히 계몽주의가 다소 옅게 만들어 제시한 하나님관에 대응해 독일 이상주의가 삼위일체 교리를 되살려 냄으로써 벌어진 역사적 상황 때문이다.

영국 이신론의 형태는 대부분 인간이 탐구하고 조사하면 발견할 수 있고 알 수 있는(물론 이 앎은 아마도 사귐을 통해 안다기보다 인식을 통해 안다는 의미였을 것이다) 하나님이라는 분을 제시했던 것으로 보인다. 예를 들어 존 로크(John Locke, 1632-1704)는 인간이 "그들을 만든 이를 알게 해주고 그들만이 가진 의무들을 보게 해줄 빛을 갖고 있다"고 역설했다.[48] 랠프 커드워스(Ralph Cudworth, 1617-1688)는 자연의 "모든 곳에 하나님의 지혜와 선하심을 보여 주는 수동적(즉 자연이 스스로 취한 것이 아니라 하나님으로 말미암아 자연이 갖게 된—역주) 특징과 인상이

---

46. 특히 Rowan Williams, "Barth on the Triune God," in *Karl Barth: Studies of His Theological Method*, ed. S. W. Sykes(Oxford: Clarendon Press, 1979), pp. 147-193의 분석을 보라.
47. 바르트의 사상이 다룬 이 테마를 가장 잘 소개한 글 가운데 하나가 John Webster, *Barth*, 2nd ed.(London: Continuum, 2004), pp. 57-60이다.
48. John Locke, *Essay concerning Human Understanding*, 1.1.5.

찍혀 있다"고 주장했다.[49] 인간은 그들이 자연에서 관찰한 결과를 살펴보고 깊이 곱씹어 봄으로써 하나님이라는 개념을 발전시킨다. 하나님은 굳이 당신 자신을 나타내시는 데 몰두할 필요가 없다. 인간은 하나님을 발견하고, 이런 발견이 그들에게 지우는 도덕 의무들을 알아차리기 위해 어쨌든 인식 능력을 가진 존재로 창조되었다. 이 때문에 우리는 기독교를 첫(원시, primal) 자연 종교를 재발행했거나 정교하게 다듬어 만들어 낸 것으로 봐야 한다(성직자가 마음대로 첫 자연 종교를 왜곡해 놓은 것이 기독교라고 주장하는 이들도 있다).[50]

이와 확연히 다르게 삼위일체 관점에서 하나님을 보는 시각은 하나님이 '하나님이 쓰신 두 책'인 성경과 자연을 통해 계시하셨다고 강조한다. 사람들은 성경과 자연을 통해 하나님을 알 수 있다는 것(비록 그 아는 방법과 정도는 서로 다르지만) 자체가 하나님 자신을 이런 방법으로 알리시겠다는 하나님의 결심이 만들어 낸 결과라고 이해한다. 창조주요 구속주인 유일하신 한 분 하나님은 성경과 자연계 안에서 당신을 볼 눈을 가진 사람들이 볼 수 있도록 당신 자신을 나타내기로 결심하셨다. 이 두 경우에 우리가 계시를 인식하느냐 못하느냐는 우리가 텍스트들을 올바르게 읽어 내느냐에 달렸다. 이 점은 바르트가 미묘한 뉘앙스를 담아 사용한 개념인 '계시가능성'(*Offenbarkeit*)에서도 나타난다. 계시하시는 바로 그 하나님이 계시를

---

49. Sarah Hutton, "Ralph Cudworth, God, Mind and Nature," in *Religion, Reason, and Nature in Early Modern Europe*, ed. Ralph Crocker(Dordrecht: Kluwer Academic Publishers, 2001), pp. 61-76의 논의를 보라.
50. Isabel Rivers, *Reason, Grace, and Sentiment: A Study of the Language of Religion and Ethics in England, 1660-1780*. 2 vols.(Cambridge: Cambridge University Press, 1991), 2:7-84.

계시로 인식할 수 있게 해주는 해석 과정에도 깊이 자리해 계신다.[51]

다음과 같은 간단한 구조가 이 점의 중요성을 인식하는데 도움을 줄 수 있다. 이신론은 하나님이 세계를 창조하셨다고 주장한다. 반면 유신론은 하나님이 세계를 창조하시고, 계속해서 당신의 섭리를 통해 이 세계를 이끌어 가신다고 주장한다. 삼위일체론은 하나님이 세계를 창조하시고, 계속해서 당신의 섭리를 통해 이 세계를 이끌어 가시며, 성령의 조명을 통해 자연과 성경이라는 두 책을 해석하는 자들을 인도해 주신다고 주장한다. 어쩌면 이런 삼위일체론을 가장 뚜렷하게 볼 수 있는 곳이 칼 바르트의 삼위일체 신학이 아닐까 싶다. 바르트의 삼위일체 신학에서는 하나님이 행하신 일들을 올바로 해석하는 것이 아주 중요한 요소가 된다. 이처럼 하나님이 세계에 개입하시는 범위는 인간인 해석자를 밝히 깨우쳐 주시는 것까지 포함한다. 이 해석자가 성경을 읽는 지든 자연을 관찰하는 자든 상관하지 않는다.

따라서 계시가 미치는 범위는 하나님이 당신 자신을 나타내심에 그치지 않고, 이런 자기 계시 자체를 인식할 수 있게 해주심은 물론이요 이런 자기 계시를 계시로 깨닫게 해주는 행위와 틀의 모체까지 이른다. 이 모체에는 기독교 전통을 사회 속에서 구현한 것들-가령 예배, 신앙고백 암송, 공중 앞에서 성경을 낭독하는 일-과 하나님의 감화력까지 포함된다. 이 하나님의 감화력은 성령을 통해 개

---

51. Lou Ann Trost, "Theology's Need for a New Interpretation of Nature: Correlate of the Doctrine of Grace," *Dialog: A Journal of Theology* 46(2007), pp. 246-254에서 강조하는 점들을 보라.

인에게 미치는 영향 혹은 교회를 통해 공동체에게 미치는 영향으로 이해할 수 있다.[52] 그러므로 삼위일체 관점에서 하나님을 보는 시각은, 신학이 분명하게 밝히려는 방법들을 통해 인간이 세계와 성경을 해석하는 행위까지 아우른다.

2. 하나님이 무(無)에서 창조하셨다는 교리

기독교와 유대교를 구별하는 가장 중요한 점 가운데 하나는 '창조'라는 개념을 어떻게 이해하는가다. 구약 정경 본문들은 대개 창조를 이미 존재하는 혼돈(카오스)에 질서를 부여하거나 우주(우주의 질서, 코스모스)의 안정을 위협하는 카오스의 세력을 물리치는 것을 시사하는 말로 묘사한다.[53] 요컨대 창조를 무(無)에서 세계가 있게 한 것으로 이해하지 않고, 종종 바다라는 이미지를 사용해 묘사하는 곳으로 이미 카오스가 존재하던 영역에 질서를 부여하거나 이 영역을 "선한 곳으로 만든" 것으로 이해하는 것이다.[54] 기독교는 이와 확연

---

52. 바르트를 살펴보려면, George Hunsinger, "The Mediator of Communion: Karl Barth's Doctrine of the Holy Spirit," in *Cambridge Companion to Karl Barth*, ed. John Webster(Cambridge: Cambridge University Press, 2000), pp. 177-194을 보라. 더 일반적인 내용을 보려면, Gavin D'Costa, "Revelation, Scripture and Tradition: Some Comments on John Webster's Conception of 'Holy Scripture,'" *International Journal of Systematic Theology* 6(2004), pp. 337-350을 보라.
53. 근래 나온 개관서를 보려면, Terence E. Fretheim, *God and World in the Old Testament: A Relational Theology of Creation*(Nashville: Abingdon Press, 2005)을 보라. 여기서 주목할 만한 다른 연구서 중에는 John Day, *God's Conflict with the Dragon: Echoes of a Canaanite Myth in the Old Testament*(Cambridge: Cambridge University Press, 1985); Bernhard W. Anderson, *From Creation to New Creation: Old Testament Perspectives*(Minneapolis: Fortress, 1994)가 있다.
54. David T. Tsumura, *The Earth and the Waters in Genesis 1 and 2: A Linguistic Investigation*

히 다른 모습을 보여 준다. 기독교는 주로 무에서(ex nihilo) 창조가 이루어졌다는 사상을 강력하게 장려하는 신약성경 본문들에 부응해 하나님이 무에서 창조하셨다는 개념을 급속히 발전시켰다.[55] 그러나 유대교는 16세기까지도 창조를 이미 존재하는 실재에 질서를 부여한 일이라고 줄곧 강조했다.[56] 이 접근법으로 인해 유대교 철학자들과 신학자들은 세계의 합리성을 강조하게 되었다. 하나님을 신성(神性)이라는 창조되지 않은 영역에서 유래하고 그 영역에 속한 특성을 지닌 법들을 피조 세계 속에 '새겨 넣은' 분으로 생각할 수 있었기 때문이다.

어떤 차원에서 보면, 이 창조라는 개념은 한 자연신학 유형의 기초 역할을 할 수도 있다. 질서 있는 피조 세계를 깊이 생각하다 보면, 자연스럽게 이 세계에 질서를 부여한 어떤 행위자를 가정하게 되고, 결국은 (물론 몇 가지 난점이 없지 않기만) 창조주 하나님을 가성하게 되기 때문이다. 하지만 무에서 창조(creatio ex nihilo)라는 개념은 모든 자연신학 접근법에 새로운 요소를 들여온다. 찰스 롱(Charles Long)은 이 점을 비교종교학의 관점에서 탐구한다. 롱은 폭넓은 종교 전통들 속에서 볼 수 있는 것으로 그가 '무에서 창조신화'(creation-from-nothing myth)라 이름 붙인 모티프를 다룬 중요한 연구에서 이런 접근법들을 규정하는 특징 네 가지를 제시했다.[57] 첫째, 창조를 행한

(Sheffield: Sheffield Academic Press, 1989).
55. Gerhard May, *Creatio ex Nihilo: the Doctrine of 'Creation out of Nothing' in Early Christian Thought*(Edinburgh: T & T Clark, 1995)의 분석을 보라. 나는 신약성경과 이 초기 기독교 교리 사이의 연속성이 메이가 주장하는 것보다 더 뚜렷하다고 본다.
56. Hava Tirosh-Samuelson, "Theology of Nature in Sixteenth-Century Italian Jewish Philosophy," *Science in Context* 10(1997), pp. 529-570.

신을 전능하다고 인정한다. 신보다 아래에 있는 존재에게 창조 능력을 부여해 그를 창조 작업의 주체로 인정하지는 않는다. 둘째, 창조주인 이 신이 피조물 자체보다 먼저 존재했다고 주장한다. 다른 어떤 존재나 능력이나 피조물도 하나님보다 앞서 존재하지 않는다. 셋째, 신의 창조 행위는 일부러 의식해서 질서를 따라 심사숙고하며 행한 행위로 봐야 한다. 따라서 창조는 목적이 있고 무언가를 지향하는 행위로서 어떤 행동 계획을 드러내는 것으로 봐야 한다. 넷째, 창조주는 롱이 '앞서 존재하는 실재의 관성'(inertia of a prior reality)이라 이름 붙인 것들이 부과한 제약들에 매이지 않는 존재로 봐야 한다.

롱은 기독교 전통의 독특한 테마들을 설명하고 변호하기보다는 이 접근법을 현상학의 관점에서 설명하고, 이 접근법이 종교 전반에 걸쳐 암시하는 의미를 밝히는 데 관심을 보인다.[58] 그럼에도 그의 공평한 분석은 이런 창조신학이 자연신학을 상대로 암시하는 것들을 분명 부각시킨다. 1930년대에 이 점을 특히 분명하게 강조한 사람이 영국 철학자 마이클 포스터(Michael Beresford Foster, 1903-1959)다. 포스터는 기독교의 독특한 자연 이해가 이야기하는 특정 테마들이, 서양에서 이루어진 자연과학의 진화라는 역사 문제는 물론 기독교 신학과 자연과학의 관계라는 더 일반성을 띤 문제에도 중요하다고 주장했다.[59] 포스터는 자연과학의 등장을 기독교 맥락 속에서 역사의

---

57. Charles Long, *Alpha: The Myths of Creation*(New York: George Braziller, 1963), pp. 148-162.
58. 롱은 유대교가 "무에서 창조가 이루어졌다는 신화"를 대변한다고 여기지만, 이 견해는 의문이 든다. 그가 *ibid.*, pp. 159-162에서 논한 내용을 보라.

시각으로 설명한다. 사람들은 그의 이런 설명이 그가 생각한 것보다 실상 중요성이 떨어진다고 본다. 하지만 그의 신학의 중심을 이루는 점들 가운데 하나—즉 피조 세계가 하나님의 합리성을 전달할 능력을 가졌다는 점—는 지금도 매우 중요하다.

포스터는 이 점을 탐구할 때 무에서 창조가 이루어졌다는 기독교 교리와 데미우르게를 통해 창조가 이루어졌다는 플라톤 철학의 관념을 비교한다. "데미우르게라는 존재는 생소한(자기가 알지 못하는, alien) 물질로 일해야 한다. 때문에 그는 그 일을 할 때 그의 이성이 인식한다는 개념을 전혀 깨닫지 못한다. 따라서 산물(産物)을 관찰하는 자, 곧 그 산물을 만들어 낸 자의 생각을 발견하는 것을 탐구 목적으로 삼은 자는 만들어진 그 물질 속에서 그가 찾는 목적을 도통 발견할 수가 없다."[60] 다시 말해 본질상 다루기 힘든 원재료와 맞닥뜨린 창조주는 자신의 본질을 그가 만든 피조물 속에 표현할 수 있는 방식이 제한되어 있다. 자연은 오직 제한된 범위에서만 하나님의 성품을 전달할 수 있다. 하지만 포스터는 이렇게 지적한다. "다루기 힘든 재료에 제약받지 않는 신인 창조주는 그의 지식 속에 그의 생각을 담아 두는 것만큼이나 완벽하게 그의 생각을 자연 속에서 구현할 수 있다."

이런 생각을 자연신학에 적용하면, 결국 피조계가 하나님의 성

---

59. Michael B. Foster, "The Christian Doctrine of Creation and the Rise of Modern Science," *Mind* 43(1934), pp. 446-468; idem, "Christian Theology and Modern Science of Nature(I)," *Mind* 44(1935), pp. 439-466; idem, "Christian Theology and Modern Science of Nature(II)," *Mind* 45(1936), pp. 1-27.
60. Foster, "Christian Theology and Modern Science of Nature(II)," pp. 14-15.

품을, 그 중에서도 특히 하나님의 지혜와 선하심과 아름다움을 전달할 수 있다는 관념으로 이어진다. 이것은 사람이 자연계에서 그런 속성들을 아무 문제없이 확실하게 읽어 낼 수 있다는 뜻이 아니다. 그럼에도 불구하고 그런 관념은 그 같은 접근법에 신학적 기초를 놓아 주었다. 이것은 가령 제라드 맨리 홉킨스의 시에서 분명하게 나타난다. 홉킨스는 피조물의 내면에 존재하는 정체성과 그 창조주를 나타낼 수 있는 피조물의 능력을 가리킬 목적으로 결국은 신학 관념인 '본질'(구성요소, inscape)과 '독특한 의미를 드러내다'(instress)라는 말을 펼쳐 보인다.[61] 마찬가지로 그런 관념은 에밀 브루너(Emil Brunner)가 힘써 주장한 생각, 곧 하나님은 인간이 "하나님이 표현하시고 그가 지으신 작품들 안에서 알려 주신 당신 자신의 본질을 표현한 자취들을" 깊이 생각함으로써 밝혀 낼 수 있는 "계시를 나타낼 수 있는 영원한 능력"(계속해서 이어지는 계시능력, dauernde Offenbarungsmächtigkeit)을 당신이 지으신 작품들에 부여하셨다는 생각[62]으로 이어진다.

---

61. 홉킨스가 쓴 'inscape'라는 관념은 "우리가 인식 대상에서 지각할 수 있고 우리가 보기에 그 대상과 떼려야 뗄 수 없게 결합되어 있으며 그 대상의 특성을 가장 잘 나타내 주는 특질들이 통합된 복합체로" 이해하는 것이 가장 좋다. "때문에 우리는 우리가 지각할 수 있는 데이터가 통합된 이 복합체를 앎으로써 그 대상이 가진 하나하나의 본질을 꿰뚫어 볼 통찰을 얻을 수 있다." William A. M. Peters, *Gerard Manley Hopkins: A Critical Essay towards the Understanding of His Poetry*(London: Oxford University Press, 1948), pp. 1-2. 홉킨스의 자연신학 접근법을 살펴보려면, McGrath, *Open Secret*, pp. 133-140을 보라.
62. Emil Brunner, "Natur und Gnade: Zum Gespräch mit Karl Barth," in *Ein offenes Wort*, vol. 1, *Vorträge und Aufsätze 1917-1934*, ed. Rudolf Wehrli(Zürich: Theologischer Verlag, 1981), pp. 333-366, 특히 p. 345.

3. 인간과 하나님의 형상

기독교와 유대교는 모두 인간이 '하나님의 형상'을 가졌다(창 1:27)[63]는 통찰을 공유하면서, "인간이 신이 된다"(divinized humanity)는 개념 같은 설익은 해석들을 피하려는 경향을 보인다. 그런 설익은 해석들은 가령 초기 기독교 시대에 헬레니즘의 영향을 받은 세속 집단들 사이에서 영향력을 발휘했다.[64] 유대교는 인간이 하나님의 형상으로 창조되었다고 해석하면서도, 이런 해석이 인간과 하나님 사이에 직접 관계가 수립되었다는 암시를 남기는 것은 극력 피하려 했다. 그럴 경우 아마도 신인동형론(神人同形論, anthropomorphism) 같은 형태가 나타날 것이 두려웠기 때문일 것이다. 일부 성경 주해자(註解者)들은 하나님이 인간을 천사의 형상으로 창조하셨다고 주장하면서, 창세기 1:27의 문맥이 하나님이 천사라는 청중에게 말씀하심을 암시한다고 해석한다. 다른 주해자들은 이 본문을 인간이 인간에게 특유한 어떤 형상을 따라 창조되었음을 암시하는 것으로 해석해야 한다고 주장하면서, 이 때문에 인간과 다른 피조물을 구분해야 한다고 주장한다.[65]

---

63. 이 본문 해석을 살펴보려면, James Barr, "The Image of God in the Book of Genesis: A Study of Terminology," *Bulletin of the John Rylands Library* 51(1968), pp. 11-26; Tryggve N. D. Mettinger, "Abbild oder Urbild? 'Imago Dei' in traditionsgeschichtlicher Sicht," *Zeitschrift für Alttestamentlicher Wissenschaft* 86(1974), pp. 403-424; A. Jónsson Gunnlaugur and S. Cheney Michael, *The Image of God: Genesis 1:26-28 in a Century of Old Testament Research*(Stockholm: Almqvist & Wiksell International, 1988)를 보라.
64. 이런 양상을 살펴본 고전적 연구서가 Carl R. Holladay, *Theois Anēr in Hellenistic-Judaism: A Critique of the Use of This Category in New Testament Christology*(Missoula, MT: Scholars Press, 1977)다.

그러나 기독교 신학자들은 이 본문을 창조주와 피조물의 정점에 있는 존재를 직접 연결해 주는 본문으로 해석하는 데 전혀 어려움을 느끼지 않았다. 이는 신약성경이 이런 생각을 신학 면에서 지지하고 기독론 차원에서 정교하게 다듬어 제시했기 때문이기도 하다. 신약성경의 이런 태도는 바울이 예수 그리스도를 "보이지 아니하는 하나님의 **형상**(eikon)"(골 1:15)으로 강조한 것에서 분명하게 나타난다 (이런 태도가 분명하게 나타나는 곳은 이 구절에만 국한되지 않는다).[66] 기독교 신학자들은 이처럼 성경이 기독론 차원에서 이 관념(곧 인간이 하나님의 형상을 가진 존재로 창조되었다는 관념—역주)을 재정립해 놓은 것을 보고 자연히 **하나님의 형상**(imago Dei)이라는 관념을 구원론과 성육신의 관점에서 해석하게 되었으며, 결국에는 삼위일체의 맥락 속에서 그 관념을 표현했다.[67]

사람들은 이 관념을 점점 더 인간의 합리성, 특히 세계 안에서 신이나 초월자를 찾아낼 수 있는 인간의 능력을 가리키는 관념으

---

65. Alexander Altmann, "'Homo Imago Dei' in Jewish and Christian Theology," *Journal of Religion* 48(1968), pp. 235-259의 분석을 보라. 특정 타르굼들의 저작자와 저작연대에 관한 이 저자의 견해는 십중팔구 다시 고쳐야 한다. 가령 Beverly P. Mortensen, *The Priesthood in Targum Pseudo-Jonathan: Renewing the Profession*(Leiden: Brill, 2006)을 보라.
66. Jacob Jervell, *Imago Dei: Gen 1, 26f. im Spätjudentum, in der Gnosis und in den paulinischen Briefen*(Göttingen: Vandenhoeck & Ruprecht, 1960)에서 제시하는 상세한 분석을 보라. 더 간략한 설명을 보려면, Herman Ridderbos, *Paul: An Outline of His Theology*(Grand Rapids: Eerdmans, 1997), pp. 68-78을 보라.
67. 가령 Randall Zachman, "Jesus Christ as the Image of God in Calvin's Theology," *Calvin Theological Journal* 25(1990), pp. 46-52; F. Leron Shults, "Constitutive Relationality in Anthropology and Trinity: Shaping and Imago Dei in Barth and Pannenberg," *Neue Zeitschrift für systematische Theologie und Religionsphilosophie* 39(1997), pp. 304-322을 보라.

로 해석하게 되었는데, 이는 필론(Philo, BC 15-AD 45, 이집트 알렉산드리아에서 활동했던 유대교 철학자로서 헬레니즘 사상에서 많은 영향을 받았다-역주)이 끼친 영향을 일부 보여 준다.[68] 필론은 인간이 "하나님의 형상을 따라" 창조되었다는 성경의 말을 인간 자체가 하나님의 형상 자체라는 의미로 해석하기보다 인간이 하나님과 바로 잇닿아 있는 이미지, 곧 **로고스**(logos)를 따라 창조되었다는 의미로 해석한다. 이런 생각은 특히 알렉산드리아 전통이 받아들였는데, 이 전통은 피조 세계가 가진 '합리적'(logikos) 본질, 이런 본질을 알아낼 수 있는 인간 정신의 능력, 그리고 로고스가 예수 그리스도로 성육신한 일 사이의 상관관계를 점점 더 강조했다. 피조물 안에 자리 잡고 있는 바로 그 '합리적' 질서, 그리고 하나님의 형상을 드러내는 인간 정신을 구현한 이가 그리스도였다.

알렉산드리아의 아타나시우스(Athanasius of Alexandria)는 이런 접근법을 가장 잘 대변한 인물 가운데 한 사람이다. 아타나시우스는 그가 쓴 「성육신에 관하여」(De incarnatione)에서 인간에 관한 그의 **합리적**(logikos) 이해를 이렇게 제시한다.[69]

하나님은 인간을 이성이 없는 이 땅의 동물들 같이 창조하시지 않고 당신 자신의 형상을 따라 창조하셨으며, 인간에게 자신의 말씀이 지닌 능력을 나눠 주심으로써, 말 그대로 당신의 말씀을 성찰하게 하시고 합리

---

68. Stephen M. Wylen, *The Jesus in the Time of Jesus: An Introduction*(New York: Paulist, 1996), pp. 40-41.
69. Athanasius, *De incarnatione* 3.

적이 되게 하셔서, 인간이 영원히 복 안에 머물 수 있게 하시고 낙원에 있는 성도들이 소유한 참된 삶을 살 수 있게 하셨다.

이처럼 아타나시우스가 말하는 **하나님의 형상** 개념을 만들어 낸 것은 그의 신학의 근간, 곧 **로고스**를 창조를 행한 분으로 보는 신학이었다. 자연 만물을 존재하게 한 이는 로고스이기 때문에, 이 만물에는 **로고스**가 새겨 놓은 자취가 담겼다고 말할 수 있다. 그러나 피조물 가운데 이 **로고스**를 따라 사유하는 능력을 가진 존재는 오직 인간뿐이다. 이 때문에 아타나시우스는 하나님이 "당신 자신의 말씀이신 우리 주 예수 그리스도를 통해, 당신 자신의 형상을 따라 인간을 지으시고, 이 인간이 당신 자신과 같이 되게 하심으로써 실재들을 보고 알 수 있게 인간을 조성하셨다"[70]고 주장한다.

분명 아타나시우스는 분명하게 드러내진 않지만 삼위일체 관점에서 **하나님의 형상**을 이해하며 신학 작업을 행한다. 반면 히포의 아우구스티누스가 쓴 저작들에서는 이런 접근법(즉 삼위일체 관점에서 하나님의 형상을 이해하는 시각—역주)을 완전하고 분명하게 천명하는 내용이 가장 잘 드러난다.[71] 아우구스티누스는 인간이 하나님의 형상으로 창조되었고 하나님이 삼위일체이시므로 인간은 '삼위일체의 흔적'(vestigial Trinitatis)를 가졌다고 주장한다.[72] 그는 "(인간의) 마음 자

---

70. Athanasius, *Contra Gentes* 2. 더 자세한 설명을 보려면, Wolfgang A. Bienert, "Zur Logos-Christologie des Athanasius von Alexandrien in *Contra Gentes und De incarnatione*," in *Papers presented to the Tenth International Conference on Patristic Studies*, vol. 2, ed. E. A. Livingstone, Studia patristica 21(Louvain: Peeters, 1989), pp. 402-419을 보라.
71. Roland J. Teske, "The Image and Likeness of God in St. Augustine's *De Genesi ad litteram liber imperfectus*," *Augustianum* 30(1990), pp. 441-451.

체에 일종의 삼위일체 형상이 존재한다"고 말한다. 인간은 삼위일체이신 하나님이 창조하셨다. 때문에 삼위일체 하나님이 인간—무엇보다 인간이 가진 합리적 성격—에게 남기신 인상 속에서 삼위일체 하나님의 형상이 되비쳐 나타난다. "인간이 가진 합리적 혹은 지적 영혼(정신) 속에서 인간을 지으신 창조주의 형상을 발견할 수 있다."[73] 이처럼 삼위일체 하나님은 삼위일체의 관점에서 알 수 있다.

이런 접근법이 자연신학에 암시하는 것은 분명하다. 아타나시우스는 그 핵심을 다음과 같이 요약한다. 하나님이 인간을 이런 식으로 창조하셨다. 그리하여 "인간은 지극히 높은 하늘을 들여다보고 창조의 조화를 인식함으로써, 그들을 다스리시는 분, 곧 아버지의 말씀을 알 수 있다. 아버지의 말씀은 당신 자신의 섭리로 만물을 주관하심으로 아버지를 모든 이에게 알리신다."[74] 아타나시우스는 인간의 본성이 죄로 말미암아 더럽혀셨다고 주장한다. 그러나 그는 자연과 은혜의 변증법을 이렇게 이해함으로써 인간이 여전히 피조 세계 안에서 그 창조주를 알아낼 수 있는, 하나님이 주신 능력을 유지한다고 본다.[75]

---

72. Augustine, *De Trinitate* 9.12.18. 탁월한 주석을 보려면, Michael René Barnes, "Rereading Augustine's Theology of the Trinity," in *The Trinity*, ed. Stephen T. Davis, Daniel Kendall, and Gerald O'Collins(Oxford: Oxford University Press, 2001), pp. 145-176을 보라.

73. Augustine, *De Trinitate* 16.4.6. 주석을 보려면, John Sullivan, *The Image of God: The Doctrine of St. Augustine and Its Influence*(Dubuque, IA: Priory Press, 1963)를 보라.

74. Athanasius, *De incarnatione* 12.

75. Khaled E. Anatolios, *Athanasius*(London: Routledge, 2004), pp. 41-43. 타락한 인간이 자연을 고찰한다는 이 테마의 중요성은 피터 해리슨이 근대 초기를 다룬 훌륭한 연구서의 주요 주제로서, 근대 초기에 나온 자연연구 접근법들이 인간의 타락, 특히 인류 역사에서 처음에 일어난 타락 사건 때문에 정신과 감각이 상처 내지 손상을 입은 정도를 둘러싼 신학

이 점은 우주의 특징 가운데 가장 많은 논란이 되는 특징 중 하나—즉 우주를 이해할 수 있다는 것—를 다룰 때 중요하다. 과학이 진보하면서 자연계의 많은 부분을 그 근본부터 설명할 수 있다는 것이 드러났다. 혹 이런 설명 가능성이 신비라는 관념을 제거해 버린다고 보는 사람들이 있을지도 모르겠다.[76] 그러나 이런 설명 가능성이 훨씬 더 심오한 문제—대체 왜 우리들은 사물들을 설명할 수 있는가?—를 불러일으킨다는 것을 올바로 지적한 이들이 있었다. 알베르트 아인슈타인이 1936년에 지적했듯이,[77] "세계가 가진 영원한 신비는 이 세계를 이해할 수 있다는 것(comprehensibility)이다." 이 '이해가능성'이라는 말이 지닌 가장 온건한 의미에 비추어 이야기하더라도,

(이 '이해가능성'을 이야기한다는 것은) 감각이 받은 인상들 가운데 모종의 질서를 만들어 낸다는 것(을 암시한다), 그리고 이 질서는 일반 개념들을 창조함, 이런 개념들 사이의 관계, 그리고 개념들과 감각이 하는 경험 사이의 관계들을 통해 만들어지며, 이런 관계들은 어떤 가능한 방법을 통해 결정된다. 바로 이런 의미에서 우리의 감각이 경험하는 세계는 이해할 수가 있다. 이해할 수 있다는 사실이야말로 기적이다.

논의에서 직접 정보를 얻었다는 것을 보여 준다. Peter Harrison, *The Fall of Man and the Foundations of Science*(Cambridge: Cambridge University Press, 2007), 특히 pp. 186-233.

76. Richard Dawkins, *Unweaving the Rainbow: Science, Delusion and the Appetite for Wonder*(London: Penguin Books, 1998), pp. 114-179.
77. Albert Einstein, "Physics and Reality," *Journal of the Franklin Institute* 221(1936), pp. 349-389, 특히 p. 351.

아인슈타인은 설명가능성 자체가 설명이 필요하다고 본다. 우주에서 가장 이해할 수 없는 것은 우주를 이해할 수 있다는 것이다. 자연과학은 자연계를 **이해할 수 있음**(intelligibility)을 실증해 보였다. 이 이해가능성은 인간의 마음과 우주의 구조 사이에 그런 근본적 조화가 존재하는 이유가 무엇인가라는 중대한 질문을 낳는다. 삼위일체 시각에서 볼 때, 이처럼 "우리의 마음과 우주, 내면에서 경험하는 합리성과 외면에서 관찰할 수 있는 합리성 사이에 조화가 존재"[78] 하는 이유는 자연의 근본 질서는 물론이요 인간이라는 자연 관찰자를 지으신 창조주 하나님의 합리성 때문이라고 설명할 수 있다.

4. 구원 경륜

'구원 경륜'이라는 관념은 에로부디 리옹의 이레나이우스에게서 나온 관념으로 여겼다.[79] 이레나이우스는 구원사(救援史)를 영지주의 시각에서 바라보는 해석들에 맞서 '구원 경륜'을 파노라마처럼 바라보는 시각을 제시했다. 그러면서 그는 창조에서 완성까지 이어지는 역사 전체가 유일하신 삼위 하나님의 작품이라고 역설했다. 이처럼 이레나이우스는 삼위일체 관점에서 역사에 접근하는 방법을 택하면

---

78. John Polkinghorne, *Science and Creation: The search for Understanding*(London: SPCK, 1988), 29. James F. Moore, "How Religious Tradition Survives in the World of Science: John Polkinghorne and Norbert Samuelson," *Zygon* 32(1997), pp. 115-124을 더 보라.
79. 이레나이우스가 이 개념을 이야기한 것을 탁월하게 분석한 글을 보려면, John Behr, *Asceticism and Anthropology in Irenaeus and Clement*(Oxford: Oxford University Press, 2000), pp. 34-85; Osborn, *Irenaeus of Lyons*, pp. 51-141을 보라.

서, 성자와 성령을 이 역사의 과정에서 "하나님이 사용하신 두 손"이라고 묘사한다.[80] 자연신학 작업은 구원이 시작되는 지점이나 완성되는 지점이 아니라, 구원 경륜의 흐름 속에서 펼쳐진다. 이는 곧 타락한 인간은 타락한 자연을 반영한다는 신학상 중요한 결론—이 결론에는 분명 과학의 설명이 필요하다—으로 이어진다.[81]

이런 생각이 중요함을 시사하는 힌트들을 신약성경에서 볼 수 있다. 예를 들어 바울이 피조물을 하나님을 아는 지식의 기초로 제시한 일은 유명하다. 그러나 바울은 분명 인간이 하나님을 피조물을 통해 알 수 있다고 주장하지만(로마서 1장), 다른 곳에서는 이를 부연하며 피조물이 '탄식한다'는 말을 한다(로마서 8장).[82] 피조 세계는 이전에 존재하기 시작한 것으로부터 장차 있게 될 것에 이르기까지 변해 가는 것으로 볼 수 있다. 진정한 기독교 자연신학에는 심오한 종말론의 차원이 존재한다. 자연계는 비단 그 시작점뿐 아니라 그것이 도달할 종착점에 비추어 관찰해야 하기 때문이다. 따라서 바울이 한 말들은 피조물이 원래 상태에서 벗어나 타락했다는 말로 해석할 수 있을 뿐 아니라, 미래에 피조물이 새로워지고 회복되리라는

---

80. O'Collins, *Tripersonal God*, pp. 194-195.
81. 타락이라는 주제를 놓고 벌어진 신학 논의를 살펴보려면, 권위 있는 연구서인 Julius Gross, *Geschichte des Erbsündendogma: Ein Beitrag zur Geschichte des Problems vom Ursprung des Übels*(Munich: Reinhardt, 1960)를 보라. 아우구스티누스는 이런 발전에서 특히 중요하다(pp. 69-255). 자연 내지 인간의 '타락'을 이야기할 때 이를 뒷받침하는 과학의 주장은 더 복잡한데, 이런 주장을 다룬 글이 Timothy Anders, *The Evolution of Evil: An Inquiry into the Ultimate Origins of Human Suffering*(Chicago: Open Court, 1994); Daryl P. Domning and Monika Hellwig, *Original Selfishness: Original Sin and Evil in the Light of Evolution*(Aldershot: Ashgate, 2006), pp. 139-180이다.
82. Jam Lambrecht, "The Groaning of Creation," *Louvain Studies* 15(1990), pp. 3-18.

소망을 천명한 구약 선지서의 주제를 확장한 것으로도 해석할 수 있다.[83]

자연신학 작업을 삼위일체 시각에서 바라본 구원 경륜의 맥락 속에서 펼쳐 가는 것이 중요하다는 것은 이런 시각과 특정한 형태의 이신론이 제시하는 다소 희석된 대안들을 비교해 보면 가장 잘 깨달을 수 있지 않을까 싶다.[84] 이신론의 시각으로 사물을 읽어 내는 입장에서는 하나님이 세계를 창조하신 뒤 계속 감독하거나 개입하지 않더라도 스스로 알아서 발전하고 기능할 수 있는 적절한 능력을 자연에 부여하셨다고 말한다.[85] 이 견해에는 많은 난점이 있다. 예를 들어 이 견해는 기능적 무신론의 등장을 촉진한다. 하나님의 의도와 목적이 이 세계와 담을 쌓고 이 세계에는 존재하지 않는 것이 되어 버리기 때문이다.[86] 하지만 자연신학의 관점에서 보면, 이런 접근법은 우리가 경험으로 확인할 수 있는 '자연'이라는 실재와 하

---

83. Laurie J. Braaten, "All Creation Groans: Romans 8:22 in Light of the Biblical Sources," *Horizons in Biblical Theology* 28(2006), pp. 131-159.
84. 이신론이 삼위일체론을 거부함을 살펴보려면, Duncan Reid, *Energies of the Spirit: Trinitarian Models in Eastern Orthodox and Western Theology*(Atlanta: Scholars Press, 1997), pp. 22-25을 보라. 자연신학을 대하는 이신론의 태도를 살펴보려면, Peter Harrison, "Natural Theology, Deism, and Early Modern Science," in *Science, Religion, and Society: An Encyclopedia of History, Culture and Controversy*, ed. Arri Eisen and Gary Laderman(New York: Sharp, 2006), pp. 426-433을 보라.
85. 17세기 자연과학의 발전 과정에서 이전에는 고정되어 있던 신학적 가정들(전제들)의 역할 변화를 살펴보려면, Peter Harrison, "Physico-Theology and the Mixed Sciences: The Role of Theology in Early Modern Natural Philosophy," in *The Science of Nature in the Seventeenth Century*, ed. Peter Anstey and John Schuster(Dordrecht: Springer-Verlag, 2005), pp. 165-183을 보라.
86. 홉스가 천명한, 하나님이 이 세계 안에 계시지 않는다는 이 사상을 살펴보려면, Richard Tuck, "The 'Christian Atheism' of Thomas Hobbes," in *Atheism from the Reformation to the Enlightenment*, ed. Michael Hunter and David Wootton(Oxford: Clarendon Press, 1992), pp. 102-120을 보라.

나님이 '좋다'고 선언하셨던 첫 피조물(창 1:12)이 똑같다고, 아니면 적어도 거의 같다고 보는 생각을 부추긴다.

과학의 진보는 이런 생각의 설득력을 잠식해 치명상을 입혔다. 18세기에는 그 설명이야 어찌되었든, 지구 표면이 시간이 흐르면서 크게 변해 왔다는 것이 점점 더 분명하게 드러났다. 지질학은 지구의 역사라는 것을 제시했지만, 이 지구의 역사는 예로부터 그리스도인들이 읽어 온 성경의 내용과 조화하려면 상당히 곤란을 겪을 수밖에 없는 것이었다. 존 러스킨은 지질학자들이 휘두르는 해머가 자신이 어린 시절에 가졌던 복음 신앙을 산산이 부숴 버린 것을 발견했는데, 전혀 놀라운 일은 아니었다. "지질학자들이 나를 홀로 놔두었다면, 나는 아주 잘 지낼 수 있었을 텐데, 그들은 무시무시한 해머를 휘두르고 말았다! 나는 성경구절이 끝날 때마다 그 해머들이 내는 쾅쾅 소리를 듣는다."[87]

그러나 더 중요한 일은 다윈주의의 등장이 우리가 경험하는 자연 —우리가 현재 관찰하는 자연—과 하나님이 처음에 창조하셨던 세계가 같다고 전제했던 전통적 '설계 논증'(argument from design)의 설득력을 무너뜨렸다는 점이다.[88] 윌리엄 페일리가 쓴 「자연신학」은 이 점에서 취약하다는 것이 드러났다. 페일리는 자연계가 창조 때부터 큰 변화 없이 계속해서 그 상태로 유지되어 왔다고 가정했기 때문이다.

---

87. John Ruskin, *Works*, ed. E. T. Cook and A. Wedderburn, 39 vols.(London: Allen, 1903-1912), 36:115.
88. 이런 발전 양상을 탁월하게 다룬 연구서를 보려면, John Hedley Brooke, "Science and the Fortunes of Natural Theology: Some Historical Perspectives," *Zygon* 24(1989), pp. 3-22; idem, *Science and Religion: Some Historical Perspectives*(Cambridge: Cambridge University Press, 1991)를 보라.

'구원 경륜'이라는 신학 관념은 우주론이 말하는 진화든 지질학 혹은 생물학이 말하는 진화든 진화를 인정하는 시각과 철저히 일치하는 형태로 얼마든 이야기할 수 있지만, 시간의 흐름에 따른 자연계의 물리적 변화를 당연히 동반하지는 않는다. '구원 경륜'이라는 관념은 인간이라는 관찰자와 이 관찰자가 관찰하는 자연이 모두 **이 지나가는 세상 속에**(*in hoc interim saeculo*)[89]—다시 말해 신학 면에서 볼 때 하나님이 '좋다'고 선언하셨던 창조 때로부터 멀찌감치 떨어진 지점에— 자리해 있음을 인정한다는 점에서, 자연신학과 연관성이 있다. 이제 그 피조물(즉 하나님이 애초에 지으셨던 피조물―역주)은 탄식한다. 그리고 죄로 말미암아 판단이 흐려지고 어두워진 사람들이 이 탄식을 목격한다.[90] 이런 시각에서 볼 때, 아무것도 모르는 순진한 관찰자가 결국은 우상 숭배나 이단, 이교로 이어질 수 있는 방식으로 자연을 해석하려 드는 것은 신학적 측면에서 불가피한 일이다. 자연을 올바로 보려면, 자연을 기독교 전통이 말하는 삼위일체 하나님을 증언하는 증인으로서, 혹은 이런 하나님을 전해 주는 통로로서 활동하는 것으로 '봐야' 한다.[91] 자연도 다른 어떤 텍스트와 마찬가지로 다양하게 번역하고 해석할 수 있다. 그러나 자연을 어떻게 해석하는 것이 **옳은가**라는 문제는 간과할 수도 없고 구석으로

---

89. Augustine, *De civitate Dei*, 11.1.
90. 아우구스티누스가 이 점을 다룬 내용을 살펴보려면, Gillian R. Evans, *Augustine on Evil* (Cambridge: Cambridge University Press, 1991), pp. 73-74을 보라. 칼뱅이 이 점을 다룬 내용을 살펴보려면, "John Calvin, the Sensus Divinitatis and the Noetic Effects of Sin," *International Journal of Philosophy of Religion* 43(1998), pp. 87-107을 보라.
91. 이것이 내가 2008년에 한 리델기념강연(Riddell Memorial Lectures)의 중심 주제이며, 나는 이를 「공개된 비밀」로 출간했다.

밀쳐놓을 수도 없는 문제다. 하지만 예전의 자연신학 접근법들은 그런 문제를 간과하거나 밀쳐놓으려 했다.

우리는 '구원 경륜'이라는 관념이 단단히 뿌리 내리고 있는 존재론에서 자연신학이 형성되었다고 주장하는데, 이런 주장 덕분에 스탠리 하우어워스와 에버하르트 윙엘이 제시한 특별한 관심사들도 다룰 수 있다. 하우어워스와 윙엘은 자연신학 속 어디에서 그리스도의 십자가를 발견할 수 있는지 묻는다(그러나 두 사람이 묻는 방식은 서로 다르다). 이 두 사람은 모두 전통적 자연신학—칼 바르트가 비판하는 자연신학 같은 것—이 십자가를 언급하는 내용을 포함하기에는 심각한 난점들을 가졌다는 것을 올바로 간파한다.[92] 하지만 삼위일체 자연신학은 십자가가 계시와 구원론 차원에서 암시하는 의미들이 심오하게 빚어 낸 하나님 이해를 자연을 관찰하고 해석한 결과에 가져다준다. 삼위일체 관점에서 자연과 나누는 접촉에는 이미 십자가라는 표지가 새겨져 있으며, 이 때문에 특히 자연의 수난이라는 문제에 관심을 기울인다.

따라서 삼위일체 시각에서 본 구원 경륜이라는 틀 속에서 자연신학 작업을 하게 되면, 자연을 해석하는 그리스도인은 자연을 관찰한 결과를 삼위일체라는 맥락에 넣어 봄으로써 자연이 가지는 도덕적·심미적 양면성을 수용할 수 있다. 이것의 의의는 상당하다. 지나치게 한쪽으로 치우친 인식에 매여 있지 않는 한, 자연을 관찰하는 사람은 오직 아름다움과 추함, 기쁨과 아픔, 선과 악으로 해석

---

92. Christoph Kock, *Natürliche Theologie: Ein evangelischer Streitbegriff* (Neukirchen-Vluyn: Neukirchener Verlag, 2001), pp. 5-8, 400-410.

할 수밖에 없는 것들을 관찰할 것이다. 이를 마르틴 루터가 내걸었던 신학 명제를 가져와 표현하면, 자연은 **선하면서 동시에 악하다** [simul bona et mala, 루터가 우리를 가리켜 의인이면서 동시에 죄인(simul iustus et peccator)이라고 표현한 것을 응용한 말이다—역주]. 순진한 자연신학이 할 수 있는 일은 그저 이런 양면성을 드러내는 것뿐이다. 이런 양면성에서 선하신 하나님이라는 분이 존재하신다는 것을 추론해 낼 수 있을까? 결국 우리가 택할 수 있는 방법은 사실상 두 가지뿐이다. 즉 우리에게 도덕적 혹은 심미적 불안을 일으키는 자연의 측면을 손 놓고 지켜보든지, 아니면 악을 설명하는 동시에 자연이 최초에 지녔던 선함을 인정하게 해주는 신학 틀을 발전시켜 가는 것이다. 첫째 접근법은 지적 측면에서도 평판이 좋지 않을 뿐 아니라 상당한 심리 불안을 야기하며, 파괴를 불러올 수도 있는 이론과 관찰 결과 사이의 '인지 부조화'(cognitive dissonance)를 일으킨다.[93] 결국 우리가 이 문제를 다룰 수 있는 활로는 단 하나뿐이다. 즉 이런 도덕적 양면성을 관찰하고, 존중하고, 해석하게 해주는 어떤 틀을 발전시켜 가는 것이다.[94]

삼위일체 관점에서 말하는 '구원 경륜'이 그런 틀을 제공한다. 기

---

[93] 이 이론이 애초에 천명한 것들을 살펴보려면, Leon Festinger, *A Cognitive Dissonance* (Stanford, CA: Stanford University Press, 1957)를 보라.
[94] 아우구스티누스가 이 주제를 다룬 내용을 살펴보려면, Roland J. Teske, "Augustine of Hippo on Seeing with the Eyes of the Mind," in *Ambiguity in Western Thought*, ed. Craig J. N. de Paulo, Patrick Messina, and Marc Stier(New York: Peter Lang, 2005), pp. 72-87, 221-26을 보라. 테스크는 인간이 처음에 가졌던 본성과 이 본성이 구원 경륜 이해에 시사하는 점에 대해 아우구스티누스가 가졌던 견해를 통찰한 글도 썼다. Roland J. Teske, "St. Augustine's View of the Human Condition in *De Genesi contra Manichaeos*," *Augustinian Studies* 22(1991), pp. 141-155을 보라.

독교 신학은 실재를 바라보는 기독교 신학의 시각이 설득력 있는 사유 자원(a compelling imaginative resource), 곧 지적 회피나 거짓말 없이 복잡한 스펙트럼을 지닌 인간의 실존 및 경험을 충분히 상대할 수 있는 사유 자원을 제공했다고 주장한다. 기독교 신학은 하나님이 만물을 선하게 창조하셨으며 결국에는 이 만물이 선함을 회복할 것이라고 강조한다. 그러나 지금 세상에는 마치 알곡과 가라지가 같은 밭에서 함께 자라듯(마 13:24-43), 선과 악이 공존한다고 기독교 신학은 주장한다. 기독교 신학은 하나를 다른 하나에 흡수시키지 않고 창조와 타락과 성육신과 구속과 완성이라는 신학 맥락 속에 선과 악을 함께 배치할 수 있게 해준다.

존 러스킨의 「근대 화가들」(1860) 마지막 권에서 한 대목을 살펴봄으로써 이런 접근법이 가진 잠재력을 알아 보자. 이 책에서 러스킨은 스코틀랜드 하일랜즈(Scottish Highlands)의 풍광을 곱씹어 본다.[95] 러스킨은 하나님이 우리가 자연의 '밝은 쪽'만 보는 것을 원하시지 않는다고 주장한다. 하나님은 우리에게 자연의 '양면'을 주셨으며, 우리가 이 양면 모두를 보기 원하신다. 자연의 좋은 쪽만 보는 사람들은 자연을 실제 있는 그대로 보지 못하는 이들이다. 러스킨은 이 점을 강조하기 위해 그 이름은 밝히지 않고 "열심이 넘치는" 스코틀랜드의 한 성직자를 지목한다. 그 성직자는 자연 풍광을 '하나님의 선하심'을 증언하는 것으로 보겠다고 마음먹은 사람이었다. 때문에 자

---

95. Ruskin, *Works*, 7:268. 러스킨이 이 무렵 자연 풍광의 타락과 혼돈을 점점 더 깨달아 간 것을 설명한 글을 보려면, Charles T. Daugherty, "Of Ruskin's Gardens," in *Myth and Symbol: Critical Approaches and Applications*, ed. Northrop Frye and Bernice Slote(Lincoln: University of Nebraska, 1963), pp. 141-151, 특히 pp. 142-144을 보라.

연을 묘사하면서 "오로지 밝은 햇빛, 신선한 바람과 음매 소리를 내며 울어 대는 양들과 깨끗한 스코틀랜드의 격자무늬, 그리고 온갖 종류의 기쁨만" 이야기한다.

러스킨은 이런 태도를 적절치 않다고 내친다. 열심이 넘치는 그 성직자는 자기가 보고 싶은 것만 보고 실제로 존재하는 것은 보지 않는 쪽을 택했다. 러스킨은 시와 예언과 종교의 중심에는 '분명하게 보는 것'(to see clearly)이 자리한다고 보았다.[96] 이처럼 분명하게 볼 수 없는데도 살아갈 수 있는 사람이 있을까? 음지가 없는 자연에 양지가 존재할 수 있을까? 러스킨은 스코틀랜드의 경치를 다른 시각으로 바라보면서 그 경치가 가지는 도덕적·심미적 양면성을 강조한다.

부드러운 떼장이 있는 조그만 계곡이다. 툭 튀어나온 바위늘과 고개 숙인 양치식물들이 좁은 타원을 이루며 계곡을 감싸 안고 있다. 한쪽에서 다른 쪽으로 바람과 구불구불한 길과 담갈색 물줄기가 흘러가다가 타원 모양 들판의 끝자락에 이르자 속도가 더 빨라진 작은 여울 속으로 떨어진다. 그런 다음, 처음에는 호박색 물두멍이 있고 자주색과 흰색을 띤 바위에 들르더니, 마가목과 오리나무 아래 숨어 거품을 토해 내는 좁은 폭포로 돌진한다. 가을의 태양은 낮지만 청명하게 여기저기 떨어져 자리한 자줏빛 애쉬베리와 황금빛 자작나무 잎을 밝게 비춘다. 바람이 그들을 붙잡지 않자 자줏빛 바위 틈새에서 조용히 쉼을 갖는다.

---

96. Ruskin, *Works*, 5:333.

여기까지는 스코틀랜드의 그 목사처럼 다소 한쪽으로 치우친 정서를 대변한다. 그러나 곧바로 이제 음지를 봐야 한다고 주장한다. 그다지 보고 싶지 않은 광경을 묘사하면서 러스킨의 글은 분위기가 달라진다.

바위 옆 덤불숲 아래 구멍 속에는 지난 홍수 때 익사한 암양의 시체가 거의 뼈만 남은 채 자리해 있다. 하얀 갈비뼈는 피부를 뚫고 나왔고, 사체는 까마귀가 갈기갈기 찢어 놓았다. 그 암양이 물줄기에 휩쓸려 내려갈 때 처음 머물렀던 나뭇가지에서는 지금도 그 암양의 털 부스러기가 너풀거린다.…그 여울이 꺾어지는 곳에서 나는 한 남자가 소년과 개 한 마리와 함께 낚시를 하고 있는 것을 보았다. 만일 그들이 거기서 종일 굶은 채 있지만 않았더라면, 충분히 한 폭의 멋진 그림 같았을 이들이었다. 나는 그들을 안다. 또 죽은 암양의 갈비뼈와 거의 흡사한 그 개의 갈비뼈도 안다. 그리고 낡은 격자무늬 재킷을 예리하게 뚫고 나온 그 아이의 쇠약한 어깨도 안다.

러스킨의 지적에 이의를 제기할 수 없다. 또 설명을 덧붙여 그가 그린 백합에 금박을 입힌다 해도 얻을 수 있는 것은 전혀 없다. 자연에는 음지가 있다. 이는 가장 열렬하고 낭만적인 상상으로도 부인할 수 없고 희석할 수 없는 사실이다. 그러나 바로 이것이 자연신학이 다루어야 하는 '자연'이다. 이것은 책상 앞에 앉은 신학자가 꾸며낸 픽션이 아니라 우리가 엄연히 경험하는 혹독한 현실이다. 자연은 삼위일체 시각에서 관찰하고 해석해야 한다. 이 시각은 우리가 자연계를 부패했지만 양면성을 지닌 것으로 ―도덕적·심미적 측면에서 볼 때 그 선함과 아름다움이 종종 분명하지 않고 감춰져 있지만 그럴지라도 변화의 소망을 발산하는 얼룩덜룩한 실재로― 볼 수 있게 해준다. 이런 접근법은 신학적으로 불편한 점들을 걸러 주지는 않지만, 그럼에도 그 불편한 점들을 자연계의 역사를 통틀어 조망하는 시각 속에 담아 보려고 시도한다.

특별히 자연이 지닌 도덕적·심미적 복잡성, 그리고 널리 삼위일체 시각으로 자연에 다가가는 접근법이 가진 특징들과 관련해 해야 할 말이 훨씬 더 많다. 지금까지 이야기한 것은 사물을 이런 식으로 설명한다는 것을 남김없이 보여 준다기보다 예를 들어 보여 줌으로써, 이런 설명이 사물을 조명해서 우리가 사물을 '분명히 볼'(러스킨) 수 있는 잠재력을 가졌다는 것을 알려 주려는 의도에서 한 말이었다.

그러나 가끔 자연을 '보다' 보면 어떤 것은 우리가 예상했던 것과 완전히 다르다는 것을 깨달을 때가 있다. 우리는 이어서 찰스 퍼스가 말한 '놀라운 사실들'이라는 관념을 살펴보고, 이 사실들이 과학적 설명에서, 그 중에서도 특히 인간중심 현상들과 관련해서 가지는 중요성을 살펴보겠다.

7장

놀라운 사실들
사실에 반(反)하는 것들과 자연신학

 미국의 위대한 실용주의 철학자 찰스 퍼스는 '놀라운 사실들'을 관찰한 결과가 바로 자신이 '귀추'(abduction)라 이름 붙인 '설명 가설들을 형성하는' 과정을 촉진하는 자극제라고 주장했다. 퍼스는 놀라운 사실들을 발견했을 때 느끼는 '당혹'감을 귀납적인 것이라기보다 직관적인 것으로 보았던 것 같다. 퍼스는 귀추가 마치 "통찰이 번득이는 행동"처럼 "우리에게 섬광처럼 다가온다"고 본다. 그렇지만 이런 귀추를 이끌어내는 것은 관찰 결과와 이 관찰 결과가 자극하는 —무엇보다 관찰한 무언가가 당혹스럽게 여겨질 때 관찰자를 자극하는— 성찰 과정이다. 우리는 퍼스가 놀라운 현상들을 관찰한 결과에서 유일하게 타당성을 가지는 귀추 형태들이 유래한다고 주장하는 게 아님을 이해해야 한다. 귀추 과정은 놀라운 관찰 결과들에도 유효하지만 일상에서 흔히 관찰할 수 있는 결과들에도 유효하다. 오히려 퍼스가 강조하는 것은 우리를 놀라게 하는 것들이 종종 일련의 생각을 유발해 결국 새로운 발견이나 시각에 이르게 한다는 지극히 당연한 사실이다.

이런 사실을 보여 주는 역사 사례들은 아주 많다. 그 탁월한 사례가 바로 찰스 다윈의 저작이다. 그의 진화론은 윌리엄 페일리나 브리지워터 논문집과 연관된 이론들 같이 생물의 기원을 설명하는 주류 이론들의 맥락에서 보면 '놀라워' 보이는 관찰 결과들을 설명하려는 시도로 볼 수 있다. 훗날 다윈의 아들은 그런 이상한 일들(혹은 '예외들')을 그냥 흘려보내지 않고, 그것이 축적되어 만들어 낸 의미가 새로운 이론이 필요하다는 사실과 심지어 그 새로운 이론의 형태까지 시사해 준다고 믿었던 아버지의 습관을 이렇게 회상했다.[1]

아버지(찰스 다윈)가 여러 발견을 하도록 이끌어 준 마음의 자질로서 특별하고 대단한 장점으로 보였던 것이 하나 있다. 그것은 예외라는 예외는 빠짐없이 포착해 내는 능력이었다. 대다수 사람들은 예외인 것을 봐도 그것이 놀랍거나 빈번할 때만 주목한다. 그러나 아버지는 그런 예외를 포착하는 특별한 본능이 있었다. 자신이 현재 하는 일과 외관상 별로 연관이 없어 보이는 점은 실상 전혀 설명되지 않았는데도 어느 정도 설명되었다고 여기며 거의 무심코 지나쳐 버리는 이들이 많다. 그러나 아버지는 바로 이런 것을 포착해 출발점으로 삼았다.

---

1. Francis Darwin, "Reminiscences of My Father's Everyday Life," in *Charles Darwin: His Life Told in an Autobiographical Chapter*, ed. Francis Darwin(London: John Murray, 1892), pp. 66-103.

윌리엄 페일리도 이 점이 중요하다고 인정했다. 물론 그는 퍼스가 쓴 말을 그대로 사용해서 이 문제의 틀을 짜지는 않았다. 페일리의 자연신학 접근법을 규정하는 중심 이미지는 '놀라운' 관찰 결과라는 이미지다. 소관목이 우거진 황무지 히스(heath)에 시계가 있는 것을 발견한 경우가 그런 예다. 페일리는 히스에 돌이 있다면 설명이 필요하지 않겠지만 시계가 있다면 분명 설명이 필요하다고 주장한다.[2] 사람들이 돌이나 다른 자연물이 있으리라 예상하는 상황에서 발견하게 되는 시계는 분명 색다르게 보인다. 페일리도 돌이 어떻게 그 자리에 있게 되었는지를 밝혀 주는 설명은 얼마든 받아들인다. 그러나 시계가 그 자리에 있게 된 연유를 설명하려면 돌이 그 자리에 있게 된 연유를 설명할 때에는 필요하지 않은 행위자와 작용(즉 시계가 히스 위에 있게 한 주체와 작용—역주)도 설명해야 한다고 강조한다.

페일리의 자연신학 접근법은 시대에 뒤떨어지고 도움이 되지 않는다고 여기는 것이 다수의 견해다(하지만 통설은 아니다).[3] 그러나 페일

---

2. 이런 구분에 관한 페일리 자신의 설명을 언급할 수 있다. "히스를 가로질러 걸어가다 내 발이 **돌**에 걸렸고, 나는 그 돌이 어떻게 해서 거기에 있게 되었는가라는 질문을 받았다고 가정해 보자. 나는 어쩌면 잘은 모르겠지만 그 돌은 거기에 죽 있었을 것이라고 대답할 수 있다. 이 대답이 엉터리임을 증명하기가 아마도 아주 쉽지만은 않을 것이다. 그러나 그 땅에서 **시계**를 발견했다고 가정해 보자. 그리고 그 시계가 어쩌다 그곳에 있게 되었는가라는 질문을 받았다고 가정해 보자. 이 경우에는 내가 이전에 했던 대답—글쎄, 잘은 모르겠지만 그 시계는 늘 거기에 있었을 거야—을 할 생각을 해서는 안 된다. 그 돌에게는 쓸모가 있었던 대답이 이 시계에 쓸모가 없는 이유는 뭘까?" *The Works of William Paley*(London: William Orr, 1844), p. 25.
3. 페일리의 접근법을 비판한 글로서 중요한 의미가 있는데도 사람들이 널리 간과하는 것이 Dorothy L. Sayers, "Creative Mind," in *Letters of a Diminished Church*(Nashville: W Publishing, 2004), pp. 35-48다. 세이어즈는 특별히 페일리를 지목하지는 않지만, 사람들이 하나님을 "창조하는 예술가"로 생각하면 "하나님을 기술자로 생각할 경우에"(41) 생기는 개념상 난점들이 사라진다는 일반적인 사실을 강조한다.

리의 접근법을 지배하는 이미지는 인간의 심상이 우리 직관에 반하는 존재와 현상들―평상시 예상과 달라 우리를 놀라게 하는 바람에 그것을 살펴볼 또 다른 방법이 있는 게 아닌지 묻지 않을 수 없게 하는 것들―을 밝혀 낼 수 있는 능력을 가졌다고 알려 준다. 그것들이 '놀라워' 보이는 이유는 우리가 그것들을 사전에 결정된 필터나 렌즈를 통해, 다시 말해 그 '놀라운' 것들을 제대로 담아 내지 못하기에 버리지 않을 거라면 고쳐야 할지도 모를 필터나 렌즈를 통해 보기 때문이 아닐까? '놀라워' 보이는 그것들이 이상하거나 놀라워 보이지 '않을' 관점이 있을까? 똑같은 것을 살펴보더라도 그것이 예상했거나 기대했던 것으로 보일 수 있게 해줄 또 다른 방법(시각)이 있을까? 이론과 관찰 결과가 조화를 이룬다고 해서 그 이론이 참인 것이 증명되는 것은 아니다. 그러나 그런 일치는 시사하는 것이 많다

이 일은 우리가 자연계에서 관찰하는 이런 일련의 '놀라운 사실들'을 확인하고 탐구하는 것과 관련되어 있다. 이런 사실들 때문에 우리는 인생에서 가장 근본이 되는 몇 가지 문제들을 더 깊이 다루게 된다. 사람들은 우주가 그 탄생 시점부터 우주 역사 속의 이 시점에 지구 위에 존재하는 지적 생명체, 곧 그 존재가 함축한 의미들을 곱씹어 볼 수 있는 생명체를 만들어 내는 데 도움이 되는 어떤 특질들을 가지고 있었던 것으로 보인다는 생각을 표현할 때 묵직한 의미를 지닌 '정교한 조율'이라는 단어를 널리 사용한다. 자연의 기본 상수들은 확실히 생명친화성을 지닌 값들을 지니도록 정교하게 조율되어 있었던 것으로 보인다. 지구 위에 탄소를 기초로 삼은 생

명체가 존재하는 것은 물리학과 우주론에서 말하는 여러 힘과 변수가 절묘한 균형을 이루고 있기 때문이다. 때문에 이런 양(量)들 가운데 어느 하나가 조금이라도 변하는 일이 일어났다면, 이런 균형이 무너지고 생명체는 존재하지 않았을 것이다.[4] 스티븐 호킹(Stephen W. Hawking)은 이 중요한 문제를 다음과 같이 제시했다.[5]

우주는 왜 다시 붕괴함과 무한히 팽창함을 갈라놓는 경계선에 이토록 가까이 있을까? 우리가 지금 있는 상태에 가까우려면, 처음부터 계속되어 온 팽창 속도가 기가 막힐 정도로 정확했어야 한다. 만일 빅뱅 뒤 1초가 지났을 때의 팽창 속도가 100억 분의 1만큼이라도 더 작았다면, 우주는 수백만 년 뒤에 붕괴해 버리고 말았을 것이다. 또 팽창 속도가 100억 분의 1만큼이라도 더 컸다면, 우주는 수백 만 년 뒤 본질상 텅 빈 곳이 되어 버렸을 것이다. 어느 경우든 우주는 생명체가 충분히 발전해 갈 만큼 오래 존속하지 않았을 것이다. 따라서 우리는 우주가 왜 지금과 같이 존재하게 되었는지 설명하려면, 인간중심 원리에 호소하든지 아니면 물리학을 동원해 어떤 설명을 내놓아야 한다.

---

4. 이런 생각들을 다룬 논의로서 표준이라 할 것들을 보려면, John D. Barrow and Frank J. Tipler, *The Cosmological Anthropic Principle*(Oxford: Oxford University Press, 1986); George Greenstein, *The Symbiotic Universe: Life and Mind in the Cosmos*(New York: Morrow, 1988); John Gribbin and Martin Rees, *Cosmic Coincidences: Dark Matter, Mankind, and Anthropic Cosmology*(New York: Bantam Books, 1989); Paul Davies, *The Goldilocks Enigma: Why Is the Universe Just Right for Life?*(London: Allen Lane, 2006)를 보라.
5. Stephen W. Hawking and Roger Penrose, *The Nature of Space and Time*(Princeton, NJ: Princeton University Press, 1996), pp. 89-90.

호킹은 수학을 동원한 설명을 잘 알지 못하는 신학자와 철학자들을 생각해서 우주의 첫 팽창 속도가 100억 분의 1만큼만 달라져도 생명체의 등장을 저지하는 데 충분했으리라고 말한다.

다른 사람들도 우주에서 생명체가 탄생하는 데 우주가 가진 기본 특성과 최초 상태가 어떠했느냐가 특히 민감한 문제였음을 강조했다. 영국 왕립천문대 대장이자 왕립협회 총재인 마틴 리스 경(Sir Martin Rees)은 빅뱅의 결과로 인간이라는 생명체가 등장한 일은 여섯 개의 단순한 숫자들이 좌우한 일이었으며, 이 숫자들 하나하나가 지극히 정확하게 결정되었기 때문에 이 가운데 어느 하나가 아주 조금이라도 바뀌었으면 지금 우리가 알고 있는 우리 우주와 인간이라는 생명체는 있을 수 없었을 것이라고 주장했다.[6] 로저 펜로즈(Roger Penrose)도 생명이 존재하려면 "비범한 정도의 정확성(또는 '정교한 조율')"이 필요하다고 말한다.[7]

이런 관찰 결과들은 여기에 하도 익숙해져서 별반 놀라지도 의문을 품지도 못하는 사람들을 제외한 사람들에게는 분명 놀라운 일이다. 퍼스는 이런 관찰 결과들에는 설명이 필요하다고 주장했다. 당연하다. 그렇다면 이런 관찰 결과들에 비춰 볼 때 세계와 관련해 추론해 낼 수 있는 것들은 무엇일까? 이런 추론 가운데 어느 것이 가장 훌륭한 것인지 확증하는 데 사용할 수 있는 판단 기준은 무엇일까? 이런 문제들이 이 책의 핵심이다.

---

6. Martin J. Rees, *Just Six Numbers: The Deep Forces That Shape the Universe* (London: Phoenix, 2000).
7. Roger Penrose, *The Road to Reality: A Complete Guide to the Laws of the Universe* (London: Jonathan Cape, 2004).

7장 놀라운 사실들: 사실에 반(反)하는 것들과 자연신학 그렇다면 우리는 이 문제를 어떻게 탐구할 수 있을까? 이런 문제들을 논의하는데 적합한 지적 맥락은 무엇일까? 이런 문제들을 궁구할 때 가장 생산성이 높은 방법 중 하나는 사실에 반하는 것을 생각해 보는 것이다. 즉 기본 변수들이 바뀐 또 다른 상황을 상상해 보는 것이다. 학자는 정보를 바탕으로 무언가를 상상함으로써 사실과 다른 이런 세계가 과연 나타날 수 있을지 가늠해 본다. 이때 그는 그런 세계를 창조해 내거나 그 세계 안에 거주하려는 소망을 품기보다 바뀐 변수들이 어떤 역할을 하는지 분명하게 밝힐 수 있기를 기대할 뿐이다. 이제 우리는 특히 역사학 분야에서 사실에 반하는 생각의 중요성이 점점 더 커가는 것을 고찰한 후, 이런 생각을 널리 자연과학 전반에도, 특히 인간중심 현상들을 신학의 관점에서 평가하는 경우에도 타당하게 활용할 수 있는지 살펴보겠다.

사실에 반하는 생각과 자연과학

사실에 반하는 생각(실제 사실과 다른 것을 생각하기)은 상상하는 행위다. 우리가 실제로 경험하는 세계를 형성하는 힘들을 더 잘 이해하는 방법으로서 과거에 존재하지도 않았고 지금 존재하지도 않는 세계를 건설하고 그 세계에 살아 보는 것이다. '사실에 반하는 상상'에 호소하는 것은 사회 담론에서 늘 있었던 부분으로, 사람들도 이를 정상적이고 자연스러우며 정당한 사고방식으로 널리 인정한다.[8] 우

---

8. Ruth M. J. Byrne, *The Rational Imagination: How People Create Alternatives to Reality* (Cambridge, MA: MIT Press, 2007), pp. 3-14를 보라.

리는 나사로의 죽음을 이야기하는 신약성경 요한복음의 기사(記事)에서 이런 접근법의 고전적 사례를 발견한다. "마르다가 예수께 여짜오되 주께서 여기 계셨더라면 내 오라버니가 죽지 아니하였겠나이다"(요 11:21). 여기서 마르다는 자신이 쉽게 바꿀 수 있으면서도 중요한 의미를 갖는다고 믿는 한 요인을 바꾸어 실제 상황과 다른 사실이 존재하는 상황을 만들어 낸다.

사실에 반하는 생각의 출발점은 사물들이 현재 실제로 존재하는 모습대로(혹은 과거에 실제로 존재했던 모습대로) 존재할 필요는 없다는 믿음이다. 우리는 '생각해 둔 경험들'(thought experiments)을 실제 행동으로 옮김으로써 또 다른 시나리오를 구성해 볼 수 있다. 이런 시나리오는 이미 존재하는 상황이 만들어질 때 특수한 행위자들과 요인과 작용들이 한 역할, 그리고 우연히 생겨난 여러 일반 원리들을 더 잘 이해하게 해준다.[9] 만일 찰스 1세기 잉글랜드 내전(잉글랜드 내전은 1642-1651년까지 국왕을 지지하는 왕당파와 의회가 중심이 된 의회파가 벌였던 내전이다. 찰스 1세는 의회파 크롬웰이 이끄는 철기군에게 패배해 포로로 잡힌 뒤 1649년에 처형당했다―역주)에서 이겼다면 무슨 일이 벌어졌을까? 미국 남북전쟁에서 남부 연합군이 이겼다면 어떤 일이 벌어졌을까? 만일 제2차 세계대전 때 나치 독일이 소련을 격파했다면 무슨 일이 벌어졌을까?[10] 아니, 더 자세하게 신학 문제를 하나 생각해 보자. 젊은 마

---

9. Denis J. Hilton, John I. McClure, and Ben R. Slugowski, "The Course of Events: Counterfactuals, Causal Sequences, and Explanation," in *The Psychology of Counterfactual Thinking*, ed. David R. Mandel, Denis J. Hilton, and Patrizia Catellani (London: Routledge, 2005), pp. 44-60.
10. 여러 가지 가능성을 더 확장해 살펴본 글을 읽어 보려면, Geiffrey Hawthorn, *Plausible Worlds: Possibility and Understanding in History and the Social Sciences*(Cambridge:

르틴 루터가 폭풍우가 몰아치는 1505년 6월 어느 날 쉬토트테르하임에서 —단지 그 마음이 흔들리는데 그치지 않고— 말에서 떨어져 죽었다면, 유럽 교회의 종교사와 지적 발전은 어떻게 달라졌을까? 이 문제를 살펴보면, 우리는 루터라는 개인이 이제는 사람들이 역사를 돌아보며 '종교개혁'이라 이름 붙인 운동의 등장과 형성에서 차지하는 중요성을 간파할 수 있다.[11]

역사학에서는 실제 사실과 다르게 생각해 보는 것이 점점 더 많은 역할을 해왔다. 하지만 과학철학에서는 그렇지 않다. 실제로 얼핏 보면 자연과학에서는 사실에 반하는 생각이 할 역할이 거의 없는 것처럼 보일 수도 있다. 자연과학 분야는 우리가 실제로 관찰한 세계에 초점을 맞추기 때문이다. 자연과학의 핵심 문제는 우리가 관찰하지 않았지만 관찰하려면 했을 수 있는 것들을 놓고 사색하는 것이 아니라, 실제로 관찰한 것들을 설명하는 것과 관련되어 있다. 그러나 역사를 돌이켜 보면, 실제 상황은 이런 순진한 경험론이 제시할 법한 생각대로 이루어지지만은 않았다.

올버스의 역설(Olbers's Paradox, 우주가 무한하다면 밤하늘이 밝아야 하는데, 밤하늘이 어두운 것은 역설이라는 주장이다—역주)은 이런 점을 탐구할 때 도움이 되는 출발점이다.[12] 1826년, 하인리히 빌헬름 올버스(Heinrich

---

Cambridge University Press, 1993), pp. 1-37을 보라.
11. 종교개혁의 불가피성에 관한 학계의 논쟁을 평가한 글을 보려면, Alister E. McGrath, *The Intellectual Origins of the European Reformation*, 2nd ed.(Oxford: Blackwell, 2003), pp. 182-189을 보라.
12. 이 역설을 다룬 기본 소개서를 읽어 보려면, Edward R. Harrison, *Cosmology: The Science of the Universe*, 2nd ed.(Cambridge: Cambridge University Press, 2000), pp. 491-513을 보라.

Wilhelm Olbers)는 천문학의 몇 가지 근본 문제들을 생각하게 만든 강력한 촉매제가 된 문제를 제기했다. 그것은 바로 "밤에는 왜 하늘이 어두운가?"였다.[13] 올버스는 사실에 반하는 상황이나 매우 타당성이 높은 상황을 쉽게 상상해 볼 수 있다고 지적하면서, 우리가 실제로 관찰한 것이 이상하다고 강조했다. 이제 이 역설을 제시하면서 사실에 반하는 고찰이 행하는 중요한 역할을 부각시켜 보겠다.

올버스는 이런 역설이 등장하는 이유는 바로 우리가 관찰한 상황이 특이하게 보이기 때문이라고 주장한다. 그렇다면 달리 더 관찰한 실재가 없는데도 우리가 관찰한 것이 이상하다는 생각은 어떻게 생기는 걸까? 올버스는 그 이유로 사실에는 반하는 것이지만 이론상으로는 매우 타당해 보이는 상황을 우리가 상상할 수 있기 때문이라고 주장한다. 우리가 관찰한 것이 이상하다고 인식할 수 있는 때는 오직 이것을 이와 반대이고 실제 사실에 반하는 것으로 우리가 상상하는 것과 비교할 수 있을 때, 그러면서도 이런 비교 과정이 유익하고 정당할 때뿐이다.

그렇다면 올버스는 그의 상상 속에서 사실에 반하는 시나리오를 어떻게 구성하는가? 올버스는 로잔의 장필립 루아 드 셰소(Jean-Philippe Loys de Chéseaux, 1718-1751)가 전개한 논증의 흐름을 따랐다.

---

13. 이 역설은 올버스 이전에 이미 알려져 있었다. 예를 들어 토머스 딕스(Thomas Digges)는 그가 쓴 「천체 영역을 완벽히 설명함」(*Perfect Description of the Celestial Spheres*, 1576)에서, 아리스토텔레스의 주장과 반대로 별들이 우주 공간에 제멋대로 산재해 있다고 주장한다. 그는 이것이 곧 밤하늘이 밝아야 한다는 것을 암시한다고 말하면서, 대다수 별들이 말 그대로 너무 멀리 있기 때문에 이 땅에서 이루어지는 관찰들에 아무 영향도 미치지 못한다고 주장했다. 역사의 측면에서 이 역설의 등장을 탁월하게 설명한 글을 읽어 보려면, Edward R. Harrison, *Darkness at Night*(Cambridge, MA: Harvard University Press, 1987)를 보라.

올버스는 우주가 정지 상태로 통일되어 있으며 무한하다고 가정했다. 이는 곧 은하에 널리 퍼져 있는 별들에서 나온 빛이 지구에 쏟아진다는 뜻이었다. 별들이 지구에서 멀면 멀수록 이 별들에서 오는 빛도 더 희미해진다. 그러나 지구에서 멀면 멀수록 이 거리만큼의 공간에 존재하는 별들의 숫자는 더 많아진다. 이 두 요인은 상쇄 관계에 있다. 이는 어떤 거리만큼 떨어진 별들에서 받아들인 빛의 방사량은 그 거리와 무관하다는 것을 뜻한다. 그렇다면 하늘의 모든 지점은 그 밝기 정도가 똑같아야 한다는 말이 된다. 우리 태양계의 태양을 '평균' 별로 생각할 수 있다면, 하늘의 모든 지점은 그 밝기 정도가 태양과 똑같게 보여야 하며, 태양이 더 빛나 보이는 일은 없어야 한다. 결국 밤하늘과 낮 하늘의 밝기 정도에 의미 있는 차이가 없어야 한다.

우리는 이것을 더 정교하게 표현할 수 있다. 지구가 중심에 자리해 있고 조개껍질들이 이 지구를 동심으로 삼아 일렬로 늘어서 있다고 상상해 보라. 이때 각 껍질의 두께는 동일하다. 만일 각 껍질의 두께가 그 껍질의 반지름보다 훨씬 더 작다면, 그 껍질 안에 들어 있는 별들의 숫자는 그 껍질 반지름의 제곱에 비례한다. 그러나 지구가 받아들이는 빛의 세기는 그 별로부터 지구에 이르는 거리의 제곱에 **반**비례한다. 만일 별들이 균일하게 분포되어 있고 모두 '평균' 밝기를 가졌다고 말할 수 있다면, 이는 곧 우리가 가정한 이 조개껍질들이 각각 똑같은 양의 빛을 내보낸다는 것을 뜻한다. 모든 시선이 받아들이는 밝기 수준도 똑같을 것이다. 따라서 밤하늘도 당연히 밝을 것이다.

그런데 그렇지 않다. 그렇다면 그렇지 않은 이유를 어떻게 설명할 수 있을까? 그 명백한 대답은 이 역설이 바탕으로 삼고 있는 기본 가정들에 이의를 제기하는 것이다. 헤르만 본디(Hermann Bondi)가 말했듯이, 올버스의 역설은 다음과 같은 네 가지 가정에 의존한다.[14]

1. 우주는 동질(同質)이다. 따라서 별들의 위치와 밝기도 균일하다.
2. 우주는 시간이 흘러도 크게 변하지 않는다.
3. 별들은 우주 안에 상당히 고정되어 있고, 그들이 내보내는 빛의 양이나 다른 곳에서 이 빛을 받아들이는 정도에 영향을 미칠 수 있는 어떤 형태의 운동에도 종속되어 있지 않다.
4. 알려져 있는 모든 물리 법칙들은 우주 전체에 적용된다.

사실에 반하는 생각은 이 믿음들 가운데 적어도 한 가지는 옳지 않다고 주장했다. 그렇다면 어떤 것이 옳지 않을까?

여기서 우리는 자연신학 작업을 행하려고 시도할 경우 적잖이 중요한 의미를 가지는 어떤 패턴—즉 무엇이 '이상한지' 밝혀 낼 목적으로 사실에 반하는 생각을 활용하면서 이런 관찰 결과를 가장 잘 이해시켜 주는 설명을 탐구하는 것—이 등장하는 것을 본다. 퍼스가 지적했듯이 '이상한 사실'의 정체가 밝혀지면, 이 사실을 어떻게 설명할 수 있을까라는 의문이 고개를 든다. 경험상 동등한 가치를 지닐 수 있는 여러 가지 귀추들 가운데 어느 것을 선호해야 할

---

14. Hermann Bondi, *Cosmology*, 2nd ed.(London: Cambridge University Press, 1960), pp. 19-26.

까? 두 가지 요인이 특히 중요함을 확인할 수 있다. 그 두 요인은 첫째, 우주의 나이가 유한하다는 것이다. 이는 곧 별들이 발산한 빛의 양이 사람들이 예견했던 영향을 미치기에는 불충분하다는 것을 의미한다. 그리고 둘째, 우주의 팽창은 우주를 계속 커지게 하지만, 그와 동시에 별들이 내보내는 빛을 스펙트럼에 비춰 봤을 때 나타나는 색깔을 붉은 색 쪽으로 이동시킴으로써(적색 이동, red-shifting) 결국 그 별들의 전체 밝기를 감소시킨다(별은 그 색깔에 따라 나이를 가늠할 수 있는데, 파란 색 별은 젊은 별이고 노란 색 별은 그보다 나이든 별이며, 붉은 색 별은 가장 나이 든 별이다. 따라서 스펙트럼에 나타나는 그 별의 색깔 분포가 적색으로 옮겨 간다는 것은 그 별이 나이가 들어 간다는 뜻이다—역주).[15] (다시 말해 이제는 올버스의 역설을 밑받침하는 네 가지 가정 중 두 번째와 세 번째 가정을 옳지 않다고 본다.) 이런 점에서 별들은 유한한 생명을 가진다는 것, 따라서 빛을 영원히 내보내지 않는다는 것이 중요하다.

사물이 지금과 같은 상태로 존재하지 않았을 수도 있다는 깨달음은 이 사물들이 지금과 같은 상태로 존재하게 한 원인이 무엇일지 곱씹어 보게 만드는 중요한 촉매제다. 역사학이 사실에 반하는 논증들을 활용한다는 것은, 과학 탐구 영역에서 사실에 반하는 접근법을 가장 잘 받아들일 수 있는 곳이 생물의 진화 같은 역사의 중요한 구성 부분을 다루는 탐구 영역이라는 것을 알려 준다. 과거를 연구하는 것은 과학적 방법에 수많은 난제들을 안겨 준다. 예를

---

15. 일찍이 이런 요인들을 이야기한 글을 보려면, Paul S. Wesson, "Olbers's Paradox and the Spectral Intensity of the Extragalactic Background Light," *Astrophysical Journal* 367 (1991), pp. 399-406을 보라.

들어 유일무이한 사건은 유일무이하다는 정의 그대로 통제된 조건 아래에서 그 결과를 그대로 재생해 내는 것—통제된 조건 아래에서 결과를 그대로 재생해 내는 것을 과학적 방법의 본질을 이루는 요소로 보는 것이 통설이다—이 불가능하다. 그렇다면 이런 사건은 어떻게 연구할 수 있을까? 실제로 과학적 방법을 과거를 연구하는 데 응용할 수 있을까?

1976년 칼 포퍼(Karl Popper)는 다윈의 자연선택설이 엄밀히 말해 과학적 방법이라는 범주에 속한다고 할 수 있는가, 나아가 이 자연선택설이 성격상 진정 '과학적'이라고 말할 수 있는가라는 문제를 놓고 심히 주저하는 의견을 표명했다.[16] 그는 나중에 이 견해를 바꾸면서,[17] 지구 위에 있는 생명체의 진화 역사 같은 역사를 다루는 과학은 이런 과학이 내세우는 가설들을 검증할 수 있는 경우가 많기 때문에 순수한 과학의 성격을 가진다고 주장했다. 현재 과학계에서는 이 생각을 널리 받아들이고 있다.

그러나 일부 사람들이 과학적 방법의 본질 부분이라고 여기는 예견 능력을 놓고 보면, 생물학 분야는 지금도 특히 문제가 있다. 에른스트 마이어(Ernst Mayr, 1904-2005)는 생물학의 어떤 측면들은 예측을 상당히 어렵게 만드는 역사의 우연한 일들에서 영향을 받았다—이런 영향을 받은 것 가운데 가장 두드러진 것이 진화생물학이다

---

16. Karl R. Popper, *Unended Quest: An Intellectual Autobiography*(London: Fontana, 1976). 이 문제들을 개관한 글을 보려면, David N. Stamos, "Popper, Falsifiability, and Evolutionary Biology," *Biology and Philosophy* 11(1996), pp. 161-191을 보라.
17. Karl R. Popper, "Natural Selection and the Emergence of Mind," *Dialectica* 32(1978), pp. 339-355. *New Scientist* 87(August 21, 1980), p. 611에 있는 그의 서신을 더 읽어 보라.

—고 지적했다.[18] 생물학은 역사가 형성하며, 제 멋대로 일어나고 그 특성들을 예측할 수 없는 중대한 사건들과 실재들에 의존한다. 더욱이 생물의 발전은 독특한 개체들이 복잡하고 다양하며 변화무쌍한 환경과 주고받는 상호작용을 통해 일어난다. 이처럼 생물학은 새로운 발전을 예측한다고 말할 수 없다. 그러나 이런 생물학도 사람들이 이미 관찰한 것은 되돌아보며 설명할 수 있기 때문에(즉 이미 관찰한 것들은 과거의 일로서 설명할 수 있기에-역주) 과학의 성격을 가진다고 강력하게 주장할 수 있다.

그러나 우주 역사의 발전에서 발생하는 난제들은 여전히 남았다. 물리학이 말하는 힘들(물리력들)도 역사를 형성하는 일부 요인이지만, 우연히 일어나는 사건들도 역사를 형성하는 일부 요인이다. 우리는 우주의 기원이라는 문제에 관심을 가질 수도 있고 생물종의 멸종에 관심을 가질 수도 있다. 어떤 문제에 관심을 갖든지 우리는 결국 그 본질상 역사라는 성격을 가진 문제들에 대답해야만 한다. 이것은 즉시 사실에 반하는 추론으로 나아가는 길을 열어 놓는다. 이런 주장의 진실성을 의심하는 이들은 다음과 같이 완전히 사실에 반하는 문제를 깊이 생각해 보는 것을 좋아할지도 모른다. 백악기 3기(K-T)의 그 운석(혹은 소행성)이 지구와 충돌하지 않고 비껴갔다면 무슨 일이 벌어졌을까? 혹은 좀 간결한 이 질문을 더 자세히 이렇게 물어 볼 수 있겠다. 사람들이 6500만 년 전 백악기 3기에 일어

---

18. 특히 Ernst Mayr, *This Is Biology: The Science of the Living World*(Cambridge, MA: Belknap Press, 1997), pp. 64-78을 보라. 그가 이보다 앞서 내놓은 연구에도 몇 가지 중요한 성찰이 들었다. Ernst Mayr, *The Growth of Biological Thought*(Cambridge, MA: Belknap Press, 1982), pp. 58-59.

난 생물 대멸종 사건의 원인으로 널리 믿는 운석이 지구를 비껴갔다면 무슨 일이 벌어졌을까?[19]

신학 독자들은 이 질문이 일으키는 이슈들을 분석하기 전에 이 질문이 나온 과학적 배경을 너무 상세하게 다룬다고 느낄지도 모르겠다. 대다수 진화생물학자들은 진화 과정을 본질상 끊임없이 이어지는 과정으로 생각하길 좋아한다. 하지만 화석 기록이 분명하게 밝혀 주듯, 진화 과정에는 연속되지 않는 부분들이 있다. 화석 기록을 연구해 보면, 과거에 일련의 중대한 '대멸종'(mass extinctions)이 있었음을 알 수 있다.[20] 이 대멸종 가운데 가장 큰 것은 지금부터 대략 2억 5000만 년 전인 고생대 페름기와 트라이아스기 사이에 일어난 페름기-트라이아스기 대멸종이다. 사람들은 이때 지구 위에 사는 수중 생물 가운데 95퍼센트에 이르는 생물이 파괴되었으며 육상 생물 가운데 70퍼센트가 멸종되었다고 생각한다. 이런 대멸종이 일어난 원인은 아직도 밝혀지지 않았지만, 학자들은 재앙으로 말미암아 일어났다고 설명하는 견해(재앙 멸종설)와 점차적으로 일어났다고 설명하는 견해(점진 멸종설)를 제시했다.[21]

---

19. 원래 가설을 보려면, L. W. Alvarez, W. Alvarez, F. Asaro, and H. V. Michel, "Extraterrestrial Cause for the Cretaceous-Tertiary Extinction," *Science* 208(1980), pp. 1095-1108을 보라. 국제지층학위원회(International Commission on Stratigraphy)는 근래 '3기'(Tertiary)라는 말을 쓰지 말라고 권고했다. 이제는 문제가 된 대멸종 사건을 '백악기-고3기(古3期) 멸종'(Cretaceous-Paleogene extinction)으로 불러야 한다. 하지만 오래된 말이 더 친숙하기에 상당 기간 동안 이 말을 포기하기가 쉽지 않을 것 같다. 우리도 이 대목에서 예전부터 써 온 말을 그대로 쓴다.
20. 유익한 연구서인 Vincent Courtillot, *Evolutionary Catastrophes: The Science of Mass Extinction*(Cambridge: Cambridge University Press, 1999); 그리고 Michael J. Benton, *When Life Nearly Died: The Greatest Mass Extinction of All Time*(London: Thames & Hudson, 2003)을 보라.

공룡들은 6400만 년 전과 6600만 년 전 사이에 멸종되었다고 알려졌다. 사실 백악기 3기 이후에 존재하는 모든 생물 가운데 약 60퍼센트는 소위 '공룡 시대'와 '포유류 시대'를 가르는 선 이전에는 존재하지 않았다. 멸종한 생물 그룹 가운데 가장 유명한 것이 공룡이다. 그러나 당시 대멸종이 벌어졌을 때는 땅과 바다와 공중을 불문하고 사실상 지구 위에 사는 거의 모든 큰 척추동물들[여기에는 모든 공룡, 수장룡(首長龍, plesiosaurs), 바다도마뱀(mosasaurs), 익룡(翼龍, pterosaurs)들이 포함된다]이 멸종되었으며, 땅과 대양에 사는 많은 형태의 식물들, 그 중에서 특히 플랑크톤도 멸종되었다.[22] 그러나 다른 생물들은 살아남았다. 땅 위에서는 곤충들과 포유류, 새들, 그리고 꽃을 피우는 식물들이 살아남았고, 바다에서는 물고기와 산호, 연체동물들이 살아남았다. 이들은 백악기가 끝난 직후 크게 늘어나고 다양해지는 변화를 계속해 겪게 된다.[23]

그렇다면 이런 대멸종이 일어난 원인은 무엇인가? 우리는 이 특

---

21. 점진 멸종을 주장하는 이들이 제시하는 설명 중에는 바다에서 산소가 없어져 멸종이 일어났다는 설명이 있다. 반면 재앙 멸종을 주장하는 이들이 제시한 설명 중에는 운석 충돌이 있다. 가령 K. Kaiho et al., "End-Permian Catastrophe by a Bolide Impact: Evidence of a Gigantic Release of Sulfur from the Mantle," *Geology* 29(2001), pp. 815-818; L. R. Kump, A. Pavlov, and M. A. Arthur, "Massive Release of Hydrogen Sulfide to the Surface Ocean and Atmosphere during Intervals of Oceanic Anoxia," *Geology* 33(2005), pp. 397-400을 보라.
22. N. R. Ginsburg, "An Attempt to Resolve the Controversy over the End-Cretaceous Extinction of Planktic Foraminifera at El Kef, Tunisia Using a Blind Test: Introduction: Background and Procedures," *Marine Micropaleontology* 29(1997), pp. 67-68.
23. 가령 David Jablonski, "Geographic Variation in the Molluscan Recovery from the End-Cretaceous Extinction," *Science* 279(1998), pp. 1327-1330; Joel Cracraft, "Avian Evolution, Gondwana Biogeography and the Cretaceous-Tertiary Mass Extinction Event," *Proceedings of the Royal Society B* 268(2001), pp. 459-469을 보라.

이한 사건을 어떻게 설명해야 하는가? 우선 당장 우리가 인정해야 할 것은 아주 많은 설명을 만들어 낼 수 있다는 것, 그리고 그 가운데에는 엄밀히 해석하면 과학적 방법이라는 범주에 포함시킬 수 없는 것이 많다는 것이다. 근래 백악기 3기에 일어난 멸종을 다룬 연구들은 대부분 운석 혹은 심지어 작은 소행성이 이때 지구와 충돌했다는 이론에 초점을 맞추었다. 푸에르토 칙술루브(Puerto Chicxulub, 멕시코 유카탄 반도에 있는 곳이다. 마야어로 '칙'은 '벼룩'을, '술루브'는 '마귀'를 뜻한다-역주) 근처에 있는 마을 이름을 딴 칙술루브 크레이터는 이런 운석 혹은 소행성이 지구와 일으킨 거대한 충돌이 만들어 낸 것이라고 보는 것이 통설이다.[24] 폭이 대략 20킬로미터에 이르는 물체가 지구와 충돌하면서 멕시코 유카탄 반도 해저에는 폭이 150-200킬로미터에 이르는 달걀 모양의 크레이터가 만들어졌다. 사람들은 이 충돌이 재래식 폭탄 1억 메가톤의 폭발력과 같은 충격을 수 었을 것으로 추측한다. 이 충격은 거대한 지진해일을 만들어 내고, 어마어마한 먼지와 부스러기를 지구 대기 중으로 내보냈을 것이며, 이 때문에 광합성이 일어나지 않았을 가능성이 높다. 증발하면서 뜨거워진 이 부스러기들에는 자그마한 공 모양을 가진 유리와 이리듐이 포함되어 있었는데, 이 부스러기들은 대기권 위로 높이 올라가 지구 전체로 널리 퍼진 뒤 천천히 아래로 내려와 쌓였을 것이다. 황(sulfur)을 풍부하게 함유한 충돌 현장의 바위에서 산성비가 생겨났을 수도 있다. 그러나 이때 지구에 거대한 충격이 가해졌다는 강

---

24. Charles Frankel, *The End of Dinosaurs: Chicxulub Crater and Mass Extinctions* (Cambridge: Cambridge University Press, 1999).

력한 증거가 있긴 하지만, 그래도 이 충격이 생물 멸종이라는 사건을 일으킨 원인이었는지, 혹은 이미 멸종 과정이 진행되고 있었는데 때마침 그런 충돌이 일어난 것인지 명확하게 판단하기는 어렵다. 운석 충돌로 생물 멸종 패턴을 모두 설명하는 것은 불가능하다.[25]

우리는 백악기 3기에 일어난 대멸종 사건을 해명하는 설명을 더 언급하고 싶지 않다. 오히려 이 사건을 자연과학 안에서, 특히 우리가 심사숙고하는 문제들에 중요한 역사라는 차원이 존재할 경우, 사실에 반하는 생각을 해보는 접근법이 중요함을 강조하는 방편으로 사용하려고 한다. 이런 접근법은 우주론과 진화생물학 분야에서도 당연히 중요하다. 여기서 우리가 해야 할 사실에 반하는 질문은 이것이다. 만일 그 운석이 지구를 비껴갔다면 무슨 일이 벌어졌을까? 생명체들은 지금 우리가 알고 있는 것과 많이 달라졌을까?

우리는 자연과학에서 사실에 반하는 생각을 해 보는 것이 가지는 중요성을 탐구해 보았다. 이런 탐구는 흥미롭기도 했지만 사실은 자연신학과 관련해, 그리고 무엇보다 인간중심 현상들과 관련해 사실에 반하는 생각이 행하는 역할을 살펴보려는 사전 포석이었다. 앞으로 살펴보겠지만, 사실에 반하는 생각은 이런 인간중심 현

---

25. 여기에 포함시킬 수 있는 두 번째 요인이 거대한 화산 폭발이다. 사람들은 종종 인도 서부의 데칸 고원 용암 지대를 백악기 3기에 일어난 대멸종의 원인으로서 운석 충돌과 겨루는 이론으로 인용하곤 한다. S. Bhattacharji et al., "Indian Intraplate and Continental Margin Rifting, Lithospheric Extension, and Mantle Upwelling in Deccan Flood Basalt Volcanism near the K/T Boundary: Evidence from Mafic Dike Swarms," *Journal of Petrology* 104(1996), pp. 379-398을 보라. 데칸 고원 용암 지대는 대기 속으로 독가스를 내뿜었을 것이다. 이 때문에 산성비가 내리고 생물들이 말라 죽었을 것이며 대기 중에 산성 가스 농도도 늘어 갔을 것이다. 다시 한 번 말하지만, 화산 폭발 가설은 몇 가지 관찰 결과를 설명하는 데는 도움이 되지만 그외 다른 관찰 결과들을 설명하는 데는 도움이 되지 않는다.

상들이 가지는 신학적 중요성을 평가할 때 생산성이 높은 틀을 제공한다.

사실에 반하는 생각과 인간중심 현상들

근래 등장한 인간중심 현상 접근법들은 특정한 기본 상수들이 중요한 의미를 가진다고 강조했다. 이 상수들은 조금이라도 달라지면 인간이라는 존재의 등장에 중대한 영향을 미쳤을 것들이다. '정교한 조율'을 이렇게 이해하는 입장은 '수학에서 말하는 정교한 조율' (mathematical fine-tuning)과 엄연히 구분되는 것임을 강조하지 않을 수 없다. 사람들은 보통 헤르만 바일(Hermann Weyl)이 1919년에 처음 '수학에서 말하는 정교한 조율'을 주장했고, 뒤이어 아서 에딩턴 (Arthur Eddington)이 사색을 통해 이 '정교한 조율'을 확장했다고 생각한다.[26] 이 경우에 사람들은 세 숫자에 초점을 맞췄다. 10^{40}, 이는 두 양자 사이의 전자기력과 중력의 세기 비율이다. 10^{80}, 이는 우리가 눈으로 관찰할 수 있는 우주 안에 존재한다고 믿는 전체 양자 숫자다. 그리고 10^{120}, 이는 플랑크 상수(독일 물리학자 막스 플랑크가 열복사 이론에 도입한 상수로 양자론에서 중요한 역할을 한다—역주)의 배수로 표

---

26. 그 구분과 이런 구분이 가지는 중요성을 살펴보려면, Mark A. Walker and Milan M. Cirkovic, "Astrophysical Fine Tuning, Naturalism, and the Contemporary Design Argument," *International Studies in the Philosophy of Science* 20(2006), pp. 285-307을 보라. '수많은 우연의 일치들'(large number coincidences)을 알기 쉽게 논한 글을 보려면, John D. Barrow, *The Constants of Nature: From Alpha to Omega*(London: Vintage, 2003), pp. 97-118을 보라.

현한 우주의 활동이다. 폴 디랙(Paul Dirac)은 1937년에 이런 '우연의 일치들'이 우주의 심오한 구조가 지닌 어떤 특징으로서 우리가 아직 이해하지 못한 것을 보여 준다고 주장했다.[27] 그러나 로버트 디키(Robert Dicke)는 1961년에 그것이 관찰 선택 효과(observation selection effect)의 한 형태임을 보여 줌으로써 숫자를 이용한 사색에 사실상 마침표를 찍었다.[28] 인간이라는 관찰자들은 우주 역사의 한 지점에 자리해 있다. 이 지점은 별들이 만들어진 뒤이지만 아직 별들이 숨을 거두기 전에 해당하는 지점이다. 우리가 관심을 갖는 것은 소위 수학에서 말하는 정교한 조율이 아니라, 우주론에서 말하는 정교한 조율이다. 후자는 이 책 2부에서 다룰 수많은 현상들에서 분명하게 볼 수 있다.

천체 물리학의 관점에서 우주의 기본 상수들이 정교하게 조율되었음을 천명하는 표준명제 중에는 다음과 같은 사례들이 있다.

1. 만일 강한 결합 상수(strong coupling constant)가 조금이라도 더 작았다면, 우주 안에는 오직 수소라는 원자만이 유일하게 존재할 것이다. 우리가 아는 생명체의 진화는 본디 탄소의 화학 특성들에 의존한다. 때문에 일부 수소가 융합을 통해 탄소로 바뀌지 않았다면 생명체는 존재할 수 없었을 것이다. 반대로 강한 결합 상수가 조금이라도 더 컸다면(심지어 단 2퍼센트만

---

27. P. A. M. Dirac, "The Cosmological Constants," *Nature* 139(1937), pp. 323-324.
28. Robert H. Dicke, "Dirac's Cosmology and Mach's Principle," *Nature* 192(1961), pp. 440-441.

큼이라도 커진다면), 수소는 헬륨으로 바뀌었을 것이며, 결국 오랫동안 생명을 유지하는 별들이 만들어지지 않았을 것이다. 학자들은 이런 별들이 생명체의 등장에 필수불가결하다고 본다. 따라서 수소가 헬륨으로 바뀌었다면, 우리가 아는 생명체는 등장하지 않았을 것이다.

2. 만일 약한 미세 상수(weak fine constant)가 조금이라도 더 작았다면, 우주의 초기 역사에서 수소가 만들어지는 일은 일어나지 않았을 것이다. 그랬다면 결국 별은 하나도 생성되지 않았을 것이다. 반대로 약한 미세 상수가 조금이라도 더 컸다면, 초신성들(超新星, supernovae)은 생명체가 필요로 하는 더 무거운 원소들을 방출할 수 없었을 것이다. 어느 경우든 우리가 아는 생명체는 등장할 수 없었을 것이다.

3. 만일 전자기(電磁氣) 미세구조 상수(electromagnetic fine-structure constant)가 조금이라도 더 컸다면, 별들은 우리가 아는 형태를 가진 생명체를 유지하는데 충분한 온도에 이를 정도로 행성들을 충분히 덥혀 주지 못했을 것이다. 만일 그 상수가 더 작았다면, 별들은 너무 빨리 불타 없어져 생명체가 이런 행성들에서 진화하는 것은 불가능했을 것이다.

4. 만일 중력 미세구조 상수(gravitational fine-structure constant)가 조금이라도 더 작았다면, 별들과 행성들은 만들어질 수 없었을 것이다. 이 별들과 행성들을 이루는 물질들이 결합하는데 필요한 중력의 제약 때문이다. 만일 그 상수가 더 컸다면, 별들은 아주 빨리 불타 없어져 생명체의 진화도 불가능했을 것이다.

여기서 인식해야 할 중요한 점은 이 네 가지 표준명제들이 모두 각각 사실에 **반하는 것을 전제해** 이야기한다는 것이다. 우리는 이 상수들이 다른 값을 지닌 다른 세계들을 상상한 뒤, 이 세계와 우리가 실제로 알고 있는 세계를 비교해 보라는 요구를 받는다. 이 상수들 가운데 어느 것이라도 조금만 바뀌면 엄청나게 다른 결과들이 일어났을 것이다. 유신론자들은 이런 점들이 함축한 의미를 분명하게 간파한다. "하나님은 당신이 어떤 물리학을 고를지 결정하실 때 꼼꼼히 주의를 기울이셔야 했을 것이다."[29] 그러나 이 단계에서 우리는 특이한 관찰 결과들에 대한 설명을 제시하는 데는 관심이 없다. 심지어 우선 어떤 설명을 제시할 수 있는가 혹은 어떤 설명을 제시해야 하는가를 생각하는 것도 우리의 관심사가 아니다. 우리가 관심을 갖는 것은 중요한 의미를 가지는 것으로 보이는 우주의 특징들을 밝혀내는 것이다. 그 이유는 **그런 특징들이 지금과 달랐을 수도 있기 때문이다.** 그랬다면 결국 지금과 완전히 다른 우주가 등장했을 것이다. 어쩌면 이 모든 것 중에서도 가장 흥미로운 것은, 그런 특징들이 지금과 달랐을 경우, 그들이 관찰한 결과들이 가지는 중요한 의미를 성찰할 수 있는 관찰자가 아예 존재하지 않았을 수도 있다는 점일 것이다.

이제 우리는 인간중심 현상들을 평가하는데 사용할 수 있는 설명 틀에 무엇이 있을지 물어 봄으로써 이런 인간중심 현상들이 가지는 신학적 의미를 더 깊이 곱씹어 볼 수 있는 자리에 왔다.

---

29. John Leslie, *Universes*(London: Routledge, 1989), p. 63.

8장

히포의 아우구스티누스의 창조 견해
신학적 렌즈

"내가 해가 떴다고 믿는 것은 해가 뜨는 것을 보았기 때문이 아니라 뜬 해 덕분에 다른 모든 것을 보기 때문이다. 내가 기독교를 믿는 것도 그와 같다."[1] 앞서 인용했던 루이스의 이 말은 어떤 기독교 자연신학에도 아주 잘 어울리는 모토다. 기독교 자연신학은 차갑고 무심한 자연 관찰 결과에서 하나님이 존재하심을 연역해 내려는 시도가 아니라, 도리어 기독교 전통의 관점에서 자연을 봄으로써 삼위일체라는 안경으로 자연을 보고 해석하고 인식하는 작업으로 이해해야 하기 때문이다. 따라서 우리는 자연 안에서 일어나는 사건들과 존재하는 실재들이 하나님의 존재하심을 '증명한다'고 주장할 게 아니라 하나님의 존재하심과 일치한다고 주장해야 한다. 우리가 자연계 안에서 관찰하는 것들은 하나님을 바라보는 기독교의 시각이

---

1. C. S. Lewis, "Is Theology Poetry?" in *C. S. Lewis: Essay Collection*(London: Collins, 2000), pp. 1-21.

이야기하는 핵심 테마들과 조화를 이룬다.

이 접근법은 5장에서 말한 설명 통합 모델과 강력한 조화를 이룬다. 삼위일체 자연신학이 제시하는 특별한 스타일의 설명은 자연계와 관련된 일에 하나님이 직접 혹은 간접 원인 제공자임을 부인하지 않으면서도, 통일된 시각으로 실재를 바라보는 시각을 제공한다. 이런 시각 덕분에 우리는 자연계와 자연계 자체, 자연계와 하나님 사이의 상호관계 및 상호연관을 파악하고 인식할 수 있다. 이런 종류의 자연신학이 사물들을 이렇게 설명하면서도 그 자체로서 중요성을 갖는 것은 삼위일체 형이상학 그 자체에 중요한 정당성을 부여한다.

내가 「공개된 비밀」에서 제시한 자연신학 접근법은 이런 식으로 자연에 다가가는 접근법이 진선미(眞善美)를 궁구함으로써 자연이 가진 합리적·미학적·도덕적 측면들을 한편으로는 비판하면서도 다른 한편으로는 긍정하는 시각으로 인정할 수 있게 해주는 개념 틀을 제공할 수 있다고 강조한다. 이런 자연신학 이해는 자연이 가진 미학적·도덕적 차원을 드러내고 그 가치를 인정할 수 있는 잠재력을 갖고 있다. 하지만 현재 이루어지는 자연신학 작업은 자연신학이 가진 차원 중 오직 한 차원에만 집중하고 있다. 즉 우주가 지닌 합리성과 설명 가능성을 설명할 수 있는 의미 설명 작업으로서 중요한 역할을 한다는 점에만 자연신학 작업의 초점을 맞춘다. 자연신학은 다음과 같은 것들을 포함해 세계가 지닌 수많은 중요한 특징들을 궁구하고 설명할 수 있다.[2]

1. 우주에 분명 질서가 있다. 인간의 지성은 이런 질서를 알고 이해할 수 있다.
2. 풍성한 우주의 역사. 이는 곧 우주가 생명체가 등장할 수 있도록 정교하게 조율되어 있음을 시사해 주는 것이기도 하다.
3. 우주의 상호연관성. 이 때문에 우주는 개별 부분들의 집합 정도로 볼 수가 없다.
4. 세계 안에는 무질서와 질서가 공존한다.
5. 인간은 대개 초월자가 있음을 의식한다.

우리는 이미 '구원 경륜'이라는 맥락에 자리한 기독교의 창조 교리가 훌륭하고 풍부한 설명 능력을 가졌다고 언급했다(이 책 6장을 보라). 기독교의 창조 교리에 근거하면, 우주는 "우연성이 없으면 이해할 수 없고 이해할 수 없으면 우연성도 없는 것이 아니라, 본디 이해할 수 있고 본디 우연성을 가진 것"[3]이라고 생각할 수 있다. 그렇다면 이렇게 자연을 보는 방법(시각)은 어떻게 우리가 자연계의 여러 가지 복잡한 모습을 접촉할 수 있게 해줄까?

우리는 이 책 2부에서 종교의 시각이든 혹은 세속의 시각이든 실재를 바라보는 어떤 시각 속에 수용되어야 하는 몇 가지 '놀라운

---

2. 가령 John Polkinghorne, "Trinitarian Physics and Metaphysics," *Theology and Science* 1(2003), pp. 33-49. 폴킹혼은 서로 조금씩 다르면서 설명을 요구하는 우주의 여섯 가지 특징을 정리해 제시하면서, 삼위일체론이 이 특징들을 어떻게 설명하는지 간략하게 지적한다.
3. Thomas F. Torrance, "Divine and Contingent Order," in *The Sciences and Theology in the Twentieth Century*, ed. A. R. Peacocke(Notre Dame, IN: University of Notre Dame Press, 1981), pp. 81-97.

사실들'을 확인하고 평가해 보겠다. 이 책은 주로 신학자와 철학자들이 읽을 가능성이 높다. 그래서 나는 과학적 분석을 가능한 한 일반인도 쉽게 이해할 수 있게 제시하기 위해 노력하고, 과학 문헌에 익숙한 사람이라면 분명 제쳐놓을 수 있는 서론이나 설명에 해당하는 내용도 종종 포함시켜 이야기하려고 한다. 그럼에도 쉽고 간결하게 쓰기 어려운 제약들이 있고, 이런 제약들에 대해서는 독자들이 미리 알아 존중해 주었으면 한다.

그러나 우리는 자연 속에 존재하는 정교한 조율일 수 있는 사례들의 내용을 실제로 궁구하기 전에, 이런 현상들을 기독교의 관점에서 합당하게 '볼' 수 있게 해줄 해석 틀을 적어도 임시로라도 제시해야 한다. 우리는 이미 삼위일체 자연신학의 중요성과 풍부한 생산력을 강조했다. 이 자연신학은 자연계의 복잡하고 다양한 현상들을 설명할 풍부한 개념 자원을 제공할 수 있다. 그렇다면 삼위일체 신학에서 우리가 선호할 만한 특별한 형태는 무엇일까? 아래에서 나는 고전적 삼위일체 관점에서 실재를 바라보는 시각의 몇 가지 기본 특징을 이야기하려고 한다. 이 시각은 자연과학과의 소통을 발전시키고 풍성하게 해줄 잠재력을 갖고 있다. 히포의 아우구스티누스(354-430)는 서양 기독교에서 가장 존경받고 널리 인용되는 신학자다. 그는 사실상 이후 모든 세대에 걸쳐 신학 성찰과 활동에 커다란 지적 자극과 자원을 제공한 사람이다.[4] 아우구스티누스가 주장한

---

4. 아우구스티누스의 영향을 가장 훌륭하게 설명한 글을 보려면, 권위 있는 개설서인 Allan D. Fitzgerald, ed., *Augustine through the Ages: An Encyclopedia* (Grand Rapids: Eerdmans, 1999)를 보라.

창조 교리는 고전이다. 미래 세대들이 따를 규범을 확립하고 이 세대들에게 자원을 공급해 주었기 때문이다.[5] 아우구스티누스의 뒤를 이은 사람들은 자유롭게 그의 사상을 부연하고 변경하며 발전시켜 갔다.[6] 그럼에도 분명 아우구스티누스의 사상은 서양에서 기독교 신학 형성에 가장 생산성이 높고 중요한 영향을 끼친 것 가운데 하나였으며, 이는 지금도 변함이 없는 것 같다.

그러나 내가 개념상 풍성한 모습을 보이는 아우구스티누스의 접근법을 들고 나온 이유는 그 사상의 역사적 영향력과 풍성한 잠재력 때문만이 아니다. 그보다 더 큰 이유가 있다. 나는 일부러 근대 과학혁명이 등장하기 오래전—근대 과학혁명이 일어난 시대는 보통 1500-1700년으로 본다. 사람들은 종종 이 시대를 '근대 과학'과 그에 따른 제도들이 등장한 역사의 순간으로 본다[7]—에 존재했던 성경 정독(精讀) 결과와 기독교 전통에 비추어 자기 체계를 발전시킨 고전적 기독교 저술가를 골랐다. 그 이유는 이런 체계들이 어쨌든 근대 과학 지식에 맞춰 조정하거나 뜯어고친 것이라는 인상을 일

---

5. 여기에서는 T. S. Eliot, "The Idea of a Classic," in *Selected Prose of T. S. Eliot*, ed. Frank Kermode(London: Faber, 1975), pp. 115-131을 보라.
6. 토마스 아퀴나스가 아우구스티누스를 활용한 것은 이 점을 잘 보여 주는 예다. 고전적 연구인 Étienne Gilson, "Pourquoi Saint Thomas a critiqué Saint Augustin," *Archives d'histoire doctrinale et littéraire du moyen Age* 1(1926-27), pp. 5-127을 보라.
7. 물론 '과학 혁명' 시대를 언제로 볼 것이며 그 의미는 무엇인가를 놓고 상당한 논쟁이 있다. David C. Lindberg and Robert S. Westman, eds. *Reappraisals of the Scientific Revolution* (Cambridge: Cambridge University Press, 1990); Margaret Osler, ed., *Rethinking the Scientific Revolution*(Cambridge: Cambridge University Press, 2000)이 택한 시각들을 보라. 사실 이 다음 여섯 개 장에서 다룰 사상들은 거의 모두 다윈의 「종의 기원」 초판(1859년)이 나온 뒤 등장한 것이다. 이 초판이 나온 시기는 전통적으로 '과학 혁명' 시대로 여겨 온 시대보다 나중이다.

체 주고 싶지 않았기 때문이다. 철학과 신학 분야의 특정 이론들을 단지 데이터에 맞춰 임시변통으로 만들어 낸 것으로 의심하는 생각이 폭넓게 퍼져 있다. 피터 립턴이 지적했듯, 이 이론들은 '강요되었'거나 '날조된' 것일 때도 종종 있다.[8] 물론 사람들은 모든 이론이 관찰 결과에 대한 반응으로 나온 것이라고 생각한다. 그러나 성실함보다 지적 편리함을 좇는 편의주의 시각에서 계발해 낸 것으로 보이는 이론에 의심을 품는 이들이 많은데, 이런 의심은 당연한 것이다. 이런 이유 때문에 많은 과학철학자들은 예측(prediction)의 중요성을 강조하면서, 이 예측이 적합성(accommodation)보다 더 큰 지적 미덕이라고 주장했다. 그러나 이런 구분이 결국은 확증의 인식론(epistemology of confirmation)보다 극적 발견의 심리학(psychology of dramatic discovery)에 더 의존하고 있는 것처럼 보인다는 것을 올바로 지적한 이들도 있다.[9]

여기서 내가 말하려는 요지는 아우구스티누스가 우리에게 기독교 신앙에 깊이 뿌리를 내리고 있는 신학 패러다임들을 제공함과 동시에, 근대 과학 지식에 좌지우지되거나 종속당하지 않으면서 이 지식과 소통할 수 있는 길을 제공한다는 것이다. 아우구스티누스의 접근법이 근대 과학이 제시한 통찰을 수용할 능력을 가졌다고 해도 아우구스티누스 자신은 이 확실한 인식론상의 장점을 몰랐을 것

---

8. Peter Lipton, *Inference to the Best Explanation*, 2nd ed.(London: Routledge, 2004), pp. 164-177.
9. Christopher Hitchcock and Elliott Sober, "Prediction versus Accommodation and the Risk of Overfitting," *British Journal for Philosophy of Science* 55(2004), pp. 1-34. 히치콕, 소버, 립턴(주 8을 보라)은 모두 '약한' 형태의 예견주의(predictivism)를 지지한다.

이다. 우리가 '확증'으로 나아가는 접근법으로서 '역사적' 접근법과 '논리적' 접근법을 구분하는 앨런 머스그레이브(Alan Musgrave)의 견해를 받아들인다면,[10] 아우구스티누스의 접근법이 그가 저술 활동을 펼칠 당시 정작 그 자신도 알 수 없었거나 예견할 수 없었던 장점들을 가졌다는 것은 적잖이 중요하다. 우리는 이 책 마지막 부분에서 아우구스티누스의 접근법을 어떻게 확장하고 확대해 갈 수 있는지 생각해 볼 것이다. 따라서 지금 이 단계에서는 다만 그 접근법을 그 고유한 언어로 제시하려고 한다.

아우구스티누스의 창조 견해: 창세기 주석

사람들은 아우구스티누스가 주장한 창조 교리의 기본 요소들을 꼼꼼히 연구하고 타당하게 잘 이해했다.[11] 아우구스티누스의 창조 교리는 한편으로는 성경의 증언에 엄정한 근거를 두면서도, 다른 한편으로는 철학과 자연과학을 지배하는 흐름들이 절묘하게 결합해 만들어 낸 일련의 믿음을 표현한다.[12] 아우구스티누스는 창세기의 창조 내러티브를 다룬 주석을 적어도 네 개 집필했다.[13] 이 가운데 가

---

10. Alan Musgrave, "Logical versus Historical Theories of Confirmation," *British Journal for Philosophy of Science* 25(1974), pp. 1-23.
11. 탁월한 개관을 읽어 보려면, Simo Knuuttila, "Time and Creation in Augustine," in *The Cambridge Companion to Augustine*, ed. Eleonore Stump and Norman Kretzmann (Cambridge: Cambridge University Press, 2001), pp. 103-115을 보라.
12. Joseph T. Lienhard, "Reading the Bible and Learning to Read: The Influence of Education on St. Augustine's Exegesis," *Augustinian Studies* 27(1996), pp. 7-25.
13. 아우구스티누스가 이 본문들을 놓고 발전시켜 간 이해들을 살펴보려면, Yoon Kyung Kim, *Augustine's Changing Interpretations of Genesis 1-3: From "De Genesi contra*

장 의미 있고 큰 영향을 끼친 것은 그가 401년부터 415년 사이에 쓴 것으로 「창세기의 문자적 의미」(On the Literal Meaning of Genesis)라는 제목을 달고 있다.[14] 제목이 분명하게 알려 주듯, 아우구스티누스의 의도는 이 책을 창세기 본문의 '문자적'(literal) 주석으로 내놓는 것이었다. 그러나 그는 이 '문자적'이라는 말을 이 시대에 우리가 쓰는 의미가 아니라 당시 유행하던 '풍유적'(allegorical) 해석 방식, 곧 구약을 신약을 미리 보여 주는 책으로 보던 해석 방식과 반대되는 해석 방식을 나타내는 말로 사용했다. 아우구스티누스는 '문자적'이라는 말을 '저자가 의도한 의미'를 뜻하는 말로 이해했다. 아래에서 나는 아우구스티누스의 이 주석 본문을 꼼꼼히 읽어 본 결과를 제시하면서, 정교한 조율을 보여 주는 현상을 궁구할 때 이 주석이 드러내는 사상이 가지는 중요성을 고찰해 보겠다.

사람들은 아우구스티누스가 서방 신학 전통을 만들어 내는데, 특히 삼위일체와 교회 그리고 은혜에 관한 교리들과 관련해 큰 역할을 했다고 생각한다. 그러나 그가 기독교의 창조 교리 형성에 의미 있는 기여를 했다는 것은 자주 간과한다. 아우구스티누스는 창조 개념을 정립하는 데 매우 중요한 기여를 했는데, 그의 이런 개념 정립은 성경 내러티브를 토대로 기독교 전통 안에서 등장한 견해들

Manichaeos" to "De Genesi ad litteram"(Lewiston, NY: Edwin Mellen Press, 2006)을 보라.

14. 완전하고 성숙한 작품인 「창세기의 문자적 의미」(De Genesi ad litteram libri duodecim, 401-415)와 그 이전의 불완전한 작품인 「창세기의 문자적 의미: 미완결서」(De Genesi ad litteram imperfectus liber, 393-394)를 구분하는 것이 중요하다. 이번 장에서는 모두 완전하고 성숙한 작품을 참조했다.

과 당대 그리스 과학 및 그 시대를 지배하던 문화 흐름들이 주장한 견해들을 갈라놓았다. 신플라톤주의를 따르는 사상가들은 대부분 세계를 영원한 실재로 여겼다. 그러나 아우구스티누스는 개념 면에서 세계가 창조된 실재라고 강조했다. 하나님은 우주를 무(無)에서 창조하셨는데, 이는 그의 자유로운 행위였다.[15] 우주는 영원하지도 않고 필연도 아니다. 우주는 시간 속의 어느 특별한 순간에 시작된 우연한 실재다.

기독교의 이런 독특한 믿음은 신약성경에서 발견할 수 있고 교부들 역시 체계 있게 표현했지만, 기독교를 비판하는 이교도들은 이런 믿음을 바보 같다고 여겼다. 그 비판자 가운데 하나가 로마 황제 마르쿠스 아우렐리우스의 어의(御醫)로 일했던 클라우디우스 갈레누스[Claudius Galen(us), 129년경-200년경]였다.[16] 갈레누스는 창세기의 창조 기사가 세계가 이미 존재하지 않는 것으로부터 창조되었다는 것을 은연중에 암시한다고 주장하면서, 이것이 논리와 형이상학 면에서 말도 안 되는 엉터리라고 거부했다.[17] 여기서 갈레누스가 관심을 가진 개념은 하나님이 사전에 추론이나 예견 같은 행위를 일체 하지 않고 오직 의지에 따른 행위만으로 만물을 존재하게 하셨으며,

---

15. N. Joseph Torchia, *Creatio ex Nihilo and the Theology of St. Augustine*(New York: Peter Lang, 1999). 교부들 사이에서 이런 공감대가 등장한 내력을 알아 보려면, Gerhard May, *Creatio ex Nihilo: The Doctrine of "Creation out of Nothing," in Early Christian Thought*(Edinburgh: T & T Clark, 1995)를 보라.
16. Heinlich Schlange-Schöningen, *Die römische Gesellschaft bei Galen: Biographie und Sozialgeschichte*(Berlin: de Gruyter, 2003).
17. Roger K. French, *Medicine before Science: The Rational and Learned Doctor from the Middle Ages to the Enlightenment*(Cambridge: Cambridge University Press, 2003), pp. 53-54.

이 때문에 우리는 하나님을 본질상 자유의사에 따른 행위로 세계를 창조하신 분으로 생각해야 한다는 개념이었던 것으로 보인다.[18]

아우구스티누스는 세계가 무에서 존재하게 되었다고 역설함으로써 당대 문화와 철저히 반대되는 입장을 채택했으며, 덕분에 그는 그 시대의 고전 과학을 지배하던 지혜와 동떨어진 사람이 되었다. 그러나 아우구스티누스는 시간 자체도 피조 세계의 일부라고 주장함으로써 그 시대 과학과 더 멀어진 입장을 취한다. 아우구스티누스는 시간이 연속성을 갖는다는 주장(temporal continuum)을, 다시 말해 마치 시간의 흐름은 끝없이 이어지고 우주는 그 흐름의 어딘가에서 시작되었을 수 있는 것처럼 말하는 주장을 지지하지 않는다. 시간 자체가 피조 세계에 필수불가결한 부분이다. 아우구스티누스는 하나님을 어느 특정 순간에 피조물을 존재하게 하신 시간 속에 존재하는 분으로 보면서, '시간' 자체는 창조 이전에 존재했던 것처럼 혹은 창조가 끝없이 이어지는 시간 속에 자리한 어떤 특정 순간에 일어난 일처럼 생각할 수는 없다고 역설한다.[19] 아우구스티누스는 시간 자체도 피조 세계를 구성하는 한 요소로 봐야 하며, 그가 영원의 본질을 이루는 특징이라고 본 무시간(無時間, timelessness)과 다른 것으로 봐야 한다고 생각한다. 이 때문에 아우구스티누스

---

18. Galen, *De usu partium* 11.14. 더 자세한 설명을 읽어 보려면, Robert L. Wilken, *The Christians as the Romans Saw Them*, 2nd ed.(New Haven, CT: Yale University Press, 2003), pp. 83-93을 보라.
19. Augustine, *De Genesi ad litteram* 5.5.12. 이와 비슷한 생각을 다른 곳에서 찾아보려면, Augustine, *Confessions* 11.30.40을 보라. 더 널리 설명한 글을 보려면, Gilles Pelland, *Cinq études d'Augustin sur les débuts de la Genèse*(Paris: Desclée, 1972)를 보라.

는 창조 행위가 시간 속에서 일어났다고 묘사하기보다 시간이 창조되었다고(혹은 "시간과 함께 창조가 이루어졌다고") 이야기한다.[20] 시간은 피조 영역을 구성하는 특징으로서 그 창조주에게 여전히 의존한다. "우리가 피조물들의 관계를 이야기할 때는 '이전'과 '이후'를 말하지만, 하나님의 창조 행위에서는 만물이 동시성을 가진다."[21] 아우구스티누스는 창조 이전에 어떤 시기가 중간에 끼어 존재했다고 생각하지도 않고, 무한히 이어지는, 말하자면 '영원'에 해당하는 시기가 있다고도 생각하지 않는다. 영원은 시간이 없다. 시간은 피조 세계를 이루는 한 요소다. 따라서 시간은 하나님이 지으신 것들 가운데 하나이자 하나님을 섬기는 것들 가운데 하나로 생각해야 한다. 때문에 아우구스티누스는 "그렇다면 하나님은 우주를 창조하시기 전에는 무엇을 하고 계셨는가?"라는 질문에 우주 창조와 관련된 이야기에는 '이전'이라는 시간이 없다고 지적한다. 하나님은 시간 **안**에 존재하시는 분이 아니다. 시간은 피조 세계가 가지는 특징이다.[22]

'창조하셨다'(created)는 말도 설명이 필요하다. 아우구스티누스는 하나님의 창조 행위를 창조라는 최초 행위로 한정하지 않는다. 하나님의 만물 창조는 세계 창조는 물론이요 이 창조 행위로 말미암

---

20. 이 점을 더 상세히 탐구한 글을 보려면, Charlotte Gross, "Augustine's Ambivalence about Temporarily: His Two Accounts of Time," *Medieval Philosophy and Theology* 8(1999), pp. 129-148을 보라. 교부들이 시간의 영원성이라는 개념을 비판한 내용을 유익하게 설명한 글을 보려면, Harry A. Wolfson, "Patristic Arguments against the Eternity of the World," *Harvard Theological Review* 59(1966), pp. 351-367을 보라.
21. Augustine, *De Genesi ad litteram* 4.35.56.
22. Michael Lockwood, *The Labyrinth of Time: Introducing the University*(Oxford: Oxford University Press, 2005), p. 92.

아 피조 세계 안에 자리하게 된 인과법칙이 이후에 전개되고 발전해 가야 할 방향을 설정해 주는 일까지 아우르는 것으로 이해해야 한다. 그렇다면 창조에는 두 '순간,' 곧 창조라는 최초 행위와 이후에도 계속해서 섭리에 따라 피조물을 인도해 가는 과정에 해당하는 두 순간이 존재하는 셈이다.[23] 아우구스티누스는 창조를 과거 사건으로 생각하는 자연스러운 성향이 존재함을 인정하면서도 하나님을 지금 현재도 일하시면서 "당신이 처음 피조 세계를 세우실 때 피조물 안에 미리 마련해 두셨던 세대들"이 펼쳐질 수 있게 이 세대들을 보존하시고 이들이 나아갈 방향을 설정해 주신 분으로 인식해야 한다고 역설한다.[24]

아우구스티누스는 성경의 창조 기사들을 집회서 18:1에 비추어 해석해야 한다는 견해를 갖고 있다(대한성서공회에서 1999년에 내놓은 공동번역 성서 개정판은 집회서 18:1을 "영원히 살아계신 분이 온 우주 만물을 창조하셨다"로 번역했다—역주). 집회서의 이 구절은 하나님이 처음에 모든 것을 아울러 동시에 행하신 한 번의 창조 행위로 '만물을 함께' 창조하셨다고 말한다.[25] "하나님은 만물을 함께 만드시고, 이 만물을 시간 간격이 아니라 인과관계에 따른 연관성에 근거한 질서를 따라 배치하셨다."[26] 그렇다면 창조가 6일 동안 이루어졌다는 말은 무슨 뜻인가?[27] 아우구스티누스는 이 6일을 긴 시간을 뜻하는 기간으로

---

23. Augustine, *De Genesi ad litteram* 5.4.11.
24. *Ibid.*, 5.20.41-42.
25. *Ibid.*, 4.33.52. 집회서 18:1을 보라. "qui vivit in aeternum creavit omnia simul"(라틴어 불가타).
26. Augustine, *De Genesi ad litteram* 5.5.12: "operatus est omnia simul, praestans eis etiam ordinem, non intervallis temporum, sed connexione causarum."

해석하지 않는다. 그는 실제로 이 6일을 스스로 무언가를 깨닫게 해 주는 도구로(a heuristic device), 이 본문을 읽는 이들의 수준에 맞춰 적절히 기록해 놓은 본문으로 다룸으로써 하나님이 행하신 창조 과정에서 시간 순서라는 개념을 제거해 버린다. 만물은 적어도 어떤 의미에서는 우주가 등장하던 첫 순간에 이미 존재했다. 때문에 창조주의 입장에서는 굳이 6일이라는 시간을 밟아 가며 피조물을 차례차례 더해 갈 필요가 없었다.[28]

성경은 이 창조 내러티브에서 창조주가 6일 동안에 그의 일을 다 마치셨다고 말한다. 그리고 다른 곳에서는 그가 만물을 함께(*simul*) 창조하셨다고 말하지만, 이것은 모순이 아니다. 따라서 만물을 함께 창조하신 그 분이 이 만물을 엿새 혹은 이레 동안에 창조하셨다는 결론이 나온다. 아니면 차라리 만물을 한 날에 창조하시되, 창조 행위를 여섯 번 내지 일곱 번 반복하셨다고 말하는 것이 낫겠다. 그렇다면 이 내러티브는 왜 6일을 하루씩 구분해 차례차례 제시해야 했을까? 그것은 이 내러티브가 이런 식으로 차근차근 단계를 밟아 가며 이야기하지 않으면, "그가 만물을 함께 창조하셨다"는 말의 의미를 이해할 수 없는 사람들은 성경 전체가 말하는 의미를 이해하지 못하기 때문이다.

아우구스티누스는 창조를 삼위 하나님이 하신 일로 본다. 삼위

---

27. 그 전에 교부들이 이 문제를 논한 내용을 살펴보려면, Louis J. Swift, "Basil and Ambrose on the Six Days of Creation," *Augustianum* 21(1981), pp. 317-328; Rainer Henke, *Basilius und Ambrosius über das Sechstagewerk*(Basel: Schwabe, 2001)를 보라.
28. Augustine, *De Genesi ad litteram* 4.33.52.

하나님의 각 위격은 구분된 역할을 행하시는데,[29] 이는 널리 우주를 창조하실 때는 물론이요 특별히 인간을 창조하실 때도 마찬가지였다.[30] 이 테마는 아우구스티누스의 자연신학이 주장하는 가장 독특한 개념 가운데 하나인 **삼위일체의 흔적**(vestigia Trinitatis)의 근간을 이룬다.[31] 아우구스티누스는 피조 세계가 그 창조주를 증언하고 인간의 마음도 삼위일체 하나님께 기원을 두고 있기에, 창조주를 되비쳐 주고 인식할 수 있는 능력을 갖고 있다고 주장한다.[32]

아우구스티누스가 말하는 '씨앗 같은 원리들' 관념

아우구스티누스의 창조 설명 가운데 어쩌면 가장 중요한 요소일 수 있는 것이 그가 말하는 '**씨앗 같은 원리들**'(rationes seminales 혹은 rationes causales)이라는 관념이다.[33] 우리는 이미 아우구스티누스가 그 시대 자연과학에 대해 갖고 있던 지식도 그의 창세기 해석을 만

---

29. *Ibid.*, 1.6.12.
30. *Ibid.*, 3.19.29-20.32.
31. 아우구스티누스가 이 문제를 가장 완전하게 다룬 내용은 *De Trinitate* 15.5.7-8에서 발견할 수 있다. 이를 탁월하게 논한 Rowan Williams, "Sapientia and Trinity: Reflections on the *De Trinitate*," in *Mélanges T. J. Van Bavel*, ed. Tarsicius J. van Bavel, Bernard Bruning, and Mathijs Lamberigts(Leuven: Uitgeverij Peeters, 1990), pp. 317-332을 보라.
32. 이런 생각은 헬라 교부 저술가들의 글에서도 발견할 수 있다. 가령 David Bentley Hart, "The Mirror of the Infinite: Gregory of Nyssa on the *Vestigia Trinitatis*," *Modern Theology* 18(2002), pp. 541-561을 보라. 영국 르네상스 당시 이 개념이 등장했던 모습을 살펴보려면, Dennis R. Klinck, "*Vestigia Trinitatis* in Man and His Works in the English Renaissance," *Journal of the History of Ideas* 42(1981), pp. 13-27을 보라.
33. 이 관념의 지적 기원과 풍성한 생산력을 비롯해 이 관념을 가장 훌륭하게 설명한 글 가운데 하나를 보고 싶다면, Ernan McMullin, "Introduction," in *Evolution and Creation*, ed. Ernan McMullin(Notre Dame, IN: University of Notre Dame Press, 1985), pp. 1-58, 특히 pp. 8-16을 보라.

들어 낸 한 요인이라고 말했다. 가령 그가 하나님이 창조하신 인체의 요소들을 논하면서 당대 의학의 견해가 지닌 권위를 존중하고 인정한다는 것을 유념하기 바란다.[34] 아우구스티누스는 창조가 동시에 이루어졌다는 그의 생각을 다듬어 제시하면서, 어떤 질서 원리들이 피조 세계 안에 자리하고 있으며, 이 때문에 피조물들이 더 뒤 단계로 갈수록 적절한 형태로 발전했다고 주장했다.

이런 생각은 새로운 것이 아니었다. 그 이전의 그리스도인 저술가들은 창세기의 첫 번째 창조 내러티브가 땅과 바다가 생명체를 '냈다'고 이야기하는 것을 보고, 이것이 곧 하나님이 자연계에 생물을 탄생시킬 수 있는 능력을 부여하셨음을 가리킨다는 결론을 이끌어 냈다.[35] 아우구스티누스가 이 관념을 더 발전시키는 데 기여한 것은 강력한 은유였는데, **씨앗 같은 원리들**이라는 은유는 십중팔구 스토아학파 저술가들에게 빌려 온 게 틀림없다. 이 원리들은 우주가 시작할 때부터 존재해 온 것으로서, 각각의 원리 안에는 나중에 특정한 종류의 생명체로 발전해 갈 잠재력이 들어 있다.[36] 아우구스티누스는 창세기 1:12을 해석하면서 이 관념을 활용한다. 그는 땅이 스스로 사물들을 생산해 내는 힘 혹은 능력을 받았다는 것이 창세기 1:12의 의미라고 주장한다.[37]

---

34. Augustine, *De Genesi ad litteram* 7.13.20.
35. McMullin, "Introduction," 12.
36. 설명을 읽어 보려면, Maryanne Cline Horowitz, "The Stoic Synthesis of the Idea of Natural Law in Man: Four Themes," *Journal of the History of Ideas* 35(1974), pp. 3-16을 보라.
37. Augustine, *De Genesi ad litteram* 5.4.11.

성경은 땅이 인과율을 따라(*causaliter*) 곡물과 나무들을 냈다고 말했다. 이는 땅이 그것들을 낼 힘을 받았다는 뜻이다. 하나님은 장차 땅에 존재하게 될 것을 처음부터, 곧 '시간의 뿌리'라고 불러도 될 법한 때에 창조하셨다.

아우구스티누스는 조건들이 합당할 때 성숙한 형태로 등장할 때까지 땅 속에 숨어 존재하는 실재들의 역할을 더 일반적인 명제로 천명했는데, 씨앗이라는 이미지는 그가 이 명제를 밑받침할 때 끌어다 쓸 수 있는 적절한 비유를 그에게 제공했다. "실제로 씨앗들 속에는 내가 지금 묘사하는 것과 같은 어떤 모양이 존재한다. 미래에 이루어질 발전들이 그 씨앗들 안에 저장되어 있기 때문이다."[38] 또 이 씨앗이라는 이미지 덕분에 아우구스티누스는 만물이 동시에 창조되었다는 7의 강조점을 견지하면서도, 하나님이 당신의 섭리를 통해 그렇게 창조된 잠재적 실재들이 이후에 현실 속에서 실제로 나타날 수 있게 인도하실 수 있다는 주장을 덧붙여 제시할 수 있었다.[39] 이를 우연으로 치부하는 사람들이 있을지도 모르지만, 신자들은 이를 섭리로 여긴다.[40] 그러나 아우구스티누스는 이 **씨앗인 원리들**의

---

38. *Ibid.*, 6.6.11.
39. *Ibid.*, 5.23.44-46. 특별히 아우구스티누스가 씨앗을 힘이자 어떤 결과를 가져오는 원인력이라고 강조함을 유념하라. "in semine ergo illa omnia fuerunt primitus, non mole corporeae magnitudinis, sed vi potentiaque causali." 세계의 영원성을 반박하는 중세의 신학 논증이 창조와 보존에 호소한 것을 살펴보려면, Richard Cross, "The Eternity of the World and the Distinction between Creation and Conservation," *Religious Studies* 42(2006), pp. 403-416을 보라.
40. Augustine, *De Genesi ad litteram* 5.21.42-22.43. 앨빈 플랜팅가는 진화가 자연이 전개되는 과정들을 거쳐 이루어졌다고 보는 견해들을 '이신론에 준하는 견해'(semi-Deist)라고 주장

'씨앗'이 우리가 보통 사용하는 의미의 '씨앗'이 아님을 강조했다. 씨앗이라는 관념은 스스로 무언가를 깨닫게 해주는 것으로서, 잠재되어 있는 것들을 현실로 드러내주는 자연 속의 힘을 가리키는 어려운 신학 개념을 눈으로 보듯이 이해할 수 있게 해주는, 부정확하면서도 도움이 되는 수단을 제공한다.[41]

아우구스티누스가 주장하는 요지는 하나님이 잠들어 있는 일련의 다양한 잠재적 실재들을 완전히 갖춘 세계를 창조하셨으며, 이 잠재적 실재들은 장차 하나님의 섭리를 통해 현실로 나타난다는 것이다. 창조를 하나님이 말 그대로 이미 존재하는 세계 속에 미리 만들어 두신 새로운 종류의 식물들과 동물들을 집어넣으신 일로 생각하는 이들이 있을지 모르겠지만, 아우구스티누스는 이런 생각이 성경 전체의 증언과 부합하지 않는다며 거부한다. 오히려 하나님은 맨 처음 순간에 인간을 포함해 나중에 세상에 등장하게 될 모든 생물들을 함축한 잠재적 실재들을 창조하신 분으로 생각해야 한다. 아우구스티누스는 이를 설명할 때 사람이 나무 창조를 어떻게 이야기할 수 있을지 생각해 보는 방식을 취한다.[42]

한다. 하나님을 그런 과정들을 인도하시는 분으로 여기지 않기 때문이다. 분명 아우구스티누스는 이런 비판을 받을 대상이 아니다. Alvin Plantinga, "When Faith and Reason Clash: Evolution and the Bible," *Christian Scholar's Review* 21(1991), pp. 8-33을 보라. 이 논문을 비판하면서, 특히 (1)이 논문이 진화론을 제시한 내용, 그리고 (2)이 논문이 철학 면에서 암시하는 것들을 예리하게 비판한 글을 보려면, Ernan McMullin, "Plantinga's Defense of Special Creation," *Christian Scholar's Review* 21(1991), pp. 55-79를 보라.

41. Augustine, *De Genesi ad litteram* 6,6,10-11; 4,16,27: "alia quadam notitia colligitur inesse in natura quiddam latens."
42. *Ibid.,* 5,23,45.

그때 씨앗 속에는 눈에 보이지 않지만 때가 되면 나무로 자라 갈 모든 것이 들어 있었다. 그러므로 우리가 그 세계(즉 하나님이 지으신 첫 세계-역주)를 그려 볼 때는 하나님이 만물을 함께 만드셨을 때 만들어진 만물이 그 씨앗 안에 그 씨앗과 함께 있었던 것으로 보아야 한다.…아울러 (이 씨앗 속에는) 아직 시간이 경과하지 않아 등장하지 않지만 땅이 **인과율을 따라 만들어 낼 수 있는**(potentialiter atque causaliter) 것들이 들었다.

아우구스티누스가 이 비유를 설명할 때 주로 호소한 것은 분명 잠재성(잠재적 실체, potentiality)이라는 관념이다. '씨앗'이라는 이미지는 처음에 이루어진 창조가 그 안에 장차 등장할 모든 생물 종류들의 잠재적 실재를 담고 있었음을 암시한다. 아우구스티누스는 이 비유를 극단까지 밀어붙여 이 씨앗들을 땅속에 들어 있는 씨앗들처럼 처음 창조 안에 들어 있던 독립된 물체들로(as distinct physical entities) 이해해야 한다고 말하지 않는다. 오히려 그는 이 씨앗들을 잠자고 있는 '가상'(假想)의 실재들로서 자연계가 적합한 때가 되면 적합한 방식으로 등장하게 할 수 있는 것으로 인식한 것 같다.[43]

그렇다고 이것이 하나님이 세계를 완성되지 않은 모습으로 혹은 완벽하지 않은 모습으로 창조하셨다는 말은 아니다. "하나님은 처음에 당신이 원인들 속에 세워 놓으신 것들을 이후에 결과들 속에서 다 이루셨기 때문이다."[44] 하나님의 창조는 현실로 나타난 실재

---

43. *Ibid.*, 6.10.17: "Sed etiam ista secum gerunt tamquam iterum seipsa invisibiliter in occulta quadam vi generandi, quam extraxerunt de illis primordiis causarum suarum, in quibus creato mundo, cum factus est dies, antequam in manifestam speciem sui generis exorerentur, inserta sunt."

들로부터 잠재적 실재들까지 미치며, 이 모든 것은 다 첫 창조 행위 때 주어진 것들이다.[45]

하나님은 처음에 이것들을 만드셨다. 그때 그분은 세계를 지으셨고, 장차 임할 시대들에 드러날 만물을 동시에 지으셨다. 이 만물은 그들의 고유한 본질을 완벽하게 갖추었다. 때가 되면 그들은 이 고유한 본질로 말미암아 그들이 할 역할을 얻는다. 만물은 인과율을 따라 그들 안에 이미 존재하지 아니한 것은 아무것도 가지지 않는다. 하지만 그들은 막 시작했을 뿐이다. 그들 안에는 말 그대로 미래에 완전한 형태를 갖출 씨앗들이 있기 때문이다. 만물의 이 완전한 형태는 지금은 감춰져 있는 만물의 상태로부터 나타날 것이요, 적절한 때에 밝히 드러날 것이다.

아우구스티누스는 이 발전 과정을 만물의 창조주의 의지를 반영하는 기본 법칙들이 지배한다고 선언한다. "하나님은 존재하는 것들의 종류와 특질을 만들어 내고 이것들을 감춰짐으로부터 끄집어내어 완전히 드러낼 과정을 지배하는 고정 법칙들을 세우셨다."[46]

아우구스티누스가 천명한 **씨앗 같은 원리들**이라는 교리는 당연히 그가 성경을 주해한 결과가 주된 근거였겠지만, 적어도 어느 정도는 그가 이전에 이 문제를 놓고 행했던 철학적 성찰도 이 교리를 형성하는 요인이 되었다. 하지만 이 '씨앗들'이 어떻게 발전해 가는

---

44. *Ibid.*, 6.11.19.
45. *Ibid.*, 6.11.18.
46. *Ibid.*, 6.13.23.

가에 관한 그의 이해를 결정한 것은 그 시대의 자연과학이었다. 우리는 아우구스티누스가 지금 우리가 '종의 고정성'(fixity of species, 생물종들은 창조 때부터 현재와 같은 형태로 확정되었으며 진화 가능성은 존재하지 않았다고 보는 견해-역주)으로 부르곤 하는 것을 단단히 신봉하는 모습을 발견하는데, 이것은 전혀 놀라운 일이 아니다.[47]

물질세계를 이루는 원소들은(원리들은) 각 사물이 할 수 있는 것과 할 수 없는 것, 그것으로 행할 수 있는 것과 행할 수 없는 것을 결정하는 고정된 힘과 특질을 갖고 있다. 때가 되면 나타나는 만물은 이 원소들에서 유래하고 발전해 가며, 그들의 종류대로 끝을 맞이하고 해체된다. 따라서 콩은 밀에서 나오지 않고 밀 역시 콩에서 나오지 않으며, 인간이 소에서 나오지 않고 소도 인간에서 나오지 않는다.

아우구스티누스가 다른 지적 대안들을 딱 잘라 거부한 것은 그역시 그 시대 역사에 묶인 사람이었기 때문이다. 아우구스티누스도 단지 자신이 뿌리내리고 있던 문화가 과학을 바라본 시각에서 개념을 빌려 온 경우에는 정녕 그의 후계자들이 바로잡아야 하는 실수들을 저지르고 만다.

아우구스티누스는 그 시대 문화를 지배하던 개념인 종의 고정성을 전제로 텍스트에 접근했으며, 이 점에서 그에게 걸림이 되는 것을 그 텍스트 안에서 전혀 발견하지 못했다.[48] 그러나 아우구스티누

---

47. *Ibid.*, 9.17.32.
48. 아리스토텔레스에게도 이와 비슷한 설명들을 붙인다. 아리스토텔레스가 쓴 생물학 작품들을

스가 그 시대 과학의 권위와 소통한 방식들, 그리고 그의 사사로운 체험은 적어도 이 점에서 그의 견해에 과학계를 지배하는 의견에 비추어 바로잡을 여지가 있다는 것을 시사한다.[49] 아우구스티누스는 성경을 해석하는 사람이 특정한 성경 해석 패턴에 사로잡히거나 매이지 말아야 한다고 강조했다.[50]

흐릿하고 우리 눈에 보이지 않는 문제들은 물론이요 심지어 우리가 성경에서 발견하는 문제들에서도, 우리가 받은 믿음에 따른 편견이 없는 경우에도 가끔은 서로 다른 해석들이 나올 수 있다. 이 경우에 우리는 진리를 탐구하는 과정을 더 밟아 가면 한쪽에 치우친 입장은 필경 무너지고 말 것이며, 우리도 이와 더불어 추락하고 말 것이라는 마음을 품고 무조건 맹렬하게 돌진해 한쪽에 치우친 입장을 취하는 일을 하지 말아야 한다. 다툼이 일어난다면 성경의 가르침 때문이 아니라 우리 자신의 가르침 때문이다. 우리가 우리의 가르침이 성경의 가르침과 일치하길 바란다면,

---

수정해 읽는 이들은 그가 말한 '종의 고정성'(현대 용어로 표현한 것이다)이나 '종류들의 영원성'(eternity of kinds, 아리스토텔레스 자신이 쓴 말)이라는 개념이 적어도 어떤 형태의 진화론을 수용할 여지를 갖고 있었다고 주장한다. 그러나 아리스토텔레스는 그의 주변 세계에서 자신이 말한 개념이 그런 개념이라는 증거를 전혀 찾지 못했다. James G. Lennox, Aristotle's *Philosophy of Biology: Studies in the Origins of Life Science*(Cambridge: Cambridge University Press, 2001), pp. 131-159에서 논한 것을 보라.

49. 그렇다고 이것이 아우구스티누스가 인간이 하나님이 주신 영혼을 소유하고 있다는 점과 연결해 인간의 정체성을 다룬 커다란 논의를 피하는 것은 아니다. 가령 Augustine, *De Genesi ad litteram* 7.1.1을 보라. 아우구스티누스의 견해를 탁월하게 설명한 글을 보려면, Robert J. O'Connell, *The Origin of the Soul in St. Augustine's Later Works*(New York: Fordham University Press, 1987)를 보라.

50. Augustine, *De Genesi ad litteram* 1.18.37. Tarsicius van Bavel, "The Creator and the Integrity of Creation in the Fathers of the Church," *Augustinian Studies* 21(1990), pp. 1-33, 특히 pp. 1-2의 설명을 보라.

성경의 가르침이 우리의 가르침과 일치하기도 바랄 것이다.

아우구스티누스는 증거가 몇 가지 해석 가능성을 계속 열어 놓는데도 해석자가 고정된 몇몇 성경 해석 패턴에 갇혀 버릴 가능성이 있다고 분명하게 우려한다. 그러면서 그는 기존 성경 해석에 집착하는 것이 미래에 그 성경 해석을 바로잡는 것을 가로막는 선입견이 되지 않도록 주해에 제약을 두는 것이 중요하다고 강조한다.[51]

아우구스티누스는 자신이 천명한 원리를 온전히 일관되게 적용하지 못했다. 그는 분명 자신이 그 시대의 건전한 과학이라고 여겼던 것들을 그가 심리학적 관점에서 삼위일체를 비유한 것들 속에 통합시켰으며,[52] 종의 고정성도 받아들였다. 그러나 그가 천명한 원리는 건전하다. 책임 있게 적용하기만 한다면 이런 성경 해석 접근법은 기독교 신학이 과학을 모르던 때의 세계관에 결코 갇히지 않게 해줄 것이다. 예를 들어 코페르니쿠스와 갈릴레오가 주장한 견해를 둘러싸고 논쟁이 벌어진 것은 성경 해설이 자연과학을 전혀 설명하지 않은 것도 한 이유였다는 주장이 가끔씩 나온다. 그러나 그 논쟁이 일어난 것은 바로 이전 세대의 신학자와 철학자들이 일시성을 지닌(영원성을 갖지 않은, provisional) 과학의 자연 설명에 지나치게 많은 비중을 두었기 때문이다. 그것이 더 합당한 해석이다. 그런 신학자와 철학자들은 과학의 진보에 발맞춰 그들의 생각을 발전

---

51. Augustine, *De Genesi ad litteram* 2.18.38.
52. Boghos Levon Zekiyan, *L'interioriso Agostiniano: La struttura onto-psicologica dell' interioriso Agostiniano e la "Memoria sui"* (Genoa: Studio Editoriale di Cultura, 1981)를 보라.

시켜 가지 않았다. 중세의 많은 저술가들은 아리스토텔레스식 성경 읽기(지구를 우주의 중심으로 본 천동설을 말한다-역주)에 갇혀, 이런 식으로 성경을 읽는 것을 결코 도전을 허용하지 않는 거룩한 전통의 일부처럼 여겼다. 과학의 진보는 때때로 이전 세대 성경 주해가들이 일시성을 지닌 과학 이론들을 성경 해석 속에 통합시켜 그들의 의도와 상관없이 그 이론들에 종교적 도그마의 지위를 부여했다는 것을 잔인하게 폭로한다.

그런 점에서 아우구스티누스가 말한 **씨앗 같은 원리들**이라는 개념은 그가 창세기의 창조 내러티브를 다룰 때 등장한 일련의 골치 아픈 문제들에 신학적으로 생산적인 대답을 제공한다. 그 두 내러티브를 서로 어떻게 조화시킬 수 있었을까? 또 그 두 내러티브와 성경이 하는 다른 말들을 어떻게 조화시킬 수 있을까? 아우구스티누스는 그가 취한 접근법 덕분에 창세기의 첫 번째 창조 내러티브를 이미 그 안에 장차 더 발전해 갈 원인인 자원들을 함유한 첫 물질들을 즉시 동시에 존재하게 한 일을 묘사한 것으로 해석할 수 있었다. 이어 두 번째 내러티브는 이렇게 인과율을 따라 실현될 가능성을 갖고 있었던 것들이 이후 역사 속에서 시간이 흘러가는 동안 실제로 땅에 등장하게 된 일을 제시한다. 아우구스티누스는 **씨앗 같은 원리들**이라는 관념을 사용한 덕분에 하나님이 만물을 동시에 지으셨다고 선언하면서도, 그와 함께 다양한 종 혹은 종류의 생물들이 특정할 수 없는 시간(아마도 긴 시간이었을 것이다)이 흘러가는 동안 점차 등장하게 되었다고 말할 수 있었다.[53] 더욱이 아우구스티누스는 이런 접근법을 취한 덕분에 우주의 기원을 씨앗들과 이 씨앗들이 잠들어 있는 잠재력을 갖고 있다는 비유를 사용해 독특하게 설명할 수 있었다. 이런 설명은 하나님이 주신 능력을 따라 더 발전해 갈 수 있는 힘을 가진 것으로 자연 영역을 묘사했다.

이 접근법은 분명 상상력과 지적 풍성함을 갖고 있다. 우리는 이 책 뒷부분에서 그 점을 더 깊이 탐구할 것이다. 지금 이 단계에서는 이 접근법을 이 책 2부를 지배하는 테마, 곧 우주는 처음 존재하게 되었을 때부터 장차 인간을 존재할 수 있게 해줄 잠재력을 갖고 있었던 것으로 보인다는 것을 알려 주는 렌즈 정도로 제시하겠다. 우리는 이 주제를 이어질 장들에서 더 상세히 다룰 것이다.

아우구스티누스의 접근법을 받아들이다

그러나 아우구스티누스와 진화론의 시가에서 자연계를 바라보는 접근법의 연관성을 간과할 수는 없다. 역사를 살펴볼 때, 아우구스티누스의 접근법이 대체로 시들어 버린 이유 중에는 중세에 아리스토텔레스주의가 떠오른 것도 한몫했다. 이 아리스토텔레스주의는 자연계에 깊이 박혀 있는 인과율이라는 관념을 주로 하나님이 자연에 존재하는 2차 원인들을 통해 일하신다는 식으로 재해석하게 만들었다.[54] 윌리엄 페일리의 「자연신학」(1802)에서 분명하게 볼 수 있

---

53. 아우구스티누스는 시간을 하나님이 지으신 세계의 일부로 보았기 때문에, 그의 전체 창조 교리 속에서 시간이 하는 역할을 잠재적 실재가 현실로 나타남(actualization of potentiality) 속에 통합할 수 있었음을 유념해야 한다.
54. 토마스 아퀴나스가 이런 개념을 발전시켜 간 모습, 그리고 이 개념이 진화론적 생물학 접근법의 틀로서 가진 잠재력을 살펴보려면, William E. Carroll, "Craetion, Evolution, and Thomas Aquinas," *Revue des questions scientifiques* 171(2000), pp. 319-347을 보라. 아

듯, 자연의 물질과 생물이 고정성을 가진다고 강조하는 것은[55] 생물의 발전이나 등장이나 진화라는 관념—그러나 아우구스티누스의 체계에서는 이런 관념을 실제로 상당히 쉽게 수용할 수 있다—을 일체 타당하지 않은 것으로 여긴다는 것을 의미했다. 그러나 르네상스 때도 여전히 아우구스티누스가 설파한 관념을 선택 가능한 지적 대안으로 여기는 이들이 많았으며, 그가 말한 개념을 다양한 방식으로 표현했다.[56] **씨앗 같은 원리들**이라는 개념은 다양한 연금술 서적과 신비주의 서적들에 수용되어 통합되었다. 하지만 이런 서적들 가운데 일부는 활력론자(vitalist)의 생물학 접근법을 택했는데,[57] 이는

퀴나스는 **씨앗 같은 원리들**이라는 개념을 포기하지는 않았지만, 이 개념을 적용할 때 제한을 두었다. 가령 Vivian Boland, *Ideas in God according to Saint Thomas Aquinas: Sources and Synthesis*(Leiden: Brill, 1996), pp. 264-266을 보라. 우인론(偶因論, occasionalism, 정신과 육체 사이의 모든 상호작용은 신이 매개한다고 보았던 형이상학 이론이다. 16세기 후반에 데카르트의 형이상학 쪽에서 나온 이론이다—역주)이라는 문제는 두 번째 인과율을 둘러싼 스콜라 학파의 논의를 복잡하게 만들었다. 탁월한 연구인 Alfred J. Freddoso, "Medieval Aristotelianism and the Case against Secondary Causation in Nature," in *Divine and Human Action: Essays in the Metaphysics of Theism*, ed. Thomas V. Morris(Ithaca, NY: Cornell University Press, 1988), pp. 74-118을 보라. 그러나 바뇨레지오의 보나벤투라(Bonaventura of Bagnoregio, 1221-1274) 같은 다른 중세 저술가들은 아우구스티누스가 말한 **씨앗 같은 원리들** 이론을 그대로 유지하면서, 물질이 그 자체 안에 아직 덜 발달하고 불완전한 상태이긴 하지만 장차 그것이 가질 수 있는 형태의 뿌리를 함유하고 있다고 주장했다. 더 자세한 내용은 José de Vinck, "Two Aspects of the Theory of the *Rationes Seminales* in the Writings of Bonaventure," in *S. Bonaventura 1274-1974*, vol. 3, *Philosophia*(Grottaferrata: Collegio S. Bonaventurae, 1973), pp. 307-316을 보라.

55. 이 개념이 스웨덴 식물학자 린네(1707-1778)가 제시한 분류법의 근간을 이룬다. 하지만 린네는 나중에 종들이 고정되어 있고 변할 수 없다는 생각을 버렸다. 그는 한 종류(genus)에 속한 종들(species) 가운데 일부, 그리고 어쩌면 대다수가 세계가 창조된 뒤에 혼합(교배, hybridization)이라는 과정을 거쳐 등장했을지도 모른다고 주장했다. 린네가 주장한 이 혼합 개념의 이론상 난점을 고찰한 글을 보려면, Brian G. Gardiner, "Linnaeus's Species Concept and His Views on Evolution," *The Linnean* 17(2001), pp. 24-36을 보라.
56. 모든 것을 망라해 철저히 다룬 연구서인 Hiro Hirai, *Le concept de semence dans les théories de la matière à la Renaissance: De Marsile Ficin à Pierre Gassendi*(Turnhout: Brepols, 2005)를 보라.

더 정통에 가까운 과학의 방향으로 발전해 갈 수 있음을 증명해 보인 것이었다. 그래서 이 개념은 17세기와 18세기의 영국 자연철학에서도 중대한 역할을 했다.[58]

아우구스티누스는 성경 해석, '올바른 이성'에 호소한 논리, 그리고 당대 과학 지식을 창조에 관한 그의 신학적 성찰에 융합했는데,[59] 그 성찰 결과는 다음과 같이 요약할 수 있다.

1. 하나님은 만물을 특정한 한 순간에 존재하게 하셨다.
2. 피조 세계의 일부는 그 안에 깊이 박혀 있는 인과율(embedded causalities) 형태를 띠었는데, 이것은 나중에 어떤 단계에 이르면 등장하거나 진화한다.
3. 이런 발전 과정은 하나님의 섭리에 따른 인도라는 맥락에서 일어나는데, 이 사실은 창조 개념에 대한 올바른 이해와 떼려야 뗄 수 없게 연결된다.[60]

---

57. 가령 William R. Newman, *Atoms and Alchemy: Chemistry and the Experimental Origins of the Scientific Revolution*(Chicago: University of Chicago Press, 2006), pp. 146-148을 보라.
58. Peter R. Anstey, "Boyle on Seminal Principles," *Studies in History and Philosophy of Science C* 33(2002), pp. 597-630을 보라. 씨앗 같은 원리들과 활력론을 연관 지은 것은 무익한 일이었으며, 이 개념을 불신케 하는 불필요한 결과를 낳았다. Justin E. H. Smith, ed., *The Problem of Animal Generation in Early Modern Philosophy*(Cambridge: Cambridge University Press, 2006)를 보라.
59. 아우구스티누스의 접근법을 곱씹어 본 글을 보려면, Lienhard, "Reading the Bible and Learning to Read"; Michael C. McCarthy, "'We Are Your Books': Augustine, the Bible, and the Practice of Authority," *Journal of the American Academy of Religion* 75(2007), pp. 324-352을 보라.
60. 이 점은 하나님이 **완성을 향해 가고 있는**(in fieri) 사물들과 **존재하는**(in esse) 사물들의 원인이시라는 말로 바꿔 말할 수 있다. 데카르트가 이런 구분을 한 것을 살펴보려면, Daniel Garber, "How God Causes Motion: Descartes, Divine Sustenance, and Occasionalism,"

4. 잠들어 있는 씨앗이라는 이미지는 이렇게 깊이 박혀 있는 인과율을 나타내는 비유로 적절하긴 하지만 정확하지는 않다.
5. 이렇게 잠들어 있는 씨앗들의 발생 과정은 결국 생물 형태의 고정성을 드러낸다.

앞에서 네 가지 점은 모두 아우구스티누스가 성경을 읽어 낸 결과에서 유래한 것들이다. 다섯 번째는 아우구스티누스가 자신의 체험과 당대 과학의 공감대에 비추어 자명한 진리라고 보았던 것을 표현한 것이다. 아우구스티누스가 종의 고정성을 신봉한 것은 신학적 해석에 따른 확고한 선언이 아니라 체험에 따른 잠정적 판단으로 보는 것이 가장 합당하다. 아우구스티누스가 계속해 일관되게 강조했듯, 성경 해석이 당대 과학의 견해를 좇아 이랬다저랬다 한다면, 오늘 잠시 과학계가 공감하는 견해가 내일 바뀔 경우 결국 성경 해석 결과도 손상을 입을 수 있는 위험이 존재한다.[61] 다윈주의 논쟁이 일어난 것은 이처럼 경솔하게 아리스토텔레스의 과학을 기독교 성경 해석에 통합시켜, 과학이 아리스토텔레스에 도전한 것을 성경에 도전한 것으로 사람들이 오해하게 만든 것도 한 원인이었다. 다윈이 말한 종의 진화 관념이 도전한 대상은 성경 자체가 아니라 성경을 들여다보고 읽어 내는 렌즈였다.

Journal of Philosophy 84(1987), pp. 567-580을 보라.
61. 보수 개신교 신학자이자 근대 미국 복음주의 안에서 두드러진 중요성을 가진 존재로 널리 인정받는 벤저민 워필드(Benjamin B. Warfield)도 이와 비슷한 점을 강조했다. David N. Livingstone and Mark A, Noll, "B. B. Warfield(1851-1921): A Biblical Inerrantist as Evolutionist," *Isis* 91(2000), pp. 283-304을 보라.

이처럼 아우구스티누스가 창조를 놓고 제시한 신학적 설명은 과학의 언어로 바꿔 적을 수 있다. 과학의 묘사가 가진 본질 및 수준과 신학의 묘사가 가진 본질 및 수준은 사뭇 다르다. 그러나 과학과 신학을 각기 서로 영향을 주고받지 않는 교도권(敎導權, 혹은 절대불가침 영역, magisteria)으로 여겨,[62] 지적 측면에서 고립되어 서로 소통하지 않는 것으로 생각하는 것은 큰 잘못이다. 자연과학과 기독교 신학은 같은 언어를 사용하지 않지만 분명 이들 사이에는 관심사가 겹치는 영역이 있다. 이는 결국 한편으로는 상대에게 지적 풍성함을 더해 주면서도 다른 한편으로는 다툼을 벌일 수 있는 가능성을 낳는다. 일부 사람들은 경계를 장벽으로 보지만, 나는 그 경계를 대화하고 탐구할 수 있는 장소로 본다. 아우구스티누스가 천명하는 말들이 가끔은 그 시대를 지배하던 공감대를 반영하긴 해도, 그는 자신의 신학 원리들을 뚜렷한 과학적 명세늘로 바꿔 말하지 않았다. 오히려 아우구스티누스는 그의 후계자들에게 기독교의 창조 교리와 관련된 일련의 신학 원리를 물려주었으며, 이 신학 원리는 우리가 살아가는 이 시대의 과학적 세계관과 잠정적인 상관관계를 맺을 수 있는 능력을 갖고 있다. 나는 그런 상관관계가 현저히 긍정적이고 유익하다는 것이 드러나고 있음을 지적해 두고 싶다.

이제 우리는 우주의 역사라는 풍성한 파노라마에 관한 근래의 이해들로 관심을 돌려 보겠다. 이 우주의 역사는 자연신학을 다룬

---

62. Stephen Jay Gould, "Nonoverlapping Magisteria," *Natural History* 106(1997), pp. 16-22의 견해다. 더 충실한 설명은 Stephen Jay Gould, *Rocks of Ages: Science and Religion in the Fullness of Life*(London: Jonathan Cape, 2001)에서 발견할 수 있다.

어떤 설명에서도 아주 중요한 의미를 가진다. 아우구스티누스가 5세기에 내놓은 해석 틀은 우리가 이어서 살펴볼 정교한 조율을 명백하게 보여 주는 증거들을 더 곱씹어 볼 수 있는 유익한 실마리를 제공한다. 우리는 먼저 우주의 기원에 관한 근래의 고찰들을 살펴볼 것이다.

II부
정교한 조율

Fine-Tuning: Observation and Interpretations
관찰과 해석

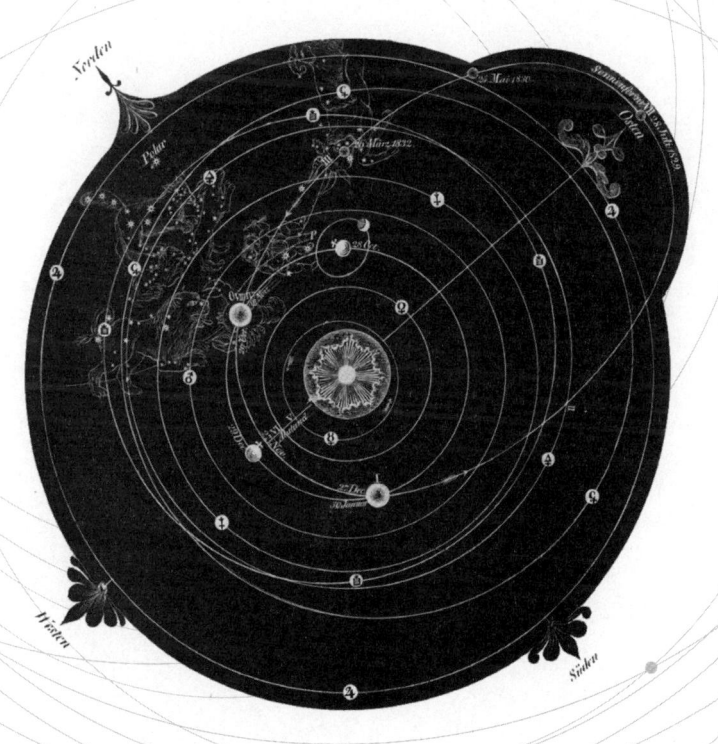

9장

태초에
우주 상수

우주론은 자연과학에서 가장 매력 있는 영역 가운데 하나다. 특별히 우주론 사색에서 생겨나는 철학적·신학적 질문들 때문이다. 우주론은 몇 가지 점에서 특이한 과학인데, 특히 우주론의 중심 관심사가 어떤 유일무이한 사건(a singularity), 곧 우주의 기원이라는 문제와 관련되었기 때문이다. 우리는 우주가 처음 생성될 당시의 조건들을 보통 형태의 과학 실험들처럼 만들어 낼 수 없다. 또 우주의 아주 먼 영역 혹은 우주의 아주 이른 시간과 관련된 현상들을 관찰할 수 있는 능력에도 여러 제약이 있다.[1] 더욱이 우리는 '우주'와 '관찰할 수 있는' 우주를 조심스럽게 구분해야 한다. 그 이유는 특히 관찰 결과들을 훼방하는 **선택 효과**(selection effects)라는 문제

---

[1] 이와 관련된 한 가지 문제는 우리 지역의 상황이 우주 전체와 어떻게 관련을 맺고 있는가다. George Ellis, "Cosmology and Local Physics," *International Journal of Modern Physics* A17(2002), pp. 2667-2672을 보라.

때문이다.² 예를 들어 어떤 종류의 물질은 아주 적은 복사 에너지를 내보내기 때문에 그 에너지를 흡수해 그 물질을 알아내기가 쉽지 않다. 그래서 유명한 **암흑 물질 문제**(dark matter problem)가 발생한다. '암흑 물질'은 '보이지' 않는다. 암흑 물질의 존재는 은하의 회전곡선들(rotation curves of galaxies)처럼 중력의 효과들에서 추론해 낸다. 그렇다면 우리가 실제로 볼 수 있는 것이 우주의 전형적인 모습일까? 이 문제에 대답하려면 암흑 물질의 특질과 이 물질의 범위를 알아야 하는데, 현재 우리는 이들 가운데 어느 것도 잘 이해하지 못한다.

이런 여러 가지를 생각해 볼 때 과학적 방법의 개념을 어떤 공식처럼 정립해 표명하는 데는 여러 가지 난점이 있다. 가령 과학은 유일무이한 사건—다시는 반복할 수 없는 독특한 사건—을 다루고 싶다는 소망을 품을 수 있을까? 일부 사람들이 방법론상 자연주의의 근간을 이룬다고 주장하는 근본 원리, 모든 사건에는 자연적 원인(natural causes)이 있다는 근본 원리는 어떤가? 1965년에 밀턴 머니츠(Milton Munitz)는 과학적 방법이 시공간에서 일어나는 모든 사건의 원인은 시공간에서 일어나는 다른 사건들을 전제한다고 주장했다.³

---

2. Chung-Pei Ma and Edmund Bertschinger, "A Cosmological Kinetic Theory for the Evolution of Cold Dark Matter Halos with Substructure: Quasi-Linear Theory," *Astrophysical Journal Letters* 612(2004), pp. 28-49.
3. Milton K. Munitz, *The Mystery of Existence: An Essay in Philosophical Cosmology*(New York: Appleton-Century-Crofts, 1965). 더 자세한 것은 Michael F. Martin, *Atheism: A Philosophical Justification*(Philadelphia: Temple University Press, 1990), pp. 105-106; Quentin Smith, "Causation and the Logical Impossibility of a Divine Cause," *Philosophical Topics* 24(1996), pp. 169-191을 보라.

그래서 그는 과학적 방법과 처음에 일어난 유일무이한 사건은 조화를 이룰 수 없다는(inconsistent) 결론을 내렸다. 때문에 그는 "우주의 시작을 이야기하는 개념은 어떤 것이든 옹호할 수 없는 개념"이라고 주장했다. 그러나 이것은 과학적 방법을 조금 혼동하고 설명한 것이다. 이 설명은 형이상학적 선입견이 좌지우지한 것으로 보인다. 경험적 과학적 방법은 늘 자연적 원인을 탐구하며, 오직 비경험적 형이상학적 자연주의(nonempirical metaphysical naturalism)에서만 그 원인을 발견할 수 있다고 주장한다.[4] 예상할 수 있듯이, 우주의 기원을 둘러싼 토론이 극렬한 논쟁이 되었던 것은 바로 찬반양론이 모두 유신론 입장에서든 무신론 입장에서든 다양한 형이상학적 주장들을 제시하는 것으로 보였기 때문이다.

우주의 기원을 설명하는 빅뱅 이론의 등장

우주의 기원과 발전에 관한 우리의 이해는 20세기에 들어 극적 변화를 겪었다.[5] 20세기의 첫 20년은 우주가 정지 상태에 있다는 가설이 지배했다. 이 가설 덕분에 알베르트 아인슈타인은 사람들이 나

---

4. 이를 올바로 언급한 것이 Rem B. Edwards, *What Caused the Big Bang?*(Amsterdam: Rodopi, 2001), pp. 112-113이다.
5. 우리가 우주의 기원을 이해해 온 역사를 개관한 작품들에는 Martin J. Rees, New Perspectives in Astrophysical Cosmology, 2nd ed.(Cambridge: Cambridge University Press, 2000); Edward R. Harrison, *Cosmology: The Science of the Universe*, 2nd ed.(Cambridge: Cambridge University Press, 2000)가 있다. 그 역사 배경을 살펴보려면, Helge Kragh, *Conceptions of Cosmos: From Myths to the Accelerating Universe; A History of Cosmology* (Oxford: Oxford University Press, 2007)를 보라.

중에 그의 인생에서 가장 큰 실수 가운데 하나로 여기는 잘못을 저질렀다. 1915년, 아인슈타인은 열 쌍으로 이루어진 비선형 부분 미분 방정식을 내놓았다. 지금은 '아인슈타인 장 방정식'(Einstein field equations)으로 알려진 이 방정식은 그가 주장한 일반상대성 이론의 몇 가지 기본 특징을 제시한다.[6] 그의 방정식들을 푼 결과는 우주가 정지해 있는 게 아니라 팽창하고 있음을 알려 주었다. 자신의 이론이 당시 학계를 지배하던 정태우주론(靜態宇宙論)과 명백히 일치하지 않는다는 데 깜짝 놀란 아인슈타인은 자신의 장 방정식에 억지로 만들어 낸 항(項, term)—지금은 이 항이 **우주 상수**로 알려져 있다—을 추가함으로써 자기 이론을 정태우주론에 맞추었고, 이를 통해 우주는 팽창하지도 수축하지도 않는다는 우주론 모델을 정립했다.[7] 그러나 만일 아인슈타인이 자신이 처음에 제시한 방정식을 충분히 확신했다면, 그는 우주가 팽창한나는 관찰 증거가 나오기 오래전에 이미 자신의 이론을 토대로 우주가 팽창하거나 수축하고 있다는 것을 **예견했을** 것이다.[8]

---

6. 쉽게 읽을 수 있게 소개한 책을 보려면, Amir D. Aczel, *God's Equation: Einstein, Relativity and the Expanding Universe*(London: Piatkus, 2000)를 보라.
7. 아인슈타인 자신은 이 항을 실제로 '우주론 항'(cosmological term)이라고 불렀다. 더 근래에 들어와 사람들은 이 항을 진공에너지 밀도(vacuum energy density)와 관련지어 해석했다.
8. 우주 상수가 0이 아닌 값을 가지는가라는 문제는 여전히 미해결로 남았다. 가령 Martin J. Rees, *Just Six Numbers: The Deep Forces That Shape the Universe*(London: Phoenix, 2000), pp. 95-99을 보라. 어쩌면 아인슈타인은 자신이 지워 버린 우주 상수가 새로운 생명을 찾은 것을 알고, 더욱이 그것이 우주가 정지 상태에 있기 때문이 아니라 팽창하기 때문이라는 것을 알고 당연히 깜짝 놀랐을 것이다. 알렉산드르 프리드만(Alexander Friedmann)과 아베 조르주 르메트르(Abbé Georges Lemaître)는 허블의 관찰 결과가 나오기 전에 아인슈타인의 장 방정식에서 팽창이라는 해답을 찾아냈다. 프리드만의 성과를 알기 쉽게 설명한 글을 보려면, Eduard A. Tropp, Viktor Y. Frenkel, and Arthur D. Chernin, *Alexander*

1920년대에 들어와 우주가 실제로 팽창하고 있음을 알려 주는 증거가 나타나기 시작했다.[9] 이때까지만 해도 사람들은 대체로 밤하늘에서 관찰할 수 있는 성운들(nebulae) — 안드로메다자리에 있는 M31이나 오리온자리에 있는 M42 같은 것들 — 이 은하수(Milky Way)의 일부이며, 우리가 속한 태양계도 이 은하수 안에 자리해 있다고 추측했다(물론 모든 사람이 그렇게 추측하지는 않았다). 에드윈 허블(Edwin Hubble)은 캘리포니아 윌슨 산에 새로 세운 100인치짜리 망원경으로 관찰한 결과를 토대로 이런 것들(즉 안드로메다자리에 있는 M31이나 오리온자리에 있는 M42 같은 것들—역주)이 우리가 속한 은하와 다른 은하이며 우리 은하에서 아주 멀리 떨어진 곳에 있다고 주장했다. 허블은 스펙트럼에 나타나는 이 은하들의 적색 이동을 토대로 연구를 진행해, 어떤 두 은하 사이의 거리가 멀면 멀수록 그들이 서로 멀어지는 속도도 더 커진다는 주장을 내놓을 수 있었다. 우주는 팽창하고 있었다. 팽창 속도는 더 커지고 있었으며, 팽창에서 수축으로 돌아설 가망성도 분명 없어 보였다.

당시에는 이런 주장이 받아들이기 힘든 생각이었다. 이런 주장은 우주가 틀림없이 엄청나게 압축된 첫 상태로부터 발전해 왔다는 것 — 다시 말해 우주에 시작이 있다는 것 — 을 시사하는 것처럼 보였기 때문이다. 그러나 허블의 이런 주장은 단지 주장으로서 관찰 결과를 설명하는 한 가지 방식에 불과했다. 달리 생각하는 것도 틀림

A. Friedmann: The Man Who Made the Universe Expand(Cambridge: Cambridge University Press, 1993)를 보라.

9. 탁월한 연구를 보려면, Robert W. Smith, *The Expanding Universe: Astronomy's "Great Debate," 1900-1931*(Cambridge: Cambridge University Press, 1982)를 보라.

없이 가능했다. 1948년에 프레드 호일(Fred Hoyle)과 몇몇 사람들은 '정상' 우주론('steady state' theory of the universe, 우주가 계속 팽창하긴 하지만 우주의 평균 밀도는 늘 변함이 없다는 이론—역주)을 펼쳐 보였다. 이 우주론은 우주가 비록 팽창하고 있기는 하지만 우주에 시작이 있었다고 말할 수는 없다고 주장했다. 물질이 끊임없이 만들어져 우주 팽창으로 생겨나는 빈 공간들을 채워 주기 때문이라는 것이 이 우주론의 주장이었다.

1960년대 들어와 견해가 바뀌기 시작했는데, 무엇보다 우주배경복사(cosmic background radiation)를 발견한 것이 주된 원인이었다. 1965년, 아노 펜지어스(Arno Penzias)와 로버트 윌슨(Robert Wilson)은 뉴저지의 벨 연구소(Bell Laboratories)에서 실험용 극초단파 안테나(microwave antenna)로 연구 작업을 하고 있었다. 그들은 몇 가지 어려움을 겪었다. 그들은 안테나 방향을 어느 쪽으로 돌려도 쉭쉭 소음을 내며 불쑥 끼어드는데 도통 제거할 수 없는 불청객인 히싱 잡음을 발견했다. 처음에 그들은 이 현상을 안테나 위에 둥지를 튼 비둘기들이 안테나 전파를 방해하기 때문이라고 설명했다. 그런데 새들을 강제로 제거해 버린 뒤에도 쉭쉭 소리는 여전히 이어졌다.[10]

이 골치 아픈 배경의 쉭쉭 소리가 지닌 엄청난 의미를 완전히 인식하는 것은 시간 문제였다. 랠프 알퍼(Ralph Alpher)와 로버트 허먼(Robert Herman)은 1948년에 그 소리를 우주에서 일어난 첫 폭발—뜨거운 '빅뱅'—의 '잔광'(殘光, afterglow)으로 이해할 수 있다는 주장

---

10. 이 이야기는 Jeremy Bernstein, *Three Degrees above Zero: Bell Laboratories in the Information Age*(New York: Scribner's, 1984)가 들려 주는 이야기다.

을 제시했다.[11] 이 열복사는 그 근원은 알 수 없지만 절대온도 2.7K 상태에서 우주 공간을 제멋대로 돌아다니는 광양자들(photons)에 해당하는 것이었다. 이 배경복사는 다른 증거들과 더불어 우주에 시작이 있다는 것, 그리고 그 때문에 반대설인 정상 우주론에는 심각한 난점들이 있다는 것을 증명하는 중대한 증거 역할을 했다.[12]

그 뒤로 과학계에서는 표준우주론 모델의 기본 요소들이 분명하게 밝혀져 이 요소들이 폭넓은 지지를 확보하게 되었다. 물론 아직도 심각한 논쟁이 벌어지는 영역이 있다. 하지만 학자들은 이 모델이 관찰 결과와 가장 잘 일치한다는 데 널리 동의한다.[13] 이제 과학자들은 우주가 약 140억 년 전에 생겨났으며, 그 뒤로 계속해서 팽창해 식고 있다고 믿는다. 이 이론을 뒷받침하는 가장 중요한 두 가지 증거는 우주 극초단파 배경복사와 빅뱅 직후에 결합한 빛의 핵들[수소, 중수소(重水素, deuterium), 그리고 헬륨 같은 것들]이 상당히 풍부하다는 사실이다.[14] 이는 결국 우주의 기원이 어떤 유일무이한 사건이라는 것—결코 되풀이할 수 없고, 따라서 일부 사람들이 과학적 방법의 특징이라고 주장하는 정확한 실험 분석이 불가능한 독특한 사

---

11. 빅뱅은 본디 아베 조르주가 1927년에 '최초 원자'(primordial atom)라고 불렀던 것이다. 1948년에 이르러 랠프 알퍼, 로버트 허먼, 그리고 조지 가모프(George Gamow)가 '뜨거운 빅뱅'이 배경복사의 원인이라는 것을 알게 되었다. '빅뱅'이라는 말 자체는 그때까지 우주론을 지배하던 '정상' 우주론을 앞장서서 옹호하던 프레드 호일이 새로운 접근법을 모욕하는 말로 만들어 낸 것이다.
12. 탁월한 논의를 읽어 보려면, Steven Weinberg, *The First Three Minutes: A Modern View of the Origin of the Universe*(New York: Harper, 1993)를 보라.
13. Douglas Scott, "The Standard Cosmological Model," *Canadian Journal of Physics* 84(2006), pp. 419-435.
14. 이 이론을 살펴보려면, R. B. Patridge, *3K: The Cosmic Microwave Background Radiation* (Cambridge: Cambridge University Press, 1995)을 보라.

건이라는 것—을 인정할 수밖에 없음을 인식시켜 준다.

표준우주론 모델

대체로 표준우주론 모델은 다음과 같은 형태를 취하는데, 사람들은 종종 이것을 '시대'[혹은 '대'(代), eras]나 '세대'[혹은 '세'(世), epochs]라는 말로 표현한다. 우주 역사에서 처음으로 등장한 극적 순간은 '플랑크 시대'(Planck era)라 불리는 것으로서, 5×10^{-44}초 동안 이어졌다. 이 유별나게 짧은 시간 동안, 우주의 온도는 $1.4 \times 10^{32} K$였다. 이때 우주는 매우 빽빽하고 밀도가 높아서 실제로 일어난 일들을 이론으로 제시하기에는 여러 가지 난점이 있었다.[15] 끈 이론(string theory)은 10차원 내지 11차원이 있었을 수 있으며, 그 가운데 오직 넷만이 팽창해 우리가 존재하는 4차원의 시공간이 되었고, 나머지는 그들이 처음에 지녔던 아주 작은 플랑크 차원들을 유지했다고 주장한다. 이 짧은 기간 동안에는 양자중력효과(quantum gravitational effects)가 지배했으며, 나중에 자연의 네 가지 기본 힘이 되는 것들—중력, 전자기력, 강한 핵력, 약한 핵력—은 전혀 구분되지 않았다. (마찰력 같은 다른 힘들은 원자들 사이에서 벌어지는 전자기 상호작용에서 생겨나기 때문에 물리학의 기본 힘으로 여기지 않는다.)

우주가 팽창하고 식어 감에 따라 다양한 과정이 일어나기 시작했다. 우주는 급속히 팽창하던 시기에 10^{-32}초당 10^{35}배씩 커져 원자

---

15. Alfio Bonanno and Martin Reuter, "Cosmology of the Planck Era from a Renormalization Group for Quantum Gravity," *Physics Review D*65(2002), 043508(p. 20)을 보라.

보다 더 작은 입자에서 대략 포도알 크기 정도까지 커졌다. 우주가 자라 감에 따라 처음에 동질성을 가졌던 작은 출발점들이 중력으로 인해 커지면서 은하 크기의 구조물이 생성되기 시작했다. 물질들이 별을 포함해 덩어리들을 만들어 내기 시작했으며, 이 때문에 별의 핵 안에서 핵융합 과정이 일어났고, 이는 결국 성간물질(星間物質, interstellar medium)의 화학 구성을 풍성하게 만드는 결과로 이어졌다.

이 단계에서 중요한 관찰 결과를 짚고 넘어가야 한다. 빅뱅은 다양한 화학 원자를 만들어 내지 않았다. 첫 우주를 지배한 조건들은 수소와 헬륨과 적은 양의 리튬을 만들어 냈다. 이 셋은 가장 가벼운 원자들이다.[16] 그러나 더 무거운 원자들을 만들어 낼 열핵반응 과정(thermonuclear processes)은 이런 조건 아래에서는 일어날 수 없었다. 산소와 마그네슘과 규소(silicon)와 철과 황—지구라는 덩어리의 96퍼센트를 구성하는 화학물질들이다—은 엄청난 양의 별 물질(stellar material)이 결합해 별들을 만들어 내고, 이 별들이 그 핵 안에서 열핵반응을 시작할 수 있을 때까지 만들어질 수 없었다.[17]

정교하게 조율된 우주

앞에서 개관한 우주 내러티브를 꼼꼼히 살펴보면, 이 우주 내러티브의 형태와 결과물을 매우 중요한 몇 가지 요인들이 결정했음을

---

16. 적은 양의 중수소, 더 무거운 수소 동위원소(isotope)도 이 단계에서 만들어진 것으로 알려졌다.
17. Peter D. Ward and Donald Brownlee, *Rare Earth: Why Complex Life Is Uncommon in the Universe*(New York: Copernicus, 2003), pp. 38–43.

알 수 있다. 분명 자연계에는 어떤 변하지 않는 속성과 자연계를 구성하는 기본 요소들이 있다. 이것들은 자연계를 구성하는 거의 모든 사물들의 총량과 구조를 필수불가결한 것으로 만들어 준다. 별과 행성 같은 천체들의 크기는 아무렇게나 결정된 것도 아니고 점진적인 선택 과정의 결과물도 아니다. 그것은 단지 자연에 존재하는 다양한 힘들의 서로 다른 크기들을 나타내는 것일 뿐이다. 그렇다면 우리는 마음속으로 누군가가 기계를 하나 고안해서 우주의 몇 가지 기본 속성들이 가지는 값들—예를 들어 약한 핵력 같은 값—을 바꿀 수 있게 하고, 그 값들이 우리가 실제로 관찰한 값들과 심히 달라지면 (적어도 이론상으로나마) 무슨 일이 일어나는지 살펴볼 수 있는 실험을 상상해 볼 수 있다. '정교한 조율'이라는 말은 종종 그렇게 마음속으로 상상해 보는 실험들에서 등장하는 가능성의 범위가 좁은 경우를 가리키는 말로 사용한다. '정교한 조율'이라는 말을 놓고 다소 논쟁이 있다는 점도 말해 두지 않을 수 없다. 어떤 우주 기본 상수들의 값과 우주가 처음에 가졌던 조건들의 특질은 생명체가 그 안에서 발전해 갈 수 있는 특별한 종류의 우주를 등장케 하는데 결정적인 역할을 한 것으로 보인다. 이 '정교한 조율'이라는 말은 분명 하나님이 정교한 조율자이심을 지지하지만, 이 책에서는 이 말을 중립적 의미를 가진 말로서 우리가 사는 우주가 탄생하려면 우주 기본 상수들이 취하지 않으면 안 될, 놀라울 정도로 한정된 범위의 값들을 가리키는 말로 사용하겠다.

몇몇 이정표들을 주목해 봐야 한다. 1973년 배리 콜린스(Barry Collins)와 스티븐 호킹은 물리 상수들(physical constants)이 가질 수 있는 모든 값 가운데 오직 상당히 좁은 범위의 첫 조건들만이 우리가 실제로 우주에서 관찰할 수 있는 균등성(isotropy)을 만들어 낼 수 있다고 지적했다.[18] 우리가 아는 우주를 만들어 내려면 아주 특이하다고 할 정도의 제약이 최초의 우주 에너지 밀도(cosmic energy density)에 가해져야 한다. 그들은 이런 결과에 매우 당황했다. 당시 학계에서 받아들이던 이론들은 우주가 이런 식으로 출현했다는 사실에 어떤 설명도 내놓지 않았기 때문이다. 콜린스와 호킹은 '평탄성' 문제('flatness' problem)를 논하면서 이제는 사람들이 인간중심 원리로 여기곤 하는 줄거리를 따라 논리를 전개해 갔다. 그들은 분명 인간중심 원리에 따른 가설, 곧 은하와 별들이 생명체에 필요하다는 가설을 토대로, 우주가 처음에 지나치게 큰 중력 에너지를 가졌다면 별들을 만들어 내기도 전에 다시 붕괴하고 말았을 것이며, 중력 에너지가 지나치게 작았다면 중력이 은하와 별들을 이룬 물질을 압축해서 이런 은하와 별들을 만들어 내지 못했을 것이라고 주장했다. 따라서 처음에 Ω값(우주의 실제 평균 밀도를 우주 임계 밀도로 나눈 값)이 가질 수 있는 값들이 많았다 할지라도, 인간이라는 생명체는 오직 첫 Ω값이 거의 정확히 1인 우주에서만 등장할 수 있었을 것이다.

1년 뒤 브랜든 카터는 **인간중심 원리**(anthropic principle)라는 말을 도입한 논문을 출간했다. 그는 이 논문에서 이 원리를 두 가지 형태로 이야기했다.[19] **약한** 인간중심 원리는 "우리가 관찰할 수 있을 것

---

18. C. B. Collins and Stephen Hawking, "Why Is the Universe Isotropic?" *Astrophysical Journal Letters* 180(1973), pp. 317-334.

으로 기대할 수 있는 것은 관찰자인 우리 존재에 필요한 조건들의 제약을 받을 수밖에 없다"고 말한다. **강한** 인간중심 원리는 "우주가 (그리고 우주가 의존하는 기본 변수들이) 그러해야만 어느 단계에 이르러 우주 안에서 관찰자들이 창조될 수 있다"고 주장한다.

사색에 근거한 이런 탐구는 1986년에 존 배로(John Barrow)와 프랭크 티플러(Frank Tipler)가 이정표라 할 만한 저서 「인간중심인 우주 원리」(*The Anthropic Cosmological Principle*)를 출간하면서 정점에 이르렀다. 이 책은 사람들 눈에 띄지 않는 학술지에서나 볼 수 있던 '인간중심 원리'라는 말을 대중문화로 자리매김하게 하는 촉진제가 되었다.[20] 이 책은 이를 통해 변증에서 인간중심 원리가 가지는 가치를 포함해 많은 신학 문제들을 제기했다. 배로와 티플러는 자연에 존재하는 상수들이 행하는 기본 역할, 그리고 이 상수들의 크기에 외관상 조금만 변화가 생겨도 이 변화가 놀라울 만큼 큰 영향을 미친다는 것을 빠짐없이 그러면서도 상당히 알기 쉽게 설명했다. 「인간중심인 우주 원리」는 특이하면서도 우연처럼 보이는 우연의 일치들로서 생명체가 존재할 수 있게 한 것으로 보이는 것들을 제시했다. 배로와 티플러는 계속해서 생명체가 존재할 수 있게 세계가 분명 정교하게 조율되었음을 설명할 수 있는 방법에 세 가지가 있다고 주장한다: '약한' 형태의 인간중심 원리, '강한' 형태의 인간중심

---

19. Brandon Carter, "Large Number Coincidences and the Anthropic Principle," in *Confrontation of Cosmological Theories with Observational Data*, ed. M. S. Longair (Boston: Reidel, 1974), pp. 291-298.
20. John Barrow and Frank J. Tipler, *The Anthropic Cosmological Principle* (Oxford: Oxford University Press, 1986).

원리, '최종' 형태의 인간중심 원리.[21] 물론 과학계에서는 이 모델들 하나하나를 이미 알고 있었다. 그러나 배로와 티플러는 훨씬 더 폭넓은 독자들이 이 모델들을 이해하고 알 수 있도록 쉽게 제시했다. 배로와 티플러가 쓴 이 책은 순식간에 '인간중심 사유의 경전'이 되었다[로버트 클리(Robert Klee)].

어떤 이들은 배로와 티플러가 쓴 이 책이 위험하다고 생각했다. 배로와 티플러는 설계와 관련된 문제들을 제기함으로써 과학이 금기시하는 것들을 깨뜨렸다. 이것은 그들의 이력에 커다란 치명타를 가할지도 모를 일이었다. 예를 들어 그들이 쓴 책은 '목적'과 '설계'라는 개념을 엄밀히 탐구하는데 거의 200쪽이나 되는 본문을 할애했다. 하지만 그들이 제시한 설명이 보여 준 광범위한 지식과 순수한 명민함은 그들을 비판하는 이들을 무장 해제시켰다. 이 책은 '과학과 종교'를 과학적 성찰과 결합할 만한 정당성과 적합성과 필요성을 가진 것으로 받아들이게 한 이정표가 되었다. 이 때문에 일부 사람들은 이 책이 윌리엄 페일리 이후에 나온 자연신학 책 중 가장 위대한 책일지도 모른다고 주장했다.[22] 이 책은 기독교 변증 내부에

---

21. 이 원리가 제시하는 이런 말들을 비판하는 시각에서 분석한 글을 보려면, John Earman, "The SAP Also Rises: A Critical Examination of the Anthropic Principle," *American Philosophical Quarterly* 24(1987), pp. 307-317; William Lane Craig, "Barrow and Tipler on the Anthropic Principle versus Divine Design," *British Journal for Philosophy of Science* 38(1988), pp. 389-395; Joseph Silk, *The Infinite Cosmos: Questions from the Frontiers of Cosmology*(Oxford: Oxford University Press, 2006), pp. 14-18; Mark A. Walker and Milan M. Circovic, "Astrophysical Fine Tuning, Naturalism, and the Contemporary Design Argument," *International Studies in the Philosophy of Science* 20(2006), pp. 285-307을 보라.
22. Craig, "Barrow and Tipler on the Anthropic Principle versus Divine Design"이 평한 내용을 보라. 이 책의 영향은 학술서와 대중서를 막론하고 근래에 나온 문헌들에서 분명하

서—그리고 기독교 변증 밖에서—도 신앙의 기초인 증거를 둘러싸고 새로운 논쟁을 불러일으켰다.

배로와 티플러는 설계에 관한 논의를 그에 합당한 지적 틀 안에서 제시함으로써 대중 사이에 널리 퍼진 세속 신화, 곧 이 세계가 '설계'되었다고 말하는 것은 근래에 나온 발명품으로서 윌리엄 페일리 같은 지적 야심가들과 연결된 개념이라고 말하는 풍조에 도전장을 던졌다. 배로와 티플러가 올바로 지적했듯이, 이 세계가 설계되었는가라는 물음은 가장 오래되고 근본이 되는 모든 질문 가운데 하나이며, 이 질문이 오래되었다는 점과 이 질문이 분명하게 보여 주는 지적 중요성이 이 질문에 정당성을 부여해 준다.[23] "아리스토텔레스의 과학은 지적 자연계가 어떤 진지한 설계를 따라 기능한다는 전제 위에 서 있었다." 이 논쟁이 19세기 초 페일리가 활동하던 시절에는 특별한 형태를 띠었을 수도 있지만, 분명 페일리의 시대에 국한되었던 그의 지적·신학적 불행 때문에 사물들이 왜 지금과 같이 존재하게 되었는가라는 질문, 아니 사실은 사물들이 왜 존재하는가라는 질문을 부정할 수는 없다.

배로는 후속 작품들에서 이런 문제들을 다루면서,[24] 신학자와 철

게 볼 수 있다. 가령 Gilbert Fulmer, "Faces in the Sky: The Anthropic Principle Design Argument," *Journal of American Culture* 26(2003), pp. 485-488을 보라.
23. 요 근래에 나온 논의로서 이런 판단을 지지하는 글을 보려면, Milan M. Circovic, "Ancient Origins of a Modern Anthropic Cosmological Argument," *Astronomical and Astrophysical Transactions* 22(2003), pp. 879-886을 보라.
24. 예를 들어 John D. Barrow, *Theories of Everything: The Quest for Ultimate Explanation* (London: Vintage, 1992), pp. 118-121; John D. Barrow, *Between Inner Space and Outer Space: Essays on Science, Art, and Philosophy*(Oxford: Oxford University Press, 2000), pp. 61-63을 보라.

학자들이 서로 완전히 다른 형태를 지닌 두 가지 설계 논증을 사용한다고 합당하게 강조한다. 첫째는 페일리의 「자연신학」이 더 많은 부분을 할애한 생물학 부분에서 만날 수 있는 것인데, 이는 "자연법칙이 낳은 좋은 결과들"을 그 기초로 삼는다. 이 논증은 이해하기 쉽지만 심각한 취약점을 갖고 있다. 이 논증에서는 하나님을 쉽게 제거해 버릴 수 있다(다윈이 그의 자연선택설을 출간하기 오래전부터 시작된 진전 양상이다). 내가 보기에 이 논증은 기껏해야 이신론에 다다를 뿐이요, 기독교와 결합된 상당히 풍부한 삼위일체 하나님관보다 매우 희석된 하나님 관념을 주장한 것에 불과하다.

배로가 말하는 두 번째 접근법은 '좋은 법칙들'(nice laws)을 그 기초로 삼고 있다. 이 자연법칙들은 어디에서 나오는가? 만일 우주가 놀라울 정도로 짧은 시간에 장차 이루어질 우주의 발전을 지배할 법칙들을 이미 가진 채 존재하게 되었다면, 이런 법칙들의 기원과 성격을 묻는 문제는 변증에서 큰 중요성을 갖는다. 배로가 올바로 지적하듯이, 두 번째 형태의 설계 논증은 하나님을 언급하지 않으면 설명하기가 훨씬 더 어렵다. 결국 자연법칙들은 선택이 쌓이고 쌓이는 점진적 과정을 거쳐 나타난 게 아님이 분명하다. 빅뱅에서 등장한 우주는 만물을 인간중심 원리에 비추어 읽어 낼 경우, 탄소에 기초한 생명체들이 쉽게 등장할 수 있도록 정교하게 조율된 법칙들이 이미 지배하고 있었다.[25] 외관상 명백해 보이는 우주의 정교한 조율을 아주 이해하기 쉽게 고찰한 저작들이 많다.[26] 그러므로

---

25. 요 근래 비슷한 입장을 천명한 글을 보려면, Paul Davies, *The Goldilocks Enigma: Why Is the Universe Just Right for Life?*(London: Allen Lane, 2006), pp. 147-171을 보라.

여기에서 이런 우주의 정교한 조율을 상세히 주해할 필요는 없겠다. 우리의 목적을 고려할 때, 더 폭넓은 분석을 제시하기보다 이 정교한 조율 현상을 설명하는 몇 가지 특징을 언급하는 것으로도 충분하다. 문헌들이 논쟁을 벌이는 관심사는 주로 이런 현상들을 **어떻게 해석할 것인가**라는 문제이며, 이런 현상들의 존재는 대체로 다 인정한다. 요컨대 우주의 발전을 좌우하는 어떤 기본 상수 값들이 조금만 달라졌더라도 우주의 진화는 다른 경로를 밟았을 것이며, 결국에는 생명체가 존재할 수 없는 우주가 탄생했을 것이다. 이 분석에서 놀라운 요소는 이런 상수들 가운데 일부의 값이 조금만 달라져도 우주의 진화에 영향을 미쳤으리라는 점이다.

정교한 조율과 자연 상수들 요약

마틴 리스는 근래 우주 기본 상수들의 정교한 균형이 가지는 중요성을 천명한 표준 명제를 제시했다.[27] 그의 분석을 다음과 같이 요약할 수 있다.

1. **전자기력 대 중력의 비율**(즉 전자기력/중력): 이것은 두 광양자 사이의 중력이 나누어 놓은 두 광양자 사이의 전기력(쿨롱의 힘)

---

26. Barrow and Tipler, *The Anthropic Cosmological Principle*과 더불어 John Leslie, *Universes*(London: Routledge, 1989); John R. Gribbin and Martin J. Rees, *The Stuff of the Universe: Dark Matter, Mankind and Anthropic Cosmology*(London: Penguin, 1995)를 보라.
27. Rees, *Just Six Numbers*, pp. 2-4. 이 책의 나머지 부분은 이 간결한 개요를 확장해 제시한다.

이라는 말로도 표현할 수 있다. 이것은 중력이 분리해 놓은 원자들을 결합시키는 전자기력의 크기를 나타낸다. 이 비율이 우리가 관찰한 값보다 더 작다면, "오직 단명하는 미니어처 우주만이 존속할 수 있을 것이다. 아울러 어떤 생물도 곤충보다 더 크게 자랄 수 없고, 생물이 진화할 시간도 전혀 없을 것이다."

2. **강한 핵력**: 이것은 원자핵들이 얼마나 단단하게 결합해 있는가를 나타낸다. 이 힘은 0.007이라는 값을 가지는데, "태양에서 나오는 힘을 통제할 뿐 아니라, 더 섬세하게 별들이 수소를 원소 주기율표에 있는 모든 원자들로 바꾸는 것도 통제한다." 다시 말하지만, 이 상수 값은 매우 큰 중요성을 갖는 것으로 드러났다. 만일 이 상수 값이 "0.006이나 0.008이라면, 우리는 존재할 수 없을 것이다."

3. **우주 안에 있는 물질의 양**: 우주 숫자인 Ω(오메가)는 우리 우주 안에 있는 물질—은하들, 성간(星間) 가스, 그리고 소위 '암흑 물질'과 '암흑 에너지' 같은 것들—의 양을 나타내는 수치다. 따라서 Ω는 우리에게 우주에서 중력과 팽창 에너지가 가지는 상대적 중요성을 말해 준다. "만일 이 비율이 특별한 '임계'치보다 훨씬 높았다면, 우주는 오래전에 붕괴해 버렸을 것이다. 또 이 비율이 아주 낮았다면, 어떤 은하나 별도 만들어지지 않았을 것이다. 우주의 첫 팽창 속도는 정교하게 조율되어 있었던 것으로 보인다."

4. **우주 척력**(斥力, cosmic repulsion): 1998년, 우주 물리학자들은 우주의 팽창을 조절하는 우주 척력이 중요하다는 것, 그리고 특

히 우리 우주가 훨씬 더 어두워지고 더 빈 공간이 되어 갈 때 이 우주 척력이 점점 더 큰 중요성을 가진다는 것을 인식하게 되었다.[28] "우리에겐 다행스럽게도 (그리고 이론가들에겐 대단히 놀라운 일이지만) λ(우주 척력을 나타내는 문자-역주)가 아주 작다. λ가 아주 작지 않았다면, 이 척력의 영향 때문에 은하와 별의 생성이 중단되었을 것이며, 우주의 진화는 미처 시작하기도 전에 막히고 말았을 것이다."

5. **중력의 속박력**(gravitational binding force) **대 정지질량 에너지**(rest-mass energy)**의 비율인 Q**: 이 Q는 우주의 '짜임새'를 결정하는 데 매우 중요하다. "만일 Q가 훨씬 더 작다면, 우주는 활동력이 없고 구조도 없었을 것이다. 반면 Q가 훨씬 컸다면, 우주는 맹렬한 곳이 되어 어떤 별이나 태양계도 전혀 살아남지 못하고 거대한 블랙홀들만이 지배하는 곳이 되었을 것이다."

6. **공간 차원의 숫자인 D**: D는 3이다. 끈 이론은 우주가 처음 생길 당시 10개나 11개의 차원이 있었는데, 그 가운데 오직 세 차원만 압축되었다고 주장한다. 물론 시간은 네 번째 차원으로 다루어진다. 리스는 "만일 D가 2나 4라면 생명체가 존재할 수 없을 것"이라고 말한다.[29]

---

28. 이런 발전, 그리고 이런 발전이 아인슈타인의 우주 상수에 끼친 영향을 탁월하게 설명한 글을 보려면, Alexei V. Filippenko, "Einstein's Biggest Blunder? High-Redshift Supernovae and the Accelerating Universe," *Publications of the Astronomical Society of the Pacific* 113(2001), pp. 1441-1448을 보라.
29. 이런 주장을 담은 고전적 선언을 Max Tegmark, "On the Dimensionality of Spacetime,"

이 여섯 가지는 기본 상수 값들 혹은 우주의 최초 경계 조건들(boundary conditions)과 관련된 일련의 관찰 결과들까지 아우를 수 있도록 쉽게 확장할 수 있다.[30] 일찍이 프리맨 다이슨(Freeman Dyson)이 언급한 대로, "우주를 살펴보고 우주라는 구조물의 세부를 연구하면 할수록, 나는 우주가 어떤 의미에서는 우리가 장차 등장하리라는 것을 틀림없이 알고 있었으리라는 증거를 더 많이 발견한다."[31]

그렇다면 이 관찰 결과들을 어떻게 설명할 수 있을까? 당연한 일이겠지만, 유신론자들은 이런 관찰 결과들이 창조주가 피조물에게 애초부터 부여한 잠재력을 가리킨다고 본다. 인간중심 현상들을 발견한 것은 제법 근래에 들어와 뜻밖에 이루어진 일이다. 이 발견은 우주가 분명 설계되었다는 논의가 다시금 살아나는 것을 달가워하지 않는 일부 우주학자들을 상당히 불편하게 만들었다. 이것은 이런 관찰 결과들을 어떻게 설명할 수 있을까를 놓고 열띤 토론을 불러일으켰다. 이런 토론은 때때로 근래 수년 사이에 등장한 새로운 자연신학 스타일들을 제거하려는 소망이 촉진하기도 했지만, 우주

Classical and Quantum Gravity 14(1997), L69-L75에서 발견할 수 있다. 로드니 홀더 박사(Dr. Rodney Holder)는 중력의 역제곱 법칙이 생명체가 등장하는데 필요하다는 윌리엄 페일리의 중요한 논증에 내가 주목하도록 친절히 이끌어 주었다. 설명을 읽어 보려면, John D. Barrow, *The Constants of Nature: From Alpha to Omega*(London: Vintage, 2003), pp. 218-220을 보라.
30. 가령 고전적 논문인 Roger Penrose, "Difficulties qith Inflationary Cosmology," in *Proceedings of the 14th Texas Symposium on Relativistic Astrophysics*, ed. E. J. Fergus (New York: New York Academy of Sciences, 1989), pp. 249-264을 보라. 여기서 펜로즈는 이론상 우주가 가질 수 있는 엄청나게 많은 형태들을 탐구한 뒤, 이 형태들 가운데 우리가 알고 거주하는 우주의 형태와 닮은 것은 단 하나뿐이라고 말한다. 펜로즈의 주 관심사는 우주의 첫 엔트로피, 그리고 최초에 일어난 빅뱅과 마지막에 있을 빅 크런치(big crunch) 사이의 비대칭성이다.
31. Freeman J. Dyson, *Disturbing the Universe*(New York: Harper & Row, 1979), p. 250.

를 더 잘 이해하려는 갈망이 촉진하기도 했다.

인간중심 현상들이 유신론이 제시하는 틀, 그 중에서도 특히 삼위일체 관점에서 제시하는 형식들에 자연스럽게 잘 들어맞는다는 것은 누가 봐도 분명하다.[32] 신학자들은 기독교가 말하는 하나님 교리 덕분에 우리가 우주에서 일어나는 특수한 현상들을 예견할 수 있다고 주장하지 않는다. 그들은 언제나 하나님이 어떤 조건의 제약도 받지 않고 오직 하나님의 의지와 본질만으로 우주를 지으셨기 때문에, 이 우주를 다양하게 창조하실 수 있었을 것이라고 주장해 왔다. 그래서 르네 데카르트(René Descartes, 1596-1650)는 우리가 세계의 구조를 결정하려면 경험으로 확인할 수 있는 증거를 사용해야 한다고 주장했다. 신학적 근거들을 토대로 세계의 형태를 예언할 수 있다는 데에는 아무 의문이 없다. 오히려 세계의 형태는 우연이지만 경험을 통해 결정할 수 있는, 우리에게 알려진 하나님의 뜻과 일치하는 것으로 볼 수 있다.[33]

우리는 이 물질의 조각들이 얼마나 큰지, 이 조각들이 얼마나 빨리 움직이는지, 혹은 이 조각들이 그리는 원들이 어떤 원인지 이성으로 결정할

---

32. 인간중심 현상들을 설명할 때 유신론이 우월한 설명 능력을 가진다는 것을 탁월하게 밝힌 글을 보려면, Robin Collins, "A Scientific Argument for the Existence of God: The Fine-Tuning Design Argument," in *Reason for the Hope Within*, ed. Michael J. Murray(Grand Rapids: Eerdmans, 1999), pp. 47-75을 보라. 더 대중적인 설명을 보려면, Michael A. Corey, *The God Hypothesis: Discovering Design in Our "Just Right" Goldilocks Universe*(Lanham, MD: Rowman & Littlefield, 2001)를 보라.
33. René Descartes, *Principles of Philosophy* 3.46, translation from Elizabeth Anscombe and Philip T. Geach, *Descartes: Philosophical Writings*(London: Nelson, 1969), p. 225.

수 없다. 하나님은 이런 것들을 수없이 다양한 방식으로 배열해 놓으셨을지도 모른다. 그분이 실제로 어떤 방식을 고르셨는지 우리는 관찰을 통해 알아내야 한다. 따라서 우리는 모든 결과들이 경험과 일치하는 한, 우리가 좋아하는 대로 어떤 가설이든 자유롭게 세울 수 있다.

이처럼 인간중심 현상들을 관찰하는 일은 자연신학에 관한 신학적·형이상학적 성찰이 지닌 오랜 전통 속에 자리해 있다. 이런 전통은 정교한 조율이라는 일반 현상이 창조주 하나님이라는 분을 믿는 기독교의 믿음과 일치한다고 주장한다. 그러면서 만물의 본질이 이렇기 때문에, 자연신학이 내놓을 수 있는 가장 적절한 결과는 자연계를 관찰한 결과가 하나님을 바라보는 기독교의 시각을 연역적으로 증명해 주는 증거가 아니라 그런 시각과 개념상 일치한다는 것을 증명해 보이는 것이라고 주장한다. 유신론은 이런 접근법을 바탕으로 삼아, 인간중심 현상들을 설명하려는 다양한 이론들 가운데 가장 훌륭한 '경험상 적합성'(empirical fit)을 제공한다(유신론이 인간중심 현상을 설명한 내용이 경험으로 확인할 수 있는 증거와 가장 잘 일치한다는 말이다-역주). 그러나 반드시 강조해 둘 것은 사람들이 기독교 신학 자체가 이런 관찰 결과들을 해명할 설명을 만들어 낼 짐을 지고 있다는 생각을 한 적이 없다는 것이다. 오히려 이런 관찰 결과들은 이런 결과들을 만족스럽게 통합할 수 있음을 증명해 보이는 기존 사고방식과 들어맞고 조화를 이룬다.[34]

---

34. 하지만 나는 어넌 맥멀린(Ernan McMullin)이 몇년 전에 한 중요한 논문에서 언급한 경고에 철저히 동의한다. Ernan McMullin, "Natural Science and Belief in a Creator," in *Physics*,

인간중심 현상들에 대한 설명

그렇다면 물어볼 것도 없이 하나님은 인간중심 현상들에 대한 설득력 있는 설명을 대변한다. 그러나 이것이 **가장 훌륭한**(best) 설명일까? 분명 이와 다른 시각들이 존재한다. 물론 이런 시각들은 대부분 아주 근래에 등장했다. 예를 들어 일부 사람들은 외관상 명백해 보이는 우주의 정교한 조율은 단지 흥미로운 우연한 사건에 불과하다고 주장한다. 문제가 된 기본 상수들은 **어떤 값이 되었든** 그 값을 가져야 한다. 그러니 그 상수 값이 실제로 지금 존재하는 값이 되었다는 것이 무슨 대수란 말인가? 그런 상수들에 굳이 더 큰 의미를 부여할 필요가 없다. 한 예를 들어 보자. 미국의 인구는 3억이다(3억 명이 넘는다). 미국 대통령은 단 한 사람이다. 따라서 어떤 미국인이 미국 대통령이 될 확률은 3억 분의 1이다. 그러나 그게 무슨 대수인가? 누군가는 미국 대통령이 되어야 한다. 애초부터 정해진 어떤 사람이 대통령이 될 개연성은 아주 희박하다. 그러나 누군가가 대통령이 되리라는 것만은 확실하다. 한편으로 보면 이 논증은 반박할 수가 없다. 그러나 이 논증은 개연성이 아주 희박한데 현실로 이루어진 사건—생명체에 적합한 우주의 등장—을 설명하는 데는 분명 적절하지 않다.

두 번째 접근법은 첫 번째보다 훨씬 더 중요하다. 이 접근법은 인간중심 현상들이 의미 있어 보이는 이유가 관찰자의 편향성이나 위

Philosophy, and Theology, ed. Robert J. Russell, William R. Stoeger, and George V. Coyne(Rome: Vatican Observatory, 1988), pp. 49-79.

치 때문이라고 주장한다. 1937년, 뛰어난 이론 물리학자인 폴 디랙은 '아주 많은 우연의 일치들'(large number coincidences)로 알려진 것들에 관심을 갖게 되었다.[35] 그 무렵에는 수소 원자 안에 들어 있는 양자와 전자 사이의 정전기 인력(electrostatic attraction, 전하를 띤 입자가 반대전하를 띤 입자에 작용하는 인력으로서 쿨롱의 힘이라고도 한다—역주) 대 동일한 두 입자 사이의 중력 비율이 약 10^{39}라는 것이 잘 알려져 있었다. 디랙은 거의 같은 값을 가진 기본 상수들의 결합을 더 발견했으며, 이런 우연의 일치를 그때까지 알려져 있지 않았던 기본 상수들과 우주의 나이 사이의 연관 관계를 통해 설명할 수 있다고 주장했다. 시간이 흐르면서 우주도 나이가 든다. 때문에 우주 안에 존재하는 물리 기본 상수들도 시간이 흐르면 변해야 할 것이다. 그래야 방금 말한 관계가 유지되기 때문이다. 특히 그렇기 때문에 중력 상수 G의 값은 시간이 흐르면 줄어들어야 한다.

중력 상수도 변할 수 있다는 디랙의 생각은 이미 과학계에서는 회의를 품고 다루었는데 1961년에 이르러 묻히고 말았다. 그 해에 로버트 디키는 더 단순한 설명을 제시했다. 그는 이 설명의 틀을 짤 때 인간이라는 관찰자가 존재한다는 사실에서 생겨난 상수들이 가질 수 있는 값들에 미치는 '선택 효과'(selection effect)라는 말을 사용했다.[36] 디키가 지적했듯이, 빅뱅 이후에 경과한 허블 시간 T는 "선택할 수 있는 광범위한 대상들 가운데 어느 하나를 '무작정 선택한

---

35. P. A. M. Dirac, "The Cosmological Constants," *Nature* 139(1937), pp. 323-324.
36. Robert H. Dicke, "Dirac's Cosmology and Mach's Principle," *Nature* 192(1961), pp. 440-441.

것'이 아니라, 물리학자들의 존재 이유인 판단 기준들의 제약을 받았다." 이처럼 T의 값들은 우주가 생화학의 관점에서 필요한 원자들을 충분히 형성할 정도로 나이가 들어야 한다는 기본 요구의 제약을 받았다. 디키가 재치 있게 말한 것처럼, "물리학자들을 만들어 내는데 탄소가 필요하다는 것은 삼척동자도 안다."

이 탄소는 적색 거성(트星) 안에서 일어나는 헬륨 핵융합이 만들어 낸다. 이 과정은 작거나 중간 크기의 별들 같은 경우에는 수십억 년이 걸릴 수 있고, 큰 별들 같은 경우에는 수백 만 년이 걸릴 수 있다. 이 과정이 있은 뒤에 그 별은 초신성(supernova)으로서 폭발하여 새로 만들어진 원자들을 우주 공간에 퍼뜨릴 수 있으며, 이 원자들은 결국 우주 공간에서 결합해 생명체가 진화해 갈 수 있는 행성들을 형성할 수 있다. 따라서 디키는 우주가 탄소를 바탕으로 한 생명체를 만들어 낼 수 있으려면 우주의 나이가 몇백 만 년에서 몇 조 년은 되어야 한다(가능한 나이의 범위를 상당히 융통성 있게 잡은 것이라고 말할 수 있다)고 지적했다. 반면 우주가 훨씬 더 나이가 들었다면, 우리에게 알려진 생명체들이 결국 의지하는 복사 에너지를 만들어 내는 데 필요한 별들의 생성 과정이 끝나 버렸을 것이다. 디키는 이것이 디랙이 우연의 일치들을 언급한 진짜 이유라고 주장했다. 결국 디랙이 언급한 우연의 일치들을 설명하는 데는 가변 중력 상수(variable gravitational constant)라는 개념이 전혀 필요하지 않다. 디랙은 우주 역사에서 이 생물의 창(biotic window)이 가진 중요성을 인식하지 못했다.

이와 관련된 접근법을 취하는 사람이 닉 보스트롬(Nick Bostrom)

이다. 그는 우리가 관찰할 수 있는 우주의 어떤 특별한 특징들이 결국은 착각이며(illusory), 우리의 제한된 시각이 낳을 수밖에 없는 결과라고 주장한다.[37] 우리는 다른 상황(가령 헬륨보다 더 무거운 원자들이 형성될 수 있게 해주는 ^{12}C 핵 안에 전혀 조화가 존재하지 않는 상황)에서는 존재할 수가 없었다. 때문에 우리는 그런 상황을 가진 곳이 실재하고 흔하다 해도 그런 곳들을 관찰하지 않겠다. 그래서 보스트롬은 많은 인간중심 사고가 저지르는 중요한 오류는 그런 인간중심 현상이 오로지 **관찰로 알게 된 선택 효과**(observational selection effect)뿐이라는 것을 인식하지 못하는 것이라고 주장한다.

세 번째 접근법은 상당한 관심을 불러일으켰다. 다중우주론(multiverse)이 그것이다. 이 견해에 따르면, 여러 우주가 존재하기 때문에, 우리가 거주하는 우주는 불가피한 것이다. 우리는 이렇게 생명과 친한 속성을 가진 우주에 우연히 살게 되었다. 우리는 이런 조건들을 갖지 않은 다른 우주를 관찰하지 않는다. 우리의 통찰은 관찰 선택 효과들 때문에 제약을 받는다. 이는 곧 우리가 생명과 친한 우주 안에서 살고 있다 보니, 사실은 생명을 적대시하는 다른 우주가 존재할 터인데도, 모든 우주가 생명과 친한 속성을 가진 것으로 주장하곤 한다는 것을 의미한다. 실제로 사람들은 그렇게 생명과 친한 우주가 원칙(정상)이라고 예측한다. 그러나 우리는 예외인 우주에 우연히 존재하게 되었을 뿐이다.

---

37. Nick Bostrom, *Anthropic Bias: Observation Selection Effects in Science and Philosophy* (New York: Routledge, 2002), pp. 11-58. 아울러 Nick Bostrom, "Self-Locating Belief in Big Worlds: Cosmology's Missing Link to Observation," *Journal of Philosophy* 99(2002), pp. 607-623을 보라.

그렇다면 우리 지식에 도전장을 던지는 이런 생각은 어떻게 나타났을까? 팽창 우주(혹은 인플레이션 우주, inflationary universe)의 기본 아이디어는 1981년에 앨런 구스(Alan Guth)가 표준 빅뱅 우주론 안에 존재하는 우주론의 두 가지 핵심 수수께끼를 해결하기 위해 처음 제안했다.[38] 이 모델에 따르면, 우주는 놀라울 정도로 짧은 시간 안에 엄청나게 팽창했다.[39] 그 시간은 어쩌면 10^{-35}초에 불과했을지도 모른다. 이 짧은 시간 동안 우주의 크기는 무려 10^{50}배만큼 팽창했다. 기존 모델은 우리 우주에서 관찰할 수 있는 속성들을 서로 연결해 그 연관성을 밝히는데 탁월한 성공을 거두었지만, 보통 '평탄성 문제'(flatness problem)와 '지평선 문제'(horizon problem)로 알려진 두 가지 큰 난제는 여전히 남아 있었다. 전자는 우주 곡률(curvature of the universe)이 아주 작은 이유가 무엇인가라는 문제와 관련되었던 반면, 후자는 우주 극초단파 배경이 온도가 3만 분의 1 차이노 나지 않는 통일 온도를 가질 수 있는가라는 문제와 관련되었다. 우주 극초단파 복사의 균등성(isotropy)은 위에서 언급한 대로 콜린스와 호킹에겐 중대한 문제였다. 구스의 접근법은 설명하는 데 어려움이 있는 이런 난점들을 해결할 길을 연 것으로 보였다.

그러나 이 모델은 우리의 우주 이해에 영향을 미치는 중대한 시사점을 갖고 있었다.[40] 우주의 이런 엄청난 첫 팽창으로 인해 우주

---

38. Alan Guth, "Inflationary Universe: A Possible Solution to the Horizon and Flatness Problems," *Physical Reviews* D23(1981), pp. 347-356.
39. Alan Guth, *The Inflationary Universe: The Quest for a New Theory of Cosmic Origins* (Reading, MA: Addison-Wesley Publishing Co., 1997), pp. 167-188; 더 낮은 요인을 앞에서 제시한다(p. 175).

의 모든 부분이 어마어마한 배율로 팽창했으며, 이렇게 팽창한 우주는 우리가 지금 관찰할 수 있는 우주보다 몇 배나 더 컸다. 그러므로 우리는 우주 공간의 이 다른 지역들을 관찰할 수 없는 위치에 있다. 말 그대로 빛이 이 지역들에서 우리가 있는 우주에 이르기까지 여행하는 데 충분한 시간이 존재하지 않았기 때문이다. 더욱이 우주의 팽창 속도가 갈수록 더 빨라졌음을 암시하는 데이터가 점점 더 늘어나고 있다. 이는 곧 이 먼 지역들에서 오는 빛이 우리에게 도달할 일은 없으리라는 것을 뜻한다. 이 지역들은 현재 관찰할 수도 없고 앞으로도 영원히 관찰할 수 없을 것이다.

따라서 이 모델에 따르면 우리가 관찰할 수 있는 우주는 여러 우주들로 이루어진 이 거대한 공간 구조 안에 들어 있는 눈곱만한 지역 혹은 '거품'이라고 생각할 수 있다. 이 여러 우주는 존재하는 우주들의 거대한 앙상블로 이루어졌으며, 이 우주들은 다양한 크기와 구조를 지닌 채 서로 다른 공간 영역을 점유한다. 각 우주 영역은 팽창이 시작하고 끝나는 방식이 제각각이기 때문에, 각 영역 안에 존재하는 자연 상수들의 값도 각기 독특한 값을 띨 수 있다. 이 시대에 끈 이론을 해석한 견해들은 이 다중우주를 구성하는 상수들이 10^{500} 묶음에 이를지도 모른다고 주장한다.[41] 이 영역들 가운데 대다수 영역에서는 전해 내려온 상수들 값이 생명체를 싫어하는

---

40. 이런 시사점의 세부 내용과 이 내용의 이론상 정당성을 밝힌 글을 보려면, 주39 책을 더 상세히 읽어 보고, Alex Vilenkin, *Many Worlds in One: The Search for Other Universes*(New York: Hill & Wang, 2006); Bernard Carr, ed., *Universe or Multiverse?*(Cambridge: Cambridge University Press, 2007)를 보라.
41. Michael R. Douglas and Shamit Kachru, "Flux Compactification," *Reviews of Modern Physics* 79(2007), pp. 733-796.

(즉 생명체가 존재할 수 없는—역주) 값일 것이다. 그러나 개연성이 높은 여러 근거들에 비춰 볼 때, 생명을 애호하는 상수들이 존재하는 어떤 영역이 존재할 것이다. 우리는 우연히도 그런 상수들이 존재하는 한 우주 안에 산다. 이 우주는 생명이 존재할 수 있게 정교하게 조율되었을지도 모른다. 그렇다면 10^{500}에 이르는 다른 것들은 무슨 의미가 있을까?

다중우주 가설이 매력은 있지만 지금은 다분히 사변적인 수학 작업의 결과 정도로 남아 있다는 것을 인식하는 것이 중요하다. 이 여러 우주 가설은 우주 안에 존재하는 정교한 조율이 가질 수 있는 신학적 의미를 열심히 무너뜨리고 싶어 하는 무신론자들이 채택했지만, 어쩌면 이는 어리석은 일일지 모른다. 이처럼 스티븐 와인버그(Steven Weinberg)와 레너드 서스킨드(Leonard Susskind)처럼 무신론을 따르는 물리학자들이 다중우주 가설에 매력을 느낀 것은 이 가설이 설계나 신(하나님)을 전혀 추론하지 않는 것으로 보이는 것도 한 이유였다.[42] 그러나 사실 내용을 놓고 보면 단일우주론은 물론 다중우주론의 경우에도 똑같은 논증을 활용해 하나님이 존재하심을 주장할 수 있는 것으로 보인다. 다중우주 가설도 지식을 동원해 하나님의 존재를 부인하는 지적 격파자(intellectual defeater)의 입장이 아니라 유신론의 하나님 이해와 일치하기 때문이다.[43] 그러나 다중우

---

42. Bernard Carr, "Introduction and Overview," in *Universe or Multiverse?*(Cambridge: Cambridge University Press, 2007), pp. 3-28, 특히 p. 16.
43. John Leslie, *Universe*(London: Routledge, 1989), p. 198을 보라. "내 주장은 정교한 조율, 진정한 조율이 하나님이 실재하신다는 사실, 그리고/또는 많고 다양한 우주가 있다는 사실을 증명하는 증거라는 것이었다." 더 상세한 내용은 Robin Collins, "The Multiverse Hypothesis: A Theistic Perspective," in Carr, *Universe or Multiverse?* pp. 459-480, 특히

주론은 이 책을 쓰는 지금도 여전히 미숙하고 사변에 의지하는 과학 이론으로 남아 있으며, 이론 자체가 몇 가지 난점들을 야기한다.[44] 이는 곧 이 이론에 더 상세한 신학적 응답을 내놓기 위해서는 과학계 내부에서 이 이론이 차지하는 위치를 더 명쾌하게 해명할 필요가 있다는 말이다.

그렇다면 우리는 분명 상당한 신학적 의미를 가진 우주론의 이 새로운 발전 양상들을 어떻게 평가해야 하는가? 반대하는 목소리도 있지만, 사람들은 대체로 '새로운 우주론'이 유신론과 조화를 이룬다는 데 동의한다.[45] 더 나아가 일부 사람들은 정교한 조율이라는 현상이 목적론적 논증과 우주론적 논증처럼 하나님의 존재하심을 주장하는 더 엄격한 형태의 귀납적 논증 혹은 연역적 논증에 새로운 생명을 불어넣어 준다고 주장한다.[46] 단지 지구 위에 있는 생명체뿐 아니라 우주 전체가 역사를 가졌음을 인식하는 것은 생물의 등

---

pp. 464-465을 보라. 지적 '격파자'라는 개념을 살펴보려면, Alvin Plantinga, "Reliabilism, Analyses and Defeaters," *Philosophy and Phenomenological Research* 55(1995), pp. 427-464을 보라.

44. 이런 난점들 가운데 일부를 살펴보려면, Rodney D. Holder, *God, the Multiverse, and Everything: Modern Cosmology and the Argument from Design*(Aldershot: Ashgate, 2004), pp. 113-129; Anthony Aguirre, "Making Predictions in a Multiverse," in Carr, *Universe or Multiverse?* pp. 367-386을 보라. 홀더도 리처드 스윈번처럼 이번 장에서 서술한 현상들을 하나님의 존재하심을 주장하는 '더 엄격한 귀납적' 논증을 펼친다. 윌리엄 레인 크레이그는 우주가 어떤 기원을 갖고 있다는 믿음에 근거해 더 연역적인 접근법을 취한다.

45. 이런 입장을 탁월하게 천명한 글을 보려면, John Polkinghorne, *Belief in God in an Age of Science*(New Haven, CT: Yale University Press, 1998), pp. 1-24을 보라.

46. 예를 들어 William Lane Craig, "The Existence of God and the Beginning of the Universe," *Truth: A Journal of Modern Thought* 3(1991), pp. 85-96; Richard Swinburne, *The Existence of God*, 2nd ed.(Oxford: Clarendon Press, 2004)를 보라. 이 논쟁에서 모든 입장을 대표하는 논문들을 모아 놓은 유익한 논문집을 보려면, Neil A. Manson, ed., *God and Design: The Teleological Argument and Modern Science*(London: Routledge, 2003)를 보라.

장에 관한 우리의 이해에 영향을 미치건만, 생물학 문헌들은 종종 이런 점을 무시한다. 예를 들어 리처드 도킨스가 생물의 진화를 설명해 놓은 것을 보면, 생명에 없어서는 안 될 긴요한 화학물질들이 우주 안에 현존하며 이 물질들이 생명체의 등장과 발전을 촉진하는 물리적 특성들을 가졌다는 것이 전혀 중요한 문제도 아니고 어쩌면 아예 관심조차 둘 필요도 없는 것으로 생각하는 것 같다. 우리는 이 점을 뒤이어 몇 장에서 더 상세히 고찰할 것이다.

우리는 8장에서 히포의 아우구스티누스가 제시한 창조 모델을 인간중심 현상들을 탐구하는 깨달음의 단서를 제공하는 것으로 제시했다. 우주의 기원과 발전을 바라보는 아우구스티누스 당대의 견해가 그려 보인 기본 그림은, 우주라는 실재가 존재함과 거의 동시에 인간이 발전해 가는데 필요한 잠재 조건들을 부여받았다는 것이었다. 아우구스티누스는 창조의 연대와 창조 뒤에 일어난 발전에는 관심이 없었다. 그의 주 관심사는 만물이 하나님께 철저히 의존한다는 것, 그리고 하나님이 우주라는 조직 속에 깊이 박혀 있는 인과법칙들로부터 생물체가 등장할 수 있도록 계속해서 개입하여 인도하셨음을 강조하는 것이었다. 아우구스티누스의 모델은 현대 우주론의 폭넓은 특징들을 훌륭하게 펼쳐 보인다. 예상할 수 있듯 이 모델도 세부 내용으로 들어가면 약점이 있다. 그러나 그의 접근법이 보여 주는 폭넓은 필치는 그 시대 사람들이 우주의 기원 및 발전과 관련해 가졌던 이해들과 강한 조화를 이룬다. 지적 포용성이 큰 **씨앗 같은 원리들**이라는 관념은 진화할 뿐 아니라 처음에 이미 존재했지만 아직 현실로 나타나지 않은 잠재적 존재들을 시간이 가고 조건이 바뀜에 따라 펼쳐 보이는 우주와 조화를 이룬다. 한편으로는 발전해 가는 자연의 자율성을 긍정하면서도 다른 한편으로는 하나님의 섭리에 따른 작용을 인정하기에 근본적 어려움이 전혀 존재하지 않는다. 윌리엄 캐롤(William Carroll)이 지적하듯이, "하나님이 원인이시기에 하나님은 피조물들을 현재와 같은 피조물들이 존재하게 한 원인 제공자가 되게 하셨다."[47]

그러나 정교한 조율이라는 문제는 이제 더 이상 우주론에 관한 논의에 국한되지 않는다. 1990년 무렵부터 사람들은 점점 다른 과학 분과들도 이와 비슷한 해석의 여지가 있는 내용을 만들어 내고 있음을 깨닫게 되었다. 특히 사람들은 생물학의 기본 원리들과 천체물리학의 기본 원리들 사이에 상관관계들이 있음을 인식하게 되었다. 우리가 이미 보았듯이, 초기 우주는 고작 수소와 헬륨만 만들어 냈을 뿐이다. 그러나 생화학은 원소 주기율표 상반부에 있는 원소들로서 화학 작용이 활발하고 상당히 풍부한 원소들을 거의 모두 필요로 하고 거의 모두 사용한다. 풍부한 생물학적 요소들과 지구 같은 행성들을 가진 별들을 만들어 내는데 필요한 시간은 은하들과 별들의 군집이 만들어지고 진화하는 시간이 결정하며, 최소 수십 억 년이라는 시간이 걸린다.[48] 이제 사람들은 생명이 탄생하려면 살아 있는 유기체들을 지탱해 줄 수 있는 화학 성분들과 표면 온도를 가진 조그만 덩어리 같은 행성들이 만들어져야 한다고 널리 믿

---

47. William E. Carroll, "Divine Agency, Contemporary Physics, and the Autonomy of Nature," *Heythrop Journal* 49(2008), pp. 1-21, 특히 p. 14.
48. Craig J. Hogan, "Why the Universe Is Just So," *Review of Modern Physics* 72(2000), pp. 1149-1161.

고 있다. 이제 사람들은 지구가 태양 성운(solar nebula)으로부터 성장해 결국 지구를 규정하는 일련의 특징들—가령 지구의 화학 구성, 대기, 태양과 지구 사이의 거리 같은 것들—로서 생명이 살아가는데 적합한 특징들을 만들어 내는 과정을 통해 형성되었다고 믿는다.[49] 이런 관찰 결과들이 가지는 의미는 현재 열띤 토론 주제가 되었다.

그렇다면 생명은 어떻게 시작되었는가? 우리는 다음 장에서 이 중요한 발전을 둘러싼 몇 가지 문제들을 살펴보겠다.

---

49. Ward and Brownlee, *Rare Earth*, pp. 35-54.

10장

이 뼈들이 살겠느냐?
생명의 기원

1913년, 하버드 대학교 생화학 교수 로렌스 헨더슨(Lawrence J. Henderson, 1878-1942)은 "우주와 유기체 안에서 일어나는 모든 진화 과정은 하나이므로, 이제는 생물학자가 우주를 그 본질상 생명중심(biocentric)이라 여기는 것이 옳을 수 있다"[1]고 말했다. 헨더슨의 대담한 선언은 생명에 초점을 맞춘 인간중심 사고의 한 예라고 볼 수 있다.[2] 이 사고는 우주가 생명을 중심으로 한 속성을 갖고 있으며,

---

1. Lawrence J. Henderson, *The Fitness of the Environment: An Inquiry into the Biological Significance of the Properties of Matter*(New York: Macmillan, 1913; repr., Boston: Beacon Press, 1958), p. 312. 헨더슨의 접근법을 살펴보려면, John Parascandola, "Organismic and Holistic Concepts in the Thought of L. J. Henderson," *Journal of the History of Biology* 4(1971), pp. 63-113; Iris Fry, "On the Biological Significance of the Properties of Matter: L. J. Henderson's Theory of the Fitness of the Environment," *Journal of the History of Biology* 29(1996), pp. 155-196을 보라. 요 근래에 비슷한 생각을 제시한 글을 보려면, Michael Denton, *Nature's Destiny: How the Laws of Biology Reveal Purpose in the Universe*(New York: Free Press, 1998)를 보라. "우주 설계에서 생명중심에 맞게 설계한 것들"을 언급한 부분(p. 14)과 "우주는 심오한 생명중심성을 지니며, 특별히 생명이 존재할 수 있게 설계되었다는 것을 모든 면에서 드러낸다"고 강조한 것(p. 16)을 주목하라.

이런 속성의 메커니즘을 규명할 필요가 있다고 강조한다. 물론 헨더슨은 신(神)이라는 설계자를 불러내고 싶지는 않다고 강조한다.[3] 하지만 그의 접근법이 유신론을 따라 실재를 보는 시각(theistic views of reality)에 끼칠 수 있는 영향을 무시할 수는 없을 것이다.

헨더슨은 1904년부터 1942년 세상을 떠날 때까지 하버드 대학교에서 가르쳤으며, 하버드 의과 대학원 안에 물리화학부(Department of Physical Chemistry)를 설립하는 운동을 이끈 지도자 가운데 한 사람이었다. 그는 생리학 시스템의 물리화학과 생화학을 연구했으며, 특히 혈액 안에서 이루어지는 호흡의 조절 메커니즘을 연구했다. 그 결과 그는 화학 환경이 생명에 적합하게 만들어졌다는 견해를 갖게 되었다. 헨더슨은 혈액의 생리화학 시스템을 구성하는 다양한 요소들의 상호의존과 자기 조절을 연구하며 생물 조직의 난해하고 복잡한 본질을 깨닫게 되었다. 그는 살아 있는 유기체를 복잡한 역동적 평형 시스템을 유지하는 자기 조절 시스템으로 보는 개념을 확립하는 데 기여했다.

헨더슨이 생물학적 완충 장치들을 연구해 대체로 얻어 낸 결론은 중립성을 유지하는데 관련된 생리학 메커니즘들이 "현저하고 확실한 효율성"을 가지고 있다는 것이었다. 그렇다면 이를 어떻게 설명할 수 있을까?[4]

---

2. John Barrow and Frank J. Tipler, *The Anthropic Cosmological Principle*(Oxford: Oxford University Press, 1986), pp. 143-147; John R. Gribbin and Martin J. Rees, *Cosmic Coincidence: Dark Matter, Mankind, and Anthropic Cosmology*(New York: Bantam Books, 1989), p. 270을 보라.
3. 하지만 그는 안목을 갖고 브리지워터 논문집(Bridgewater Treatises)을 인용한다. Henderson, *The Fitness of the Environment*, pp. 5-7.

생명(생명체)이 요구하는 이런 것들을 채워 주는 적합성이 위대하다는 게 드러난다면, 우리는 그 적합성이란 것이 너무나 위대해서 그런 적합성을 우연이라고 추정하는 것이 합당하지 않은 것은 아닌지 물을 수 있고, 결국에는 어떤 법칙이 바로 그런 사물의 본질이 가진 적합성을 설명해 줄 수 있는지 탐구할 수도 있다.

특히 헨더슨은 탄소의 유기화학과 물의 물리화학이 매우 특이할 정도로 생명에 적합하다고 지적했다.[5] 그리고 그는 생명에 적합한 탄소와 물의 이런 독특한 적합성이 심오한 자연법칙이 만들어 낸 결과이며, 이것이 결국은 생명을 환경에 딱 맞는 유형으로 이끌었다고 주장했다. "만일 생명이 죽은 물질에서 진화하는 과정을 거쳐 생겨났다면, 그것은 틀림없이 전 우주 안에서 목적론(teleology)을 가장 뛰어나고 훌륭하게 보여 주는 사례다." 그러나 다윈주의가 말하는 진화론은 이런 속성을 설명할 수 없었다. 다윈주의에 따르면, 이런 속성을 "우주 진화 과정에서 물질의 속성과 에너지의 특징 들이 자연스럽게 만들어 낸 결과"[6]로 볼 수밖에 없었기 때문이다. 이것들은 이미 존재했으며, 더 깊은 사물의 구조 속에 깊이 박혀 있었다. 어떤 의미에서 보면, 생명의 기원은 그런 것들에 의존했다.

헨더슨을 비판하는 일부 사람들은 그가 말하는 '환경의 적합성'(environmental fitness)이라는 개념이 자명한 진리에 불과하다고 보

---

4. *Ibid.*, p. 37.
5. *Ibid.*, pp. 65-110.
6. *Ibid.*, p. 275.

왔다.[7] 그들은 어떤 유기체가 그 환경에 적합하다면 그 환경 역시 그 유기체에 적합할 수밖에 없다고 주장했다. 이 점은 생물학자인 R. S. 릴리(R. S. Lillie)도 일찍이 헨더슨의 작품을 평하면서 강조했다. 그는 이렇게 주장했다. "우리가 조사해 보면 우주는 자신이 생명체에 적합한 환경임을 틀림없이 드러낼 것이다. 그 생명체들이 우주 안에 계속 존재하기 때문이다."[8] 그러나 헨더슨은 이 같은 동어반복의 잘못을 저지르지 않았다. 오히려 그는 우리가 가정하는 우주 건축자가 생명 시스템을 포함해 다양한 물리화학 시스템의 진화라는 특징으로 규정할 수 있는, 우리가 사는 세계와 비슷한 세계를 설계할 과업을 떠맡았을 경우, 사전에(a priori) 골랐을 법한 물질의 속성들이 무슨 종류일지 생각해 보려고 노력했다. 헨더슨은 그런 속성들이 주로 그런 물리화학 시스템이 진화할 수 있는 안정된 조건을 유지하는 능력과 관련되었다고 보았다. 그는 이런 세부 조건을 대부분 충족시켜 준 것이 "수소와 탄소와 산소라는 원자들의 속성이 이룬 앙상블"이라고 주장했다.[9]

헨더슨의 주장은 지금도 많은 점에서 도전을 받고 있다. 하지만 우주를 구성하는 특정 원소들의 기본 특징이 생명이 존재할 수 있도록 정교하게 조율된다는(are fine-tuned, 정교한 조율을 과거가 아니라 현

---

7. 헨더슨이 말하는 '적합성'(fitness)이라는 개념, 그리고 이 개념과 정교한 조율의 연관을 살펴보려면, Everett Mendelsohn, "Locating 'Fitness' and L. J. Henderson," in *Fitness of the Cosmos for Life: Biochemistry and Fine-Tuning*, ed. John D. Barrow et al.(Cambridge: Cambridge University Press, 2007), pp. 3-19을 보라.
8. R. S. Lillie, "Review of The Fitness of the Environment," *Science* 38(1913), p. 337.
9. Lawrence J. Henderson, *The Order of Nature: An Essay*(Cambridge, MA: Harvard University Press, 1917), p. 181.

재형으로 말하는 것이 시제를 무시한 것일 수 있지만 그렇게 해도 된다면 현재형으로 이야기하겠다) 그의 주장은 지금도 과학은 물론 철학에서도 중요한 의미를 가진다. 진화는 주위 정황에 맞춰 가는 과정(a contextualized process)으로 환경에서 활용할 수 있는 자원들에 의존한다.[10] 헨더슨은 다윈주의가 말하는 진화가 일어나기 오래전부터 생명에 꼭 있어야 할 화학적 선결조건들이 있었다고 지적했다. 이런 논증 흐름은 분명 더 탐구해 볼 가치가 있지만, 더 근래에 이루어진 발전에 비추어 수정할 필요도 있다.

생명은 무엇인가?

이것을 논의하는 적절한 출발점은 '생명'을 어떻게 정의해야 하는가를 묻는 것이다.[11] 어떤 것이 '살아 있다'고 말할 수 있는 여부를 결정해 주는 것은 무엇인가?[12] 19세기 이후 사람들은 신진대사를 할 수 있는 능력이 생명의 본질을 이루는 요소임을 분명히 인식했다. 신진대사(한 세포 안에서 일어나는 모든 화학 반응들의 총체)는 두 가지 요소

---

10. 유익하고 시사점이 많은 생각들을 펼쳐 놓은 G. Evelyn Hutchinson, *The Ecological Theater and the Evolutionary Play*(New Haven, CT: Yale University Press, 1965)를 보라.
11. 헨더슨은 생명이 세 가지 기본 특징, 곧 복잡성, 자기조절을 통한 지속성, 그리고 신진대사 행위라는 특징을 가졌다고 보았다. Henderson, *The Fitness of the Environment*, pp. 31-32.
12. 정의에 관한 문제들을 개관한 글을 읽어 보려면, Martino Rizzotti and André E. Brack, eds., *Defining Life: The Central Problems in Theoretical Biology*(Padua: University of Padua, 1996); Carol E. Cleland and Christopher E. Chyba, "Defining 'Life,'" *Origins of Life and Evolution of the Biosphere* 32(2002), pp. 387-393; Gyula Pályi, Claudia Zucchi, and Luciano Caglioti, eds., *Fundamentals of Life*(Paris: Elsevier, 2002); T. M. Fenchel, *The Origin and Early Evolution of Life*(Oxford: Oxford University Press, 2002)를 보라.

로 이루어진다. 첫째는 이화작용(catabolism), 곧 더 크고 복잡한 분자들을 더 작고 단순한 분자들로 쪼개는 과정이다. 이 과정이 이루어지는 동안 일에 필요한 에너지를 내보내고, 끌어들이며, 활용할 수 있게 만든다. 둘째는 동화작용(anabolism), 곧 더 단순한 선구물질들(precursors)에서 복잡한 분자들을 합성해 내는 과정인데, 이 작용이 일어나려면 에너지가 주입되어야 한다. 따라서 1976년에 화성에서 생명체를 찾으려 했던 바이킹호(미국이 발사한 무인 화성 탐사선인데, 1호와 2호가 있었다. 1호는 1976년 7월 20일에 화성에 착륙했고, 2호는 같은 해 9월 3일에 착륙했다―역주)가 미생물의 신진대사를 보여 주는 표지를 찾아내기 위해 고안된 실험들을 수행할 생물학 패키지를 가지고 임무를 수행한 것은 적절했다.

그러므로 생명을 분명히 정의할 경우에는 생명을 가진 유기체가 스스로 신진대사를 지속할 수 있는 능력이 있는가에 초점을 맞출 것이다. 그러나 생명을 단순히 '자급자족 시스템'(self-sustaining system)으로 정의하는 것은 즉각 여러 난점에 빠지고 만다. 생물계 안에는 고도의 상호연관성이 명백히 존재하기 때문이다. 동물은 식물이나 다른 동물을 먹고 산다. 식물이 영양분을 흡수하려면 그 뿌리 조직에 미생물 유기체가 있어야 한다. 박테리아는 종종 다른 유기체들 안에 살면서 그들의 숙주가 지닌 내부 환경에 생존을 의지한다. 생명을 이렇게 정의하면, 생명이란 것을 뜻하지 않게 상당히 희소한 화학무기영양체(chemolithotrophs, 무기화합물의 산화로 살아가는 데 필요한 에너지를 얻는 독립 영양체―역주)와 광무기영양생물(photolithotrophs, 광합성으로 고정한 에너지를 사용해 살아가는 생물―역주)로 한정하는 것처럼

보일 것이다.[13]

그러나 진짜 난점은 생명 시스템을 정의해 보려는 시도들이 기껏해야 겉으로 나타나는 생명의 특징을 나열하는데 그치고, 이는 결국 우리가 관찰한 속성들을 단순히 나열하는 것으로 끝나 버릴 때가 잦다는 점이다.[14] 이렇게 특징들을 나열한 목록은 인식론의 관점에서 볼 때나 겨우 만족스러울 뿐이다. 이런 목록은 개념의 엄밀함도 없고 '생명'을 정의할 수 있는 결정적 판단 기준도 제공해 주지 못하기 때문이다. 예를 들면 어떤 사람은 생명을 재생산 능력이라는 말로 정의할지도 모른다. 하지만 이런 정의는 구조상 복제가 불가능한 노새(mules)와 다른 번식 불능 생명체들 때문에 심각한 난점에 부딪치고 만다. 생명의 선결 조건으로 재생산(자손 재생산)을 포함시키는 정의는 —몇 가지 분명한 예들을 언급해 보면— 노새와 어린이와 일개미는 생물로 간주할 수 없는 반면 수정(水晶)과 불, 그리고 죽은 사람에게서 떼어 낸 세포들은 '살아 있는 것'으로 생각할 수 있는 심각한 문제가 있는 결론에 이르고 만다.

이런 난점은 생명을 자기생성 시스템(autopoietic system)으로 여기면 —다시 말해 자기유지(self-maintenance)와 자기생식(self-generation)을 행하는 내부 과정으로 정의할 수 있는 실재로 여기면— 대체로 피할 수 있다. 세포와 세포로 이루어진 유기체는 본디 자기생성 성질을 가진다. 그들은 계속해서 신진대사를 하고, 이를 통해 그들을

---

13. Lansing M. Prescott, John P. Harley, and Donald A. Klein, *Microbiology*, 4th ed.(Boston, MA: McGraw-Hill, 1999), pp. 179-187, 193-195.
14. Joan Oliver and Randall S. Perry, "Definitely Life but Not Definitively," *Origins of Life and Evolution of Biospheres* 36(2006), pp. 515-521.

에워싼 환경의 화학 구성에 영향을 미친다. 그러나 여기에도 난점이 있다. 예를 들어 학자들은 자기생성 행위, 곧 생명체의 기본 속성 가운데 적어도 몇 가지를 그대로 모방하는 행위를 보여 주고자 물리와 화학 쪽에 존재하는 많은 유사 사례를 주장했다. 그중 가장 흥미로운 사례 가운데 하나가 리튬 수산화물을 함유한 카프릴산(caprylic acid)이 형성하고 옥탄산 유도체(octanoic acid derivative)가 안정시켜 주는 합성낭포(synthetic vesicles)처럼, 자기복제를 행하는 교질입자(膠質粒子, micelles)와 리포솜(liposomes)의 경우다. 학자들은 이것들이 카프릴산 에틸의 가수분해를 촉진한다는 것을 보여 주었다. 이렇게 만들어진 카프릴산은 교질입자의 벽 속으로 흡수되어 그 벽들을 자라게 하고, 결국은 몇 '세대'에 걸쳐 분열을 겪는다.[15] 그러나 이렇게 자기복제를 행하는 교질입자와 리포솜은 생명체가 가진 몇 가지 특질을 보여 주긴 하지만, 계통 혹은 계통 발생(phylogeny)을 보여 주지 않는다. 따라서 생명의 본질 자체를 이해할 때는 다윈주의가 말하는 진화가 필수라는 주장이 타당할 수 있다. 그렇다면 생명은 '자급자족 화학 시스템'으로서 자원을 그 자신을 구성하는 블록으로 바꿀 수 있는, 곧 "다윈주의가 말하는 진화를 겪을 수 있는" 시스템이라고 정의할 수 있을 것이다.[16] 이 정의에도 물론 난점들이 없지는 않다. 하지만 이 정의는 시아노박테리아와 식물들, 그리고 다른 독립 영양 생물들이 자급자족하면서도 아주 많이 살아 있다는

---

15. Pascale Angelica Bachmann, Pier Luigi Luisi, and Jacque Lang, "Autocatalytic Self-Replicating Micelles as Models for Prebiotic Structures," *Nature* 357(1992), pp. 57-59.
16. Gerald F. Joyce, "Foreword," in *Origins of Life: The Central Concepts*, ed. D. W. Deamer and G. R. Fleischaker(Boston, MA: Jones & Bartlett, 1994), xi-xii.

관찰 결과와 분명히 일치한다.

그럼 생명체는 어떻게 생겨났는가? 생명체가 등장하는 데는 어떤 조건들이 필요한가? 우리는 이 문제를 다루기 전에 우선 생명의 기원을 설명할 때 다윈주의 패러다임이 가지는 한계점을 짚어 봐야 한다.[17] 현재의 생명체는 일종의 생화학 주형(鑄型), 곧 RNA나 DNA 안에 암호로 단단히 입력된 복제 지침 세트를 사용해 재생산한다.[18] 생화학 물질들을 가리키는 이 두 약어(略語)는 생명의 기원과 유전 과정에서 엄청나게 중요하기 때문에, 이 분야가 생소한 신학자들을 위해 여기에 대해 좀더 이야기하겠다.

첫째, RNA는 리보핵산으로서 단백질을 만들어 낼 수 있게 DNA가 내리는 명령을 수행하는 분자다. RNA는 뉴클레오티드로 구성된 하나의 긴 사슬로 이루어졌다. 각 뉴클레오티드는 염기 하나, 인산 분자 하나, 그리고 당 리보스(sugar ribose)를 갖고 있다. RNA 뉴클레오티드 안에 있는 염기는 아데닌, 우라실, 구아닌, 그리고 시토신이다. RNA에는 크게 메신저 RNA, 트랜스퍼 RNA, 그리고 리보솜 RNA라는 세 유형이 있다.

둘째, DNA는 디옥시리보 핵산으로서 유전암호를 담고 있는 분자다. 이 DNA는 뉴클레오티드로 구성되었고, 길며, 꼬인 두 사슬(이중 나선)로 이루어졌다. 각 뉴클레오티드는 염기 하나, 인산 분자 하

---

17. 자연선택설이 생명의 기원을 설명할 때 가지는 한계들을 논한 글을 보려면, Liane M. Gabora, "Self-Other Organization: Why Early Life Did Not Evolve through Natural Selection," *Journal of Theoretical Biology* 241(2006), pp. 443-450을 보라.
18. Andreas Wagner, *Robustness and Evolvability in Living Systems*(Princeton, NJ: Princeton University Press, 2005), pp. 13-61.

나, 그리고 당 디옥시리보스를 갖고 있다. DNA 뉴클레오티드의 염기는 아데닌, 티민, 구아닌, 그리고 시토신인데, 이들은 A, T, G, 그리고 C로 줄여 부르는 것이 전통이다.

 RNA와 DNA는 구조가 복잡하다(특히 DNA가 그렇다). 이들이 생물학에서 가지는 의미는 말할 것도 없고 이들의 존재 자체부터 분명 설명이 필요하다. 사람들은 이렇게 복잡한 생화학 구조물이 스스로 생겨났을 개연성이 지극히 미미하다는 데 널리 동의한다. 프레드 호일이 1981년에 주장했듯이, 이런 구조가 스스로 생겨났다는 시나리오는 무시무시한 난제들을 일으킨다. "고등 생명체가 이런 식으로 등장했을 확률은 고물 수집소를 휩쓸고 지나가는 토네이도가 거기 있는 고물들로 보잉 747 비행기 한 대를 조립해 낼 확률과 비등하다."[19] 통계를 들먹이는 호일의 주장은 조금 잘못이 있다. 이 주장은 생화학 세계 안에 분명히 존재하는 자기조직(self-organization) 가능성을 전혀 고려하지 않기 때문이다. 그럼에도 자기조립 암호(self-assembly code)가 스스로 등장한다는 것은 설득력이 없었고, 이는 결국 가끔씩 '1차대사' 이론(metabolism-first theory)으로 알려진 이론을 널리 받아들이게 했다. 이 이론은 생명이 처음에는 한 줄로 늘어선 자기촉매 중합체들처럼 집단으로 자기복제를 하는 단순한 분자들의 집합에서 시작했다고 주장한다. 자연선택이 자기조립 암호에 근거해 아주 억지로 이루어지는 과정이다. 이 때문에 이 과정에 앞서 **자기생성**(*autopoiesis*)을 수반하는 더 우연한 과정이 먼저 일어난다

---

19. Fred Hoyle, "Hoyle on Evolution," *Nature* 294(1981), p. 105.

는 인식이 점점 더 늘고 있다.[20] 이 모델에 따르면, 자기복제는 차차 조금씩 일어나는 과정이지, 자기조립 암호를 기초로 한 통합된 복제 메커니즘이 아니다. 엄밀히 따지면 어떤 분자도 자신을 복제한다고 말할 수 없다. 그 분자를 구성하는 부분들이 상호작용하고 변화함으로써 분자 전체가 다시 생성된다. 뒤이어 유전을 통해 전달되는 주형(鑄型) 복제가 이 분자 시스템들의 맹렬한 활동(역학, dynamics)으로 이루어졌는데,[21] 이는 자기생성을 일으키는 조합으로 생각할 수 있다.

사람들은 생명의 존재가 우리가 알고 있는 대로 복잡하면서도 우리가 다 이해하지 못하는 위계질서를 가진 구조들의 등장에 의존하고 있다는 데 널리 의견을 같이 한다.[22] 생물학 세계에 존재하는 정교한 조율을 이야기할 때 부딪치는 핵심 난제들 가운데 하나는 DNA에 기초한 지구 위의 생명체들이 우주 전체의 패턴을 대변하는지, 아니면 태양계나 전체 우주의 다른 곳에는 생명을 지닌 또 다른 화합물들이 존재할 수 있는지 여부가 분명치 않다는 것이다.

---

20. 이런 접근법을 가장 먼저 천명한 글 가운데 하나를 읽어 보려면, Humberto Maturana and Francisco Varela, *Autopoiesis and Cognition: The Realization of the Living*(Dordrecht: Reidel, 1973)을 보라.
21. Kalin Vetsigian, Carl Woese, and Nigel Goldenfeld, "Colective Evolution and the Genetic Code," *Proceedings of the National Academy of Sciences* 103(2006), pp. 10696-10701.
22. Bernard J. Carr and Martin J. Rees, "Fine-Tuning in Living Systems," *International Journal of Astrobiology* 3(2003), pp. 79-86. 더 일반적인 글을 보려면, Peter Ulmschneider, *Intelligent Life in the Universe: From Common Origins to the Future of Humanity*(Berlin: Springer-Verlag, 2004)를 보라. 정보 이론을 사용해 이 문제를 설명하려는 시도를 보려면, Radu Popa, *Between Necessity and Probability: Searching for the Definition and Origin of Life*(Berlin: Springer-Verlag, 2004)를 보라.

그러나 우리가 자신 있게 말할 수 있는 것은 생명을 가진 지구상의 모든 유기체들은 근본적으로 동일한 화학 구조물로 이루어졌으며, 이 구조물들은 주로 아미노산과 지방산과 당(糖)들과 질소 염기로 구성되었다는 것이다. 이 중요한 생화학 화합물들을 이루는 핵심 원자는 수소, 탄소, 질소, 산소다. 그렇다면 이 원자들은 어디서 나왔는가? 또 이 원자들이 활동하지 않았다면 무슨 일이 일어났을까?

이것은 결코 쓸데없는 질문이 아니다. 만일 우주 기본 상수들이 달라졌다면, 이 원자들도 나타날 수 없었을 것이다. 왜 그럴까? 이 원자들은 오직 별의 핵 안에서만 생겨나기 때문이다. 이는 우주 역사에서 나중에 일어난 일로, 철저하게 우연히 전개된 일이었다. 이 점이 아주 중요하기 때문에 더 상세하게 살펴보겠다. 처음으로 합성된 원자는 수소였다. 원자 수소는 우주의 온도가 절대온도 4000K로 떨어졌을 때 형성되기 시작했다. 이때는 시간이 시작된 때부터 약 100초가 흐른 뒤였다. 뒤이어 곧바로 중수소와 헬륨처럼 더 무거운 핵들이 등장했다. 그러나 그 때에도 아직 존재하지 않았던 더 무거운 원소들의 핵합성(nucleosynthesis)이 이루어지려면 아주 높은 온도가 필요했다. 우주는 차가워지고 있었다.

별에서 일어난 필수 원소들의 핵융합

이 지점에서 우리는 자연의 기본 원자들의 중요성을 살펴본 이 책 9장에서 강조한 점들 가운데 한 가지를 다시 살펴봐야 한다. 별들의 내부에서 생성된 어떤 원자들이 생명의 탄생과 발전에서 행하는 필수불가결한 역할이 바로 그것이다. 생화학의 관점에서 볼 때, 탄소와 질소 그리고 산소 같은 필수 원자들은 우주 역사 초기에는 만들어지지 않았고 만들어질 수도 없었다. 그것들이 존재하게 된 것은 물질들이 '뭉치거나' '합체해' 별을 이룬 결과다. 이렇게 별들이 만들어지고 난 뒤 핵융합 반응이 시작되었다. 중력의 속박력 대 정지질량 에너지의 비율은 물질들이 점차 '뭉쳐' 더 큰 덩어리—별—가 되게 했다. 별은 옅은 성간매질(星間媒質, interstellar medium) 안에 있는 거대한 물질 구름들이 어지럽게 뒤섞임으로써 만들어진다.[23] 사람들은 우주에 있는 더 무거운 원자들, 곧 탄소보다 위에 있는 원자들이 모두 별 안에서 일어난 핵융합의 산물이지, 원시 불덩이에서 직접 만들어진 것은 아니라고 믿는다.[24] 별이 만들어지지 않았다면, 우주에는 수소와 헬륨만 존재했을 것이며, 리튬과 베릴륨 같은 다른 원자들은 미미한 비율로만 존재했을 것이다.

따라서 우리는 탄소와 질소와 산소의 핵합성을 생명체의 등장에 필수불가결한 것으로 여겨야 한다. 탄소가 만들어지려면, 세 개의 헬륨 핵들(혹은 알파 입자들)이 중간매질인 베릴륨이 관여하는 이중 과정을 통해 융합해야 한다.

$^{4}\text{He} + {}^{4}\text{He} \rightarrow {}^{8}\text{Be}$

$^{8}\text{Be} + {}^{4}\text{He} \rightarrow {}^{12}\text{C}$

---

23. 현재 존재하는 별의 생성 이론들을 탁월하게 요약한 글을 보려면, Michael D. Smith, *The Origin of Stars*(London: Imperial College Press, 2004), 특히 pp. 31-136을 보라.

24. Donald D. Clayton, *Principles of Stellar Evolution and Nucleosynthesis*(New York: McGraw-Hill, 1968), pp. 70-72.

이 융합 과정은 오직 절대온도 10^8K 보다 높은 온도에서, 그리고 헬륨을 아주 풍부하게 갖고 있는 별들 내부에서만 급속하게 일어난다. 이런 이중 융합이 일어날 개연성은 매우 낮다. ^{8}Be이 아주 불안정한 핵으로서, 그 반감기가 10^{-17}초밖에 되지 않기 때문이다. 이는 '베릴륨 병목'(beryllium bottleneck)을 가져와, 헬륨 핵이 하나만 더 융합하면 만들어질 산소를 포함한 더 무거운 핵들이 만들어지지 못하게 막을 수도 있다.[25]

$$^{12}C + {}^4He \rightarrow {}^{16}O$$

그러나 모든 ^{12}C가 ^{16}O로 바뀐다면, 생명체가 나타나게 할 수 있을 만큼 충분한 양의 탄소가 만들어지지 않았을 것이다.

프레드 호일은 1950년대에 인간중심 사상을 명확히 피력한 한 논증에서 탄소의 핵화학 작용에는, 아직 발견하지는 못했지만 상당히 생명 친화성을 띠는 분량의 탄소와 산소가 만들어지도록 해주는 측면이 분명 존재한다고 주장했다. 매우 중요한 이 탄소 형성 반응은, ^{12}C가 공명반응(共鳴反應, resonance reaction)을 가능케 할 7.65MeV(백만 전자볼트)에 거의 이르러 활발한 0^+ 상태에 있을 때만 더 급속히 일어날 수 있었다. 이 메커니즘은 뒤이어 호일의 요청에

---

25. 질소는 CNO(탄소-질소-산소) 사이클로도 알려진 베테바이츠재커 사이클[Bethe-Weizsäcker cycle, 독일계 미국인 핵물리학자 한스 베테(Hans Bethe, 1906-2005)와 독일의 물리학자 칼 폰 바이츠재커(Carl von Weizsäcker, 1912-2007)가 각각 제안한 이론—역쥐을 통해 만들어진다. G. Gervino, A. Lavagno, and P. Quarati, "Modified CNO Nuclear Reaction Rates in Dense Stellar Plasma," *Nuclear Physics A* 688(2001), pp. 126-129을 보라.

따라 이 문제를 탐구한 윌리엄 파울러(William Fowler)가 발견했다.[26] 아울러 공명반응은 ^{16}O의 전위가 7.12MeV일 경우에는 일어나지 **않는다**는 것이 판명되었다. 이는 7.19MeV에서 ^{12}C와 ^{4}He가 결합해 생기는 에너지보다 조금 낮기 때문이다. 따라서 ^{16}O의 경우에는 ^{12}C의 형성을 도와준 공명 전위가 존재하지 않았으며, 이는 탄소가 알파 캡처(alpha-capture)를 통해 곧장 산소로 바뀌는 것을 막았다. 호일은 나중에 이를 되돌아보며 이 주목할 만한 관찰 결과가 함축한 신학적 의미를 이렇게 곱씹었다.[27]

> 윌리(윌리엄) 파울러와 나는 1953년부터 줄곧 ^{12}C의 핵 속에 있는 7.65 MeV 에너지 준위와 ^{16}O 안에 있는 7.12 MeV 에너지 준위의 독특한 관계에 흥미를 가졌다. 만일 여러분이 별의 핵합성으로 탄소와 산소를 대략 같은 양만큼 만들어 내기 원한다면, 이 두 에너지 준위에 맞춰 지금 우리가 실제로 발견하는 이 에너지 준위들과 딱 들어맞아야 할 것이다. 그렇다면 이것도 미리 짜인 각본에 따른 일이 아니었을까? 위와 같은 논증을 따르자면, 나도 그런 생각을 하게 된다. 사실들을 상식으로 해석한 결과는 어떤 초지성(超知性, superintellect)이 화학과 생물학은 물론이요 물리학도 가지고 놀았으며, 자연 속에서 이야기할 만한 가치가 있는 힘들 중 아무 목적이 없는 힘은 없다는 것을 알려 준다.

---

26. 호일과 파울러는 유명한 "B²FH paper"를 공동 저술했다. 이 논문은 별의 핵합성에 관한 현대의 이해에 기초가 되었다. E. Margaret Burbidge et al., "Synthesis of the Elements in Stars," *Review of Modern Physics* 29(1957), pp. 547-650.

27. Fred Hoyle, "The Universe: Past and Present Reflections," *Annual Review of Astronomy and Astrophysics* 20(1982), pp. 1-35; 특히 p. 16.

지구에 있는 생명의 기원

탄소와 질소와 산소가 별들의 핵 안에서 생겨난 것과 생명체 그 자체의 기원 사이에는 여전히 커다란 틈이 있다. 그러나 어떤 형태의 우주화학이 우주 안에 있는 수백 가지의 유기 분자들을 만들어 낸 것만은 분명하다. 이를 증명해 주는 증거가 전파 천문 분광기(radio astronomical spectroscopy)와 1969년의 유명한 머치슨 운석(Murchison meteorite, 1969년 9월 28일 오전 10시 58분에 호주 빅토리아 주 머치슨 부근에 떨어진 운석이다. 여기서 단백질을 구성하는 아미노산은 물론 지구의 생명체에는 없는 아미노산이 발견되어 지구의 생명체가 외계에서 왔다는 가설에 힘을 실어 주는 증거가 되었다—역주)처럼 지구에 떨어진 운석들을 상세히 화학 분석한 결과를 포함해 수많은 자료들에서 나온다.[28] 이런 증거 자료들은 생명체를 구성하는 핵심 구조물들이 그 구조상 복잡함의 정도를 달리하면서 별과 별 사이의 공간에, 혜성과 소행성, 그리고 행성과 그 위성들에 현존한다는 것을 알려 준다.[29] 이 구조물들은 화학상 단순한 수산기(水酸基)에서 시작해 수소시안화물과 물, 그리고 더 복잡한

---

28. 모든 내용을 빠짐없이 개관한 P. Ehrenfreund et al., "Astrophysical and Astrochemical Insights into the Origin of Life," *Reports on Progress in Physics* 65(2002), pp. 1427-1487을 보라. 머치슨 운석을 알아 보려면, Keith A. Kvenvolden et al., "Evidence for Extraterrestrial Amino-Acids and Hydrocarbons in the Murchison Meteorite," *Nature* 228(1970), pp. 923-926을 보라.
29. 예를 들어 분광기를 통해 얻은 증거는 원행성(protoplanet) 성운 안에 복합 탄소 화합물들이 존재했음을 알려 준다. Uma P. Vijh, Adolf N. Witt, and Karl D. Gordon, "Discovery of Blue Luminescence in the Red Rectangle: Possible Fluorescence from Neutral Polycyclic Aromatic Hydrocarbon Molecules?" *Astrophysical Journal Letters* 606(2004), L65-L68을 보라.

아미노산들과 당(糖)들에 이르기까지 광범위하다. 예를 들어 머치슨 운석에는 알라닌, 글리신, 글루탐산 같은 보통의 아미노산은 물론 이소발린(isovaline)과 슈도류신(pseudoleucine)과 같이 더 특이한 아미노산도 들어 있는 것을 발견했다.[30] 더 특이한 아미노산들은 운석 충돌의 결과 땅이 오염되어 생겨난 것이 아닐 수도 있다.

이렇게 중요한 화학 구조물들이 혜성과 운석들에 존재한다는 것은 지구 위 생명체가 지구 밖의 근원에서 유래했음을 시사하는 것으로도 볼 수 있다.[31] 생명체 자체, 혹은 생명체의 선구 물질들이 지구 역사의 초기에, 특히 운석들이 폭격하듯 지구 위에 맹렬히 떨어지던 시기에 지구에 도착했다는 개념을 가볍게 무시해서는 안 된다. 그러나 이와 다른 견해들도 분명 존재한다. 그런 견해 중 하나를 제시한 것이 1953년에 시카고 대학교에서 실시했던 유명한 실험이다. 이 실험에서 스탠리 밀러(Stanley Miller)와 해럴드 유리(Harold Urey)는 당시 학자들이 생명체가 처음 출현했을 때 지구를 뒤덮었으리라고 생각한 가상 조건들을 모방해 실험했다.[32] 이 실험에서 수증기(H_2O)와 암모니아(NH_3)와 메탄(CH_4)과 수소(H_2)를 섞어 —실험자들은 이

---

30. Michael H. Engel and Bartholomew Nagy, "Distribution and Enantiomeric Composition of Amino Acids in the Murchison Meteorite," *Nature* 296(1982), pp. 837-840.
31. 종종 '배종(胚種)발달설'(panspermia, 지구 위에 존재하는 생명체가 지구 바깥 외계에서 유래했다는 학설—역주) 혹은 '생명체 외계 기원설'(exogenesis)이라 불리는 이론은 필시 '(외계 생명체의) 지시에 따른 배종발달설'(directed panspermia)이라는 개념을 통해 가장 잘 알려졌는데, 이 이론은 Francis Crick, *Life Itself: Its Origin and Nature*(London: Macmillan, 1982)가 제안했다. 또 프레드 호일도 Fred Hoyle and N. C. Wickramasinghe, *Astronomical Origins of Life: Steps towards Panspermia*(Dordrecht: Kluwer Academic Publishers, 2000)에서 이 이론을 지지했다.
32. Stanley L. Miller, "Production of Amino Acids under Possible Primitive Earth Conditions," *Science* 117(1953), p. 528.

혼합이 생명체가 처음 나타날 당시 지구 위에 존재한 원시 분자들을 그대로 보여 준다고 믿었다— 전기를 방출하고 번개를 흉내 냈다. 1주일 뒤, 밀러와 유리는 이 시스템 안에 있던 탄소 가운데 약 10-15퍼센트가 유기 화합물로 바뀌고, 그 탄소 중 2퍼센트가 생명체 세포 안에 있는 단백질들을 만들어 내는데 필요한 스물두 가지 가운데 열세 가지를 포함하는 아미노산들을 만들어 냈음을 발견했다. 당과 지질, 그리고 핵산 자체는 아니지만 핵산을 구성하는 구조물들도 만들어졌다. 그들이 세웠던 작업가설들 가운데 몇 가지는 이제 수정이 필요하다고 밝혀졌다.[33] 그러나 밀러와 유리는 자연에서 이루어지는 과정들이 외계의 자료에 의지하지 않고도 생명체를 구성하는 몇몇 핵심 구조물들을 만들어 낼 수 있다는 것을 보여주는 데 성공했다.[34]

그러나 그들이 생명체가 되기 전의 화학물질들을 만들어 낸 것은 생명체의 등장에서 한 단계에 불과하다. 린 마굴리스(Lynn Margulis)가 냉담하게 말하듯이, "박테리아에서 사람으로 나아간 것은 아미노산 복합체에서 박테리아로 나간 것에도 미치지 못한다."[35]

---

33. Antonio Lazcano and Jeffrey L. Bada, "The 1953 Stanley L. Miller Experiment: Fifty Years of Prebiotic Organic Chemistry," *Origins of Life and Evolution of Biospheres* 33(2004), pp. 235-242을 보라.
34. 계속해서 '생명체 분자'(molecules of life)의 기원일 수 있는 것들을 놓고 중요한 이론 작업을 행한 글이 Fritz Lipmann, "Projecting Backward from the Present Stage of Evolution of Biosynthesis," in *The Origin of Prebiological Systems and of Their Molecular Matrices*, ed. S. W. Fox(New York: Academic Press, 1965), pp. 259-280이다.
35. John Horgan, *The End of Science: Facing the Limits of Knowledge in the Twilight of the Scientific Age*(Reading, MA: Addison-Wesley Publishing Co., 1996), pp. 140-141에서 인용했다.

우리가 앞서 말했듯, 모든 생명체가 가진 두 가지 기본 특질은 신진대사 능력과 다윈주의가 말하는 진화를 이뤄 갈 수 있는 능력이다. 그러나 이 두 가지 능력이 나타나려면 복잡한 시스템들이 방대하게 갖춰져야 한다.

신진대사는 복잡한 시스템들을 통해 일어나며, 신진대사 산물들을 세포의 생명을 지탱해 줄 수 있는 분자들로 바꿔 주는 효소 반응들과 전달 과정들이 결합해 만들어 내는 결과다. 그렇다면 이런 신진대사 경로와 시스템 들이 진화하기 전에는 무슨 일이 일어났을까? 만일 효소들이 신진대사 반응을 촉진하지 않는다면, 생명체를 유지해 주는 신진대사 반응의 숙주는 나타나지 않거나 나타나더라도 아주 천천히 나타날 것이다. 몇 가지 생물학 반응은 RNA가 촉매 역할을 한다. 하지만 주로 이런 반응들을 촉진하는 것은 효소들이며, 그 대부분이 단백질이다. 사람들은 RNA가 이런 효소들을 만들어 냈다고 널리 믿고 있으며, DNA가 진화하기 전에는 이 RNA가 유전 정보를 전달했다고 생각한다.

고대 생화학 혹은 생명체 등장 이전의 화학에 처음으로 효소가 수용된 것은 뉴클레오티드들의 합성과 관련된 과정들과 연관되어 있었다. 당시 세계는 오직 RNA만이 유전자 암호가 입력된 촉매제였기 때문이다. 하버드의 분자생물학자 월터 길버트(Walter Gilbert)는 1986년, 나중에 다른 요인들이 떠맡은 많은 역할을 RNA가 담당했던 생명체 진화의 한 시기를 가리키는 말로서 'RNA 세계'(RNA World)라는 개념을 만들었다.[36]

진화의 첫 단계는 뉴클레오티드 수프(necleotide soup)에서 그들 자신을 결합하는데 필요한 촉매 활동을 펼치는 RNA 분자들이 진행해 간다. RNA 분자들은 자기복제 패턴을 따라 진화하고, 재결합과 돌연변이를 활용해 새로운 적합한 위치를 탐색한다.…그런 다음 이 분자들은 전 범위에 걸친 효소의 활동을 전개한다. 다음 단계에서 RNA 분자들은 단백질을 합성하기 시작했다. 처음에는 활발하게 활동하는 아미노산들을 결합할 수 있는 RNA 어댑터 분자들을 발전시키고, 뒤이어 리보솜의 RNA 핵과 같은 다른 RNA 분자들을 활용하는 RNA 주형(틀)을 따라 RNA 어댑터 분자들을 배열하는 방법으로 단백질을 합성했다. 이 과정이 첫 단백질들을 만들어 냈을 것이며, 이 단백질들은 단지 효소들로서 이들에 상응하는 RNA들보다 더 나은 정도였을 것이다.

그러나 일단 DNA가 등장하자 RNA의 많은 역할이 필요 없게 되었다. "그러자 RNA는 오늘날 그가 행하는 중개 역할을 떠맡는 쪽으로 밀려났다. RNA는 이제 더 이상 이 단계의 중심이 아니었고, DNA와 더 유능한 단백질 효소들에게 자리를 내주었다." 그렇다면 RNA와 단백질들이 등장하기 전에는 어떻게 신진대사가 일어났을까? 이런 일이 짧은 아미노산 중합체들인 펩티드를 통해 일어났을 수도 있다는 주장이 있다.[37]

---

36. Walter Gilbert, "The RNA World," *Nature* 319(1986), p. 618. 더 근래에 이 이론을 고찰한 글을 읽어 보려면, Gustavo Caetano-Anollés, Hee Shin Kim, and Jay E. Mittenthal, "The Origin of Modern Metabolic Networks Inferred from Polygenomic Analysis of Protein Architecture," *Proceedings of the National Academy of Sciences* 104(2007), pp. 9358-9363을 보라.

과학계는 세포 이전의 생명체가 어떻게 등장했는지 또는 그 생명체가 주위 환경에서 자원을 끌어오는 일종의 신진대사를 사용함으로써 그 자신을 유지한 방법이 무엇이었는지를 놓고 의견 일치를 이루지 못하고 있다.[38] 스튜어트 카우프만(Stuart Kauffman)을 따르려는 이들도 일부 있다. 카우프만은 현재 알려진 화학 반응들에 따르면 생명체 이전의 선구 물질들에서 뉴클레오티드들이 직접 합성되어 그에 합당한 산출물이 나올 때 이와 무관한 더 많은 양의 분자들을 동반하지 않는 경우는 있을 수 없다는 것을 인정한다. 그런데도 그는 "분자들의 모둠이 다른 종류의 분자들을 충분히 함유하고 있으면, 신진대사는 언제나 그 수프에서 결정될 것이다"라고 주장한다.[39]

살아 있는 물질에서 살아 있지 않은 물질로 옮겨 가는 메커니즘은 상당한 사색거리였다.[40] 이런 등장 과정을 설명해 줄 수 있는 한 가지 시나리오는 세 가지 기본 구성 요소를 가진 '원(原)유기체들'(protoorganisms)이 형성되었다는 것이다. 이 '원유기체'는 원수용체(原受容體, protocontainer), 원신진대사(原新陳代謝, protometabolism), 그리

---

37. André E. Brack, "La chimie de l'origine de la vie," in *Les traces du vivant*, ed. M. Gargaud et al.(Pessac: Presses Universitaired de Bordeaux, 2003), pp. 61-81.
38. 이것은 이 개념들에 어떤 단점들이 있다는 말이 아니다. 가령 Freeman J. Dyson, *Origins of Life*(Cambridge: Cambridge University Press, 1985); Graham Cairns-Smith, *Seven Clues to the Origin of Life*(Cambridge: Cambridge University Press, 1985); Manfred Eigen, *Steps towards Life: A Perspective on Evolution*(Oxford: Oxford University Press, 1992)에서 제시하는 개념들을 보라.
39. Stuart A. Kauffman, *At Home in the Universe: The Search for Laws of Complexity* (Harmondsworth: Penguin, 1995), p. 45.
40. 이어지는 내용을 살펴보려면, Steen Rasmussen et al., "Bridging Nonliving and Living Matter," *Artificial Life* 9(2003), pp. 269-316을 보라.

고 원유전자(原遺傳子, protogenes)로 이루어진 단일 협력 집합체로 생각할 수 있다. 이 물리화학 네트워크는 에너지를 산화환원 과정이나 광화학 반응―단순한 형태의 신진대사―들에서 추출하고, 원유전자 안에서 이루어지는 신진대사 과정들과 관련된 정보를 암호에 담아 전달하는데, 이 원유전자는 지질 집합체 안에서 신진대사 복합체들과 결합한다. 이처럼 이 집합체는 자기복제를 할 수 있고, 그 주위 환경에서 에너지와 영양소를 얻어 활용하며, 시간이 흐름에 따라 진화에 따른 변화를 겪는다.

생화학에서 이야기하는 진화를 고찰하는 과정에서 등장하는 가장 근본적인 문제들 가운데 하나는 진화 과정이 어떻게 진행되어 갔는가라는 문제와 분명 관련 있다. 다윈주의가 말하는 자연선택 과정은 일종의 복제자(replicator)에 의존한다. 때문에 그보다 앞선 진화 과정이 존재하지 않았는데도 원시 형태의 진화까지 밑받침하는 필수 생화학 시스템과 생물물리학 시스템들이 어떻게 등장할 수 있었을까 하는 순수한 의문이 생긴다. 우리는 분자 고생물학(molecular paleobiology)과 분자 고생화학이라는 신생 과학들 덕분에 적어도 일부 유전자와 단백질의 서열들이 지닌 역사를 탐구할 수 있고, 현재 상황을 어느 정도 설명할 수 있다.[41] 그러나 이것은 우리에게 생물물리학의 필연보다 역사의 우연을 더 많이 말해 주는 것일지도 모른다. 예를 들어 달 때문에 생기는 밀물과 썰물[태음조석(太陰潮汐), lunar

---

41. 이를 탁월하게 두루 살펴본 Steven A. Benner, Slim O. Sassi, and Eric A. Gaucher, "Molecular Paleoscience: Systems Biology from the Past," *Advances in Enzymology and Related Areas of Molecular Biology* 75(2007), pp. 1-132을 보라.

tides]은 초기 생체 분자들의 순환 복제에 어떤 영향을 미쳤을까?[42] 역사에는 우연한 일들이 아주 많은데, 이런 우연들은 실험실에서 조건을 설정해 재생해 낼 수 없는 경우가 많고, 때문에 한정된 가치를 지닐 수밖에 없다.

그렇다면 우리는 '생물학 세계에 존재하는 정교한 조율'을 이야기할 수 있을까? '정교한 조율'이라는 말이 가진 어떤 의미를 생각하면, 분명 생물학 세계에도 그런 조율이 있다. 예를 들어 우리는 효소가 신진대사라는 일을 수행할 수 있도록 정교하게 조율되었다고 말할 수 있다. 그러나 이것은 뜻밖에 나타난 속성으로서, 자연선택 과정을 반영하는 것이라고 주장할 수도 있다. 그레이엄 케언스스미스(Graham Cairns-Smith)가 말하듯, "그런 종류의 엔지니어링은 오직 시험과 실수를 반복하는 자연선택 과정을 통해서만 자연 속에서 일어날 수 있다."[43] 따라서 생명체를 다루는 생화학의 관점에서 볼 때, 자연선택이 '가장 좋은' 혹은 '필요한' 결과를 낳았는지는 분명하지 않다. 가령 단백질을 합성할 때 오직 스무 가지 아미노산만 사용하는 이유는 뭘까? 자연에서 발견되지 않는 다른 광범위한 아미노산들이 합성되고 결합되어 단백질이 만들어져도 뚜렷하게 유해한 결과는 생기지 않았다.[44] 현재 존재하는 아미노산 배합이 선택된 것은

---

42. 이 점을 살펴보려면, Richard Lathe, "Fast Tidal Cycling and the Origin of Life," *Icarus* 168(2004), pp. 18-22을 보라.
43. Graham Cairns-Smith, "Fine-Tuning in Living Systems: Early Evolution and the Unity of Biochemistry," *International Journal of Astrobiology* 2(2003), pp. 87-90. 아울러 그가 말한 것을 보라. "생물학은 그 자신만이 가진 정교한 조율 메커니즘을 갖고 있으며, 이는 자연선택을 통한 오랜 진화 과정에서 발견할 수 있다. 지구 위에서 어떻게 이런 진화가 이루어졌는가는 아직도 알려지지 않았다"(p. 87).

생화학의 필연이라기보다 역사의 우연으로 보인다. 이와 비슷한 질문이지만, 두 핵산—RNA와 DNA—이 오탄당(五炭糖, pentose) 리보스와 디옥시리보스에 근거한 유전 정보를 전달하는데 아주 크게 관여하게 된 이유는 무엇일까? 사탄당(四炭糖, hexose)이나 육탄당(六炭糖, tetrose)이 관여하지 않은 이유는 뭘까? 다시 말해 RNA와 DNA는 여섯 개나 네 개의 탄소 원자를 가진 단당류(單糖類, monosaccharide)를 사용하지 않을 이유가 딱히 없는 것 같은데, 왜 다섯 개 탄소 원자를 가진 단당류를 사용했을까?[45] 달리 말해 RNA와 DNA는 왜 아미노아데닌보다 아데닌을 사용할까? 다른 방법도 분명 가능하다. 진화가 활용할 수 있는 것을 토대로 이루어졌기 때문이라고 말하는 것이 그 답이 될 것 같다.

　이런 식으로 생각하다 보면, 지구 생명체의 기원과 관련해 정교한 조율을 이야기하는 것이 정당한가 몇 가지 의문이 생긴다. 많은 사람들이 진화가 스스로 자신을 조율한다고 주장할 것이다. 그러나 실제는 이보다 상당히 더 복잡하다. 진화 경로의 등장은 분명 자연선택 과정이 끼친 영향을 보여 주지만, 그래도 이런 진화 경로가 작

---

44. C. J. Noren et al., "A General Method for Site-Specific Incorporation of Unnatural Amino Acids into Proteins," *Science* 244(1989), pp. 182-188; André R. O. Cavalcanti and Laura F. Landweber, "Genetic Code: What Nature Missed," *Current Biology* 13(2003), R884-R885; S. Ye et al., "Site-Specific Incorporation of Keto Amino Acids into Functional G Protein-Coupled Receptors Using Unnatural Amino Acid Mutagenesis," *Journal of Biological Chemistry* 283(2008), pp. 1525-1533. 하지만 아울러 Albert Eschenmoser, "Chemical Etiology of Nucleic Acid Structure," *Science* 284(1999), pp. 2118-2124에서 말한 것들을 보라.
45. Steven A. Benner, Alonso Ricardo, and Matthew A. Carrigan, "Is There a Common Chemical Model for Life in the Universe?" *Current Opinion in Chemical Biology* 8(2004), pp. 672-689에서 강조하는 점이다.

동하려면 여전히 우주를 구성하는 특정 원자들이 어떤 성질을 가져야 한다. 탄소가 가진 특이한 성질이 그 분명한 사례다. 어쩌면 생화학의 관점에서 너무 당연한 것이어서 그랬는지 모르지만, 지금까지 생물학 문헌들이 충분히 강조하지 않은 점이 있다. 그것은 곧 진화 과정 전체가 탄소의 특이한 화학에 의존한다는 것이다. 탄소는 자신을 다른 원자들은 물론 탄소 자신과 결합시켜 지상의 온도가 아무리 높아도 이를 이겨 내고 안정성을 유지하면서 유전 정보(특히 DNA)를 전달할 수 있는 아주 복잡한 분자들을 만들어 낸다. 사람들이 이 탄소와 비슷한 능력을 소유했다고 믿는 유일한 원자가 규소다. 무게를 기준으로 하면, 지구 표면은 29.4퍼센트가 규소로 이루어졌다. 그러나 이 규소는 신진대사 과정에서 의미 있는 역할을 하지 않는다. 반면 탄소는 지구 표면의 0.032퍼센트만을 차지할 뿐이지만, 매우 중요한 역할을 한다. 진화는 규소가 생명체를 떠받치는 비계(scaffolding) 역할을 할 수 있는 가능성을 무시했다.[46]

그 이유를 알아내기는 어렵지 않다. 일부 화학자들은 규소가 복합 분자들의 비계 역할을 할 수 있음을 지적하면서, 올리고실란들(oligosilanes, 화학상 탄화수소와 비슷한 물질)이 26개의 규소를 연속해 갖기에 이르렀다고 말했다. 규소 결합들은 기능하거나 기능하지 않는 다양한 곁사슬들(side chains)을 지지할 수 있는 것으로 알려졌다.[47]

---

46. 이것이 곧 규소가 생물학에서 어떤 역할을 행한다는 것을 부인하는 것은 아니다. 예를 들어 일부 바다 생물들은 그들의 외골격 속에서 규소 이산화물(silicon dioxide)을 결합한다. 또 이것이 (규산염을 함유한) 점토가 복합 유기 분자가 등장할 수 있게 해준 무기 모체 혹은 복제 플랫폼 역할을 할 수 있음을 부인하는 것도 아니다. Graham Cairns-Smith, *Genetic Takeover and the Mineral Origins of Life*(Cambridge: Cambridge University Press, 1982)를 보라.

이 주장은 맞는 말이지만, 생명의 기원과 관련해 아주 중요한 몇 가지 점들을 설명하지 못한다.

1. 많은 올리고실란들은 불안정하다. 규소 원자의 반지름이 더 크고, 이 때문에 규소와 규소의 결합이 더 약하기 때문이다. 특히 실란들은 산소가 있는 곳에서는 급속히 분해되고, 산소가 풍부한 환경에서는 그들이 가진 생명 잠재력을 심각하게 줄여 버린다. 이와 정반대로 탄소는 다양한 경로를 통해 다섯 개, 여섯 개, 그리고 일곱 개로 이루어진 고리들을 형성할 수 있으며, 심지어 산소가 존재할 때도 그렇게 할 수 있다.[48]
2. 규소는 탄소처럼 이중 또는 삼중 결합, 혹은 생물학상 중요한 형태로 방향족 구조들에서 발견할 수 있는 '비편재'(非偏在, delocalized) 결합을 형성할 수 있는 능력이 없다.[49]
3. 탄소 이산화물은 신진대사에서 긴요한 역할을 하는데, 광합성 때 공기에서 흡수되고 다양한 형태의 신진대사를 통해 배출된다. 탄소 이산화물은 가스로서 물에 녹는다. 규소 이산화물은 물에 녹지 않고 단단하다. 예를 들어 규소에는 지상의 생명

---

47. Benner, Ricardo, and Carrigan, "Is There a Common Chemical Model for Life?" p. 675.
48. 산소의 화학 특성들도 면밀히 검토할 가치가 있다. O_2가 탄소에 근거한 생명체를 위해 전자가 전달될 수 있게끔 최고로 **적합한** 에너지를 분배해 주는데, 이는 주기율표의 한계들이 만들어 낸 보편적 특성이다. D. C. Catling et al., "Why O2 Is Required by Complex Life on Habitable Planets and the Concept of Planetary 'Oxygenation Time,'" *Astrobiology* 5(2005), pp. 415-438을 보라.
49. 상세한 분석을 담은 Dirk Schulze-Makuch and Louis N. Irwin, *Life in the Universe: Expectations and Constraints*(Berlin: Springer-Verlag, 2006), pp. 82-93을 보라.

체에서 아주 중요한 역할을 하는 '탄소 순환'(carbon cycle) 같은 것이 없다.[50]

이런 관찰 결과는 탄소의 몇 가지 신호 특징들이 지닌 생물학적 중요성을 알려 주며, 인간중심 해석으로 나아갈 길을 분명하게 열어 준다. 자연이 스스로 정교한 조율을 만들어 낸다고 주장하는 이들이 있을지도 모르겠다. 그러나 이런 정교한 조율은 우주의 초기 구성 요소들이 진화 과정이 시작될 수 있게 갖추어져 있을 때만 가능하다. 탄소의 독특한 화학 성질은 자연이 그 자신을 조율할 수 있는 능력을 갖게 해준 궁극의 기초다.

따라서 탄소의 화학 특성이 가지는 이런 엄청난 중요성은 인간 중심의 관점에서 이해할 수 있다. 그러나 이렇게 이해하기 위해서는 다른 많은 고찰들을 통해 보완이 필요하다. 예를 들어, 생물학 세계에서 인산(燐酸, phosphate)이 하는 역할을 생각해 볼 수 있다. 생명 시스템이 가진 가장 두드러진 특징 가운데 하나는 사실상 모든 시스템이 에너지를 순환시켜 주는 ATP(아데노신 3인산, adenosine triphosphate)에 의존한다는 것이다.[51] 여기서 중요한 반응은 ATP가 ADP(아데노신 2인산, adenosine diphosphate)로 바뀌는 것인데, 이 전환은 가역성이 있으며(즉 ADP가 ATP로 바뀌기도 한다—역주), 이 전환을 통

---

50. 이 순환의 원소들과 그 원소들 사이의 상호관계를 탁월하게 분석한 글을 보려면, D. R. Cameron et al., "A Factorial Analysis of the Marine Carbon Cycle Controls on Atmospheric CO2," *Global Biogeochemical Cycles* 19(2005), pp. 1-12을 보라.
51. 이 메커니즘의 독특함과 중요성을 탁월하게 설명한 글을 보려면, Christian de Duve, *Singularities: Landmarks on the Pathways of Life*(Cambridge: Cambridge University Press, 2005), pp. 25-40을 보라.

해 인산 그룹이 하나 만들어진다. ATP가 ADP로 바뀌면 일하는 데 필요한 에너지가 나오지만, 이화작용(catabolism)을 통해 만들어진 에너지는 ADP를 ATP로 바꾸는 데 사용된다.[52] 그러나 생물 세계에서 인산이 하는 역할은 에너지 전환에 그치지 않는다. 인산의 역할은 핵산들과 인지질(燐脂質)들의 생합성(biosynthesis)까지 미친다. 전자는 유전 정보 전달에 필수불가결하며, 후자는 안정된 세포막을 형성하는 데 필수불가결하다.[53] 흥미롭게도 인산은 지구 위에 흔하지 않고, 대부분 잘 녹지 않는 광상(鑛床) 속에 모여 있다.[54] 세계의 대양(大洋) 속에 집중되어 있는 인산은 양도 아주 적다. 실제로 그 양이 너무 적어서 일부 연구자들은 인산이 생명체가 등장하기 이전의 초기 화학 세계에서 의미 있는 역할을 할 수 없었을 것이라고 주장했다.[55]

---

52. 이 메커니즘의 발견과 중요성을 소개한 글을 보려면, Fritz Lipmann, "Metabolic Generation and Utilization of Phosphate Bond Energy," *Advances in Enzymology and Related Areas of Molecular Biology* 1(1941), pp. 99-162; Herman M. Kalckar, "Origins of the Concept Oxidative Phosphorylation," *Molecular and Cellular Biochemistry* 5(1974), pp. 55-62을 보라.
53. 이를 알아 보려면, Maw-Shung Liu and K. Joe Kako, "Characteristics of Mitochondrial and Microsomal Monoacyl- and Diacyl-Glycerol 3-Phosphate Biosynthesis in Rabbit Heart," *Biochemical Journal* 138(1974), pp. 11-21; Timothy Soderberg, "Biosynthesis of Ribose 5-Phosphate and Erythrose-4-Phosphate in Archaea: A Phylogenetic Analysis of Archaeal Genomes," *Archaea* 1(2005), pp. 347-352을 보라.
54. 이 광상들은 대개 인회석(apatite)과 같은 광물들 안에 $Ca_3(PO_4)_2$ 형태로 존재한다. 이 광물이 척추동물의 뼛속에서 합성된다는 것은 진화에서 중요한 의미다. H. Catherine W. Skinner, "In Praise of Phosphates; or Why Vertebrates Chose Apatite to Mineralize Their Skeletal Elements," in *Frontiers in Geochemistry: Organic, Solution, and Ore Deposit Geochemistry*, ed. W. G. Ernst(Columbia, MD: Geological Society of America, 2002), pp. 41-49.
55. Anthony D. Keefe and Stanley L. Miller, "Are Polyphosphates or Phosphate Esters Prebiotic Reagents?" *Journal of Molecular Evolution* 41(1995), pp. 693-702. 그러나 Yukio Yamagata, "Prebiotic Formation of ADP and ATP from AMP, Calcium Phosphates and Cyanate in Aqueous Solution," *Origins of Life and Evolution of the*

그렇다면 자연은 왜 인산을 택했을까? 이것이 하버드의 화학자 프랭크 웨스트하이머(Frank Westheimer, 1912-2007)가 1987년에 제기한 질문이다.[56] 웨스트하이머는 "인산 에스테르(phosphate esters)와 인산 무수물(anhydrides)이 생명 세계를 지배한다"고 지적했다.[57] 웨스트하이머는 자연이 **어떻게** 인산을 택해 그토록 중요한 역할을 맡겼는가는 논의할 문제가 아니라고 봤다. 그 때도 사람들은 이와 연관된 생합성(biosynthetical) 메커니즘들을 상당히 잘 이해하고 있었기 때문이다. 중요한 것은 인산 그룹(PO_4^{3-})이 가진 화학 특성들 덕분에 이 그룹이 생물학상 어떤 중요한 역할을 할 수 있었다는 점이다.

우리는 이미 신진대사 안에서 일어나는 에너지 전달에서 ATP가 가지는 중요성을 언급했다. 웨스트하이머는 더 나아가 인산이 신진대사에 필요한 물질들을 보존해 줄 수 있는 세포 내의 역동적 화학 환경을 유지하는 데 중요하다고 지적했다. 인산 자체는 물이 있는 환경에서 pH가 중성일 경우 이온으로 바뀐다. 인산은 결합해서 에스테르들처럼 두 그룹을 이룰 수 있으며(핵산들 내부에서 그런 것처럼), 여전히 이온으로 바뀐 상태를 유지한다. 이렇게 이온으로 바뀐 모든 종(種)들은 세포들 안에 그대로 남아 있다. 방출된 종들이 무극성 세포막들을 쉽게 통과하지 못하기 때문이다.[58] 더욱이 인산 에스테

Biosphere 29(1999), pp. 511-520을 보라.
56. Frank H. Westheimer, "Why Nature Chose Phosphates," *Science* 235(1987), pp. 1173-1178.
57. 스키너가 지적하듯이, 웨스트하이머는 칼슘 인산이 척추동물의 세계에서 행하는 긴요한 역할을 언급하는 것을 잊어 버렸다. 이 칼슘 인산이 없다면, 뼈도 치아도 없을 것이다. Skinner, "In Praise of Phosphates," p. 41을 보라.
58. 일찍이 신진대사에 필요한 물질들이 이온으로 바뀌는 일이 생화학에서 중요함을 인식한 글

르들과 ATP 같은 그들의 무수물들은 가수분해(hydrolysis)와 관련지어 볼 때 열역학상 불안정하다. 그러나 그들의 음전하는 친핵체[구핵원자, nucleophiles, 수산기(hydroxyl) 이온과 같은 것, OH⁻]를 거부함으로써, 이 친핵체들이 안정된 운동을 하게 한다.

DNA와 RNA는 인산 그룹들이 함께 연결해 준 퓨린과 피리미딘들을 함유한다. 안정된 분자 배열은 유생분자(有生分子, biomolecule)의 바깥쪽에서 인산 그룹들과 짝을 이뤄 결합하는 뉴클레오시드를 통해 이루어진다. 한 번 더 말하지만, 인산 그룹들의 모든 음전하는 친핵체의 공격 속도를 제한함으로써 분자들이 가수분해되지 않게 보호한다. 인산과 뉴클레오시드의 결합은 유전물질이 오랫동안 전달되고 유지되는데 필요한, 안정된 생분자를 확실하게 보장한다. 이 점은 근래 베너(Steven Benner)와 허터(Daniel Hutter)가 강조했다. 베너와 허터는 DNA가 유전분자로서 제대로 기능하려면 포스포디에스테르 척추(phosphodiester backbone)가 중요하다고 지적한다.[59] 이 다중 음이온(polyanionic) 척추는 단일 가닥들이 겹치는 것을 방지해 분자 인식(molecular recognition)이 간단한 규칙들을 따르도록 해주는 데 중요

을 보려면, 독창성이 돋보이는 논문인 Bernard D. Davis, "On the Importance of Being Ionized," *Archives of Biochemistry and Biophysics* 78(1958), pp. 497-509을 보라. 더 근래에 신진대사와 관련해 이 점을 논한 글을 보려면, Peter W. Hochachka and George N. Somero, *Biochemical Adaptation: Mechanism and Process in Physiological Evolution* (Oxford: Oxford University Press, 2002), pp. 351-353을 보라.

59. Steven A. Benner and Daniel Hutter, "Phosphates, DNA, and the Search for Nonterrean Life: A Second Generation Model for Genetic Molecules," *Bioinorganic Chemistry* 30 (2002), pp. 62-80. RNA와 관련해 비슷한 주장을 내놓은 글을 보려면, Christoph Steinbeck and Clemens Robert, "The Role of Ionic Backbones in RNA Structure: An Unusually Stable Non-Watson-Crick Duplex of a Nonionic Analog in an Apolar Medium," *Journal of the American Chemical Society* 120(1998), pp. 11576-11580을 보라.

한 역할을 하는 것으로 보인다.

또 인산은 생합성에서도 핵심 역할을 한다. 이는 캘빈 회로(Calvin cycle, 녹색식물이 광합성 반응으로 만든 ATP와 NADPH를 사용해 이산화탄소를 고정한 뒤 C_3 탄수화물을 생합성하는 경로-역주)에서 볼 수 있다.[60] 캘빈 회로는 당을 분해해 리불로스와 다른 당들을 합성하게 해주는 경로로서, 학자들은 이것을 광합성을 통해 스스로 영양분을 만들어 내는 유기체들이 유생분자를 만들어 가는 첫 단계로 여긴다. 아울러 인산은 분자 NADP의 일부인 전하 전달과 산화 환원 반응들의 필수 보조 인자다.[61] 웨스트하이머의 목록은 쉽게 확장할 수 있다.[62]

그렇다면 생물학 세계의 정교한 조율이라는 개념과 관련해 이 간단한 분석에서 어떤 결론을 끌어낼 수 있을까? 우리는 이미 자연이 그 자신을 조율한다고 강조했다.[63] "진화는 여러분 자신보다 더 영리하다(Evolution is cleverer than you are)"고 레슬리 오겔(Leslie Orgel)은 말했다. 이는 생물학 세계의 정교한 조율이라는 개념을 배제하지 않고 다만 우리 이목을 생명체를 탄생시키는 결과를 가져왔다고

---

60. James A. Bassham, "Mapping the Carbon Reduction Cycle: A Personal Retrospective," *Photosynthesis Research* 76(2003), pp. 25-52.
61. NADP라는 분자는 니코틴아미드 아데닌 디뉴클레오티드 인산(nicotinamide adenine dinucleotide phosphate)이다.
62. 더 상세한 설명은 Andrew J. Pratt, "The Curious Case of Phosphate Solubility," *Chemistry in New Zealand* 70(2006), pp. 78-80; Giovanna Costanzo ct al., "Nucleoside Phosphorylation by Phosphate Minerals," *Journal of Biological Chemistry* 282(2007), pp. 16729-16735을 보라.
63. 우리가 앞으로 보겠지만, 이것은 진화의 분자 메커니즘을 다루는 모든 논의와 특별한 연관성을 갖고 있다. 가령 Rong Wu, Prim B. Singh, and David M. Gilbert, "Uncoupling Global and Fine-Tuning Replication Timing Determinants for Mouse Pericentric Heterochromatin," *Journal of Cell Biology* 174(2006), pp. 185-194을 보라.

생각되는 생화학 과정 가운데 중요한 한 측면에 집중시킨다. 생물학에서 말하는 과정들이 만들어 내지 않고 다만 활용하는 화학 원소들의 근본 특성은 무엇보다 이런 신진대사 경로들이 가능하게 해주는 것일 수밖에 없다. 마찬가지로 만일 다윈주의가 말하는 진화가 일어나야 하고, 생명체를 정의하는데 이 진화를 필수불가결한 것으로 여겨야 한다면, 자연의 화학은 복제가 이루어질 수 있는 것이어야만 한다. 다시 말해 DNA 또는 이 DNA와 기능이 같은 것이 존재할 수 있는 것이어야만 한다. 우리는 이런 점들을 설명하기 위해 이미 탄소와 인(phosphorus)이 가진 특이한 특성들을 간단하게 언급했다. 이런 접근법은 배로가 말한 '좋은 법칙들'(이 책 9장을 보라)과 강한 조화를 이룬다고 말할 수 있다.

따라서 생명의 기원은 의심할 여지없이 인간중심이다. 생명의 기원은 자연의 기본 상수 값들에 의존하는데, 이 상수 값들은 우주가 원자 수소의 형성에서 더 발전할 수 있게 하고 생물학상 중요한 원소들의 핵합성이 이루어질 수 있게 해주는 값을 지닌다. 이 상수 값들이 달라졌다면, 이런 과정들은 시작조차 하지 못했을 것이다. 오직 수소나 헬륨이나 리튬만을 기초로 삼는 생명체는 전혀 알려져 있지 않다. 수소와 헬륨과 리튬은 가장 가벼운 원자들로서, 이들은 모두 태초의 빅뱅 때 만들어졌다. 빅뱅 자체는 본질상 탄소나 질소나 산소를 만들어 낼 수 없었다. 별의 형성은 중력 상수 값에 의존하는데, 학자들은 이 상수 값을 정교한 조율을 보여 주는 사례로 줄기차게 인용한다. 마찬가지로 0.007이라는 값을 지닌 강한 핵력은 원자핵들이 얼마나 단단하게 결합해야 하는가를 규정해 줌으로써 별이 수소를 더 무거운 원소들의 원자들로 바꿀 수 있는 정도를 규정한다. 핵합성이 별의 내부에서 일어나려면, 이 강한 핵력의 값이 매우 중요하다. "만일 강한 핵력의 값이 0.006이나 0.008이라면, 우리는 존재할 수 없었을 것이다."[64] 따라서 생명의 기원이 우주 기본 상수들에 의존한다는 것은 합리적 의심을 품을 수 없는 확실한 사실이다.

또한 아우구스티누스가 말한 관념인 **씨앗 같은 원리들**(rationes seminales)이 이번 장에서 간단히 서술한 복잡한 화학 현상들을 다룰 때 스스로 무언가를 깨닫게 하는 중요한 역할을 한다는 것이 분명하게 드러날 것이다. 복잡한 화학 세계가 복잡한 생물학 세계보다 먼저 등장했는데도, 생물의 진화를 다룬 설명에서는 그것을 보통 무시한다. 그러나 이 점은 분명 중요하다. 애초부터 화학이 복잡해질 수 있는 능력을 갖고 있지 않았다면, 생물 세계가 발전할 기초는 존재하지 않았을 것이다.[65] 우리는 이런 화학 특성들을 뜻밖에 등장한 것으로 여겨야만 한다. 아우구스티누스는 싹을 틔우기에 적합한 환경 조건들을 기다리며 잠들어 있는 씨앗이라는 이미지를 말하는데, 이 이미지는 특정한 화학 특성들이 적절한 환경에서 어떻게 등장하는가를 이해하는 데 유익한 유비(類比)다.

---

64. Martin J. Rees, *Just Six Numbers: The Deep Forces That Shape the Universe*(London: Phoenix, 2000), p. 2. 더 상세한 논의는 9장을 보라. 더 상세한 내용은 Michael L. Graesser et al., "Anthropic Distribution for Cosmological Constant and Primordial Density Perturbations," *Physics Letters B* 600(2004), pp. 15-21을 보라.
65. 화학 시스템들이 복잡해질 수 있는 잠재력을 지녔다는 것, 그리고 이런 잠재력이 가진 더 넓은 의미를 고찰한 글을 읽어 보려면, Achim Müller, "Die inhärente Potentialität materieller (chemischer) Systeme," *Philosophia naturalis* 35(1998), pp. 333-358을 보라.

물론 이 시점에서 아직도 많은 부분이 탐구되지 않은 채 남아 있는 화학이라는 공간의 광활함을 무시한 주장이라며 이 주장을 거부할 수 있다. 그렇다면 화학이라는 공간 속에는 생명력을 지닌 또 다른 화학 시스템이 등장할 여지가 존재하지 않을까? 이 점은 인정해야 하지만, 그래도 맥락 속에서 봐야 할 필요가 있다. 우리가 아는 생화학 시스템들에 근거할 때, 생물 세계의 진화는 여전히 화학 특성들에 의존하며, 이 화학 특성들은 결국 우주의 태초 상태가 결정한 것이다.

그러나 우리는 자연신학과 관련이 있는 자연의 측면들을 이제 겨우 고찰하기 시작했을 뿐이다. 계속해서 다음 장에서 물의 특이한 특성을 살펴보고, 자연신학에서 그 물의 특성이 가지는 중요성을 살펴보겠다.

11장

생명의 모체
흥미로운 물의 화학

물은 생명의 모체다.[1] 이 때문에 물은 물리학자, 화학자, 생화학자, 그리고 생물학자—아울러 신학적 사색을 즐기는 사람—들의 주목을 받았는데, 이는 놀라운 일이 아니다. 페이턴(Herbert J. Paton)이 1949-1950년의 기포드 강연에서 지적했듯이, 18세기에는 '물의 신학'(hydrotheology)이 '열의 신학'과 '새의 신학'을 포함하는 특이한 형태의 자연신학들과 합세해 이질성을 지닌 자연신학 그룹을 형성했다. 이들은 좀 엉뚱하게도 물과 불과 새의 행동에서 하나님의 지혜를 확인하려고 했다.[2] 페이턴이 우리에게 일깨워 주듯, 이 다소 황

---

1. Felix Franks, *Water: A Matrix of Life*, 2nd ed.(Cambridge: Royal Society of Chemistry, 2000)도 이를 지적한다.
2. H. J. Paton, *The Modern Predicament: A Study in the Philosophy of Religion*(London: Allen & Unwin, 1955), pp. 20-21. 페이턴은 아마도 요한 알베르트 파브리치우스(Johann Albert Fabricius)의 「물의 신학」(*Hydrotheologia*)과 결국은 좀 황당하다는 것이 드러났지만 그래도 박식함을 보여 주는 프리드리히 크리스티안 레서(Friedrich Christian Lesser)의 3부작, 「돌의 신학」(*Lithotheologia*, 1735), 「곤충의 신학」(*Insectotheologia*, 1738), 「유각류(有殼類)의

당한 접근법들은 "자연신학이 마음만 먹으면 아주 억지가 될 수 있다"는 것을 보여 준다. 페이턴은 이 신학들은 그냥 내버려두고 이들을 시도하고 검증한 철학 방법들에 호소하는 접근법으로 대치하는 것이 가장 좋다고 보았다. 그러나 물은 그 자체만으로도 흥미로운 몇 가지 철학 문제를 야기한다는 것이 판명되었다. 특히 그 물이라는 말이 본디 규정하는 것이 무엇인가 하는 문제가 그런 예다.[3]

나는 자연이 가진 모호한 점들에서 등을 돌려 철학 논증에서 더 안전한 지반으로 나아가고 싶어 하는 페이턴의 욕구를 이해할 수 있다. 그러나 외관상 탈선처럼 보이는 '물의 신학'을 배척하는 그의 자세를 이해하면서도 몇 가지 우려를 제기하지 않을 수 없다. 첫째, 개념이 가장 빈곤한 신학만이 자연계와 접촉하려는 의지와 지적 자원을 갖고 있지 않다. 그러나 기독교의 실재관(vision of reality)은 자연계와 접촉하라고 명령한다. 둘째, 페이턴은 어쩌면 철학이 자연계가 제기하는 문제들을 궁구할 수 있는 자원을 가졌으리라 낙관했을지 모르나 ―아니 실제로 어떤 자원을 가졌다고 해도― 이는 합당치 않다. 폴란드의 철학자이며 문화비평가인 레섹 코와코프스키(Leszek Kolakowski)는 철학의 확실성을 툭 터놓고 솔직하게 비판하는데, 이 지점에서 그의 비판을 되새겨볼 만하다.[4]

여러 세기 동안 철학은 소크라테스 시대 사람들과 그 이전 사람들로부터

신학」(*Testaceotheologia*, 1747)을 염두에 둔 것 같다.
3. Barbara Abbott, "Water=H2O," *Mind* 108(1999), pp. 145-148을 보라.
4. Leszek Kolakowski, *Metaphysical Horror*(Chicago: University of Chicago Press, 2001), pp. 1-2.

전해 내려온 문제들을 묻고 답하는 것으로 철학의 정당성을 강조해 왔다. 실재하는 것과 실재하지 않는 것, 참과 거짓, 선과 악 등을 어떻게 구별할 것인가가 그 문제들이었다. 그러나 철학자들이 간단하면서도 고통스럽게 시인할 수밖에 없는 사실을 마주해야 할 때가 왔다. 지난 2500년 동안 유럽 철학을 지탱해 왔던 문제들 가운데 단 하나도 일반인들이 널리 만족할 만한 대답을 내놓지 못했다는 것이 바로 그 사실이다. 철학자들이 이런 문제들을 쓸모없는 것이라고 선언하지는 않았지만, 그래도 이 문제들은 모두 여전히 논쟁중이다.

나는 우리가 다시금 물의 특성들을 깊이 생각해 봐야 한다고 제안하면서, 자연신학이 자연계와 접촉해 하나님이 실제로 존재하신다는 연역 논증을 펼칠 수 있으리라고 기대하지 못한다 해도 필히 자연계를 접촉해야 한다고 주장한다. 오히려 나는 우리가 물이 가진 특이한 화학 특성과 물리 특성을 더 알아 가는 것이 기독교의 실재관과 일치하며, 이는 곧 창조주이신 하나님이 애초에 피조물에게 부어 주신 잠재력을 일깨운다는 사실을 논증할 것이다. 따라서 이번 장에서는 두 가지 문제를 다루려고 한다. 첫째, 물이 가진 아주 독특한 점은 무엇인가? 둘째, 이 물의 특성은 생명체의 등장과 어떤 관련이 있는가?[5]

먼저 사실과 다른 것을 질문하는 것으로 논증을 시작하려고 한

---

5. 이 문제들을 탁월하게 검토한 글을 읽어 보려면, John L. Finney, "Water? What's So Special about It?" *Philosophical Transactions of the Royal Society B* 359(2004), pp. 1145-1165을 보라. 가장 훌륭하고 폭넓은 논의 가운데 하나를 발견할 수 있는 곳이 Philip Ball, *Life's Matrix: A Biography of Water*(New York: Farrer, Straus & Giroux, 2000)다.

다. 만일 액체가 전혀 없었다면 무슨 일이 일어났을까? 이것은 쓸데없는 질문이 아니다. 1961-1965년까지 제네바의 유럽핵연구소(CERN) 소장이었던 빅토르 바이스코프(Victor Weisskopf, 1908-2002)는 순수하게 이론의 관점에서 봐도 액체는 뭔가 좀 이상한 것(something of an anomaly)이라고 지적했다.[6]

고체와 기체의 존재와 일반 특성은, 일단 원자나 분자 들이 양자역학에 따른 어떤 전형적 특성과 상호작용을 갖고 있음을 인식하면, 그래도 이해하기가 상당히 쉽다. 반면 액체는 이해하기가 어렵다. 박식한 이론 물리학자 한 무리가 태어날 때부터 꽉 막힌 빌딩 안에 살면서 자연 구조물을 볼 기회를 일체 가진 적이 없다고 상상해 보자. 그들이 그들 자신의 몸 그리고 그 몸 안으로 들어가는 것과 그 몸에서 나오는 것들을 보지 못하게 막는 것이 불가능하다는 것은 잊어버리자. 그들이 양자역학에 관한 기본 지식을 바탕으로 예측할 수 있는 것은 무엇일까? 그들은 아마도 원자와 분자와 단단한 수정, 그리고 금속과 절연체와 기체가 존재한다는 것을 예측할 수 있을 것이다. 그러나 액체의 존재는 십중팔구 예측하지 못할 것이다.

바이스코프의 말은 은연중에 액체 상태의 존재가 사실은 상당히 약해서 금세 사라지기 쉽고, 어떤 특별한 정도의 분자 사이의 인력

---

6. 아래 인용문은 1977년에 나온 글인데, 액체 상태의 효용과 특성을 다룬 문헌들이 널리 인용하고 있다. 가령 Daan Frenkel, "Introduction to Collodial Systems," in *Soft Condensed Matter Physics in Molecular and Cell Biology*, ed. Wilson C. K. Poon and David Andelmann (New York: Taylor & Francis, 2006), pp. 21-47, 특히 p. 35을 보라.

[반데르발스 힘(van der Waals force)으로 알려진 힘]에 의존하고 있음을 강조한다.[7] 심지어 액체 상태의 존재 자체가 특정한 자연 상수들을 보여준다. 그중에서도 물은 아주 특이한 액체임이 드러났다

물의 흥미로운 특성

물이 생명체에서 가지는 중요성을 탐구하려는 초기의 시도들은 물의 화학과 물리 특성들을 이해하지 못해 다소 어려움을 겪었다. 윌리엄 휴얼(1794-1866)은 "피조물 속에 나타난 하나님의 능력과 지혜와 선하심을 다룬" 브리지워터 논문 가운데 어쩌면 가장 성공적인 논문을 썼다. 그는 이 논문에서 물이 가진 특성 가운데 주로 열과 연관된 일련의 특성들―가령 눈과 얼음의 단열 능력, 그리고 물이 얼 때 팽창하는 것 같은 특성―이 분명 "자비로운 설계로 말미암아 선택된" 것이라고 주장한다.[8] 로렌스 헨더슨은 1913년에 이런 주제를 확장해, 물이 가진 독특한 물리 특성은 생명체를 중심으로 삼는 세계에 필수불가결하다고 역설했다.

    그때부터 상당한 논쟁들이 계속되었으며, 이런 논쟁은 새롭고 중요한 질문들을 만들어 냈다. 이 질문들은 우리가 다루는 주제와 적잖은 연관성이 있다. 이런 관심사들 가운데 아마도 가장 중요한 것이 지구의 생화학(terrestrial biochemistry)이 보편성을 가지는가라는 문

---

7. 이 문제들을 검토한 글을 읽어 보려면, Wilson C. K. Poon, "The Physics of a Model Colloid-Polymer Mixture," *Journal of Physics: Condensed Matter* 14(2002), R859-R880을 보라.
8. William Whewell, *Astronomy and General Physics Considered with Reference to Natural Theology*, 5th ed.(London: William Pickering, 1836), pp. 80-95.

제일 것이다. 물이 지구의 생명체에 필수불가결하다는 사실은 의심할 수가 없다. 그렇다면 이것이 보편성을 지닌 지구 생물학의 독특한 특징인가? 다원주의가 말하는 과정들은 다른 화학 환경에서도 일어날 수 있는가?[9] 지구와 다른 행성의 환경은 다른 용매계(solvent systems)를 시사하는 것일 수 있다는 것은 분명 옳은 말이다. 액체 암모니아는 생명체가 존재할 수 있게 해주는 용매로서, 학자들은 이를 생물계 안에서 물을 대신하는 대안으로 종종 인용한다. 물과 암모니아 사이에는 화학상 중요한 유사점들이 있다. 암모니아도 물처럼 많은 유기 화합물을 용해한다. 암모니아도 물처럼 광범위한 온도에 걸쳐 액체 상태를 유지하며, 목성의 구름 속에 존재한다고 알려졌다.[10] 금성의 상층대기 속에 존재한다고 알려진 황산 역시 상당히 훌륭한 용매로서 화학 반응을 뒷받침한다.[11]

그러나 다른 사람들은 더 회의하는 태도를 보이면서, 물이 아주 특이한 일련의 특성들을 갖고 있으며, 이 특성들은 낱개로 볼 게 아니라 시스템을 이루는 것으로 봐야 한다고 지적했다. 물은 물리와 화학과 생물학이 어우러진 한 시스템이지 개별 특성들을 한데 모아 놓은 것이 아니다.[12] 물이 가진 이런 두드러진 물리 특성 중에는 다

---

9. Steven A. Benner, Alonso Ricardo, and Matthew A. Carrigan, "Is There a Common Chemical Model for Life in the Universe?" *Current Opinion in Chemical Biology* 8 (2004), pp. 672-689. 아울러 Norman R. Pace, "The Universal Nature of Biochemistry," *Proceedings of the National Academy of Sciences* 98(2001), pp. 805-808을 보라.
10. Katia I. Matcheva et al., "The Cloud Structure of the Jovian Atmosphere as Seen by the Cassini/CIRS Experiment," *Icarus* 179(2005), pp. 432-448.
11. Marc A. Kolodner and Paul G. Steffes, "The Microwave Absorption and Abundance of Sulfuric Acid Vapor in the Venus Atmosphere Based on New Laboratory Measurements," *Icarus* 132(1998), pp. 151-169.

음과 같은 것들이 포함된다.

1. 정상 기압에서 물이 액체 상태로 존재하는 범위는 0℃-100℃ 다. 덕분에 물은 액체 상태로 지구 표면 대부분에 존재한다. (이것은 물론 물이 보통 가지는 특성뿐 아니라 지구의 주위 온도를 이야기하는 것이기도 하다.)
2. 액체인 물의 밀도는 온도에 따라 급속히 변하지 않으며, 약 4℃일 때 최대값을 가진다.
3. 이 이상한 밀도 행위(density behavior) 때문에 얼음이 물 위에 떠 있으며, 추운 환경에서는 흔히 액체인 물이 고체인 물보다 아래쪽에 있다.
4. 물의 숨은 열[잠열(潛熱), latent heat]은 유달리 높다. 이는 곧 물이 '보통' 액체들보다 증발하기가 더 어렵다는 뜻이다.
5. 물은 이상하다 싶을 정도로 아주 특별한 열용량(heat capacity), 열전도율(thermal conductivity), 표면장력(surface tension)을 보여 준다.
6. 물의 유전상수(誘電常數, dielectric constant)는 시안화수소(hydrogen cyanide)와 포름아미드(formamide)를 제외한 모든 순수한 액체들의 유전상수보다 더 크다. 때문에 물은 녹은 상태에 있는 극 종(極種, polar species)과 이온 종(ionic species)을 안정시키는

---

12. 이 점을 당연히 중시해야 하는데도 그렇지 않다 보니, 근래 이 점과 관련된 생각을 담은 논증은 설득력이 약하다. 가령 William Bains, "Many Chemistries Could Be Used to Build Living Systems," *Astrobiology* 4(2004), pp. 137-167에서 발견하는 논증이 그 예다.

탁월한 능력을 가졌다.

7. 물이 용매로서 갖고 있는 높은 극성(polarity)은 효소와 핵산 같은 생화학 고분자들을 생물학상 활발하게 활동하는 형태로 만들어 주는 소수성(疏水性, hydrophobic)과 친수성(親水性, hydrophilic)의 상호작용들이 복잡하게 서로 영향을 주고받는 기초를 이룬다. 물과 지질이 극성에서 드러내는 차이는 세포막들이 스스로 자신을 조직하게 촉진한다. 이 세포막들은 생물학 과정에 필요불가결한 구획을 제공한다.

8. 또 물이 용매로서 가지는 특성은 CO_2 산염기 화학을 만들어 낸다. 이 화학은 탄소 원자들을 배분하고 pH 중성에 가까운 상태에서 생체 조직을 보호하는 역할을 유효하게 수행한다.

물이 가진 특정한 개별 특성들은 다른 용매들과 평행을 이룰 수도 있다. 하지만 물의 특성들을 조합해 보면 여전히 독특하고 생명체의 기원과 발전에 상당히 중요한 의미를 가진다. 물은 고립된 개개의 화학 특성들과 물리 특성들의 집합체가 아니라 하나의 시스템을 가리킨다. 몇 가지 점에서는 다른 용매 시스템들이 물보다 우월한 것으로 보이지만 결국 중요한 것은 그런 속성들의 총체다. 물은 한 모둠을 이룬 독특한 특징들을 소유하며, 이 특징들이 물을 다른 용매들과 구별한다.

물은 단백질과 생물 세포의 기능에 없어서는 안 되는 것으로 보이는 특성을 많이 갖고 있다. 물은 신경신호 전달, 효소 공정, 생광물화(biomineralization), 그리고 DNA 행위의 일부 요소에서 매우 중요한 역할을 하는 이온들을 녹이는 탁월한 용매다. 물은 수소 결합들과 소수성을 지닌 힘들(hydrophobic forces)과 같은 분자 사이의 상호작용을 가능하게 해준다. 수소 결합은 단백질결합 부위(protein-binding sites)와 그 기질(substrates)을 이어 주는 중요한 역할을 하며, 소수성을 지닌 힘들은 단백질 접힘 그리고 단백질과 단백질 사이의 상호작용에서 중요한 역할을 한다. 물은 큰 온도 변화를 겪지 않고도 열을 흡수하거나 잃어버리는 잘 알려진 능력을 갖고 있는데, 이런 능력은 열을 완충하는 작용을 함으로써 세포와 유기체를 급격한 온도 변화로부터 보호한다. 우리가 아는 다른 액체들은 이 모든 특성들을 물처럼 체계적으로 결합해 갖고 있지 않다.

그렇다면 물은 왜 지구 생명체의 기원에 그토록 특별하고 중요한가? 물의 독특한 화학·물리 특성들을 정당하게 평가하려면 그것 자체만으로도 책 한 권이 필요할 것이다. 우리는 아래에서 이런 특징들 가운데 몇 가지를 간단히 설명하고, 생물학상 그 특징들이 가지는 중요성을 제시하려고 한다.

물은 무엇인가?

물의 화학식은 H_2O다. 물이 수소 두 부분과 산소 한 부분의 비율로 이루어졌다는 것은 런던의 과학자 헨리 캐번디시(Henry Cavendish, 1731-1810)가 1781년경에 발견했다. 그러나 물을 이처럼 간단하게 묘사하는 것은 부적절하다. 이렇게 간단한 묘사로 액체 상태인 물속에서 일어나는 복잡한 상호작용들을 제대로 다룰 수 없기 때문이다. 우리는 그 기원상 양자역학과 연관된 반데르발스 힘들이 액체들의 속성을 결정할 때 중요하다는 것을 이미 언급했다. 물론 다른 힘들도 작동한다. 강한 '수소 결합들'도 이런 힘에 포함되는데, 이 결합은 각 물 분자가 다른 네 분자들과 결합하게 함으로써 액체 상태인 물이 우리가 기대할 수 있는 것보다 훨씬 더 높은 정도의 내부 질서를 갖게 하고, 이를 통해 다시 수소 결합이 그렇게 중요한 현상 노릇을 못하는 다른 물질들과 비교해 유별나게 높은 끓는점, 녹는점, 점성(viscosity)을 갖게 한다.[13] 만일 수소 결합이 없다면, 물은 정상 온도에서 액체가 아니라 기체로 존재할 것이다. 물의 끓는점은 실제로 대단히 밀접한 연관을 지닌 화합물인 H_2S, H_2Se, H_2Te와 비교해 이런 낮은 분자 무게를 가진 분자에게 기대할 만한 온도보다 약 200℃가 더 높다.

또 수소 결합은 효소와 핵 염기(nucleic bases) 같은 단백질들이 채택한 3차원 구조를 결정하고 안정시키는 데 중요한 역할을 한다. DNA의 이중 나선 구조도 주로 염기쌍(base pairs) 사이의 수소 결합 때문이다.[14] 단백질들이 가진 특수한 형상은 이 단백질들이 하는 생리학상·생화학상 역할을 결정하는 데 매우 중요하다고 알려졌는데, 이런 형상 역시 수소 결합이 만들어 낸 것이다.[15] 라이너스 폴링

---

13. José Teixeira, Alenka Luzar, and Stéphane Longeville, "Dynamics of Hydrogen Bonds: How to Probe Their Role in the Unusual Properties of Liquid Water," *Journal of Physics: Condensed Matter* 18(2006), S2353-2362.
14. Andrew J. Dingley and Stephen Grzesiek, "Direct Observation of Hydrogen Bonds in Nucleic Acid Base Pairs by Internucleotide 2JNN Couplings," *Journal of the American Chemical Society* 120(1998), pp. 8293-8297.
15. 이 문제들을 탁월하게 살펴본 글을 보려면, Martin F. Chaplin, "Water: Its Importance to

(Linus Pauling)이 쓴 선구작[16]을 비롯해 단백질의 구조를 다룬 오래 전 연구서들은 이런 생물학 구조들을 용매 매트릭스(solvation matrix)를 필요로 하지 않고 존재하는 것으로 다루는 경향이 있었다. 지난 20여 년 동안 물을 단순히 중요한 생분자들(biomolecules)과 반응들에 필요한 용매 정도로 다룰 수는 없다는 사실이 점점 더 분명해졌다. 오히려 물은 생분자들과 복잡하고 미묘하면서도 필수불가결한 방식으로 활발하게 교류하고 상호작용하는 모체 역할을 한다. 예를 들어 이제 우리는 단백질과 같은 생분자들의 '활성 부피'(active volume)가 그들의 공식 경계선을 넘어 이런 분자들을 에워싸고 이 분자들의 생물학상 기능들, 곧 우리가 형식상 분자라고 여겨 온 것들과 그것의 환경 사이에 이루어지는 섬세한 상호작용에 의존하는 기능들과 연관된 물의 구조 껍질(structured shell)까지 미친다고 말하는 것이 타당하다고 생각할 수밖에 없는 몇 가지 이유가 있다. 따라서 많은 단백질들은 묶인 물 분자들(bound water molecules)을, 다른 단백질들 혹은 기질 분자들과 행하는 상호작용을 중개하거나 또는 접힌 단백질 안쪽 깊숙이 자리한 곳들로 양자(陽子)들을 운반하는

Life," *Biochemistry and Molecular Biology Education* 29(2001), pp. 54–59을 보라. 수소 결합(hydrogen bonding)이 단백질 접힘(protein folding)과 관련해 가지는 중요성을 보여 주는 몇몇 특수한 사례들을 살펴보려면, Kazufumi Takano et al., "The Contribution of Polar Group Burial to Protein Stability Is Strongly Context-Dependent," *Journal of Biological Chemistry* 278(2003), pp. 31790–31795을 보라.

16. Linus Pauling, Robert B. Corey, and Herman R. Branson, "The Structure of Proteins: Two Hydrogen-Bonded Helical Configurations of the Polypeptide Chain," *Proceedings of the National Academy of Sciences* 37(1951), pp. 205–211. 이 성과를 논평한 글을 읽어 보려면, David Eisenberg, "The Discovery of the α-Helix and β-Sheet, the Principal Structural Features of Proteins," *Proceedings of the National Academy of Sciences* 100(2003), pp. 11207–11210을 보라.

기능 단위들로 활용한다.

H_2O 분자의 결합각(bond angle)은 104.5°인데, 이는 바람직한 사면체(tetrahedron) 각도인 109.47°에 가깝다. 물의 특성들이 일으키는 모델 변화를 컴퓨터 시뮬레이션으로 알아 보면, H_2O의 결합각이 실제 각도인 104.5°가 아니라 90°일 경우 혹은 수소 결합이 우리가 실제로 관찰한 것보다 15퍼센트 약해질 경우에는 물에 용매로서 독특한 특성을 부여해 주는 수소 결합의 3차원 네트워크가 무너져 버린다.[17] 물이 용매로서 가지는 이런 특성들은 세포막 안에서 특히 중요한 역할을 하는 것으로 보인다. 세포막 안에는 생물학상 활성화 인자들을 가진 고농도 용액이 모여 있다.[18]

유전 정보를 생물학적 활동으로 바꿔 주는 단백질 접힘 현상은 특히 흥미롭다. 이 과정에서 세포 DNA 안에 들어 있는 정보에서 새롭게 합성된 폴리펩티드 사슬(polypeptide chain)이 생기능단백질(a native and functional protein)로 바뀐다. 학자들은 주로 두 가지 요인 사이의 균형이 단백질 접힘을 촉진한다고 생각한다. 하나는 분자 사이의 수소 결합이요, 다른 하나는 소수성(疏水性)을 지닌 상호작용들이다. 이 상호작용들은 단백질 내부에 소수성을 띤 채 남아 있는 찌꺼기들을 묻어 버린다. 구형단백질들(globular proteins) 내부는 철저히 소수성을 띠지만 표면은 철저히 친수성을 띠는 일종의 '중합체 교질

---

[17] Ruth M. Lynden-Bell and Pablo G. Debenedetti, "Computational Investigation of Order, Structure, and Dynamics in Modified Water Models," *Journal of Physical Chemistry B* 109(2005), pp. 6527-6534.
[18] 물에서 세포가 하는 역할을 고찰한 글을 보려면, Gilbert Ling, "What Determines the Normal Water Content of a Living Cell?" *Physiological Chemistry and Physics and Medical NMR* 36(2004), pp. 1-19을 보라.

입자(polymer micelle)로 생각하는 것이 도움이 될지도 모르겠다. 그러나 이런 생각은 상황을 단순하게 만들어 버린다.

사람들은 이제 실험실의 조건들 아래에서는 조그만 단백질들이 다른 어떤 단백질의 도움 없이도 접힐 수 있으며, 이는 접힘 과정에 필요한 정보가 단백질 배열 자체에 들어 있음을 알려 준다는 것을 기꺼이 인정한다. 이런 정보가 어떻게 암호로 만들어져 입력되는가라는 문제는 이 시대 구조 생물학의 난제 가운데 하나이자 가장 흥미로운 문제 가운데 하나다.[19] 사람들은 물이 결합 파트너들 사이의 상호작용들을 중개하고 접힌 단백질 구조를 엔탈피 상태(enthalpic)나 엔트로피(entropic) 상태로 안정시키는 데 기여함으로써 아주 특수한 방법으로 분자 인식(molecular recognition)에 적극 참여한다고 생각한다.[20] 이처럼 물이 독특한 용매로서 가지는 수소 결합 특성들은 생물학상 고분자들과 초분자 결합체들(supermolecular assemblies)이 3차원 구조들을 자연스럽게 갖게 해주는 뛰어난 촉진력을 제공한다.[21]

물은 생물 고분자들의 구조와 안정성과 역학과 기능에 중요하다. 그러나 효소 같은 단백질들이 가지는 생물학 기능들 가운데 적어도

---

19. Fabrizio Chiti et al., "Development of Enzymatic Activity during Protein Folding," *Journal of Biological Chemistry* 274(1999), pp. 20151-20158.
20. 상세한 분석을 보려면, Yaakov Levy and José N. Onuchic, "Water Mediation in Protein Folding and Molecular Recognition," *Annual Review of Biophysics and Biomolecular Structure* 35(2006), pp. 389-415을 보라.
21. 이 과정을 알아 보려면, Yehuda Snir and Randall D. Kamien, "Entropically Driven Helix Formation," *Science* 307(2005), p. 1067; Jayanth R. Banavar et al., "Structural Motifs of Biomolecules," *Proceedings of the National Academy of Sciences* 104(2007), pp. 17283-17286을 보라.

몇 가지는 물이 아닌 다른 극성 용매들(polar solvents)을 사용해 제한 적이나마 어느 정도 복제할 수 있다. 예를 들어 학자들은 접히지 않고 환원된 달걀 흰자위의 라이소자임(lysozyme)이 다양한 양의 물을 함유한 글리세롤 안에서 다시 접혀져 산화될 수 있으며, 99퍼센트 글리세롤 안에서는 그 라이소자임이 올바로 다시 접히는 경우가 30퍼센트에 이른다는 것을 보여 주었다. 하지만 그 생물학적 활성 수준은 물속에서 관찰되는 수준보다 훨씬 더(600배나) 떨어진다는 것이 밝혀졌다.[22] 그러나 다른 연구들은 물이 단백질 접음에서, 특별히 단백질 가운데 소수성을 지닌 부위들을 속에 묻어 버리는 일을 촉진하는 것과 관련해 더 특별한 역할을 한다고 제시한다.[23]

물과 생물 세포

또 물은 우리가 아는 생명체에 필수불가결한 현상인 생물 세포의 등장에서 큰 역할을 한다. 세포는 생명체의 기본을 이루는 구조물이며, 우리가 아는 지구상의 모든 살아 있는 유기체들의 기본 구조와 기능을 구성하는 단위다.[24] 세포는 1663년에 발견되었다. 그때 로

---

22. Roman V. Rariy and Alexander M. Kilbanov, "Correct Protein Folding in Glycerol," *Proceedings of the National Academy of Sciences* 94(1997), pp. 13520-13523.
23. Young Min Rhee et al., "Simulations of the Role of Water in the Protein-Folding Mechanism," *Proceedings of the National Academy of Sciences* 101(2004), pp. 6456-6461; Gerard Hummer, "Water Pulls the Strings in Hydrophobic Polymer Collapse," *Proceedings of the National Academy of Sciences* 104(2007), pp. 14883-14884.
24. 논평을 읽어 보려면, Christian de Duve, *Singularities: Landmarks on the Pathways of Life*(Cambridge: Cambridge University Press, 2005), pp. 118-132을 보라.

버트 후크(Robert Hooke, 1635-1703)는 그의 현미경으로 코르크 한쪽을 살펴보다가 이 코르크가 조그만 부분들로 나뉘어 있는 것을 발견했다. 그는 이 부분들을 '켈룰라이'[cellulae, 라틴어로 '독방, 조그만 방'을 뜻하는 켈룰라(cellula)의 복수형이다—역주], 곧 셀(cells, 방들, 곧 세포들)이라고 불렀다.[25] 이 세포들이 생물학에서 가지는 중요성을 제대로 인식하게 된 것은 19세기에 이르러서였다. 1839년에 식물학자 마티아스 슐라이덴(Matthias Jakob Schleiden, 1804-1881)과 동물학자 테오도르 슈반(Theodor Schwann, 1810-1882)은 식물 세포와 동물 세포의 근본적 유사점들을 인식하고, 이 세포들이 모든 생명체의 기본 구성 부분이라고 주장했다. 박테리아를 비롯한 일부 유기체들은 오직 하나의 세포로 이루어져 있다(단세포). 그러나 인간을 포함해 다른 유기체들은 다세포다. 세포의 구성 부분 중 가장 중요한 것은 아마도 세포막일 것이다. 이 세포막은 세포 내용물을 감싸 주는 물리적 기능을 제공하고, 그 내용물이 흩어지는 것을 막아 주며, 원치 않는 바이러스들이 들어오지 못하게 하고, 특히 세포를 기능에 따라 몇몇 부분으로 나눈다. 손상되지 않고 건강한 세포막은 받아들일 것만 선택해 받아들일 수 있다. 세포막은 세포의 신진대사에 필요한 물질만 들여보내고 세포가 원하지 않거나 세포에 해를 끼칠 수 있는 물질은 들여보내지 않으려고 하기 때문이다. 그러나 이 대단히 중요한 세포막도 얇은 분자 표피(molecular skin)로 이루어졌으며, 그 폭은 겨우 분

---

25. Howard Gest, "The Remarkable Vision of Robert Hooke(1635-1703): First Observer of the Microbial World," *Perspectives in Biology and Medicine* 48(2005), pp. 266-272. 세포생물학의 역사를 유익하게 요약한 글을 보려면, Paolo Mazzarello, "A Unifying Concept: The History of Cell Theory," *Nature Cell Biology* 1(1999), E13-E15.

자 둘 정도다. 이를 보통 '인지질 이중층'(lipid bilayer)이라고 하는데, 이 인지질 이중층이 세포막의 특성 중 진정 주목할 만한 것임이 판명되었다.[26]

지질(더 엄밀히 말하면 인지질)은 두 개의 기본 구성 부분으로 이루어진 복합 생물학 모델(complex biological models)이다. 한편으로 지질은 긴 탄소 사슬을 갖고 있는데, 이 사슬은 보통 16-18개 탄소 원자들로 이루어진 생물학상 적정 골격(optimal skeleton)에 기초한다. 이 지질들은 소수성(疏水性)이 강하다[지방친화성(lipophilic)이 강하다]. 다른 한편으로 우리는 매우 극성이 높고 친수성(親水性)을 지닌 인산 그룹을 발견한다. 지질들이 물속에서 물리적으로 퍼지면 주목할 만한 특성을 보여 주는데, 학자들은 1960년대에야 이런 특성을 처음 간파했다.[27] 지질은 두 층으로 된 지질 분자들로 이루어진 조그만 영역인 소낭들(소포들, vesicles)을 형성한다. 이 인지질 이중층에서는 극성을 띤 인산 그룹들('인산 머리들')이 물과 접촉을 유지하지만, 소수성을 띠는 탄화수소 그룹들('꼬리들')은 서로 끌어당김으로써 이중층 내부를 향해 들어간다. 소수성을 띤 꼬리들은 늘 물을 피하고 이중층 내부를 향하려고 애쓰는 반면 친수성을 띤 머리는 이중층 외부와

---

26. 1970년대로 거슬러 올라가 내가 옥스퍼드 대학교 박사 과정에서 행한 연구의 초점은 세포막의 생물리학(生物理學, biophysics)이었다. 그때는 '유동 모자이크'(fluid mosaic) 모델의 등장이 세포막의 특성들에 관한 일련의 새로운 연구들을 자극한 직후였다. S. J. Singer, "The Molecular Organization of Biological Membranes," in *Structure and Function of Biological Membranes*, ed. L. I. Rothfield(New York: Academic Press, 1971), pp. 145-222; J. Singer and G. L. Nicolson, "The Fluid Mosaic Model of the Structure of Cell Membranes," *Science* 175(1972), pp. 720-731.
27. Ching-Hsien Huang, "Studies on Phosphatidylcholine Vesicles: Formation and Physical Characteristics," *Biochemistry* 8(1969), pp. 344-352.

이 화학 세포의 내부를 향한다.

이런 인지질 이중층은 생물학상 모든 막의 본질을 이루는 부분으로, 그것의 물리화학이 좌우해 형성된다. 인지질 이중층의 기본 요소들은 가장 낮은 자유 에너지 배열을 택한다. 살아 있는 세포들에서는 지질들이 유동 모자이크로서 활동하며, 반데르발스 힘들이 결합시켜 준 다양한 추가 분자들이 이 모자이크를 풍성하게 해준다. 세포막 속에 박힌 분자들은 단백질들을 포함하고 있는데, 이 단백질들은 세포막을 규칙적이고 식별 가능한 구조 속에 붙잡아둠으로써 쉽게 접히도록 도와준다. 또 이 단백질들은 수용기들(receptors), 그리고 신진대사 같은 세포 기능에 필요한 적절한 원료들과 접합할 수 있는 수용기 부위들(receptor sites)로 기능한다.

여기서 반드시 인식해야 할 중요한 점은 물리화학의 기본 힘들이 세포막의 기본 구조를 결정한다는 것이다. 인지질은 그 고유한 화학 성질 때문에 물이 있는 환경에서는 자연스럽게 저절로 이런 세포막들을 형성한다. 이제는 이런 교질입자, 소낭, 그리고 리포솜이 그들 자신을 복제할 수 있는 능력을 발전시켜 갈 수 있다는 것이 알려졌다.[28] 이 때문에 일부 연구자들은 세포들이 생명체가 존재하기 이전의 환경에서도 인지질의 화학상 선구 물질들로부터 만들어져 미래에 생명체가 발전해 갈 모체를 제공할 수 있었을 것이라고 주장하게 되었다.[29] 만일 그런 소낭들이 중요한 생합성 과정과 관련된 생

---

28. Pascale Angelica Bachmann, Pier Luigi Luisi, and Jacques Lang, "Autocatalytic Self-Replicating Micelles as Models for Prebiotic Structures," *Nature* 357(1992), pp. 57-59.
29. Gianluca Pozzi et al., "Single-Chain Polyprenyl Phosphtes Form 'Primitive' Membranes," *Angewandte Chemie International Edition* 35(1996), pp. 177-180; Andrea Veronese

물학상 활성 분자들을 묶어 두거나 붙잡아 둘 수 있다면, 세포를 가진 생명체를 등장하게 했던 상당히 간단한 메커니즘을 제시할 수 있을 것이다.[30] 다시 말하지만, 그런 메커니즘은 화학의 기본을 보여 준다. 만일 생명체가 등장하기 전의 환경이 물이 있는 환경이었다면, 그리고 지질 혹은 이 지질들 직전에 존재한 물질이 그런 환경에서 존재했다면, 물리화학의 기본 힘들은 신생 세포막들의 구조를 형성했을 것이다.

지구에 있는 물의 기원

그렇다면 어떻게 지구에 이토록 엄청난 양의 물이 있게 되었을까? 지구는 태양계의 기원을 논하는 이 시대의 일부 이론들이 예측하는 것보다 훨씬 많은 물을 갖고 있는 것으로 보인다. 더욱이 많은 지구 화학자들은 물이 지구의 심층 구조 속으로 침투해 들어가지 않고 지구라는 행성의 표면에 더 많이 존재한다고 주장한다. 이는 지구의 물이 대부분 외계의 근원에서 유래했음을 일러 준다. 어떤 이들은 혜성이 이 물의 근원일 가능성이 가장 높다고 주장했다.[31] 목

---

and Pier Luigi Luisi, "An Autocatalytic Reaction Leading to Spontaneously Assembled Phosphatidyl Nucleoside Giant Vesicles," *Journal of the American Chemical Society* 120(1998), pp. 2662-2663.
30. 이런 가능성을 탐구한 글을 읽어 보려면, Pier Luigi Luisi, "Some Open Questions about the Origin of Life," in *Fundamentals of Life*, ed. Gyula Pályi, Claudia Zucchi, and Luciano Caglioti(Paris: Elsevier, 2002), pp. 289-301을 보라.
31. 특히 Armand H. Delsemme, "An Argument for the Cometary Origin of the Biosphere," *American Scientist* 89(2001), pp. 432-442을 보라. 아울러 Kevin Zahnle and Norman H. Sleep, "Impacts and the Early Evolution of Life," in *Comets and the Origin and*

성이 융합 과정을 통해 만들어지면서 목성의 중력이 끌어당기는 힘도 점점 커졌다. 이 힘은 목성의 영역에서 생겨난 많은 얼음 혜성들이 이후 지구를 향해 가지 못하도록 막았을 것이다. 10억 년 동안 몇억 개의 혜성들이 지구와 충돌했을 것이며, 이 혜성 폭격은 지구가 만들어진 뒤 특히 심했을 것이다. 또 다른 사람들은 탄소질구립운석(炭素質球粒隕石, carbonaceous chondrite)들, 곧 화성 너머에서 온 것으로 그 덩어리 가운데 얼음이 10퍼센트에 이르는 운석들이 지구에 있는 풍부한 물의 근원일 수 있다고 주장했다.[32]

이 이론은 분명 설득력이 있다. 혜성들과 탄소질구립운석들은 결빙된 물을 상당량 함유했다고 알려졌다. 지구에 있는 물의 기원이 혜성이나 운석이라는 이론은 태양계 바깥 가장자리가 그 기원이라고 널리 여겨온 물이 어떻게 태양계 내부 행성들 가운데 하나(곧 지구 —역주)에 이르게 되었는지, 또 어떻게 해서 지구라는 행성이 물을 잡아 두기에 충분한 중력을 가진 뒤에야 뒤늦게 지구에 도달했는지라는 물음에 설명을 해줄 것이다. 그러나 근래 세 혜성—핼리(1986), 하쿠다케(1996), 헤일밥(1997)—이 지구에 근접해 지나가는 동안 이 혜성들의 화학 성분을 스펙트럼으로 분석해 연구한 결과들은 이 혜성들에 '중수'[重水, 단순한 수소가 아니라 중수소동위원소(isotope deuterium)에 기초한 것]가 훨씬 더 풍부하다는 것을 보여 주었다. 이는 곧 지구의

Evolution of Life, ed. P. J. Thomas, C. F. Chyba, and C. P. McKay(New York: Springer-Verlag, 1997), pp. 175-208도 참조하라.
32. Alessandro Morbidelli et al., "Source Regions and Timescales for the Delivery of Water to the Earth," *Meteoritics and Planetary Science* 35(2000), pp. 1309-1320; Jörn Müller and Harald Lesch, "Woher kommt das Wasser der Erde?-Urgaswolke oder Meteoriten," *Chemie in unserer Zeit* 37(2003), pp. 242-246.

물이 지구 바깥으로부터 왔다는 식의 설명이 불가능하다는 것을 시사한다.[33]

그렇다면 물의 의미에 관한 이 간단한 설명은 우리를 어디로 이끄는가? 비록 짧은 논의이긴 하지만, 이 논의에서는 매우 중요한 몇 가지 점들이 분명하게 나타난다. 물은 생물학상의 용매로서 아주 두드러진 역할을 한다. 예를 들어 단백질 접힘 현상에서 분명하게 볼 수 있는데, 이 단백질 접힘은 단백질이 효소 활성(enzymatic activity)과 같은 특정한 생물학적 기능들을 완수하는 데 필요한 특정 형태를 취하려면 필수불가결한 현상이다. 우리가 이번 장에서 일부나마 설명한 이런 특성들은 우리가 아는 생명체에서 긴요한 역할을 하며, 인간중심 현상에 해당할 수 있는 사례를 대표하는 것으로 널리 여겨진다.

그러나 우리는 물이 산소를 함유한다는 사실이 매우 중요한 의미라는 것을 강조하지 않을 수 없다. 생명의 기원에 관한 사색은 보통 생명과 관련된 세 가지 용매—메탄(CH_4), 암모니아(NH_3), 혹은 물(H_2O)—를 기초로 삼았다. 그러나 메탄과 암모니아는 중대한 약점을 갖고 있다. 예를 들어 암모니아 분자들 사이의 수소 결합은 물보다 심히 약하다. 이는 액체 암모니아의 표면장력을 물보다 세 배나 작

---

33. 보통 탄소질구립운석에서 발견할 수 있는 제논(xenon) 대 크립톤(krypton)의 비율도 지구에서 발견할 수 있는 비율과 사뭇 다르다. 이를 설명한 글을 보려면, Michael J. Drake and Kevin Righter, "Determining the Composition of the Earth," *Nature* 416(2002), pp. 39-44을 보라. 드레이크와 라이터는 물의 기원으로 생각할 수 있는 것이 세 가지가 있다고 하면서, 지구가 외계에서 온 재료들로부터 물을 얻어 물을 늘리지 않고도 물을 함유한 물질들과 물을 함유하지 않은 물질들로부터 '수분'을 늘렸으리라는 견해를 선호한다.

게 하고, 특별히 액체 암모니아가 소수 효과(hydrophobic effect)를 통해 비극성 분자들을 모을 수 있는 힘을 줄여 버린다. 이것은 암모니아가 자기재생 시스템(self-reproducing system)이 등장할 수 있도록 생명체 존재 이전의 분자들을 얼마나 잘 결합시킬 수 있었는가 하는 문제와 관련된 여러 의문들을 만들어 낸다. 그러나 이 세 경우를 각각 살펴보면, 생명과 관련된 용매일 수 있는 것들을 구성하는 핵심 원소들 역시 별이 존재하게 해주는 별의 핵합성에 필요한 원소들, 즉 탄소와 질소와 산소다. 결국 물이 존재하는 것 혹은 생명과 관련된 다른 어떤 용매가 존재하는 것 역시 우주 기본 상수들이 정교하게 조율되었기 때문이다. 이것의 중요성은 아무리 이야기해도 지나치지 않다. 그런데도 이 원자들이 상당히 풍부하고 활용 가능하다는 점을 달리 설명할 필요가 없다고 추정하는 사람들은 그런 점을 빈번히 간과한다.

물은 생명체가 등장하고 결합하게 해주는 많은 요인 가운데 하나일 뿐이다. 이제 우리는 점점 더 큰 관심을 끄는 생무기화학(bioinorganic chemistry)과 이것이 생명체가 의존하는 과정들을 촉진하는 화학 촉매 작용에 미치는 영향을 살펴봐야 한다.

12장
화학 촉매와 진화를 제약하는 것들

생명체의 등장에서 생명체가 등장할 수 있는 조건과 이 조건이 만들어지도록 자원을 공급하는 환경을 따로 떼어 연구할 수 없다는 것이 이 장의 중심 논지다. 로렌스 헨더슨이 환경의 '생명중심성'(biocentricity)을 설파한 견해들을 제시했지만, 그의 견해는 몇 가지 점에서 비판받을 소지가 많다. 그의 접근법은 환경이 생명중심성을 가진다는 시각을 아무 문제가 없는 것으로 만들어 주는 동시에 이런 시각의 중요성을 강조한다. 만일 우주의 기본 특성들이 생명체가 등장할 수 없는 성질을 띠었다면, 생명체는 등장하지 않았을 것이다. 다시 말해 우주의 기본 조건들은 생명체가 등장할 수 있게 되어 있다. 어떤 사람들은 이런 최소주의자(minimalist)의 말을 당연한 것이라고 치부하지만, 이 말은 우리에게 우주의 두드러진 특성들을 깊이 생각해 보고 이 특성들이 달라졌다면 생명체가 등장하지 않았을 수도 있다는 것을 제대로 인식하라고 촉구한다.

사람들은 생명 시스템에 두 가지 기본 구성 요소가 필요하다는 사실을 안다. 그것은 생명체 스스로 유지할 수 있는 신진대사 시스템과 생물학 정보를 전달할 수 있는 유전 시스템이다.[1] 그러나 놀랍세도 사람들은 이 두 과정에 필요한 화학 쪽의 기본 요소들에는 거의 주목하지 않았다. 만일 지구의 화학이 지금과 완전히 다른 형태였다면 무슨 일이 벌어졌을까? 근래 몇년 사이에 사람들은 화학이 진화 과정에 가하는 제약에 대해 더 잘 알게 되었다. 일부 연구자들은 진화에 따른 발전에서 우연히 일어난 일들의 역할에 대해서는 완전히 인정하면서도, 환경 속에서 변화하는 화학이 진화에 자원을 제공하고, 인도하며, 제약하면서 수많은 필연적 결과들을 낳았다고 강조한다. 이런 논증은 진화생물학 내부의 더 넓은 패러다임 전환, 곧 더 과학적이고 법칙의 규율을 받는 생명체의 등장이 전통적 신다윈주의(neo-Darwinism)가 주창하는 무작위성(randomness)을 대신하는 패러다임 전환의 일부로 봐야 한다. 이처럼 열역학과 화학 조립(chemical assembly)의 기본 원리들은 진화에 강한 방향성(directionality)을 제공한다. 따라서 진화를 순전히 제멋대로 이루어진 과정으로 봐서는 안 된다. 진화는 화학적 제약 요인들이 예견 가능한 진행 경로를 따라 단세포 유기체에서 식물과 동물로 옮겨 간 것으로 보이기 때문이다.[2] 이번 장에서 우리는 화학의 정교한 조율이

---

1. Freeman J. Dyson, *Origins of Life*, rev. ed.(Cambridge: Cambridge University Press, 1999); John Maynard Smith and Eörs Szathmáry, *The Origins of Life: From the Birth of Life to the Origin of Language*(Oxford: Oxford University Press, 1999), pp. 1-36의 분석을 보라.
2. R. J. P. Williams and J. J. R. Fraústo da Silva, "Evolution Was Chemically Constrained," *Journal of Theoretical Biology* 220(2003), pp. 323-343의 중요한 분석을 보라.

지닌 몇 가지 측면들을 탐구하면서, 그 정교한 조율이 우리가 다루는 더 폭넓은 주제에서 차지하는 중요성을 밝혀 보겠다.

전이 금속이 행하는 생화학적 역할

앞서 살펴보았듯, 더 가벼운 특정 원자들은 생명체의 근본이라 할 만큼 중요하다. 무엇보다 수소(H), 탄소(C), 질소(N), 산소(O)가 중요하지만, 더불어 황(S)도 중요하다. (원자번호가 각각 6, 7, 8인) 탄소, 질소, 산소는 주기율표에서 일찌감치 발견할 수 있는 원자들이다. 생명체가 의존하는 기본 화학 물질들은 주로 이런 원자들로 이루어졌다. 아울러 가벼운 금속이온 네 가지도 생명체에 필수불가결하다고 널리 알려졌는데, 그 네 가지는 나트륨(Na), 마그네슘(Mg), 칼륨(K), 칼슘(Ca)이다.

하지만 이제 사람들은 자연이 종종 '제1열 전이 금속이온'(first-row transition metal ions)이라 불리는 일련의 금속들—망간(Mn), 철(Fe), 니켈(Ni), 구리(Cu), 아연(Zn) 같은 것들—을 활용해 여러 가지 매력 있는 단전자(單電子)와 다전자(多電子) 환원과 산화 (산화 환원) 변형들을 중개한다는 것을 널리 인정한다. 이런 변형들은 모든 생명체에 아주 긴요하다.[3] 이 금속들은 보통 25부터 30 사이의 원자번호를 갖고

---

3. 사람들은 이제 전이 금속을 불완전한 d 부껍질(subshell)을 독특한 특징으로 가지는 원자라고 정의하거나, 불완전한 d 부껍질을 지닌, 양전하를 띤 이온(양이온들)을 발생시킬 수 있는 원자라고 정의한다. 악티늄(actinides)과 란탄(lanthanides)은 생명체에 필수불가결한 것으로 보이지 않는다. A. J. Borovik, "Characteristics of Metals in Biological Systems," in *Heavy Metal Tolerance in Plants: Evolutionary Aspects*, ed, A. Jonathan Shaw(Boca Raton, FL: CRC Press, 1990), pp. 3-6을 보라.

있다. 이 금속이온들의 전기 특성에 의존하는 변형에 해당하는 사례는 다음과 같은 것들이다. 물이 O_2로 바뀌는 산화와 광합성 과정에서 태양빛을 화학연료로 저장하는 것이 그 한 예인데, 망간이 이를 촉진한다. 박테리아 안에서 일어나는 중요한 신진대사 반응인 양자 환원과 H_2 산화는 철과 니켈이 촉진한다. 그리고 O_2로 말미암아 일부 메탄이 메탄올로 산화하는 것은 철과 구리가 촉진한다.[4] 이 어려운 반응들을 일으키는 금속효소들(metalloenzymes)은 고도로 잘 조직되었고, 각각의 핵심 반응 단계들을 용이하게 해주는 무기 구성 부분(inorganic components)을 가진 생물학 모체들 속에 박혔다. 예를 들어 하이브리드 밀도 범함수 이론(hybrid density functional theory)을 활용한 덕분에 전이 금속들이 효소들 안에서 행하는 역할의 몇 가지 측면을 양자역학 모델로 만들 수 있었고, 덕분에 이 전이 금속들이 생물학상 행하는 중요한 역할을 더 잘 이해하게 되었다.[5] 아울러 근래 연구들은 전이 금속이온들을 자연환경에서 특수한 반응 부위들로 옮겨 주는 메커니즘들을 밝혔다.[6]

우리는 이미 우주의 특이한 성격을 이해하는 탐구에서 우주의 기본 특성 몇 가지를 살펴보았다. 근래 열린 새로운 연구 분야는 금

---

4. Richard H. Holm, Pierre Kennepohl, and Edward I. Solomon, "Structural and Functional Aspects of Metal Sites in Biology," *Chemical Reviews* 96(1996), pp. 2239-2314을 더 보라.
5. Per E. M. Siegbahn and Margareta R. A. Blomberg, "Transition-Metal Systems in Biochemistry Studied by High-Accuracy Quantum Chemical Methods," *Chemical Reviews* 100(2000), pp. 421-437; Per E. M. Siegbahn and Tomasz Borowski, "Modeling Enzymatic Reactions Involving Transition Metals," *Accounts of Chemical Research* 39(2006), pp. 729-738.
6. J. L. Hall and Lorraine E. Williams, "Transition Metal Transporters in Plants," *Journal of Experimental Botany* 54(2003), pp. 2601-2613.

속이온들이 생명체의 발전에서 행하는 주목할 만한 역할을 탐구하는 것이다.[7] '생무기화학'(bioinorganic chemistry)은 때때로 광합성과 산소 전달처럼 매우 중요한 과정들에서 금속이온의 자그마한 자취가 지닌 현저한 생물학적 의미를 탐구하는 말로 사용된다. 이 분야는 1950년대 옥스퍼드 대학교의 밥 윌리엄스(R. J. P. Williams) 교수가 처음 개척했으며,[8] 그 뒤로 과학 연구를 이끄는 영역이 되었다.[9] 이번 장에서 우리는 이 분야가 생명이 존재할 수 있도록 정교한 조율이 이루어졌는가라는 문제를 탐구하면서, 조그만 그룹의 금속이온들 —철, 마그네슘, 망간, 바나듐—이 중요한 생화학 과정들에서 행하는 주요 역할에 초점을 맞춰 보겠다. 생명체를 고려할 때 이 화학물질들이 가지는 인간중심적 의미(anthropic significance)는 무엇인가?[10]

초기 지구 대기의 구성에 대해서는 여전히 상당한 논쟁이 있다. 지

---

7. 특히 R. J. P. Williams and J. J. R. Fraústo da Silva, *The Chemistry of Evolution: The Development of Our Ecosystem*(Boston: Elsevier, 2006); idem, *The Natural Selection of the Chemical Elements: The Environment and Life's Chemistry*(Oxford: Clarendon Press, 1996)를 보라.
8. 학자들이 종종 이 운동의 강령을 천명한 선언으로 보는 논문을 보려면, R. J. P. Williams, "Metal Ions in Biological Systems," *Biological Reviews* 28(1953), pp. 381-412을 보라. 윌리엄스가 50년 뒤에 이 문제를 놓고 피력한 견해를 보려면, R. J. P. Williams, "The Inorganic Chemistry of Life," in *The New Chemistry*, ed. Nina Hall(Cambridge: Cambridge University Press, 2000), pp. 259-299을 보라. 아울러 R. J. P. Williams and B. Abolmaali, *Bioinorganic Chemistry: Trace Element Evolution from Anaerobes to Aerobes*(Berlin: Springer-Verlag, 1998)을 보라.
9. 가장 훌륭한 소개서는 Rosette M. Roat-Malone, *Bioinorganic Chemistry: A Short Course*, 2nd ed.(Hoboken, NJ: Wiley-Interscience, 2007)다.
10. 금속이온의 생물학적 의미를 다루는 문헌에서는 '인간중심'이라는 말을 종종 "인간의 존재나 행동이 원인이 된"이라는 또 다른 의미로 사용한다. 가령 Emilio Marengo et al., "Investigation of Anthropic Effects Connected with Metal Ions Concentration, Organic Matter and Grain Size in Bormida River Sediments," *Analytica Chimica Acta* 560(2006), pp. 172-183.

구의 초기 역사 중 상당 기간—약 15억 년—은 대기가 대부분 이산화탄소, 메탄, 이산화황, 질소로 이루어졌을 것으로 생각된다. 산소는 대기 가운데 아주 적은 부분만을 차지했다. 산소는 다른 원자들, 그 가운데서도 주로 수소 및 탄소와 크게 반응하는 바람에 당시 존재하던 대다수 생명체에게는 독이었다.[11] 지구의 생명체는 주로 혐기성 박테리아(anaerobic bacteria)—다시 말해 어떤 산소도 필요 없이 신진대사를 할 수 있는 박테리아—의 형태로 존재했다. 긴 시간이 흐른 뒤 두 가지 큰 발전이 일어났다. 이 발전은 지구 위 생명체의 본질을 철저히 바꿔 놓아 새로운 생명체 형태들이 발전할 수 있게 해주었다. 이것이 광합성의 진보와 '대산화 사건'(Great Oxidation)이다.

광합성의 생화학

첫 번째 커다란 발전은 광합성의 진보다. 광합성은 빛을 저장해 세포 성장과 활동의 동력이 되는 화학 에너지로 바꾸는 생화학 수단이다. 이 복잡한 과정은 식물 안에서 광합성을 일으키는 막(膜)들 안에서 일어나는데, 식물에는 광화학계(photosystem) I과 II로 알려진 두 광학계가 들었다.[12] 광합성 I은 엽록소로 알려진 한 무리의 화

---

11. 이런 결합들은 물과 이산화탄소를 각각 만들어 냈다. 대기가 진화에서 차지하는 의미를 탁월하게 논한 글을 보려면, James F. Kasting and Janet L. Siefert, "Life and the Evolution of Earth's Atmosphere," *Science* 296(2002), pp. 1066-1068을 보라.
12. 이 두 과정을 살펴보려면, Wei-Zhong He and Richard Malkin, "Photosystem I and II," in *Photosynthesis: A Comprehensive Treatise*, ed. A. S. Raghavendra(Cambridge: Cambridge University Press, 1998), pp. 29-43을 보라. 엽록체(chloroplasts)와 이 엽록체

학물질들에 의존한다. 이 엽록소들은 스펙트럼의 파란 부분과 빨간 부분에서 가시광선을 흡수해 독특한 녹색 외관을 만들어 낸다. 엽록소 분자는 두 부분으로 이루어졌다. 그것은 치환된 포르피린 고리(substituted porphyrin ring)와 피톨 사슬(phytol chain)이다. 전자는 네 개의 이종원자 탄소 고리(heterocyclic carbon rings)를 기초로 한 복잡한 구조인데, 이 구조는 금속이온을 포용할 수 있고 보통 자연에서 발견된다.[13] 헤모글로빈(hemoglobin)에서는 금속이온이 철이고, 비타민 B_{12}에서는 코발트, 엽록소에서는 마그네슘(Mg)이다.

광합성과 관련된 기본 과정은 다음과 같이 제시할 수 있다.[14]

1. 엽록소가 빛 에너지를 포착해 ATP를 만든다[광인산화(photo-phosphorylation)로 알려진 과정].

2. 물은 산소, 수소 이온, 그리고 자유 전자로 나뉜다.

   $2H_2O \rightarrow 4H^+ + O_2 + 4e^-$ [광분해(photolysis) 과정]

3. 그러면 자유 전자들이 니코틴아미드 아데닌 디뉴클레오티드 인산[NADP, 운반체 분자(carrier molecule)]과 반응한 뒤, 이 NADP

들이 하는 생화학적 역할의 세부 내용을 알아 보려면, L. Andrew Staehelin, "Chloroplast Structure: From Chlorophyll Granules to Supra-Molecular Architecture of Thylakoid Membranes," *Photisynthesis Research* 76(2003), pp. 185-196을 보라.

13. 몇 가지 화학 문제들을 살펴보려면, Anthony Harriman and Jean-Pierre Sauvage, "A Strategy for Constructing Photosynthetic Models: Porphyrin-Containing Modules Assembled around Transition Metals," *Chemical Society Reviews* 25(1996), pp. 41-48을 보라.

14. 우리가 현재 이 과정들을 이해하는 내용을 상세히 연구한 것을 보려면, Gernot Renger, "Oxydative Photosynthetic Water Splitting: Energetics, Kinetics and Mechanism," *Photosynthesis Research* 92(2007), pp. 407-425의 검토 결과를 보라.

를 산화 상태(NAD^{P+})에서 환원 상태(NADPH)로 바꾼다.

$$NAD^{P+} + 2e^- + 2H^+ \rightarrow NADPH + H^+$$

이 모든 과정은 엽록소가 빛을 받아들일 수 있는 능력에 의존하며, 덕분에 엽록소의 전자들은 에너지를 얻어 분자 안에서 더 높은 에너지 준위로 옮겨 간다[이 과정을 '광들뜸'(광여기, photoexcitation)라고 부른다]. 이 에너지는 다시 그 분자를 이온으로 만들어[광이온화(photoionization)라 불리는 과정], 전자를 자유롭게 해 양전하를 띠는 엽록소 이온을 남긴다. 그러면 이 이온은 물과 같은 이웃의 전자 공여자에게 한 쌍의 전자를 받아들인다.

광합성은 특별히 효율이 좋은 과정은 아니다. 아마도 엽록체에 내리쬐는 빛의 1퍼센트만이 화학 에너지로 전환될 것이다. 그러나 진화는 최선은 아니지만 이런 과정이 효과를 발휘할 수 있는 해결책을 찾아냈으며, 그것은 충분했다. 이 과정이 진화에서 차지하는 중요성은 아무리 강조해도 지나치지 않다. 살아 있는 유기체들의 신진대사는 늘 에너지를 재활용할 수 없는 형태로 다 써 버린다. 생명체가 계속해서 살아가려면, 이 잃어버린 에너지를 다시 채워 넣어야 한다. 유일하게 외부에서 얻을 수 있는 중요한 에너지원이 태양이다. 따라서 태양빛을 활용해 모든 신진대사에 필요한 에너지를 공급할 수단이 개발되어야 한다. 이 과정은 엽록소가 빛을 흡수함으로써 전자기상 활성을 띠게 되는 고전위(高電位) 전자들이라는 근원에 의존한다. 전자들은 엽록소 분자들의 마그네슘 핵 안에서 활발하게 움직인다. 이 과정은 마그네슘 전자들의 에너지 준위에 좌우된다.

광합성 II에서는 네 핵을 가진 망간이온의 핵이 중요한 역할을 한다. 이 핵은 정확하게 배열된 네 망간이온들의 복합체로, 우리가 아직까지 잘 이해하지 못하는 과정을 거치면서 빛을 통해 더욱 높은 상태로 차례차례 산화해 간다.[15] 이 시스템은 우리가 아는 모든 생물 시스템 가운데 가장 강력하게 산화를 일으키는 것으로서, 물 분자를 쪼개 전자들을 빼내 산소 분자를 만들 수 있는 능력을 가졌다. 이 시스템의 효율성은 망간 전자들의 활성 상태가 지닌 양자역학적 특성에 의존한다. 망간 전자들이 없으면 이런 과정은 일어날 수 없을 것이다.[16]

앞에서 언급했듯, 광합성은 대기 중 산소를 증가시켰는데, 이것은 일련의 단계를 거치며 이루어졌을 가능성이 있다. 따라서 우리는 두 번째 큰 발전 단계, 곧 지구 위에 늘어난 산소를 처리하는 메커니즘의 등장을 살펴봐야 한다.

전이 금속과 산소

이 발전은 약 22억 년 전인 원생대 초기(Paleoproterozoic era)에 일

---

15. 근래 연구를 보려면, Holger Dau, Peter Liebisch, and Micahel Haumann, "The Manganese Complex of Oxygenic Photosynthesis: Conversion of Five-Coordinated Mn(III) to Six-Coordinated Mn(IV) in the S2-S3 Transition Is Implied by XANES Simulations," *Physica Scripta* T115(2005), pp. 844-846을 보라.
16. 망간의 생물학상 역할을 더 상세히 설명한 글을 보려면, T. Rajendiran et al., "Evaluating Hydrogen Bond Interactions in Enzymes Containing Mn(III)-Histidine Complexation Using Manganese-Imidazole Complexes," *Journal of Biological Inorganic Chemistry* 8(2003), pp. 283-293을 보라.

어났다. 이때 산소 광합성이 시아노박테리아(cyanobacteria)로 알려진 한 남조류(藍藻類, bluegreen algae) 형태 안에서 서서히 펼쳐지기 시작했다. 시아노박테리아는 햇빛과 이산화탄소와 물을 탄수화물(carbohydrates)로 바꿀 수 있었으며, 부산물로 활성 산소(free oxygen)를 만들어 냈다. 이 기본 자원 세 가지는 모두 풍성했으며, 시아노박테리아의 숫자도 늘어났다. 그 결과 대기 중의 산소 양이 늘어나기 시작했다. 사람들은 지구의 대기 중 산소 수치가 처음으로 크게 늘어난 일이 산소 광합성이 펼쳐지기 시작한 뒤 적어도 3억 년이 흐른 뒤라고 생각하는데, 이렇게 시간이 늦어진 이유는 여전히 명확하지가 않다.[17] 이 발전의 영향으로 대기 중 이산소(二酸素, dioxygen, O_2)의 양이 늘어났을 뿐 아니라, 초과산화이온들(superoxide anions), 과산화수소(hydrogen peroxide), 수산기들(hydroxyl radicals)과 같은 이산소의 고반응 부산물의 양도 늘어났다.

대기 중에 산소가 많아짐에 따라 많은 생명체들이 심각한 어려움을 겪게 되었다. 우선 '산소 수용부'(oxygen sinks)가 대기의 산소를 흡수했던 것으로 보인다. 대양에는 녹을 수 있는 형태의 철이 풍부했으며, 이 철은 산소와 반응해 녹지 않는 산화철(iron oxide)을 만들어 냈다. 커다란 적철광(赤鐵鑛)과 자철광(磁鐵鑛) 광상들이 대양 밑바닥에 내려앉기 시작했다.[18] 그러나 이런 식으로 아주 많은 산소들을

---

17. 상당히 작은 환경 변화가 대산화(Great Oxidation)를 일으켰을 수도 있다. Colin Goldblatt, Timothy M. Lenton, and Andrew J. Watson, "Bistability of Atmospheric Oxygen and the Great Oxidation," *Nature* 443(2006), pp. 683-686에서 그렇게 주장한다.
18. 유익한 설명을 보려면, Steve Kershaw, "Evolution of the Earth's Atmosphere and Its Geological Impact," *Geology Today* 6(1990), pp. 55-60을 보라.

흡수하는 데에는 한계가 있었다. 일단 대양 속의 철이 이런 식으로 다 소비되자 산소가 대기 안으로 들어가는 것을 막을 수 없었다. 사람들은 현재 대기 가운데 있는 기체 형태의 산소가 모두 생물학적 기원을 갖고 있다고 믿는다. 이는 곧 한 생명체의 부산물이 그 뒤를 잇는 생명체의 발전을 강제했음을 시사하는 것이다.

대략 3억 년이라는 기간에 걸쳐 대기 중에 존재하는 산소의 양이 늘어남에 따라 엄청난 변화들이 나타났다. 이런 급격한 산소 변화(oxygen surge)의 원인이었던 시아노박테리아는 자신이 만들어 낸 산소가 풍성한 환경 속에서는 번성할 수 없었고, 결국 자신이 이룬 성공의 희생물이 되고 말았다. 일부 유기체들은 산소가 없는 산소 결핍 환경 속으로 되돌아갔다.[19] 다른 유기체들은 산소의 독성을 중화하는 효소와 과정을 발전시켜 급격한 산소 변화에 적응할 수 있었다.[20] 실제로 처음에는 위협이었던 것이 나중에는 성장할 수 있는 좋은 기회임이 드러났다.[21] 산소의 존재는 유기체들에게 호흡할 기회와 완전히 새로운 부류의 분자들을 생합성(生合成)할 기회를 제공했다. 따라서 산소의 존재, 특히 산소 신진대사 메커니즘이 필요

---

19. Robert Rye and Heinrich D. Holland, "Paleosols and the Evolution of Atmospheric Oxygen: A Critical Review," *American Journal of Science* 298(1998), pp. 621-672.
20. 본디 생물 시스템에서 산소를 제거할 목적으로 발달한 생물학 메커니즘이 나중에는 유산소 호흡을 가능케 하는 시스템 안에서 산고를 운반하는 수단으로 진화했음을 증명하는 증거가 있다. 사람들은 이를 특정 구리 산소결합 단백질들(copper oxygen-binding proteins)에 해당하는 말이라고 생각한다. Heinz Decker and Nora Terwilliger, "Cops and Robbers: Putative Evolution of Copper Oxygen-Binding Proteins," *Journal of Experimental Biology* 203(2000), pp. 1777-1782을 보라.
21. Jason Raymond and Daniel Segré, "The Effect of Oxygen on Biochemical Networks and the Evolution of Complex Life," *Science* 311(2006), pp. 1764-1767.

하게 된 것은 진화 발전으로 나아가는 핵심 열쇠였으며, 이는 다세포 생명체의 진화와 관련해 가장 두드러진 일이었다. 산소의 화학(chemistry of oxygen)은 더 복잡한 생명체의 등장을 촉진하는 데 효과가 있음을 증명해 보였다. 산소를 나를 수 있는 커다란 화학 통로 세 가지가 발달했다.[22] 첫째는 헤모시아닌[hemocyanin, 그들의 산소결합 부위에 구리를 보결기(prosthetic group)로 함유한 금속단백질]인데, 이는 연체동물과 절지동물에서 발견할 수 있다. 둘째는 헤메리트린 (hemerythrin, 그들의 산소결합 부위에 철을 보결기로 함유한 금속단백질)인데, 이는 몇몇 바다 벌레들에서만 발견할 수 있다.[23] 그리고 셋째는 훨씬 더 흔한 헤모글로빈인데, 이는 미생물과 채소로부터 인간에 이르기까지 온갖 종에서 발견할 수 있다.

일부 사람들은 이런 산소 증가가 '캄브리아기의 대폭발'(Cambrian explosion)을 일으킨 요인이었다고 주장했다.[24] 사람들은 때때로 캄브리아기를 '진화의 빅뱅'이라고 묘사한다. 이 시기 동물의 왕국이 5억 6000만 년 전을 전후한 어느 시점에 우리가 지금도 완전히 이해하지 못하는 이유로 인해 폭발 같은 성장을 겪었기 때문이다. 캄브리

---

22. Donald M. Kurtz, "Oxygen-Carrying Proteins: Three Solutions to a Common Problem," in *Essays in Biochemistry*, ed. David P. Ballou(London: Portland Press, 1999), pp. 85-100.
23. 헤메리트린이 "가역성을 지닌 산소결합 문제를 풀 수 있는 가장 훌륭한 수단을 제공하는데 실패한 진화 발전"을 대변한다는 스텐캄프의 설명에 주목하라. Ronald E. Stenkamp, "Dioxygen and Hemerythrin," *Chemical Reviews* 94(1994), pp. 715-726, 특히 p. 724.
24. A. L. R. Thomas, "The Breath of Life-Did Increased Oxygen Levels Trigger the Cambrian Explosion?" *Trends in Ecology and Evolution* 12(1997), pp. 44-45. 더 일반적인 내용을 보려면, 탁월한 개관을 담은 Nick Lane, *Oxygen: The Molecule That Made the World*(Oxford: Oxford University Press, 2002), pp. 29-74을 보라.

12장 화학 촉매와 진화를 제약하는 것들

아기 대폭발의 지속 기간은 모호하고 불확실하다. 그러나 대다수 사람들이 그 기간을 3000만 년(5억 6000만-5억 3000만 년)으로 추산하는 것이 타당하다고 생각한다. 이 기간 동안 동물 문(phyla)은 급격하고도 중대하며 돌이킬 수 없을 정도로 다양해졌다. 이 시기에 이루어진 이런 급격한 발전은 '점진주의자'들이 주장하는 진화 이론들에 여러 가지 난관을 안겨 준다.[25] 유기체가 서로 다른 종(種)인가를 계통발생의 다양성(phylogenetic diversity)에 비추어 판단하든 형태상 차이(morphological disparity)에 비추어 판단하든, 사람들은 대체로 이 무렵에 절지동물을 포함해 가장 광범위한 후생동물(metazoan organisms) 그룹이 처음 확실하게 모습을 드러냈다고, 그것을 화석 증거를 통해 알 수 있다고 생각한다. 이 시기 이전에는 존재하는 모든 동물이 연체동물이었으며, 벌레들과 다를 게 없었다.[26] 캄브리아

---

25. 이 중요한 발전을 가장 알기 쉽게 소개한 책들이 Stephen Jay Gould, *Wonderful Life: The Burgess Shale and the Nature of History*(New York: W. W. Norton, 1989); Simon Conway Morris, *The Crucible of Creation: The Burgess Shale and the Rise of Animals* (Oxford: Oxford University Press, 1998)다. 버제스 혈암(Burgess Shale) 화석들은 1909년에 찰스 두리틀 월코트(Charles Doolittle Walcott)가 캐나다 로키 산맥에서 발견했다.
26. 이런 화석들의 돌연한 등장은 단지 화석화를 촉진하는 생물학 혹은 지질학상 요인들의 기원을 암시할 뿐이지, 그 자체가 꼭 캄브리아기에 새로운 선구동물(protostome) 계통이나 체구가 큰 동물들이 급속히 형성되었음을 시사하지는 않는다. 실제로 캄브리아기가 도래하기 오래전부터 계통학상·형태상 다양한 연체동물군이 존재했을지도 모르며, 캄브리아기에는 단지 몸 갑주(body armor)의 진화, 커다란 몸 크기, 혹은 생태나 지리 면에서 넓어진 분포 범위들로 인해 고생물 세계에서 "눈으로 볼 수 있는" 생물들이 되었을지도 모른다. 이 중요한 점을 논한 글을 보려면, Simon Conway Morris, "A Palaeontological Perspective," *Current Opinion in Genetics and Development* 4(1994), pp. 802-809; Jerome C. Regier and Jeffrey W. Schultz, "Molecular Phylogeny of Anthropods and the Significance of the 'Cambrian Explosion' for Molecular Systematics," *American Zoologist* 38(1998), pp. 918-928; James W. Valentine, David Jablonski, and Douglas H. Erwin, "Fossils, Molecules and Embryos: New Perspectives on the Cambrian Explosion," *Development* 126(1999), pp. 851-859을 보라. Richard Fortey, "The Cambrian Explosion Exploded?" *Science* 293(2001), pp. 438-439에서 제시하는 논증은 논리에 흠이 있는 것 같다.

기 동안 대다수 동물 그룹들은 몸에서 단단한 부분들을 발전시켰고, 덕분에 그들의 화석도 보존될 수 있었다.

그러나 이번 장에서 우리가 관심을 갖는 것은 화학적 변화들과 이런 변화가 생물 세계에 미친 영향이다. 이런 변화 가운데 특히 두 가지가 흥미롭다. 첫째, 화학상 환원하는 환경에서 산화하는 환경으로 바뀌면서, 이런 변화가 이제는 생명체에 없어서는 안 될 특정 원소들의 활용 가능성에 중대한 영향을 미쳤다. 예를 들어 이전에는 황이 쉽게 흡수되는 황화물 형태로[보통은 황화수소기(HS⁻ radical) 형태로] 활용될 수 있었지만, 이제는 황산염(SO_4^{2-})에서 추출되어야만 했다. 더 중요한 것은 유기체들이 이전에는 질소—생명체 구성물인 아미노산의 필수 요소—를 생물학적 측면에서 이용하기 쉬운 형태들로 상당히 쉽게 바뀔 수 있는 암모니아, 곧 NH_3 형태로 활용할 수 있었다는 사실이다. 그런데 급격한 산소 양의 변화는 암모니아를 산화시켜 질소 가스, 곧 N_2로 만들어 버렸고, 이 질소 가스는 이내 지구 대기의 주요 구성 요소가 되었다. 그러나 질소는 지극히 안정된 분자로서 생물들이 흡수할 수 있는 화학 형태로 바뀌기가 아주 어렵다. 이렇게 바뀌는 일이 일어날 수 없다면, 유기체의 성장은 심각한 방해를 받을 것이다. 둘째, 산소가 풍부한 대기가 펼쳐짐에 따라, 생명체도 유산소 신진대사 형태들을 발전시킴으로써 적응해 갔다. 더 복잡한 생명체들이 등장하면서 산소를 운반해 줄 시스템이 필요하게 되었다.[27] 그 결과 이 두 메커니즘이 진화할 수 있었다. 그

---

27. 탁월한 분석을 보려면, Peter D. Ward and David W. Ehlert, *Out of Thin Air: Dinosaurs, Birds, and Earth's Ancient Atmosphere*(Washington, DC: Joseph Henry Press, 2006),

러나 이 두 메커니즘은 특정한 전이 금속들이 지닌 기본 화학 특성에 의존했다. 그 두 가지를 간단히 살펴보겠다.

대기의 질소는 어떻게 생물에게 유용한 형태로 전환될 수 있었을까? 대기 중 이질소(二窒素, dinitrogen) 속의 삼중 질소-질소 결합은 강해서 부수기가 어렵다. 제1열 전이 금속 세 가지—철, 몰리브덴, 바나듐—는 이런 발전을 촉진하는데 필요한 특성들을 갖고 있음이 드러났다.[28] 오직 한 부류의 생물 효소들만이 이런 전환이 일어날 수 있게 해주는 것으로 발전했다. 니트로게나제(nitrogenase)가 그것이다. 니트로게나제가 촉진하는 화학 반응은 다음과 같이 나타낼 수 있다.

$$N_2 + 8H^+ + 8e^- \rightarrow 2NH_3 + H_2$$

이 반응에는 ATP에서 나온 화학 에너지가 상당량 필요하다. 이 반응은 지구 역사의 초기 국면에서 일어난 재창조로 볼 수 있는데, 이 국면에서는 암모니아(NH_3)가 풍부하고 쉽게 활용되어 기존 생합성 메커니즘들이 암모니아를 아미노산으로 바꿀 수 있게 해주었다. 어떤 니트로게나제에서나 지극히 중요한 구성 부분은 독특한 금속 중심(unique metal center)이며, 사람들은 이 부분을 질소 전환(conversion of nitrogen)이 일어나는 곳이라고 생각한다.[29] 이 전환의 효

---

pp. 51-80을 보라.
28. 현재의 지식 상태를 검토한 글을 보려면, John W. Peters and Robert K. Szilagyi, "Exploring New Frontiers of Nitrogenase Structure and Mechanism," *Current Option in Chemical Biology* 10(2006), pp. 101-108을 보라.

율은 그 전자 배열에 따라 일부 좌우되고 효소 복합체의 배열에 따라서도 일부 좌우된다. 자연에서 이루어지는 질소 고정 과정에 사용되는 세 가지 금속 가운데 하나인 몰리브덴을 시험관에서 연구한 결과, 이런 능력의 일부는 몰리브덴의 입체화학(stereochemistry) 때문이고, 일부는 몰리브덴의 광범위한 산화 상태 때문임이 밝혀졌다.[30] 몰리브덴의 특이한 특성들은 바나듐과 비슷하다. 바나듐 역시 생물학에서 중대한 역할을 한다(그러나 사람들은 아직 그 역할을 완전히 이해하지 못한다).[31]

산소 운반은 살아 있는 많은 유기체에게 매우 중요하다. 이런 시스템 가운데 가장 유명한 사례를 혈액에서 발견할 수 있다. 혈액은 헤모글로빈을 사용해 산소를 운반한다. 하지만 콩(豆)과 식물들은 헤모글로빈을 사용해 산소를 뿌리의 뿌리혹들에 있는 니트로게나제 환원 중심들로부터 떨어뜨려 놓는다는 것을 유념해야 한다. 벼와 같은 다른 식물들에서는 헤모글로빈이 아산화질소(nitrous oxide)로 인해 스트레스 관리에서 어떤 역할을 하는 것 같다.[32] 식물은 광

---

29. 질소 고정이 가능한 메커니즘들을 이론 차원에서 고찰한 글을 보려면, Uwe Huniar, Reinhart Ahlrichs, and Dimitri Concouvanis, "Density Functional Theory Calculations and Exploration of a Possible Mechanism of N2 Reduction by Nitrogenase," *Journal of the American Chemical Society* 126(2004), pp. 2588-2601을 보라.
30. Dmitry V. Yandulov and Richard R. Schrock, "Catalytic Reduction of Dinitrogen to Ammonia at a Single Molybdenum Center," *Science* 301(2003), pp. 76-78. 더 근래 나온 분석을 보려면, Liam P. Spencer et al., "Inner-Sphere Two-Electron Reduction Leads to Cleavage and Functionalization of Coordinated Dinitrogen," *Proceedings of the National Academy of Sciences* 103(2006), pp. 17094-17098을 보라.
31. Enrique J. Baran, "Model Studies Related to Vanadium Biochemistry: Recent Advances and Perspectives," *Journal of the Brazilian Chemical Society* 14(2003), pp. 878-888.
32. Ross C. Hardison, "A Brief History of Hemoglobins: Plant, Animal, Protist, and Bacteria," *Proceedings of the National Academy of Sciences* 93(1996), pp. 5675-5679.

합성 과정 때 산소를 만들어 낼 뿐 아니라 호흡하는 데 산소를 필요로 하며, 헤모글로빈이라는 형태를 사용해 산소를 결합하고 운반한다. 식물의 헤모글로빈은 콩과 식물의 뿌리혹에서 처음 발견되었다[이 헤모글로빈은 이제 '근립헤모글로빈'(leghemoglobins)으로 불린다]. 질소고정에는 에너지가 많이 소비되는데, 근립헤모글로빈은 뿌리혹에서 호흡하는 박테로이드들(bacteroids)에게 산소를 원활히 공급할 수 있게 해준다. 헤모글로빈의 기능 중심은 이미 엽록소와 비타민 B_{12}에서 언급한 것과 아주 흡사하다. 이 경우에는 철 원자가 단백질 비계(protein scaffolding) 안에 고정된 네 개의 이종환식(異種環式) 탄소 고리들 안에 들어 있다. 산소를 운반할 수 있는 이런 복합체들의 능력은 이 전이 금속들이 가진 특이한 속성들, 그중에서도 특히 기체와 결합할 수 있는 능력에 의존한다.

　금속이온들의 특성에 크게 의존하는 생물 세계의 작용은 제시할 만한 사례가 많다. 예를 들어 금속이온들은 RNA의 3차 구조를 안정시키는데 필수불가결하며, RNA 접힘과 촉매 작용을 가능케 한다.[33] 양전하를 띠는 이 금속이온들은 음전하를 띠는 RNA 인산 배대구조(RNA phosphate backbone)를 중화하고, 그 폴리뉴클레오티드 사슬(polynucleotide chain)의 붕괴를 촉진하며, RNA 촉매들의 활동 부위들 안에서 아주 특수한 입체구조 재배열(conformational rearrangement)이 일어나게 중개한다.[34] 여기서 강조할 점은 금속이온

---

33. Martha J. Fedor, "The Role of Metal Ions in RNA Catalysis," *Current Opinion in Structural Biology* 12(2002), pp. 289-295; David E. Draper, "A Guide to Ions and RNA Structure," *RNA* 10(2004), pp. 335-343.

들이 생물 세계에서 행하는 이 대단히 중요한 역할들이 결국은 그 이온들이 가진 기본 특성들에 의존한다는 것이다. 더욱이 생물학의 관점에서 보아 필수불가결한 어떤 특성들은 오직 어떤 조건 아래에서—가령 한 금속이온이 한 단백질 안에서 아주 촘촘하게 배치될 때 같은 경우—만 등장한다. 특히 잘 알려진 상황을 하나 언급하면, 수용액 속에 들어 있는 구리와 철의 특성은 이 금속들이 복합 유기 비계들에 싸였을 때 나타나는 특성과 현저히 다르다.[35] 효소 단백질들의 정전기장(靜電氣場, electrostatic field)은 이 금속들의 산화환원전위(redox potential)를 정교하게 조율해 전하 전달이 이루어질 수 있게 함으로써[36] 다른 식으로는 불가능했을 생물 세계의 한 과정을 가능하게 하는 매우 중요한 역할을 한다.

생물학적 과정의 정교한 조율

이 모든 것은 생물 세계에서 일어나는 과정들의 현저히 정교한 조

---

34. Sarah A. Woodson, "Metal Ions and RNA Folding: A Highly Charged Topic with a Dynamic Future," *Current Opinion in Chemical Biology* 9(2005), pp. 104-109.
35. 아산화질소 환원효소(nitrous oxide reductase) 안에 있는 활성 구리 부위가 이에 부합하는 사례다. Walter G. Zumft, "Cell Biology and Molecular Basis of Denitrification," *Microbiology and Molecular Biology Reviews* 61(1997), pp. 533-616에서 검토한 내용을 보라.
36. 예를 들어 물속에 있는 구리와 관련해 아주린 단백질의 배위 다면체(coordination polyhedron) 안에서 일어나는 구리의 중대한 산화환원 전위 변화를 보라. Michele Cascella et al., "Role of Protein Frame and Solvent for the Redox Properties of Azurin from Pseudomonas Aeruginosa," *Proceedings of the National Academy of Sciences* 103(2006), pp. 19641-19646을 보라. 이 저자들이 지적하듯이, 산화환원 과정을 위한 자유 에너지(λ)의 재조직은 수용액 속의 구리 이온들보다 훨씬 더 적어서, 물과 관련된 구리의 화학 성질이 제시하는 것보다 훨씬 더 높은 전자 전달 속도를 가능케 한다.

율을 ―다 설명해 주지는 못해도― 강조하는 데 도움을 준다. 진화가 자신을 정교하게 조율할 수 있다고 주장해도 앞에서 말한 점은 부인할 수가 없다. 화학 세계의 현실은 진화를 제약한다. 이런 과정이 일어날 수 있는 것은 오직 양자역학 변수들이 사전에 결정해 놓은 특정 금속들의 화학이 그렇게 해주기 때문이다. 만일 이런 일이 없었다면, 진화는 광합성이나 질소 고정이나 산소 운반 같은 해결책들에 이르는 길을 찾지 못했을 것이다. 진화가 자신을 정교하게 조율할 수 있는 것은 오직 사전에 결정된 화학 원소들의 특성 때문이다. 그 특성이 크게 달라졌다면, 자연 안에서 이런 정교한 조율은 일어날 수 없었을 것이다.

이를 보며 우리는 또 한 가지 중요한 점을 되풀이하게 된다. 이 책 10장에서 탄소와 질소와 산소의 핵합성이 분명 별의 생성을 용이하게 해준 자연의 중요한 기본 상수 값들에 의존한다고 강조했다. 별들이 없었다면, 생물학에서 매우 중요한 이 원자들은 형성되지 않았을 것이다. 이 점은 전이 금속들과 같이 더 높은 자리에 있는 원자들에겐 훨씬 더 비중 있게 적용된다. 이 전이 금속들에서 핵합성이 일어나려면 유달리 밀도가 높은 환경이 필요하다. 철을 포함하는 원자들은 융합을 통해 만들어진다. 철보다 무거운 원자들의 합성은 보통 초신성에서 발견할 수 있는 중성자 포착 과정을 통해 일어난다.[37] 지구의 환경에서 생물학상 중요한 역할을 하는 구리의

---

37. 이 중성자 포착 과정과 관련해 알려진 것을 검토한 내용을 읽어 보려면, Marcel Arnould, Stephane Goriely, and Kohji Takahashi, "The R-Process of Stellar Nucleosynthesis: Astrophysics and Nuclear Physics Achievements and Mysteries," *Physics Reports* 450(2007), pp. 97-213을 보라.

경우에는, 이 금속 원자의 기원을 주로 거대한 별들에서 발견할 수 있는지 아니면 1a 유형의 초신성에서 발견할 수 있는지를 놓고 논쟁이 있다.[38] 그러나 이런 과정이 특정 상수 값들에 크게 의존한다는 깃민은 분명하다. 현재의 사실과 다른 상황들을 얼마든지 상상해 볼 수 있는데, 그런 상황에서는 별이 형성되지 못 한다. 그런 상황에서는 생명체에 없어서는 안 될 어떤 원자들이 형성될 수 있는 경위를 알아낼 수가 없다. 별들이 없었다면 생명체도 없었을 것이다.

지금까지 생물학상의 과정에서 필수불가결한 특정 화학 촉매들의 중요성을 살펴보았다. 이제 계속해서 다윈주의의 메커니즘이 어떻게 작동했으며, 그것이 우리가 다루는 주제에 시사하는 점은 무엇인지 살펴보겠다.

---

38. Donatella Romano and Francesca Matteucci, "Contrasting Copper Evolution in Ω Centauri and the Milky Way," *Monthly Notices of the Royal Astronomical Society: Letters* 378(2007), L59-L63.

13장

복잡성의 기원
진화의 메커니즘

생물학에서는 '정교한 조율'이라는 개념을 널리 인정하지만,[1] 그 해석 방식은 어느 자연신학에나 몇 가지 중요한 난제를 안겨 준다. 결국 긍정적이고 생산적이라 판명되는 이 난제들은 처음부터 맞닥뜨리게 된다. 자연은 진화 메커니즘들을 통해 자신을 조율할 수 있다는 것이 다윈주의의 기본 공리다. 물론 이 정교한 조율은 가장 훌륭한 해결책이 아니라 단지 제 구실을 할 수 있는 해결책으로 귀결될지도 모른다. 만일 정교한 조율을 진화된 생물학 시스템 안에서 실제로 관찰할 수 있다면, 다윈주의 정통(Darwinian orthodoxy)이 그 관찰 결과를 대체로 큰 어려움 없이 환원해(reductively) 설명할 수 있다고 많은 사람들이 주장할 것이다. 우리가 이제 '사람 눈의 정교한 조율'이라고 부를 수 있는 것을 윌리엄 페일리가 논한 내용은 이런

---

1. Bernard J. Carr and Martin J. Rees, "Fine-Tuning in Living Systems," *International Journal of Astrobiology* 3(2003), pp. 79-86.

현상을 아주 잘 보여 주는 사례다. 이런 종류의 현상은 진화론에 근거해 설득력 있는 설명을 제시할 수 있다.[2]

그러나 이런 관찰 결과들에 비춰 봐도 생물학상 정교한 조율이라는 개념은 자연신학에 자극과 지식을 제공할 잠재력을 잃지 않는다. 영국 신학자 찰스 킹슬리(1819-1875)가 그의 기념비 같은 강연인 1871년의 "미래의 자연신학"(The Natural Science of the Future)에서 주장했듯이, 페일리의 자연신학을 비롯해 그 이전의 자연신학들은 하나님이 만물을 지으셨다는 믿음을 바탕으로 삼고 있었던 반면, 현대의 자연신학은 하나님이라는 분을 "만물이 스스로 그들 자신을 만들어 내게" 하신 분이라는 이유로 "바로 그 만물보다 훨씬 더 지혜로운" 분이라고 지적했다.[3] 킹슬리가 내세운 새로운 스타일의 자

---

2. 근래 나온 유익한 개관을 보려면, Timothy H. Goldsmith, "Optimization, Constraint, and History in the Evolution of Eyes," *Quarterly Review of Biology* 65(1990), pp. 281-322; Georg Halder, Patrick Callaerts, and Walter J. Gehring, "New Perspectives on Eye Evolution," *Current Opinion in Genetics and Development* 5(1995), pp. 602-609을 보라. 사람들은 척추동물의 눈을 "기능상 좋지 않거나 적응하지 못한 많은 특징들" 때문에 차선책으로 만들어진 기능을 보여 주는 사례로 종종 인용한다. George C. Williams, *Natural Selection: Domains, Levels, and Challenges*(New York: Oxford University Press, 1992), p. 73을 보라. 예를 들어 혈관과 신경은 망막을 통과해야 '맹점'(blind spot)을 만들어 낼 수 있다. 이것이 실제로 부적응인가는 분명치 않다. 광수용체(photoreceptors)는 사용한 막들을 제거함으로써 높은 민감성을 유지해야 하기 때문이다. 척추동물의 눈이 보여 주는 색의 배합이 우월해 보이는 것은 이런 이유 때문이다.

3. Charles Kingsley, "The Natural Theology of the Future," in *Westminster Sermons* (London: Macmillan, 1874), v-xxxiii. David M. Levy and Sandra J. Peart, "Charles Kingsley and the Theological Interpretation of Natural Selection," *Journal of Bioeconomics* 8(2006), pp. 197-218을 더 보라. 다윈은 『종의 기원』 2판에 끼워 넣은 중요한 본문에서 킹슬리를 그 저자라고 말한다. "뛰어난 저술가요 신학자인 한 사람이 내게 이렇게 써 보냈다. '그는 하나님이 또 다른 필요한 형태들로 스스로 발전해 갈 능력을 가진 원형을 몇 가지 창조하셨다고 믿는 것이, 하나님은 창조라는 새로운 행위를 통해 당신이 지으신 법칙들이 작용해 만들어진 빈틈들을 메워야 했다고 믿는 것만큼이나 하나님을 인식하는 고귀한 개념이라는 것을 점차 깨닫게 되었다.'" Charles Darwin, *On the Origin of the Species by Means of Natural*

연신학은 페일리로부터 어쩌면 거의 비판 없이 물려받았을지도 모를 창조에 관한 정적(靜的) 설명을 피하고, 대신 신의 섭리와 인과율이라는 관념을 도입했다. 이 관념은 하나님이 천천히 진화해 가는 자연계 안에 계속 존재하시고 활동하신다는 것을 긍정했다.[4] 그러므로 킹슬리의 접근법에서 이 피조 세계는 진화할 수 있는 능력을 부여받아 혹은 '고유하게 부여받아'(instressed) 갖고 있으며, 이 피조 세계 안에서 새 구조들이 합당하게 '등장한다'고 말할 수 있다.

킹슬리의 새로운 자연신학 접근법은 달라진 시대의 역사와 문화가 제시하는 종교적 요구에 부응해 기독교 전통이 그 기본 개념을 일시 재정립한 결과의 한 부분으로 볼 수 있다. 이 경우에는 1859년에 다윈이 「종의 기원」을 출간한 것과 사람들이 페일리의 지극히 정체된 자연계 접근법이 지닌 경직성에 점점 더 큰 좌절을 느끼게 된 것이 그 계기였다. 킹슬리의 지적 좌절과 이 좌절을 누그러뜨리려는 그의 제안은 그런 문화 분위기와 맞아떨어졌다. 훗날 캔터베리 대주교가 되는 프레더릭 템플(Frederick Temple, 1821-1902)도 채택한 이 접근법은 문화 수용을 담보했다.[5] 템플은 진화 과정의 통일성이 서로 별개인(그리고 서로 무관할 수 있는) 일련의 피조물들보다 이런 과정을 지은 창조주의 통일성을 더 설득력 있게 증언한다고 보았다. 심지어

Selection, 2nd ed.(London: John Murray, 1860), p. 481.
4. 이 접근법의 중요성과 역사에 남긴 영향을 살펴보려면, John Hedley Brooke, "Darwin and Victorian Christianity," in *The Cambridge Companion to Darwin*, ed. Jonathan Hodge and Gregory Radick(Cambridge: Cambridge University Press, 2003), pp. 192-213, 특히 p. 206을 보라.
5. Arthur McCalla, *The Creationist Debate: The Encounter between the Bible and the Historical Mind*(London: T & T Clark International, 2006), pp. 166-117.

'다윈의 불독'인 토머스 헉슬리(Thomas H. Huxley)조차 원리만 놓고 보면 최초 우주를 설계한 내용 속에 진화 과정이 포함되지 말아야 할 이유가 없다고 인정했다.

우리가 앞서 언급했듯이(이 책 8장을 보라), 히포의 아우구스티누스가 취한 접근법은 이런 진화 시나리오와 잘 맞아떨어진다. 킹슬리는 십중팔구 이런 사실을 인식하지 못했을 것이다. 하지만 하나님을 "만물이 스스로 그들 자신을 만들어 내게" 하신 분이라고 말한 그의 깔끔한 슬로건은 아우구스티누스가 말했던 **씨앗 같은 원리들**이라는 관념을 창조성을 발휘해 재가공해 낸 것일 뿐이요, 아우구스티누스가 말한 관념이 진화 패러다임과 일치함을 강조하기 위해 고안해 낸 것일 뿐이다. 우리는 여기서 아우구스티누스 자신은 이런 진화론의 입장을 채택하거나 생각하지 않았음을 강조하지 않을 수 없다. 하지만 우리가 언급했듯이, 아우구스티누스의 견해는 자기 시대의 과학이 형성하는 공감대에 의존했으며, 그는 이런 공감대에 이의를 제기하지 않았다.

아우구스티누스가 제시한 근본적인 신학 통찰을, 이 통찰과 일시적·잠정적으로 결합해 있을 뿐 만고불변의 진리라는 확증을 하나님에게 받은 것도 아닌 5세기 자연과학에서 분리해, 요 근래의 자연과학 개념들과 결합하지 못할 중대 이유는 전혀 없다. 고대든 현대든 그런 결합은 어느 것이나 역사 속에서 잠정성을 지닐 뿐이라는 것을 인정해야 한다. 아우구스티누스도 분명히 해두고 싶어 했듯이, 성경 해석과 당시 대세인 과학의 세계관을 하나로 묶으려는 시도는 어떤 것이든 후세 주해가들에게 어려움만 안겨 주는 법이다.

이 주해가들은 자신이 이전 세대의 시각에 갇혀 있음을 발견하게 된다.

이 시대를 풍미하는 진화생물학 쪽 저작들을 대충 훑어보기만 해도 신학을 지지하거나 반대하는 강령들이 중립적이고 객관적이라고 주장하는 과학 논의들에 거듭해 침투해 들어오는 것을 볼 수 있다. 경험론 차원에서 실재를 설명한 것이라고 제시한 것이 경험론 차원과 무관한 가설들에 오염되어 은근히 형이상학을 내세우는 도그마들을 담고 있는 것으로 드러나는 경우가 자주 있다. 이 점을 더 탐구해 보려면, 옥스퍼드 대학의 동물학자 리처드 도킨스가 그의 책 『이기적 유전자』(The Selfish Gene)에서 한 말을 살펴보면 될 것 같다. 여기서 도킨스는 '유전자의 눈'(gene's eye)으로 진화를 바라보는 견해를 제시하는데, 이런 견해가 당시 생물학계에서는 대세였다.[6]

> (유전자들은) 거대한 영토 안에, 장대하고 다루기 힘든 로봇들 안에 안전하게, 외부 세계와 단절된 채 떼로 모여 거주하면서, 구불구불하고 에두른 길들을 통해 외부 세계와 소통하고, 원격 조종으로 그 세계를 조종한다. 유전자들은 여러분과 내 안에 있다. 그것들이 우리를, 몸과 마음을 만들었다. 그것들을 보존하는 것이 우리가 존재하는 궁극의 이유다.

도킨스는 여기서 경험칙을 통해 증명할 수 있는 말―"유전자들

---

[6] Richard Dawkins, *The Selfish Gene*, 2nd ed.(Oxford: Oxford University Press, 1989), p. 21. 이 접근법의 등장과 쇠락을 설명한 글을 보려면, 폭넓은 분석을 담은 Kim Sterelny and Paul E. Griffiths, *Sex and Death: An Introduction to Philosophy of Biology*(Chicago: University of Chicago Press, 1999), 특히 pp 55-76을 보라.

은 여러분과 내 안에 있다"—을 여러 서술문으로 에워싸서 제시하는데, 보통 독자들은 이 말이 형이상학의 색깔을 짙게 띠고 있다는 사실을 깨닫지 못하고 그냥 관찰 결과를 있는 그대로 말한 것으로 해석할지 모른다.

이렇게 경험칙과 무관한 접근법이 침투해 들어온 정도는 이 문장과 이 문장이 말하는 것을 달리 표현한, 옥스퍼드 대학의 뛰어난 생리학자요 시스템 생물학자인 데니스 노블(Denis Noble)의 문장과 비교해 보면 판단할 수 있다. 노블은 경험칙에 입각한 사실로 판명된 말—"유전자들은 여러분과 내 안에 있다"—은 그대로 남겨 두었지만, 서술문들을 다시 서술해 유전자의 역할을 완전히 다르게 설명했다.[7]

> (유전자들은) 거대한 영토 안에 붙잡혀 있고, 대단히 지능이 높은 존재들 안에 갇혀 있으며, 외부 세계의 손으로 만들어지면서, 복잡한 과정들을 통해 외부 세계와 소통한다. 이 복잡한 과정들을 통해 마치 마술에 걸린 것처럼 자기도 모르게 기능이 등장한다. 유전자들은 여러분과 내 안에 있다. 우리는 시스템이며 이 시스템은 유전자들의 암호가 해독되게 해준다. 유전자들이 보존되느냐는 우리가 우리 자신을 다시 만들어 낼 때 체험하는 기쁨에 온전히 달렸다. 우리가 유전자들이 존재하는 궁극의 이유다.

---

7. Denis Noble, *The Music of Life: Biology beyond the Genome*(Oxford: Oxford University Press, 2006), pp. 11-15.

13장 복잡성의 기원: 진화의 메커니즘

경험론의 차원에서 보면 이 두 말은 동일하다. 둘 다 똑같이 관찰 결과와 실험을 통해 얻은 증거에 적절히 근거하고 있다. 하지만 이 둘은 유전자의 역할과 관련해 완전히 다른 견해를 피력한다. 그렇다면 누구의 말이 옳은가? 누구의 말이 더 과학적인가? 우리는 과학적 근거들에 비춰 누구의 말을 더 선호해야 할지 어떻게 결정할 수 있을까? 노블이 올바로 말하듯이, "경험론의 관점에서 보면 그들 사이에 존재하는 차이를 밝혀 줄 실험을 생각할 수 없는 것 같다."[8]

이런 탈선은 사물들을 과학적 시각에서 객관성 있게 설명했다는 것 속에 형이상학적 전제들이 아주 쉽게 침투해 들어온다는 사실을 보여 준다. 이 점이 가장 분명하게 드러나는 경우가 아마도 진화론에 입각한 자연주의(evolutionary naturalism)가 하나님을 믿는 믿음이나 하나님이 자연에서 일어나는 과정들에 개입하신다는 믿음 가운데 하나(혹은 둘 전부)를 배제한다고 주장하고 싶어 하는 저술가들의 경우일 것이다.[9] 나 같은 신학자가 분명 그것이 어울리는 자리가 아닌데도 이 시대 생물학이 이야기하는 폭넓은 주제들을 다루는 토론 속에 신학이 표방하는 강령들을 억지로 쓸데없이 끌어들이려 하는 것은 당연하다. 반대로 하나님에 관한 토론에 참여하지 않고 이 시대 진화생물학이 제시하는 형이상학적 시사점들을 성찰하는 것도 불가능하다. 목적론적 판단들을 다룬 논의로서 겉보기에는

---

8. *Ibid.*, p. 13.
9. Paul A. Nelson, "The Role of Theology in Current Evolutionary Reasoning," *Biology and Philosophy* 11(1996), pp. 493-517.

중립적이거나 객관적인 것처럼 보이는 토론들조차 형이상학을 담고 있는 경우가 자주 있으며, 이 때문에 때로는 그런 판단들을 기능상 신학과 구별하기가 불가능할 때도 있다.[10] 이 시대 진화생물학 내부에는 신학적 판단들이 우위를 차지하고 있다. 이 점을 고려한다면, 진화생물학의 주제와 관심사가 지닌 신학적 의미를 계속 성찰하는 것을 변호하면서 특별히 진화의 메커니즘과 방향에 초점을 맞출 필요는 없다.

우리는 우선 진화생물학에 대한 이 시대의 이해가 사람들에게 비록 무시당하긴 해도 중요한 주제인 '정교한 조율'이라는 개념과 어떻게 연관되는지 살펴보겠다. 우리는 이것을 두 단계로 탐구할 것이다. 이번 장에서는 진화의 메커니즘을 다루고, 14장에서는 진화가 가져온 결과들을 다룬다. 이 책을 읽는 이들 중에는 신다윈주의가 내건 진화론의 기본 개념들에 익숙하지 않은 이들도 있을 것이다. 그래서 우리는 먼저 역사 속에서 신다윈주의 진화론의 핵심 테마들이 등장한 내력을 탐구하고, 이어서 이 책과 관련된 핵심 이슈들에 초점을 맞출 것이다.[11]

---

10. 넬슨은 특별히 자연 속에 존재하는 '불완전한 것들'이 지닌 신학적 의미와 관련해 이를 더 깊이 다루어 보려는 이들의 예를 풍부하게 제시한다. 이 특별한 점을 살펴보려면, Timothy Shanahan, "Darwinian Naturalism, Theism, and Biological Design," *Perspectives on Science and Christian Faith* 49(1997), pp. 170-178을 더 읽어 보라.
11. 더 충실한 소개를 원하는 독자들은 John H. Gillespie, *The Causes of Molecular Evolution* (New York: Oxford University Press, 1991); Mark Ridley, *Evolution*, 3rd ed.(Malden, MA: Blackwell Science, 2004)를 포함해 표준 교과서들을 참조하기 바란다.

신다윈주의 소개

찰스 다윈의 「종의 기원」(1859)은 19세기 과학의 이정표라고 할 수 있다. 이 책은 기존 설명들, 그 중에서도 페일리의 '특별한 창조' 이론(doctrine of 'special creation')이 지닌 문제들과 단점들에 비추어 특히 면밀한 관심을 기울여야 할 것으로 보인 자연계의 일련의 특징들을 확인해 주었다.[12] 자연계가 지닌 이런 측면들도 하려고만 한다면 페일리의 이론에 기초해 모두 설명할 수 있을 것이다. 이는 프톨레마이오스의 천동설 모델도 이 모델에 임의로 그린 주전원(周轉圓, epicycles)을 충분히 덧붙이면 관찰 결과들과 들어맞을 수 있는 것과 흡사하다. 그러나 각 경우를 놓고 보면, 제시된 설명들이 거추장스럽고 자연스럽지 않다. 애초에는 상당히 깔끔하고 정연한 이론이었는데, 난점들과 서로 맞지 않는 것들이 쌓이면서 그 무게에 눌려 부서지기 시작했다. 더 나은 설명이 나와야 했다. 프톨레마이오스가 케플러에게 길을 내주고 물러났듯이, 페일리도 다윈에게 길을 내주고 물러났다.

다윈의 「종의 기원」은 생물이 진화했다는 생각을 뒷받침하는 증거를 풍부하게 제시하고, 이 진화가 이루어지도록 해주었을 법한 메

---

12. 상세한 설명을 보려면, Dov Ospovat, *The Development of Darwin's Theory: Natural History, Natural Theology, and Natural Selection, 1838-1859*(Cambridge: Cambridge University Press, 1995)를 보라. 특별한 이슈들을 살펴보려면, Peter J. Bowler, "Darwinism and the Argument from Design: Suggestions for a Reevaluation," *Journal of the History of Biology* 10(1977), pp. 29-43; John Hedley Brooke, "Science and the Fortunes of Natural Theology: Some Historical Perspectives," *Zygon* 24(1989), pp. 3-22을 보라.

커니즘—**자연선택**—을 제시했다. 이 접근법 뒤에 자리한 기본 개념은 어느 집단 속에나 자연선택으로 인해 변화를 일으킨 혈통이 존재한다는 것이다. 따라서 변화는 여러 세대에 걸쳐 일어나고, 다양한 유전자가 환경에 적응해 생존할 수 있는 유전자들의 능력을 고려해 환경이 유전자에 부과하는 '압력'을 반영한다. 이 접근법은 다음과 같이 크게 네 가지로 요약할 수 있다.

1. **변화**: 한 집단의 개체들은 물론 심지어 형제들(siblings)조차도 변한다.
2. **유전**: 이런 다양한 특질들은 어떤 식으로든 자손에게 전해질 수 있다.
3. **경쟁**: 환경이 지탱할 수 있는 것보다 더 많은 자손들이 생산된다. 따라서 이들 사이에는 한정된 자원을 놓고 경쟁이 벌어진다[다윈이 토머스 맬서스(Thomas Malthus)에게 빌려온 생각이다].
4. **생존**: 그 특징들 덕분에 환경에 가장 잘 적응하게 된 개체들은 살아남아 자손을 재생산하고 더 많은 자손을 가진다.

「종의 기원」은 순전히 관찰 결과에서 나온 증거를 토대로 '자연선택'이라는 개념이 종의 진화가 어떻게 일어났고 이 진화를 어떻게 이해해야 하는가를 가장 잘 설명하는 메커니즘인 이유를 설명하기 시작했다. 중요한 것은 다윈이 자연선택을 축산업의 '인위 선택' (artificial selection) 과정과 비슷한 자연의 선택 과정으로 제시한다는 것이다.[13] 다윈은 '순화 선택'(domestic selection) 혹은 '인위 선택' 과정이 자연에서 일어나는 것—'자연선택' 과정—을 설명하는 메커니즘 모델을 제공한다고 주장한다.

다윈의 이론은 상당한 설명 능력을 갖고 있었다. 이 점은 그 시대 많은 사람들이 인정했는데, 심지어 다윈이 자연 안에서 인간이 차지하는 위치를 놓고 설파한 개념들이 암시하는 것을 우려했던 사람들조차 그랬다. 자연은 이런 새로운 발전을 어떻게 '기억'하고 '전달'했을까? 이런 발전을 후세에 전달할 수 있는 메커니즘으로 제시할 것은 무엇이었을까? 다윈과 같은 시대 사람들은 보통 부모가 가진 특징들이 자손에게 전해질 때 '섞여' 전달된다고 믿었다. 하지만 이 믿음대로 부모의 특징이 섞여 전달된다면, 어떻게 한 종 전체에 단일 돌연변이(single mutation)가 퍼질 수 있을까? 부모가 가진 특징들이 섞여 전달된다면, 마치 물 한 양동이 속에 섞인 잉크 한 방울처럼, 그 특징들은 희석되어 무의미한 것이 되고 말 것이다. 다윈은 그가 가정한 '제뮬'(작은 배아, gemmules)—어떤 식으로든 유기체가 가진 모든 특징들을 결정하는 자그마한 입자들—을 토대로 '범생설'(pangenesis, 세포에 들어 있는 제뮬이라는 자기증식 입자가 자손에게 전달되어 부모와 같은 형질을 나타낸다는 가설—역주)이라는 개념을 제시했다.[14] 이 '제뮬'은 관찰된 적이 없지만, 다윈은 자신의 관찰 데이터를 설명하려면 이 제뮬의 존재를 전제해야 한다고 주장했다. 이것은 독창성이

---

13. 다윈은 이런 문제들을 익히 알고 있었는데, 특히 비둘기 사육과 관련되어 있었기 때문이다. James A. Secord, "Nature's Fancy: Charles Darwin and the Breeding of Pigeons," *Isis* 71(1981), pp. 163-186.
14. 찰스 다윈은 *The Variation of Animals and Plants under Domestication*, 2 vols.(London: John Murray, 1868)에서 이 이론을 제시했다.

돋보이는 해결책이었지만 옳은 해결책은 아니었다. 다윈의 이론은 비틀거렸고, 설득력 있는 유전학 이론을 담지 못했다.[15]

이 문제의 답은 오스트리아 브륀[Brünn, 현재는 체코 브르노(Brno)]에 있는 아우구스티누스 수도회 소속 성 토머스 수도원에 몸담고 있던 수도사 그레고르 멘델(Gregor Mendel, 1822-1884)이 상세한 관찰 결과들을 내놓으면서 등장한다. 멘델은 빈 대학교에서 자신을 가르친 은사들과 수도원장의 격려를 받아 관심을 가져 왔던 식물들의 교잡(hybridization)을 탐구했다. 그는 1856년부터 1863년까지 약 2만 8000개의 완두콩들(pea plants)을 포함한 일련의 실험을 실시해 한 세대에서 다음 세대로 어떻게 특징들이 전달되는지를 관찰했다. 멘델은 그의 완두콩들이 지닌 특징 중 쉽게 판별할 수 있는 일곱 가지 특징에 초점을 맞추기로 했다. 이 특징들 가운데 가장 유명한 두 가지가 꽃의 색깔(자주색이냐, 흰색이냐)과 씨앗의 색깔(노란색이냐, 초록색이냐)이었다. 멘델은 이 특징들의 유전 패턴을 관찰하면서 몇 가지 중요한 특징이 반복해 나타나는 것을 간파했다. 멘델은 각기 노란 완두콩이나 초록 완두콩을 만들어 내는 타가수분식물(他家受粉植物, cross-pollinating plants)들에서 첫 번째 자손 세대가 늘 노란 완두콩이라는 것을 발견했다. 그러나 다음 세대에서는 노란색 대 초록색의 비율이 늘 3:1을 유지했다. 그는 노란 씨앗들과 같은 특정한 특징들이 초록 씨앗들과 같은 다른 '열성'(劣性) 특징들보다 '우성'(優性)

---

15. 이와 관련된 문제들을 살펴보려면, Marjorie Grene and David Depew, *The Philosophy of Biology: An Episodic History*(Cambridge: Cambridge University Press, 2004), pp. 221-246을 보라.

13장 복잡성의 기원: 진화의 메커니즘

임을 발견했다.

멘델은 자신의 연구에서 유전을 지배하는 것으로 보이는 세 가지 기본 원리를 공식으로 정립했다.[16]

1. 각 특성(형질)의 유전—꽃이나 씨앗의 색깔—은 후손들에게 전해지는 특정한 구성단위나 요인이 결정하는 것으로 보인다.
2. 개개 식물은 부모 각자로부터 이런 각각의 특성들을 나타내는 한 개의 구성단위를 물려받는다.
3. 한 개체 안에서 겉으로 나타나지 않는 특성이라도 다음 세대로 전해질 수 있다.

이처럼 멘델은 '입자 유전'(particulate inheritance) 이론을 제안했다. 이 유전에서는 한 세대에서 다음 세대로 손상되지 않고 그대로 전해지는 각각의 유전 단위들이 특성을 결정했다. 적응변이들(adaptive mutations)은 한 종을 통해 천천히 퍼질 수 있으며, 그 시대 일부 유전 이론들이 주장하던 것처럼 "섞여 없어지는" 일이 절대 벌어지지 않을 수도 있었다. 이것이 진화에 시사하는 의미는 상당했다. 다윈의 자연선택설은 오랜 기간에 걸쳐 일어나는 조그마한 돌연변이들을 근거로 삼았는데, 이 자연선택설이 갑자기 훨씬 더 큰 설득력을 얻게 되었다.

그러나 멘델은 어떤 '구성단위'이나 '요인' 들이 유전을 결정하

---

16. Peter J. Bowler, *The Mendelian Revolution: The Emergence of Hereditarian Concepts in Modern Science and Society*(London: Athlone Press, 1989).

는 것처럼 보인다는 것을 알려 주었다. 그렇다면 그것들은 무엇이며 어디에 있는가? 마침내 미국의 유전학자 토머스 헌트 모건(Thomas Hunt Morgan, 1866-1945)이 1926년에 펴낸, 독창성 있는 한 논문이 그 해답을 제시했다. 그것은 무엇이었을까? 유전자였다.[17] 모건은 멘델의 아이디어에 고무되어 광대 파리(fruit fly)인 **노랑초파리**(*Drosophilia melanogaster*)의 짧은 생식주기를 활용해 유전이 가능한 특성들이 어떻게 전달되는지 탐구했다. 모건은 멘델처럼 판별하기 쉬운 특징들로 파리들의 눈 색깔과 같이 쌍으로 이루어진 기관들에서 나타나는 몇몇 특성에 초점을 맞추었다. 모건이 내린 가장 중요한 결론은 이런 특성들이 어떻게 전달되는가와 관련 있었다. 그 이전에는 한동안 염색체(chromosome)로 알려진, 작은 막대 모양을 한 실과 닮은 구조물이 등장하면서 함께 생물 세포의 분열이 일어난다고 알려져 있었다. 일부 학자들은 이 염색체들이 유전 정보를 전달하는 것일지도 모른다고 추측했다. 모건은 이 추측이 옳다고 확고하게 증명하는 증거를 제시할 수 있었다. 이런 정보를 전달해 주는 '유전자들'은 몸 안에서 염색체에 자리하고 있었다. 점점 더 해상도가 뛰어난 현미경이 발달하면서 마침내 이런 증거를 눈으로 확인할 수 있게 되었다.

이제는 이런 유전 원리들이 멘델이 생각했던 개념인 개별 유전 요인들('유전자들')에 근거한다는 사실이 드러났고, 신다윈주의의 종합명제(synthesis)로 알려졌다. 멘델의 유전학은 진화에 따른 변화의

---

17. Thomas H. Morgan, *The Theory of the Gene* (New Haven: Yale University Press, 1926).

기초를 설명해 주는 것으로서, 그 진화의 결과를 결정하는 것으로 다윈이 말한 자연선택 과정과 연결되었다. 그러나 유전학의 분자 기초(molecular basis)와 관련해 더 자세히 규명해야 할 것이 있었다. 제2차 세계대전 동안 미국에서 결정적 진보가 이루어졌다. 이제 그것을 살펴보겠다.

모건은 유전학에서 염색체가 매우 중요한 역할을 한다는 것을 발견했다. 이 발견은 염색체의 화학 구성에 대해 새로운 관심을 불러일으켰다. 이 실처럼 생긴 섬유들은 실상 무엇으로 이루어져 있을까? 스위스의 생화학자 프리드리히 미셔(Friedrich Miescher, 1844-1895)는 1868년에 세포핵의 화학 구성을 밝혔다. 미셔는 세포핵이 두 가지 기본 구성요소를 함유한다고 했다. 그 둘은 핵산(지금은 디옥시리보핵산으로 알려진 것으로, 보통 그 머리글자를 따서 DNA로 알려졌다)과 한 부류의 단백질들[지금은 히스톤(histones)으로 알려졌다]이다.[18] 사람들은 이 핵산을 생물학상 특별히 중요하게 여기지 않았다. 화학 연구서들은 이 핵산이 복잡하지 않고 구성요소의 수도 적다고 주장했다.

1919년, 뉴욕 록펠러연구소에서 일하던 피버스 레빈(Phoebus Levene, 1869-1940)은 DNA가 현저히 긴 중합체(重合體, polymer)로 존재한다는 것을 발견했다.[19] 하지만 그는 이 긴 중합체가 단지 네 가지 기본 뉴클레오티드―아데닌(A), 구아닌(G), 티민(T), 시토신(C)―가 반복해 나타나는 단위로 이루어졌다고 보았다. 이 때문에 (레빈 자신을

---

18. Ralf Dahm, "Friedrich Miescher and the Discovery of DNA," *Developmental Biology* 278(2005), pp. 274-288.
19. Phoebus A. Levene, "The Structure of Yeast Nucleic Acid," *Journal of Biological Chemistry* 40(1919), pp. 415-424.

포함해) 많은 사람들이 DNA가 유전 특성을 전달하는 데 어떤 큰 역할을 할 가능성이 거의 없다고 여겼다. DNA는 암호로 만들어진 유전 정보를 담고 있다고 하기에는 너무 단순했다. 많은 사람들이 유전 특질의 분자 기초를 해명할 수 있는 궁극의 열쇠는 염색체 안에서 발견되는 단백질들 속에 존재할 것이라고 믿었다.

이 수수께끼를 풀 수 있는 열쇠는 영국의 의사 프레더릭 그리피스(Fred Griffith, 1879-1941)가 1928년 런던에서 유행한 폐렴 조사에 관여하며 그 모습을 드러냈다. 그리피스는 이 돌발 사태를 일으킨 폐렴쌍구균(pneumococcus)을 조사하는 동안, 살아 있는 폐렴쌍구균들이 그가 '변형'(transformation)이라 이름 붙인 과정을 거치며 다른 죽은 폐렴쌍구균에서 유전 특질들을 획득할 수 있다는 놀라운 발견을 했다. 이런 일이 어떻게 일어날 수 있을까? 죽은 폐렴쌍구균들이 전달할 수 있는 것은 모두 화학물질이었다. 이 화학물질들은 두 가지 유형의 핵산, 곧 리보 핵산(RNA)과 디옥시리보 핵산(DNA), 그리고 단백질이었다. 그렇다면 분명 죽은 이 화학물질들이 어떻게 살아 있는 세포들 안에서 유전자에 변화를 가져올 수 있을까?

오즈월드 에이버리(Oswald Avery)가 이끄는 연구 팀이 존 록펠러(John D. Rockefeller)가 1901년에 미국에서 가장 유명한 생리의학 연구소로 설립한 뉴욕의 록펠러 연구소에서 그리피스의 발견 결과를 그대로 되풀이한 뒤 비로소 그리피스의 연구가 중요하다는 것이 인정받았다. 에이버리와 그가 이끄는 연구 팀은 유전 정보가 살아 있는 폐렴쌍구균들에게 어떻게 전달되는지 자세히 연구했다. 그들은 잇달아 실험을 실시했는데, 이 실험들은 단백질이나 RNA가 아니라 특별히 DNA가 유전 정보를 전달한다는 것을 실증했다. 이 발견이 시사하는 의미를 완전히 인식하는 데까지는 시간이 더 걸렸지만, 그래도 이것은 중대한 발견이었다. 만일 —다른 물질이 아니라— DNA가 유전 정보를 전달하는 것이라면, 이것은 이전에 사람들이 인식했던 것보다 훨씬 더 복잡한 구조임에 틀림없었다.[20] 그러나 이 구조가 어떻게 생겼는지 아는 사람도 없었고, DNA가 어떻게 유전에서 그렇게 중요한 역할을 할 수 있는지를 아는 사람도 전혀 없었다.

이것은 눈에 띄는 일련의 연구들을 촉진하는 새 자극제가 되었다. 로절린드 프랭클린(Rosalind Franklin, 1920-1958)은 X선 결정학(結晶學, crystallography)을 이용해 처음으로 DNA를 연구했다. 이 연구는 DNA의 이중 나선 구조를 실증해 보인 영국의 물리학자 프랜시스 크릭(Francis Crick, 1916-2004)과 미국의 유전학자 제임스 왓슨(James Watson, 1928-)의 획기적인 연구 작업을 촉진하는 데 많은 기여를 했다. 이들의 업적은 DNA가 유전 정보를 어떻게 전달할 수 있는가를 이해하는 길을 열어 주었다. 왓슨과 크릭은 두 끝으로 된 이 DNA 안에 있는 염기쌍이 유전 정보를 복제하고 전달하는 DNA의 기능을 해명하는 열쇠임이 틀림없다고 즉시 간파했다. 그들은 이렇게 썼다. "우리는 우리가 가정했던 그 특별한 쌍이 바로 유전 내용을 전해 주는 복제 메커니즘일 수 있다는 것을 놓치지 않고 알아차렸다." 다시 말해 DNA의 물리 구조에 관한 지식이 DNA가 그 자신을 복

---

20. Oswald Avery, Colin MacLeod, and Maclyn McCarty, "Studies on the Chemical Nature of the Substance Inducing Transformation of Pneumococcal Types: Induction of Transformation by a Deoxyribonucleic Acid Fraction Isolated from *Pneumococcus* Type III," *Journal of Experimental Medicine* 79(1944), pp. 137-158.

제할 수 있게 해주는 메커니즘을 일러 주었다.[21]

크릭은 이 연구를 토대로 자신이 '중심 도그마'(Central Dogma)라 부른 것을 제안했다. DNA는 복제를 행하면서 RNA의 주형(鑄型) 역할을 하고, 이 RNA는 다시 단백질의 주형 역할을 한다. 길고 복잡한 DNA 분자에는 네 개의 기본 뉴클레오티드—아데닌(A), 구아닌(G), 티민(T), 시토신(C)—를 사용해 "암호로 바꿔 행하는" 전달에 필요한 유전 정보가 들었다. 이 네 개의 기본 뉴클레오티드는 '염기쌍'을 이뤄 순서대로 배열되며(DNA 이중 나선 구조에서는 아데닌이 늘 티민과 연결되고, 구아닌은 시토신과 연결된다), 당(糖) 및 인산 등뼈(phosphate spine)에 붙어 있다. 바로 이 염기쌍의 순서가 전달되는 유전 정보를 결정한다.[22]

그렇다면 이것이 진화생물학을 이해하는데 그토록 중요한 이유는 무엇인가? 여기서 가장 중요하게 강조할 점은, 다윈이 말하는 자연선택설이 성립하려면 변이가 일어나야 할 **뿐 아니라** 그 변이가 다음 세대에 이르러 희석되지 않고 전달되어야 한다는 것이다. 그럴 경우 자연선택이 일어나서 이런 변이를 일으킬 유전 암호가 끝까지 살아남을 것인가를 결정할 것이다. 신다윈주의의 종합명제는 오랜 세월에 걸쳐 임의로 일어난 조그만 유전자의 변화들이 때로는 생존하는데 도움이 되는 가치들을 갖고 있다는 가설을 바탕에 깔고 있다. 이렇게 도움이 되는 변이들을 가진 유기체는 필시 생존과 재생

---

21. Francis H. C. Crick and James D. Watson, "Molecular Structure of Nucleic Acids: A Structure for Deoxyribose Nucleic Acid," *Nature* 171(1953), pp. 737-738.
22. 기본 소개서를 읽어 보려면, Mary K. Campbell and Shawn O. Farrell, *Biochemistry*, 5th ed.(Pacific Grove, CA: Brooks/Cole, 2006), pp. 240-329을 보라.

산에서도 상당히 유리했을 것이며, 그들이 가진 특성을 자손들에게 전달하려 했을 것이다. 생존에 도움이 되는 변이를 지닌 유기체와 그렇지 않은 유기체의 생존율이 다른 것으로 보아, 유기체에 도움이 되는 특성은 잘 자리 잡고 전달될 수 있다는 것을 쉽게 알 수 있다.

물론 이 시대가 진화에 대해 이해하는 것은 여기서 간략히 묘사한 내용보다 훨씬 더 풍부하다. 예를 들어 진화를 더 충실히 설명하면, 현대 진화론의 종합명제가 로널드 피셔(R. A. Fisher), 존 홀데인(J. B. S. Haldane), 그리고 슈얼 라이트(Sewall Wright)가 1920년대와 1930년대에 이룩한 업적에 큰 빚을 지고 있다는 것이 드러날 것이다. 이 학자들은 수리 집단 유전학(mathematical population genetics)을 통해 다윈주의와 멘델주의를 조화시킬 이론적 기초를 견고히 제시했다. 더욱이 '자연선택'이라는 개념에는 여러 가지 난점이 있다. 이 개념은 다윈이 진화에서 일어나는 변화를 설명하려고 도입한 개념이지만, 사실은 적응이 유지되는 것을 설명해 준다. 이 '역동적 안정화'(dynamic stabilization, '자연선택'을 이해하기 쉽게 표현할 때 쓰는 말)는 종(種)들이나 적응의 확산을 설명할 때는 도움이 될지 몰라도 종의 기원이나 적응의 기원을 설명해 주지는 않는다.[23] 하지만 다윈의 이론이 사용하는 핵심 개념들이 발전한 내력을 이렇게 간단히 서술한 것은 단지 DNA가 유전자의 복제자로서 아주 중요하다는 사실을 강조하기 위해서다. 덕분에 우리는 이 분자에 관한 설명을 마음에

---

23. 이런 난점들과 이것을 해결할 수 있는 방안을 논한 글을 보려면, G. B. Reid, *Biological Emergences: Evolution by Natural Experiment*(Cambridge, MA: MIT Press, 2007), pp. 1-22를 보라.

담고 생물학이 말하는 정교한 조율이라는 문제를 살펴볼 수 있게 되었다.

생물학의 정교한 조율

얼핏 보면 신다윈주의 모델은 설계나 정교한 조율의 증거로 생물학의 영역을 활용할 수 있는 가능성을 약화시키는 것 같다. 윌리엄 페일리는 다윈주의가 자연의 요소들—사람 눈의 구조 같은 것들—이 '고안'되었음을 분명히 보여 주는 증거를 훼손한다고 믿었다.[24] 이와 마찬가지로 대다수 다윈주의자들은 생물체가 그들이 사는 환경에 맞춰 정교하게 조율되어 창조되었다는 생각을 원칙상 철저히 거부하려고 했다. 사람들은 이런 정교한 조율이 진화 과정을 통해 등장하며, 이 과정 속에서 유기체가 환경 요인들에 적응한다고 주장한다.[25] 자연은 자신을 정교하게 조율한다.

이 접근법은 효소들처럼 사람들이 신진대사에 매우 중요하다고 널리 동의하는 중요한 생분자들의 구조를 분석하는 것까지 포함하는 쪽으로 영역을 넓힐 수 있다. 어떻게 해서 이런 분자들의 기능은 정확성을 띠게 되었을까? 이런 질문들에 다윈주의가 내놓는 표준

---

24. Richard Dawkins, *The Blind Watchmaker: Why the Evidence of Evolution Reveals a Universe without Design*(New York: W. W. Norton, 1986)을 보라.
25. Michael E. N. Majerus, *Melanism: Evolution in Action*(Oxford: Oxford University Press, 1998); Hopi E. Hoekstra, Kristen E. Drumm, and Michael W. Nachman, "Ecological Genetics of Adaptive Color Polymorphism in Pocket Mice: Geographic Variation in Selected and Natural Genes," *Evolution: International Journal of Organic Evolution* 58(2004), pp. 1329-1341을 보라.

대답은 적합성과 역사라는 두 가지 중요한 요인에 호소한다. 이 둘을 결합해 생물의 구조를 설명하는 문제에 각기 다르게 다가가는 세 가지 접근법을 만들어 낼 수 있다.[26]

첫 번째 접근법은 '기능'을 고려하는 것에 강조점을 두면서 특별한 생분자 구조가 생명체 안에서 발견된다고 주장하는데, 그 이유는 이 생분자 구조가 생물학상 한 특별한 문제에 가장 훌륭한 대답을 제공하기 때문이다. 여기서 사람들은 다윈주의 패러다임에 비춰볼 때 '가장 훌륭하다'는 것은 곧 '가장 큰 적합성을 제공한다'는 의미라고, 혹은 적어도 그 구조가 활용될 수 있었지만 결국 활용되지 못한 다른 구조들보다 더 큰 적합성을 제공해 준다는 의미라고 생각한다. 이 접근법은 생체 시스템들이 또 다른 해결책들도 활용할 수 있었으며, 자연선택 과정은 제대로 적응하지 못한 해결책들을 걸러 냈다고 생각한다.

생물학적 설명을 제시하는 두 번째 접근법은 진화 과정이 지닌 역사의 차원을 고려한다. 예를 들어 이 접근법은 화학적 가능성들을 담고 있는 우주(the universe of chemical possibilities)가 방대하다고 설명한다. 이 '화학적 우주'(chemical space)라는 관념을 아주 잘 보여 주는 분명한 예가 있다.[27] 20개의 아미노산으로 이루어진 표준 세트

---

26. 기념비 같은 리뷰를 담은 Steven A. Benner and Andrew D. Ellington, "Interpreting the Behavior of Enzymes: Purpose or Pedigree?" *Critical Reviews in Biochemistry and Molecular Biology* 23(1988), pp. 369-426을 보라. 이 논문이 펼쳐 보이는 생각의 흐름은 이번 장 나머지 부분에 그대로 반영되었다.
27. 유익한 리뷰를 보려면, Christopher M. Dobson, "Chemical Space and Biology," *Nature* 432(2004), pp. 824-828을 보라.

가 만들어 낼 수 있는 서로 다른 단백질인 100개의 긴 아미노산들의 숫자는 우주에 있는 원자들의 숫자보다 더 크다. 생물학적 시스템들(기관계들, biological systems)이 사용하는 화합물은, 생체 시스템들의 분자량과 같은 분자량을 가진 조그만 탄소계 화합물의 존재 가능한 총수와 비교하면 놀랄 만큼 미미하다. 이 숫자를 어림잡아 계산해도 10^{60}이 넘는다. 그러나 가장 단순한 유기체는 서로 다른 유형의 이런 분자들이 단지 몇백 개만 있어도 그 기능을 할 수 있으며, 100보다 적은 숫자로도 거의 모든 분자 풀(molecular pool)을 설명한다. 지구 위의 생명체는 가능한 모든 배열순서의 샘플을 채취해서 가장 훌륭한 단백질, 가장 훌륭한 형태의 유전자 복제자(genetic replicator) 등을 발견해 낼 만한 시간을 갖지 못했다. 따라서 현재 지구에 존재하는 생명체는 우연들, 그 선택이 가장 합당한 선택이었는가와 상관없이 하나를 배제하고 다른 하나를 선택한 역사 속의 우연한 사건들을 보여 주는 것들임에 틀림없다.

생물학적 설명을 제시하는 세 번째 접근법은 다윈의 「종의 기원」을 읽은 이들에겐 익숙한 개념인 '퇴화'(vestigiality)를 가져다 쓴다. 여기서 사람들은 이 시대 지구에 존재하는 생화학의 몇 가지 특징들은 더 이상 존재하지 않는 고대의 선택 압력들(selective pressures)을 보여 주는 것일 수 있음을 인정한다. 따라서 이 시대 생물체의 구조나 시스템이 가진 특징은 현재 상황에 맞추어 가장 잘 적응한 모습을 보여 주는 것이라기보다 오히려 과거에 가장 잘 적응했던 모습이 남긴 흔적이라고 생각해야 한다. 이런 모델들은 사람의 충수 및 남성의 유두뿐 아니라 현대 생명체에서 발견할 수 있는 많은 생화학

적 세부 사항들을 설명해 준다.[28]

이 세 부류의 생물학적 설명을 깔끔하게 해설해 주는 것이 DNA 구조에 관한 생화학적 질문과 답들이다. 그 생화학적 질문은 다음과 같다. 화학적으로 연관이 있는 구조인 아미노아데닌(aminoadenine)은 세 개의 수소 결합을 형성함으로써 훨씬 더 강한 핵염기 쌍(nucleobase pair)에 해당하는 쌍을 만들어 낼 수 있는데도, 왜 DNA는 티민과 더불어 단지 두 개의 수소 결합을 형성할 뿐인 아데닌을 사용하는가?[29] 세 개의 수소 결합이 더 안정성이 있다면, 이중 나선은 더 나은 게 없지 않은가? 아미노아데닌이 DNA 구성 요소인 아데닌보다 더 낫지 않을까?[30] 그렇다면 DNA 안에 아미노아데닌이 아니라 아데닌이 존재하는 이유를 어떻게 설명할 수 있을까?

기능적 접근법은 게놈들이 약한 핵염기 쌍(아데닌과 티민, AT)과 강한 핵염기 쌍(구아닌과 시토신, GC)에 모두 접근할 수 있을 때 최적이라고 주장할지도 모르겠다. 이 설명에 따르면, 생물학적 시스템이 최적 상태에 이르려면 그 DNA가 녹는 온도를 조정해야 하며, 이 최

---

28. 분명한 예가 RNA가 이 시대 신진대사에서 사용하는 많은 보조인자들로 구성되었다는 점일 것이다. 이런 퇴화 기관의 화학을 더 충실히 설명한 글을 보려면, Steven A. Benner, Slim O. Sassi, and Eric A. Gaucher, "Molecular Paleoscience: Systems Biology from the Past," *Advances in Enzymology and Related Areas of Molecular Biology* 75(2007), pp. 1-132을 보라.
29. C. Ronald Geyer, Thomas R. Battersby, and Steven A. Benner, "Nucleobase Pairing in Expanded Watson-Crick-like Genetic Information Systems: The Nucleobases," *Structure* 11(2003), pp. 1485-1498. 아울러 Albert Eschenmoser, "Chemical Etiology of Nucleic Acid Structure," *Science* 284(1999), pp. 2118-2124에서 말한 것을 보라.
30. Y. Lebedev et al., "Oligonucleotides Containing 2-Aminoadenine and 5- Methylcytosine Are More Effective as Primers for PCR Amplification Than Their Nonmodified Counterparts," *Genetic Analysis: Biomolecular Engineering* 13(1996), pp. 15-21을 보라.

적 상태에서는 녹는 온도가 최고점이 아닐 수도 있다. 만일 DNA 가 강한 염기쌍과 약한 염기쌍을 모두 가진다면, DNA는 AT와 GC 의 비율을 조절해 최적 상태에 이를 수 있다. 이 설명에 따르면, 강한 염기쌍(GC)과 약한 염기쌍(AT)을 모두 가지는 유기체는 아미노아데닌을 사용하고, 약한 염기쌍을 가지지 않음으로써 강한 염기쌍과 약한 염기쌍 사이에서 선택해 그 DNA의 녹는 온도를 조절할 기회를 가지지 못하는 유기체보다 유리하다.

역사적 접근법은 역사의 우연에 따른 여러 가지 이유로 인해 아데닌이 다른 가능한 후보들을 물리치고 임의로 선택되었다고 주장할지 모르겠다. 이 접근법이 가정하는 역사 속 사건이 일어나자, 폭포 효과(도미노 효과, cascade effects)가 이어졌고, 이것은 아데닌의 우월한 역할에 힘을 실어 주었다. 아데닌이 DNA 속에 통합되면, (아미노아데닌이 아니라) 아데닌을 받아들이는 중합효소들(polymerases)이 진화하고, (아미노아데닌이 아니라) 아데닌으로 나아가는 생합성 경로가 열린다. 처음에 선택된 분자는 이내 다른 것으로 대치하기 어려운 것이 되어 버린다. 그러나 처음에 아데닌이 선택된 이유는 달리 특별한 이유를 제시할 수가 없으며, 단지 그것이 일반 원리들과 부합하고 환경의 제약 때문에 그렇게 된 것이라고밖에 말할 수 없다.

퇴화에 초점을 맞춰 생물학적 설명을 제시하는 접근법은 아미노아데닌이 아니라 아데닌이 생명체가 등장하기 전에 존재했다고 추정하는 조건들 아래에서 시안화 암모늄(ammonium cyanide)으로부터 만들어진다고 주장할지 모르겠다. 이 접근법은 사람들이 생명체를 탄생시키는 화합물은 생명체가 탄생하기 전에 활용할 수 있는 것이어야 한다는 전제 아래, 아데닌을 생명체가 선호했던 출발점으로 만들기 위해 주장하는 것일지도 모른다. 이 시대 생물 세계의 신진대사 경로들은 생명체가 등장하기 전에는 접근할 수 없었던 많은 분자들에게 접근할 길을 제공한다. 이런 설명은 분명 아데닌이 더 이상 아미노아데닌보다 유리하지 않을 수 있다는 점과 일치한다. 다시 말해 오늘날 선택을 행하는 생물학적 시스템들은 아데닌과 아미노아데닌을 차별하지 않을 수도 있으며, 심지어 어떤 점이나 맥락에서는 아데닌보다 아미노아데닌을 선호할 수도 있다.

이처럼 진화생물학 메커니즘들은 자연 안에서 어느 정도 정교한 조율이 이루어지게 할 만한 적응력을 충분히 갖고 있다. 이는 분명 생명체 안에 존재하는 명백한 설계나 정교한 조율을 하나님이 이런 속성을 가진 생명체를 직접 창조하셨다는 증거로 무턱대고 직접 원용하는 것을 가로막는 것이다. 윌리엄 페일리는 식물과 동물이 그들 주위 환경에 놀라울 정도로 적응했음을 뛰어나게 서술했는데, 이런 서술 때문에 그가 애초에 내린 결론, 곧 이런 식물과 동물은 하나님이 생각하신 그 주변 환경에 맞춰 '고안되었다'고(즉 설계되고 구성되었다고) 설명하는 것만이 타당하다는 그의 결론을 우리도 끌어다 쓸 필요는 없다. 식물과 동물이 보여 준 놀라운 적응 사례들이 페일리의 결론과 일치할 수 있겠지만, 그렇다고 우리가 반드시 그의 결론을 받아들여야만 하는 것은 아니다.

오늘에 이르기까지 진화가 이뤄져 온 메커니즘들을 간단히 살펴보았지만, 그 결과는 이처럼 모든 것을 망라하지는 못하기에, 어떤 자연신학이나 확고한 결론으로 끌어다 쓸 수 있는 것이 거의 없다. 하지만 이 이슈를 관련 개념에 비추어 조금 바꿔 재구성함으로써 더 정교하고 지적 측면에서도 흥미로운 문제가 등장하기 시작하는데, 이 문제는 자연신학에 분명하고도 중대한 시사점들을 담고 있다. 문제가 된 개념은 **진화가능성**(*evolvability*)이다. 우리는 이 개념을 "유전될 수 있고 겉으로 나타나는 변이를 만들어 낼 수 있는 유기체의 능력"이라고 정의할 수 있다.[31] 커쉬너(Marc Kirschner)와 게르하르트(John Gerhart)는 그들의 기념비 같은 한 연구서에서 이 개념을 이렇게 정의한다. "사람들은 진화할 수 있는 한 계통의 능력을 그 계통의 진화가능성이라고 이름 붙였으며, 이를 진화의 적응가능성(evolutionary adaptability)이라고도 불렀다. 우리가 말하는 진화가능성은 유전과 선택이 가능하고 겉으로 나타나는 변이를 만들어 낼 수 있는 능력을 뜻한다." 진화가능성은 많은 중대 요인들이 좌우한다. 우리는 이미 진화 과정에서 결정적 힘을 행사하는 요인으로 DNA의 장기 안정성이 중요함을 언급했다. 단백질과 같이 진화에 관여하는 다른 요소들의 안정성 역시 진화가능성을 북돋우는 데 중요하다.[32] 이 점을 인식하면서 사람들은 진화하려는 성향 자체가 다윈이 말하는 자연선택의 목적이 될 수 있는가를 탐구하는 데

---

31. Marc Kirschner and John Gerhart, "Evolvability," *Proceedings of the National Academy of Sciences* 95(1998), pp. 8420-8427. 이 문제는 유전자의 변화를 단지 현재의 적응을 가능케 한다기보다 미래의 진화를 가능케 하는 능력으로 해석해야 한다는 것을 고려할 때 더 깊이 있게 다룰 수 있다. 이 이슈들을 더 깊이 논한 글을 보려면, Marc W. Kirschner and John C. Gerhart, *The Plausibility of Life: Resolving Darwin's Dilemma*(New Haven, CT: Yale University Press, 2005), pp. 219-243을 보라.
32. Jesse D. Bloom et al., "Protein Stability Promotes Evolvability," *Proceedings of the National Academy of Sciences* 103(2006), pp. 5869-5874. 특별히 "단백질의 진화 능력은 탁월한 안정성이 제공하는 돌연변이의 강고함이 더 키워 준다"는 말에 주목하라.

점점 더 큰 관심을 갖게 되었다. 사람들은 오랫동안 도전과 기회를 포함해 새로운 환경에 충분히 적응할 수 있게 해주는 것으로서 겉으로 나타나는 변이의 생성과 유지를 가능하게 하는 메커니즘이 진화생물학이 풀어야 할 주요 수수께끼들 가운데 하나라고 인식해 왔다. 진화가능성 자체가 선택할 수 있는 특성이라고 생각한다면, 우리가 활용할 수 있는 많은 관찰 증거들도 틀림없이 설명할 수 있을 것이다.[33] 안정된 게놈(stable genome)이라는 전통적 개념도 진화한다. 게놈을 환경 변화에 따라 유연하게 반응하는 것으로 보는 이들이 점점 더 많아지고 있다. 다양한 환경 스트레스가 박테리아와 누룩(이스트)과 인간의 암세포 속에서 게놈의 불안정성을 일으켜, 때때로 더 적합한 돌연변이체와 적응을 더 촉진할 수 있는 진화를 만들어 낸다는 것을 일러 주는 증거가 늘어나고 있다.[34] 이것은 생물의 환경 적응 능력의 중요성을 강조함으로써 진화가능성의 중요성을 강조하는 것이다.[35]

1990년대까지 대다수 생물학자들은 변이의 기원보다 결과에 더 큰 관심을 기울였다. 이들은 은연중에 변이가능성의 기원과 유지가

---

33. David J. Earl and Michael W. Deem, "Evolvability Is a Selectable Trait," *Proceedings of the National Academy of Sciences* 101(2004), pp. 11531-11536; 그리고 Joanna Masel, "Evolutionary Capacitance May Be Favored by Natural Selection," *Genetics* 170(2005), pp. 1359-1371에서 제시한 주장을 보라.
34. Rodrigo S. Galhardo, P. J. Hastings, and Susan M. Rosenberg, "Mutation as a Stress Response and the Regulation of Evolvability," *Critical Reviews in Biochemistry and Molecular Biology* 42(2007), pp. 399-435을 보라.
35. 자연이 촉매 효율성(catalytic efficiency)나 기질 특이성(substrate specificity)보다 진화가능성을 고려해 특정한 효소들을 골랐을 수 있다는 주장을 살펴보려면, Taryn L. O'Loughlin, Wayne M. Patrick, and Ichiro Matsumura, "Natural History as a Predictor of Protein Evolvability," *Protein Engineering, Design and Selection* 19(2006), pp. 439-442을 보라.

어쨌든 다윈주의 패러다임이 본디 갖고 있는 것이라고 생각해 저절로 나타난 결과로 여겼다. 이제는 이 주장이 옳지 않다는 것, 그리고 어떻게 진화가능성이 등장하고 유지되는지 설명해야 할 필요가 있다는 것이 분명해졌다. 사람들은 진화가능성을 잘 이해하지 못할 뿐더러 더 자세한 탐구가 필요한 영역으로 보고 있다. 이런 탐구를 진행할 경우, 다윈의 진화론은 확장이나 수정이 필요할지도 모른다. 그렇다면 가장 적합한 해결책을 얻을 수 있는 능력은 어떻게 얻게 되었고 어떻게 발휘되었을까?

자연신학의 아주 중요한 질문은 이것이다. 진화가능성 그 자체가 정교하게 조율되었는가? 다시 말해 다윈주의가 말하는 진화 능력, 곧 많은 사람들이 생명체를 어떻게 정의하든 모든 정의에 필수불가결하다고 주장하는 능력(이 책 10장을 보라)은 그 자체가 인간중심 현상인가? 생명은 본디 **물리화학 현상**(*physicochemical phenomenon*)이며,[36] 그 자체가 물리학과 화학의 기본 법칙들에 의존함은 물론, 생물학상 필요한 어떤 결과들을 얻는데 필요한 기본 재료들의 활용가능성에도 의존한다. 우리가 앞서 강조했듯이, 진화가 화학과 물리학의 차원에서 제약을 받는다고 주장할 수 있는 아주 강력한 논거가 있다. 진화가능성이라는 현상 바로 그 자체는 사전에 결정된 어떤 기본 변수, 곧 그것이 크게 달라지면 이런 중요한 능력이 방해를 받거나 무너지게 되는 변수에 의존하는가?

---

36. 논증을 살펴보려면, Addy Pross, "On the Emergence of Biological Complexity: Life as a Kinetic State of Matter," *Origins of Life and Evolution of Biospheres* 35(2005), pp. 151-166, 특히 pp. 162-163을 보라.

진화를 다루는 많은 설명들이 줄곧 이 점을 간과해 왔다. 이 설명들은 물리학과 화학을 진화 논의와 본질상 무관한 배경 정보로 다루는 것 같다. 그러나 이런 생물학적 과정이 이루어지려면, 화학적 전환과 저장을 가능하게 해주는 에너지원이 밝게 비춰 주는 어떤 안정된 행성을 활용할 수 있어야 하고, 진화는 관두고라도 생명체가 등장하기 이전에 이미 어떤 기본 특성들을 가진 다양한 핵심 화학 원소들이 존재해야만 한다. 생물학은 고도로 조직된 속성들의 존재와 집합에 하도 익숙해져, 이런 속성들을 그 자체 설명이 필요한 것으로 보기보다 우선 진화론의 핵심 전제들로 보는 것에 더 우위를 두는 것 같다. 물리학과 화학이 생명체에게 어떤 카드를 내밀어도, 생명체는 이 카드에 적응했으리라는 가정이 은연중 존재하고 있다. 그러나 이런 가정은 검증되지 않은, 애초부터 의심스러운 것이다.

우리는 이 책 10장에서 생명의 기원에 관한 몇 가지 문제를 탐구하면서, 특별히 다윈주의가 말하는 진화 패러다임이 그 원시 단계들에서는 적용되지 않는다는 것을 언급했다. 다윈주의 표준 패러다임은 창조보다 발전을 설명하는 데 더 적합하다. 어떤 지점에서 진화에 필요한 메커니즘들이 등장할 수 있었겠지만, 그것이 등장하게 된 방법은 여전히 명확하게 밝혀지지 않았다.[37] 그렇지만 정보를 암호로 바꿀 수 있는 능력이 널리 진화에, 그리고 특히 진화가능성에 매우 큰 중요성을 갖는다는 것만은 분명하다. 그리고 우리가 앞서

---

37. 몇 가지 가능성을 살펴보려면, Martin E. Feder, "Evolvability of Physiological and Biochemical Traits: Evolutionary Mechanisms Including and beyond Single-Nucleotide Mutation," *Journal of Experimental Biology* 210(2007), pp. 1653-1660을 보라.

보았듯이, 그런 능력은 탄소와 관련된 유기화학에 크게 의존한다. 이 화학 덕분에 길고 안정된 사슬들이 만들어질 수 있기 때문이다.[38] 다른 원소는 이런 특성을 갖고 있지 않다. 이런 특성이 없으면 RNA와 DNA도 존재할 수 없으며, 이들이 통제하는 복제 과정들도 존재하지 않았을 것이다.[39] 따라서 정교한 조율에 이르기까지 진화하는 능력 자체가 결국은 화학의 기본 특성들에 의존하며, 그렇기에 이 특성들 자체를 탄탄하고 풍성한 열매를 내놓은 정교한 조율의 근거로 주장할 수 있는 것이다.

우리는 이번 장에서 진화 메커니즘을 살펴보았다. 그러나 지금 많은 사람들이 진화 과정 자체가 우리가 다루는 주제와 관련해 중요한 통찰을 담고 있다고 생각한다. 다음 장에서는 이런 이슈들을 다뤄 보겠다.

---

38. Hugh Aldersey-Williams, *The Most Beautiful Molecule: The Discovery of the Buckyball* (New York: Wiley, 1995)을 보라.
39. 근래 유전 암호가 어떻게 일하는지 살펴본 글을 보려면, Brian Hayes, "The Invention of the Genetic Code," *American Scientist* 86(1998), pp. 8-14를 보라. 현재 진행 상태를 견실히 검토한 글을 보려면, Stephen J. Freeland, Tao Wu, and Nick Keulmann, "The Case for an Error Minimizing Standard Genetic Code," *Origins of Life and Evolution of Biospheres* 33(2003), pp. 457-477을 보라.

14장

진화의 결과
진화의 방향성

 다윈주의 패러다임은 진화가 변이를 동반한 유전 과정을 통해 일어난다고 주장한다. 종(種)은 이 과정을 거치는 동안 자연선택에 이어 임의의 변화가 일어나는 가운데 복제를 되풀이하며 환경에 적응한다. 다윈의 일반 이론은 이전에는 완전히 달리 보았던 현상들을 함께 결합함으로써 생물계를 이해하는 강력한 설명 도구를 제공했다. 특히 다윈의 자연선택론은 다른 특성들의 희생에 힘입어 일부 특성들만 번성한 이유가 무엇인가라는 복잡한 문제를 해명해 주었다. 자연선택에 이어 임의의 변화가 일어났다는 기본 개념을 강조하는 신다윈주의 패러다임은 그 변화 아래 자리한 유전 메커니즘들을 상당히 밝혀 주었다. 그러나 다윈주의 패러다임은 분명 변화를 겪고 있다. 다른 모든 과학 이론들과 마찬가지로 다윈주의 패러다임도 늘어나는 증거와 이론의 발전에 비춰 다시 고치고 바꿔야 한다.
 신다윈주의가 제시하는 진화 패러다임의 가장 근본적인 약점 가운데 하나는 우리가 발전 과정들을 이해하는 데 이 패러다임이 거의 도움을 주지 못한다는 사실이다. 설명 도구로서 신다윈주의는 귀중한 가치가 있다. 그러나 이 신다윈주의도 모든 것을 설명하지는 못하며, 어쩌면 우리 눈으로 관찰할 수 있는 대다수 생물학적 변화를 설명하지 못하는지도 모르겠다.[1] 우리가 앞서 언급했듯이, 요 근래까지도 대다수 생물학자들은 변이의 기원보다 변이의 결과를 설명하는 데 더 많은 관심을 두었다. 이들은 아마도 변이가능성이 생겨나고 유지된 내력은 논할 필요가 없다고 생각했던 것 같다. 그러나 1990년대에 들어와 생물학자들은 그때까지 신다윈주의가 무시해 왔던 이런 측면을 탐구하기 시작했고, 이 이슈들이야말로 더 면밀하게 관심을 기울여야 할 것들임을 깨달았다.

이제 사람들은 자연선택이라는 기본 개념이 처음에 생물체와 표현형들(phenotypes)이 어떻게 등장하는지 거의 설명해 주지 못한다는 사실을 널리 인정한다. 우리는 이미 진화가능성, 유전을 통해 물려줄 수 있는 표현형의 변이를 만들어 낼 수 있는 유기체의 능력, 그리고 이런 특성 자체가 자연선택의 목적인가라는 문제의 중요성을 인식하는 이들이 늘어 가고 있다고 말했다. '적합성'이라는 관념은 유달리 정의하기가 어려운 관념이다. 이것이 유기체의 특성도 아니고 환경의 특성도 아니어서가 아니라, 유기체와 환경 사이의 상호작용으로 나타나기 때문이다.[2] 더욱이 이제 사람들은 신다윈주

---

1. Robert G. B. Reid, *Biological Emergences: Evolution by Natural Experiment*(Cambridge, MA: MIT Press, 2007), pp. 67-94에서 제시하는 대안을 보라.
2. Costas B. Krimbas, "On Fitness," *Biology and Philosophy* 19(2004), pp. 185-204의 중요한 분석을 보라. Elliott Sober, "The Two Faces of Fitness," in *Thinking about Evolution:*

의가 말하는 과정—자기생성(autopoiesis), 후생성 메커니즘(epigenetic mechanisms), 공생(symbiosis) 같은 것—들이 통일체로 여기게 된 진화 과정 안에서 중요한 역할을 한다는 것을 깨달았다.[3] 또한 변이가 생겨난 과정을 철저히 무작정 이루어진 과정이라고 생각할 수도 없다. 일련의 수렴하는 압력들(convergent pressures)이 이미 작동하고 난 뒤에야 모든 유기체가 물리적 형체를 갖추었기 때문이다.[4]

진화의 목적?

이 책의 목적을 고려할 때, 이 시대 생물철학의 가장 중요한 토론 주제는 아마도 진화를 어떤 의미에서 목적이 있는 것으로 볼 수 있느냐는 문제일 것이다.[5] 신다윈주의 내부에서는 1970년경부터 어떤

Historical, Philosophical, and Political Perspectives, ed. R. Singh et al.(Cambridge: Cambridge University Press, 2001), pp. 309-321에서는 다른 중요한 관심사들을 다룬다.

3. Gregory L. Challis and David A. Hopwood, "Synergy and Contingency as Driving Forces for the Evolution of Multiple Secondary Metabolite Production by *Streptomyces* Species," *Proceedings of the National Academy of Sciences* 100(2003), pp. 14555-14561에서 강조하는 점들에 주목하라.
4. 예를 들어 짝짓기도 짝을 골라서 이루어지는 때가 잦다. 짝을 고를 때 무작정 고르기보다 그 짝이 가지거나 가지지 않은 특성들을 토대로 고르는 것처럼 보이기 때문이다. Philip L. Munday, Lynne van Herwerden, and Christine L. Dudgeon, "Evidence for Sympatric Speciation by Host Shift in the Sea," *Current Biology* 14(2004), pp. 1498-1504; Anthony C. Little, D. Michael Burt, and David I. Perrett, "Assortive Mating for Perceived Facial Personality Traits," *Personality and Individual Differences* 40(2006), pp. 973-984; Alistair Blachford and Aneil F. Agrawal, "Assortive Mating for Fitness and the Evolution of Recombination," *Evolution: International Journal of Organic Evolution* 60(2006), pp. 1337-1343을 보라.
5. 이를 설명한 글을 보려면, John Beatty, "Teleology and the Relationship of Biology to the Physical Sciences in the Nineteenth and Twentieth Centuries," in *Newton's Legacy: The Origins and Influence of Newtonian Science*, ed. Frank Durham and Robert D. Purrington(New York: Columbia University Press, 1990), pp. 113-144을 보라.

형태의 목적론도 거부하는 것이 일종의 공리(公理) 같은 진리였다. 신다윈주의는 진화를 사전에 결정된 목표 없이 무작정 가는 데까지 진행하는 과정으로 이해했다. 이런 견해는 대중이 다윈의 자연선택 이론을 받아들인 초기 단계부터 등장했다. 사람들이 종종 지적하듯이, 토머스 헉슬리가 처음 「종의 기원」을 읽었을 때 그가 받은 가장 강한 인상은 "보통 사람들이 이해하는 목적론이 다윈 씨의 손에 치명타를 입었다는 확신"[6]이었다. 이런 목적론은 윌리엄 페일리가 쓴 「자연신학」(1802)에서 발견할 수 있는데, 이 책은 자연이 '고안되었다'—다시 말해 자연이 특별한 목적과 의도를 염두에 두고 설계되고 구성되었다—는 견해를 피력했다.[7]

그러나 우리는 일부 다윈주의자들이야말로 바로 그런 종류의 형이상학적 사변에 탐닉하거나 혹은 그들이 목적론적 시각으로 생물학에 다가가는 접근법에서 찾아낸 것과 똑같은(그러나 정작 자신들은 똑같다고 인식하지도 못한 경우가 잦은) 선험적·형이상학적 신념이라는 덫에 그들 자신을 가둬 버린 것은 아닌지 물어야 한다. 페일리의 접근법을 뒤집고 자연 **무신학**(natural *a*theology)을 전개하고 싶어 하는 사람들이 다윈주의에 호소하는 경우가 늘어난다는 것은 상당히 중요

---

6. Thomas H. Huxley, *Lay Sermons, Addresses, and Reviews*(London: Macmillan, 1870), p. 330. 데이비드 헐은 다윈이 이 목적론이라는 관념을 "결국 시시한 것으로 만들어 버렸다"고 주장한다. David L. Hull, *Darwin and His Critics: The Reception of Darwin's Theory of Evolution by the Scientific Community*(Cambridge, MA: Harvard University Press, 1973), p. 57.
7. Neal C. Gillespie, "Divine Design and the Industrial Revolution: William Paley's Abortive Reform of Natural Theology," *Isis* 81(1990), pp. 214-229. 설명을 보려면, Richard C. Francis, *Why Men Won't Ask for Directions: The Seductions of Sociobiology*(Princeton, NJ: Princeton University Press, 2004), pp. 4-7을 보라.

한 의미가 있다. 그것은 진화생물학이 이야기하는 일개 가설이 근본주의 무신론자들이 주장하는 도그마로 바뀌었음을 보여 주기 때문이다.[8] 프린스턴의 생물학자 콜린 피텐드라이(Colin S. Pittendrigh)는 1958년에 '목적률'(teleonomy)이라는 용어를 생물학에 도입해 "목적 지향성을 인식하고 서술하는 것이 아리스토텔레스의 목적론을 유효한 인과율로 신봉하는 것은 아님을 강조하려 했다."[9] 이 개념을 더 발전시킨 사람은 자크 모노(Jacques Monod, 1910-1976)다.[10] 모노는 진화생물학에서 **목적률**이 **목적론**(teleology)의 자리를 대신 차지했다고 주장했다. 모노는 이 말을 사용해 진화생물학이 진화 과정의 밑바탕에 자리한 메커니즘들을 밝혀내고 규명하는 데 관심이 있음을 강조했다. 진화를 제어하는 메커니즘들은 흥미롭긴 하지만 목적지가 없었다. 따라서 진화 안에 '목적'이 존재한다고 말하는 것은 무의미할 수 있었다.

모노는 '무작정' 일어난 사건들을 강조해 설명하면서, 진화생물

---

8. Abigail Lustig, "Natural Atheology," in *Darwinian Heresies*, ed. Abigail Lustig, Robert J. Richrads, and Michael Ruse(Cambridge: Cambridge University Press, 2004), pp. 69-83 을 보라.
9. Colin S. Pittendrigh, "Adaptation, Natural Selection, and Behavior," in *Behavior and Evolution*, ed. Anne Roe and George Gaylord Simpson(New Haven, CT: Yale University Press, 1958), pp. 390-416, 특히 p. 394. 피텐드라이가 아리스토텔레스의 목적론을 언급하는 것은 수정이 필요하다. 아리스토텔레스가 이 개념을 통해 이해하고 의도했던 것에 다가가는 수정론자의 접근법들에 비춰볼 때 특히 그렇다. 가령 Monte Ransome Johnson, *Aristotle on Teleology*(Oxford: Clarendon Press, 2005), pp. 40-63을 보라.
10. Jacques Monod, *Chance and Necessity: An Essay on the Natural Philosophy of Modern Biology*(New York: Alfred A. Knopf, 1971). 모노는 특히 그와 같은 프랑스인인 앙리 베르그송(Henri Bergson, 1859-1941)과 피에르 테야르 드 샤르댕(Pierre Teilhard de Chardin, 1881-1955) 같은 이들의 평판을 떨어뜨리려고 애썼다. 베르그송과 샤르댕은 생물의 진화를 받아들이면서도 이 진화에 일종의 목적이 있었다고 해석하는 생의 철학을 전개했다.

학 안에 존재하는 일반 흐름을 예로 든다. 이 흐름은 통계학적 접근법들에 강조점을 두며, 로널드 피셔, 테오도시우스 도브잔스키(Theodosius Dobzhansky), 존 홀데인까지 거슬러 올라갈 수 있다.[11] 그러나 필립 슬론(Phillip Sloan)이 언급했듯이, 이렇게 자연선택설을 통계학에 비추어 재해석한 내용들이 이상으로 여기는 수학적 가설은, 이론 차원에서는 진화 과정이 목적이 없고 확률적이었다는 내용을 담고 있었다.[12] 자연선택의 '무목적'성을 강조하는 주장은 자연선택 과정을 다룬 신다윈주의의 많은 대중적 설명들에서 발견할 수 있는데, "정당성이 증명되지 않은 현란한 수사"에 불과하며, "세계에 관한 현실주의적·형이상학적 주장인 집단 동태론(population dynamics)이 말하는 이런 근본적 이상들에 구체적인 모습을 입히는 것"을 그 기초로 삼는다. 예를 들어 개혁신학의 틀 안에서는 '목적이 없다'(random)는 말을 '예견할 수 없다'는 말로 번역할 수 있으며, 이 말이 자리할 맥락을 하나님의 섭리라는 일반 교리 안에서 찾을 수 있다.[13]

더욱이 진화가 설계나 의도나 목적을 드러내는지 여부를 떠나,

---

11. 소개한 글을 보려면, John Beatty, "Dobzhansky and Drift: Facts, Values, and Chance in Evolutionary Biology," in *The Probabilistic Revolution*, ed. L. Krüger et al.(Cambridge, MA: MIT Press, 1987), pp. 271-311을 보라.
12. Phillip R. Sloan, "Getting the Questions Right: Catholics and Evolutionary Theory," *Pax Romana* 64(2003), pp. 13-32. 지금은 널리 활용할 수 없는 이 중요한 논문의 복사본을 내게 제공해 준 슬론 박사에게 심심한 사의를 표한다.
13. 다윈주의의 맥락 속에서 신의 섭리라는 개념이 분명 죽었다가 나중에 되살아난 것을 흥미롭게 설명한 글을 보려면, John Hedley Brooke, "Science and the Fortunes of Natural Theology: Some Historical Perspectives," *Zygon* 24(1989), pp. 3-22을 보라. 여기서 미국 보수 개신교 신학자인 벤저민 워필드(1851-1921)의 특수한 사례를 주목할 필요가 있다. David N. Livingstone, "B. B. Warfield, the Theory of Evolution and Early Fundamentalism," *Evangelical Quarterly* 58(1986), pp. 69-83.

이 진화는 분명 어떤 방향성을 보여 준다.[14] 유기체들은 대개 더 커지고, 복잡해지고, 분류상 더 다양해졌으며, 더 강렬한 에너지를 보여 주었다.[15] 이것은 어떤 목적론을 암시하는가? 이 물음에 대답하려면 '목적론'이라는 말이 실제로 무엇을 의미하는지 꼼꼼히 곱씹어 봐야 한다. 적어도 어떤 측면에서는 생물학에서 이 말을 사용하는 것이 정당하다는 견해가 지배적이다. 프랑수아 자코브(François Jacob)와 다른 이들은 1970년대에 '유전 프로그램'(genetic program)이라는 개념을 발전시켰다. 이런 발전은 목적론이라는 개념이 정당하다고 일부 인정한 것으로 볼 수 있다. 자코브가 말했듯이, 목적론은 차라리 '연인'(mistress)—"생물학자들이 그가 없으면 살아갈 수 없는데도, 공중 앞에서는 그 없이 지내는 것으로 보여도 마음 쓰지 않는 사람"— 같은 존재였다.[16]

프란시스코 아얄라(Francisco Ayala)는 목적론적 설명이라는 관념이 현대 생물학의 근간이라고 주장한다. 유기체를 구성하는 부분들

---

14. 도발하는 논의를 담고 있는 William S. Stoeger, "The Immanent Directionality of the Evolutionary Process, and Its Relationship to Teleology," in *Evolutionary and Molecular Biology: Scientific Perspectives on Divine Action*, ed. Robert J. Russell, William R. Stoeger, and Francisco Ayala(Vatican City: Vatican Observatory Publications, 1999), pp. 163-190을 보라.
15. 이 점들을 설명한 글을 보려면, John T. Bonner, *The Evolution of Complexity by Means of Natural Selection*(Princeton, NJ: Princeton University Press, 1988); John Maynard Smith and Eörs Szathmáry, *The Major Transitions in Evolution*(Oxford: W. H. Freeman/Spektrum, 1995)을 보라.
16. 맥락을 살펴보려면, Evelyn Fox Keller, *Making Sense of Life: Explaining Biological Development with Models, Metaphors, and Machines*(Cambridge, MA: Harvard University Press, 2002), pp. 135-145을 보라. 자코브는 유전 프로그램이라는 개념이 "목적론이라는 정숙한 여인을 만들어 냈다"고 주장함으로써 미묘한 잘못을 범한 이 유비를 그대로 따랐다.

이 행하는, 우리가 익히 아는 기능적 역할들을 설명하고, 자연선택에 관한 설명들에서 중심 역할을 행하는 재생산 적합성(reproductive fitness)의 목표를 서술하는 데 그 관념이 필요하다.[17]

목적론적 설명은 우리가 살펴보는 시스템이 일정한 방향을 갖고 조직되었음을 암시한다. 그런 이유 때문에 생물학과 인공두뇌학(cybernetics) 영역에서는 목적론적 설명이 적절하지만, 물리학에서 돌이 떨어지는 것과 같은 현상을 묘사하기 위해 이 설명을 사용할 경우에는 아무 설명도 해주지 못한다. 더욱이 가장 중요한 것은, 목적론적 설명들이 마지막 결과가 그 결과에 기여하거나 그 결과에 이른 목적 혹은 과정의 **존재**를 설명해 주는 이유임을 암시한다는 것이다. 목적론의 관점에서 물고기 아가미를 설명한다는 것은 아가미가 바로 호흡에 기여하기 때문에 존재하게 되었음을 암시한다. 만일 위의 추론이 옳다면, 생물학이 목적론적 설명들을 사용하는 것은 받아들일 수 있는, 정녕 불가피한 일이다.

따라서 아얄라는 생물학이 제시하는 설명의 궁극적 원천인 자연선택 자체를 목적론적 과정이라고 본다. 이 자연선택이 재생산의 효율을 늘리려는 목표를 지향하기 때문이요, 목표를 지향하는 기관들을 만들어 내고 이에 필요한 과정들을 만들어 내기 때문이다. 따라서 유기체들 안에 존재하는 목적론적 메커니즘들은 생물학적 적응이 만들어 낸 결과들이며, 자연선택 과정의 결과물로 나타난 것이다.

---

17. Francisco J. Ayala, "Teleological Explanations in Evolutionary Biology," *Philosophy of Science* 37(1970), pp. 1-15, 특히 p. 12.

사람들이 현대 생물철학, 특히 진화생물철학(philosophy of evolutionary biology)을 창시한 사람으로 널리 믿는 에른스트 마이어는 생물학이 목적론적 언어를 사용하는 것에 예로부터 내려온 네 가지 반대 의견을 이렇게 제시했다.[18]

1. 목적론적 진술이나 설명은 과학이 증명할 수 없는 신학적·형이상학적 신조들을 인정함을 시사한다. 마이어는 베르그송이 말한 '생명의 약동'(élan vital)이나 한스 드리슈(Hans Driesch, 1867-1941)가 만든 '생명력'(entelechy)이라는 개념을 염두에 둔다.[19]
2. 생물학적 현상들을 설명하지만 무생물에 똑같이 적용할 수 없는 설명을 받아들이는 것은 물리화학적 설명을 거부하는 것이라는 믿음.
3. 미래의 목표들이 현재 일어나는 사건들의 원인이라는 가설은 사람들이 받아들이는 인과율 개념과 일치하지 않는 것 같다.
4. 목적론적 언어는 사람들이 거부할 수 있는 신인동형론(anthropomorphism)에 이르는 것으로 보였다. '목적이 있는'이나 '목표

---

18. Ernst Mayr, *Toward a New Philosophy of Biology: Observations of an Evolutionist* (Cambridge, MA: Harvard University Press, 1988), pp. 38-66, 특히 pp. 39-41. 마이어가 이 작품에서 역사를 원용한 것을 평한 글을 보려면, John C. Greene, "From Aristotle to Darwin: Reflections on Ernst Mayr's Interpretation in *The Growth of Biological Thought*," *Journal of the History of Biology* 25(1992), pp. 257-284을 보라. 그가 요 근래 같은 주제를 탐구한 것으로 그의 100세 생일에 맞춰 출간한 글을 보려면, Ernst Mayr, *What Makes Biology Unique? Considerations on the Autonomy of a Scientific Discipline* (Cambridge: Cambridge University Press, 2004), pp. 39-66, 특히 pp. 46-47을 보라.
19. 이를 알아 보려면, Horst H. Freyhofer, *The Vitalism of Hans Driesch: The Success and Decline of a Scientific Theory*(Frankfurt am Main: Peter Lang, 1982)를 보라.

를 지향하는'과 같은 말을 사용하는 것은 목적이나 계획 수립 같은 인간의 특질들을 유기체 구조들에 전용한 표현으로 보인다.

이것과 또 다른 반대 의견들 때문에, 마이어는 사람들이 생물학에서 등장하는 목적론적 설명들을 '반계몽주의의 한 형태'로 널리 믿게 되었다고 지적한다. 하지만 생물학자들이 계속해서 목적론적 언어를 사용하면서, 이런 언어가 방법론이나 사람들이 스스로 깨우침을 얻게 한다는 측면에서 적절하고 도움이 된다고 강조하는 것은 역설이다.

진화라는 관념이 어떤 의식을 갖고 그 목표와 결과를 적극 계획하는 행위자나, 어떤 신비한 힘이 미리 정해 놓은 목표에 이끌리는 것을 상정하기 때문에, 이와 관련해 심각한 반대가 있을 수밖에 없다. 하지만 우리는 그렇게 신인동형식으로 말하는 방식(그리고 생각하는 방식)이 현대 생물학의 몇몇 분야에서 분명하게 나타난다는 것을 지적하지 않을 수 없다. 한 가지 훌륭한 예가 '유전자의 눈'으로 진화를 바라보는 견해다. 리처드 도킨스가 대중에게 널리 알린 이 견해는 유전자를 능동적 행위자로 생각한다.[20] 도킨스는 "우리는 유전자를 의식이 있고 목적을 지닌 행위자로 생각하지 말아야 한다"고 올바로 경고해 놓고, 계속해서 자연선택 과정이 "유전자들을 마

---

20. 이 접근법을 더 세련되게 다듬어 제시한 것을 보려면, Michael J. Wade, "A Gene's Eye View of Epistatis, Selection and Speciation," *Journal of Evolutionary Biology* 15(2002), pp. 337-346을 보라.

치 목적을 가진 것처럼 행동하게 만든다"고 주장한다.[21] 이렇게 신인동형식으로 이야기하면, 복제 과정의 능동적 지시자라기보다 결국은 이 과정의 수동적 참여자인 어떤 실재가 작용을 행하고 의도를 가진 존재임을 인정하는 것이다.[22] 더 심각한 것은, 도킨스가 유전자가 복제자임을 주장하면서, 이 유전자에게 한 **시스템** 안에서 그가 차지하는 위치를 무시하는 생물학적 자율성을 어느 정도 부여하는 것처럼 보인다는 것이다. 리처드 르윈틴(Richard Lewontin)은 '유전자의 눈으로 바라보는 견해'를 비판하면 이 점을 분명하고 정확하게 지적한다.[23]

유전자는 자기복제를 하지 않는다. 그들이 할 수 있는 것은 단백질을 만드는 것뿐이다. 유전자는 유전자를 더 많은 유전자를 만들 모델로 사용하는 단백질이라는 복잡한 기계가 만든다. 유전자가 자기복제를 한다고 말할 경우, 이는 유전자들에게 신비롭고 자율성을 지닌 힘, 곧 유전자를 몸을 구성하는 보통 물질들보다 더 위에 두는 것으로 보이는 힘을 부여하는 것이다. 그러나 세상에 자기복제를 한다고 말할 수 있는 어떤 것이 있다면, 그것은 유전자가 아니라 하나의 복잡한 시스템인 유기체 전체일 것이다.

---

21. Richard Dawkins, *The Selfish Gene*, 2nd ed.(Oxford: Oxford University Press, 1989), p. 196. 일찍이 이런 관점을 비판한 글을 보려면, Stephen Jay Gould, "Caring Groups and Selfish Genes," in *The Panda's Thumb*(New York: W. W. Norton, 1980), pp. 85-91을 보라.
22. 더 넓은 이슈들을 논한 글을 보려면, Denis Noble, *The Music of Life: Biology beyond the Genome*(Oxford: Oxford University Press, 2006), pp. 11-15를 보라.
23. Richard C. Lewontin, *Biology as Ideology: The Doctrine of DNA*(New York: HarperPerennial, 1992), p. 48. 여기서 다룬 이슈들을 검토한 글을 보려면, Peter Geofrey-Smith, "The Replicator in Retrospect," *Biology and Philosophy* 15(2000), pp. 403-423 을 보라.

물론 이 '유전자의 눈'이라는 접근법이 등장하게 된 것은, 큰 영향을 끼친 조지 윌리엄스(George C. Williams)의 책 「적응과 자연선택」(*Adaptation and Natural Selection*, 1966)에서 차원이 높은 자연선택 형태들을 거부한 것에 비추어 바라보고 그 맥락을 이해해야 한다.[24] 윌리엄스는 집단 선택 이론을 맹렬히 비판했는데, 이 비판은 유전자 선택에 관한 새 패러다임이 시작되었음을 알려 주었다. 이 새 패러다임은 자연선택이 늘 그런 것은 아니지만 대부분 단일 유전자를 택하거나 거부한다고 주장한다. 도킨스의 「이기적 유전자」(1976)도 이제와 돌이켜보면, 이런 접근법이 정점에 이르러 이 접근법에 대한 대중의 지지를 굳힌 것으로 볼 수 있다. 그러나 이제 흐름이 바뀌었다. 이제는 다차원 혹은 위계구조의 관점에서 자연선택을 바라보는 접근법들이 지식인 사이에서 우위를 차지하게 되었다.[25]

그러나 마이어가 올바로 지적하듯이, 자연에는 종차지나 목표 지점으로 나아가는 과정과 활동이 풍부하게 존재한다. 우리는 비록 그것을 해석하려 할 따름이지만, 목표를 지향하는 활동에 해당하

---

24. George C. Williams, *Adaptation and Natural Selection: A Critique of Some Current Evolutionary Thought*(Princeton, NJ: Princeton University Press, 1966), 특히 pp. 92-124.
25. 예를 들어 David Sloan Wilson, "A Critique of R. D. Alexander's Views on Group Selection," *Biology and Philosophy* 14(1999), pp. 431-449; Michael J. Wade, "Community Genetics and Species Interactions," *Ecology* 84(2003), pp. 583-585; Peter J. Richerson and Robert Boyd, *Not by Genes Alone: How Culture Transformed Human Evolution*(Chicago: University of Chicago Press, 2005)을 보라. 이런 발전들을 유익하게 검토한 글을 보려면, Mark E. Borrello, "The Rise, Fall, and Resurrection of Group Selection," *Endeavour* 29(2005), pp. 43-47을 보라. 다차원 선택 이론을 원숙하게 다룬 글을 보려면, David Sloan Wilson and Edward O. Wilson, "Rethinking the Theoretical Foundation of Sociobiology," *Quarterly Review of Biology* 82(2007), pp. 327-348을 보라.

는 사례들은 자연계에 널리 퍼져 있다. 실제로 "목표를 지향하는 과정들의 등장이야말로 어쩌면 생물계가 가진 가장 두드러진 특징일지도 모른다."[26] 그들이 목적론적 진술을 하지 않으려고 목적론적 형태가 아닌 형태로 다시 이야기해도 그 말은 반드시 '무의미하고 진부한 말들'로 이어질 뿐이다.[27] 마이어는 자신이 내린 결론을 수없이 수정하고 완화하면서, 이렇게 결론짓는 것이 합당하다고 역설한다. 즉 "생물학자들이 소위 '목적론적' 언어를 사용하는 것은 정당하다. 목적론적 언어를 사용한다고 그것이 물리화학적 설명을 거부하거나 인과율을 따르지 않는 설명을 암시하는 것은 아니다."[28]

진화, 우연, 그리고 목적론

그렇다면 진화에는 방향이란 것이 은연중에 존재하는가? 우리가 이런 방향성을 목적론의 관점에서 해석하느냐 해석하지 않느냐와 상관없이 그런 방향이 존재하는가? 이 특별한 표현은 우리가 사변에 그치는 신학적 질문이 아니라 합당한 과학적 질문을 제기한다는 것을 분명하게 일러 준다. 진화생물학에서는 진화에 끝이 없으며 그 결과도 예측할 수 없고 결정되어 있지도 않다고 말하는 견해가 대세를 차지한다.[29] 다윈주의의 표준 패러다임을 채택한 많은 저술가

---

26. Mayr, *Toward a New Philosophy of Biology*, pp. 44-45.
27. *Ibid.*, p. 55.
28. *Ibid.*, p. 59.
29. Pier Luigi Luisi, "Contingency and Determinism," *Philosophical Transactions: Mathematical, Physical, and Engineering Sciences* 361(2003), pp. 1141-1147.

들은 진화 과정이 본질상 목적이 없고 우연이라고 주장한다. 예를 들어 스티븐 제이 굴드(1941-2002)는 "생명체의 역사에서 일어난 거의 모든 흥미로운 사건들이 우연의 영역에 속한다"고 역설했다.[30] 목적이나 역사의 필연성이나 방향을 이야기하는 것은 무의미하다. 진화 과정은 처음부터 끝까지 우연이 지배한다. "우리는 계획되지 않은 과정에서 우연히 나온 결과다.…우리는 어떤 확정된 과정에서 나온 예견 가능한 산물이 아니라, 개연성이 없는 거대한 사슬이 만들어 낸 덧없는 결과일 뿐이다."[31] 굴드가 독특하게도 비디오테이프라는 1990년대식 비유를 사용해 이 점을 강조한 것은 유명하다. 그가 지적한 대로 만일 우리가 진화의 역사라는 테이프를 다시 틀어 본다면, 우리는 각 시대마다 같은 일이 일어나는 것을 보지 못할 것이다. "테이프를 다시 돌린다면, 원핵세포(原核細胞, prokaryotic cell)가 진핵세포(眞核細胞, eukaryotic cell)로 나아가는 첫 단계에 2년이 아니라 120억 년이 걸릴 수도 있다." 우연한 사건의 영향력은 우연히 발생한 일에 의해 결정된다. "초기에 일어난 어떤 사건을 아주 조금 바꿔 놓으면, 그것이 당시에는 분명 중요하지 않지만, 진화는 완전히 다른 수로(水路)로 흘러들어 버린다."[32]

굴드는 생물의 진화에서 우연성이 하는 역할이 매우 크기 때문

---

30. Stephen Jay Gould, *Wonderful Life: The Burgess Shale and the Nature of History* (New York: W. W. Norton, 1989), p. 290.
31. *Ibid.*, pp. 101-102.
32. 굴드가 사용한 유비 및 이 유비와 진화 이론의 관련성이 암시하는 우연이라는 개념을 탁월하게 비판한 연구서는 John Beatty, "Replaying Life's Tape," *Journal of Philosophy* 103 (2006), pp. 336-362을 보라.

에 그 테이프를 다시 틀 때마다 매번 다른 패턴을 드러낼 것이라고 주장한다.[33]

나는 이 실험을 "생명의 테이프를 다시 틀어 보기"라고 부른다. 여러분은 되감기 버튼을 누르고, 실제로 일어난 일을 모두 확실히 지운 다음 과거의 어느 때 어느 곳으로 되돌아간다. 말하자면 버제스 혈암(Burgess Shale)이 있는 바다로 되돌아가는 것이다. 그런 다음 테이프를 다시 틀어, 처음과 똑같은 일이 되풀이되는지 본다. 테이프를 다시 틀어 나타나는 각 장면이 생명체가 실제로 걸어 온 길과 아주 흡사하다면, 우리는 실제로 일어난 일들이 십중팔구는 일어나야만 했던 일이라고 결론지을 수밖에 없다. 하지만 실험실에서 나온, 우리가 지각할 수 있는 결과들이 실제 생명체의 역사와 현격히 다르다면? 그런 경우에도 우리가 자의식을 가진 지성이 앞으로 어찌 될지 예견하는 말을 할 수 있을까? 혹은 포유류가 앞으로 어찌 될지 예견하는 말을 할 수 있을까? 혹은 육상 생물이 앞으로 어찌 될지 예견하는 말을 할 수 있을까? 혹은 단순히 6억 년이라는 험난한 세월을 헤쳐 온 다세포 생물이 앞으로 어찌 될지 예견하는 말을 할 수 있을까?

물론 이런 실험은 인간의 마음에 자리한, 상당히 제약된 조건을 가진 실험실에서나 할 수 있는, 사실은 이루어질 수 없는 실험이다. 그렇다면 이 말은 옳은가? 지적 발전 과정은 실제로 역사의 우연에

---

33. Stephen Jay Gould, *The Structure of Evolutionary Theory*(Cambridge, MA: Belknap Press, 2002), pp. 1019-1020.

그처럼 종속되어 있는가?[34]

이 이슈를 지적 발전과 관련해 제대로 인식하려면, 다음 문제를 깊이 생각해 보라. 만일 다윈이 존재하지 않았다면, 우리가 지금 '다윈의 진화론'이라 부르는 것이 등장했을까? 다윈 이론의 발전은 역사 속에서 우연히 펼쳐진 상황 속에 박혀 있는 어떤 특별한 사건들과 관찰 결과, 그리고 인물들과 연결되어 있다. 만일 **비글호**가 파타고니아 해안에 좌초해 그 배에 탄 자연과학자(찰스 다윈을 말한다—역주)를 비롯한 모든 사람이 생명을 잃었다면, 무슨 일이 일어났을까? 과학의 시각에서 그 답은 분명하다. 진화론의 등장은 다윈의 존재라는 우연한 사건에 의해 좌지우지되지 않았다. 그것은 지적 필연 같은 일이었다. 설령 다윈이 이런 접근법을 발견하지 않았더라도, 다른 누군가가 그것을 발견했을 것이다. 굴드도 이에 동의하는 것 같다.[35]

내가 과학계 동료들에게 인정하며 흔쾌히 동의하는 점이 한 가지 있다. 설령 찰스 다윈이 태어나지 않았더라도, 잘 준비하며 기다리는 과학계가, 자연을 재구성하려 하기보다 문화의 맥락에서 부추김을 받는 경우가 더 많은 과학계가 19세기 중반에 진화론을 선전하여 널리 지지를 얻어냈으리라는 것이다. 어느 시점에 가서는 자연선택 메커니즘도 역시 정립되어 결국에는 정당하다고 인정받았을 것이다.

---

34. 여기서 Kim Sterelny, "Understanding Life: Recent Work in the Philosophy of Biology," *British Journal for the Philosophy of Science* 46(1995), pp. 155-183, 특히 pp. 174-178을 보라.
35. Gould, *Structure of Evolutionary Theory*, p. 1342.

그러나 진화생물학을 전공하는 이들 중에는 굴드가 역사의 우연을 강조한 것을 의심을 품고 바라보는 이들이 많다. 이것은 가령 리밴 베일런(Leigh van Valen)이 굴드의 생명체 테이프라는 은유를 비판한 글에서 볼 수 있다. 밴 베일런은 굴드가 제안한 대로 진화의 역사를 담은 테이프를 다시 틀어 볼 경우 무슨 일이 일어날지 물었다.[36] 밴 베일런은 굴드를 좇아 관찰자가 제일 먼저 그 테이프가 보여 주는 두 버전 사이의 차이점을 알아차릴 가능성이 높다고 유보 없이 인정한다. 역사의 우연이란 것이 그렇기에 각 경우에 나타나는 결과들 또한 다르다. 그러나 더 면밀히 관찰해 보면, 그 상황이 굴드가 생각한 것보다 더 복잡하다는 것이 드러날 것이다. 차이점들이 있긴 하지만 비슷한 점들도 드러날 것이다.

그렇지만 그 테이프를 몇 번 더 틀어 보라. 우리는 각 장면에서 비슷한 멜로디를 가진 요소들이 나타나는 모습을 본다. 그 전체 구조는 거의 같을 수도 있다.…우리가 더 넓게 보면, 우연성이 하는 역할은 줄어든다. 그 테이프 전체를 꼼꼼히 보라. 그 테이프는 몇 가지 점에서 한 곡의 교향곡과 비슷하다. 물론 그 교향곡의 관현악 편성은 내면적이고, 주로 많은 멜로디 가닥들의 상호작용이 빚어낸다.

비록 세부 내용은 다르지만, 밴 베일런은 유사성과 수렴을 기대해야 한다고 주장한다.

---

36. Leigh M. van Valen, "How Far Does Contingency Rule?" *Evolutionary Theory* 10(1991), pp. 47-52.

수렴 진화와 진화의 항해

케임브리지의 고생물학자 사이먼 콘웨이 모리스(Simon Conway Morris)도 비슷한 접근법을 취한다. 굴드는 콘웨이 모리스가 처음 개척한 버제스 혈암 연구의 결과를 사용했는데, 콘웨이 모리스는 몇 가지 점에서 굴드의 주장을 분명히 적절치 않게 보았다.[37] 물론 굴드와 콘웨이 모리스는 모두 진화 과정에서 우연성의 역할을 인정한다. 그러나 이 두 사람은 우연의 중요성을 상당히 다르게 평가한다. 굴드는 "인간의 진화가 가지는 두려울 정도의 비개연성"이 적응 진화에서 우연 때문에 빚어진 결과라고 본다. 콘웨이 모리스는 우리가 사는 행성이 실제 지금 모습과 조금이라도 달랐다면, 생명체는 등장하지 않았을지도 모른다고 주장한다. 이는 굴드가 역사의 우연성을 강조하는 말과 비슷해 보인다. 하지만 콘웨이 모리스는 물리학상의 사건들이 생명체가 등장하고 적응할 기회를 만들어 낸 내력을 강조하는 반면, 굴드는 적응 자체의 독특한 본질을 강조했다. 이 때문에 콘웨이 모리스는 자신의 저작을 '우연의 지배라는 관념'을 반박한 작품으로 규정한다.[38]

콘웨이 모리스는 진화가 목표하는 지점의 숫자가 한정되어 있다고 주장한다. "원하는 만큼 몇 번이고 생명의 테이프를 다시 돌려

---

37. 그가 몇 가지 중요한 점에서 굴드를 바로잡은 내용을 보려면, Simon Conway Morris, *The Crucible of Creation: The Burgess Shale and the Rise of Animals*(Oxford: Oxford University Press, 1998)를 보라.
38. Simon Conway Morris, *Life's Solution: Inevitable Humans in a Lonely Universe* (Cambridge: Cambridge University Press, 2003), p. 297.

보라. 그래도 마지막 결과는 동일할 것이다."[39] 그는 「생명의 해답」(Life's Solution)에서 유전자의 세부 내용이 아니라 오히려 유전자들의 폭넓은 표현형들(phenotypic manifestations)에 비춰 볼 때, 진화가 만들어 낼 결과들을 예견할 수 있다고 강력하게 주장한다. 수렴 진화(convergent evolution)는 "생물 조직이 특별한 요구에도 동일한 해답에 이르려 하는 반복 성향"으로 이해해야 한다.[40]

콘웨이 모리스의 주장은 괄목할 만큼 수집한 수렴 진화 사례들을 근거로 삼고 있다. 이 수집 결과는 둘 혹은 그보다 많은 계통들(lineages)이 각기 따로 유사한 구조와 기능으로 진화했음을 보여 준다. 그가 모은 사례들은 공중에 떠 있는 나방과 벌새의 공기역학으로부터 거미와 몇몇 곤충들이 먹이를 잡으려고 거미줄 같은 것을 사용하는 사례에 이르기까지 광범위하다. "수렴의 세부 내용은 서로 다른 출발점들이 잘 다져진 다양한 길을 통해 공통된 해답으로 변해 가면서 많은 우여곡절을 거치는 진화의 변화상을 실제로 보여 준다."[41] 그렇다면 수렴 진화가 지닌 중요한 의미는 무엇인가? 콘웨이 모리스는 분명하게 말한다. 수렴 진화는 생물 공간에 안정된 영역이 존재한다는 것을 보여 준다. "수렴은 안정된 '섬들'이 있기 때문에 일어난다."[42]

콘웨이 모리스가 굴드를 비판한 내용은 간과할 수가 없다. 진화 메커니즘을 통틀어 살펴보면 우연도 한 요인이다. 그러나 우연은 굴

---

39. *Ibid.*, p. 282.
40. *Ibid.*, xii.
41. *Ibid.*, p. 144, 이런 사례들을 열거해 놓은 pp. 457-461쪽을 보라.
42. *Ibid.*, p. 127.

드가 말한 것보다 훨씬 빈약한 역할을 한다. 진화는 늘 가능한 결과 보다 상당히 적은 수의 결과들로 '수렴하는' 것 같다. 유전에는 무한한 숫자의 가능성이 있는데도, 수렴이 널리 퍼져 있다. "진화의 경로는 많지만, 진화가 다다르는 종착지는 한정되어 있기" 때문이다.[43] "적응하지 못한 것들이 모여 있는 황량한 광야"는 진화가 도달할 어떤 종착지들을 배제해 버린다. 이 황량한 광야에서는 대다수 유전자 형질들이 살아남지 못하며, 이 때문에 자연선택에 따른 종착지 탐색도 더 이상 이루어지지 않는다. 생물의 역사는 그 자신을 반복하려는 경향을 두드러지게 보여 주며, 생명체는 섬뜩하다 싶을 정도로 바른 해답에 이르는 길을 찾아내는 능력을 거듭 보여 준다. "생명체는 적응하지 못하게 막는 도전들에 대응해 거의 정확한 해답들을 향해 '항해해 가는' 특이한 경향을 갖고 있다."[44]

수렴 진화 사례들은 아주 많다. 이 개념이 익숙하지 않은 이들에게 간단히 이야기할 수 있는 사례가 두 가지 있다.

1. **광합성**: 우리는 앞 장에서 광합성의 중요성을 언급했다. 세 가지 메커니즘이 존재한다고 알려졌는데, 이것은 보통 돌나물형 유기산 신진대사(Crassulacean acid metabolism), C-3, C-4로 부른다. C-4 광합성은 지난 800만 년 동안 서로 다른 18가지 개화 식물에서 적어도 31번에 걸쳐 각기 따로 진화해, 결국 통틀어 거의 1만 종에 이르는 식물을 만들어 낸 것으로 알려졌다.[45]

---

43. *Ibid.*, p. 24.
44. *Ibid.*, p. 225.

아울러 돌나물형 유기산 신진대사는 수많은 계기를 활용해 진화해 왔다고 알려졌다.[46]

2. 눈: 눈의 진화는 캄브리아기 대폭발 시기에 극적 발전을 이루었다.[47] 이 과정은 수백 만 년에 걸친 진화를 거치며 형태학상 현저한 변화가능성과 유전 및 발전의 정지 상태를 함께 묶어 주었다. 눈은 서로 별개인 많은 계기들을 거쳐 진화하면서, 적어도 서로 구별되는 아홉 가지 형태를 갖게 되었다. 바늘구멍 눈(pinhole eyes), 두 종류의 카메라 렌즈 눈(척추동물과 문어에서 발견할 수 있는 눈),[48] 구부러진 반사체 눈(curved reflector eyes), 그리고 여러 렌즈를 가진 겹눈 몇 종류. 겹눈(compound eyes)은 갑각류(crustaceans)와 환형동물[꽃갯지렁이류(sabellids)], 이매패류(bivalve molluscs)에서 각기 따로 진화했다. 카메라와 비슷한 눈은 척추동물과 문어뿐 아니라, 깡충거미, 고둥, 체절동물, 상자해파리, 그리고 뒤를 보는 눈을 가진 산호초새우에서도 따로 진화했다.

---

45. 이 연구를 탁월하게 평한 글을 읽어 보려면, Colin P. Osborne and David J. Beerling, "Nature's Green Revolution: The Remarkable Evolutionary Rise of C4 Plants," *Philosophical Transactions of the Royal Society* B 361(2006), pp. 173-194을 보라.
46. Darren M. Crayn, Klaus Winter, and J. Andrew C. Smith, "Multiple Origins of Crassulacean Acid Metabolism and the Epiphytic Habit in the Neotropical Family Bromeliaceae," *Proceedings of the National Academy of Sciences* 101(2004), pp. 3703-3708.
47. Andrew R. Parker, "Colour in Burgess Shale Animals and the Effect of Light on Evolution in the Cambrian," *Proceedings of the Royal Society of London: Biological Sciences* 265(1998), pp. 967-972.
48. Atsushi Ogura, Kazuho Ikeo, and Takashi Gojobori, "Comparative Analysis of Gene Expression for Convergent Evolution of Camera Eye between Octopus and Human," *Genome Research* 14(2004), pp. 1555-1561.

콘웨이 모리스가 수렴 사례들을 한데 모아 제시하면서 강조하고 싶어 한 점은 진화가 마지막에 도달하는 점의 숫자가 제한되어 있다는 것이다. 거듭 말하지만, 진화는 환경이 생명체에 제공하는 문제들과 기회들을 해결할 수 있는, 상당히 적은 숫자의 해결책들로 '수렴한다.'

이 때문에 콘웨이 모리스는 본질상 무작정 이루어지는 탐색 과정처럼 보일지라도 결국은 생물학 공간에서 안정된 결과를 찾아내기에 이른다고 강조한다. 안정된 섬들을 찾아내는 방법은 불규칙(변칙)한 것처럼 보일 수 있지만, 그 방법이 낳는 결과는 결국 모두 이해할 수 있다는 것이다. 굴드는 진화 안에 존재하는 방향성을 '술꾼의 걸음'에 비유할 수 있다고 주장했다. 유기체는 술꾼이 걷는 것처럼 헤매면서 더 복잡한 형태로 나아간다.[49] 사실 콘웨이 모리스는 종종 순수한 무계획성(굴드가 말하는 '술꾼의 걸음'에서 볼 수 있는 것처럼 제멋대로 나아가는 것)[50]과 사전에 설정해 놓은 최종 목표를 향해 그 방향으로 꼿꼿이 전진해 가는 것을 구별해 제시하는 경직된 이분법에 맞서 그 대안을 제시한다. 콘웨이 모리스는 이 중요한 점을 강조하고 변호하면서, 생물학 쪽 사례가 아닌 유비를 사용해 설명한다. 그는 아마도 1200년 전에 이루어졌을, 폴리네시아인들의 이스터 섬 발견을 들어 설명한다.[51] 이스터 섬은 육지에서 아주 멀리 떨어져 있는

---

49. 이 이미지를 살펴보려면, Stephen Jay Gould, *Full House: The Spread of Excellence from Plato to Darwin*(New York: Harmony Books, 1996), pp. 149-151. 평한 글을 읽어 보려면, Peter A. Corning, *Nature's Magic: Synergy in Evolution and the Fate of Humankind*(New York: Cambridge University Press, 2003), pp. 150-151을 보라.
50. Robert A. Martin, *Missing Links: Evolutionary Concepts and Transitions through Time*(Sudbury, MA: Jones & Bartlett, 2004), pp. 59-61.

곳으로서, 가장 가까이 있는 인구 밀집지인 타히티와 칠레에서도 최소한 3000킬로미터나 떨어져 있다. 이 섬이 이렇게 거대하고 텅 빈 태평양에 둘러싸여 있는데도, 폴리네시아 사람들은 이 섬을 찾아냈다. 콘웨이 모리스는 이것을 그냥 우연이거나 요행으로 치부해야 할지 묻는다. 우연이거나 요행일 수도 있다. 그러나 십중팔구는 그렇지 않다. 콘웨이 모리스는 "폴리네시아 사람들의 정교한 탐색 전략" 덕분에 이 섬은 발견될 수밖에 없었다고 지적한다. 그는 이와 똑같은 일이 진화 과정에서도 일어난다고 주장한다. "고립된 '섬들'은 부적응이라는 대양(大洋)에서 생물학적 가능성이라는 항구를 제공한다." 수렴 진화 현상을 일으키는 것이 바로 이 '안정성을 가진 섬들'이다.[52]

그렇다면 이 '안정성을 가진 섬들'은 **예측**할 수 있을까? 말하자면 우리는 다양한 진화 과정들이 수렴하는 지점들을 미리 알아낼 수 있을까? 콘웨이 모리스는 여기에 대해 신중을 기하는 적절한 모습을 보인다. 결국 과학적 방법은 선험적 예측이 아니라 후험적(귀납적) 분석(a posteriori analysis)이다. "뒤를 돌아보거나 앞을 내다보는 것은 엄격히 금지되어 있다.…우리는 다만 회고할 수 있을 뿐 예측할 수는 없다."[53] 진화 이론은 과거에 관찰한 것과 지금 관찰하는 것을 설명해 줄 수는 있지만, 미래의 특정한 일을 예측할 수는 없다. 그러나 생물학적 '안정성을 가진 섬들'이라는 개념은 완전히 타당하다.

---

51. Conway Morris, *Life's Solution*, pp. 19-21. 로헤펜(Roggeveen) 제독도 1722년 부활절에 이 섬을 '발견했다'.
52. *Ibid.*, p. 127.
53. *Ibid.*, pp. 11-12.

이 개념은 우리가 진화 과정에 개입한 것으로 믿고 있는 변수들과 관련해 이미 알고 있는 것들을 토대로 회고할 수 있다. 어쩌면 단지 '안정성을 가진 섬들' **하나하나**의 정체를 예견하기가 어려울 뿐일지도 모른다. 그러나 일반 현상은 폭넓게 예측할 수 있을 것이며, 진화 과정에 수반된 우연과 역사와 적응가능성이라는 힘들을 이해한 내용을 토대로 특정한 '섬들'의 정체도 **회고**할 수 있을 것이다. 요컨대 유기체는 반복해서 같은 생물학적 해결책에 도달한다. 척추동물과 두족류(頭足類, cephalopods)의 카메라 눈이 바로 그런 사례다. 그런 점에서 이것은 진화 과정을 어느 정도 예측할 수 있음을 보여 줄 뿐 아니라, 생명체에 더 심오한 구조가 있음을, "은유하자면 진화가 반드시 항해해 건너야 하는 광경"이 있음을 일러 준다.[54]

진화에서 목적론을 다시 생각함

이런 생각의 흐름은 우리를 어디로 데려가는가? 분명 콘웨이 모리스의 분석은 어떤 목적론 개념을 가리킨다. 그러나 그가 시사하는 개념은 예로부터 이런 논의에서 채용해 온 가능성들이라는 스펙트럼에 쉽게 수용할 수 없는 개념이다. 여기서 매우 중요한 다음 두 가지 점을 강조할 수 있다.

첫째, 예로부터 생물학이 목적론 개념을 원용하는 것에 반대해

---

54. 콘웨이 모리스가 2005년 보일 강연에서 성찰한 내용을 보라. Simon Conway Morris, "Darwin's Compass: How Evolution Discovers the Song of Creation," *Science and Christian Belief* 18(2006), pp. 5-22.

온 견해들로서 마이어가 언급한 것들은 대개 종종 유신론을 내세우는 선험적·형이상학적 시스템을 과학적 관찰과 성찰 과정에 강요하면 그 관찰과 성찰의 과학성을 손상한다는 믿음을 반영한 것들이다.[55] 마이어의 글을 꼼꼼히 읽어 보면, 그가 칸트의 특별한 목적론 개념이 생물철학의 발전에 대체로 역효과를 발휘했다고 믿는 것을 알 수 있는데, 그것이 타당한 이유가 없는 것은 아니다.[56] 칸트의 목적론 개념의 기원과 영향은 근래 학계의 집중 연구 주제가 되었는데,[57] 이는 선험적·형이상학적 관념들을 과학의 노력에 끌어들이려는 마이어의 관심사에 (비록 전부는 아니지만) 일부나마 정당성을 제공해 주었다.

과학적 방법의 관점에서 보면, 목적론에 다가가는 많은 전통적 접근법과 결부된 관념들처럼, 목표와 원인이라는 선험적 관념을 강요하는 것에 반발하는 사람들이 실제로 있을 수 있다. 20세기에 '논

---

[55] 아얄라는 외부의 '목적론,' 곧 외부의 지성이 강요한 형성 작용으로 이해한 목적론과, 내재하는 혹은 내부의 목적론, 곧 넓게 보아 아리스토텔레스가 말하는 목적론 부류에 속하는 것으로서 그가 거부할 수 없는 것이요 실제로 생물계를 묘사할 때 필요불가결한 것임을 발견한 목적론으로 구분함으로써, 다원주의자들이 거부할 수 있는 이런 종류의 목적론을 분명하게 설명한다.

[56] 예를 들어 이를 적절히 잘 설명해 놓은 Mayr, *What Makes Biology Unique?* pp. 90-91을 보라.

[57] 꼼꼼히 읽어 볼 가치가 있는 가장 훌륭한 연구서들이 Robert E. Butts, "Teleology and Scientific Method in Kant's Critique of Judgment," *Nous* 24(1990), pp. 1-16; Joan Steigerwald, "Kant's Concept of Natural Purpose and the Reflecting of Judgement," *Studies in History and Philosophy of Science C* 37(2006), pp. 712-734; John Zammito, "Teleology Then and Now: The Question of Kant's Relevance for Contemporary Controversies over Function in Biology," *Studies in History and Philosophy of Science* 37(2006), pp. 748-770이다. 서론에 해당하는 소개로서 상당히 유익한 내용의 글이 Michael Friedman, "Causal Laws and the Foundations of Natural Science," in *Cambridge Companion to Kant*, ed. Paul Guyer(Cambridge: Cambridge University Press, 1990), pp. 161-199이다.

리실증주의'가 등장한 배경에는 사람들이 형이상학적 관념들에 품었던 바로 그런 강렬한 의심이 자리해 있다.[58] 하지만 이런 철두철미한 경험론이 결국 실패하고 만 것은 이런 경험론이 형이상학적 실재나 원리가 지닌 후험적 가능성을 지레 거부했기 때문이다.[59] 목적론 논쟁에도 이와 똑같은 점이 적용된다. 자연과학이 사전에 형성된 목적론적 도식을 과학적 분석에 몰래 들여오는 것에 반발하는 것은 당연하다. 그러나 이런 도식이 관찰 결과를 곱씹어 보는 과정에서 등장했다면 어떻게 해야 하나? 그런 도식이 선험적 가설이라기보다 후험적 추론이라면 어찌 해야 할까? 콘웨이 모리스가 제시한 증거와 분석은 실제로 우리가 관찰하는 것들을 '가장 잘 설명해 주는 것'으로서 일종의 목적론을 사후에 추론할 수도 있음을 보여 준다. 이는 기독교의 전통적 섭리 교리와 바로 들어맞지 않을 수도 있지만, 더 면밀히 살펴볼 만한 그 섭리 관념과 상당 부분 조화를 이룬다.

여기서 짚고 넘어가야 할 것이 있다. 그것은 이것이 꼭 연속해서 이루어진 진화에서 '목적'—형이상학적 성격이 아주 강한 관념이다—을 밝혀내고, 이 '목적'으로부터 하나님이 그 목적을 정해 놓으셨다고 추론해 내는 문제가 아니라는 것이다. 오히려 우리는 뭔가 깨우침을 주는데도 희한하게 대역 역할에 그친 존 헨리 뉴먼의 언급

---

58. 가령 Rudolf Carnap, "The Elimination of Metaphysics through Logical Analysis," in *Logical Positivism*, ed. A. J. Ayer(New York: Free Press, 1959), pp. 60-81을 보라. 이 글은 "경험을 통해 발견되는, 귀납적 과학의 영역을 넘어가는" 어떤 개념도 거부한다.
59. 형이상학이 후험적 과학 신학 안에서 차지하는 위치를 상세히 분석한 글을 보려면, Alister E. McGrath, *A Scientific Theology*, vol. 3, *Theory*(London: Continuum, 2003), pp. 237-294를 보라.

속에 집약된 접근법으로 되돌아가고 있다. "나는 설계를(곧 우주와 우주 안에 존재하는 모든 것이 설계되었다는 것을—역주) 보기 때문에 하나님을 믿는 것이 아니라, 하나님을 믿기 때문에 설계를 믿는다."[60] 이 책이 대체로 취하는 접근법을 따라 좀더 에두른 질문을 던져 보겠다. 진화 과정은 그 우연성에도 불구하고 하나님 입장에서 보면 오히려 목적의 성취에 부합하는 일이 아닐까?[61]

다윈의 이론은 생물이 외관상 설계된 것처럼 보이는 것을 설명하기 위해 더 이상 창조주 하나님을 들먹일 필요가 없음을 분명하게 일러준다. 이렇게 설계된 것처럼 보이는 것은 자연선택 과정에서 우연과 필연, 목적이 없는 과정과 확정된 목표를 가진 과정 사이에 벌어진 복잡하고 독특한 상호작용을 통해 나타난 결과라고 주장할 수 있다. 그러나 이것은 생물학에서 말하는 설계를 꼭 유신론의 시각으로 설명할 필요는 없다는 것을 보여 주는 것이기도 하지만, 동시에 유신론 자체, 혹은 생물학에서 말하는 설계를 유신론의 시각으로 설명하는 것이 **잘못**임을 더 강하게 그리고 상당히 더 의미심장하게 주장하는 것도 아니다. 결국 유신론자들은 자연에서 일어

---

60. John Henry Newman, William Robert Brownlow에게 보낸 편지, 1870년 4월 13일; in Charles Stephen Dessain et al., eds., *The Letters and Diaries of John Henry Newman*, 31 vols.(Oxford: Clarendon Press, 1963-2006), 25:97. 더 자세한 내용을 보려면, Noel Keith Roberts, "Newman on the Argument from Design," *New Blackfriars* 88(2007), pp. 56-66을 보라.
61. 이와 비슷한 접근법을 취하는 탁월한 연구서가 Ernan McMullin, "Cosmic Purpose and the Contingency of Human Evolution," *Theology Today* 55(1998), pp. 389-414이다. 아울러 Francisco Ayala, "Intelligent Design: The Original Version," *Theology and Science* 1(2003), pp. 9-32; William E. Carroll, "At the Mercy of Chance? Evolution and the Catholic Tradition," *Revue des questions scientifiques* 177(2006), pp. 179-204를 보라.

난 과정들이 생물학이 말하는 설계를 설명하는 데 적합하다는 것도 얼마든지 인정할 수 있지만, 동시에 유신론이 역시 이치에 맞고 타당한 설명으로서 결국은 **가장 훌륭한** 것으로 판명될 설명을 제공해 준다는 것도 얼마든지 역설할 수 있다. 거듭 말하지만, 이 문제는 기독교가 실재를 바라보는 시각(기독교의 실재관)과 우리가 실제로 관찰하는 것들이 일치하거나 혹은 조화를 이루는 것과 관련되어 있다.

진화생물학이 목적률의 관점에서 제시한 것들은 기독교의 실재관과 조화를 이룰 수 있다.[62] 또 우리가 강조했듯이, '창조'라는 개념을 반드시 단번에 끝난 한 사건으로 해석할 필요는 없으며, 어떤 목적을 향해 나아가는 과정으로도 이해할 수 있다. 이제는 많은 사람들이 이렇게 말하곤 하는데, 옳은 말이다. 찰스 킹슬리가 1871년에 한 말을 여기서 재차 더 상세히 제시해 본다 "우리는 하나님이 만물을 지으실 수 있을 정도로 아주 지혜로우신 분임을 오래전부터 알았다. 그러나 유념하라. 하나님은 그보다 훨씬 더 지혜로우셔서 만물이 스스로 그 자신을 만들게 하실 수 있는 분이다."[63] 우리가

---

62. 탁월한 예를 보려면, Timothy Shanahan, "Darwinian Naturalism, Theism, and Biological Design," *Perspectives on Science and Christian Faith* 49(1997), pp. 170-178을 보라.
63. Charles Kingsley, "The Natural Theology of the Future," in *Westminster Sermons* (London: Macmillan, 1874), v-xxxiii. 그가 더 상세히 말한 내용을 주목하라. "우리는 다윈 씨 그리고 헉슬리 교수가 물리과학(자연과학)을 놓고 아주 박식하고 정확하게 적어 놓은 것들을 모두 받아들일 수 있지만, 다른 한편으로 버틀러와 페일리가 출발점으로 삼았던 바로 그 근거에 기초해 우리의 자연신학을 계속 이어갈 수 있다. 나는 우리가 그것을 발전시켜 가야 한다는 것을 부인하지 않는다. 나는 우리가 그것을 포기해야 한다고 생각하지 않는다." 이를 평한 글을 보려면, Charles H. Muller, "Spiritual Evolution and Muscular Theology: Lessons from Kingsley's Natural Theology," *University of Cape Town Studies in English* 15(1986), pp. 24-34; James G. Paradis, "Satire and Science in Victorian Culture," in

이 책에서 그 윤곽을 그려 본 접근법은 자연신학의 범주에 진화 과정이 만들어 낸 결과로부터 그 과정 자체를 인식하는 것까지 포괄한다. 본질상 정태성(靜態性)을 띠는 페일리의 자연관은 어쩔 수 없이 만물의 현재 상태에 초점을 맞추었다. 그러나 우리의 접근법은 우리를 에워싼 자연계의 아름다움과 경이로움을 결코 훼손하지 않으면서도, 경이감의 대상을 이 자연계를 만들어 낸 과정들까지 확장한다. 과정과 결과 모두 자연신학에 적합한 주제다.

여기서 강조하고 넘어가야 할 두 번째 논점이 있다. 자연선택에 관한 생물학 쪽의 설명이 '최종(궁극의) 원인'(final causation)이라는 관념을 철저히 거부하는 것은 결국 이 관념을 어떻게 이해하는가에서 비롯된 것이다. 예를 들어 찰스 퍼스의 최종 원인과 목적론 이해 때문에, 심지어 생물학에 목적론을 들여오는 것을 조심스럽게 비판한 마이어의 주장도 여러 가지 난점들에 부딪치고 만다.[64] 퍼스는 최종 원인들을 효과 있는 인과 과정들을 결정함으로써 그들 자신을 실현하곤 하는 일반 유형들로 이해해야 한다고 주장한다. 이런 원인들은 미래의 사건들이 아니라 일반적인 물리적 가능성들이다. 어떤 과정의 관점에서 보면, 그 과정의 최종 원인은 결국 그 과정의 마지막 상태에 이를 수 있는 길은 여러 가지라는 것, 그리고 그 과정은 거꾸로 되돌릴 수 없다는 것을 일러 준다.[65]

Victorian Science in Context, ed. Bernard Lightman(Chicago: University of Chicago Press, 1997), pp. 143-175을 보라.
64. 특히 Menno Hulswit, "Teleology: A Peircean Critique of Ernst Mayr's Theory," *Transactions of the Charles S. Peirce* 32(1996), pp. 182-214을 보라.
65. Charles S. Peirce, *Collected Papers of Charles Sanders Peirce*, ed. Charles Hartshorne and Paul Weiss, 8 vols.(Cambridge, MA: Harvard University Press, 1960), 1:211.

우리는 최종 원인을, 어떤 결과가 이런저런 특별한 경로를 거쳐 일어나게끔 강제한 것이 있었느냐에 상관없이, 사실들을 초래하는 양식으로서 결과에 관한 일반적 서술을 좌우하는 것이라고 이해해야 한다. 물론 그 수단이 그 목적에 부합할 수도 있다. 일반적 결과는 이때는 이런 경로를 거쳐, 또 저때는 저런 경로를 거쳐 일어날 수 있다. 최종 원인은 그 결과가 어떤 특별한 경로를 거쳐 일어나야 하는가를 결정하지 않고, 다만 그 결과가 일반성을 가지리라는 것만을 결정한다.

퍼스는 아마도 기존 용어가 함축한 의미를 알고 있었던 것 같다. 그는 여기서 명백히 목표를 지향하는 활동들이 문제의 핵심이라 여기고 이를 표현할 대안을 제시했다. "만일 목적론적(teleological)이라는 말이 그런 활동들에 적용하기에 너무 강한 말이라면, 우리는 **종점을 지향하는**(*finious*)이라는 말을 만들어, 어떤 최종 상태를 향해 나아가려는 활동들의 경향을 표현할 수도 있다."[66] 이 '종점을 지향하는'이라는 멋없는 말은 여전히 폭넓은 지지를 얻어야 할 말이다. 이 말은 분명 이 시대 진화생물학이 제시하는 복잡한 그림을 밝히 설명할 만한 잠재력을 갖고 있다.[67] 이 용어의 세련미를 트집 잡는 이런저런 말들과 상관없이, 퍼스는 형이상학에 물들지 않은 말로서

이 1902년의 정의를 더 상세히 논한 글을 보려면, 뛰어난 분석을 담은 T. L. Short, *Peirce's Theory of Signs*(Cambridge: Cambridge University Press, 2007), pp. 91-174을 보라.

66. *Collected Papers of Charles Sanders Peirce*, 7:471. 마이어는 이 개념을 알고 있다. Mayr, *What Makes Biology Unique?* p. 47을 보라.
67. 일찍이 쇼트가 발표했으나 사람들에게 상당히 주목받지 못한 논문으로서 퍼스에게 영감을 받은 게 분명한 T. L. Short, "Teleology in Nature," *American Philosophical Quarterly* 30 (1983), pp. 311-320을 보라.

어떤 종착점을 향해 나아가려는 생물학상의 과정인 후험적 현상을 묘사할 말을 찾아야 할 필요를 인식했다.

에른스트 마이어와 다른 철학자들이 미리 결정된 목적론을 과학의 진화 과정 설명에 강요하려는 이런 저런 시도에 저항하는 것은 옳은 일이다. 그러나 실상 마이어의 주장이 위력을 발휘하는 경우는 경험으로 확인할 수 없는 형이상학 체계에서 가져온 선험적 목적론 개념을 생물학에 끌어들이려는 시도에 맞설 때뿐이다. 그 형이상학 체계가 유신론자의 체계냐 무신론자의 체계냐는 문제되지 않는다. 이 대목을 통틀어 내가 주장하는 것은 진화 과정을 연구하다 보면, 이 연구 자체에서 어떤 목적론 개념이 등장한다는 것이다. 이런 목적론은 경험으로 확인할 수 있는 것으로서, 경험을 통해 밝혀낸 결과에 근거한 것이지 사전에 강요한 것이 아니다. 이 목적론은 진화 과정을 관찰한 결과에서 추론한 것이며, 경험으로 확인할 수 없는 형이상학 체계에서 연역해 낸 것이 아니다.[68] 퍼스가 말한 '종점지향성'(finiousness)이라는 관념은, 비록 그 틀은 어설프지만 본질상 경험에서 나온 관념임을 분명히 밝혀 주는 장점이 있다. 관찰 결과를 성찰해 끌어낸 관념이기 때문이다. '목적론'이라는 말은 이 말을 비판하는 사람들이 인식하는 것보다 더 신축성이 있다. 이 말을 경험으로 확인할 수 있는 증거에 비춰 수정할 필요는 있지만, 그렇

---

68. 여기에는 형이상학적 관념들이 자연과학에서 차지하는 위치와 명백히 일치하는 점들이 존재한다. 과학에서 선험적·형이상학적 관념들을 몰아내야 한다는 주장이 월등하다. 그러나 자연을 관찰한 결과에서 등장한 후험적·형이상학적 관념들을 몰아내야 한다는 것은 아무 근거가 없는 주장이다. 상세한 분석은 McGrath, *A Scientific Theology*, vol. 3, *Theory*, pp. 237-294를 보라.

다고 이 말을 우리의 감관(感官)으로 인식할 수 없는 말이라고 주장하는 자들의 교리 같은 요구에 굴복해 포기할 필요는 없다.

이 모든 것은 생물학에서 목적론적 언어와 생각을 뿌리 뽑기가 명백히 불가능하다는 것을 일러 준다.[69] 이것을 시간이 흘러가면 사라질 진부한 표현 방식 혹은 과학적 방법의 경직된 교육으로 묘사하기 쉽지만, 이런 판단은 섣부른 것이요 도움이 되지 않는다. 목적론적 사고는 생물학에서도 계속 이어지고 있다. 이것은 바로 그런 사고가 우리가 관찰하는 것들을 묘사하는 방법으로서 의미가 있어 보이기 때문이요, 그 방법이 인간의 '자연스러운' 사고방식과 조화를 이루기 때문이다. 유전자를 '이기적'이라고 말하는 사람이 있을 수 있듯이, 진화가 '목적'을 갖고 있다고 말하는 사람도 있을 수 있다. 신인동형식 표현 방식을 따른 이 두 말은 모두 타당한 통찰을 표현한 것일 수 있다. 진화생물학이 설명해야 할 관찰 설과는 분명 진화가 생물학 공간에 존재하는 안정된 영역들을 발견하고자 이 영역들을 찾아가는 과정을 항해한다는 것이다.[70] 심지어 최소주의자(즉 목적론적 언어를 가장 적게 구사하는 자—역주)가 목적론적 언어를 피하는 모습을 보는 것도 심히 어렵다. 콘웨이 모리스는 '다윈의 나침반'이라는 이미지를 사용해 이를 이렇게 제시한다.[71]

---

69. David Hanke, "Teleology: The Explanation That Bedevils Biology," in *Explanations: Styles of Explanation in Science*, ed. John Cornwell(Oxford: Oxford University Press, 2004), pp. 143-155의 열렬한 외침을 보라.
70. '생물학 공간'(biological space)이라는 개념을 설명한 글을 보려면, Stuart L. Schreiber, Tarun M. Kapoor, and Günther Wess, eds., *Chemical Biology: From Small Molecules to Systems Biology and Drug Design*(Weinheim: Wiley-VCH Verlag, 2007), pp. 828-832 을 보라.

14장 진화의 결과: 진화의 방향성

진화 과정 곳곳에서 나타나는 수렴은 진화의 끝이 확정되어 있지 않고 진화의 결과들도 예견할 수 없으며 불확정이라는 견해를 부정(否定)한다. 요컨대 유기체는 거듭해 동일한 생물학적 해답에 이른다. 아마도 척추동물과 두족류(頭足類)에서 볼 수 있는 카메라 눈이 가장 유명한 보기일 것 같은데, 이는 예견가능성을 어느 정도 제공하기도 하지만, 생명체에 더 심오한 구조가 있음을, 곧 진화가 반드시 건너가야 할 대지(大地)에 비유할 수 있는 것이 존재함을 가리킨다는 점에서 더 흥미롭다.

목적론이라는 관념이 진화 과정을 곱씹어 보면서 등장한 것이 옳다면, 기독교 신학이 당장 해야 할 일은 이 목적론이라는 독특한 경험 관념(empirical notion)의 본질과 이 관념이 다른 대안 개념들과 어떻게 연결되는가를 분명하게 밝히는 것이다. 이 개념은 아리스토텔레스나 칸트가 전개한 목적론 개념들과 어떤 관계에 있는가? 아니, 우리의 목적에 비추어 볼 때 오히려 더 중요한 질문은 이것이다. 이 개념은 기독교가 말하는 섭리 관념과 어떤 관계가 있는가? 이를 더 깊이 탐구하는 것은 이 연구서가 다룰 범위를 넘어서는 일이다.[72] 그러나 이 이슈를 탐구할 때 사용할 신학적 틀이 우리가 다시금 살펴볼 아우구스티누스의 **씨앗 같은 원리들**(Rationales Seminales)이라는 관념에 가까이 자리해 있음을 지적할 수 있다.

---

71. Simon Conway Morris, "Darwin's Compass: How Evolution Discovers the Song of Creation," *Science and Christian Belief* 18(2006), pp. 5-22.
72. 나는 이 문제를 케임브리지 대학교의 2009-2010 헐스 강연(Hulsean Lectures)에서 탐구해 보려고 한다. 나는 이 강연에서 특히 다윈주의와 자연신학의 관계를 다루려 한다.

진화와 아우구스티누스가 말하는 '씨앗 같은 원리들'

우리가 앞서 주장했듯이, 히포의 아우구스티누스가 401년부터 415년 사이에 천명한 기독교의 고전적 창조 교리는 우주론의 차원은 물론 생물학 차원에서도 자연계의 진화를 곱씹어 볼 수 있는 지적 틀을 제공한다. 이미 언급한 대로(이 책 8장을 보라), 아우구스티누스의 기본 접근법은 다섯 가지 요소로 이루어져 있다. 이 다섯 가지 가운데 오직 다섯 번째 요소만이 고전 시대 후기의 과학 가설들이 만들어 낸 것이다.

1. 하나님은 만물을 특정한 한 순간에 존재하게 하셨다.
2. 창조 행위 중에는 세계 안에 인과율을 깊이 박아 두는 것도 포함되었는데, 이런 인과율은 나중에 이느 단계에 이르러 적절한 조건들이 성취되면 등장하거나 진화할 것들이었다. 이 씨앗 같은 원리들은 등장하고 발전해 가는 창조(피조 세계)를 바라보는 아우구스티누스의 생각 속에서 매우 중요한 역할을 한다.
3. 이런 발전 과정은 하나님의 섭리가 이끌어 가는 것으로 봐야 한다.
4. 잠들어 있는 씨앗이라는 이미지는 이렇게 깊이 박혀 있는 인과율을 나타내는 비유로 적절하긴 하나 정확하지는 않다.
5. 이렇게 잠들어 있는 씨앗들의 발생 과정은 결국 생물 형태들이 고정되어 있고 결정되어 있었다는 생각으로 이어진다.

아우구스티누스가 **씨앗 같은 원리들**이라는 은유를 사용한 것은 분명 진화 탐구를 받아들인 것이다. 그가 제시한 창조의 다섯 가지 요소 중 다섯 번째를 역사 속에 자리한 관념이요 과학적 수정과 발전을 순순히 받아들인 관념으로 볼 수 있다는 점에서 특히 그렇다. '종류의 영원성'(우리가 '종 고정성'이라고 말할 수 있는 것)을 말하는 아우구스티누스의 견해는, 직접이든 간접이든 분명 아리스토텔레스의 영향을 받아 형성된 것이다.[73] 아우구스티누스 자신도 고통스러워 하긴 했지만 당대의 과학 이론들이 성경 해석 및 신학적 성찰들과 쉽게 결합될 수 있다는 것을 잘 알고 있었다. 또 그는 이런 이론들이 잠정성을 가진다는 것을 인정해야 한다고 굳게 믿었다. 그렇지 않으면, 미래의 성경 해석자들은 이전 세대의 과학적 견해들이 결정해 놓은 해석학 접근법들에 갇혀 버릴 것이다. 이런 점에서, 아우구스티누스는 더 깊이 파고들어 아리스토텔레스가 생물의 고정성이라는 문제를 놓고 제시한 견해들을 바로잡을 필요가 있었다. 이 일은 19세기가 되어서야 비로소 가능하게 되었다.

다윈이 쓴 「종의 기원」 출간(1859)은 아우구스티누스의 접근법이 들어설 새로운 지적 공간을 만들어 주었다. 이는 특히 다윈 자신이 자연선택을 설명하면서 하나님이 부차적 원인들을 통해 활동하실 여지를 분명하게 인정했기 때문이다.[74] 실제로 다윈은 그가 주장한

---

73. 아리스토텔레스가 이 점을 놓고 피력한 생각을 설명한 글을 보려면, Jiyuan Yu, *The Structure of Being in Aristotle's Metaphysics*(Dordrecht: Kluwer Academic Publishers, 2003), pp. 193-194을 보라.
74. 다윈이 「종의 기원」의 목표를 놓고 언급한 말들은 면밀히 연구해 볼 가치가 있다. "지극히 뛰어난 저술가들은 각 종(種)이 각기 따로 창조되었다는 견해에 완전히 만족하는 것 같다. 내

자연선택이라는 관념 때문에 유전되는 특질들을 '기억하여' 이 특질들을 희석함이 없이 후세에게 전해 줄 수 있는 어떤 수단을 가정해야만 했다. 그가 유전을 설명하려고 채택한 유비는 씨앗과 비슷한 '제뮬'(gemmule)이라는 것이었다.[75] 이제는 그릇된 가설임이 알려졌지만, '제뮬'은 다윈이 자연선택을 이해할 때 그가 씨앗을 기초로 삼아 유비한 것들이 사람들에게 깨우침을 줄 수 있는 가치를 가졌음을 인식했다는 사실을 분명하게 보여 준다.

따라서 다윈의 자연선택설은 아우구스티누스가 주장한 창조론을 다시 채용하지는 않았지만, 그 창조론을 신학적 시각에서 크게 재평가할 수 있는 문을 열어 놓은 것으로 볼 수 있다. 하지만 19세기 후반에 아우구스티누스가 기독교 신학과 다윈의 이론이 대화를 나눌 길을 열어 줄 수 있음을 간파한 저술가는 사실상 전무(全無)했던 것으로 보인다. 그 한 예외로 짚고 넘어가야 할 경우가 영국의 가톨릭 신자요 생물학자인 조지 마이버트(St. George Mivart, 1827-1900)다.

가 생각하기에 이는 우리가 창조주가 물질 속에 새겨 놓으신 법칙과 관련해 알고 있는 내용, 곧 과거와 현재에 세상에 거주하는 것들이 태어나고 멸종한 것은 틀림없이 이차 원인들 때문이라는 것과 더 부합한다." Charles Darwin, *On the Origin of the Species by Means of Natural Selection*, 2nd ed.(London: John Murray, 1860), p. 489을 보라. 이 점과 관련해 더 자세한 것을 보려면, Armand Maurer, "Darwin, Thomists, and Secondary Causality," *Review of Metaphysics* 57(2004), pp. 491-515을 보되, 특히 그가 p. 497에서 평한 내용을 주목하라. 모러는 다윈이 "이차 원인들로 말미암은 진화를 주장한 것"이 사실은 '자연신학'에 속한다고 말한다. "자연신학은 창조주 하나님 및 이 하나님이 물질 속에 심어 놓으신 법칙들과 관련이 있기 때문이다." 아우구스티누스와 일치하는 점들이 분명하게 나타난다.

75. 다윈은 그가 가정한 이 제뮬이 "그 시스템 안을 자유롭게 돌아다니고, 적절한 양분을 공급받으면 자기 분열을 통해 증식하며, 뒤이어 그들이 나온 것들과 비슷한 세포들로 발전해 간다"고 생각했다. 이를 평한 글을 보려면, Gerald L. Geison, "Darwin and Heredity: The Evolution of His Hypothesis of Pangenesis," *Journal of the History of Medicine* 24(1969), pp. 375-411; P. Kyle Stanford, "Darwin's Pangenesis and the Problem of Unconceived Alternatives," *British Journal for Philosophy of Science* 57(2006), pp. 121-144을 보라.

마이버트는 신학이 생물학에서 말하는 진화를 수용할 수 있는 방법과 정도를 처음으로 논한 글에서 아우구스티누스가 제시한 주장, 곧 우리가 이번 장에서 살펴본 대표작에서 제시한 주장을 끌어다 썼다. "아우구스티누스는 하나님의 유기체 창조를 이해할 때는 단지 이차적(파생적) 의미로 이해해야 한다는 것을, 즉 하나님이 물질들을 창조하시면서 물질들이 적절한 조건 아래에서 자신을 진화시켜 갈 수 있는 힘을 물질세계에 부여하셨음을 아주 두드러지게 강조한다."[76]

우리는 아우구스티누스가 다윈이 말하는 진화 패러다임을 받아들이지도 예견하지도 않았다는 것을 재차 강조하지 않을 수 없다.[77] 아우구스티누스도 여느 인간처럼 역사 속에서 자신이 자리한 위치

---

[76]. St. George Mivart, *On the Genesis of Species*(New York: Appleton & Co., 1871), p. 281. 마이버트는 특히 *De Genesi ad litteram* 5.5.14를 가져다 쓴다. "Terrestria animalia, tanquam ex ultimo elemento mundi ultima; nihilominus *potentialiter*, quorum numeros tempus postea visibiliter explicaret"(동물들은, 세상의 마지막에 마지막 요소에서 나온 것들이지만, 그럼에도 많은 세월이 흐른 뒤에 나올 것들을 눈으로 볼 수 있게 설명할 수 있는 잠재력을 갖고 있다). 그는 또 진화 수렴(evolutionary convergence)이 가진 신학적 잠재력을 올바로 언급했다. 하지만 마이버트와 같은 시대에 가톨릭교회에 몸담고 있던 많은 이들은 그를 정통이 아닌 자로 여겼다. 논의를 살펴보려면, Don O'Leary, *Roman Catholicism and Modern Science: A History*(New York: Continuum, 2006), pp. 78-93을 보라. 50년 뒤에 마이버트와 비슷한 견해를 표명한 이가 Henry de Dorlodot, *Le Darwinisme du point de vue de l'orthodoxie catholique*(Brussels: Vromant, 1921)다. 아우구스티누스가 주장한 **씨앗 같은 원리들**이라는 개념이 이 맥락 속에서 가지는 의미를 탁월하게 설명한 글을 보려면, Michael J. McKeough, *The Meaning of the Rationes Seminales in St. Augustine*(Washington: Catholic University of America Press, 1926)을 보라. 맥코우는 아우구스티누스가 종들이 고정되어 있다는 그의 시대 믿음을 공유했다고 올바로 지적한다. 그러면서도 아우구스티누스가 가졌던 믿음이 이차 원인들과 자연법칙의 작용을 통해 생명체들이 점차 등장했음을 긍정하는 진화론의 접근법과 일치한다고 주장한다.

[77]. 이 점을 강력하게 천명한 글을 보려면, Henry Woods, *Augustine and Evolution: A Study in the Saint's "De Genesi ad litteram" and "De Trinitate"*(New York: Universal Knowledge Foundation, 1924)를 보라.

로 인해, 선택할 수 있는 지식이 제약을 받았다. 그러나 그의 접근법이 특별히 진화 과정은 물론 역사 속에서 이루어진 우주의 발전 전반을 논할 수 있는 신학 틀을 제공할 수 있는 잠재력을 갖고 있음을 간과할 수 없다. 아우구스티누스의 접근법은 새로워진 자연신학의 일부로서 더 면밀히 살펴볼 만한 가치가 있다.

그러나 이제 우리는 자리를 옮겨 창조라는 관념과 이 관념이 자연신학에 시사하는 의미들을 이해하기 위해 9-14장에서 탐구한 몇 가지 점들이 함축한 의미들을 깊이 생각해 봐야 한다.

15장

창발적 창조와 자연신학

우리는 8장에서 히포의 아우구스티누스가 주장한 창조론이 실재의 구조를 들여다보는 이 시대 과학의 통찰에 접근해 이것을 해석할 때 기초가 될 수 있는 신학 틀을 어떻게 제공해 주는지 살펴보았다. 아우구스티누스는 과학자가 아니라 신학자로서 글을 썼지만, 우리는 그를 실재의 기원을 과학 이전의(prescientific) 시각으로 설명한 사람으로 오해하지 말아야 한다. 그의 관심사는 지식을 통해 변호할 수 있고 풍성한 설명을 제공하면서도 진정 기독교와 부합하는, 자연에 다가가는 접근법을 상세히 서술하는 것이다. 그 접근법의 요지는 하나님의 창조 행위를 행위와 과정—**씨앗 같은 원리들**의 창조를 포함한 우주의 첫 기원, 그리고 뒤이어 하나님의 섭리에 따른 역사를 통해 사물들이 등장하거나 진화한 일—을 모두 포함하는 것으로 이해하는 것이다.[1]

처음에 하나님은 이것(씨앗 같은 원리들)을 지으셨다. 그때 하나님은 세계를 지으시고 동시에 만물을 창조하셨는데, 이 만물은 다가올 시대에 펼쳐질 것들이었다. 만물은 완결되었다. 만물은 때가 되면 그들이 할 역할을 얻게 해줄 그 고유한 본질들을 가진 터라, 인과관계상 그들 안에 이미 존재하지 않는 것들만을 갖고 있었기 때문이다. 하지만 그들은 막 시작했다. 그들 안에는 말 그대로 미래에 완성될 씨앗들이 자리해 있기 때문이다. 이 씨앗들은 감춰진 상태로부터 나타나서, 적절한 때에 그 모습을 드러낼 것이다.

근래에 '후대에 이르러 등장함(後現)'이라는 개념을 다룬 논의들은 아우구스티누스의 창조론이 가진 이런 측면에 합당한 비중을 부여하지 않았다. 그러나 자연 속에 감춰져 있다가 나중에 등장하는 이런 특질들은 분명 자연과학과 기독교 신학의 대화에서 점점 더 큰 중요성을 차지하게 되었고, 이 사실을 깨닫는 사람도 늘었다. 이 특질들이 중요하다는 깨달음은 아우구스티누스의 신학 틀에 수용할 수 있는 것이다. 이 점이 특별히 자연신학, 그리고 널리 자연과학과 기독교 창조 교리의 관계를 올바로 이해하는데 중요함을 이해하려면, 17세기 이후 영국 자연신학이 발전해 온 역사의 몇 가지 측면을 탐구해야 한다.

---

1. Augustine, *De Genesi ad litteram* 6.11.18. 이것이 전제하고 있을 수도 있는 하나님의 역사라는 모델을 곱씹어 본 글을 보려면, William E. Carroll, "Divine Agency, Contemporary Physics, and the Autonomy of Nature," *Heythrop Journal* 49(2008), pp. 1-21을 보라.

고전적 자연신학이 말하는 창조 개념

영국에서는 17세기 후반부터 18세기 초 사이에 기독교 신학과 자연철학이 거대하게 합류해 자연신학의 한 형태를 만들었다. 이 자연신학은 변증에 목적이 있었고 당대의 가장 훌륭한 자연과학에 뿌리를 두고 있었다.[2] 존 레이의 「창조 작품 속에 나타난 하나님의 지혜」(The Wisdom of God Manifested in the Works of Creation)(1691), 보일 강연, 그리고 윌리엄 페일리가 쓴 「자연신학」(1802)도 본질상 같은 접근법을 제시했다.

존 레이에서 윌리엄 페일리에 이르는 고전적 형태의 영국 자연신학의 핵심 가설은, '창조'라는 말이 수천 년 전에 이 우주를 지금 우리가 보고 있는 것과 대동소이한 모습으로 존재하게 한 행위를 가리킨다는 것이다.[3] 이 신학은 피조 세계가 고정불변인 것이 공리라고 주장했다.[4] 그러나 대다수 기독교 변증가들은 과거에 있었던 재앙—종종 그 재앙을 노아의 홍수와 동일시하곤 했다—이 지구의 물리적·생물학적 특징들에 중대한 영향을 미쳤음을 보여 주는 증

---

2. Alister E. McGrath, "Towards the Restatement and Renewal of a Natural Theology: A Dialogue with the Classic English Tradition," in *The Order of Things: Explorations in Scientific Theology*(Oxford: Blackwell Publishing, 2006), pp. 63-96.
3. 유익한 요약을 보려면, Robert Jurmain, *Essentials of Physical Anthropology*, 5th ed. (Belmont, CA: Thomson Wadsworth, 2004), pp. 26-27을 보라. 이 접근법의 몇 가지 특별한 변형도 흥미로운데, 가령 프랜시스 로드윅(Francis Lodwick, 1619-1694)이 제시하는 주간(晝間) 활동의 기원에 관한 설명이 그런 예다. William Poole, "Francis Lodwick's Creation: Theology and Natural Philosophy in the Early Royal Society," *Journal of the History of Ideas* 66(2005), pp. 245-263.
4. 이 점을 탁월하게 연구한 책을 보려면, John C. Greene, *The Death of Adam: Evolution and Its Impact on Western Thought*(Ames: Iowa State University Press, 1959)를 보라.

거가 있다고 주장했다.[5] 페일리는 오직 기독교에서 말하는 하나님만이 이 복잡한 자연계를 창조할 수 있으며, 화석 기록이 보여 주는 것과 같이 어떤 생명체들을 모조리 쓸어 버릴 수 있는 힘을 가졌다고 보았다.[6]

창조를 이렇게 보는 견해는 19세기에 이르러 두 가지 큰 도전에 부딪친다. 첫째, 지질학 기록이 지구가 성경의 창조 기사를 문자대로 읽어 낸 결과보다 훨씬 더 오래되었다고 알려 준다는 것을 깨닫는 이들이 늘어 갔다.[7] 윌리엄 켈빈(W. T. Kelvin, 1824-1907)이 열전달(heat transfer)을 토대로 실시한 계산은 지구의 나이가 적어도 2400만 년은 되었으며, 십중팔구는 그보다 훨씬 더 오래되었다는 것을 밝혔다.[8] 둘째, 찰스 다윈의 「종의 기원」 출간은 생물의 기원을 다르게 설명할 대안을 제시했다. 이 책은 존재하는 생명체들이 오랜 세월에 걸쳐 자연선택 과정을 통해 진화했다고 주장했다. 사람들은 이 더 우아한 설명에 비춰 예로부터 내려온 '특별한 창조'론을 엉성한 억지라고 여겼다. 그러나 다윈이 제시한 이론의 원형에도 여전히 설명

---

5. 이에 해당하는 좋은 예를 토머스 버넷(Thomas Burnet)이 네 권으로 쓴 「지구를 다룬 신성한 이론」(*Sacred Theory of Earth*)(1680-1690)에서 발견할 수 있다. 이를 평한 글을 보려면, Stephen J. Gould, *Ever since Darwin: Reflections in Natural History*(New York: W. W. Norton, 1977), pp. 141-146을 보라.
6. Keith A. Francis, *Charles Darwin and the Origin of Species*(Westport, CT: Greenwood Press, 2007), pp. 45-47.
7. 이런 발전을 다룬 주요 연구서를 보려면, Nicolaas A. Rupke, *The Great Chain of History: William Buckland and the English School of Geology, 1814-1849*(Oxford: Clarendon Press, 1983); Charles C. Gillispie, *Genesis and Geology: A Study in the Relations of Scientific Thought, Natural Theology and Social Opinion in Great Britain, 1790-1850*(Cambridge, MA: Harvard University Press, 1996)을 보라.
8. F. D. Stacey, "Kelvin's Age of the Earth Paradox Revisited," *Journal of Geophysical Research* 105(2000), pp. 13155-13158.

을 제시하지 못한 몇 가지 중대한 틈이 남아 있었다.[9]

이 두 가지 발전은 기독교가 예로부터 제시해 온 몇 가지 창조 설명에 몇 가지 난점을 초래했다. 지질학상의 문제들 때문에 지구의 나이를 크게 늘려 잡아야 했으며, 이 때문에 창세기의 창조 기사를 새로운 방식으로 해석해야 했다. 예를 들어 창세기의 창조 내러티브 안에는 중간 중간 긴 시간이 끼워져 있다고 추정하는 식으로 해석해야 했다. 생물학상의 문제들은 창조를 처음 어느 순간에 완결된 사건으로 해석하기보다 오랫동안 이루어진 과정으로 해석함으로써 해결할 수 있었다. 개념의 확장과 수정이라는 이 두 과정은 19세기 말에 특히 영국에서 잘 이루어졌으며, 학문성을 띤 신학 쪽에서도 특별히 문제가 있다고 여기지 않았다.[10] 그러나 이런 과정이 대중들의 성경 해석 방법에 불편을 야기한 것은 분명했다.

창조와 창발

이제는 분명 전통적 '창조' 개념을 이런 추세에 맞춰 세 번째로 뜯

---

9. 이런 발전을 탁월하게 설명한 글을 보려면, John Hedley Brooke, *Science and Religion: Some Historical Perspectives*(Cambridge: Cambridge University Press, 1991)를 보라.
10. 이처럼 추세에 맞춰 나온 반응 몇 가지를 살펴보려면, Frederick Gregory, "The Impact of Darwinian Evolution on Protestant Theology in the Nineteenth Century," in *God and Nature: Historical Essays on the Encounter between Christianity and Natural Science*, ed. D. C. Lindberg and R. L. Numbers(Berkeley: University of California Press, 1986), pp. 369-390; Jon H. Roberts, *Darwinism and the Divine in America: Protestant Intellectuals and Organic Evolution, 1859-1900*(Madison: University of Wisconsin Press, 1988); Ronald L. Numbers, *Darwinism Comes to America*(Cambridge, MA: Harvard University Press, 1998)를 보라.

어고쳐야 한다. 이미 아우구스티누스의 창조 설명 속에는 이렇게 고친 창조 개념이 들었다. 아우구스티누스는 창조가 여러 차원으로 발전해 갈 수 있는 잠재력을 지닌 실재를 처음 만들어 낸 것이요, 이 실재가 지닌 특성들은 우주가 처음 등장할 때는 존재하지 않았으나 **나중**에 어떤 조건이 갖추어지면 **등장하는** 것이라고 보았다. 더욱이 관찰자인 인간은 이런 특성들을 겪어 보기 전에는 예견할 수 없었다. 이런 특성들은 겪어 보고 난 뒤에야 발견되었다. 이런 개념은 일부 신학자들에겐 익숙하지 않을지도 모른다. 그래서 이런 생각을 아래에서 천천히 소개한다.

소금으로 더 잘 알려진 화학물질인 염화나트륨(NaCl)은 바닷물의 주요 구성 성분 중 하나이며 인체의 화학 작용에서도 중요한 역할을 한다. 화학 분석을 해 보면, 이 화합물은 나트륨 원자 하나와 염소(chlorine) 원자 하나로 이루어졌다. 그러니 나트륨이 연하고 밝은 은색 금속이고, 염소가 호흡을 방해하는 녹황색 기체임을 안다고 해서 염화나트륨의 화학적·생물학적 특성을 예견할 수는 없다. 염화나트륨의 특성은 나중에 밝혀진다. 우리가 지금 금속인 나트륨과 기체인 염소에 대해 갖고 있는 지식으로 그 특성을 예견할 수는 없다.

아니면 금을 생각해 보자. 금의 색깔과 독특한 특성은 잘 알려져 있으며, 그 전성(展性, 펴서 늘릴 수 있는 성질)은 특히 잘 알려졌다. 이 전성 덕분에 우리는 금을 두드려 보통 1인치의 400만-500만 분의 1 두께인 금박을 만들어 낼 수 있다. 그러나 이런 특성은 금 원자들의 큰 덩어리로 이루어진 금속 금과 관련이 있다. 개개 금 원자들의 활동에서 금속인 금의 특성을 예견할 수는 없다.[11] 금이 가진 여러 가지 거시적 특성을 양자역학의 차원에서 금 원자들을 묘사한 내용에서 끌어내기는 불가능하다. 개개 금 원자들의 행태를 이해하더라도 이런 원자들이 뭉쳐 있는 큰 덩어리가 어떻게 행동할지는 예견하지 못한다. 금의 거시적 특성은 나중에 등장하는 것으로 봐야 한다. 이런 특성은 금의 본질 속에 이미 심어져 있지만 잠재적 가능성으로 존재할 뿐이다. 따라서 어떤 조건이 성취될 때에야 비로소 관찰할 수 있다. 이 경우에는 금 집합체가 나타나야 관찰할 수 있다.

아니면 침팬지와 보노보(bonobos, 피그미침팬지)의 행태를 생각해 보자(이 둘은 서로 긴밀한 연관을 지닌 큰 원숭이 그룹으로서, 자이르 강을 사이에 두고 나뉘어 산다. 사람들은 1930년대까지 이 둘을 한 그룹으로 다루었다). 개개 침팬지나 보노보는 한 마리씩 있을 때와 그룹으로 있을 때 행동하는 방식이 다르다. 다시 말해 그들이 사회 안에서 보여 주는 행태는 나중에 등장한 것이다. 이런 행태를 개개 원숭이들에 관한 지식을 토대로 예견하기는 어렵다. 침팬지와 보노보는 몸만 놓고 보면 아주 비슷하다. 그러나 이들의 사회 행위 패턴은 판이하다. 암컷 보노보가 보노보 공동체 안에서 누리는 지위는 암컷 침팬지가 침팬지 공동체 안에서 누리는 지위보다 상당히 높다.[12] 이런 차이가 등장하게

---

11. Stuart A. Kauffman, *Investigations*(New York: Oxford University Press, 2000), pp. 127-128. 카우프만은 창발설 사상의 이정표라 할 이 저서에서 생물의 진화는 본디 자기를 조직하는 과정이라고 주장한다. 생명체는 스스로 등장하며, 복잡한 생명체는 그가 우선 '열역학의 네 번째 법칙'이라고 부르는 것을 따라 자연스럽게 진화해 간다. 더 큰 복잡한 생명체를 만들어 낼 수 있는, '인접하고 가능한' 좋은 기회를 탐색하는 것이 생명체에 내재된 경향이다.

된 데는 환경의 차이가 중대한 역할을 했을 수 있다.[13]

아니면 세포나 생태계(ecosystems)처럼 복잡한 생물학적 시스템을 생각해 보자. 각 경우를 보면, 나중에 나타나는 특성은 세포나 생태계의 구성 부분들이 가진 특성을 넘어서는 것들이다.[14] 시스템은 본질상 그들을 구성하는 개개 부분들의 총합보다 더 크다. 예를 들어 생태계는 오랜 세월이 흐르고 나서야 안정되게 자리 잡은 창발(創發) 특성들을 보여 주는데, 이런 특성들은 환경과 생물체를 구성하는 개개 부분들의 복잡한 상호작용을 통해 등장한 것이다.[15] 생물 세포의 경우 복잡한 신호 경로가 등장하는데, 이 경로는 복잡한 시간을 거치며 이루어진 신호들의 통합, 입력된 힘과 지속 기간에 따른 독특한 결과물 산출, 그리고 자기를 유지하는 피드백 고리들과 같은 창발 특성들을 잘 보여 준다.[16] 생화학 시스템과 생물학 시스템은 순

---

12. Barbara Smuts, "Emergence in Social Evolution: A Great Ape Example," in *The Re-Emergence of Emergence: The Emergentist Hypothesis from Science to Religion*, ed. Philip Clayton and Paul Davies(Oxford: Oxford University Press, 2006), pp. 166-186.
13. Richard W. Wrangham and Dale Peterson, *Demonic Males: Apes and the Origins of Human Violence*(Boston: Houghton Mifflin, 1996)의 분석을 보라.
14. William Bechtel and Robert C. Richardson, "Emergent Phenomena and Complex Systems," in *Emergence or Reduction?* ed. Ansgar Beckermann, Hans Flohr, and Jaegwon Kim(Berlin: de Gruyter, 1992), pp. 257-288은 생물학적 시스템과 관련해 이 점을 거듭 강조한다. 여기서 사람들이 자주 인용하는 주장으로 단백질이 가지는 효소의 효율성이 나중에 등장한 특성이라는 주장을 주목할 필요가 있다. Pier Luigi Luisi, "Emergence in Chemistry: Chemistry as the Embodiment of Emergence," *Foundations of Chemistry* 4(2002), pp. 183-200.
15. Eldor A. Paul, *Soil Microbiology, Ecology, and Biochemistry*, 3rd ed.(Burlington, MA: Academic Press, 2007), pp. 224-225.
16. Upinder S. Bhalla and Ravi Iyengar, "Emergent Properties of Biological Signaling Pathways," *Science* 283(1999), pp. 381-387. 세포의 네트워크들, 특히 피드백 메커니즘들의 등장을 알아 보려면, Uri Alon, *An Introduction to Systems Biology*(Boca Raton, FL: Chapman & Hall, 2007), pp. 41-70을 보라.

수하게 환원적이고 분석적인 접근법들에 근거해 이해하거나 예견하기 불가능한 특성들을 줄기차게 드러낸다. 예를 들어 아미노아세틸-tRNA 합성효소로 말미암은 안티코돈과 아미노산의 결합 초창기 단계에서 나타나는 생화학 현상이나 특성의 등장, 혹은 미생물에서 처음 일어나는 최종 산물 억제 때의 음성 피드백, 혹은 동물과 식물의 정단세포(頂端細胞, apical cells)들에서 볼 수 있는 더 생물학적인 기억 현상들이 그런 예다.[17] 우리가 생명체를 정의하려 하면서 애초에 메커니즘 차원에서 다룬 생명체의 물리화학적 기초만 염두에 둔다면, 생명체를 부분들의 총합으로 규정하는 인식 때문에 생명체를 올바로 인식하기가 계속 힘들어질 것이다.[18]

이 사례들은 각각 **창발**(創發, emergence)이라는 현상—생명체의 복잡함이 점점 더 그 정도를 더해 가는 가운데 새롭고 예견할 수 없었던 특성과 행동이 펼쳐지며 나타나는 것—을 잘 보여 준다.[19] 물론 '창발' 개념의 정의에는 몇 가지 차이점이 있다. 그러나 대체로 다음과 같은 네 가지 특징을 가진다고 주장할 수 있다.[20]

---

17. Robert W. Korn, "Biological Hierarchies, Their Birth, Death and Evolution by Natural Selection," *Biology and Philosophy* 17(2002), pp. 199-221; Jacques Ricard, "Reduction, Integration and Emergence in Biochemical Networks," *Biology of the Cell* 96(2004), pp. 719-725; Robert W. Korn, "The Emergence Principle in Biological Hierarchies," *Biology and Philosophy* 20(2005), pp. 137-151을 보라.
18. James Barham, "The Emergence of Biological Value," in *Debating Design: From Darwin to DNA*, ed. William A. Dembski and Michael Ruse(New York: Cambridge University Press, 2004), pp. 210-226, 특히 pp. 218-232.
19. 탁월한 소개를 보려면, Michael Silberstein, "Reduction, Emergence, and Explanation," in *Blackwell Guide to the Philosophy of Science*, ed. Peter Machamer and Michael Silberstein(Oxford: Blackwell, 2002), pp. 80-107을 보라.
20. Philip Clayton, "Conceptual Foundations of Emergence Theory," in Clayton and Davies, *Re-Emergence of Emergence*, pp. 1-31을 보라. 클레이튼은 이 개념을 신학 차

1. 공간과 시간으로 이루어진 세계에 존재하는 모든 것은 결국 물리학이 인식한 기본 기초입자들로 이루어져 있다. 그러나 물리학은 이런 물질들이 만들어진 내력을 설명하는 데 적합하지 않다는 것이 드러났다.
2. 물질 입자들의 결합체 혹은 총합체가 그 조직 면에서 적절한 정도의 복잡성을 얻게 되면, 진짜 새로운 특성들이 등장하기 시작한다.
3. 이렇게 등장하는 특성들은 그들이 등장한 더 낮은 단계의 현상으로 되돌아갈 수 없으며, 그 낮은 단계의 현상들을 보고 이 특성들을 예견하는 것도 불가능하다.
4. 더 높은 단계의 실재들은 그들을 구성하는 더 낮은 단계의 요소에 인과법칙에 따른 영향을 미친다.

전체 그림을 묘사해 보면, 이전의 더 단순한 물리 구조에서 복잡한 구조가 등장하고, 이는 더 낮은 단계의 구조들이 소유하지 않았던 특성을 가진 더 높은 단계의 구조들을 만들어 낸다. 이런 등장 과정에 관한 설명은 어떤 설명이든 제멋대로 이루어졌을 수 있는 경계 구획(demarcations) 때문에 다툼을 벌이는 정의(定義)들과 관심사들로 말미암아 방해를 받을 수밖에 없다.[21] 창발(혹은 후현, 곧 나중에 등장함)이

원에서 진지하게 성찰한 첫 인물이다. 특히 그의 논문 "Toward a Constructive Christian Theology of Emergence," in *Evolution and Emergence: Systems, Organisms, Persons*, ed. Nancey C. Murphy and William R. Stoeger(Oxford: Oxford University Press, 2007), pp. 315-343을 보라. 마음의 등장을 다룬 그의 중요한 저작을 보려면, Philip Clayton, *Mind and Emergence: From Quantum to Consciousness*(Oxford: Oxford University Press, 2004)를 보라.

라는 흥미로운 분류를 제안한 이는 해럴드 모로비츠(Harold Morowitz)였다. 그는 우주의 역사 속에 28개의 창발 단계가 있다고 주장했다.[22]

모로비츠가 제시한 첫 번째 일곱 단계는 물리 과학(physical sciences)의 영역에 자리해 있다. 대규모로 이루어진 우주의 구조는 수소와 헬륨이 풍부한 별들을 만들어 냈으며, 이는 다시 핵합성과 더 무거운 원소들을 만들어 내는 결과로 이어졌다. 이것은 다시 태양계를 만들어 내고 지권(地圈, geospheres)을 가진 행성들의 진화로 이어졌다. 그가 제시한 여덟 번째 단계는 과도 단계인데, 생물권(biosphere)이 등장했다. 이것은 결국 자기 자신을 복제하는 원세포들(protocells)을 만들어 내 자원들을 놓고 경쟁을 벌이게 했다. 그래서 결국 세계는 다윈이 말하는 세계가 되었다고 모로비츠는 주장한다.

모로비츠가 말한 다음 열두 단계는 생물학의 영역이다. 이 단계는 원핵생물과 진핵생물을 거쳐 다세포 유기체들을 만들어 냄으로써 포유류의 진화로 이어졌다. 스물한 번째 단계는 과도기였는데, 이때 우리의 첫 조상이 나타났다. 이 단계에 이어 인간 사회의 등장 그리고 언어와 철학과 영성의 진화와 같은 문화 발전이 잇달아 이루어졌다.[23]

---

21. John H. Holland, *Emergence: From Chaos to Order*(Oxford: Oxford University Press, 2000)가 조심스러운 주의를 담아 평한 내용을 주목하라.
22. Harold J. Morowitz, *The Emergence of Everything : How the World Became Complex*(Oxford: Oxford University Press, 2002), pp. 25-38.
23. 근래에는 언어, 의식, 그리고 마음의 등장이 상당한 주목을 끌었다. 이를 대표하는 저작들을 읽어 보려면, Terrence W. Deacon, *The Symbolic Species: The Co-Evolution of Language and the Human Brain*(New York: W. W. Norton, 1997); Jaegwon Kim, *Mind in a Physical World: An Essay on the Mind-Body Problem and Mental Causation*(Cambridge, MA: MIT Press, 1998); Nancey C. Murphy, *Bodies and Souls, or*

모로비츠의 분석에는 이의를 제기할 소지가 있다. 그러나 우리 관심사는 그가 제시한 분류의 정확성이 아니라, 오히려 그 분류 뒤편에 자리한 일반 원리들이다. 복잡한 구조로 나아가는 각 단계는 이전 단계들에서는 일어날 수 없었던 훨씬 더 큰 진전을 가능하게 했다. 우주론에서 말하는 구조들이 스스로 조직되면서 행성이 형성되었다. 분자들과 화학 세계에서 일어난 진화는 널리 살아 있는 세포들과 생명체들이 나타나게 해주었다. 그리고 다윈이 말한 자연선택 과정은 고차원 기능의 등장으로 이어졌는데,[24] 자연계를 성찰할 수 있는 능력을 가진 마음의 등장도 그중 하나였다.[25]

내가 이미 강조한 대로, 여기서 내 관심사는 창발이라는 현상을 더 상세히 탐구하는 것이 아니라, 이 현상이 신학 속에서 가질 수 있는 중요성을 널리 자연신학과 관련해, 그리고 더 특별히 이 책에서 제시하는 특별한 자연신학 접근법과 관련해 밝혀 보는 것이다. 아울러 나는 한 가지 주의할 것을 당부하지 않을 수 없다. '창발'이라는 개념은 신학에서 남용당할 위험에 빠져 있으며, 개념의 과잉으로 말미암아 사람들에게 불신을 받을 위험에 처했다. 일찍이 신학자들은 양자역학이 신학을 보완해 주리라 기대하고 이 양자역학에 열정을 보였는데, 이제는 그 열정이 창발로 옮겨 간 것 같다. 물론 나는 창발이라는 개념이 과학상 정당하고 신학상 가치 있는 개념이라

Spirited Bodies?(Cambridge: Cambridge University Press, 2006)를 보라.
24. George Ellis, "On the Nature of Emergent Reality," in Clayton and Davies, *Re-Emergence of Emergence*, pp. 79-107.
25. 마음의 등장은 현재 가장 중요하고 다툼이 심한 쟁점들 가운데 하나다. 이를 검토한 유익한 글을 보려면, Nancey C. Murphy, "Emergence and Mental Causation," in Clayton and Davies, *Re-Emergence of Emergence*, pp. 227-243을 보라.

고 믿는다. 하지만 나는 이 개념을 무턱대고 과학과 종교의 대화에 적용하는 것에 어느 정도 우려를 표시하지 않을 수 없다.[26] 아래에서 나는 내가 이 개념에 다가가는 접근법으로서 변호할 수 있고 온건한 것이라고 여기는 접근법을 채택해, 이 개념이 신학에서 가지는 잠재력을 놓고 점점 더 도를 넘어가는 주장들을 피하도록 하겠다.

창발과 자연신학

창발이라는 개념은 다음 세 가지 점에서 기독교 자연신학에 중요한 의미를 가진다.

1. '창조'를 이야기할 때, 기독교 전통은 이 관념이 우주 역사의 초기 국면에서는 현실로 나타나지 않았지만 적절한 조건들이 나타나면 등장할 수 있는 잠재적 특성들을 암시한다고 이해할 수밖에 없다.
2. 따라서 '창조'라는 관념은 전혀 구별이 없는 단일체라기보다 일련의 층 혹은 단계로서 여러 층으로 이루어진 실재를 가리킨다. 이는 로이 바스카(Roy Bhaskar)가 사회과학 안에서 전개했고[27] 내가 『과학신학』에서 신학의 맥락에 적용했던 것처럼,[28]

---

26. 근래 후현의 의미를 다룬 한 논문집에서 유일하게 비판하는 목소리를 낸 돈 하워드(Don Howard)는 분명 나와 같은 우려를 갖고 있다. William R. Stoeger and Nancey C. Murphy, eds., *Evolution and Emergence: Systems, Organisms, Persons*(Oxford: Oxford University Press, 2007).

실재가 여러 층으로 이루어져 있음을 인정하는 여러 형태의 비판적 실재론(critical realism)과 일치한다.
3. 자연신학은 그 개념이 이렇게 완전하고 그 폭이 넓으며 다층성을 띤 자연과 접촉하는 일을 말한다.

이 세 가지 점들을 하나씩 더 상세히 설명하는 것이 좋겠다.

분명 '창조'는 나중에 등장하는 실재를 가리키는 것으로 이해해야 한다. 이는 기독교의 고전적 창조 교리를 과학을 통해 확장한 것으로 이해해야지, 그 교리와 모순으로 이해해서는 안 된다. 이번 장 앞부분에서 말했듯이, 과거에는 '창조'가 고정불변인 사물 상태를 가리킨다고 주장하는 이들이 있었다. 이런 특징은 18세기와 19세기 초 대중에게 많은 지지를 받은 자연신학에서 보통 나타났으며, 그 전범이 될 만한 말을 천명한 책이 윌리엄 페일리가 쓴 「자연신학」(1802)이다. 페일리의 자연신학은 다윈이 그의 자연선택설을 책으로 출간하고 교회에서 이 이론을 놀라울 정도로 급속히 받아들이면서 치명타를 맞았다. 하지만 창조 개념을 확장해 설명함으로써 페일리의 접근법을 존중할 수 있다는 견해를 취하는 이들도 많았다. 찰스 킹슬리는 1871년에 한 강연에서 이렇게 말했다. "우리는 하나님이 만물을 지으실 수 있을 정도로 아주 지혜로운 분임을 오래전부

---

27. 소개서를 보려면, Andrew Collier, *Critical Realism: An Introduction to Roy Bhaskar's Philosophy*(London: Verso, 1994)를 보라.
28. Alister E. McGrath, *A Scientific Theology, vol. 2, Reality*(London: Continuum, 2002)의 상세한 분석을 보라. 비판적 실재론자들 안에서 이 접근법을 평한 글을 읽어 보려면, Brad Shipway, "The Theological Application of Bhaskar's Stratified Reality: The Scientific Theology of A. E. McGrath," *Journal of Critical Realism* 3(2004), pp. 191-203을 보라.

터 알았다. 그러나 유념하라. 하나님은 그보다 훨씬 더 지혜로우셔서 만물이 스스로 그 자신을 만들게 하실 수 있는 분이다."²⁹

킹슬리가 전개한 기본 사상은 하나님이 피조물에게 잠재력을 부여하심으로써 사람들이 훗날 이 피조물이 보여 주는 발전된 모습들을 첫 창조와 연속성을 가진 것으로 이해할 수 있게 하셨다는 것이다. 따라서 피조물이 애초에 받은 **선물**(donum)은 어떤 특정 시간에 **그가 받은 특정한 것**(datum)에 한정되지 않는다. 킹슬리는 "모든 현상 밑바닥에 자리한, 알려지지 않은 x가 모든 현상 위에서 영원히 작동한다"고 주장하면서, 그 x는 바로 "하나님의 숨이요, 생명의 주인이시며 생명을 주시는 분인 영(성령)"이라고 주장한다. 하지만 그는 이것이 은유를 사용해 말한 것임을 조심스럽게 지적한다. 요컨대 그가 말하는 핵심 요지는 피조물이 앞으로 발전해 갈 능력을 부여받았다는 것이고, 이 피조물이 애초에 받은 것은 물론 나중에 보여 주는 발전된 모습도 모두 그 창조주를 증언한다는 것이다.³⁰

라마르크(Jean-Baptiste Pierre Antoine de Monet, Chevalier de la Marck, 1744-1829)는 생명체의 진화에 따라 일어나는 모든 변화는 본질상 우주를 규율하는 이신(理神)의 보편적 힘이 공급하고, 만물을 아우르는 목적론 안에 자리한 최초의 **내면의 느낌**(a primordial *sentiment intérieure*)이 좌우한다고 주장했다.³¹ 그러나 킹슬리는 이를 피조물

---

29. Charles Kingsley, "The Natural Theology of the Future," in *Westminster Sermons* (London: Macmillan, 1874), v-xxxiii.
30. 후대에 다른 신학자들도 이런 사상을 전개했다. 가령 Jürgen Moltmann, *God in Creation: An Ecological Doctrine of Creation* (London: SCM Press, 1985), p. 9는 이렇게 말한다. "창조주는 영의 에너지와 잠재력을 통해 몸소 그가 지으신 만물 안에 계신다."
31. 라마르크의 배경을 살펴보려면, Phillip R. Sloan, "From Natural Law to Evolutionary

안에서 변화를 일으키는 하나님 영의 내주라는 말을 사용해 다시 표현했다. 킹슬리는 이신론이 단지 "존재하지 않는 신이 다스리지도 않는 죽은 우주라는 오싹한 꿈"만 제공할 뿐이라고 보았다. 반면 다원주의는 올바로 해석하면, 살아 있는 우주가 그것을 지으신 자비로운 창조주의 지혜로운 인도 아래 계속해 발전해 간다는 시각을 제공해 준다고 보았다.[32] "옛적에 하나님은 당신이 없이 아무 것도 지어지지 않았다고 말씀하셨다. '내 아버지가 이제까지 일하시니, 나도 일한다.' 만일 과학이 이런 말씀이 진실임을 보여 준다면, 우리가 이런 과학과 다툴 이유가 있을까?"

히포의 아우구스티누스도 요한복음 5:17을 줄기차게 인용했다 (이 구절은 나사렛 예수가 "내 아버지께서 이제까지 일하시니 나도 일한다"고 말씀하셨다고 보고한다). 이와 마찬가지로 킹슬리도 하나님이 계속해서 자연계 안에 계시면서 **활동하신다고 상소했다**.[33] 아우구스티누스는 이것이 창조와 섭리라는 개념이 본디 조화를 이룬다는 것을 일러주는 것으로 보면서, 이 때문에 '창조'라는 말이 **최초 행위와 계속 이어**

Ethics in Enlightenment French National History," in *Biology and the Foundation of Ethics, ed. Jane Maienschein and Michael Ruse*(Cambridge: Cambridge University Press, 1999), pp. 52-83을 보라.

32. 만물에 관한 창발론자의 설명을 받아들인다고 해서 이것이 꼭 하나님이 세상에 참여하신다는 이해를 받아들여야 한다거나 피에르 테야르 드 샤르댕이 말하는 개념과 유사한, 진화 과정의 본질에 관한 이해를 받아들여야 하는 것은 아니다. 나는 데이비드 그루밋(David Grumett)이 드 샤르댕의 진화 이론을 설명해 놓은 것에, 특히 이 진화 이론이 교부신학에서 유래한 기독교의 우주에 관한 통찰에 의지하고 있다는 그루밋의 강조에 공감한다. David Grumett, "Teilhard de Chardin's Evolutionary Natural Theology," *Zygon* 42(2007), pp. 519-534. 내 관심사는 드 샤르댕이 진화론과 관련해 갖고 있는 몇 가지 신념들의 과학적 근거다. 이 신념들은 아주 사변적이고 경험적 성찰과 동떨어진 것처럼 보인다.

33. 가령 Augustine, *De Genesi ad litteram* 4.11.21; 5.20.40을 보라.

지는 과정이라는 확장된 의미를 가진다고 보았다. 아우구스티누스는 이를 하나님이 처음에 **씨앗 같은 원리들**을 심어 두시고, 그 뒤 적절한 순간에 이 원리들이 현실로 나타나게 하셨다는 말로 펼쳐 보였다. 물론 아우구스티누스는 최초 사건과 과정은 개념상 별개라고 주장한다. 그러면서도 하나님의 역사가 그리는 궤적은 연속성을 갖는 것으로 보인다고 주장한다. 킹슬리는 그의 사상을 전개할 때 아우구스티누스를 드러내 놓고 거론하지 않는다.[34] 하지만 이 두 사람 사이에는 분명 지적 연속성이 있다.

이런 종류의 접근법이 종교에 시사하는 몇 가지 의미를 놓고 건전한 논쟁이 진행 중이지만, 실재가 나중에 등장한다는 이해는 분명 많은 신학적 시각 안에 수용할 수 있는 것이다.[35] 찰스 킹슬리가 1871년에 자연사의 발전을 설명한 내용은 '창발설 주창자'가 제시한 틀보다 '결과론 주창자'(resultants)의 틀을 더 많이 따른 것이다.[36] 하지만 그가 창조 개념을 논할 때 채택한 틀은 윌리엄 페일리의 정적 모델에서 상당히 멀리 옮겨 갔음을 보여 준다. 킹슬리는 요 근래

---

34. 킹슬리는 대체로 아우구스티누스와 아우구스티누스 시대 라틴 기독교를 적대시하면서, 이 라틴 기독교가 킹슬리 시대에 잉글랜드 안에서 새롭게 일어나고 있던 가톨릭교에 역사적·신학적 도움을 주었다고 보았다. 킹슬리는 이 가톨릭교가 정치와 종교 면에서 잉글랜드 성공회를 위협한다고 보았다. Leon B. Litvack, "Callista, Martyrdom, and the Early Christian Novel in the Victorian Age," *Nineteenth-Century Contexts* 17(1993), pp. 159-173을 보라.
35. 이 문헌을 간단히 개관한 Niels Henrik Gregersen, "Emergence: What Is at Stake for Religious Reflection?" in Clayton and Davies, *Re-Emergence of Emergence*, pp. 279-302을 보라.
36. 창발 관념 논의에 한 획을 그은 것으로 조지 루이스(G. H. Lewes)가 1877년에 한 논의가 이 둘을 구분했다. 이를 알아 보려면, Achim Stephan, "Emergence-A Systematic View on Its Historical Facets," in Beckermann, Flohr, and Kim, *Emergence or Reduction?* pp. 25-48, 특히 pp. 26-28을 보라.

과학을 바탕으로 창발 관념을 상세히 서술할 수 있는 개념 공간을 여유 있게 제공한다.

이 점이 얼마나 중요한가를 보려면, 다음 문제를 곱씹어 보면 된다. 하나님이 물을 지으셨는가? 우주의 기원에 관한 표준 이론은 우주가 약 150억 년 전에 매우 뜨겁고 밀도가 높은 상태에서 시작되어 팽창과 냉각 과정을 거쳐 현재와 같은 형태로 바뀌었다고 주장한다.[37] 화학상 간단한 화합물인 물이 형성되려면 수소와 산소의 상호작용이 필요하다. 수소 원자는 우주 생성의 첫 단계에서는 형성이 불가능했으며, '플라즈마 시기'(plasma era, 플라즈마는 원자핵과 전자가 결합해 원자핵을 이루지 않고 따로 떨어진 상태를 말한다-역주) 동안 비로소 형성되었다. 산소(우주에서 세 번째로 많은 원소)가 만들어진 것은 훨씬 뒤다. 이때 별들이 형성되면서 별의 핵 안에서 더 무거운 원소들이 합성되는데 필요한 아주 중요한 덩어리기 만들어졌다.[38] 처음에 물은 기체 형태로만 존재했다. 그러다가 이 기체가 압축되어 아주 독특한 물리적 특성을 가진 커다란 액체 상태를 형성했는데, 이 일은 훨씬 뒤 단계에 가서야 이루어졌다.[39]

우주에서 물이 생겨난 내력을 아주 간단히 설명한 이 내용만 봐

---

37. 이 접근법과 이 접근법의 증거가 된 기초를 설명한 책으로 표준이 되는 것을 보려면, Martin J. Rees, *New Perspectives in Astrophysical Cosmology*, 2nd ed.(Cambridge: Cambridge University Press, 2000); V. F. Mukhanov, *Physical Foundations of Cosmology* (Cambridge: Cambridge University Press, 2005)를 보라.
38. 별에서 이루어진 산소 핵합성을 소개한 글을 보려면, Donald D. Clayton, *Handbook of Isotopes in the Cosmos: Hydrogen to Gallium*(Cambridge: Cambridge University Press, 2003), pp. 84-100을 보라.
39. 상세한 내용을 보려면, Philip Ball, *Life's Matrix: A Biography of Water*(New York: Farrar, Straus & Giroux, 2000)를 보라.

도, 물은 분명 상당히 뒤에 나타났다. 하지만 물이 나타난 것은 우주의 진화를 결정한 물리 과정과 법칙에서 불가피한 일이었다. 그렇다면 실제로 하나님이 물을 '지으셨다'고 말할 수 있는 셈이다. 단이 '지으셨다'는 것을 물이 즉시(우주 생성과 동시에—역주) 만들어졌다는 의미가 아니라 결국 물을 등장하게 한 계통발생 과정을 시작하셨다는 의미로 이해할 경우 그렇다는 말이다.

창발과 여러 단계를 거쳐 나타난 실재들

앞에서 제시한 분석을 볼 때, 서로 관련은 있지만 같은 말은 아닌 '피조 세계'와 '자연'을 연대와 위계에 따른 발전을 함축한 말로 이해해야 한다는 것을 알 수 있다. 오랜 시간이 흐르는 사이에 이런 발전을 통해 더 복잡한 단계의 실재가 등장한다. 우주가 처음 시작될 때 이미 만물이 배아 형태로나마 현존했다고 주장할 수 있을지도 모르겠다. 그러나 이런 것들은 역사에서 나중 단계에 이르러 존재하게 되었다고 인식해야 한다.

따라서 창발(emergence)은 여러 단계로 이루어진 위계 구조라는 특징을 가졌다고 이해하는 것이 가장 좋다. 이때 각 단계는 그 단계에 걸맞은 독특한 질서와 서술 언어, 그리고 분석 방법을 갖고 있다.[40] 이런 생각은 새로운 게 아니다. 예를 들어 독일 철학자 니콜라이 하르트만(Nicolai Hartmann, 1882-1950)은 우리에겐 실재의 복잡하고 다

---

40. Ellis, "On the Nature of Emergent Reality," p. 81.

채로운 본질에 민감한 비판적 존재론이 필요하다고 주장했다.[41] 하르트만은 실재를 다음과 같이 네 단계로 나누어 제시했는데, 단계가 높아질수록 더 발전한 단계에 해당한다.[42]

1. 물질의 범주를 포함한 비유기적 존재, 실질, 인과관계.
2. 신진대사, 동화, 자기 재생이라는 범주를 포함한 유기적 존재.
3. 의식과 즐거움이라는 범주를 포함한 정신적 존재(seeliges Sein).
4. 생각과 지식과 개성(인격성)이라는 범주를 포함한 영적 존재.

이것은 1930년대를 지배하던 논리 실증주의에 맞선 반동을 보여준다. 루돌프 카르납(Rudolf Carnap)도 자연을 위계를 따라 조직된 것으로 보는 접근법을 제시했지만, 그는 이것을 본질상 애초부터 존재가 그런 것으로 생각하지 않고, 우리에게 깨우침을 주는 범주 형성 과정(heuristic process of categorization)이라고 보았다.[43] 하르트만은 ― 실재에 관한 인간의 인식뿐만 아니라― 실재 자체가 여러 단계로 이루어졌다고 보면서, 각 단계를 탐구할 때 활용할 적절한 방법을 놓고 몇 가지 중요한 질문들을 제기했다.

오늘날 대다수 자연과학자들은 때때로 일개 도그마로 전락해 버

---

41. 가령 Nicolai Hartmann, *Zum Problem der Realitätsgegebenheit*(Berlin: Pan-Verlagsgesellschaft, 1931); idem, *Zur Grundlegung der Ontologie*, 3rd ed.(Meisenheim am Glan: Anton Hain, 1948)를 보라.
42. Nicolai Hartmann, *Kleinere Schriften*, 3 vols.(Berlin: de Gruyter, 1955), 1:99-101.
43. Rudolf Carnap, *Der logische Aufbau der Welt*(Hamburg: Felix Meiner Verlag, 1998), pp. 102-107.

리곤 했던 논리 경험론자의 편견을, 곧 모든 과학 영역에는 합당한 방법이 오직 하나만 존재한다고 주장하는 편견을 겨우겨우 극복했다. 물론 사람들은 지금도 서로 완전히 다른 현상들을 놓고 통일된 설명을 제시하는 것을 인식론상 가치 있는 이상으로 널리 떠받든다. 하지만 과학에서 통일된 방법론을 강조하던 입장들은 점차 서로 다른 영역에서 이루어지는 과학 작업이 각기 독특하게 갖고 있는 특징들을 강조하는 것이 훨씬 더 타당하다는 입장에게 그 자리를 내주었다. 따라서 실재를 '단계를 지어 분류한다'(stratification)는 개념은 자연과학에 특별한 어려움을 안겨 주지 않으며, 자연과학의 방법 및 접근법들과 완전히 어울린다. 그러나 이 개념에는 서로 다른 수많은 해석이 있다. 예를 들어 알베르트 아인슈타인은 1936년에 쓴 논문 "물리학과 실재"(Physics and Reality)에서 '과학 시스템의 단계별 분류'(stratification of the scientific system)를 다루었다.[44] 그가 여기서 말하는 것은, 인간의 감관이 한 체험에서 얻은 기본 데이터를 이해하려는 인간의 시도는 여러 단계로 나뉜다는 것이다. 하지만 이론의 진전이 이루어지면, 이런 단계들 가운데 중복되는 몇 가지를 제거할 수 있으리라는 기대를 피력했다.[45] 이런 생각을 받아들인 인물이 토머스 토렌스(1913-2007)다. 토렌스는 이런 생각이 신학에서 중요한 의미를 가진다고 여겼다.[46] 다른 사람들은 '단계별 분류'가 실

---

44. Albert Einstein, "Physics and Reality," *Journal of the Franklin Institute* 221(1936), pp. 349-389, 특히 pp. 352-354.
45. Mara Beller, "Kant's Imapct on Einstein's Thought," in *Einstein: The Formative Years, 1879-1909*, ed. Don Howard and John J. Stachel(Boston: Boston University, 2000), pp. 83-107, 특히 pp. 94-96.

재 자체 안에 여러 계층이 등장하는 것과 관련이 있다고 하면서, 이 개념이 사회과학에서 특히 중요하지만,[47] 자연과학에도 분명 시사하는 점들이 있다고 주장했다. 예를 들어 이 개념은 똑같은 사회 대상을 서로 완전히 다른 방법을 사용해 완전히 다른 맥락에서 표현하고 분석하는 현상을 설명하는 데 도움을 준다. 그런 현상의 예가 화학과 물리학이 서로 완전히 다른 태도로 전자들을 대하는 경우인데, 화학과 물리학은 이 전자라는 실재를 그 나름대로 고유한 '차원에서 설명'한다.[48]

1981년에 노벨 화학상을 받은 로알드 호프만(Roald Hoffmann)은 이 점을 강조하면서, 화학이 어떤 측면에서는 물리학을 능가하는 자율성을 가진다고 역설한다.[49]

화학에는 물리학으로 되돌릴 수 없는 개념들이 있다. 만일 이런 개념들을 되돌릴 수 있다면, 이 개념들은 그들이 가진 흥미로운 것들을 많이 잃어버린다.…방향성, 산성, 염기성 같은 개념들을 생각해 보라. 기능 그룹

---

46. Tapio Luoma, *Incarnation and Physics: Natural Science in the Theology of Thomas F. Torrance*(Oxford: Oxford University Press, 2002), pp. 117-119의 분석을 보라.
47. 사회 구조 가운데 하나인 '계급'의 등장이 아주 좋은 예다. Rosemary Crompton, *Class and Stratification: An Introduction to Current Debates*, 2nd ed.(Cambridge: Polity, 1998), pp. 6-16을 보라.
48. Theodore Arabatzis and Kostas Gavroglu, "The Chemists' Electron," *European Journal of Physics* 18(1997), pp. 150-163. 이것과 Mary Jo Nye, "Physics and Chemistry: Commensurate or Incommensurate Sciences?" in *The Invention of Physical Science: Intersections of Mathematics, Theology and Natural Philosophy since the Seventeenth Century*, ed. M. J. Nye, J. L. Richards, and R. H. Stuewer(Dordrecht: Kluwer Academic Publishers, 1992), pp. 205-224은 이런 논의들에 개념상 유익한 배경 자료를 제시한다.
49. Roald Hoffmann, *The Same and Not the Same*(New York: Columbia University Press, 1995), p. 20.

혹은 치환기효과(置換基效果, substituent effect)라는 개념을 생각해 보라. 이런 개념들은 아주 가까운 것으로 규정하려 하면, 결국 시들어 버리는 경향이 있다. 이 개념들은 수학으로 표현할 수도 없고, 명쾌하게 규정할 수도 없다. 하지만 우리 과학에는 기막힌 쓸모가 있다.

이것은 화학과 물리학을 존재론상 혹은 인식론상 별개로 이해해야 하는가라는 문제를 일으킨다. 이 문제를 둘러싼 논쟁은 근래 관심을 불러일으켰고 적지 않은 혼란을 일으켰다.[50] 그러나 양자의 관계를 단계에 따른 구분이라는 개념을 통해 접근해 가면, 이런 혼란 가운데 많은 부분을 제거할 수 있다. 단계에 따른 구분이라는 개념은 바스카가 전개한 비판적 실재론 형태에서 특히 중요한 역할을 한다.

존재론이 인식론을 결정한다는 것―바스카가 취하는 접근법의 기본 원리다―을 인정한다면, 나중에 등장하는 각 단계가 각기 가진 독특한 특징들을 연구하고 표현할 때에는 각 단계에 맞는 독특한 방식을 따라야 한다. 바스카는 이렇게 말한다.[51]

---

50. 이런 입장을 더 강력하게 천명한 글을 보려면, Olimpia Lombardi and Martín Labarca, "The Ontological Autonomy of the Chemical World: A Response to Needham," *Foundations of Chemistry* 8(2006), pp. 81-92을 보라. 비판을 보려면, Lee McIntyre, "Emergence and Reduction in Chemistry: Ontological or Epistemological Concepts?" *Synthese* 155(2006), pp. 337-343을 보라.
51. Roy Bhaskar, *The Possibility of Naturalism: A Philosophical Critique of the Contemporary Human Sciences*, 3rd ed.(London: Routledge, 1998), p. 3. 나는 이 접근법이 가령 Robin Le Poidevin, "Missing Elements and Missing Premises: A Combinational Argument for the Ontological Reduction of Chemistry," *British Journal for the Philosophy of Science* 56(2005), pp. 117-134에서 논의하는 문제들을 더 분명하게 설명해 준다고 생각한다.

자연주의는 자연과학과 사회과학이 각기 갖고 있는 고유한 방법과 다소 독특한 방법을 모두 아울러 과학을 설명할 수 있다고 주장한다. 그러나 이것이 이런 과학들이 다루는 주제들 그리고 이런 과학들 사이의 관계에 존재하는 실제 차이점들 때문에 이런 방법들에도 중대한 차이들이 있음을 부인하는 것은 아니다.…어떤 형태의 과학이 될 수 있는가를 결정하는 것은 바로 그 과학의 대상이 가지는 본질이다.

따라서 화학과 물리학은 실재 가운데 서로 구분되는 단계(층)를 다루는 것으로 볼 수 있으며, 그 때문에 이들을 궁구하는 방식과 표현하는 수단은 서로 구별될 수밖에 없다.[52] 각 과학이 독특하다. 그러나 이 과학들 사이에는 분명 연관성이 있다. 바스카는 적어도 다음과 같이 네 단계가 있다고 보는 것 같다.[53] 심리과학, 사회과학, 생물과학, 분자과학. 이것을 더 확장하면 다음과 같은 계통을 따라 단계별로 구분지어 제시할 수 있다. 생물학, 화학, 물리학. 바스카는 단계 A가 단계 B에 뿌리를 두고 이 B로부터 등장하면, 단계 A는 '단지' 단계 B'일 뿐'이라고 주장한다. 나중에 등장하는 단계들은 '되돌

---

52. 비슷한 문제가 생물학에서도 등장한다. 생물학에서는 가령 '유전자'처럼, 주로 기능의 관점에서 인식하는 일련의 실재들이 존재론상 어떤 위치에 있는가가 여전히 모호한 문제로 남았다. Michael Snyder and Mark Gerstein, "Defining Genes in the Genomics Era," *Science* 300(2003), pp. 258-260을 보라. 생물학계에서는 담론이라는 영역에서 생물학적 실재들의 세부 명세들, 이 실재들의 특성과 관계를 가리키는 말로—다시 말해 우리가 인식한 구조와 관계에 비추어 물질이라는 거대한 몸을 어떻게 조직할 것인가를 이야기할 때—'존재론'이라는 말을 점점 더 많이 사용하고 있다. Daniel L. Rubin, Nigam H. Shah, and Natalya F. Noy, "Biomedical Ontologies: A Functional Perspective," *Briefings in Bioinformatics* 9(2008), pp. 75-90.
53. Andrew Collier, *Critical Realism: An Introduction to Roy Bhaskar's Philosophy*(London: Verso, 1994), p. 45에서 언급하는 내용이다.

아갈 수 없는'(irreducible) 특징들, 말 그대로 더 낮은 단계들에 비춰 인식할 수 없는 특징들을 소유한다. 우리는 화학을 물리학으로 '되돌릴' 수 없다. 화학이라는 단계는 그것의 뿌리인 단계들을 넘어서는 특징을 갖고 있기 때문이다.

이렇게 실재를 여러 단계로 구분하기 때문에, 우리는 우리가 존재론상 단일한 세계에 산다는 것을 긍정하면서도 그 세계에 관한 우리의 지식은 방법론상 다양성을 가진다는 것을 인정할 수 있다.[54] 존재가 여러 단계로 이루어졌음을 인정하면 여러 가지 방법들을 인정하게 된다. 따라서 우리는 자연에서 일어나는 모든 과정을 탐구하고 서술하고 설명하는 방법에 많은 정당한 방법들이 있다는 것을 인정해야 한다. 서로 다른 과학은 서로 다른 단계의 조직과 복잡한 구조를 다룬다. 때문에 한 단계에 적용할 수 있는 말과 개념이라도 당연히 다른 단계들에 적용할 수 있는 것은 아니다.

실재의 각 단계는 그 **본질을 따라**(*kata physin*),[55] 다시 말해 그것만이 가진 독특한 정체성을 따라 궁구해야 한다는 인식이 토머스 토렌스와 내가 전개하는 '과학신학'의 두드러진 특징이다. 이 접근법은 실재의 각 단계를 그것만이 가진 독특한 본질을 따라 궁구하고 표현해야 한다고 강조한다.[56] 인식론은 존재론이 결정한다. 각 과

---

54. Steven P. R. Rose, *Lifelines: Biology, Freedom, Determinism*(Harmondsworth: Penguin, 1997)이 이 점들을 강조한다. 아울러 Steven P. R. Rose, "Précis of Lifelines: Biology, Freedom, Determinism," *Behavioral and Brain Sciences* 22(1999), pp. 871-921을 보라.
55. 존 러스킨은 사물이 그렇게 존재하기 때문에 현상대로 사물을 존경하고, 보존하고, 인식해야 할 필요가 있음을 강조한 일련의 논문에서 'Kata Physin'이라는 필명을 사용했다.
56. 특히 Thomas F. Torrance, *Theological Science*(London: Oxford University Press, 1969); McGrath, *A Scientific Theology*, vol. 2, *Reality*, pp. 268-296을 보라.

학은 그 대상에 적합한 혹은 그 대상에 맞춘 언어와 연구 방법을 펼쳐 보이며, 선험적이 아니라 후험적으로 결정해야 한다. 이 문제는 1930년대 초에 하인리히 숄츠(Heinrich Scholz)와 칼 바르트가 논쟁을 벌이는 동안 등장했다. 이 논쟁에서 숄츠는 보편성을 지닌 과학적 판단 기준이 있다고 주장했지만, 바르트는 —신학을 포함한— 각 학문 분과가 각기 다루는 독특한 주제에 대한 후험적 반응으로서 고유한 방법론과 판단 기준을 발전시켰음을 강조했다.[57]

만일 자연신학이 이 책 전체에서 제시한 대로 기독교의 시각에서 '자연'을 평가하고 인식한 것을 제시한 것이라면, 이런 평가와 인식의 특징은 자연을 접촉하는 단계 혹은 층에 따라 달라지리라는 것을 유념해야 한다. 자연과학자들은 자연 안에 다양한 층이 있다고 주장했다.[58] 하지만 이 많은 단계들도 모든 것을 망라하는 기독교 자연신학이 적어도 이론상으로나마, 포괄할 수 있고 또 포괄해야 한다는 것을 알 수 있다. 이 연구서는 자연에 다가가는 접근법들이 보여 주는 스펙트럼에 초점을 맞추었다. 이 스펙트럼은 우주론에서 화학을 거쳐 진화생물학까지 뻗었다. 그러나 이렇게 여러 단계로 구별해 '자연'에 다가가는 접근법에 따르면, 인류 문화의 미의 추구, 또는 얻을 수 없는 것을 얻으려는 인간의 갈망 역시 자연신학의 필수 요소로 보지 말아야 할 이유가 없다는 것을 짚고 넘어가는 게

---

57. Alister E. McGrath, "Theologie als Mathesis Universalis? Heinrich Scholz, Karl Barth, und der wissenschaftliche Status der christlichen Theologie," *Theologische Zeitschrift* 62(2007), pp. 44-57을 보라.
58. 가령 Philip W. Anderson, "More Is Different," *Science* 177(1972), pp. 393-396; Ellis, "On the Nature of Emergent Reality," p. 80을 보라.

중요하다.[59] 자연신학은 생물학이나 천문학 영역에서 일어나는 일들을 이성에 맞게 관찰하고 성찰하는 것에 국한되지 않는다.

우리가 이번 장에서 말한 것에 비춰 볼 때, 창조 개념은 처음에 실제로 이루어진 것뿐 아니라 나중에 등장할 잠재성을 지닌 것까지 포괄하는 것으로 보는 것이 옳음을 알 수 있다. 이런 개념은 비록 미숙한 형태였지만 히포의 아우구스티누스도 표현했다. 신학은 이런 개념을 책임 있게 발전시켜 갈 여지가 분명히 있으며, 이 개념은 현재 통용되는, 사변성이 더 짙은 몇몇 접근법들을 피하기 위해서라도 추천할 만하다. 여기에서 강조하지 않을 수 없는 것은 이것이 기독교의 전통적 창조 개념을 왜곡하거나 뒤집는 것이 아니라는 것, 도리어 이것을 그 창조 개념의 정당하고도 필요한 확장으로 봐야 한다는 것이다.

---

59. 이것은 모두 삼위일체 자연신학 속에 쉽게 통합할 수 있다. 가령 Alister E. McGarth, *The Open Secret: A New Vision for Natural Theology*(Oxford: Blackwell, 2008), pp. 262-290을 보라. 존 맥쿼리가 말하는 '새로운 스타일'의 자연신학도 이 방향을 지향하는 것이라고 말할 수 있다. John Macquarrie, *Principles of Christian Theology*, 2nd ed.(London: SCM Press, 1977), pp. 43-53을 보라.

결론

이 책은 이런 종류의 다른 많은 책들처럼, 인간의 실존과 관련해 가장 기본이 되는 몇 가지 문제들을 다루었다. 우리는 우리를 둘러싼 세계를 어떻게 이해하는가? 우주 안에서 우리는 어떤 위치에 있는가? 만물의 의미는 무엇인가? 이런 물음들은 인간이 생각을 시작한 때부터 논쟁해 온 것들이며, 어떤 형태로든 종결될 기미도 보이지 않고, 그런 종결이 이루어질 수 있으리라는 상상을 하는 것도 불가능하다. 이 문제들은 여전히 미해결로 남아 우리를 좌절케 하고 애를 먹이면서, 만물 안에서 확실한 것을 찾는 이들을 끊임없이 괴롭히는 근원이 되었다. 계몽주의는 실재를 단 하나의 통일된 내러티브로 설명해 보려는 위대한 시도를 했는데, 이 내러티브는 필연적이고 보편적인 이성의 진리들이라는 말로 표현할 수 있었다. 그러나 이 위대한 시도는 그 내러티브와 어긋나는 증거의 무게에 눌려 비틀거리다 넘어지고 말았다. 하지만 이것이 삶의 의미와 우주 안에서 인간이 차지하는 위치에 대해 가장 신뢰할 수 있는 설명을 찾으려는 작업을 좌절시키지는 못했다. 무모하고 지나친 계몽주의의 자신감이 계몽주의가 이런 문제들에 제시한 대답들에 대한 우리의 신뢰를 갉아먹었을 수도 있다. 그러나 그것 때문에 이런 질문들이 힘을 잃거나 매력을 잃어버리지는 않았다.

이 책은 자연신학, 곧 우리가 우리 주위에서 관찰하는 자연계가 예로부터 '초월자' 또는 '신(하나님)'이라는 말을 사용해 묘사해 온 또 다른 영역을 드러낼 수 있는가라는 문제를 탐구하는 오래된 지적 작업에 다가가는 한 가지 접근법을 제시했다. 윌리엄 페일리는 지식과 미가 낳은 결과들에 근거한 자연신학 접근법을 옹호했다. 내가 채택한 접근법은 자연을 대면하고 접촉할 때 생겨나는 두려움과 놀라움이라는 느낌에 더해 ―이런 느낌을 전혀 감소시키지 않는다― 그런 결과를 일으킨 거대하고 복잡한 과정 속에서 새로운 경이감까지 발견한다. 페일리와 나는 모두 과학과 대화를 나누는 데 열심이지만, 서로 시각이 다르고 세계를 바라보는 과학의 안경 또한 다르다. 리처드 도킨스는 우리가 아는 세계를 있게 한 자연 속의 여러 힘들을 인식하게 되면서 자연신학이란 것이 존재할 명분이 약해졌다고 믿는 것 같다. 그러나 그렇지 않다. 우리는 이제 자연에서 일어나는 과정들 자체에서, 그리고 그 과정들이 이런 식으로 작동할 수 있게 해준 '우주의 우연들'(cosmic coincidences) 안에서 더 많은 경이의 원인을 발견한다. "우리는 하나님이 만물을 지으실 수 있을 정도로 아주 지혜로우신 분임을 오래전부터 알았다. 그러나 유념하라. 하나님은 그보다 훨씬 더 지혜로우셔서 만물이 스스로 그 자신을

결론

만들게 하실 수 있는 분이다"(찰스 킹슬리).[1] 페일리는 정적 시각으로 자연신학을 바라본다. 때문에 그의 시각은 과학적 수정과 개념의 확장, 그리고 신학 면에서 더 공고히 다듬을 필요가 있었다. 이 책에서 바로 그런 일을 시도했다.

그러나 이 책이 택한 접근법과 이전의 자연신학 형태들 사이에는 또 한 가지 차이점이 있다. 어떤 이들은 하나님의 존재와 하나님의 특성 중 적어도 몇 가지를 자연계에서 연역해 낼 수 있다고 주장했다. 그러나 나는 기독교 세계관과 우리가 실제로 관찰하는 것들이 서로 공명을 이룬다거나 '경험상 적합성'(empirical fitness)을 가진다는 개념에 기초한, 더 온건하고 현실성 있는 접근법을 지지한다. 기독교 신앙은 결국 하나님의 자기 계시에 근거하기에, 자연계를 조명해 주고 해석해 준다. '성경이라는 책'은 '자연이라는 책'을 더 꼼꼼하고 풍성하게 읽을 수 있게 해준다. 연역이 아니라 귀추는 자연과학의 특징이지만 자연신학의 특징이기도 하다. 우리가 관찰하는 것들을 조명해 주고 설명해 줄 수 있는 기독교 실재관의 능력은 그 자체를 중요하게 여겨야 할 뿐 아니라, '자증(自證)하는 진리들'과 비슷하게 그 자체가 진실임을 에둘러 확인해 주는 것으로 여겨야 한다.[2]

---

1. Charles Kingsley, "The Natural Theology of the Future," in *Westminster Sermons* (London: Macmillan, 1874), v-xxxiii.
2. 이 개념을 살펴보려면, Carl G. Hempel, *Aspects of Scientific Explanation*(New York: Free Press, 1965), pp. 370-374을 보라. 이 개념을 겉보기에 비슷한 개념인 '자증하는 진리들'과 혼동해서는 안 된다. 이 개념은 패터슨(W. P. Paterson, 1860-1939)이 1905년에 글래스고에서 한 베어드 강연(Baird Lecture)에서 지적한 대로, 기독교가 진실임을 지지하는 이유들을 외부에서 찾는 것이 중요함을 부인하지 않는다. W. P. Paterson, *The Rule of Faith*, 2nd ed.(London: Hodder & Stoughton, 1912), pp. 7-9.

이 점을 강조한다고 해서 기독교가 단순히 사물을 이해하는 방식이라고 말하는 것은 아니다. 나는 상당히 주의를 기울여 기독교 복음의 근본 테마가 인간의 변화이며, 이를 예로부터 대속과 구원이라는 말로 합당하게 서술해 왔음을 지적했다. 그러나 변화 중에는 지식의 변화도 들었다. 기독교 신앙은 마음을 새롭게 하는데(롬 12:1-2), 이는 반드시 만물을 새로운 시각으로 보게 한다. 아우구스티누스가 구원을 받으면 "마음의 눈도 고침을 받는다"고 말한 것은 그런 점을 천명한 중요한 선언이다. 자연신학은 아우구스티누스가 제시한 이미지를 더 확장해, 우리 영혼의 시각이 고침을 받고 뒤이어 우리가 자연 속에서 인식하는 것까지 고침을 받는다는 것을 아울러 이야기한다. 자연신학은 믿음으로 자연과 접촉하고, 이를 통해 자연을 이해하는 것을 가리킨다. 그러므로 여기서 택한 접근법은 자연과 다루는 신학을 넘어 그보다 상당히 더 많은 내용을 표현한다. 자연신학은 이런 평가 과정과 궁구 과정은 물론 그 과정이 낳은 결과까지 포괄한다.

또 이 접근법은 자연신학이 무엇보다 의미를 설명(이해)하는 활동이라고 이해해야 한다고 암시하지도 않는다. 자연신학은 분명 단순히 의미를 설명하는 활동보다 훨씬 더 풍성하고 심오하여, 자연계를 미학의 관점에서 인식하고 자연계가 지닌 여러 가능성을 도덕 속에 심는 것까지 아우른다.[3] '봄'(seeing)이라는 중심 이미지는 해석, 인식, 그리고 원칙에 따른 행동이라는 관념들을 포괄한다. 우리가 대상을

---

3. 이를 살펴보려면, Alister E. McGrath, *The Open Secret: A New Vision for Natural Theology* (Oxford: Blackwell, 2008), pp. 221-231, 261-313을 보라.

'보는' 방식(시각)이 그 대상을 향한 우리 태도에 영향을 미치기 때문이다. 자연신학은 신학을 바탕으로 삼아 자연 속에서 진, 선, 미를 찾는 것이다. 나는 자연이 갖고 있는 아름다움과 윤리의 측면들을 이후 더 방대한 작업을 통해 더 상세히 탐구해 보려는 의도를 굳게 갖고 있다. 나는 이 책에서 자연신학의 측면 중 의미를 설명해 주는 측면에 초점을 맞추었는데, 이는 이런 자연신학 작업을 이성에 호소하는 작업에 한정하려 했기 때문이 아니다. 의미를 설명해 주는 믿음의 역동성을 다른 방법으로 할 수 있는 것보다 더 집중해 더 상세하고 폭넓게 궁구하는 일을 가능케 하려 했기 때문이다.

기독교 신학은 개념이 자리할 공간을 지도처럼 그려 보임으로써, 실재의 본질을 바라보는 기독교 신학의 전체 시각이 외관상 경험에서 나온 모호한 문제들과 수수께끼들을 포용할 수 있게 해준다. 아이리스 머독(Iris Murdoch, 1919-1999)은 "인간의 생각이 무언가를 진정시키고 전체를 만들어 내는 경향"을 가졌음을 알았다. 이는 곧 인간의 생각이 개개 경험과 관찰 결과의 개별성을 존중하면서도 세계 전체를 아우르는 포괄적 그림을 만들어 냄으로써 이런 개별적 특수성을 초월할 수 있다는 의미다.[4] 이와 비슷하게, 미국의 위대한 심리학자 윌리엄 제임스(1842-1910)는 어린 아이들이 세계를 체험하는 방식을 이야기하면서 "꽃이 피고 벌이 윙윙거리는 하나의 커다란 혼란"으로 체험한다고 말했다.[5] 세계가 가진 지적·심미적·도덕적 모호

---

4. Iris Murdoch, *Metaphysics as a Guide to Morals*(London: Penguin, 1992), p. 7. 이런 개별성을 존중하는 것이 중요하다는 것을 살펴보려면, Alister E. McGrath, *A Scientific Theology*, vol. 3, Theory(London: Continuum, 2003), pp. 34-43을 보라.

성은 종종 비슷한 신학적 도전을 제기하면서, 세상의 소음을 어떻게 하면 화음으로 해석할 수 있을까라는 문제를 일으킨다. 사람들은 기독교 신앙이 단일하고 통일된 실재관을 제공한다고 주장하지만, 이런 실재관은 인간으로 하여금 자연계에서 당황스러운 복잡성과 인식론상 명백한 무정부 상태만 느끼게 할 뿐이다. 진정한 기독교 신학은 우리에게 세계에 관한 우리의 경험 위에 던질 수 있는 개념의 그물을 제공함으로써, 우리가 세계의 통일성을 지각하고 세계가 지닌 외관상의 모순들과 더불어 살아갈 수 있게 해준다.

다른 학자들은 자연신학이 자연계를 인과율을 따라 설명해 준다고 주장했다. 반면 나는 자연계가 지닌 독특한 특징들을 '설명의 통합'이라는 말로 더 잘 묘사할 수 있다는 견해를 취한다. 나는 이 접근법의 기본 요소들을 앞서 낸 책 「공개된 비밀」(2008)과 이 책 1부에서 제시했다. 때문에 이 책을 맺으면서 그 요소들을 되풀이해 말하지는 않겠다. 중요한 것은 자연신학이 자연계를 '보는' 방식(시각)이며, 이 '봄'은 기독교 전통에서 나온 것이라는 점이다. 이런 자연신학은 그 근거와 일관성을 삼위일체적 존재론(Trinitarian ontology)로부터 끌어낸다. 아울러 이런 식으로 사물을 바라보는 방식은 우리가 세계를 관찰한 결과 및 경험한 결과와 강력한 조화를 이룬다.

그러나 복음의 설명 능력을 인식하면 훨씬 더 중요한 것을 깨닫게 된다. 의미를 전달해 주는 능력이 그것이다. 우리는 여기서 다시금 기독교 신앙의 가장 독특하고 중요한 측면 가운데 하나를 만난다. 경험

---

5. William James, *The Principles of Psychology* (Cambridge, MA: Harvard University Press, 1981), p. 462.

에서 얻은, 아직 가공하지 않은 데이터에 의미라는 그물을 던져 준다는 것이 바로 그것이다. 우리는 복음이 주로 우주나 인간의 기원을 설명해 주는 것이 아님을 유념해야 한다. 복음의 본질은 그것이 목적과 가치와 중요성과 작용 같은 관념들로 표현되는 **의미**를 전달해 준다는 데 있다.[6] 이 책이 제시한 논증들은 믿음이 가진 설명 잠재력을 확인해 주며, 이 믿음은 역시 그와 연관된 것으로서 삶에 의미를 부여할 수 있는 믿음의 능력을 확신하는 것으로 바뀌어야 한다. 기독교는 에피쿠로스학파처럼 **살아 있는 동안에 즐기자**(*dum vivimus vivamus*)는 말에 만족하며 안주할 수 없다. 기독교는 대신 삶의 실존의 변화를 이야기한다.

그러나 이 책에서 우리 관심사는 주로 기독교 신앙이 자연과 만났을 때 이 자연을 설명할 수 있는 능력이었다. 영국의 위대한 자연철학자 윌리엄 휴얼(1794-1866)은 풍부한 시각 이미지를 활용해 관찰 결과를 설명하고 함께 엮어 줄 수 있는 훌륭한 이론의 능력을 이렇게 표현했다. "사실들은 알려져 있으나 따로 놀고 서로 이어져 있지 않다.…진주들이 있지만, 누군가가 실을 제공하지 않으면 이 진주들은 하나가 되지 못할 것이다."[7] '진주들'은 관찰 결과들이며, '실'은 데이터를 **이어 주고 통일해 주는**, 실재를 바라보는 커다란 시각이요 세계관이다. 휴얼은 커다란 이론이 '사실들을 총괄해 묶어 줌'으로써 사실들을 서로 이어 주는 새로운 관계 시스템을 만들고, 자칫하

---

6. Roy Baumeister, *Meaning of Life*(New York: Guilford Press, 1991), pp. 29-57.
7. William Whewell, *Philosophy of the Inductive Sciences*, 2 vols.(London: John W. Parker, 1847), 2:36. 휴얼의 귀납 이론은 비판 소지가 있다. 가령 Laura J. Snyder, "The Mill-Whewell Debate: Much Ado about Induction," *Perspectives on Science* 5(1997), pp. 159-198을 보라.

면 서로 무관하고 고립된 관찰 결과로 여길 뻔 했던 것들을 통일시켜 준다고 강조했다.

이 이미지를 계속 사용하자면, 이 책은 진주들을 가려내고 이 진주들을 하나로 묶어 줄 가장 훌륭한 실을 찾으려는 것이라고 말할 수 있다. 진주들은 우리가 이 책 2부에서 탐구했던 인간중심 현상들이요, 실은 고전 기독교의 특징인 삼위일체 관점에서 실재를 바라보는 시각이다. 실과 진주들은 그 자체가 상당한 흥밋거리다. 그러나 그것들을 '총괄해 묶어 주는' 방법이야말로 어쩌면 훨씬 더 흥미로운 것일지도 모른다. 나는 이 책에서 제시한 탐구 결과들이 자연신학의 미래, 삼위일체론이 가진 설명의 차원들, 그리고 인간중심 현상들의 의미에 더 큰 관심을 불러일으키길 소망한다. 나는 정교한 조율을 하나님이 존재하심을 보여 주는 확실한 증거로 못 박는 열렬한 유신론자들의 과도한 주장은 물론, 단지 우리가 대략 살펴본 현상들이 하나님의 존재를 시사한다는 것을 인정하지 않으려고 여러 우주들(multiverse)이라는 개념으로 도피하곤 하는 무신론자들의 과도한 주장을 모두 피하려고 애썼다.[8]

이 책은 자연에 존재하는 정교한 조율 사례들에 초점을 맞추면서, 그것들을 설명이 필요한 '놀라운 사실들'(찰스 퍼스)의 본보기 혹은 '우주의 의미를 해명해 줄 실마리들'(C. S. 루이스)이 될 수 있는 본보기로 활용했다. 이런 사례는 진주들이며, 그 의미를 가장 잘 밝혀 줄 방법을 사용해 하나로 꿰내야 할 것들이다. 기독교의 실재관은

---

8. John Cornwell, *Darwin's Angel: A Seraphic Riposte to "The God Delusion"*(London: Profile Books, 2007), pp. 53-58에 있는 평들을 보라.

이런 관찰 결과들이 더 이상 놀랍지 않다는 것을 일깨워 주면서 사물들을 보게 하는 방법을 우리에게 제공한다. 어떤 사물이 있다 해도 우리는 그것을 예상할 수 있다. 나는 특히 히포의 아우구스티누스가 제시한 창조 신학이 과거 200년 동안 자연과학에서 일어난 가장 중요한 발전 가운데 두 가지를 탐구할 수 있는 탁월한 신학적 발판을 제공해 준다고 말했다. 그 둘 가운데 하나는 우주의 기원, 곧 사람들이 종종 '빅뱅'이라 부르는 것에 대해 이 시대가 갖는 이해이고, 다른 하나는 지구상 생명체의 발전, 그중에서도 특히 사람들이 지금도 '다윈주의가 말하는' 진화로 부르곤 하는 과정에 대해 우리가 갖는 이해다.

나는 이 책에서 찰스 퍼스가 말한 귀추 개념을 활용해 과학적 설명과 종교적 설명의 본질을 해명했다. 퍼스는 우주의 질서와 인간의 '피조성'(creatureliness)을 경험으로 지각한다는 사실을 인식하고 이런 지각에 응답해야 할 보편적 필요성을 표현한 것이 종교라고 본다. 퍼스는 자연계의 아름다움과 질서를 묵상하는 것이 하나님의 존재하심을 제시했으나 '사람들에게 무시당한 논증'의 근거라고 주장했다.[9] 퍼스는 "묵상이라는 순수 연극에서는 조만간 하나님의 실재라는(하나님이 실제로 존재하신다는) 개념이 매력 있는 환상임이 드러날 것"이라고 주장했다. 그것은 이 개념이 '삶의 이상'을 제공해 주기 때문이며, 우리 자신이 존재하는 자연 환경을 "철저히 만족스럽게 설명해 주기" 때문이다.[10] 이 책이 제시하는 묵상과 성찰의 정도

---

9. John Haldane, "Philosophy, The Restless Heart, and the Meaning of Theism," *Ratio* 19(2006), pp. 421-440.

가 하나님의 실재—비록 퍼스가 사용한 하나님의 실재라는 말의 의미가 모호하긴 하지만—를 논증해 주었는지 여부는 다른 사람들이 결정해야 할 문제다.

그러나 이 논의를 계속 이어가야 한다는 것은 의심할 여지가 없다. 이 논의가 과학과 종교를 해명하고, 풍성하게 해주며, 종종 수수께끼 같고 우리를 당황케 하는 이 우주에서 의미를 찾고자 하는 인간의 노력을 더 깊이 있게 만들어 주기 때문이다. 경험을 존중하고 도그마에 집착하지 않는 과학자들은[11] 점점 더 과학 작업이 함축한 형이상학적·종교적 의미들을 숙고해 보려고 한다. 점점 더 커져가는 과학자들의 이런 의지는 새롭고 흥분을 자아내는 개념적 가능성들을 만들어 냈다. "세계를 바라보는 과학적 시각은 절망스러울 만치 불완전하다"는 것과 "과학의 범주 밖에 가치와 의미와 목적을 지닌 것들"이 존재한다는 것을 점점 더 많이 깨달아 가는 과학계의 추세가 이런 의지와 결합했다.[12] 기독교 신학과 자연과학은 과거에 그들이 가진 능력을 과장했다. 물론 그 의도는 지극히 선했다. 이제는 이 두 분야가 각기 그들이 가진 한계를 인정하고, 협력과 대화 그리고 순전한 지적 희열을 누릴 수 있는 새로운 가능성들을 열어

---

10. Charles Sanders Peirce, Collected Papers of Charles Sanders Peirce, ed. Charles Hartshorne and Paul Weiss, 8 vols.(Cambridge, MA: Harvard University Press, 1960), 6:465.
11. 이 입장은 경험과 거리가 멀고 놀라울 만치 도그마에 집착하는 관점으로서 종종 '과학주의' (scientism)라 불리는 입장과 대비해 볼 수 있다. Mikael Stenmark, *Scientism: Science, Ethics and Religion*(Aldershot: Ashagte, 2001)을 보라.
12. Francisco J. Ayala, "Intelligent Design: The Original Version," *Theology and Science* 1(2003), pp. 9-32, 특히 p. 30. 비슷한 성찰을 보려면, Peter B. Medawar, The Limits of Science(Oxford: Oxford University Press, 1985)를 보라.

결론

놓는 것이 옳다.

    자연신학은 시대에 뒤떨어진 것처럼 보인다. 이 책은 자연신학을 더 발전시키는 데 도움이 될 온건한 방안을 제시한다. 그러나 자연신학을 회복하고 그 지평을 계속 넓혀 가려면, 아직도 해야 할 일들이 아주 많다.

참고문헌

Abbott, Barbara. "Water=H2O." *Mind* 108 (1999): 145-48.

Aczel, Amir D. *God's Equation: Einstein, Relativity and the Expanding Universe.* London: Piatkus, 2000.

Adam, Matthias. *Theoriebeladenheit und Objektivität: Zur Rolle von Beobachtungen in den Naturwissenschafte.* Frankfurt am Main: Ontos Verlag, 2002.

Aerts, Dirk. "Classical Theories and Nonclassical Theories as Special Cases of a More General Theory." *Journal of Mathematical Physics* 24 (1983): 2441-53.

Aguirre, Anthony. "Making Predictions in a Multiverse." In *Universe or Multiverse?* edited by Bernard Carr, 367-86. Cambridge: Cambridge University Press, 2007.

Albrecht, Michael von, and Gareth L. Schmeling. *A History of Roman Literature: From Livius Andronicus to Boethius; With Special Regard to Its Influence on World Literature.* 2 vols. New York: E. J. Brill, 1996.

Aldersey-Williams, Hugh. *The Most Beautiful Molecule: The Discovery of the Buckyball*. New York: Wiley, 1995.

Aliseda, Atocha. *Abductive Reasoning: Logical Investigations into Discovery and Explanation*. Dordrecht: Springer-Verlag, 2006.

―――. "Logics in Scientific Discovery." *Foundations of Science* 9 (2004): 339-63.

Allori, Valia, Detlef Dürr, Shelly Goldstein, and Nino Zanghí. "Seven Steps towards the Classical World." *Journal of Optics B* 4 (2002): S482-88.

Alon, Uri. *An Introduction to Systems Biology: Design Principles of Biological Circuits*. Boca Raton, FL: Chapman & Hall/CRC, 2007.

Alston, William P. *Perceiving God: The Epistemology of Religious Experience*. Ithaca, NY: Cornell University Press, 1991.

Altmann, Alexander. "'Homo Imago Dei' in Jewish and Christian Theology." *Journal of Religion* 48 (1968): 235-59.

Alvarez, L. W., W. Alvarez, F. Asaro, and H. V. Michel. "Extraterrestrial cause for the Cretaceous-Tertiary Extinction." *Science* 208 (1980): 1095-1108.

Anatolios, Khaled E. *Athanasius*. London: Routledge, 2004.

Anders, Timothy. *The Evolution of Evil: An Inquiry into the Ultimate Origins of Human Suffering*. Chicago: Open Court, 1994.

Anderson, Bernhard W. *From Creation to New Creation: Old Testament Perspectives*. Minneapolis: Fortress, 1994.

Anderson, Douglas R. "An American Argument for Belief in the Reality of God." *Philosophy of Religion* 26 (1989): 109-18.

―――. "The Esthetic Attitude of Abduction." *Semiotica* 153 (2005): 9-22.

―――. "The Evolution of Peirces Concept of Abduction." *Transactions of the Charles S. Peirce Society* 22 (1986): 145-64.

Andresen, Carl. *Logos und Nomos: Die Polemik des Kelsos wider des Christentums*. Berlin: de Gruyter, 1955.

Anstey, Peter R. "Boyle on Seminal Principles." *Studies in History and Philosophy of Science* C 33 (2002): 597-630.

Arabatzis, Theodore, and Kostas Gavroglu. "The Chemists' Electron." *European Journal of Physics* 18 (1997): 150-63.

Arbib, Michael A., and Mary B. Hesse. *The Construction of Reality*. Cambridge: Cambridge University Press, 1986.

Arnould, Marcel, Stephane Goriely, and Kohji Takahashi. "The R-Process of Stellar Nucleosynthesis: Astrophysics and Nuclear Physics Achievements and Mysteries." *Physics Reports* 450 (2007): 97-213.

Atran, Scott, and Ara Norenzayan. "Religions Evolutionary Landscape: Counterintuition, Commitment, Compassion, Communion." *Behavioral and Brain Sciences* 27(2004): 713-70.

Avery, Oswald, Colin MacLeod, and Maclyn McCarty. "Studies on the Chemical Nature of the Substance Inducing Transformation of Pneumococcal Types: Induction of Transformation by a Deoxyribonucleic Acid Fraction Isolated from *Pneumococcus* Type III." *Journal of Experimental Medicine* 79 (1944): 137-58.

Ayala, Francisco J. "Intelligent Design: The Original Version." *Theology and Science* 1(2003): 9-32.

———. "Teleological Explanations in Evolutionary Biology." *Philosophy of Science* 37(1970): 1-15.

Ayres, Lewis. *Nicaea and Its Legacy: An Approach to Fourth-Century Trinitarian Theology*. New York: Oxford University Press, 2004.

Babcock, William S. "A Changing of the Christian God: The Doctrine of the Trinity in the Seventeenth Century." *Interpretation* 45 (1991): 133-46.

Bachmann, Pascale Angelica, Pier Luigi Luisi, and Jacques Lang. "Autocatalytic Self-Replicating Micelles as Models for Prebiotic Structures." *Nature* 357 (1992): 57-59.

Baggini, Julian. *What's It All About? Philosophy and the Meaning of Life.* Oxford: Oxford University Press, 2005.

Bains, William. "Many Chemistries Could Be Used to Build Living Systems." *Astrobiology* 4 (2004): 137-67.

Ball, Philip. *Life's Matrix: A Biography of Water.* New York: Farrar, Straus, & Giroux, 2000.

Banavar, Jayanth. R., Trinh Xuan Hoang, John H. Maddocks, Amos Maritan, Chiara Poletto, Andrzej Stasiak, and Antonio Trovato. "Structural Motifs of Biomolecules." *Proceedings of the National Academy of Sciences* 104 (2007): 17283-86.

Banner, Michael C. *The Justification of Science and the Rationality of Religious Belief.* Oxford and New York: Oxford University Press, 1990.

Baran, Enrique J. "Model Studies Related to Vanadium Biochemistry: Recent Advances and Perspectives." *Journal of the Brazilian Chemical Society* 14 (2003): 878-88.

Barham, James. "The Emergence of Biological Value." In *Debating Design: From Darwin to DNA*, edited by William A. Dembski and Michael Ruse, 210-26. New York: Cambridge University Press, 2004.

Barnes, Eric. "Explanatory Unification and the Problem of Asymmetry." *Philosophy of Science* 59 (1992): 558-71.

_____. "Inference to the Loveliest Explanation." *Synthese* 103 (1995): 251-77.

Barnes, Michel René. "De Régnon Reconsidered." *Augustinian Studies* 26 (1995): 51-79.

_____. "Rereading Augustine's Theology of the Trinity." In *The Trinity*, edited by
Stephen T. Davis, Daniel Kendall, and Gerald O'Collins, 145-76. Oxford: Oxford University Press, 2001.

Barr, James. "The Image of God in the Book of Genesis: A Study of Terminology." *Bulletin of the John Rylands Library* 51 (1968): 11-26.

Barrett, Justin L. *Why Would Anyone Believe in God?* Lanham, MD: AltaMira Press, 2004.

Barrow, John D. *Between Inner Space and Outer Space: Essays on Science, Art, and Philosophy.* Oxford: Oxford University Press, 2000.

_____. *The Constants of Nature: From Alpha to Omega.* London: Vintage, 2003.

_____. *Theories of Everything: The Quest for Ultimate Explanation.* London: Vintage, 1992.

Barrow, John D., and Frank J. Tipler. *The Anthropic Cosmological Principle.* Oxford: Oxford University Press, 1986.

Bartelborth, Thomas. "Explanatory Unification." *Synthese* 130 (2002): 91-108.

_____. "Verstehen und Kohärenz: Ein Beitrag zur Methodologie der Sozialwissenschaften." *Analyse and Kritik* 21 (1999): 97-116.

Barth, Karl. *Die christliche Theologie im Entwurf.* Munich: Kaiser Verlag, 1927.

_____. *Der Römerbrief.* 2nd ed. Munich: Kaiser Verlag, 1922.

_____. "Schicksal und Idee in Theologie." In *Theologische Frage und Antworten*, 54-92.

칼 바르트의 대표 저작 「교회교의학」은 국내에 다음과 같이 출간되었다. 「교회교의학」 1-1, 박순경 역(대한기독교서회, 2003), 「교회교의학」 1-2, 신준호 역(대한기독교서회, 2010), 「교회교의학」 2-1, 황정욱 역(대한기독교서회, 2010), 「교회교의학」 2-2, 황정욱 역(대한기독교서회, 2007), 「교회교의학」 3-2, 황정욱 역(대한기독교서회, 2005), 「교회교의학」 4-2, 최종호 역(대한기독교서회, 2012), 「교회교의학」 4-4, 이형기 역(대한기독교서회, 2007)

Zurich: Evangelischer Verlag, 1957.

Bassham, James A. "Mapping the Carbon Reduction Cycle: A Personal

Retrospective." *Photosynthesis Research* 76 (2003): 25-52.

Batterman, Robert W. *The Devil in the Details: Asymptotic Reasoning in Explanation, Reduction, and Emergence*. Oxford: Oxford University Press, 2002.

Battimelli, Giovanni. "Dreams of a Final Theory: The Failed Electromagnetic Unification and the Origins of Relativity." *European Journal of Physics* 26 (2005): S111-S116.

Baumeister, Roy. *Meanings of Life*. New York: Guilford Press, 1991.

Beatty, John. "Dobzhansky and Drift: Facts, Values, and Chance in Evolutionary Biology." In *The Probabilistic Revolution*, edited by L. Krüger, L. J. Daston, M. Fleidelberger, G. Gigerenzer, and M. S. Morgan, 271-311. Cambridge, MA : MIT Press, 1987.

_____. "Replaying Life's Tape." *Journal of Philosophy* 103 (2006): 336-62.

_____. "Teleology and the Relationship of Biology to the Physical Sciences in the Nineteenth and Twentieth Centuries." In *Newton's Legacy: The Origins and Influence of Newtonian Science*, edited by Frank Durham and Robert D. Purrington, 113-44. New York: Columbia University Press, 1990.

Bechtel, William, and Robert C. Richardson. "Emergent Phenomena and Complex Systems." In *Emergence or Reduction?* Edited by Ansgar Beckermann, Hans Flohr, and Jaegwon Kim, 257-88. Berlin: de Gruyter, 1992.

Behr, John. *Asceticism and Anthropology in Irenaeus and Clement*. Oxford: Oxford University Press, 2000.

Behrens, Georg. "Peirce's "Third Argument" for the Reality of God and Its Relation to Scientific Inquiry." *Journal of Religion* 75 (1995): 200-218.

Beiser, Frederick C. *The Sovereignty of Reason: The Defense of Rationality in the Early English Enlightenment*. Princeton, NJ: Princeton University Press, 1996.

Benner, Steven A., and Andrew D. Ellington. "Interpreting the Behavior of Enzymes: Purpose or Pedigree?" *Critical Reviews in Biochemistry and Molecular Biology* 23 (1988): 369–426.

Benner, Steven A., and Daniel Hutter. "Phosphates, DNA, and the Search for Nonterrean Life: A Second Generation Model for Genetic Molecules." *Bioinorganic Chemistry* 30 (2002): 62–80.

Benner, Steven A., Alonso Ricardo, and Matthew A. Carrigan. "Is There a Common Chemical Model for Life in the Universe?" *Current Opinion in Chemical Biology* 8 (2004): 672–89.

Benner, Steven A., Slim O. Sassi, and Eric A. Gaucher. "Molecular Paleoscience: Systems Biology from the Past." *Advances in Enzymology and Related Areas of Molecular Biology* 75 (2007): 1–132.

Benton, Michael J. *When Life Nearly Died: The Greatest Mass Extinction of All Time.* London: Thames & Hudson, 2003.

Bhalla, Upinder S., and Ravi Iyengar. "Emergent Properties of Biological Signaling Pathways." *Science* 283 (1999): 381–87.

Bhattacharji, S., N. Chatterjee, J. M. Wampler, P. N. Nayak, and S. S. Deshnukh. "Indian Intraplate and Continental Margin Rifting, Lithospheric Extension, and Mantle Upwelling in Deccan Flood Basalt Volcanism near the K/T Boundary: Evidence from Mafic Dike Swarms." *Journal of Petrology* 104 (1996): 379–98.

Bienert, Wolfgang A. "Zur Logos-Christologie des Athanasius von Alexandrien in *Contra gentes und De incarnation*." In *Papers Presented to the Tenth International Conference on Patristic Studies*, vol. 2, edited by E. A. Livingstone, 402–19. Studia patristica 21. Leuven: Peeters, 1989.

Bird, Alexander. "Inference to the Only Explanation." *Philosophy and Phenomenological Research* 74 (2007): 424–32.

Blachford, Alistair, and Aneil F. Agrawal. "Assortative Mating for Fitness and the Evolution of Recombination." *Evolution: International Journal of Organic Evolution* 60 (2006): 1337-43.

Bloom, Jesse D., Sy T. Labthavikul, Christopher R. Otey, and Frances H. Arnold. "Protein Stability Promotes Evolvability." *Proceedings of the National Academy of Sciences* 103 (2006): 5869-74.

Boland, Vivian. *Ideas in God according to Saint Thomas Aquinas: Sources and Synthesis*. Leiden: Brill, 1996.

Bonanno, Alfio, and Martin Reuter. "Cosmology of the Planck Era from a Renormalization Group for Quantum Gravity." *Physics Review D* 65 (2002): 043508 (20 pages).

Bondi, Hermann. *Cosmology*. 2nd ed. London: Cambridge University Press, 1960.

Bonner, John T. *The Evolution of Complexity by Means of Natural Selection*. Princeton, NJ: Princeton University Press, 1988.

Borovik, A. J. "Characteristics of Metals in Biological Systems." In *Heavy Metal Tolerance in Plants: Evolutionary Aspects*, edited by A. Jonathan Shaw, 3-6. Boca Raton, FL: CRC Press, 1990.

Borrello, Mark E. "The Rise, Fall and Resurrection of Group Selection." *Endeavour* 29 (2005): 43-47.

Bostrom, Nick. *Anthropic Bias: Observation Selection Effects in Science and Philosophy*. New York: Routledge, 2002.

_____. "Self-Locating Belief in Big Worlds: Cosmology's Missing Link to Observation." *Journal of Philosophy* 99 (2002): 607-23.

Bowler, Peter J. "Darwinism and the Argument from Design: Suggestions for a Reevaluation." *Journal of the History of Biology* 10 (1977): 29-43.

_____. *The Mendelian, Revolution: The Emergence of Hereditarian Concepts in Modern Science and Society*. London: Athlone Press, 1989.

Boyer, Pascal. *The Naturalness of Religious Ideas: A Cognitive Theory of*

Religion. Berkeley: University of California Press, 1994.

Boyer, Pascal, and Charles Ramble. "Cognitive Templates for Religious Concepts: Cross-Cultural Evidence for Recall of Counter-Intuitive Representations." *Cognitive Science* 25 (2001): 535-64.

Braaten, Laurie J. "All Creation Groans: Romans 8:22 in Light of the Biblical Sources." *Horizons in Biblical Theology* 28 (2006): 131-59.

Brack, André E. "La chimie de l'origine de la vie." In *Les traces du vivant*, edited by M. Gargaud, D. Despois, J. P. Parisot, and J. Reisse, 61-81. Pessac: Presses Universitaires de Bordeaux, 2003.

Breitenbach, Angela. "Mechanical Explanation of Nature and Its Limits in Kant's *Critique of Judgment*." *Studies in History and Philosophy of Science* 37 (2006): 694-711.

Brewster, David. *Life of Sir Isaac Newton*. London: Tegg, 1875.

Brockliss, L. W. B. "Aristotle, Descartes and the New Science: Natural Philosophy at the University of Paris, 1600-1740." *Annals of Science* 38 (1981): 33-69.

Brogaard, Berit. "Peirce on Abduction and Rational Control." *Transactions of the Charles S. Peirce Society* 35 (1999): 129-55.

Brooke, John Hedley. "Darwin and Victorian Christianity." In *The Cambridge Companion to Darwin*, edited by Jonathan Hodge and Gregory Radick, 192-213. Cambridge: Cambridge University Press, 2003.

―――. "Like Minds: The God of Hugh Miller." In *Hugh Miller and the Controversies of Vic-torian Science*, edited by Michael Shordand, 171-86. Oxford: Clarendon Press, 1996.

―――. *Science and Religion: Some Historical Perspectives*. Cambridge: Cambridge University Press, 1991.

―――. "Science and the Fortunes of Natural Theology: Some Historical Perspectives." *Zygon* 24 (1989): 3-22.

Brooke, John Hedley, and Geoffrey Cantor. *Reconstructing Nature: The*

Engagement of Science and Religion. New York: Oxford University Press, 2000.

Brooke, John Hedley, and Ian Maclean, eds. *Heterodoxy in Early Modern Science and Religion*. Oxford: Oxford University Press, 2005.

Brookfield, J. F. Y. "Evolution: The Evolvability Enigma." *Current Biology* 11 (2001): R106-R108.

Brunner, Emil. "Natur und Gnade: Zum Gespräch mit Karl Barth." In *Ein offenes Wort*, vol. 1, *Vorträge und Aufsätze 1917-1934*, edited by Rudolf Wehrli, 333-66. Zurich: Theologischer Verlag, 1981.

Burbidge, E. Margaret, Geoffrey R. Burbidge, William A. Fowler, and Fred Hoyle. "Synthesis of the Elements in Stars." *Review of Modern Physics* 29 (1957): 547-650.

Burchfield, Joe D. *Lord Kelvin and the Age of the Earth*. Chicago: University of Chicago Press, 1990.

Burns, Robert M. "Richard Swinburne on Simplicity in Natural Science." *Heythrop Journal* 40 (1999): 184-206.

Butts, Robert E. "Teleology and Scientific Method in Kant's Critique of Judgment." *Nous* 24 (1990): 1-16.

Byrne, Peter A. *Natural Religion and the Nature of Religion: The Legacy of Deism*. London: Routledge, 1989.

Byrne, Ruth M. J. *The Rational Imagination: How People Create Alternatives to Reality*. Cambridge, MA: MIT Press, 2007.

Caetano-Anollés, Gustavo, Hee Shin Kim, and Jay E. Mittenthal. "The Origin of Modern Metabolic Networks Inferred from Phylogenomic Analysis of Protein Architecture." *Proceedings of the National Academy of Sciences* 104 (2007): 9358-63.

Cairns-Smith, Graham. "Fine-Tuning in Living Systems: Early Evolution and the Unity of Biochemistry." *International Journal of Astrobiology* 2 (2003): 87-90.

———. *Genetic Takeover and the Mineral Origins of Life*. Cambridge: Cambridge University Press, 1982.

———. *Seven Clues to the Origin of Life*. Cambridge: Cambridge University Press, 1985.

Calhoun, Laurie. "The Underdetermination of Theory by Data, 'Inference to the Best Explanation,' and the Impotence of Argumentation." *Philosophical Forum* 27 (1996): 146-60.

Cameron, D. R., T. M. Lenton, A. J. Ridgwell, J. G. Shepherd, R. Marsh, and A. Yool. "A Factorial Analysis of the Marine Carbon Cycle Controls on Atmospheric CO2." *Global Biogeochemical Cycles* 19 (2005): 1-12.

Campbell, Mary K., and Shawn O. Farrell. *Biochemistry*. 5th ed. Pacific Grove, CA: Brooks/Cole, 2006.

Carnap, Rudolf. *Der logische Aufbau der Welt*. Hamburg: Felix Meiner Verlag, 1998.

———. "The Elimination of Metaphysics through Logical Analysis." In *Logical Positivism*, edited by A. J. Ayer, 60-81. New York: Free Press, 1959.

Carr, Bernard. "Introduction and Overview." In *Universe orMultiverse?* edited by Bernard Carr, 3-28. Cambridge: Cambridge University Press, 2007.

———, ed. *Universe or Multiverse?* Cambridge: Cambridge University Press, 2007.

Carr, Bernard J., and Martin J. Rees. "Fine-Tuning in Living Systems." *International Journal of Astrobiology* 3 (2003): 79-86.

Carroll, William E. "At the Mercy of Chance? Evolution and the Catholic Tradition." *Revue des questions scientifiques* 177 (2006): 179-204.

———. "Creation, Evolution, and Thomas Aquinas." *Revue des questions scientifiques* 171(2000): 319-47.

———. "Divine Agency, Contemporary Physics, and the Autonomy of

Nature." *Heythrop Journal* 49 (2008): 1-21.

Carter, Brandon. "The Anthropic Principle and Its Implications for Biological Evolution." *Philosophical Transactions of the Royal Society* A 310 (1983): 347-63.

———. "Large Number Coincidences and the Anthropic Principle." In *Confrontation of Cosmological Theories with Observational Data*, edited by M. S. Longair, 291-98. Boston: Reidel, 1974.

Cascella, Michele, Alessandra Magistrato, Ivano Tavernelli, Paolo Carloni, and Ursula Rothlisberger. "Role of Protein Frame and Solvent for the Redox Properties of Azurin from Pseudomonas Aeruginosa." *Proceedings of the National Academy of Sciences* 103 (2006): 19641-46.

Catling, D. C., C. R. Glein, K. J. Zahnle, and C. P. McKay. "Why O2 Is Required by Complex Life on Habitable Planets and the Concept of Planetary 'Oxygenation Time.'" *Astrobiology* 5 (2005): 415-38.

Cavalcanti, André R. O., and Laura F. Landweber. "Genetic Code: What Nature Missed." *Current Biology* 13 (2003): R884-R885.

Challis, Gregory L., and David A. Hopwood. "Synergy and Contingency as Driving Forces for the Evolution of Multiple Secondary Metabolite Production by *Streptomyces* Species." *Proceedings of the National Academy of Sciences* 100 (2003): 14555-61.

Chaplin, Martin F. "Water: Its Importance to Life." *Biochemistry and Molecular Biology Education* 29 (2001): 54-59.

Chauviré, Christiane. "Peirce, Popper, Abduction, and the Idea of Logic of Discovery." *Semiotica* 153 (2005): 209-21.

Chiti, Fabrizio, Niccolò Taddei, Elisa Giannoni, Nico A. J. van Nuland, Giampietro Ramponi, and Christopher M. Dobson. "Development of Enzymatic Activity during Protein Folding." *Journal of Biological Chemistry* 274 (1999): 20151-58.

Cirkovic, Milan M. "Ancient Origins of a Modern Anthropic Cosmological Argument." *Astronomical and Astrophysical Transactions* 22 (2003): 879–86.

Clark, Mary E. *In Search of Human Nature*. London: Routledge, 2002.

Clay, Jenny Strauss. *The Politics of Olympus: Form and Meaning in the Major Homeric Hymns*. Princeton, NJ: Princeton University Press, 1989.

Clayton, Donald D. *Handbook of Isotopes in the Cosmos: Hydrogen to Gallium*. Cambridge: Cambridge University Press, 2003.

———. *Principles of Stellar Evolution and Nucleosynthesis*. New York: McGraw-Hill, 1968.

Clayton, Philip. "Conceptual Foundations of Emergence Theory." In *The Re-Emergence of Emergence: The Emergentist Hypothesis from Science to Religion*, edited by Philip Clayton and Paul Davies, 1–31. Oxford: Oxford University Press, 2006.

———. *Explanation from Physics to Theology: An Essay in Rationality and Religion*. New Haven, CT: Yale University Press, 1989.

———. *Das Gottesproblem: Gott und Unendlichkeit in der neuzeitlichen Philosophie*. Paderborn: Schöningh Verlag, 1996.

———. "Inference to the Best Explanation." *Zygon* 32 (1997): 377–91.

———. *Mind and Emergence: From Quantum to Consciousness*. Oxford: Oxford University Press, 2004.

———. "Toward a Constructive Christian Theology of Emergence." In *Evolution and Emergence: Systems, Organisms, Persons*, edited by Nancey Murphy and William R. Stoeger, 315–43. Oxford: Oxford University Press, 2007.

Cleland, Carol E., and Christopher F. Chyba. "Defining 'Life.'" *Origins of Life and Evolution of the Biosphere* 32 (2002): 387–93.

Collier, Andrew. *Critical Realism: An Introduction to Roy Bhaskar's Philosophy*. London: Verso, 1994.

Collins, C. B., and Stephen Hawking. "Why Is the Universe Isotropic?" *Astrophysical Journal Letters* 180 (1973): 317-34.

Collins, Robin. "The Multiverse Hypothesis: A Theistic Perspective." In *Universe or Multiverse?* edited by Bernard Carr, 459-80. Cambridge: Cambridge University Press, 2007.

_____. "A Scientific Argument for the Existence of God: The Fine-Tuning Design Argument." In *Reason for the Hope Within*, edited by Michael J. Murray, 47-75. Grand Rapids: Eerdmans, 1999.

Conover, S. "St. Bonaventure's Theory of the *Rationes Seminales*." *Round Table Franciscan Research* 12 (1947): 169-76.

Conway Morris, Simon. *The Crucible of Creation: The Burgess Shale and the Rise of Animals*. Oxford: Oxford University Press, 1998.

_____. "Darwin's Compass: How Evolution Discovers the Song of Creation." *Science and Christian Belief* 18 (2006): 5-22.

_____. *Life's Solution: Inevitable Humans in a Lonely Universe*. Cambridge: Cambridge University Press, 2003.

_____. "A Palaeontological Perspective." *Current Opinion in Genetics and Development* 4 (1994): 802-9.

Corey, Michael A. *The God Hypothesis: Discovering Design in Our "Just Right" Goldilocks Universe*. Lanham, MD: Rowman & Littlefield, 2001.

Cornell, John F. "God's Magnificent Law: The Bad Influence of Theistic Metaphysics on Darwin's Estimation of Natural Selection." *Journal of the History of Biology* 20 (1987): 381-412.

Corning, Peter A. *Nature's Magic: Synergy in Evolution and the Fate of Humankind*. New York: Cambridge University Press, 2003.

Cornwell, John. *Darwin's Angel: A Seraphic Riposte to "The God Delusion."* London: Profile Books, 2007.

Costanzo, Giovanna, Raffaele Saladino, Claudia Crestini, Fabiana Ciciriello, and Ernesto Di Mauro. "Nucleoside Phosphorylation by Phosphate Minerals." *Journal of Biological Chemistry* 282 (2007): 16729-35.

Courtillot, Vincent. *Evolutionary Catastrophes: The Science of Mass Extinction.* Cambridge: Cambridge University Press, 1999.

Cracraft, Joel. "Avian Evolution, Gondwana Biogeography and the Cretaceous-Tertiary Mass Extinction Event." *Proceedings of the Royal Society* B 268 (2001): 459-69.

Craig, William Lane. "Barrow and Tipler on the Anthropic Principle versus Divine Design." *British Journal for Philosophy of Science* 38 (1988): 389-95.

———. *The Cosmological Argument from Plato to Leibniz.* London: Macmillan, 1980.

———. "The Existence of God and the Beginning of the Universe." *Truth: A Journal of Modern Thought* 3 (1991): 85-96.

———. "Timelessness and Creation." *Australasian Journal of Philosophy* 74 (1996):646-56.

Craig, William Lane, and Quentin Smith. *Theism, Atheism, and Big Bang Cosmology.* Oxford: Clarendon Press, 1993.

Crayn, Darren M., Klaus Winter, and J. Andrew C. Smith. "Multiple Origins of Crassulacean Acid Metabolism and the Epiphytic Habit in the Neotropical Family *Bromeliaceae*." *Proceedings of the National Academy of Sciences* 101 (2004): 3703-8.

Crick, Francis H. C. *Life Itself: Its Origin and Nature.* London: Macdonald, 1982.

Crick, Francis H. C., and James D. Watson. "Molecular Structure of Nucleic Acids: A Structure for Deoxyribose Nucleic Acid." *Nature* 171 (1953): 737-38.

Crompton, Rosemary. *Class and Stratification: An Introduction to Current Debates.* 2nd ed. Cambridge: Polity, 1998.

Cronon, William. *Uncommon Ground: Toward Reinventing Nature.* New York: W. W. Norton, 1995.

Cross, Richard. "The Eternity of the World and the Distinction between Creation and Conservation." *Religious Studies* 42 (2006): 403-16.

Cunningham, David S. "Trinitarian Theology since 1990." *Reviews in Religion and Theology* 4 (1995): 8-16.

Dahm, Ralf. "Friedrich Miescher and the Discovery of DNA." *Developmental Biology* 278(2005): 274-88.

Danneberg, Lutz. "Peirces Abduktionskonzeption als Entdeckungslogik: Eine philosophiehistorische und rezeptionskritische Untersuchung." *Archiv für Geschichte der Philosophie* 70 (1988): 305-26.

Darwin, Charles. *On the Origin of the Species by Means of Natural Selection.* 2nd ed. London: John Murray, 1860. 「종의 기원」, 송철용 역 (동서문화사, 2009)

_____. *On the Origin of the Species by Means of Natural Selection.* 6th ed. London: John Murray, 1872.

Darwin, Francis. "Reminiscences of My Father's Everyday Life." In *Charles Darwin: His Life Told in an Autobiographical Chapter,* edited by Francis Darwin, 66-103. London: John Murray, 1892.

Dau, Holger, Peter Liebisch, and Michael Haumann. "The Manganese Complex of Oxygenic Photosynthesis: Conversion of Five-Coordinated Mn(III) to Six-Coordinated Mn(IV) in the S2-S3 Transition Is Implied by XANES Simulations." *Physica Scripta* T115 (2005): 844-46.

Daugherty, Charles T. "Of Ruskin's Gardens." In *Myth and Symbol: Critical Approaches and Applications,* edited by Northrop Frye and Bernice Slote, 141-51. Lincoln, NE: University of Nebraska, 1963.

Davies, Paul. *The Goldilocks Enigma: Why Is the Universe Just Right for Life?* London: Allen Lane, 2006.

_____. "Universes Galore: Where Will It All End?" In *Universe or Multiverse?* edited by Bernard Carr, 487-505. Cambridge: Cambridge University Press, 2007.

Davis, Bernard D. "On the Importance of Being Ionized." *Archives of Biochemistry and Biophysics* 78 (1958): 497-509.

Dawkins, Richard. *The Blind Watchmaker: Why the Evidence of Evolution Reveals a Universe without Design.* New York: W. W. Norton, 1986.
「눈먼 시계공」, 이용철 역(사이언스북스, 2004)

_____. *The Selfish Gene.* 2nd ed. Oxford: Oxford University Press, 1989.
「이기적 유전자」, 홍영남·이상임 역, 개정판(을유문화사, 2010)

Day, John. *God's Conflict with the Dragon: Echoes of a Canaanite Myth in the Old Testament.* Cambridge: Cambridge University Press, 1985.

D'Costa, Gavin. "Revelation, Scripture and Tradition: Some Comments on John Webster's Conception of 'Holy Scripture.'" *International Journal of Systematic Theology* 6 (2004): 337-50.

De Dorlodot, Henry. *Le Darwinisme du point de vue de l'orthodoxie catholique.* Brussels: Vromant, 1921.

De Duve, Christian. *Singularities: Landmarks on the Pathways of Life.* Cambridge: Cambridge University Press, 2005.

De Vinck, José. "Two Aspects of the Theory of the *Rationes Seminales* in the Writings of Bonaventure." In *S. Bonaventura 1274-1974*, vol. 3, *Philosophia*, 307-16. Grottaferrata: Collegio S. Bonaventurae, 1973.

Deacon, Terrence William. *The Symbolic Species: The Co-Evolution of Language and the Human Brain.* New York: W. W. Norton, 1997.

Dear, Peter R. *The Intelligibility of Nature: How Science Makes Sense of the World.* Chicago: University of Chicago Press, 2006.

Decker, Heinz, and Nora Terwilliger. "Cops and Robbers: Putative Evolution of Copper Oxygen-Binding Proteins." *Journal of Experimental Biology* 203 (2000): 1777-82.

DeHart, Paul J. *Beyond the Necessary God: Trinitarian Faith and Philosophy in the Thought of Eberhard Jüngel*. Atlanta: Scholars Press, 1999.

Dell, Katharine J. *The Book of Proverbs in Social and Theological Context*. Cambridge: Cambridge University Press, 2006.

Delsemme, Armand H. "An Argument for the Cometary Origin of the Biosphere." *American Scientist* 89 (2001): 432-42.

Denton, Michael J. *Nature's Destiny: How the Laws of Biology Reveal Purpose in the Universe*. New York: Free Press, 1998.

Deuven, Igor, and Leon Horsten. "Earman on Underdetermination and Empirical Indis- tinguishability." *Erkenntnis* 49 (1998): 303-20.

Dicke, Robert H. "Dirac's Cosmology and Mach's Principle." *Nature* 192 (1961): 440-41.

Dihle, Albrecht. "Die Theologia tripertita bei Augustin." In *Geschichte— Tradition— Reflexion: Festschrift für Martin Hengel zum 70. Geburtstag*, edited by Hubert Cancik, 183-202. Tübingen: Mohr Siebeck, 1996.

Dirac, P. A. M. "The Cosmological Constants." *Nature* 139 (1937): 323-24.

Dixon, Thomas. "Scientific Atheism as a Faith Tradition." *Studies in History and Philosophy of Science C* 33 (2002): 337-59.

Dobson, Christopher M. "Chemical Space and Biology." *Nature* 432 (2004): 824-28.

Domning, Daryl P., and Monika Hellwig. *Original Selfishness: Original Sin and Evil in the Light of Evolution*. Aldershot: Ashgate, 2006.

Douglas, Michael R., and Shamit Kachru. "Flux Compactification." *Reviews of Modern Physics* 79 (2007): 733-96.

Douven, Igor. "Testing Inference to the Best Explanation." *Synthese* 130 (2002): 355-77.

Dowey, Edward A. *The Knowledge of God in Calvin's Theology*. New York: Columbia University Press, 1952.

Doyle, John P. "*Ipsum Esse* as God-Surrogate: The Point of Convergence of Faith and Reason for St. Thomas Aquinas." *Modern Schoolman* 50 (1973): 293–96.

Drake, Michael J., and Kevin Righter. "Determining the Composition of the Earth." *Nature* 416 (2002): 39–44.

Draper, David E. "A Guide to Ions and RNA Structure." *RNA* 10 (2004): 335–43.

Duhem, Pierre. *The Aim and Structure of Physical Theory.* Princeton, NJ: Princeton University Press, 1954.

Dupré, Louis K. *The Enlightenment and the Intellectual Foundations of Modern Culture.* New Haven, CT: Yale University Press, 2004.

Durrant, Marcus C. "An Atomic Level Model for the Interactions of Molybdenum Nitrogenase with Carbon Monoxide, Acetylene, and Ethylene." *Biochemistry* 43 (2004): 6030–42.

Dyson, Freeman J. *Disturbing the Universe.* New York: Harper & Row, 1979.

———. *Origins of life.* Rev. ed. Cambridge: Cambridge University Press, 1999.

Earl, David J., and Michael W. Deem. "Evolvability Is a Selectable Trait." *Proceedings of the National Academy of Sciences* 101 (2004): 11531–36.

Earman, John. "The SAP Also Rises: A Critical Examination of the Anthropic Principle." *American Philosophical Quarterly* 24 (1987): 307–17.

———. "Underdetermination, Realism, and Reason." *Midwest Studies in Philosophy* 18(1994): 19–38.

Eco, Umberto. *Semiotics and the Philosophy of Language.* London: Macmillan, 1984.

Eder, Klaus. "The Rise of Counter-Cultural Movements against Modernity:

Nature as a New Field of Class Struggle." *Theory, Culture and Society* 7 (1990): 21-47.

_____. *Die Vergesellschaftung der Natur: Studien zur sozialen Evolution der praktischen Vernunft.* Frankfurt am Main: Suhrkamp, 1988.

Edwards, Mark J. "Justin's *Logos* and the Word of God." *Journal of Early Christian Studies* 3 (1995): 261-80.

Edwards, Rem B. *What Caused the Big Bang?* Amsterdam: Rodopi, 2001.

Ehrenfreund, P., W. Irvine, L. Becker, J. Blank, J. R. Brucato, L. Colangeli, S. Derenne, D. Despois, A. Dutrey, H. Fraaije, A. Lazcano, T. Owen, and F. Robert. "Astrophysical and Astrochemical Insights into the Origin of Life." *Reports on Progress in Physics* 65 (2002): 1427-87.

Eigen, Manfred. *Steps towards Life: A Perspective on Evolution.* Oxford: Oxford University Press, 1992.

Einstein, Albert. "Ist die Trägheit eines Körpers von seinem Energieinhalt abhängig?" *Annalen der Physik* 18 (1905): 639.

_____. "Physics and Reality." *Journal of the Franklin Institute* 221 (1936): 349-89.

Eisenberg, David. "The Discovery of the α-Helix and β-Sheet, the Principal Structural Features of Proteins." *Proceedings of the National Academy of Sciences* 100 (2003): 11207-10.

Ellis, George. "Cosmology and Local Physics." *International Journal of Modern Physics* A17(2002): 2667-72.

_____. "On the Nature of Emergent Reality." In *The Re-Emergence of Emergence: The Emergentist Hypothesis from Science to Religion*, edited by Philip Clayton and Paul Davies, 79-107. Oxford: Oxford University Press, 2006.

Engel, Michael H., and Bartholomew Nagy. "Distribution and Enantiomeric Composition of Amino Acids in the Murchison Meteorite." *Nature* 296 (1982): 837-40.

England, Richard. "Natural Selection, Teleology, and the Logos: From Darwin to the Oxford Neo-Darwinists, 1859-1909." *Osiris* 16 (2001): 270-87.

Eschenmoser, Albert. "Chemical Etiology of Nucleic Acid Structure." *Science* 284 (1999): 2118-24.

Evans, Gillian R. *Augustine on Evil*. Cambridge: Cambridge University Press, 1990.

Feder, Martin E. "Evolvability of Physiological and Biochemical Traits: Evolutionary Mechanisms Including and beyond Single-Nucleotide Mutation." *Journal of Experimental Biology* 210 (2007): 1653-60.

Fedor, Martha J. "The Role of Metal Ions in RNA Catalysis." *Current Opinion in Structural Biology* 12 (2002): 289-95.

Feingold, Lawrence. *The Natural Desire to See God according to St. Thomas and His Interpreters*. Rome: Apollinare Studi, 2001.

Fenchel, T. M. *The Origin and Early Evolution of Life*. Oxford: Oxford University Press, 2002.

Festinger, Leon. *A Theory of Cognitive Dissonance*. Stanford, CA: Stanford University Press, 1957.

Fiddes, Paul S. "'Where Shall Wisdom Be Found?' Job 28 as a Riddle for Ancient and Modern Readers." In *After the Exile: Essays in Honor of Rex Mason*, edited by John Barton and David Reimer, 171-90. Macon, GA: Mercer University Press, 1996.

Filippenko, Alexei V. "Einstein's Biggest Blunder? High-Redshift Supernovae and the Accelerating Universe." *Publications of the Astronomical Society of the Pacific* 113(2001): 1441-48.

Finney, John L. "Water? What's So Special about It?" *Philosophical Transactions of the Royal Society B* 359 (2004): 1145-65.

Fitzgerald, Allan D., ed. *Augustine through the Ages: An Encyclopedia*. Grand Rapids: Eerdmans, 1999.

Fölsing, Albrecht. *Albert Einstein: A Biography*. New York: Viking Books, 1997.

Ford, David. *Christian Wisdom: Desiring God and Learning in Love*. Cambridge: Cambridge University Press, 2007.

Forster, Malcolm R. "Unification, Explanation, and the Composition of Causes in Newtonian Mechanics." *Studies in History and Philosophy of Science* 19 (1988): 55-101.

Forster, Malcolm R., and Elliott Sober. "How to Tell When Simpler, More Unified, or Less Ad Hoc Theories Provide More Accurate Predictions." *British Journal for Philosophy of Science* 45 (1994): 1-35.

Forsyth, P. T. *Christian Aspects of Evolution*. London: Epworth Press, 1950.

Fortey, Richard. "Evolution: The Cambrian Explosion Exploded?" *Science* 293 (2001):39.

Fortin, Ernest L. *Classical Christianity and the Political Order: Reflections on the Theologico- Political Problem*. Lanham, MD: Rowman & Littlefield, 1996.

Foster, Michael B. "The Christian Doctrine of Creation and the Rise of Modern Science." *Mind* 43 (1934): 446-68.

_____. "Christian Theology and Modern Science of Nature (I)." *Mind* 44 (1935):66.

_____. "Christian Theology and Modern Science of Nature (II)." *Mind* 45 (1936):1-27.

Fraassen, Bas C. van. *Laws and Symmetry*. Oxford: Clarendon Press, 1989.

_____. *The Scientific Image*. Oxford: Oxford University Press, 1980.

Francis, Keith A. *Charles Darwin and "The Origin of Species."* Westport, CT: Greenwood Press, 2007.

Francis, Richard C. *Why Men Won't Ask for Directions: The Seductions of Sociobiology*. Princeton, NJ: Princeton University Press, 2004.

Frankel, Charles. *The End of the Dinosaurs: Chicxulub Crater and Mass Extinctions*. Cambridge: Cambridge University Press, 1999.

Franks, Felix. *Water: A Matrix of Life*. 2nd ed. Cambridge: Royal Society of Chemistry, 2000.

Fraser, Hilary. *Beauty and Belief: Aesthetics and Religion in Victorian Literature*. Cambridge: Cambridge University Press, 1986.

Freddoso, Alfred J. "Medieval Aristotelianism and the Case against Secondary Causation in Nature." In *Divine and Human Action: Essays in the Metaphysics of Theism*, edited by Thomas V. Morris, 74–118. Ithaca, NY: Cornell University Press, 1988.

Freeland, Stephen J., Tao Wu, and Nick Keulmann. "The Case for an Error[-]Minimizing Standard Genetic Code." *Origins of Life and Evolution of Biospheres* 33 (2003): 457–77.

French, Roger K. *Medicine before Science: The Rational and Learned Doctor from the Middle Ages to the Enlightenment*. Cambridge: Cambridge University Press, 2003.

Frenkel, Daan. "Introduction to Colloidal Systems." In *Soft Condensed Matter Physics in Molecular and Cell Biology*, edited by Wilson C. K. Poon and David Andelman, 21–47. New York: Taylor & Francis, 2006.

Fretheim, Terence E. *God and World in the Old Testament: A Relational Theology of Creation*. Nashville: Abingdon Press, 2005.

Freyhofer, Horst H. *The Vitalism of Hans Driesch: The Success and Decline of a Scientific Theory*. Frankfurt am Main: Peter Lang, 1982.

Friedman, Michael. "Causal Laws and the Foundations of Natural Science." In *Cambridge Companion to Kant*, edited by Paul Guyer, 161–99. Cambridge: Cambridge University Press, 1990.

———. "Explanation and Scientific Understanding." *Journal of Philosophy* 71 (1974): 5–19.

Friesen, Steven J. *Twice Neokoros: Ephesus, Asia, and the Cult of the Flavian Imperial Family*. Leiden: Brill, 1993.

Fry, Iris. "On the Biological Significance of the Properties of Matter: L. J. Henderson's Theory of the Fitness of the Environment." *Journal of the History of Biology* 29 (1996): 155-96.

Fulmer, Gilbert. "Faces in the Sky: The Anthropic Principle Design Argument." *Journal of American Culture* 26 (2003): 485-88.

Fyfe, Aileen. "The Reception of William Paley's *Natural Theology* in the University of Cambridge." *British Journal for the History of Science* 30 (1997): 321-35.

Gabora, Liane M. "Self-Other Organization: Why Early Life Did Not Evolve through Natural Selection." *Journal of Theoretical Biology* 241 (2006): 443-50.

Galhardo, Rodrigo S., P. J. Hastings, and Susan M. Rosenberg. "Mutation as a Stress Response and the Regulation of Evolvability." *Critical Reviews in Biochemistry and Molecular Biology* 42 (2007): 399-435.

Garber, Daniel. "How God Causes Motion: Descartes, Divine Sustenance, and Occasionalism." *Journal of Philosophy* 84 (1987): 567-80.

Gardiner, Brian G. "Linnaeus's Species Concept and His Views on Evolution." *The Linnean* [newsletter of The Linnean Society of London] 17 (2001): 24-36.

Gärtner, Bertil. *The Areopagus Speech and Natural Revelation*. Uppsala: Gleerup/Almqvist & Wiksells, 1955.

Gascoigne, John. "From Bentley to the Victorians: The Rise and Fall of British Newtonian Natural Theology." *Science in Context* 2 (1988): 219-56.

Gaukroger, Stephen. *Francis Bacon and the Transformation of Early-Modern Philosophy*. Cambridge: Cambridge University Press, 2001.

Geison, Gerald L. "Darwin and Heredity: The Evolution of His Hypothesis of Pangenesis." *Journal of the History of Medicine* 24 (1969): 375–411.

Gervino, G., A. Lavagno, and P. Quarati. "Modified CNO Nuclear Reaction Rates in Dense Stellar Plasma." *Nuclear Physics A* 688 (2001): 126–29.

Gest, Howard. "The Remarkable Vision of Robert Hooke (1635-1703): First Observer of the Microbial World." *Perspectives in Biology and Medicine* 48 (2005): 266–72.

Gestrich, Christof. *Neuzeitliches Denken und die Spaltung der dialektischen Theologie: Zur Frage der natürlichen Theologie.* Tübingen: Mohr, 1977.

Geyer, C. Ronald, Thomas R. Battersby, and Steven A. Benner. "Nucleobase Pairing in Expanded Watson-Crick-Like Genetic Information Systems: The Nucleobases." *Structure* 11 (2003): 1485–98.

Ghiretti-Magaldi, Anna, and E. Ghiretti. "The Pre-History of Hemocyanin: The Discovery of Copper in the Blood of Molluscs." *Experientia* 48 (1992): 971–72.

Giberson, Karl. "The Anthropic Principle: A Postmodern Creation Myth?" *Journal of Interdisciplinary Studies* 9 (1997): 63–90.

Gilbert, Walter. "The RNA World." *Nature* 319 (1986): 618.

Gillespie, John H. *The Causes of Molecular Evolution.* New York: Oxford University Press, 1991.

Gillespie, Neal C. "Divine Design and the Industrial Revolution: William Paley's Abortive Reform of Natural Theology." *Isis* 81 (1990): 214–29.

———. "Natural History, Natural Theology, and Social Order: John Ray and the 'Newtonian Ideology.'" *Journal of the History of Biology* 20 (1987): 1–49.

Gillispie, Charles C. *Genesis and Geology: A Study in the Relations of*

Scientific Thought, Natural Theology and Social Opinion in Great Britain, 1790-1850. Cambridge, MA: Harvard University Press, 1996.

Gilmore, Richard. "Existence, Reality, and God in Peirce's Metaphysics: The Exquisite Aesthetics of the Real." *Journal of Speculative Philosophy* 20 (2006): 308-19.

Gilson, Étienne. "Pourquoi Saint Thomas a critiqué Saint Augustin." *Archives d'histoire doctrinale et littéraire du Moyen Age* 1 (1926-27): 5-127.

Ginsburg, R. N. "An Attempt to Resolve the Controversy over the End-Cretaceous Extinction of Planktic Foraminifera at El Kef, Tunisia Using a Blind Test; Introduction: Background and Procedures." *Marine Micropaleontology* 29 (1997): 67-68.

Glacken, Clarence J. *Traces on the Rhodian Shore: Nature and Culture in Western Thought from Ancient Times to the End of the Eighteenth Century*. Berkeley: University of California Press, 1973.

Glass, David H. "Coherence Measures and Inference to the Best Explanation." *Synthese* 157 (2007): 275-96.

Godfrey-Smith, Peter. "The Replicator in Retrospect." *Biology and Philosophy* 15 (2000): 403-23.

Goldblatt, Colin, Timothy M. Lenton, and Andrew J. Watson. "Bistability of Atmospheric Oxygen and the Great Oxidation." *Nature* 443 (2006): 683-86.

Goldsmith, Timothy H. "Optimization, Constraint, and History in the Evolution of Eyes." *Quarterly Review of Biology* 65 (1990): 281-322.

Gore, Charles. *The Permanent Creed and the Christian Idea of Sin*. London: John Murray, 1905.

Gould, Stephen Jay. "Caring Groups and Selfish Genes." In *The Panda's Thumb*, 85-91. New York: W. W. Norton, 1980.

———. *Ever since Darwin: Reflections in Natural History*. New York: W. W. Norton, 1977.

———. *Full House: The Spread of Excellence from Plato to Darwin*. New York: Harmony Books, 1996.

———. "Nonoverlapping Magisterial *Natural History* 106 (1997): 16–22.

———. *Rocks of Ages: Science and Religion in the Fullness of Life*. London: Jonathan Cape, 2001.

———. *The Structure of Evolutionary Theory*. Cambridge, MA: Belknap Press, 2002,

———. *Wonderful Life: The Burgess Shale and the Nature of History*. New York: W. W. Norton, 1989.

Graesser, Michael L., Stephen D. H. Hsu, Alejandro Jenkins, and Mark B. Wise. "Anthropic Distribution for Cosmological Constant and Primordial Density Perturbations." *Physics Letters B* 600 (2004): 15–21.

Grant, Colin. "Why Should Theology Be Unnatural?" *Modern Theology* 23 (2007): 91–106.

Gray, John. *Enlightenment's Wake: Politics and Culture at the Close of the Modern Age*. London: Routledge, 1997.

Greene, John C. "From Aristotle to Darwin: Reflections on Ernst Mayr's Interpretation in *The Growth of Biological Thought*." *Journal of the History of Biology* 25 (1992): 257–84.

———. *Science, Ideology, and World View: Essays in the History of Evolutionary Ideas*. Berkeley: University of California Press, 1981.

Gregersen, Niels Henrik. "Emergence: What Is at Stake for Religious Reflection?" In *The Re-Emergence of Emergence: The Emergentist Hypothesis from Science to Religion*, edited by Philip Clayton and Paul Davies, 279–302. Oxford: Oxford University Press, 2006.

Gregory, Frederick. "The Impact of Darwinian Evolution on Protestant

Theology in the Nineteenth Century." In *God and Nature: Historical Essays on the Encounter between Christianity and Natural Science*, edited by D. C. Lindberg and R. L. Numbers, 369-90. Berkeley: University of California Press, 1986.

Grene, Marjorie, and David Depew. *The Philosophy of Biology: An Episodic History*. Cambridge: Cambridge University Press, 2004.

Gribbin, John R., and Martin J. Rees. *Cosmic Coincidences: Dark Matter, Mankind, and Anthropic Cosmology*. New York: Bantam Books, 1989.

―――. *The Stuff of the Universe: Dark Matter, Mankind and Anthropic Cosmology*. London: Penguin, 1995.

Grosholz, Emily R. "Descartes' Unification of Algebra and Geometry." In *Descartes: Philosophy, Mathematics and Physics*, edited by Stephen Gaukroger, 156-68. Totowa, NJ: Barnes & Noble, 1980.

―――. "Two Episodes in the Unification of Logic and Topology." *British Journal for the Philosophy of Science* 36 (1985): 147-57.

Gross, Charlotte. "Augustine's Ambivalence about Temporality: His Two Accounts of Time." *Medieval Philosophy and Theology* 8 (1999): 129-48.

Gross, Julius. *Geschichte des Erbsündendogmas: Ein Beitrag zur Geschichte des Problems vom Ursprung des Übels*. Munich: Reinhardt, 1960.

Grumett, David. "Teilhard de Chardins Evolutionary Natural Theology." *Zygon* 42(2007): 519-34.

Gunnlaugur, A. Jónsson, and S. Cheney Michael. *The Image of God: Genesis 1:26-28 in a Century of Old Testament Research*. Stockholm: Almqvist & Wiksell International, 1988.

Gunton, Colin E. *The Promise of Trinitarian Theology*. Edinburgh: T&T Clark, 1991.

―――. *The Triune Creator: A Historical and Systematic Study*. Edinburgh:

Edinburgh University Press, 1998.

Guth, Alan. "Inflationary Universe: A Possible Solution to the Horizon and Flatness Problems." *Physical Reviews* D23 (1981): 347–56.

———. *The Inflationary Universe: The Quest for a New Theory of Cosmic Origins.* Reading, MA : Addison–Wesley Publishing Co., 1997.

Haldane, John. "Philosophy, the Restless Heart, and the Meaning of Theism." *Ratio* 19(2006): 421–40.

Haider, Georg, Patrick Callaerts, and Walter J. Gehring. "New Perspectives on Eye Evolution." *Current Opinion in Genetics and Development* 5 (1995): 602–9.

Hall, J. L., and Lorraine E. Williams. "Transition Metal Transporters in Plants." *Journal of Experimental Botany* 54 (2003): 2601–13.

Hall, Marie Boas. *Robert Boyle on Natural Philosophy: An Essay with Selections from His Writings.* Bloomington: Indiana University Press, 1965.

Halonen, Ilpo, and Jaakko Hintikka. "Unification—It's Magnificent but Is It Explanation?" *Synthese* 120 (1999): 27–47.

Hanke, David. "Teleology: The Explanation That Bedevils Biology." In *Explanations: Styles of Explanation in Science*, edited by John Cornwell, 143–55. Oxford: Oxford University Press, 2004.

Hankey, Wayne J. "Dionysian Hierarchy in Thomas Aquinas: Tradition and Transformation." In *Denys l'Aréopagite et sa postérité en Orient et en Occident: Actes du Colloque International Paris, 21–24 septembre 1994*, edited by Ysabel de Andia, 405–38. Paris: Institut d'Études Augustiniennes, 1997.

Hannerz, Ulf. *Cultural Complexity: Studies in the Social Organization of Meaning.* New York: Columbia University Press, 1992.

Hanson, N. R. "Is There a Logic of Scientific Discovery?" *Australasian Journal of Philosophy* 38 (1961): 91–106.

_____. *Patterns of Discovery: An Inquiry into the Conceptual Foundations of Science.* Cambridge: Cambridge University Press, 1961.

Hardison, Ross C. "A Brief History of Hemoglobins: Plant, Animal, Protist, and Bacteria." *Proceedings of the National Academy of Sciences* 93 (1996): 5675-79.

Harker, David. "Accommodation and Prediction: The Case of the Persistent Head." *British Journal for Philosophy of Science* 57 (2006): 309-21.

Harman, Gilbert. "The Inference to the Best Explanation." *Philosophical Review* 74(1965): 88-95.

Harriman, Anthony, and Jean-Pierre Sauvage. "A Strategy for Constructing Photosynthetic Models: Porphyrin-Containing Modules Assembled around Transition Metals." *Chemical Society Reviews* 25 (1996): 41-48.

Harrison, Edward Robert. *Cosmology: The Science of the Universe.* 2nd ed. Cambridge: Cambridge University Press, 2000.

_____. *Darkness at Night.* Cambridge, MA: Harvard University Press, 1987.

Harrison, Peter. "'The Book of Nature' and Early Modern Science." In *The Book of Nature in Early Modern and Modern History*, edited by Klaas van Berkel and Arjo Vanderjagt, 1-26. Leuven: Peeters, 2006.

_____. *The Fall of Man and the Foundations of Science.* Cambridge: Cambridge University Press, 2007.

_____. "Natural Theology, Deism, and Early Modern Science." In *Science, Religion, and Society: An Encyclopedia of History, Culture and Controversy*, edited by Arri Eisen and Gary Laderman, 426-33. New York: Sharp, 2006.

_____. "Physico-Theology and the Mixed Sciences: The Role of Theology in Early Modern Natural Philosophy." In *The Science of Nature in the Seventeenth Century*, edited by Peter Anstey and John Schuster, 165-83. Dordrecht: Springer-Verlag, 2005.

Hart, David Bentley. "The Mirror of the Infinite: Gregory of Nyssa on the

Vestigia Trinitatis." *Modern Theology* 18 (2002): 541-61.

Hart, Ray L. *Unfinished Man and the Imagination: Toward an Ontology and a Rhetoric of Revelation.* New York: Herder & Herder, 1968.

Hartmann, Nicolai. *Kleinere Schriften.* 3 vols. Berlin: de Gruyter, 1955.

———. *Neue Wege der Ontologie.* 4th ed. Stuttgart: W. Kohlhammer, 1964.

———. *Zum Problem der Realitätsgegebenheit.* Berlin: Pan-Verlagsgesellschaft, 1931.

———. *Zur Grundlegung der Ontologie.* 3rd ed. Meisenheim am Glan: Anton Hain, 1948.

Hauerwas, Stanley. *With the Grain of the Universe: The Church's Witness and Natural Theology.* Grand Rapids: Brazos Press, 2002.

Haught, John F. "Darwin and Contemporary Theology." *Worldviews* 11 (2007): 44-57.

Hawking, Stephen W., and Roger Penrose. *The Nature of Space and Time.* Princeton, NJ: Princeton University Press, 1996.

Hawthorn, Geoffrey. *Plausible Worlds: Possibility and Understanding in History and the Social Sciences.* Cambridge: Cambridge University Press, 1993.

Hayes, Brian. "The Invention of the Genetic Code." *American Scientist* 86 (1998): 8-14.

He, Wei-Zhong, and Richard Malkin. "Photosystems I and II." In *Photosynthesis: A Comprehensive Treatise*, edited by A. S. Raghavendra, 29-43. Cambridge: Cambridge University Press, 1998.

Hedley, Douglas. "Persons of Substance and the Cambridge Connection: Some Roots and Ramifications of the Trinitarian Controversy in Seventeenth-Century England." In *Socinianism and Arminianism: Antitrinitarians, Calvinists, and Cultural Exchange in Seventeenth-Century Europe*, edited by Martin Mulsow and Jan Rohls, 225-40. Leiden: Brill, 2005.

Helm, Paul. "John Calvin, the *Sensus Divinitatis* and the Noetic Effects of Sin." *International Journal of Philosophy of Religion* 43 (1998): 87-107.

Hempel, Carl G. *Aspects of Scientific Explanation*. New York: Free Press, 1965.

_____. *Philosophy of Natural Science*. Englewood Cliffs, NJ: Prentice-Hall, 1966.

Henderson, Lawrence J. *The Fitness of the Environment: An Inquiry into the Biological Significance of the Properties of Matter*. New York: Macmillan, 1913; reprint, Boston: Beacon Press, 1958.

_____. *The Order of Nature: An Essay*. Cambridge, MA: Harvard University Press, 1917.

Henke, Rainer. *Basilius und Ambrosius über das Sechstagewerk*. Basel: Schwabe, 2001.

Henry, John. "'Pray Do Not Ascribe That Notion to Me': God and Newton's Gravity." In *The Books of Nature and Scripture: Recent Essays on Natural Philosophy, Theology and Biblical Criticism in the Netherlands of Spinoza's Time and the British Isles of Newton's Time*, edited by James E. Force and Richard H. Popkin, 123-47. Dordrecht: Kluwer Academic Publishers, 1994.

Herschel, J. F. W. *Preliminary Discourse on the Study of Natural Philosophy*. London: Longman, Rees, Orme, Brown & Green, 1830.

Hesse, Mary B. *Models and Analogies in Science*. Notre Dame, IN: University of Notre Dame Press, 1966.

_____. *Revolutions and Reconstructions in the Philosophy of Science*. Bloomington: Indiana University Press, 1980.

_____. "What Is the Best Way to Assess Evidential Support for Scientific Theories?" In *Applications of Inductive Logic*, edited by L. Jonathan Gohen and Mary Hesse, 202-17. Oxford: Clarendon Press, 1980.

Hewison, Robert. *John Ruskin: The Argument of the Eye*. Princeton, NJ: Princeton University Press, 1976.

Heyd, Michael. "Un rôle nouveau pour la science: Jean Alphonse Turrettini et les débuts de la théologie naturelle à Genève." *Revue de théologie et philosophie* 112 (1982): 25-42.

Hick, John. *An Interpretation of Religion: Human Responses to the Transcendent*. London: Macmillan, 1989.

Hilton, Denis J., John I. McClure, and Ben R. Slugowski. "The Course of Events: Counterfactuals, Causal Sequences, and Explanation." In *The Psychology of Counterfactual Thinking*, edited by David R. Mandel, Denis J. Hilton, and Patrizia Catellani, 46-60. London: Routledge, 2005.

Himmelfarb, Gertrude. *The Roads to Modernity: The British, French, and American Enlightenments*. New York: Knopf, 2005.

Hirai, Hiro. *Le concept de semence dans les théories de la matière à la Renaissance: De Marsile Ficin à Pierre Gassendi*. Turnhout: Brepols, 2005.

Hitchcock, Christopher. "The Lovely and the Probable." *Philosophy and Phenomenological Research* 74 (2007): 433-40.

Hitchcock, Christopher, and Elliott Sober. "Prediction versus Accommodation and the Risk of Overfitting." *British Journal for Philosophy of Science* 55 (2004): 1-34.

Hochachka, Peter W., and George N. Somero. *Biochemical Adaptation: Mechanism and Process in Physiological Evolution*. Oxford: Oxford University Press, 2002.

Hoekstra, Hopi E., Kristen E. Drumm, and Michael W. Nachman. "Ecological Genetics of Adaptive Color Polymorphism in Pocket Mice: Geographic Variation in Selected and Neutral Genes." *Evolution: International Journal of Organic Evolution* 58(2004): 1329-41.

Hoffmann, Michael. "Problems with Peirce's Concept of Abduction."

Foundations of Science 4 (1999): 271-305.

Hoffmann, Roald. *The Same and Not the Same*. New York: Columbia University Press, 1995.

Hoffmann, Thomas Sören. *Philosophische Physiologie: Eine Systematik des Begriff der Natur im Spiegel der Geschichte der Philosophie*. Stuttgart: Frommann-Holzboog, 2003.

Hogan, Craig J. "Why the Universe Is Just So." *Review of Modern Physics* 72 (2000): 1149-61.

Holder, Rodney D. *God, the Multiverse, and Everything: Modern Cosmology and the Argument from Design*. Aldershot: Ashgate, 2004.

Holladay, Carl R. *Theios Anēr in Hellenistic-Judaism: A Critique of the Use of This Category in New Testament Christology*. Missoula, MT: Scholars Press, 1977.

Holland, John H. *Emergence: From Chaos to Order*. Oxford: Oxford University Press, 2000.

Holm, Richard H., Pierre Kennepohl, and Edward I. Solomon. "Structural and Functional Aspects of Metal Sites in Biology." *Chemical Reviews* 96 (1996): 2239-2314.

Holte, Ragnar. "Logos Spermatikos: Christianity and Ancient Philosophy according to St. Justin's Apologies." *Studia Theologica* 12 (1958): 109-68.

Hookway, Christopher. "Interrogatives and Uncontrollable Abductions." *Semiotica* 153 (2005): 101-15.

Horgan, John. *The End of Science: Facing the Limits of Knowledge in the Twilight of the Scientific Age*. Reading, MA: Addison-Wesley Publishing Co., 1996.

Horowitz, Maryanne Cline. "The Stoic Synthesis of the Idea of Natural Law in Man: Four Themes." *Journal of the History of Ideas* 35 (1974): 3-16.

Howell, Kenneth J. *God's Two Books: Copernican Cosmology and Biblical Interpretation in Early Modern Science.* Notre Dame, IN: University of Notre Dame Press, 2002.

Hoyle, Fred. "Hoyle on Evolution." *Nature* 294 (1981): 105.

———. "The Universe: Past and Present Reflections." *Annual Review of Astronomy and Astrophysics* 20 (1982): 1–35.

Hoyle, Fred, and N. C. Wickramasinghe. *Astronomical Origins of Life: Steps towards Panspermia.* Dordrecht: Kluwer Academic Publishers, 2000.

Huang, Ching-Hsien. "Studies on Phosphatidylcholine Vesicles: Formation and Physical Characteristics." *Biochemistry* 8 (1969): 344–52.

Hud, Nicholas V., and Frank A. L. Anet. "Intercalation-Mediated Synthesis and Replication: A New Approach to the Origin of Life." *Journal of Theoretical Biology* 205 (2000): 543–62.

Hull, David L. *Darwin and His Critics: The Reception of Darwin's Theory of Evolution by the Scientific Community.* Cambridge, MA: Harvard University Press, 1973.

Hulswit, Menno. "Teleology: A Peircean Critique of Ernst Mayr's Theory." *Transactions of the Charles S. Peirce Society* 32 (1996): 182–214.

Hummer, Gerard. "Water Pulls the Strings in Hydrophobic Polymer Collapse." *Proceedings of the National Academy of Sciences* 104 (2007): 14883–84.

Humphreys, Paul. *The Chances of Explanation: Causal Explanation in the Social, Medical, and Physical Sciences.* Princeton, NJ: Princeton University Press, 1989.

Huneman, Philippe. "Naturalising Purpose: From Comparative Anatomy to the 'Adventure of Reason.'" *Studies in History and Philosophy of Science* 37 (2006): 649–74.

Huniar, Uwe, Reinhart Ahlrichs, and Dimitri Coucouvanis. "Density

Functional Theory Calculations and Exploration of a Possible Mechanism of N2 Reduction by Nitrogenase." *Journal of the American Chemical Society* 126 (2004): 2588-2601.

Hunsinger, George. "The Mediator of Communion: Karl Barth's Doctrine of the Holy Spirit." In *Cambridge Companion to Karl Barth*, edited by John Webster, 177-94. Cambridge: Cambridge University Press, 2000.

Hunter, David G. *Marriage, Celibacy, and Heresy in Ancient Christianity: The Jovinianist Controversy.* Oxford Early Christian Studies. Oxford: Oxford University Press, 2007.

Hutchinson, G. Evelyn. *The Ecological Theater and the Evolutionary Play.* New Haven, CT: Yale University Press, 1965.

Hütter, Reinhard. "*Desiderium naturale visionis Dei—Est autem duplex hominis beatitudo sive felicitas*: Some Observations about Lawrence Feingold's and John Millbank's Recent Interventions in the Debate over the Natural Desire to see God." *Nova et vetera* 5 (2007): 81-132.

Hutton, Sarah. "Ralph Cudworth, God, Mind and Nature." In *Religion, Reason, and Nature in Early Modern Europe*, edited by Ralph Crocker, 61-76. Dordrecht: Kluwer Academic Publishers, 2001.

Huxley, Thomas H. *Lay Sermons, Addresses, and Reviews.* London: Macmillan, 1970.

Irlenborn, Bernd. "Abschied von der 'natürlichen Theologie'? Eine sprachphilosophische Standortbestimmung." *Theologie und Philosophie* 78 (2003): 545-57.

_____. "Konsonanz von Theologie und Naturwissenschaft? Fundamental theologische Bemerkungen zum interdisziplinären Ansatz von John Polkinghorne." *Trierer theologische Zeitung* 113 (2004): 98-117.

Jablonski, David. "Geographic Variation in the Molluscan Recovery from the End-Cretaceous Extinction." *Science* 279 (1998): 1327-30.

James, William. *The Principles of Psychology*. Cambridge, MA: Harvard University Press, 1981.

———. *The Will to Believe*. New York: Dover Publications, 1956.

Janssen, Michel. "Of Pots and Holes: Einstein's Bumpy Road to General Relativity." *Annalen der Physik* 14, Supplement (2005): 58-85.

Jenson, Robert W. *The Triune Identity: God according to the Gospel*. Philadelphia: Fortress, 1982.

Jervell, Jacob. *Imago Dei: Gen 1, 26f. im Spätjudentum, in der Gnosis und in den paulinischen Briefen*. Göttingen: Vandenhoeck & Ruprecht, 1960.

Johnson, Jeff. "Inference to the Best Explanation and the Problem of Evil." *Journal of Religion* 64 (1984): 54-72.

Johnson, Monte Ransome. *Aristotle on Teleology*. Oxford: Clarendon Press, 2005.

Jones, Prudence. "The European Native Tradition." In *Nature Religion Today: Paganism in the Modern World*, edited by Joanne Pearson, Richard H. Roberts, and Geoffrey Samuel, 71-88. Edinburgh: Edinburgh University Press, 1998.

Jones, Todd. "Unification, Reduction, and Non-Ideal Explanations." *Synthese* 112 (1997): 75-96.

Joyce, Gerald F. "Foreword." In *Origins of Life: The Central Concepts*, edited by D. W. Deamer and G. R. Fleischaker, xi-xii. Boston, MA: Jones & Bartlett, 1994.

Jüngel, Eberhard. *God as the Mystery of the World*. Edinburgh: T&T Clark, 1983.

Jurmain, Robert. *Essentials of Physical Anthropology*. 5th ed. Belmont, CA: Thomson Wadsworth, 2004.

Kaiho, K., Y. Kajiwara, T. Nakano, Y. Miura, H. Kawahata, K. Tazaki, M. Ueshima, Z. Chen, and G. R. Shi. "End-Permian Catastrophe by a

Bolide Impact: Evidence of a Gigantic Release of Sulfur from the Mantle." *Geology* 29 (2001): 815-18.

Kalbermann, German. "Ehrenfest Theorem, Galilean Invariance and Nonlinear Schrödinger Equations." *Journal of Physics A* 37 (2004): 2999-3002.

Kalckar, Herman M. "Origins of the Concept Oxidative Phosphorylation." *Molecular and Cellular Biochemistry* 5 (1974): 55-62.

Karkkäinen, Veli-Matti. *Trinity and Religious Pluralism: The Doctrine of the Trinity in Christian Theology of Religions*. Aldershot: Ashgate, 2004.

Kasting, James F., and Janet L. Siefert. "Life and the Evolution of Earth's Atmosphere." *Science* 296 (2002): 1066-68.

Kauffman, Stuart A. *At Home in the Universe: The Search for Laws of Complexity*. Har- mondsworth: Penguin, 1995.

_____. *Investigations*. New York: Oxford University Press, 2000.

Keefe, Anthony D., and Stanley L. Miller. "Are Polyphosphates or Phosphate Esters Prebiotic Reagents?" *Journal of Molecular Evolution* 41 (1995): 693-702.

Keller, Evelyn Fox. *Making Sense of Life: Explaining Biological Development with Models, Metaphors, and Machines*. Cambridge, MA: Harvard University Press, 2002.

Kershaw, Steve. "Evolution of the Earth's Atmosphere and Its Geological Impact." *Geology Today* 6 (1990): 55-60.

Kim, Jaegwon. *Mind in a Physical World: An Essay on the Mind-Body Problem and Mental Causation*. Cambridge, MA: MIT Press, 1998.

Kim, Yoon Kyung. *Augustine's Changing Interpretations of Genesis 1-3: From "De Genesi contra Manichaeos" to "De Genesi ad litteram."* Lewiston, NY: Edwin Mellen Press, 2006.

King, Charles. "The Organization of Roman Religious Beliefs." *Classical*

Antiquity 22 (2003): 275–312.

Kingsley, Charles. "The Natural Theology of the Future." In *Westminster Sermons*, v–xxxiii. London: Macmillan, 1874.

Kirschner, Marc W., and John Gerhart. "Evolvability." *Proceedings of the National Academy of Sciences* 95 (1998): 8420–27.

Kirschner, Marc W., and John C. Gerhart. *The Plausibility of life: Resolving Darwin's Dilemma*. New Haven, CT: Yale University Press, 2005.

Kitcher, Paul. "Explanatory Unification and the Causal Structure of the World." In *Scientific Explanation*, edited by P. Kitcher and W. Salmon, 410–505. Minneapolis: University of Minnesota Press, 1989.

Klauber, Martin. "Jean-Alphonse Turrettini (1671-1737) on Natural Theology: The Triumph of Reason over Revelation at the Academy of Geneva." *Scottish Journal of Theology* 47 (1994): 301–25.

Klauck, Hans-Josef. "Nature, Art, and Thought: Dio Chrysostom and the *Theologia Tripertita*" *Journal of Religion* 87 (2007): 333–54.

Kleiner, Scott A. "Explanatory Coherence and Empirical Adequacy: The Problem of Abduction, and the Justification of Evolutionary Models." *Biology and Philosophy* 18 (2003): 513–27.

———. "A New Look at Kepler and Abductive Argument." *Studies in History and Philosophy of Science* 14 (1983): 279–313.

———. "Problem Solving and Discovery in the Growth of Darwin's Theories of Evolution." *Synthese* 62 (1981): 119–62.

Klinck, Dennis R. "*Vestigia Trinitatis* in Man and His Works in the English Renaissance." *Journal of the History of Ideas* 42 (1981): 13–27.

Klinger, Eric. "The Search for Meaning in Evolutionary Perspective and Its Clinical Implications." In *The Human Quest for Meaning: A Handbook of Psychological Research and Clinical Applications*, edited by P. T. P. Wong and P. S. Fry, 27–50. Mahwah, NJ: Erlbaum, 1998.

Knuuttila, Simo. "Time and Creation in Augustine." In *The Cambridge Companion to Augustine*, edited by Eleonore Stump and Norman Kretzmann, 103-15. Cambridge: Cambridge University Press, 2001.

Kock, Christoph. *Natürliche Theologie: Ein evangelischer Streitbegriff.* Neukirchen-Vluyn: Neukirchener Verlag, 2001..

Kolakowski, Leszek. *Metaphysical Horror.* Chicago: University of Chicago Press, 2001.

Kolodner, Marc A., and Paul G. Steffes. "The Microwave Absorption and Abundance of Sulfuric Acid Vapor in the Venus Atmosphere Based on New Laboratory Measurements." *Icarus* 132 (1998): 151-69.

Korn, Robert W. "Biological Hierarchies, Their Birth, Death and Evolution by Natural Selection." *Biology and Philosophy* 17 (2002): 199-221.

_____. "The Emergence Principle in Biological Hierarchies." *Biology and Philosophy* 20(2005): 137-51.

Kragh, Helge. *Conceptions of Cosmos: From Myths to the Accelerating Universe; A History of Cosmology.* Oxford: Oxford University Press, 2007.

Krimbas, Costas B. "On Fitness." *Biology and Philosophy* 19 (2004): 185-204.

Krolzik, Udo. "Das physikotheologische Naturverständnis und sein Einfluss auf das naturwissenschaftliche Denken im 18. Jahrhundert." *Medizinhistorisches Journal* 15(1980): 90-102.

Kuipers, Theo A. F. *From Instrumentalism to Constructive Realism: On Some Relations between Confirmation, Empirical Progress, and Truth Approximation.* Dordrecht: Kluwer Academic Publishers, 2000.

Kump, L. R., A. Pavlov, and M. A. Arthur. "Massive Release of Hydrogen Sulfide to the Surface Ocean and Atmosphere during Intervals of Oceanic Anoxia." *Geology* 33(2005): 397-400.

Kurtz, Donald M. "Oxygen-Carrying Proteins: Three Solutions to a

Common Problem." In *Essays in Biochemistry*, edited by David P. Ballou, 85-100. London: Portland Press, 1999.

Kvenvolden, Keith A., James Lawless, Katherine Pering, Etta Peterson, José Flores, Cyril Ponnamperuma, Isaac R. Kaplan, and Carleton Moore. "Evidence for Extraterrestrial Amino-Acids and Hydrocarbons in the Murchison Meteorite." *Nature* 228 (1970): 923-26.

Lambrecht, Jam. "The Groaning of Creation." *Louvain Studies* 15 (1990): 3-19.

Lane, Nick. *Oxygen: The Molecule That Made the World.* Oxford: Oxford University Press, 2002.

Lang, Helen S. *The Order of Nature in Aristotle's Physics: Place and the Elements.* Cambridge: Cambridge University Press, 1998.

Lange, Marc. "The Apparent Superiority of Prediction to Accommodation as a Side Effect." *British Journal for Philosophy of Science* 52 (2001): 575-88.

Lathe, Richard. "Fast Tidal Cycling and the Origin of Life." *Icarus* 168 (2004): 18-22.

Lazcano, Antonio, and Jeffrey L. Bada. "The 1953 Stanley L. Miller Experiment: Fifty Years of Prebiotic Organic Chemistry." *Origins of Life and Evolution of Biospheres* 33 (2004): 235-42.

Le Poidevin, Robin. "Missing Elements and Missing Premises: A Combinatorial Argument for the Ontological Reduction of Chemistry." *British Journal for the Philosophy of Science* 56 (2005): 117-34.

Lebedev, Y., N. Akopyants, T. Azhikinaa, Y. Shevchenkoa, V. Potapova, D. Stecenkoa, D. Bergb, and E. Sverdlov. "Oligonucleotides Containing 2-Aminoadenine and 5-Methylcytosine Are More Effective as Primers for PCR Amplification than Their Nonmodified Counterparts." *Genetic Analysis: Biomolecular Engineering* 13 (1996): 15-21.

Lee, Moon-Yeal, and Jonathan S. Dordick. "Enzyme Activation for Nonaqueous Media." *Current Opinions in Biotechnology* 13 (2002): 376-84.

Lehmann, Yves. *Varron théologien et philosophe romain*. Brussels: Latomus, 1997.

Lennox, James G. *Aristotle's Philosophy of Biology: Studies in the Origins of Life Science*. Cambridge: Cambridge University Press, 2001.

Leslie, John. *Universes*. London: Routledge, 1989.

Levene, Phoebus A. "The Structure of Yeast Nucleic Acid." *Journal of Biological Chemistry* 40 (1919): 415-24.

Levy, David M., and Sandra J. Peart. "Charles Kingsley and the Theological Interpretation of Natural Selection." *Journal of Bioeconomics* 8 (2006): 197-218.

Levy, Yaakov, and José N. Onuchic. "Water Mediation in Protein Folding and Molecular Recognition." *Annual Review of Biophysics and Biomolecular Structure* 35 (2006): 389-415.

Lewis, C. S. "Is Theology Poetry?" In *C. S. Lewis' Essay Collection*, 1-21, London: Collins, 2000.

Lewis, David. "Causal Explanation." In *Philosophical Papers*, vol. 2, 214-40. Oxford: Oxford University Press, 1987.

Lewontin, Richard C. "The Bases of Conflict in Biological Explanation." *Journal of the History of Biology* 2 (1969): 35-45.

―――. *Biology as Ideology: The Doctrine of DNA*. New York: HarperPerennial, 1992.

Lichter, Werner. *Die Kategorialanalyse der Kausaldetermination: Eine kritische Untersuchung zur Ontologie Nicolai Hartmanns*. Bonn: Bouvier, 1964.

Lieberg, Godo. "Die Theologia tripartita als Formprinzip antiken Denkens." *Rheinisches Museum für Philologie* 125 (1982): 25-53.

———. "Die 'Theologia tripartita in Forschung und Bezeugung." In *Aufstieg und Niedergang der römischen Welt*, vol. 14, edited by H. Temporini and W. Haase, 63–115. New York: de Gruyter, 1973.

Lienhard, Joseph T. "Reading the Bible and Learning to Read: The Influence of Education on St. Augustine's Exegesis." *Augustinian Studies* 27 (1996): 7–25.

Lindberg, David C., and Robert S. Westman, eds. *Reappraisals of the Scientific Revolution*. Cambridge: Cambridge University Press, 1990.

Linden, Stanton J. *Darke Hierogliphicks: Alchemy in English Literature from Chaucer to the Restoration*. Lexington: University Press of Kentucky, 1996.

Ling, Gilbert. "What Determines the Normal Water Content of a Living Cell?" *Physiological Chemistry and Physics and Medical NMR* 36 (2004): 1–19.

Lipmann, Fritz. "Metabolic Generation and Utilization of Phosphate Bond Energy." *Advances in Enzymology and Related Areas of Molecular Biology* 1 (1941): 99–162.

———. "Projecting Backward from the Present Stage of Evolution of Biosynthesis." In *The Origin of Prebiological Systems and of Their Molecular Matrices*, edited by S. W. Fox, 259–80. New York: Academic Press, 1965.

Lipton, Peter. *Inference to the Best Explanation*. 2nd ed. London: Routledge, 2004.

Little, Anthony C., D. Michael Burt, and David I. Perrett. "Assortative Mating for Perceived Facial Personality Traits." *Personality and Individual Differences* 40 (2006): 973–84.

Litvack, Leon B. "*Callista*, Martyrdom, and the Early Christian Novel in the Victorian Age." *Nineteenth-Century Contexts* 17 (1993): 159–73.

Liu, Maw-Shung, and K. Joe Kako. "Characteristics of Mitochondrial and Microsomal Monoacyl and Diacyl-Glycerol 3-Phosphate Biosynthesis in Rabbit Heart." *Biochemical Journal* 138 (1974): 11-21.

Livingstone, David N. "B. B. Warfield, the Theory of Evolution and Early Fundamentalism." *Evangelical Quarterly* 58 (1986): 69-83.

_____. *Darwin's Forgotten Defenders: The Encounter between Evangelical Theology and Evolutionary Thought.* Grand Rapids: Eerdmans, 1987.

Livingstone, David N., and Mark A. Noll. "B. B. Warfield (1851-1921): A Biblical Inerrantist as Evolutionist." *Isis* 91 (2000): 283-304.

Lockwood, Michael. *The Labyrinth of Time: Introducing the University.* Oxford: Oxford University Press, 2005.

Lombardi, Olimpia, and Martín Labarca. "The Ontological Autonomy of the Chemical World: A Response to Needham." *Foundations of Chemistry* 8 (2006): 81-92.

Luisi, Pier Luigi. "Contingency and Determinism." *Philosophical Transactions: Mathematical, Physical, and Engineering Sciences* 361 (2003): 1141-47.

_____. "Emergence in Chemistry: Chemistry as the Embodiment of Emergence." *Foundations of Chemistry* 4 (2002): 183-200.

_____. "Some Open Questions about the Origin of Life." In *Fundamentals of Life*, edited by Gyula Pályi, Claudia Zucchi, and Luciano Caglioti, 289-301. Paris: Elsevier, 2002.

Luoma, Tapio. *Incarnation and Physics: Natural Science in the Theology of Thomas F. Torrance.* Oxford: Oxford University Press, 2002.

Lustig, Abigail. "Natural Atheology." In *Darwinian Heresies*, edited by Abigail Lustig, Robert J. Richards, and Michael Ruse, 69-83. Cambridge: Cambridge University Press, 2004.

Lynden-Bell, Ruth M., and Pablo G. Debenedetti. "Computational Investigation of Order, Structure, and Dynamics in Modified Water

Models." *Journal of Physical Chemistry B* 109 (2005): 6527-34.

Ma, Chung-Pei, and Edmund Bertschinger. "A Cosmological Kinetic Theory for the Evolution of Cold Dark Matter Halos with Substructure: Quasi-Linear Theory." *Astrophysical Journal Letters* 612 (2004): 28-49.

MacIntyre, Alasdair C. *Whose Justice? Which Rationality?* Notre Dame, IN: University of Notre Dame Press, 1988.

Macken, John. *The Autonomy Theme in the "Church Dogmatics" of Karl Barth and His Critics.* Cambridge: Cambridge University Press, 1990.

Mackie, J. L. *The Miracle of Theism: Arguments For and Against the Existence of God.* Oxford: Clarendon Press, 1982.

Macquarrie, John. "The Idea of a Theology of Nature." *Union Seminary Quarterly Review* 30 (1975): 69-75.

———. *Principles of Christian Theology.* 2nd ed. London: SCM Press, 1977.

Madsen, William G. *From Shadowy Types to Truth: Studies in Milton's Symbolism.* New Haven, CT: Yale University Press, 1968.

Magnani, Lorenzo. *Abduction, Reason, and Science: Processes of Discovery and Explanation.* New York: Plenum Publishers, 2001.

Majerus, Michael E. N. *Melanism: Evolution in Action.* Oxford: Oxford University Press, 1998.

Mandelbrote, Scott. "The Uses of Natural Theology in Seventeenth-Century England." *Science in Context* 20 (2007): 451-80.

Manson, Neil A. *God and Design: The Teleological Argument and Modern Science.* London: Routledge, 2003.

Marengo, Emilio, Maria Carla Gennaro, Elisa Robotti, Piero Rossanigo, Caterina Rinaudo, and Manuela Roz-Gastaldi. "Investigation of Anthropic Effects Connected with Metal Ions Concentration, Organic Matter and Grain Size in Bormida River Sediments." *Analytica Chimica Acta* 560 (2006): 172-83.

Markley, Robert. *Fallen Languages: Crises of Representation in Newtonian*

England, 1660-1740. Ithaca, NY: Cornell University Press, 1993.

Marrone, Steven. "The Philosophy of Nature in the Early Thirteenth Century." In *Albertus Magnus and the Beginnings of the Medieval Reception of Aristotle in the Latin West*, edited by L. Honnefelder, R. Wood, M. Dreyer, and M. Aris, 115-57. Münster: Aschendorff, 2005.

Martin, Charles B., and John Heil. "The Ontological Turn." *Midwest Studies in Philosophy* 23 (1999): 34-60.

Martin, Michael F. *Atheism: A Philosophical Justification*. Philadelphia: Temple University Press, 1990.

Martin, Robert A. *Missing Links: Evolutionary Concepts and Transitions through Time*. Sudbury, MA: Jones & Bartlett, 2004.

Masel, Joanna. "Evolutionary Capacitance May Be Favored by Natural Selection." *Genetics* 170 (2005): 1359-71.

Matcheva, Katia I., Barney J. Conrath, Peter J. Gierasch, and F. Michael Flasar. "The Cloud Structure of the Jovian Atmosphere as Seen by the Cassini/CIRS Experiment." *Icarus* 179 (2005): 432-48.

Mather, Cotton. *The Christian Philosopher*. Edited by Winton U. Solberg. Urbana: University of Illinois Press, 1994.

Mathews, Gordon. *What Makes Life Worth Living? How Japanese and Americans Make Sense of Their Worlds*. Berkeley: University of California Press, 1996.

Maturana, Humberto, and Francisco Varela. *Autopoiesis and Cognition: The Realization of the Living*. Dordrecht: Reidel, 1973.

Maurer, Armand. "Darwin, Thomists, and Secondary Causality." *Review of Metaphysics* 57 (2004): 491-515.

May, Gerhard. *Creatio ex Nihilo: The Doctrine of "Creation out of Nothing" in Early Christian Thought*. Edinburgh: T&T Clark, 1995.

Maynard Smith, John, and Eörs Szathmáry. *The Major Transitions in Evolution*. Oxford: W. H. Freeman/Spektrum, 1995.

_____. *The Origins of Life: From the Birth of Life to the Origin of Language.* Oxford: Oxford University Press, 1999.

Mayr, Ernst. *The Growth of Biological Thought.* Cambridge, MA: Belknap Press, 1982.

_____. *This Is Biology: The Science of the Living World.* Cambridge, MA: Belknap Press, 1997.

_____. *Toward a New Philosophy of Biology: Observations of an Evolutionist.* Cambridge, MA: Harvard University Press, 1988.

_____. *What Makes Biology Unique? Considerations on the Autonomy of a Scientific Discipline.* Cambridge: Cambridge University Press, 2004.

Mazzarello, Paolo. "A Unifying Concept: The History of Cell Theory." *Nature Cell Biology* 1 (1999): E13-E15.

McCalla, Arthur. *The Creationist Debate: The Encounter between the Bible and the Historical Mind.* London: T&T Clark International, 2006.

McCarthy, Michael C. "'We Are Your Books': Augustine, the Bible, and the Practice of Authority." *Journal of the American Academy of Religion* 75 (2007): 324-52.

McCauley, Robert N. "The Naturalness of Religion and the Unnaturalness of Science." In *Explanation and Cognition,* edited by F. Keil and R. Wilson, 61-85. Cambridge, MA: MIT Press, 2000.

McClendon, James W., Jr., and James M. Smith. "Ian Ramsey's Model of Religious Language: A Qualified Appreciation." *Journal of the American Academy of Religion* 41 (1973): 413-24.

McGrath, Alister E. *Dawkins' God: Genes, Memes and the Meaning of Life.* Oxford: Blackwell Publishing, 2004. 「도킨스의 신」, 김태완 역(SFC출판부, 2007)

_____. *The Intellectual Origins of the European Reformation.* 2nd ed. Oxford: Blackwell, 2003.

_____. "Karl Barth als Aufklärer? Der Zusammenhang seiner Lehre vom Werke Christi mit der Erwählungslehre." *Kerygma und Dogma* 81 (1984): 383-94.

_____. *The Open Secret: A New Vision for Natural Theology.* Oxford: Blackwell, 2008.

_____. *A Scientific Theology.* Vol. 1, *Nature.* London: Continuum, 2001.

_____. *A Scientific Theology.* Vol. 2, *Reality.* London: Continuum, 2002.

_____. *A Scientific Theology.* Vol. 3, *Theory.* London: Continuum, 2003.

_____. "Theologie als Mathesis Universalis? Heinrich Scholz, Karl Barth, und der wissenschaftliche Status der christlichen Theologie." *Theologische Zeitschrift* 62(2007): 44-57.

_____. *Thomas F. Torrance: An Intellectual Biography.* Edinburgh: T&T Clark, 1999.

_____. "Towards the Restatement and Renewal of a Natural Theology: A Dialogue with the Classic English Tradition." In *The Order of Things: Explorations in Scientific Theology,* edited by Alister E. McGrath, 63-96. Oxford: Blackwell Publishing, 2006.

_____. "A Working Paper: Iterative Procedures and Closure in Systematic Theology." In *The Order of Things: Explorations in Scientific Theology,* edited by Alister E. McGrath, 194-203. Oxford: Blackwell Publishing, 2006.

McIntosh, Mark. "Faith, Reason, and the Mind of Christ." In *Reason and the Reasons of Faith,* edited by Paul J. Griffiths and Reinhart Hütter, 119-42. New York: T&T Clark, 2005.

McIntyre, Lee. "Emergence and Reduction in Chemistry: Ontological or Epistemological Concepts?" *Synthese* 155 (2006): 337-43.

McKeough, Michael J. *The Meaning of the Rationes Seminales in St. Augustine.* Washington: Catholic University of America Press, 1926.

McLaughlin, Peter. *Kant's Critique of Teleology in Biological Explanation:*

Antinomy and Teleology. Lewiston, NY: Edwin Mellen Press, 1990.

McMullin, Ernan. "Cosmic Purpose and the Contingency of Human Evolution." *Theology Today* 55 (1998): 389-414.

———. "Fine-Tuning the Universe?" In *Science, Technology, and Religious Ideas*, edited by Mark H. Shale and George W. Shields, 97-125. Lanham, MD: University Press of America, 1994.

———. "Indifference Principle and Anthropic Principle in Cosmology." *Studies in the History and Philosophy of Science* 24 (1993): 359-89.

———. *The Inference That Makes Science*. Milwaukee: Marquette University Press, 1992.

———. "Introduction." In *Evolution and Creation*, edited by Ernan McMullin, 1-58. Notre Dame, IN: University of Notre Dame Press, 1985.

———. "Natural Science and Belief in a Creator." In *Physics, Philosophy, and Theology*, edited by Robert J. Russell, William R. Stoeger, and George V. Coyne, 49-79. Rome: Vatican Observatory, 1988.

———. "Plantinga's Defense of Special Creation." *Christian Scholar's Review* 21 (1991):55-79.

Medawar, Peter B. *The Limits of Science*. Oxford: Oxford University Press, 1985.

Mendelsohn, Everett. "Locating 'Fitness' and L. J. Henderson." In *Fitness of the Cosmos for Life: Biochemistry and Fine-Tuning*, edited by John D. Barrow, Simon Conway Morris, Stephen J. Freeland, and Charles L. Harper, 3-19. Cambridge: Cambridge University Press, 2007.

Mettinger, Tryggve N. D. "Abbild oder Urbild? 'Imago Dei' in traditionsgeschichtlicher Sicht." *Zeitschrift für Alttestamentlicher Wissenschaft* 86 (1974): 403-24.

Mikkeli, Heikki. "The Foundation of an Autonomous Natural Philosophy:

Zabarella on the Classification of Arts and Sciences." In *Method and Order in Renaissance Philosophy of Nature: The Aristotle Commentary Tradition*, edited by Daniel A. Di Liscia, Eckhard Kessler, and Charlotte Methuen, 211-28. Aldershot: Ashgate, 1997.

Miller, Fred D. *Nature, Justice and Rights in Aristotle's Politics*. Oxford: Clarendon Press, 1995.

Miller, Stanley L. "Production of Amino Acids under Possible Primitive Earth Conditions." *Science* 117 (1953): 528.

Mivart, St. George. *On the Genesis of Species*. New York: Appleton & Co., 1871.

Moltmann, Jürgen. *God in Creation: An Ecological Doctrine of Creation*. London: SCM Press, 1985. 「십자가에 달리신 하나님」, 김균진 역(한국신학연구소, 2000)

Monod, Jacques. *Chance and Necessity: An Essay on the Natural Philosophy of Modern Biology*. New York: Alfred A. Knopf, 1971.

Moore, James F. "How Religious Tradition Survives in the World of Science: John Polk-inghorne and Norbert Samuelson." *Zygon* 32 (1997): 115-24.

Moore, James R. *The Post-Darwinian Controversies: A Study of the Protestant Struggle to Come to Terms with Darwin in Great Britain and America, 1870-1900*. Cambridge: Cambridge University Press, 1979.

_____. "Speaking of Science and Religion—Then and Now." *History of Science* 30(1992): 311-23.

Morbidelli, Alessandro, John Chambers, Jonathan I. Lunine, Jean-Marc Petit, François Robert, Giovanni B. Valsecchi, and K. E. Cyr. "Source Regions and Timescales for the Delivery of Water to the Earth." *Meteoritics and Planetary Science* 35 (2000): 1309-20.

Morgan, David. *Visual Piety: A History and Theory of Popular Religious*

Images. Berkeley: University of California Press, 1998.

Morgan, David T. "Benjamin Franklin: Champion of Generic Religion." *Historian* 62 (2000): 723-29.

Morley, Georgina. *John Macquarrie's Natural Theology: The Grace of Being.* Aldershot: Ashgate, 2003.

Morowitz, Harold J. *The Emergence of Everything: How the World Became Complex.* Oxford: Oxford University Press, 2002.

Morrison, Margaret. "A Study in Theory Unification: The Case of Maxwell's Electromagnetic Theory." *Studies in History and Philosophy of Science* 23 (1992): 103-45.

―――. "Unification, Realism and Inference." *British Journal for Philosophy of Science* 41(1990): 305-32.

―――. *Unifying Scientific Theories: Physical Concepts and Mathematical Structures.* Cambridge: Cambridge University Press, 2000.

Mortensen, Beverly P. *The Priesthood in Targum Pseudo-Jonathan: Renewing the Profession.* Leiden: Brill, 2006.

Mukhanov, V. F. *Physical Foundations of Cosmology.* Cambridge: Cambridge University Press, 2005.

Müller, Achim. "Die inhärente Potentialität materieller (chemischer) Systeme." *Philosophia naturalis* 35 (1998): 333-58.

Muller, Charles H. "Spiritual Evolution and Muscular Theology: Lessons from Kingsley's Natural Theology." *University of Cape Town Studies in English* 15 (1986): 24-34.

Müller, Jörn, and Harald Lesch. "Woher kommt das Wasser der Erde?—Urgaswolke oder Meteoriten." *Chemie in unserer Zeit* 37 (2003): 242-46.

Muller, Richard A. "'Duplex cognitio Dei' in the Theology of Early Reformed Orthodoxy." *Sixteenth Century Journal* 10 (1979): 51-61.

Mullins, Phil. "Peirce's Abduction and Polanyi's Tacit Knowing." *Journal of*

Speculative Philosophy 16 (2002): 198-224.

Munday, Philip L., Lynne van Herwerden, and Christine L. Dudgeon. "Evidence for Sympatric Speciation by Host Shift in the Sea." *Current Biology* 14 (2004): 1498-1504.

Munitz, Milton K. *The Mystery of Existence: An Essay in Philosophical Cosmology.* New York: Appleton-Century-Crofts, 1965.

Murdoch, Iris. *Metaphysics as a Guide to Morals.* London: Penguin, 1992.

Murdoch, John E. "The Analytic Character of Late Medieval Learning: Natural Philosophy without Nature." In *Approaches to Nature in the Middle Ages*, edited by Lawrence D. Roberts, 171-213. Binghamton, NY: Center for Medieval and Early Renaissance Studies, 1982.

Murphy, Nancey C. *Bodies and Souls, or Spirited Bodies?* Cambridge: Cambridge University Press, 2006.

_____. "Emergence and Mental Causation." In *The Re-Emergence of Emergence: The Emergentist Hypothesis from Science to Religion*, edited by Philip Clayton and Paul Davies, 227-43. Oxford: Oxford University Press, 2006.

Musgrave, Alan. "Logical versus Historical Theories of Confirmation." *British Journal for Philosophy of Science* 25 (1974): 1-23.

Naddaf, Gerard. *The Greek Concept of Nature.* Albany: State University of New York Press, 2005.

Nadelman, Heather L. "Baconian Science in Post-Bellum America: Charles Peirce's 'Neglected Argument for the Reality of God.'" *Journal of the History of Ideas* 54(1993): 79-96.

Nebelsick, Harold P. "Karl Barth's Understanding of Science." In *Theology beyond Christendom: Essays on the Centenary of the Birth of Karl Barth*, edited by John Thompson, 165-214. Allison Park, PA: Pickwick Publications, 1986.

Nelson, Paul A. "The Role of Theology in Current Evolutionary Reasoning."

Biology and Philosophy 11 (1996): 493-517.

Newman, John Henry. *An Essay in Aid of a Grammar of Assent*. 2nd ed. London: Burns & Oates, 1870.

———. *The Idea of a University*. London: Longmans, Green & Co., 1907.

Newman, John Henry, Charles Stephen Dessain, and Thomas Gornall. *The Letters and Diaries of John Henry Newman*. 9 vols. Oxford: Clarendon Press, 1973.

Newman, William R. *Atoms and Alchemy: Chymistry and the Experimental Origins of the Scientific Revolution*. Chicago: University of Chicago Press, 2006.

Newton-Smith, W. H., and Steven Lukes. "The Underdetermination of Theory by Data." *Proceedings of the Aristotelian Society* 52 (1978): 71-91.

Nisbet, Barry. "The Rationalisation of the Holy Trinity from Lessing to Hegel." *Lessing Yearbook* 41 (1999): 65-89.

Noble, Denis. *The Music of Life: Biology beyond the Genome*. Oxford: Oxford University Press, 2006.

Noren, C. J., S. J. Anthony-Cahill, M. C. Griffith, and P. G. Schultz. "A General Method for Site-Specific Incorporation of Unnatural Amino Acids into Proteins." *Science* 244 (1989): 182-88.

Novak, David. *Natural Law in Judaism*. Cambridge: Cambridge University Press, 1998.

Numbers, Ronald L. *Darwinism Comes to America*. Cambridge, MA: Harvard University Press, 1998.

Nye, Mary Jo. "Physics and Chemistry: Commensurate or Incommensurate Sciences?" In *The Invention of Physical Science: Intersections of Mathematics, Theology and Natural Philosophy since the Seventeenth Century*, edited by M. J. Nye, J. L. Richards, and R. H. Stuewer, 205-24. Dordrecht: Kluwer Academic Publishers, 1992.

O'Collins, Gerald. *The Tripersonal God: Understanding and Interpreting the Trinity.* London: Continuum, 2004.

O'Connell, Robert J. *The Origin of the Soul in St. Augustine's Later Works.* New York: Fordham University Press, 1987.

Ogilvie, Brian W. "Natural History, Ethics, and Physico-Theology." In *Historia: Empiricism and Erudition in Early Modern Europe*, edited by Gianna Pomata and Nancy G. Siraisi, 75-103. Cambridge, MA: MIT Press, 2005.

Ogura, Atsushi, Kazuho Ikeo, and Takashi Gojobori. "Comparative Analysis of Gene Expression for Convergent Evolution of Camera Eye between Octopus and Human." *Genome Research* 14 (2004): 1555-61.

Okasha, Samir. "Van Fraasen's Critique of Inference to the Best Explanation." *Studies in History and Philosophy of Science* 31 (2000): 691-710.

Olafson, Frederick A. *Naturalism and the Human Condition: Against Scientism.* London: Routledge, 2001.

O'Leary, Don. *Roman Catholicism and Modern Science: A History.* New York: Continuum, 2006.

Oliver, Joan, and Randall S. Perry. "Definitely Life but Not Definitively." *Origins of Life and Evolution of Biospheres* 36 (2006): 515-21.

O'Loughlin, Taryn L., Wayne M. Patrick, and Ichiro Matsumura. "Natural History as a Predictor of Protein Evolvability." *Protein Engineering, Design and Selection* 19(2006): 439-42.

Orgel, Leslie E. "Molecular Replication." *Nature* 358 (1992): 203-9.

Osborn, Eric F. *Irenaeus of Lyons.* Cambridge: Cambridge University Press, 2001.

Osborne, Colin P., and David J. Beerling. "Nature's Green Revolution: The Remarkable Evolutionary Rise of C4 Plants." *Philosophical*

Transactions of the Royal Society B 361 (2006): 173-94.

Osler, Margaret, ed. *Rethinking the Scientific Revolution*. Cambridge: Cambridge University Press, 2000.

Ospovat, Dov. *The Development of Darwin's Theory: Natural History, Natural Theology, and Natural Selection, 1838-1859*. Cambridge: Cambridge University Press, 1995.

Outram, Dorinda. *The Enlightenment*. Cambridge: Cambridge University Press, 1995.

Paavola, Sami. "Abduction as a Logic of Discovery: The Importance of Strategies." *Foundations of Science* 9 (2005): 267-83.

———. "Hansonian and Harmanian Abduction as Models of Discovery." *International Studies in the Philosophy of Science* 20 (2006): 93-108.

———. "Peircean Abduction: Instinct or Inference?" *Semiotica* 153 (2005): 131-54.

Pace, Norman R. "The Universal Nature of Biochemistry." *Proceedings of the National Academy of Sciences* 98 (2001): 805-8.

Pais, Abraham. *Niels Bohr's Times, in Physics, Philosophy and Polity*. Oxford: Clarendon Press, 1991.

Paley William. *The Works of William Paley*. London: William Orr, 1844.

Pályi, Gyula, Claudia Zucchi, and Luciano Caglioti, eds. *Fundamentals of life*. Paris: Elsevier, 2002.

Pannenberg, Wolfhart. *Systematic Theology*. 3 vols. Grand Rapids: Eerdmans, 1991-98.

Paradis, James G. "Satire and Science in Victorian Culture." In *Victorian Science in Context*, edited by Bernard Lightman, 143-75. Chicago: University of Chicago Press, 1997.

Parascandola, John. "Organismic and Holistic Concepts in the Thought of L. J. Henderson." *Journal of the History of Biology* 4 (1971): 63-113.

Parker, Andrew R. "Colour in Burgess Shale Animals and the Effect of

Light on Evolution in the Cambrian." *Proceedings of the Royal Society of London: Biological Sciences* 265 (1998): 967-72.

_____. *In the Blink of an Eye: The Cause of the Most Dramatic Event in the History of Life.* London: Free Press, 2003.

Partridge, R. B. *3K: The Cosmic Microwave Background Radiation.* Cambridge: Cambridge University Press, 1995.

Pasorek, Günter. "Eine historische Notiz zur Scheidung von 'theologia civilis' und 'naturalis.'" In *Symmicta philologica Salisburgensia: Georgio Pfligersdorffer sexagenario oblata,* edited by Joachim Dalfen, Karl Forstner, Maximilian Fussl, and Wolfgang Speyer, 87-103. Rome: Edizioni dell'Ateneo, 1980.

Paterson, W. P. *The Rule of Faith.* 2nd ed. London: Hodder & Stoughton, 1912.

Paton, H. J. *The Modern Predicament: A Study in the Philosophy of Religion.* London: Allen & Unwin, 1955.

Pattison, Stephen. *Seeing Things: Deepening Relations with Visual Artefacts.* London: SCM Press, 2007.

Paul, Eldor A. *Soil Microbiology, Ecology, and Biochemistry.* 3rd ed. Burlington, MA: Academic Press, 2007.

Pauling, Linus, Robert B. Corey, and Herman R. Branson. "The Structure of Proteins: Two Hydrogen-Bonded Helical Configurations of the Polypeptide Chain." *Proceedings of the National Academy of Sciences* 37 (1951): 205-11.

Peebles, P. J. E. *Quantum Mechanics.* Princeton, NJ: Princeton University Press, 1992.

Peirce, Charles S. *Collected Papers of Charles Sanders Peirce.* Edited by Charles Hartshorne and Paul Weiss. 8 vols. Cambridge, MA: Harvard University Press, 1960.

Pelikan, Jaroslav. *Christianity and Classical Culture: The Metamorphosis of*

Natural Theology in the Christian Encounter with Hellenism. New Haven, CT: Yale University Press, 1993.

Pelland, Gilles. *Cinq études d'Augustin sur les débuts de la Genèse*. Paris: Desclée, 1972.

Penrose, Roger. "Difficulties with Inflationary Cosmology." In *Proceedings of the 14th Texas Symposium on Relativistic Astrophysics*, edited by E. J. Fergus, 249–64. New York: New York Academy of Sciences, 1989.

———. *The Road to Reality: A Complete Guide to the Laws of the Universe*. London: Jonathan Cape, 2004.

Peperzak, Adriaan T. *The Quest for Meaning: Friends of Wisdom from Plato to Levinas*. New York: Fordham University Press, 2003.

Perl, Eric D. "St. Gregory Palamas and the Metaphysics of Creation." *Dionysius* 14 (1990): 105–30.

Peters, John W., and Robert K. Szilagyi. "Exploring New Frontiers of Nitrogenase Structure and Mechanism." *Current Opinion in Chemical Biology* 10 (2006): 101–8.

Peters, William A. M. *Gerard Manley Hopkins: A Critical Essay towards the Understanding of His Poetry*. London: Oxford University Press, 1948.

Philipp, Wolfgang. "Physicotheology in the Age of Enlightenment: Appearance and History." *Studies on Voltaire and the Eighteenth Century* 57 (1967): 1233–67.

Pittendrigh, Colin S. "Adaptation, Natural Selection, and Behavior." In *Behavior and Evolution*, edited by Anne Roe and George Gaylord Simpson, 390–416. New Haven, CT: Yale University Press, 1958.

Plantinga, Alvin. *God and Other Minds: A Study of the Rational Justification of Belief in God*. Cornell Paperbacks. Ithaca, NY: Cornell University Press, 1990.

———. "Reliabilism, Analyses and Defeaters." *Philosophy and Phenom-*

enological Research 55 (1995): 427-64.

———. "When Faith and Reason Clash: Evolution and the Bible." *Christian Scholar's Review* 21 (1991): 8-33.

Plutynski, Anya. "Explanatory Unification and the Early Synthesis." *British Journal for Philosophy of Science* 56 (2005): 595-609.

Polanyi, Michael. "Science and Reality." *British Journal for the Philosophy of Science* 18 (1967): 177-96.

———. *The Tacit Dimension*. Garden City, NY: Doubleday, 1967.

Polignac, François de. *Cults, Territory, and the Origins of the Greek City-state*. Chicago: University of Chicago Press, 1995.

Polkinghorne, John C. *Belief in God in an Age of Science*. New Haven, CT: Yale University Press, 1998.

———. "Physics and Metaphysics in a Trinitarian Perspective." *Theology and Science* 1(2003): 33-49.

———. *Science and Creation: The Search for Understanding*. London: SPCK, 1988.

———. "Where Is Natural Theology Today?" *Science and Christian Belief* 18 (2006):169-79.

Poole, William. "Francis Lodwick's Creation: Theology and Natural Philosophy in the Early Royal Society." *Journal of the History of Ideas* 66 (2005): 245-63.

Poon, Wilson C. K. "The Physics of a Model Colloid-Polymer Mixture." *Journal of Physics: Condensed Matter* 14 (2002): R859-R880.

Popa, Radu. *Between Necessity and Probability: Searching for the Definition and Origin of Life*. Berlin: Springer-Verlag, 2004.

Popper, Karl R. *The Logic of Scientific Discovery*. New York: Basic Books, 1959.

———. "Natural Selection and the Emergence of Mind." *Dialectica* 32 (1978): 339-55.

———. *Unended Quest: An Intellectual Autobiography*. Rev. ed. London: Fontana, 1976.

Posner, Michael I., and Steven E. Petersen. "The Attentional System of the Human Brain." *Annual Review of Neuroscience* 13 (1990): 25-42.

Potter, Vincent G. *Peirce's Philosophical Perspectives*. New York: Fordham University Press, 1996.

Powell, Samuel M. *Participating in God: Creation and Trinity*. Minneapolis: Fortress, 2003.

———. *The Trinity in German Thought*. Cambridge: Cambridge University Press, 2001.

Pozzi, Gianluca, Véronique Birault, Birgit Werner, Olivier Dannenmuller, Yoichi Nakatani, Guy Ourisson, and Susumu Terakawa. "Single-Chain Polyprenyl Phosphates Form 'Primitive' Membranes." *Angewandte Chemie International Edition* 35 (1996): 177-80.

Pratt, Andrew J. "The Curious Case of Phosphate Solubility." *Chemistry in New Zealand* 70 (2006): 78-80.

Prenter, Regin. "Das Problem der natürlichen Theologie bei Karl Barth." *Theologische Literaturzeitung* 77 (1952): 607-11.

Prescott, Lansing M., John P. Harley, and Donald A. Klein. *Microbiology*. 4th ed. Boston, MA: McGraw-Hill, 1999.

Prevost, Robert. *Probability and Theistic Explanation*. Oxford: Clarendon Press, 1990.

———. "Swinburne, Mackie, and Bayes' Theorem." *International Journal for the Philosophy of Religion* 17 (1985): 175-84.

Price, S. R. F. *Rituals and Power: The Roman Imperial Cult in Asia Minor*. Cambridge: Cambridge University Press, 1984.

Pross, Addy. "On the Emergence of Biological Complexity: Life as a Kinetic State of Matter." *Origins of Life and Evolution of Biospheres* 35 (2005): 151-66.

Psillos, Stathis. "The Fine Structure of Inference to the Best Explanation." *Philosophy and Phenomenological Research* 74 (2007): 441-48.

_____. "Simply the Best: A Case for Abduction." In *Computational Logic: From Logic Programming into the Future*, edited by Fariba Sadri and Anthony Kakas, 605-25. Berlin: Springer-Verlag, 2002.

Rajendiran, T., M. Caudle, Martin L. Kirk, Ika Setyawati, Jeff W. Kampf, and Vincent L. Pecoraro. "Evaluating Hydrogen Bond Interactions in Enzymes Containing Mn(III)-Histidine Complexation Using Manganese-Imidazole Complexes." *Journal of Biological Inorganic Chemistry* 8 (2003): 283-93.

Ramsey, Ian T. *Models and Mystery*. Whidden Lectures. London: Oxford University Press, 1964.

Rariy, Roman V., and Alexander M. Klibanov. "Correct Protein Folding in Glycerol." *Proceedings of the National Academy of Sciences* 94 (1997): 13520-23.

Rasmussen, Steen, Liaohai Chen, Martin Nilsson, and Shigeaki Abe. "Bridging Nonliving and Living Matter." *Artificial Life* 9 (2003): 269-316.

Raymond, Jason, and Daniel Segré. "The Effect of Oxygen on Biochemical Networks and the Evolution of Complex Life." *Science* 311 (2006): 1764-67.

Rees, Martin J. *Just Six Numbers: The Deep Forces That Shape the Universe*. London: Phoenix, 2000.

_____. *New Perspectives in Astrophysical Cosmology*. 2nd ed. Cambridge: Cambridge University Press, 2000.

Regier, Jerome C., and Jeffrey W. Schultz. "Molecular Phylogeny of Arthropods and the Significance of the 'Cambrian Explosion' for Molecular Systematics." *American Zoologist* 38 (1998): 918-28.

Reid, Duncan. *Energies of the Spirit: Trinitarian Models in Eastern*

Orthodox and Western Theology. Atlanta: Scholars Press, 1997.

Reid, Robert G. B. *Biological Emergences: Evolution by Natural Experiment.* Cambridge, MA: MIT Press, 2007.

Renger, Gernot. "Oxidative Photosynthetic Water Splitting: Energetics, Kinetics and Mechanism." *Photosynthesis Research* 92 (2007): 407-25.

Rhee, Young Min, Eric J. Sorin, Guha Jayachandran, Erik Lindahl, and Vijay S. Pande. "Simulations of the Role of Water in the Protein-Folding Mechanism." *Proceedings of the National Academy of Sciences* 101 (2004): 6456-61.

Ricard, Jacques. "Reduction, Integration and Emergence in Biochemical Networks." *Biology of the Cell* 96 (2004): 719-25.

Richerson, Peter J., and Robert Boyd. *Not by Genes Alone: How Culture Transformed Human Evolution.* Chicago: University of Chicago Press, 2005.

Richmond, Alasdair. "Between Abduction and the Deep Blue Sea." *Philosophical Quarterly* 49 (1999): 86-91.

Ridderbos, Herman. *Paul: An Outline of His Theology.* Grand Rapids: Eerdmans, 1997.

Ridley, Mark. *Evolution.* 3rd ed. Malden, MA: Blackwell Science, 2004.

Rivers, Isabel. *Reason, Grace, and Sentiment: A Study of the Language of Religion and Ethics in England, 1660-1780.* 2 vols. Cambridge: Cambridge University Press, 1991.

Rizzotti, Martino, and André E. Brack, eds. *Defining Life: The Central Problems in Theoretical Biology.* Padua: University of Padua, 1996.

Roat-Malone, Rosette M. *Bioinorganic Chemistry: A Short Course.* 2nd ed. Hoboken, NJ: Wiley-Interscience, 2007.

Roberts, Jon H. *Darwinism and the Divine in America: Protestant Intellectuals and Organic Evolution, 1859-1900.* Madison: University of Wisconsin Press, 1988.

Roberts, Noel Keith. "Newman on the Argument from Design." *New Blackfriars* 88 (2007): 56-66.

Robinson, David. "Emerson's Natural Theology and the Paris Naturalists: Toward a Theory of Animated Nature." *Journal of the History of Ideas* 41 (1980): 69-88.

Robson, Jon M. "The Fiat and the Finger of God: The Bridgewater Treatises." In *Victorian Faith in Crisis: Essays on Continuity and Change in Nineteenth-Century Religious Belief*, edited by Richard J. Helmstadter and Bernard Lightman, 71-125. London: Macmillan, 1990.

Romano, Donatella, and Francesca Matteucci. "Contrasting Copper Evolution in Ω Centauri and the Milky Way." *Monthly Notices of the Royal Astronomical Society: Letters* 378 (2007): L59-L63.

Rose, Steven P. R. *Lifelines: Biology, Freedom, Determinism*. Harmondsworth: Penguin, 1997.

―――. "Précis of Lifelines: Biology, Freedom, Determinism." *Behavioral and Brain Sciences* 22 (1999): 871-921.

Rosen, Frederick. *Classical Utilitarianism from Hume to Mill*. London: Routledge, 2003.

Rowley, H. H. "The Book of Job and Its Meaning." *Bulletin of the John Rylands Library* 41 (1958): 162-207.

Ruben, David-Hillel. *Explaining Explanation*. London: Routledge, 1990.

Rubin, Daniel L., Nigam H. Shah, and Natalya F. Noy. "Biomedical Ontologies: A Functional Perspective." *Briefings in Bioinformatics* 9 (2008): 75-90.

Rupke, Nicolaas A. *The Great Chain of History: William Buckland and the English School of Geology (1814-1849)*. Oxford: Clarendon Press, 1983.

Ruskin, John. *Works*. Edited by E. T. Cook and A. Wedderburn. 39 vols.

London: Allen, 1903-12.

Rye, Robert, and Heinrich D. Holland. "Paleosols and the Evolution of Atmospheric Oxygen: A Critical Review." *American Journal of Science* 298 (1998): 621-72.

Salmon, Wesley C. *Scientific Explanation and the Causal Structure of the World.* Princeton, NJ: Princeton University Press, 1984.

———. "Scientific Explanation: Three Basic Conceptions." *Philosophy of Science Association* 2 (1984): 293-305.

Sanders, Fred. "Trinity Talk, Again." *Dialog: A Journal of Theology* 44 (2005): 264-72.

Sayers, Dorothy L. "Creative Mind." In *Letters of a Diminished Church*, 35-48. Nashville: W Publishing, 2004.

———. *The Mind of the Maker.* London: Methuen, 1941.

Schaffner, Kenneth F. *Discovery and Explanation in Biology and Medicine.* Chicago: University of Chicago Press, 1993.

Schickore, Jutta, and Friedrich Steinle, eds. *Revisiting Discovery and Justification: Historical and Philosophical Perspectives on the Context Distinction.* Dordrecht: Springer-Verlag, 2006.

Schlange-Schöningen, Heinrich. *Die römische Gesellschaft bei Galen: Biographie und Sozialgeschichte.* Berlin: de Gruyter, 2003.

Schmidt, James. "Civility, Enlightenment, and Society: Conceptual Confusions and Kantian Remedies." *American Political Science Review* 92 (1998): 419-27.

———. *What Is Enlightenment? Eighteenth-Century Answers and Twentieth-Century Questions.* Berkeley: University of California Press, 1996.

Schoedel, William R. "Christian 'Atheism' and the Peace of the Roman Empire." *Church History* 42 (1973): 309-19.

Schreiber, Stuart L., Tarun M. Kapoor, and Günther Wess, eds. *Chemical*

Biology: From Small Molecules to Systems Biology and Drug Design. 3 vols. Weinheim: Wiley-VCH Verlag, 2007.

Schreiter, Robert J. *Constructing Local Theologies*. London: SCM, 1985.

Schulze-Makuch, Dirk, and Louis N. Irwin. *Life in the Universe: Expectations and Constraints*. Berlin: Springer-Verlag, 2006.

Schurz, Gerhard. "Scientific Explanation: A Critical Survey." *Foundations of Science* 1(1995): 429-65.

Schweder, Rebecca. "A Defense of a Unificationist Theory of Explanation." *Foundations of Science* 10 (2005): 421-35.

Scott, Douglas. "The Standard Cosmological Model." *Canadian Journal of Physics* 84(2006): 419-35.

Sebeok, Thomas A., and Jean Umiker-Sebeok. "'You Know My Method': A Juxtaposition of Charles S. Peirce and Sherlock Holmes." In *The Sign of Three: Dupin, Holmes, Peirce*, edited by Umberto Eco and Thomas A. Sebeok, 11-54. Bloomington: Indiana University Press, 1983.

Secord, James A. "Nature's Fancy: Charles Darwin and the Breeding of Pigeons." *Isis* 72 (1981): 163-86.

Shanahan, Timothy. "Darwinian Naturalism, Theism, and Biological Design." *Perspectives on Science and Christian Faith* 49 (1997): 170-78.

Shipway, Brad. "The Theological Application of Bhaskar's Stratified Reality: The Scientific Theology of A. E. McGrath." *Journal of Critical Realism* 3 (2004): 191-203.

Short, T. L. *Peirce's Theory of Signs*. Cambridge: Cambridge University Press, 2007.

_____. "Teleology in Nature." *American Philosophical Quarterly* 30 (1983): 311-20.

Shults, F. Leron. "Constitutive Relationality in Anthropology and Trinity:

Shaping and *Imago Dei* in Barth and Pannenberg." *Neue Zeitschrift für systematische Theologie und Religionsphilosophie* 39 (1997): 304-22.

Siegbahn, Per E. M., and Margareta R. A. Blomberg. "Transition-Metal Systems in Biochemistry Studied by High-Accuracy Quantum Chemical Methods." *Chemical Reviews* 100 (2000): 421-37.

Siegbahn, Per E. M., and Tomasz Borowski. "Modeling Enzymatic Reactions Involving Transition Metals." *Accounts of Chemical Research* 39 (2006): 729-38.

Silberstein, Michael. "Reduction, Emergence, and Explanation." In *Blackwell Guide to the Philosophy of Science*, edited by Peter Machamer and Michael Silberstein, 80-107. Oxford: Blackwell, 2002.

Silk, Joseph. *The Infinite Cosmos: Questions from the Frontiers of Cosmology*. Oxford: Oxford University Press, 2006.

Singer, S. J. "The Molecular Organization of Biological Membranes." In *Structure and Function of Biological Membranes*, edited by L. I. Rothfield, 145-222. New York: Academic Press, 1971.

Singer, S. J., and G. L. Nicolson. "The Fluid Mosaic Model of the Structure of Cell Membranes." *Science* 175 (1972): 720-31.

Skinner, H. Catherine W. "In Praise of Phosphates; or Why Vertebrates Chose Apatite to Mineralize Their Skeletal Elements." In *Frontiers in Geochemistry: Organic, Solution, and Ore Deposit Geochemistry*, edited by W. G. Ernst, 41-49. Columbia, MD: Geological Society of America, 2002.

Sloan, Phillip R. "From Natural Law to Evolutionary Ethics in Enlightenment French Natural History." In *Biology and the Foundation of Ethics*, edited by Jane Maienschein and Michael Ruse, 52-83. Cambridge: Cambridge University Press, 1999.

---. "Getting the Questions Right: Catholics and Evolutionary Theory." *Pax Romana* 64 (2003): 13-32.

---. "'The Sense of Sublimity': Darwin on Nature and Divinity." *Osiris* 16 (2001):251-69.

Smith, Justin E. H., ed. *The Problem of Animal Generation in Early Modern Philosophy*. Cambridge: Cambridge University Press, 2006.

Smith, Mark S. *The Origins of Biblical Monotheism: Israel's Polytheistic Background and the Ugaritic Texts*. Oxford: Oxford University Press, 2001.

Smith, Michael D. *The Origin of Stars*. London: Imperial College Press, 2004.

Smith, Quentin. "Causation and the Logical Impossibility of a Divine Cause." *Philosophical Topics* 24 (1996): 169-91.

Smith, Robert W. *The Expanding Universe: Astronomy's "Great Debate," 1900-1931*. Cambridge: Cambridge University Press, 1982.

Smolin, Lee. *The Life of the Cosmos*. New York: Oxford University Press, 1997.

Smuts, Barbara. "Emergence in Social Evolution: A Great Ape Example." In *The Re-Emergence of Emergence: The Emergentist Hypothesis from Science to Religion*, edited by Philip Clayton and Paul Davies, 166-86. Oxford: Oxford University Press, 2006.

Snir, Yehuda, and Randall D. Kamien. "Entropically Driven Helix Formation." *Science* 307 (2005): 1067.

Snyder, Laura J. "Discoverers' Induction." *Philosophy of Science* 64 (1997): 580-604.

---. "The Mill-Whewell Debate: Much Ado about Induction." *Perspectives on Science* 5 (1997): 159-98.

Snyder, Michael, and Mark Gerstein. "Defining Genes in the Genomics Era." *Science* 300 (2003): 258-60.

Sober, Elliott. "The Two Faces of Fitness." In *Thinking about Evolution: Historical, Philosophical, and Political Perspectives*, edited by R. Singh, D. Paul, C. Krimbas, and J. Beatty, 309–21. Cambridge: Cambridge University Press, 2001.

Soderberg, Timothy. "Biosynthesis of Ribose-5-Phosphate and Erythrose-4-Phosphate in Archaea: A Phylogenetic Analysis of Archaeal Genomes." *Archaea* 1 (2005): 347–52.

Solberg, Winton U. "Science and Religion in Early America: Cotton Mather's 'Christian Philosopher.'" *Church History* 56 (1987): 73–92.

Spaemann, Robert. "Rationality and Faith in God." *Communio* 32 (2005): 618–36.

Sparkes, J. J. "Pattern Recognition and Scientific Progress." *Mind* 81 (1971): 29–41.

Spencer, Liam P., Bruce A. MacKay, Brian O. Patrick, and Michael D. Fryzuk. "Inner-Sphere Two-Electron Reduction Leads to Cleavage and Functionalization of Coordinated Dinitrogen." *Proceedings of the National Academy of Sciences* 103 (2006): 17094–98.

Stacey, F. D. "Kelvin's Age of the Earth Paradox Revisited." *Journal of Geophysical Research* 105 (2000): 13155–58.

Staehelin, L. Andrew. "Chloroplast Structure: From Chlorophyll Granules to Supra-Molecular Architecture of Thylakoid Membranes." *Photosynthesis Research* 76 (2003): 185–96.

Stamos, David N. "Popper, Falsifiability, and Evolutionary Biology." *Biology and Philosophy* 11 (1996): 161–91.

Stanford, P. Kyle. "Darwin's Pangenesis and the Problem of Unconceived Alternatives." *British Journal for Philosophy of Science* 57 (2006): 121–44.

Steigerwald, Joan. "Kant's Concept of Natural Purpose and the Reflecting Power of Judgement." *Studies in History and Philosophy of Science C*

37 (2006): 712-34.

Steinbeck, Christoph, and Clemens Robert. "The Role of Ionic Backbones in RNA Structure: An Unusually Stable Non-Watson-Crick Duplex of a Nonionic Analog in an Apolar Medium." *Journal of the American Chemical Society* 120 (1998): 11576-80.

Stenkamp, Ronald E. "Dioxygen and Hemerythrin." *Chemical Reviews* 94 (1994): 715-26.

Stenke, Johannes Maria. *John Polkinghorne: Konzonanz von Naturwissenschaft und Theologie*. Göttingen: Vandenhoeck & Ruprecht, 2006.

Stenmark, Mikael. *Scientism: Science, Ethics and Religion*. Aldershot: Ashgate, 2001.

Stephan, Achim. "Emergence—A Systematic View on Its Historical Facets." In *Emergence or Reduction? Essays on the Prospects of Nonreductive Physicalism*, edited by Ansgar Beckermann, Hans Flohr, and Jaegwon Kim, 25-48. Berlin: de Gruyter, 1992.

Sterelny, Kim. "Understanding Life: Recent Work in the Philosophy of Biology." *British Journal for the Philosophy of Science* 46 (1995): 155-83.

Sterelny, Kim, and Paul E. Griffiths. *Sex and Death: An Introduction to Philosophy of Biology*. Chicago: University of Chicago Press, 1999.

Stoeger, William R. "The Immanent Directionality of the Evolutionary Process, and Its Relationship to Teleology." In *Evolutionary and Molecular Biology: Scientific Perspectives on Divine Action*, edited by Robert J. Russell, William R. Stoeger, and Francisco Ayala, 163-90. Rome: Vatican Observatory, 1999.

Stoeger, William R., and Nancey C. Murphy, eds. *Evolution and Emergence: Systems, Organisms, Persons*. Oxford: Oxford University Press, 2007.

Sudduth, Michael Czapkay. "The Prospects for 'Mediate' Natural Theology in John Calvin." *Religious Studies* 31 (1996): 53-68.

Sullivan, John. *The Image of God: The Doctrine of St. Augustine and Its Influence.* Dubuque, IA: Priory Press, 1963.

Swift, Louis J. "Basil and Ambrose on the Six Days of Creation." *Augustinianum* 21(1981): 317-28.

Swinburne, Richard. *The Existence of God.* 2nd ed. Oxford: Clarendon Press, 2004.

───── . "Natural Theology, Its 'Dwindling Probabilities' and 'Lack of Rapport.'" *Faith and Philosophy* 21 (2004): 533-46.

Swoyer, Chris. "How Ontology Might Be Possible: Explanation and Inference in Metaphysics." *Midwest Studies in Philosophy* 23 (1999): 100-131.

Szekeres, Attila. "Karl Barth und die natürliche Theologie." *Evangelische Theologie* 24 (1966): 229-42.

Takano, Kazufumi, J. Martin Scholtz, James C. Sacchettini, and C. Nick Pace. "The Contribution of Polar Group Burial to Protein Stability Is Strongly Context-Dependent." *Journal of Biological Chemistry* 278 (2003): 31790-95.

Tang, Paul C. L. "On the Similarities between Scientific Discovery and Musical Creativity: A Philosophical Analysis." *Leonardo* 17 (1984): 261-68.

Tegmark, Max. "On the Dimensionality of Spacetime." *Classical and Quantum Gravity* 14 (1997): L69-L75.

Teixeira, José, Alenka Luzar, and Stéphane Longeville. "Dynamics of Hydrogen Bonds: How to Probe Their Role in the Unusual Properties of Liquid Water." *Journal of Physics: Condensed Matter* 18 (2006): S2353-62.

Teske, Roland J. "Augustine of Hippo on Seeing with the Eyes of the Mind." In *Ambiguity in Western Thought*, edited by Craig J. N. de

Paulo, Patrick Messina, and Marc Stier, 72-87, 221-26. New York: Peter Lang, 2005.

_____. "The Image and Likeness of God in St. Augustine's *De Genesi ad litteram liber imperfectus*." *Augustinianum* 30 (1990): 441-51.

_____. "St. Augustine's View of the Human Condition in *De Genesi contra Manichaeos*." *Augustinian Studies* 22 (1991): 141-55.

Thagard, Paul. "The Best Explanation: Criteria for Theory Choice." *Journal of Philosophy* 75 (1978): 76-92.

_____. *Computational Philosophy of Science*. Cambridge, MA: MIT Press, 1988.

Thomas, A. L. R. "The Breath of Life—Did Increased Oxygen Levels Trigger the Cambrian Explosion?" *Trends in Ecology and Evolution* 12 (1997): 44-45.

Tilley, Terrence W. "Ian Ramsey and Empirical Fit." *Journal of the American Academy of Religion* 45 (1977): 357 (Abstract), G:963-88 (in September Supplement).

Torchia, N. Joseph. *Creatio ex Nihilo and the Theology of St. Augustine*. New York: Peter Lang, 1999.

Torrance, Thomas F. "Divine and Contingent Order." In *The Sciences and Theology in the Twentieth Century*, edited by A. R. Peacocke, 81-97. Notre Dame, IN: University of Notre Dame Press, 1981.

_____. "The Problem of Natural Theology in the Thought of Karl Barth." *Religious Studies* 6 (1970): 121-35.

_____. *Theological Science*. London: Oxford University Press, 1969.

Tropp, Eduard A., Viktor Y. Frenkel, and Arthur D. Chernin. *Alexander A. Friedmann: The Man Who Made the Universe Expand*. Cambridge: Cambridge University Press, 1993.

Trost, Lou Ann. "Theology's Need for a New Interpretation of Nature: Correlate of the Doctrine of Grace." *Dialog: A Journal of Theology*

46 (2007): 246–54.

Tsumura, David T. *The Earth and the Waters in Genesis 1 and 2: A Linguistic Investigation.* Sheffield: Sheffield Academic Press, 1989.

Tuck, Richard. "The 'Christian Atheism' of Thomas Hobbes." In *Atheism from the Reformation to the Enlightenment*, edited by Michael Hunter and David Wootton, 102–20. Oxford: Clarendon Press, 1992.

Ulmschneider, Peter. *Intelligent Life in the Universe: From Common Origins to the Future of Humanity.* Berlin: Springer-Verlag, 2004.

Valentine, James W., David Jablonski, and Douglas H. Erwin. "Fossils, Molecules and Embryos: New Perspectives on the Cambrian Explosion." *Development* 126 (1999): 851–59.

Van Bavel, Tarsicius. "The Creator and the Integrity of Creation in the Fathers of the Church." *Augustinian Studies* 21 (1990): 1–33.

Van der Watt, J. G., ed. *Salvation in the New Testament: Perspectives on Soteriology.* Leiden: Brill, 2005.

Van Till, Howard J. "Basil, Augustine, and the Doctrine of Creation's Functional Integrity." *Science and Christian Belief* 8 (1996): 21–38.

Van Valen, Leigh M. "How Far Does Contingency Rule?" *Evolutionary Theory* 10 (1991):47–52.

Vande Kemp, Hendrika. "The Gifford Lectures on Natural Theology: Historical Background to James's 'Varieties.'" *Streams of William James* 4 (2002): 2–8.

Veronese, Andrea, and Pier Luigi Luisi. "An Autocatalytic Reaction Leading to Spontaneously Assembled Phosphatidyl Nucleoside Giant Vesicles." *Journal of the American Chemical Society* 120 (1998): 2662–63.

Vetsigian, Kalin, Carl Woese, and Nigel Goldenfeld. "Collective Evolution and the Genetic Code." *Proceedings of the National Academy of Sciences* 103 (2006): 10696–701.

Vidal, Fernando, and Bernard Kleeberg. "Knowledge, Belief, and the Impulse to Natural Theology." *Science in Context* 20 (2007): 381-400.

Vijh, Uma P., Adolf N. Witt, and Karl D. Gordon. "Discovery of Blue Luminescence in the Red Rectangle: Possible Fluorescence from Neutral Polycyclic Aromatic Hydrocarbon Molecules?" *Astrophysical Journal Letters* 606 (2004): L65-L68.

Vilenkin, Alex. *Many Worlds in One: The Search for Other Universes*. New York: Hill & Wang, 2006.

Wade, Michael J. "Community Genetics and Species Interactions." *Ecology* 84 (2003): 583-85.

_____. "A Gene's Eye View of Epistasis, Selection and Speciation." *Journal of Evolutionary Biology* 15 (2002): 337-46.

Wagner, Andreas. *Robustness and Evolvability in Living Systems*. Princeton, NJ: Princeton University Press, 2005.

Walker, Mark A., and Milan M. Cirkovic. "Astrophysical Fine Tuning, Naturalism, and the Contemporary Design Argument." *International Studies in the Philosophy of Science* 20 (2006): 285-307.

Walsh, Denis M. "Organisms as Natural Purposes: The Contemporary Evolutionary Perspective." *Studies in History and Philosophy of Science* 37 (2006): 771-91.

Ward, Keith. *Religion and Creation*. Oxford: Oxford University Press, 1996.

Ward, Peter D., and Donald Brownlee. *Rare Earth: Why Complex Life Is Uncommon in the Universe*. New York: Copernicus, 2003.

Ward, Peter D., and David W. Ehlert. *Out of Thin Air: Dinosaurs, Birds, and Earth's Ancient Atmosphere*. Washington, DC: Joseph Henry Press, 2006.

Webb, Mark O. "Natural Theology and the Concept of Perfection in

Descartes, Spinoza and Leibniz." *Religious Studies* 25 (1989): 459–75.

Webster, John. *Barth*. 2nd ed. London: Continuum, 2004.

Werkmeister, W. H. *Nicolai Hartmann's New Ontology*. Tallahassee: Florida State University Press, 1990.

Wesson, Paul S. "Olbers's Paradox and the Spectral Intensity of the Extragalactic Background Light." *Astrophysical Journal* 367 (1991): 399–406.

Westheimer, Frank H. "Why Nature Chose Phosphates." *Science* 235 (1987): 1173–78.

Whewell, William. *Astronomy and General Physics Considered with Reference to Natural Theology*. 5th ed. London: William Pickering, 1836.

———. *Philosophy of the Inductive Sciences*. 2 vols. London: John W. Parker, 1847.

Wigner, Eugene. "The Unreasonable Effectiveness of Mathematics." *Communications on Pure and Applied Mathematics* 13 (1960): 1–14.

Wiles, Maurice. *Archetypal Heresy: Arianism through the Centuries*. Oxford: Clarendon Press, 1996.

Wilken, Robert L. *The Christians as the Romans Saw Them*. 2nd ed. New Haven, CT: Yale University Press, 2003.

Williams, George C. *Adaptation and Natural Selection: A Critique of Some Current Evolutionary Thought*. Princeton, NJ: Princeton University Press, 1966.

———. *Natural Selection: Domains, Levels, and Challenges*. New York: Oxford University Press, 1992.

Williams, Rowan. "Barth on the Triune God." In *Karl Barth: Studies of His Theological Method*, edited by S. W. Sykes, 147–93. Oxford: Clarendon Press, 1979.

———. "Sapientia and Trinity: Reflections on the *De Trinitate*." In

Mélanges T. J. Van Bavel, edited by Tarsicius J. van Bavel, Bernard Bruning, and Mathijs Lamberigts, 317-32. Leuven: Uitgeverij Peeters, 1990.

Williams, R. J. P. "The Inorganic Chemistry of Life." In *The New Chemistry*, edited by Nina Hall, 259-99. Cambridge: Cambridge University Press, 2000.

―――. "Metal Ions in Biological Systems." *Biological Reviews* 28 (1953): 381-412.

Williams, R. J. P., and B. Abolmaali. *Bioinorganic Chemistry: Trace Element Evolution from Anaerobes to Aerobes*. Berlin: Springer-Verlag, 1998.

Williams, R. J. P., and J. J. R. Fraústo da Silva. *The Chemistry of Evolution: The Development of Our Ecosystem*. Boston: Elsevier, 2006.

―――. "Evolution Was Chemically Constrained." *Journal of Theoretical Biology* 220 (2003): 323-43.

―――. *The Natural Selection of the Chemical Elements: The Environment and Life's Chemistry*. Oxford: Clarendon Press, 1996.

Wilson, David Sloan. "A Critique of R. D. Alexander's Views on Group Selection." *Biology and Philosophy* 14 (1999): 431-49.

Wilson, David Sloan, and Edward O. Wilson. "Rethinking the Theoretical Foundation of Sociobiology." *Quarterly Review of Biology* 82 (2007): 327-48.

Wilson, James Q. *The Moral Sense*. New York: Free Press, 1995.

Witham, Larry. *The Measure of God: Our Century-Long Struggle to Reconcile Science and Religion*. San Francisco: HarperSanFrancisco, 2005.

Wolfson, Harry A. "Patristic Arguments against the Eternity of the World." *Harvard Theological Review* 59 (1966): 351-67.

Wolpert, Lewis. *The Unnatural Nature of Science*. Cambridge, MA: Harvard University Press, 1993.

Woods, Henry. *Augustine and Evolution: A Study in the Saint's "De Genesi ad litteram" and "De Trinitate."* New York: Universal Knowledge Foundation, 1924.

Woodson, Sarah A. "Metal Ions and RNA Folding: A Highly Charged Topic with a Dynamic Future." *Current Opinion in Chemical Biology* 9 (2005): 104-9.

Woodward, James. *Making Things Happen: A Theory of Causal Explanation.* Oxford: Oxford University Press, 2003.

Wrangham, Richard W., and Dale Peterson. *Demonic Males: Apes and the Origins of Human Violence.* Boston: Houghton Mifflin, 1996.

Wu, Rong, Prim B. Singh, and David M. Gilbert. "Uncoupling Global and Fine-Tuning Replication Timing Determinants for Mouse Pericentric Heterochromatin." *Journal of Cell Biology* 174 (2006): 185-94.

Wylen, Stephen M. *The Jews in the Time of Jesus: An Introduction.* New York: Paulist, 1996.

Yack, Bernard. *The Fetishism of Modernities: Epochal Self-Consciousness in Contemporary Social and Political Thought.* Notre Dame, IN: University of Notre Dame Press, 1997.

Yamagata, Yukio. "Prebiotic Formation of ADP and ATP from AMP, Calcium Phosphates and Cyanate in Aqueous Solution." *Origins of Life and Evolution of the Biosphere* 29 (1999): 511-20.

Yandulov, Dmitry V., and Richard R. Schrock. "Catalytic Reduction of Dinitrogen to Ammonia at a Single Molybdenum Center." *Science* 301 (2003): 76-78.

Ye, S., C. Kohrer, T. Huber, M. Kazmi, P. Sachdev, E. C. Y. Yan, A. Bhagat, U. L. RajBhandary, and T. P. Sakmar. "Site-Specific Incorporation of Keto Amino Acids into Functional G Protein-Coupled Receptors Using Unnatural Amino Acid Mutagenesis." *Journal of Biological Chemistry* 283 (2008): 1525-33.

Yeo, Richard R. "William Whewell, Natural Theology and the Philosophy of Science in Mid-Nineteenth Century Britain." *Annals of Science* 36 (1979): 493-516.

Yu, Jiyuan. *The Structure of Being in Aristotle's Metaphysics*. Dordrecht: Kluwer Academic Publishers, 2003.

Zachman, Randall. "Jesus Christ as the Image of God in Calvin's Theology." *Calvin Theological Journal* 25 (1990): 46-52.

Zahnle, Kevin, and Norman H. Sleep. "Impacts and the Early Evolution of Life." In *Comets and the Origin and Evolution of Life*, edited by P. J. Thomas, C. F. Chyba, and C. P. McKay, 175-208. New York: Springer-Verlag, 1997.

Zammito, John. "Teleology Then and Now: The Question of Kant's Relevance for Contemporary Controversies over Function in Biology." *Studies in History and Philosophy of Science C* 37 (2006): 748-70.

Zeitz, Lisa M. "Natural Theology, Rhetoric, and Revolution: John Ray's Wisdom of God, 1691-1704." *Eighteenth Century Life* 18 (1994): 120-33.

Zekiyan, Boghos Levon. *L'interioriso Agostiniano: La struttura onto-psicologica dell'interi- oriso Agostiniano e la "Memoria sui."* Genoa: Studio Editoriale di Cultura, 1981.

Zumft, Walter G. "Cell Biology and Molecular Basis of Denitrification." *Microbiology and Molecular Biology Reviews* 61 (1997): 533-616.

이 책에 나오는 주요 인물

A

- Al-Ghazzālī Abu Hāmed Mohammad ibn Mohammad(알가잘리, 1058-1111) 페르시아에서 태어나 이슬람 학문의 황금시대를 이끈 신학자요 철학자이며 법률가다.
- Alpher, Ralph Asher(랠프 알퍼, 1921-2007) 미국의 우주 물리학자. 존스홉킨스 대학교 교수였다.
- Avery, Oswald Theodore(오즈월드 에이버리, 1877-1955) 캐나다에서 태어나 미국에서 활동한 유전학자이며 생물학자다.
- Ayala, Francisco José(프란시스코 아얄라, 1934-) 에스파냐계 미국인 생물학자. 캘리포니아 대학교 교수다.

B

- Bacon, Francis(프랜시스 베이컨, 1561-1626) 영국의 정치가요 법률가, 자연철학자였다. 르네상스에서 근대로 넘어가는 시기에 과학을 비롯해 학문 방법론 분야에서 경험론으로 새 길을 열었다.
- Barr, James(제임스 바, 1924-2006) 스코틀랜드의 구약 신학자. 에든버러, 맨

체스터, 미국의 밴더빌트, 그리고 옥스퍼드 대학교 교수를 지냈다.
- Barrett, Justin L.(저스틴 바렛, 1971-) 미국의 심리학자요 종교학자. 풀러에서 심리학을 가르친다.
- Barrow, John David(존 배로, 1952-) 영국의 우주 물리학자요 이론 물리학자이며 수학자다. 케임브리지 대학교 교수다.
- Barth, Karl(칼 바르트, 1886-1968) 스위스의 개혁파 신학자다. 19세기부터 20세기 초까지 이어진 자유주의 신학에 맞서 정통 신학의 부활을 추구했고, 나치에 맞서 순수한 복음을 지키는데 앞장섰다. 「교회교의학」이라는 대작을 남겼다.
- Baumeister, Roy(로이 바우마이스터, 1953-) 미국의 심리학자이며, 플로리다 주립대 교수다.
- Benner, Steven A.(스티븐 베너) 미국의 화학자. 플로리다 대학교 교수다.
- Bhaskar, Roy(로이 바스카, 1944-) 영국 철학자. 비판적 현실주의라는 철학 사조를 일으킨 인물이다.
- Bondi, Hermann(헤르만 본디, 1919-2005) 오스트리아에서 태어나 영국으로 건너와 영국 국적을 얻은 수학자요 물리학자다. 빅뱅 가설에 맞서 정상우주론(steady-state cosmology)을 주장했다.
- Bostrom, Nick(닉 보스트롬, 1973-) 스웨덴 철학자. 스웨덴어식 이름은 Niklas Boström이다. 옥스퍼드 대학교에서 철학을 가르친다.
- Boyle, Robert(로버트 보일, 1627-1691) 영국의 화학자요 철학자이며, 신학 분야에서도 연구 업적을 남겼다. 온도가 일정할 때 기체의 압력과 부피는 반비례한다는 '보일의 법칙'으로 잘 알려졌다.
- Brunner, Heinrich Emil(에밀 브루너, 1889-1966) 스위스의 개신교 신학자. 바르트와 더불어 20세기 변증 신학을 대표하는 신학자다.

C

- Carnap, Rudolf(루돌프 카르납, 1891-1970) 독일에서 태어나 미국에서 활동한 철학자다. 논리 실증주의를 옹호했다.
- Carter, Brandon(브랜든 카터, 1942-) 호주의 저명한 이론물리학자. 블랙홀 연구로 유명하다.

- Clayton, Philip(필립 클레이튼, 1955-) 미국의 철학자요 신학자다. 클레어몬트 신학대학원 교수다.
- Craig, William Lane(윌리엄 레인 크레이그, 1949-) 미국의 분석철학자요 종교철학자이며 기독교 변증가다.
- Crick, Francis Harry Compton(프랜시스 크릭, 1916-2004) 영국의 분자생물학자요 생리학자다. DNA의 분자 구조를 밝혀내 1962년에 노벨 생리의학상을 받았다.
- Cudworth, Ralph(렐프 커드워스, 1617-1688) 영국의 철학자. 17세기 중엽 케임브리지 대학교를 중심으로 활동했던 철학자 그룹인 '케임브리지 플라톤주의자들'(Cambridge Platonists)을 이끌었다.

D

- Davies, Paul Charles William(폴 데이비스, 1946-) 영국 출신 물리학자. 미국 애리조나 주립 대학 교수다.
- de la Marck, Jean-Baptiste Pierre Antoine de Monet, Chevalier(라마르크, 1744-1829) 용불용설을 주창한 프랑스의 자연과학자다.
- de Lubac, Henri-Marie(앙리 드 뤼박, 1896-1991) 프랑스의 예수회 사제요 로마가톨릭교회 추기경이다. 가톨릭 신학자로서 2차 바티칸 공의회 때 많은 역할을 했다.
- Dennett, Daniel(대니얼 데닛, 1942-) 미국의 철학자요 저술가며 인지과학자다. 새로운 무신론을 이끄는 핵심 인물 중 하나다.
- Denton, Michael(마이클 덴튼, 1943-) 호주의 생화학자요 저술가다.
- Derham, William(윌리엄 더럼, 1657-1735) 영국의 성직자요 자연철학자. 소리의 속도를 가장 빨리 측정할 수 있는 방법을 알아냈다.
- de Chéseaux, Jean-Philippe Loys(장필립 루아 드 세소, 1718-1751) 스위스 로잔에서 태어난 천문학자. 자신이 발견한 8개 성운을 포함해 모든 성운에 이름을 붙여 아카데미 프랑세즈에 제출했다.
- Dicke, Robert Henry(로버트 디키, 1916-1997) 미국의 물리학자. 천체물리학과 우주론, 중력 연구에 많은 업적을 남겼다.

- Digges, Thomas(토머스 딕스, 1546-1595) 영국의 수학자요 천문학자다. 코페르니쿠스의 지동설을 영어권에 처음 설명한 인물로 알려졌다.
- Dirac, Paul Adrien Maurice(폴 디랙, 1902-1984) 영국의 이론 물리학자. 양자역학의 발전에 기여했으며, 1933년에 노벨 물리학상을 받았다.
- Dobzhansky, Theodosius Grygorovych(테오도시우스 도브잔스키, 1900-1975) 우크라이나계 미국인 진화생물학자요 유전학자다.
- Driesch, Hans Adolf Eduard(한스 드리슈, 1867-1941) 독일의 발달생물학자. 생명력 이론으로 유명하다.
- Duhem, Pierre Maurice Marie(피에르 뒤엥, 1861-1916) 프랑스의 수학자요 물리학자이며 과학철학자다. 경험을 통해 얻은 판단 기준들이 결정적 기준이 되지 못한다고 주장했으며, 중세 시대 과학 발전사 연구에도 기여했다.
- Dyson, Freeman John(프리맨 다이슨, 1923-) 영국계 미국인 이론 물리학자요 수학자다. 양자역학과 고체물리학 분야에서 많은 업적을 남겼으며 코넬대학교 교수를 지냈다.

E

- Earman, John(존 이어먼, 1942-) 미국의 물리학자요 철학자다. 피츠버그 대학교 명예교수다.
- Eddington, Arthur Stanley(아서 에딩턴, 1882-1944) 영국의 천체물리학자요 자연철학자다. 아인슈타인의 일반 상대성 이론을 영국에 열심히 소개한 인물이다.
- Emerson, Ralph Waldo(랄프 왈도 에머슨, 1803-1882) 미국의 시인이요 수필가이며 철학자다. 19세기 중반 미국 뉴잉글랜드 지방을 중심으로 일어났던 철학 사조인 초월주의를 주도한 인물이기도 하다.
- Einstein, Albert(알베르트 아인슈타인, 1879-1955) 독일에서 태어나 미국에서 활동한 물리학자. 상대성 이론을 정립해 과학계를 지배해 온 뉴턴의 물리학 체계를 뒤집어엎었다.

F

- Fisher, Ronald Aylmer(로널드 피셔, 1890-1962) 영국의 진화생물학자요 유전학자다. 도킨스는 피셔를 '다윈 이후 가장 위대한 생물학자'라고 칭송했다.
- Foster, Michael Beresford(마이클 포스터, 1903-1959) 영국의 철학자. 옥스퍼드 대학교에서 가르쳤다.
- Fowler, William Alfred(윌리엄 파울러, 1911-1995) 미국의 천체물리학자. 1983년에 노벨 물리학상을 받았다.
- Franklin, Rosalind Elsie(로절린드 프랭클린, 1920-1958) 영국의 생물학자요 물리학자다. DNA의 분자 구조 분석에 크게 기여했다.
- Frey, Dieter(디터 프라이) 독일의 사회심리학자. 뮌헨의 루트비히 막시밀리안 대학교 교수다.
- Friedman, Michael(마이클 프리드먼) 미국의 과학철학자. 스탠포드 대학교 교수다.
- Friedmann, Alexander Alexandrovich(알렉산드르 프리드만, 1888-1925) 러시아의 저명한 수학자요 물리학자였다. 우주가 팽창한다는 사실을 밝혀냈다.

G

- Gamow, George(조지 가모프, 1904-1968) 우크라이나에서 태어나 독일과 미국에서 활동한 천체물리학자. 러시아어식 이름은 Georgiy Antonovich Gamov(기오르기 안토노비치 가모프)다. 우주 배경복사 연구에 많은 업적을 남겼다.
- Gilbert, Walter(월터 길버트, 1932-) 미국의 물리학자요 생화학자다. 하버드 대학교 교수였으며, 1980년에 노벨 화학상을 받았다.
- Gore, Charles(찰스 고어, 1853-1932) 영국의 신학자요 성공회 사제였다.
- Gould, Stephen Jay(스티븐 제이 굴드, 1941-2002) 미국의 고생물학자요 진화생물학자다. 뉴욕 대학교 교수를 지냈다.
- Griffith, Frederick(프레더릭 그리피스, 1869-1940) 영국의 세균학자이자 의사다. 박테리아가 그 구조와 기능을 바꾸는 박테리아 변형을 연구해 처음 학계에 보고했다.

- Gunton, Colin Ewart(콜린 건턴, 1941-2003) 영국의 조직신학자. 창조 교리와 삼위일체 교리 연구에서 많은 업적을 남겼다. 런던 킹스 칼리지 교수를 지냈다.
- Guth, Alan Harvey(앨런 구스, 1947-) 미국의 이론물리학자요 우주물리학자다. 기본입자 이론 연구에 주력하며, MIT 교수다.

H

- Haldane, John Burdon Sanderson(존 홀데인, 1892-1964) 영국의 진화생물학자요 유전학자다. 영국과 미국, 인도의 대학들에서 가르쳤다.
- Hamilton, William Rowan(윌리엄 해밀턴, 1805-1865) 아일랜드의 물리학자요 수학자다. 뉴턴 역학 체계를 재정립하는 데 기여했다.
- Hanson, Norwood Russell(노우드 핸슨, 1924-1967) 미국 출신의 과학철학자. 미국과 영국에서 교육받고 가르쳤으며, 비행기 사고로 세상을 떠났다.
- Harman, Gilbert(길버트 하먼, 1938-) 미국의 철학자. 프린스턴 대학교 교수이며, 논리학과 어의학(語義學)에서 많은 연구 업적을 남겼다.
- Hartmann, Nicolai(니콜라이 하르트만, 1882-1950) 현재 라트비아의 리가에서 태어난 독일의 철학자. 현상학과 신칸트주의 철학에 몰두했으며, 루카치와 막스 셸러에게 영향을 주었다.
- Hauerwas, Stanley(스탠리 하우어워스, 1940-) 미국의 신학자요 윤리학자다. 듀크 신학대학원 교수다. 미국 시사주간지 "타임"은 2001년에 그를 미국에서 가장 뛰어난 신학자로 꼽았다.
- Hawking, Stephen William(스티븐 호킹, 1942-) 영국의 저명한 이론물리학자. 블랙홀이 열을 내보내는 열복사 현상인 호킹 복사를 예견하는 등 물리학계에 여러 업적을 남겼다.
- Hempel, Carl Gustav(칼 헴펠, 1905-1997) 독일에서 태어나 나치의 핍박을 피해 미국으로 건너가 활동한 과학철학자다.
- Henderson, Lawrence Joseph(로렌스 헨더슨, 1878-1942) 미국의 물리학자요 화학자이며 생물학자다. 생화학이라는 학문을 만들어낸 첫 세대 학자다.
- Herman, Robert(로버트 허먼, 1914-1997) 미국의 우주물리학자. 빅뱅으로

생겨난 우주 배경복사의 온도를 측정해 냈다.
- Hesse, Mary Brenda(메리 헤세, 1924-) 영국의 여성 과학철학자. 케임브리지 대학교 명예교수다.
- Hitchcock, Christopher(크리스토퍼 히치콕) 미국의 철학자. 캘리포니아 공과 대학에서 철학을 가르친다.
- Hoffmann, Roald(로알드 호프만, 1937-) 미국의 이론화학자. 1981년에 노벨 화학상을 받았으며, 코넬 대학교 명예교수다.
- Holder, Rodney(로드니 홀더) 영국의 성공회 사제요 수학자이며 천체물리학자다. 케임브리지와 옥스퍼드에서 수학과 물리학을 공부했으며, 패러데이 연구소에서 일한다. 종교와 과학의 관계와 관련해 많은 연구 업적을 남겼다.
- Hopkins, Gerard Manley(제라드 맨리 홉킨스, 1844-1889) 영국의 시인이요 예수회 사제였으며 고전어 학자였다.
- Hoyle, Fred(프레드 호일, 1915-2001) 영국의 천문학자요 수학자다. 별의 핵융합 이론 정립에 기여했고 빅뱅 이론에 반대했다.
- Hubble, Edwin Powell(에드윈 허블, 1889-1953) 미국의 저명한 천문학자. 천문 관찰로 우주가 팽창하고 있음과, 우리가 속한 은하 외에 또 다른 은하들이 있음을 밝혔다.
- Humphreys, Paul(폴 험프리스) 미국의 과학철학자. 미국 버지니아 대학교 교수다.
- Hutter, Daniel(대니얼 허터) 미국의 화학자. 플로리다 대학교 교수다.

J

- Jacob, François(프랑수아 자코브, 1920-) 프랑스의 생물학자. 1965년에 노벨 생리의학상을 받았다.
- James, William(윌리엄 제임스, 1842-1910) 미국의 철학자요 심리학자이며 의사였다. 하버드 대학교 교수를 지냈다.
- Jüngel, Eberhard(에버하르트 윙엘, 1934-) 독일의 저명한 조직학자요 루터파 신학자다. 튀빙엔 대학교 명예교수다.

K

- Kauffman, Stuart Alan(스튜어트 카우프만, 1939-) 미국의 이론생물학자. 시카고 대학교와 펜실베이니아 대학교에서 가르쳤으며, 지금은 버몬트 대학교에 몸담고 있다.
- Kelvin, William Thomson(윌리엄 켈빈, 1824-1907) 스코틀랜드의 물리학자요 생물학자다.
- Kingsley, Charles(찰스 킹슬리, 1819-1875) 잉글랜드 성공회 사제이자 역사학자요 소설가였다. 케임브리지 대학교 교수를 지냈다.
- Kitcher, Paul(폴 키처, 1947-) 영국의 과학철학자. 미국 뉴욕 컬럼비아 대학교 교수다.
- Klee, Robert(로버트 클리) 미국의 과학철학자다. 이타카(Ithaca) 칼리지 교수다.
- Kolakowski, Leszek(레섹 코와코프스키, 1927-2009) 폴란드 출신의 철학자요 사상 비평가다. 마르크스주의의 흐름을 치밀하게 분석한 걸작 「마르크스주의의 주요 흐름」(Main Currents of Marxism)을 남겼다.

L

- Lagrange, Joseph-Louis(조셉루이 라그랑주, 1736-1813) 프랑스의 물리학자요 수학자다. 뉴턴 역학을 해석해 일정한 체계로 정리했다.
- Leibnitz, Gottfried Wilhelm(고트프리트 라이프니츠, 1646-1716) 독일의 저명한 수학자요 철학자다. 이진법을 정밀하게 다듬고 합리론을 정치하게 전개했다. 엄밀하게 보면 하나님이 이 우주를 창조했을 수 있다는 논증을 펼치기도 했다.
- Lemaître, Abbé Georges(아베 조르주 르메트르, 1894-1966) 본래 이름은 Georges Henri Joseph Édouard Lemaître(조르주 앙리 조셉 에두아르 르메트르)다. 벨기에의 가톨릭 사제이자 천문학자이며 물리학자로서 루뱅 가톨릭 대학교에서 물리학 교수로 일했다. 그는 허블보다 앞서 우주가 팽창한다는 이론과 빅뱅 이론을 정립한 인물로 알려졌다.
- Levene, Phoebus Aaron Theodore(피버스 레빈, 1869-1940) 리투아니아

계 미국인 생물학자. 핵산의 구조와 기능 연구에서 많은 업적을 남겼다.
- Lewes, George Henry(조지 헨리 루이스, 1817-1878) 영국의 철학자요 문예 비평가다.
- Lewis, Clive Staples(클라이브 루이스, 1898-1963) 영국의 기독교 변증가요 영문학자이며 저술가다.
- Lewontin, Richard Charles(리처드 르원틴, 1929-) 미국의 진화생물학자요 유전학자이며 사회비평가다.
- Lipton, Peter(피터 립턴, 1954-2007) 미국 출신의 과학철학자. 미국과 영국에서 공부하고 영국 케임브리지 대학교에서 가르쳤다.
- Locke, John(존 로크, 1632-1704) 영국의 정치 사상가요 철학자다. 합리론과 사회계약론을 주장한 인물이다.
- Long, Charles H.(찰스 롱) 미국의 종교사학자요 종교철학자다. 시카고 대학교 명예교수다.

M

- MacIntyre, Alasdair Chalmers(알래스데어 매킨타이어, 1929-) 스코틀랜드에서 태어나 영국과 미국의 여러 대학에서 가르쳤던 철학자요 윤리학자다. 지금은 노트르담 대학교 명예교수다.
- Mackie, John Leslie(존 맥키, 1917-1981) 호주의 철학자. 종교철학과 형이상학 분야에서 많은 연구 발자취를 남겼다.
- Macquarrie, John(존 맥쿼리, 1919-2007) 스코틀랜드에서 태어난 철학자요 신학자였다. 글래스고우 대학교, 미국 유니온 신학대학원, 옥스퍼드 대학교 교수를 지냈다.
- Magnani, Lorenzo(로렌조 마냐니, 1952-) 이탈리아의 과학철학자. 이탈리아 롬바르디아에 있는 파비아(Pavia) 대학교 교수다.
- Malthus, Thomas Robert(토머스 맬서스, 1766-1834) 영국의 정치경제학자다. 식량 생산보다 인구 증가 속도가 훨씬 빠르기 때문에 인구 증가를 제어하는 것이 인류 생존의 관건이라고 주장했다.
- Margulis, Lynn(린 마굴리스, 1938-2011) 미국의 생물학자. 미국 매사추세

츠 암허스트 대학교 교수를 지냈다.
- Mather, Cotton(코튼 매더, 1663-1728) 미국이 영국 식민지였을 때 뉴잉글랜드 지역의 유명한 청교도 목회자요 저술가였다.
- Maxwell, James Clerk(제임스 맥스웰, 1831-1879) 스코틀랜드의 물리학자요 수학자다. 전자기 이론을 정립했다.
- Mayr, Ernst Walter(에른스트 마이어, 1904-2005) 독일계 미국인으로 저명한 진화생물학자다.
- McMullin, Ernan(어넌 맥멀린, 1924-2011) 아일랜드에서 태어나 미국에서 활동했던 저명한 과학철학자다. 미국 노트르담 대학교 교수를 지냈다.
- Mendel, Gregor Johann(그레고르 멘델, 1822-1884) 오스트리아의 사제요 유전학자다. 유전학이라는 학문의 개척자로 알려졌다.
- Miescher, Johannes Friedrich(프리드리히 미셔, 1844-1895) 스위스의 물리학자요 생물학자다. 핵산의 존재를 처음 밝혀내고 연구했다.
- Milbank, Alasdair John(존 밀뱅크, 1952-) 영국의 신학자요 철학자다. 영국 노팅엄 대학교 교수다.
- Mill, John Stuart(존 스튜어트 밀, 1806-1873) 영국의 정치 사상가요 정치가였다. 정치와 사회 이론의 발달에 큰 공헌을 했고, 공리주의 이론을 주창했다.
- Miller, Stanley Lloyd(스탠리 밀러, 1930-2007) 미국의 화학자요 생물학자다. 생명의 기원 실험으로 유명하다.
- Mivart, George Jackson(조지 마이버트, 1827-1900) 영국의 가톨릭 신자요 생물학자다. 다윈의 자연선택설과 가톨릭교회의 교리를 화해시키려고 시도하다 양쪽에서 모두 공격을 받았다.
- Moltmann, Jürgen(위르겐 몰트만, 1926-) 독일의 저명한 신학자. 그가 주창한 희망의 신학은, 역사를 결정론 입장에서 바라본 판넨베르크와 달리 미래가 여전히 열려 있음을 강조하고 미래를 향해 행동에 나서야 한다고 강조했다.
- Monod, Jacques Lucien(자크 모노, 1910-1976) 프랑스의 생물학자. 1965년에 노벨 생리의학상을 받았다.
- Morgan, Thomas Hunt(토머스 모건, 1866-1945) 미국의 진화생물학자요

유전학자다. 염색체가 유전에서 하는 역할을 연구한 공로로 1933년에 노벨 생리의학상을 받았다.
- Morowitz, Harold J.(해럴드 모로비츠, 1927-) 미국의 생물물리학자. 열역학을 생명체 시스템에 적용하는 연구를 오랫동안 했으며, 예일 대학교에서 가르쳤다.
- Morris, Simon Conway(사이먼 모리스, 1951-) 영국의 고생물학자. 케임브리지 대학교 교수이며, 버제스 혈암 연구로 유명하다.
- Müller, Friedrich Maximillian(프리드리히 막스 뮐러, 1823-1900) 독일의 고언어학자요 오리엔트 학자. 인도 지역 연구와 비교종교학 분야에서 많은 연구 업적을 남겼다.
- Munitz, Milton Karl(밀턴 머니츠, 1913-1995) 미국의 도덕철학자요 과학철학자다. 뉴욕 대학교와 뉴욕 시립 대학교 교수를 지냈다.
- Musgrave, Alan(앨런 머스그레이브, 1940-) 영국에서 태어나 뉴질랜드에서 활동하는 철학자. 그의 박사학위 논문 지도 교수가 칼 포퍼였다. 뉴질랜드에서 가장 오래된 대학인 오타고 대학교 교수를 지냈다.

N

- Newman, John Henry(존 헨리 뉴먼, 1801-1890) 영국의 신학자요 로마가톨릭교회 추기경이었다. 본디 성공회 사제로서 성공회를 가톨릭 쪽으로 되돌리려 한 옥스퍼드 운동을 이끌었으며, 나중에는 아예 성공회를 떠나 로마가톨릭으로 옮겨간 뒤 추기경까지 올랐다.

O

- Olbers, Heinrich Wilhelm Matthias(하인리히 빌헬름 올버스, 1758-1840) 독일의 의사요 천문학자였다. 천문학 분야에서 남긴 업적을 인정받아 외국인인데도 영국 런던왕립협회와 스웨덴 과학아카데미 회원으로 선출되었다.
- Oppenheim, Paul(파울 오펜하임, 1885-1977) 독일의 화학자요 철학자다. 나치 시대에는 나치에게 핍박받는 과학자들이 해외로 탈출할 수 있게 도왔

고, 자신도 미국으로 건너가 특정한 연구 기관에 속하지 않고 혼자 연구와 저술 활동을 펼쳤다.
- Orgel, Leslie Eleazer(레슬리 오겔, 1927-2007) 영국의 화학자. 옥스퍼드와 케임브리지 대학교 교수를 지냈다.

P

- Paley, William(윌리엄 페일리, 1743-1805) 영국의 기독교 변증가요 철학자였다.
- Pannenberg, Wolfhart(볼프하르트 판넨베르크, 1928-) 독일의 신학자. 그는 역사를 그리스도가 중심에 자리한 계시의 한 형태로 보았다.
- Paton, Herbert James(허버트 페이턴, 1887-1969) 스코틀랜드의 철학자.
- Pattison, Stephen(스티븐 패티슨) 영국의 실천신학자요 윤리학자다. 버밍엄 대학교 신학 및 종교학부 교수다.
- Pauling, Linus Carl(라이너스 폴링, 1901-1994) 미국의 화학자요 생화학자이며 평화운동가다. 1954년에는 노벨 화학상을, 1962년에는 노벨 평화상을 받았다.
- Peirce, Charles(찰스 퍼스, 1839-1914) 미국 실용주의를 대표하는 철학자. 대학 강단에서 가르치기보다 측량 기사로 보낸 삶이 더 길었지만, 미국 실용주의 철학을 발전시키는 데 큰 공을 세웠다.
- Penrose, Roger(로저 펜로즈, 1931-) 영국의 수리물리학자요 수학자이며 철학자다. 옥스퍼드 대학교 명예교수다.
- Penzias, Arno Allan(아노 펜지어스, 1933-) 미국의 물리학자요 천문학자다. 1978년에 노벨 물리학상을 받았다.
- Phillips, Dewi Zephaniah(듀이 필립스, 1934-2006) 영국의 종교철학자. 비트겐슈타인의 종교철학을 열렬히 지지했다. 웨일즈 스완시 대학교 명예교수였다.
- Pittendrigh, Colin Stephenson(콜린 피텐드라이, 1918-1996) 영국계 미국인 생물학자. 연대생물학(chronobiology)의 창시자다.
- Plantinga, Alvin Carl(앨빈 플랜팅가, 1932-) 미국의 분석철학자요 종교철학자다. 노트르담 대학교 명예교수다.

- Polanyi, Michael(마이클 폴라니, 1891-1976) 헝가리계 영국 학자. 경제학부터 자연과학에 이르기까지 여러 방면에서 탁월한 연구 성과를 드러낸 만물박사였다.
- Polkinghorne, John(존 폴킹혼, 1930-) 영국의 이론물리학자요 신학자이며 성공회 사제다. 케임브리지 대학교 물리학 교수를 지냈다.
- Popper, Karl Raimund(칼 포퍼, 1902-1994) 오스트리아에서 태어나 영국으로 건너간 뒤 영국에서 활동한 철학자다. 20세기 과학철학사에 큰 영향을 끼친 인물이다.

R

- Ray, John(존 레이, 1627-1705) 영국의 동식물 학자요 자연 연구가였다. 영국 자연사 연구의 아버지로 불린다.
- Raymond of Sebonde(세본데의 레이먼드, ?-1436) 에스파냐의 자연신학자요 의학과 철학 교수였으며 프랑스 툴루즈 대학교 신학 교수를 지냈다.
- Rees, Martin John(존 리스, 1942-) 영국의 우주학자요 천체물리학자다. 영국 왕립 천문대 대장이며, 영국왕립협회 회장을 지냈다. 케임브리지 대학교 트리니티 칼리지 학장이다.
- Ruskin, John(존 러스킨, 1819-1900) 빅토리아 시대 영국의 예술 비평가요 작가였다.

S

- Sayers, Dorothy Leigh(도로시 세어즈, 1893-1957) 영국의 유명한 범죄 소설가요 수필가, 시인이며 기독교 변증가다.
- Scholz, Heinrich(하인리히 숄츠, 1884-1956) 독일의 신학자요 철학자이며 논리학자다.
- Schulz-Hardt, Stefan(스테판 슐츠하르트) 독일의 심리학자. 괴팅겐의 게오르크아우구스트 대학교 교수다.
- Sloan, Phillip R.(필립 슬론) 미국의 분자생물학자. 노트르담 대학교 명예교수다.

- Smolin, Lee(리 스몰린, 1955-) 미국 출신의 이론물리학자. 캐나다 워털루 대학교 교수다.
- Snyder, Laura J.(로라 스나이더) 미국의 여성 철학자. 존스홉킨스 대학교에서 박사학위를 받고, 뉴욕 세인트존스 대학교에서 철학을 가르친다.
- Sober, Elliott(엘리엇 소버, 1948-) 미국의 과학철학자. 미국 위스콘신매디슨 대학교 철학 교수다.
- Susskind, Leonard(레너드 서스킨드, 1940-) 미국의 이론물리학자. 스탠포드 대학교 교수다.
- Swinburne, Richard G.(리처드 스윈번, 1934-) 영국의 종교철학자. 옥스퍼드 대학교 명예교수다.
- Swoyer, Chris(크리스 소여) 미국의 철학자요 인지심리학자다. 오클라호마 대학교 교수다.

T

- Teske, Roland J.(롤랜드 테스크) 미국의 철학자요 신학자다. 미국 밀워키 마켓 대학교 명예교수다.
- Tipler, Frank Jennings(프랭크 티플러, 1947-) 미국의 수리물리학자요 우주물리학자다. 미국 튤레인 대학교 교수다.
- Torrance, Thomas Forsyth(토머스 포사이드 토렌스, 1913-2007) 스코틀랜드의 저명한 조직신학자. 에든버러 대학교 신학부인 뉴 칼리지 교수로 오랫동안 봉직했다. 장 칼뱅과 칼 바르트의 신학을 영어권에 소개하는 데 크게 기여했다.

U

- Urey, Harold Clayton(해럴드 유리, 1893-1981) 미국의 화학자. 1934년에 노벨 화학상을 받았다.

V

- van der Waals, Johannes Diederik(요하네스 반 데르 발스, 1837-1923) 네덜란드의 물리학자. 암스테르담 대학교 교수를 지냈으며, 액체와 기체의 분

자 사이의 인력을 연구해 1910년에 노벨 물리학상을 받았다.
- van Valen, Leigh Maiorana(리 밴 베일런, 1935-2010) 미국의 진화생물학자. 시카고 대학교 명예교수였다.
- von Balthasar, Hans Urs(한스 우르스 폰 발타살, 1905-1988) 스위스의 신학자요 로마가톨릭교회 추기경이었다.

W

- Watson, James Dewey(제임스 왓슨, 1928-) 미국의 분자생물학자요 유전학자다. DNA의 분자 구조를 해명해 1962년에 노벨 생리의학상을 받았다.
- Weinberg, Steven(스티븐 와인버그, 1933-) 미국의 저명한 이론물리학자. 1979년에 노벨 물리학상을 받았다. 하버드 대학교와 텍사스 대학교 등에서 가르쳤다.
- Weisskopf, Victor Frederick(빅토르 바이스코프, 1908-2002) 오스트리아계 미국인 이론물리학자다. 라이프치히 대학교 교수 등을 지냈고 유럽 핵 연구소 소장을 지냈다.
- Weyl, Hermann Klaus Hugo(헤르만 바일, 1885-1955) 독일의 수학자요 이론물리학자다.
- Whewell, William(윌리엄 휴얼, 1794-1868) 영국의 과학자요 성공회 사제이며 철학자였다. 케임브리지 트리니티 칼리지 학장을 지냈다.
- Wiles, Maurice Frank(모리스 와일스, 1923-2005) 영국의 교부학자. 옥스퍼드 대학교 교수를 지냈다.
- Williams, George Christopher(조지 윌리엄스, 1926-2010) 미국의 진화생물학자. 뉴욕 주립 대학 교수를 지냈다.
- Williams, R. J. P.(밥 윌리엄스, 1926-) 영국의 화학자. 옥스퍼드 대학교 명예교수다.
- Wilson, Edward Osborne(에드워드 윌슨, 1929-) 미국의 생물학자. '사회생물학'의 아버지로 알려졌으며, 개미에 많은 관심을 갖고 연구했다.
- Wilson, Robert Woodrow(로버트 윌슨, 1936-) 미국의 천문학자요 물리학자다. 1978년에 노벨 물리학상을 받았다.

- **Wittgenstein, Ludwig Josef Johann**(루트비히 비트겐슈타인, 1889-1951) 오스트리아에서 태어나 영국으로 귀화한 언어철학자요 수리철학자다. 케임브리지 대학교 교수를 지냈다. 그의 분석 철학은 20세기 철학은 물론 여러 학문 분야에 지대한 영향을 미쳤다.
- **Wright, Sewall Green**(슈얼 라이트, 1889-1988) 미국의 진화생물학자이자 유전학자다.

찾아보기

ㄱ

가장 훌륭한 설명에 이르는 추론 109, 116, 120, 14-126, 133, 138

가장 훌륭한 설명에 이르는 추론과 귀추법 109

경험상 적합성 265, 451

과학적 설명에서 예측 대 수용 138-142

과학적 예측에서 수용 대 설명 138-142

관찰로 알게 된 선택 효과 269

광합성 338-341, 402-403

구원 경륜 178-187

귀추법
　찰스 퍼스의 귀추법 107-110, 112-115, 189
　창조 행위인 귀추법 109-110, 113-115

그레고르 멘델 364-367

길버트 하먼 109

ㄴ

낸시 머피 430, 431, 432

노우드 핸슨 50, 112-113

눈의 진화 353, 403-404

니콜라이 하르트만 440

닉 보스트롬 268-269

ㄷ

다중 우주론(여러 우주론) 268-273, 456

단일신론 145

대니얼 데닛 55
데니스 노블 358-359
데이비드 흄 126
'두 책' 전통 161
듀이 필립스 103
「뜻대로 하세요」 28

ㄹ

랄프 왈도 에머슨 64-65
랠프 커드워스 164-165
레섹 코와코프스키 312
로렌스 헨더슨 16, 277-281, 315, 333
로버트 디키 209, 267
로버트 보일 65
로이 바스카 433, 443-444
로이 바우마이스터 24
로저 펜로즈 263
루트비히 비트겐쉬타인 95, 103
르네 데카르트 264-265
리 스몰린 14
리옹의 이레나이우스 157, 178-179
리처드 도킨스 55, 79, 115, 274, 357, 392-394, 450
리처드 스윈번 55-56, 93, 100-103, 273

ㅁ

마르쿠스 테렌티우스 바로 66
마르틴 루터 184, 197
마이클 포스터 169-170
마이클 폴라니 24, 27
마틴 존 리스 194, 260-262
머치슨 운석 292-293
메리 헤세 131
목적률 개념 387, 410
무신론, 그리고 자연 55, 151-152, 180-181, 272, 387, 456
물 310-331
   물의 기원 328-331
   물의 생물학적 기능 319-328
   물의 특질 315-319
   수소 결합과 물의 특이한 특질들 319-322
   용매인 물 319-324
믿음과 이해 9-17, 92-98, 125-142

ㅂ

바뇨레지오의 보나벤투라 63
밥 윌리엄스 337
별의 핵융합 288-291, 350-352
보일 강연 52, 155-156
브랜든 카터 15, 255
빅뱅, 우주의 기원에 관한 이론 247-253, 288-289, 308-309

ㅅ

사실에 반하는 생각 195-211
사이먼 콘웨이 모리스 400-406, 414-415
산소 운반 메커니즘 348-350
삼부신학 66-69
삼위일체 교리 12, 18-20, 73, 87, 89-90, 127, 137, 143-188, 213-214, 225-226, 234-235, 264-265
생명중심의 자연과학 접근법 16(각주 14), 277-281, 315, 333
생명의 기원 288-310
생명의 정의 281-288
생물학, 정교한 조율 299-301, 350-352, 353-357
생물학에서 제시하는 목적론적 설명들 273, 279, 359-360, 385-395, 406-409
생물학적 진화 353-419
설명과 자연과학 94-98, 121-142, 213-214
   가장 훌륭한 설명에 이르는 추론 111-120, 125-126
   귀추법적 설명 111-120, 351
   논리적-연역적 설명 93-94, 116-117
   생물학에서 설명 372-378
   연역적 설명 99-110
   예측과 설명 138-142, 202-203, 218, 405-406
   인과적 설명 93
   자중하는 설명들 124-128, 451
   적응과 설명 138-142
   통합론자의 설명 127-133
성육신 교리 59-60, 152(각주20), 162, 173-174, 185
세본데의 레이먼드 70
소피스트 안티폰 69
수소 결합, 그리고 물의 특이한 특질들 319-322
숫자가 일치하는 많은 사례들 208-211, 266-268
스탠리 밀러 293-294
스탠리 하우어워스 144, 152-153, 183
스튜어트 카우프만 297
스티븐 제이 굴드 19, 396-398
스티븐 호킹 193-194, 254-255
시계 제조자이신 하나님 52-53, 80, 157
신다원주의의 통합 이론 361-371
씨앗 같은 원리들 226-236, 274, 309, 356, 414-417, 421-422, 437

ㅇ

아레오바고 연설(사도행전 17장) 41, 149
아서 에딩턴 208

아이리스 머독 453
아이작 뉴턴 29, 123, 129-130
아퀴나스의 토마스 토마스 아퀴나스를 보라.
알래스데어 매킨타이어 50
알렉산드리아의 아타나시우스 174-176
알렉산드리아의 필론 174
알베르트 아인슈타인 111, 129, 177-178, 247-248, 441
앨런 구스 270
앨빈 플랜팅가 95
에른스트 마이어 202, 391-395, 407, 411-413
에밀 브루너 171
에버하르트 윙엘 151-153, 183
여러 단계를 거쳐 나타난 실재 439-447
연역적-법칙적 추론 93-94, 116
엽록소 338-341, 349
올버스의 역설 197-201
우주 팽창 252-253, 270-272
우주의 의미를 풀 실마리들 23-24, 26-28, 456-457
원시 대기의 산소 증가 341-346
'유전자의 눈'의 관점에서 본 진화 394-395
위르겐 몰트만 163
윌리엄 더럼 64

윌리엄 레인 크레이그 99
윌리엄 셰익스피어 28
윌리엄 앨스턴 76
윌리엄 제임스 23
윌리엄 캐롤 275
윌리엄 페일리 10, 52-56, 64-65, 80-82, 87, 91-92, 117-119, 181, 190-191, 236-237, 258-259, 353-355, 361, 377, 386, 410, 423-424, 434, 437, 450-451
윌리엄 휴얼 80, 138, 315, 455
유전자 발견 365-369
이론 발전에서 볼 수 있는 '놀라운 사실들' 112-114, 140-141, 188-192, 199-200
이슬람교의 자연신학 접근법 154-155
이신론 147-149, 164-165, 178-180, 259
이언 램지 134-136
인간중심 현상 13-16, 141, 195-211, 245-276, 266-276
　우주론이 제시하는 인간중심 현상 245-276
　인간중심 현상과 관찰로 알게 된 선택 효과 267-270
　인간중심 현상과 사실에 반하는 생각 195-211
　인간중심 현상에 관한 설명 266-276

인지종교학 156
인지질 324-328

ㅈ
자연 속에 목적이 있다? 271-272, 279, 358-359, 385-399, 406-410
자연신학
　경험적 접근법인 자연신학 62-67
　계몽주의의 자연신학 접근법 31-34, 42-51, 70-73
　근래 자연신학의 부활 9-12
　바르트의 자연신학 비판 32, 55-60, 72
　삼위일체적 자연신학 접근법 18-20
　의미 이해 행위인 자연신학 77-82, 94-98, 121-142
　이슬람교가 말하는 자연신학 153-155
　이신론의 자연신학 접근법 147-150, 164-166, 179-182, 259
　자연신학과 계시신학의 관계 57-60
　자연신학과 구원 경륜 178-188
　자연신학과 무에서 창조 개념 167-171
　자연신학과 삼부신학 66-69
　자연신학과 의미 24-30
　자연신학과 하나님의 형상 172-178
　자연신학은 자연에 관한 신학? 90-92
　자연신학을 정의하기가 어려움 49-50, 62-63, 71-73, 89
　자연을 특별한 방법으로 '보는' 자연신학 73-76, 81-85, 160-163, 451-453
　하나님의 존재를 증명하는 '증거'인 자연신학 131-133
자연과 성경에 관한 책들 161-163, 165, 451
자연에 관한 개념 31-34, 73-74, 160-163
자연을 이해(설명)할 수 있는 가능성 23-25
자증하는 설명들 124-128, 451
자크 모노 387
장 칼뱅 71-71, 148-151
저스틴 바렛 156
전이 금속이 하는 생물학적 역할 335-352
정교한 조율 10-16, 192-194, 208-211, 299-301, 350-352, 353-355
정태우주론 248
제라드 맨리 홉킨스 29, 32, 171
조지 마이버트 418-419
존 러스킨 32, 77-79, 82, 181, 185-187
존 레이 64-65, 423

존 로크 164
존 맥키 100, 103
존 배로 256-259, 308
존 스튜어트 밀 138-139
존 헨리 뉴먼 80-82
진화가능성 개념 376-381
진화의 수렴 401-406
진화의 우연성 394-406
질소 고정 348-349

ㅊ

찰스 다윈 54, 56, 80, 116-120, 139-140, 190, 202, 355-356, 361-367, 370-374, 378, 380, 383-386, 398, 409, 414, 417-419, 424, 431 432, 434,
  목적론에 관한 찰스 다윈의 견해들 386-387
  찰스 다윈과 가장 훌륭한 설명에 이르는 추론 116-120, 138-142
  찰스 다윈과 신다윈주의 통합이론의 발전 366-371
찰스 롱 168
찰스 킹슬리 32, 354-356, 410, 434-437, 451
찰스 퍼스 17, 28, 104-114, 141, 188, 189-191, 194, 411-413, 456-458

귀추법에 관한 퍼스의 견해 107-111, 113-118
이론 발전에서 볼 수 있는 '놀라운 사실들' 111-113, 141, 188-191, 200
퍼스가 말하는 '종점지향성' 412-415
하나님의 존재를 증명하는 '타인에게 무시당한 논증' 106-109
창세기의 창조 기사와 그 해석 162-163, 219-236
창조 개념
  무에서 창조 167-172
  정적 창조 개념 421-422, 434
  창발 창조 개념 423-425

ㅋ

칼 바르트 32, 43, 54, 56-59, 72, 164-166, 183, 446
칼 포퍼 202
칼 헴펠 93-94, 116, 123
캄브리아기의 대폭발 344-345, 403
캘빈 회로 307
코튼 매더 43, 64
콜린 건턴 162
클라우디우스 갈레누스 221
클라이브 루이스 17, 28, 61-62, 213, 456

ㅌ

토마스 아퀴나스 30, 42, 146, 151, 158-159, 217, 236,
토머스 토렌스 21, 59, 147, 441, 445
토머스 헉슬리 356, 386
폴 디랙 209, 267-268
표준우주 모델 252-253
프란시스코 아얄라 389-390, 407
프랜시스 베이컨 65
프랭크 웨스트하이머 305, 307
프랭크 티플러 256-258
프레더릭 템플 355
프레드 호일 250-251, 286, 290-293
프리맨 다이슨 263
피에르 뒤엥 131
피터 립턴 124-126, 218
필립 클레이턴 98, 100, 428-429, 430, 432(모두 각주)

ㅎ

하나님의 설계 52, 80, 157, 272, 279, 358-359, 385-399, 405
하나님의 존재를 증명하는 '타인에게 무시당한 논증' 105-106
하나님의 형상 172-178
하나님이 존재하신다는 논증 13-16, 51-58

귀추적 논증 92-93, 111-120, 450-451
도덕성에 근거한 논증 28
설계에 근거한 논증 52, 80, 157, 272, 279, 358-359, 385-399, 405
연역적 논증 92-93, 99-107
한스 우르스 폰 발타살 98
해럴드 유리 293
헤르만 바일 208
헤르만 본디 200
헤모글로빈 339, 344, 348-349
창발, 그리고 창조 교리 421-447
휴 밀러 81
히포의 아우구스티누스 70, 97-98, 175-178, 219-236, 356-357, 416-420, 421-422, 436-437

DNA 295-301, 367-371
K-T 사건 111, 203
RNA 세계 295-298

옮긴이 박규태는 번역이 생업인 전업 번역자다. 옮긴 책으로는 『두 지평』, 『신학을 공부하는 이들에게』, 『1세기 그리스도인의 공동 읽기』, 『1세기 기독교와 도시 문화』 (이상 IVP), 『바울과 팔레스타인 유대교』(알맹e), 『바울의 종말론』(좋은씨앗), 『바울 평전』(비아토르) 등이 있다.

정교하게 조율된 우주

초판 발행_ 2014년 12월 20일
초판 2쇄_ 2023년 2월 15일

지은이_ 알리스터 맥그래스
옮긴이_ 박규태
펴낸이_ 정모세

펴낸곳_ 한국기독학생회출판부
등록번호_ 제2001-000198호(1978.6.1)
주소_ 04031 서울시 마포구 동교로 156-10
대표 전화_ (02)337-2257 팩스_ (02)337-2258
영업 전화_ (02)338-2282 팩스_ 080-915-1515
홈페이지_ http://www.ivp.co.kr 이메일_ ivp@ivp.co.kr
ISBN 978-89-328-1993-8

ⓒ 한국기독학생회출판부 2014

책값은 뒤표지에 있습니다.
무단 전재와 복제를 금합니다.